LES GRANDES ÉNIGMES
DE L'HISTOIRE

Sous la direction
de Jean-Christian Petitfils

LES GRANDES ÉNIGMES DE L'HISTOIRE

LE FIGARO HISTOIRE PERRIN

Éditions Perrin
92, avenue de France
75013 Paris
Tél. : 01 44 16 08 00

ISBN : 978-2-262-09422-5
Dépôt légal : novembre 2020

Mise en pages : Nord Compo

SOMMAIRE

AVANT-PROPOS[1]

L'Histoire n'est ni un long fleuve tranquille ni une colline ensoleillée, d'où l'on pourrait contempler le lent et majestueux déploiement des événements. Elle serait plutôt un chemin sinueux traversant de temps en temps de belles clairières, puis s'enfonçant brusquement dans des sous-bois ombreux et touffus, tissés de mystères, de vérités cachées, de contes légendaires, d'impostures, de rumeurs invraisemblables qu'il n'est pas toujours aisé de démêler…

Si les énigmes historiques fascinent tant le public, c'est sans doute parce qu'elles se présentent le plus souvent comme de captivantes enquêtes policières auxquelles ne manque que le mot de la fin. Nombreuses ont été les études parues depuis le XIXe siècle, époque de la naissance de la critique historique. Certaines s'appuient sur une documentation sérieuse et une démarche rigoureuse, d'autres, au contraire, fantaisistes, mêlent invraisemblances et extravagances, ésotérisme de pacotille et « complotisme » échevelé, le tout relayé aujourd'hui par les rumeurs délirantes circulant sur Internet. Le meilleur et le pire en somme !

En France, sous la monarchie absolue, l'organisation de l'État royal avait été conçue pour demeurer dans les brouillards de l'Olympe. « Le secret et le mystère sont un de vos premiers devoirs, je vous prie de vous en ressouvenir », écrivait le 10 février 1710 le ministre Pontchartrain à M. de Bernaville, gouverneur de la Bastille. Il en est de même de nos jours dans nos régimes démocratiques

1. Le présent volume regroupe l'ensemble des sujets traités dans *Les Énigmes de l'histoire de France* et *Les Énigmes de l'histoire du monde*, publiés sous notre direction en 2018 et 2019 par *Le Figaro Histoire*/Perrin.

où, en dépit d'un désir parfois maladif de transparence, les traditions de dissimulation perdurent. La notion du « secret-défense » – légitime en soi – n'a-t-elle pas couvert ces dernières années bien des turpitudes des pouvoirs publics ?

Civilisations disparues, personnages énigmatiques, affaires d'espionnage ou d'enlèvement, coups tordus de services spéciaux que l'on s'efforce de passer sous silence, morts inexplicables, crimes politiques ou passionnels, organisations clandestines, les sujets ne manquent pas, souvent envahis par l'irrationnel, les mythes ou les fantasmes qui les défigurent jusque dans leurs dimensions romanesques.

Traités par les meilleurs spécialistes – universitaires, historiens et chercheurs de renom –, venus des horizons les plus divers, quarante de ces mystères, de l'Antiquité à nos jours, ont été retenus ici. À partir de documents d'archives incontestables, de témoignages fiables, d'un travail de recoupement d'indices ou de sources nouvelles, ces enquêteurs chevronnés se sont attachés à proposer, sans les imposer, les hypothèses les plus logiques et les plus vraisemblables.

N'en déplaise aux détectives amateurs qui se complaisent dans les ronrons de l'histoire et se copient les uns les autres, une des conclusions à tirer de ce livre est que la recherche avance, que les halos légendaires se dissipent, bref que l'on serre au plus près la vérité. Des pièces inédites ou négligées sortent encore des archives, des témoignages nouveaux – pour les affaires les plus récentes – remettent subitement en cause des vérités apparemment bien établies.

Dans plusieurs cas, les scientifiques ont eu recours aux techniques modernes d'investigation : graphologie, analyse de l'encre d'un document ou de la texture chimique du papier, examens médico-légaux de restes humains conservés ou exhumés, identification par l'ADN. Les mystères de la mort du malheureux Louis XVII, de la « Comtesse des ténèbres », décédée en 1837 dans le duché de Saxe-Hildburghausen, soupçonnée d'être Madame Royale, la fille de Louis XVI et Marie-Antoinette, ou de l'exécution des derniers Romanov ont été pleinement ou en grande partie résolus avec l'expertise de leurs empreintes génétiques…

Ces quarante mystères peuvent se regrouper en six grands thèmes :

1°) DES MYSTÈRES ARCHÉOLOGIQUES

L'Atlantide : quelle énigme ?

Quelle histoire fabuleuse que celle de l'Atlantide, cette île gigantesque, engloutie à la suite d'un cataclysme dont parle Platon dans deux de ses dialogues. Située au-delà des « colonnes d'Hercule » (s'agit-il du détroit de Gibraltar ?), elle avait la taille d'un continent. Ses richesses étaient immenses, mines de métaux précieux, faune et flore abondantes. Ses habitants, fort nombreux, avaient élevé une profusion de monuments sacrés, publics ou privés. Mais bientôt ses lois tombèrent en désuétude, et la politique expansionniste de ses rois fut mise en déroute par le courage des Athéniens. Cela se passait quelque 9 600 ans avant notre ère.

Où était située cette île-continent ? Aux Canaries, aux Açores, en Sardaigne, au Danemark, dans l'île de Santorin, en Crète, en Iran, en Mongolie ou dans le triangle des Bermudes ? Maurice SARTRE, spécialiste du monde grec et du Proche-Orient hellénisé, livre une interprétation tout autre.

L'introuvable tombeau d'Alexandre

Jean-Yves CARREZ-MARATRAY, professeur d'histoire et d'archéologie des mondes grecs classiques et hellénistiques, nous entraîne dans une quête serrée du tombeau, ou plus exactement des tombeaux, du grand conquérant, mort à Babylone en juin 313 avant notre ère. Écartant les fausses pistes souvent invoquées, comme la nécropole royale de Vergina, en Macédoine, s'appuyant sur les rares textes antiques, ceux de Strabon, de Zénobios ou de Lucain, l'auteur centre la recherche dans la ville éponyme d'Alexandrie, où des indices intéressants permettent de localiser la dernière tombe du conquérant.

Alésia. Une défaite improbable

Aux lointaines origines de la France, un mystère peut en cacher un autre : si pour l'archéologue Jean-Louis BRUNAUX, spécialiste de la civilisation gauloise, la localisation de la bataille d'Alésia à Alise-Sainte-Reine en Bourgogne ne mérite pas de discussion, il importe, en revanche, de comprendre pourquoi le vaillant Vercingétorix, à la tête de plus de 300 000 combattants, sur un terrain choisi par lui, a dû abandonner la victoire aux 60 000 légionnaires de César.

Le linceul de Turin : une provocation à l'intelligence ?

Le linceul de Turin, improprement appelé Saint Suaire, est la plus insigne des reliques de la chrétienté. Cette pièce de lin de grand prix présente, dans une couleur pâle variant du beige au sépia, les faces ventrale et dorsale d'un crucifié mort, couvert de sang, flagellé, avec tous les signes de la Passion. Est-elle le linge sépulcral de Jésus ou au contraire un faux du Moyen Âge ? Pierre DE RIEDMATTEN, président de l'association « Montre-nous ton visage », mène l'enquête et fait le point de nos connaissances.

Les Vikings en Amérique ?

« Personne ne doute plus aujourd'hui, écrit Jean RENAUD, spécialiste de la civilisation scandinave, de la découverte de l'Amérique par les Vikings, mais personne ne sait non plus avec certitude ce à quoi correspond le *Vínland.* » Où situer en effet ce mystérieux « Pays du vin », du blé (riz sauvage) et du bois ? Quelle réalité recouvre-t-il exactement dans le vaste continent américain ?

L'examen de deux sagas du XIIIe siècle, celle d'Erik le Rouge et celle des Groenlandais, permet d'avancer prudemment au milieu des mythes et récits légendaires. Des recoupements peuvent être faits avec des découvertes archéologiques récentes.

Les Mayas : un effondrement, des effondrements ?

Les Mayas fascinent un large public depuis le milieu du siècle dernier, comme en témoigne le nombre d'ouvrages ou d'émissions qui leur sont consacrés. Professeur émérite d'archéologie de l'Amérique précolombienne, ayant participé à de nombreuses fouilles, Éric Taladoire explore les mystères de cette étonnante civilisation, née au début du premier millénaire avant Jésus-Christ, qui s'étendait sur la partie méridionale du Mexique, le Guatemala, le Belize, l'ouest du Honduras et du Salvador jusqu'aux rives du Pacifique, du Costa Rica au Nicaragua.

Repérées par la photographie aérienne, des régions restent inexplorées. On connaît encore mal l'histoire de ces cités, de leur organisation sociale, de leurs rites religieux. Présente sur des monuments sculptés, des stèles, des peintures murales, des objets familiers, l'écriture maya, avec ses glyphes uniques, n'a pas non plus livré tous ses secrets. Enfin, pourquoi et comment cette civilisation s'est-elle effondrée ?

Pâques. L'île mystérieuse

Romancière, journaliste, essayiste, Anne Pons se penche sur les mystères de cette étrange île de Rapa Nui, de forme triangulaire, perdue dans le Pacifique Sud. Elle fut découverte par hasard le 6 avril 1722, jour de Pâques, par un capitaine hollandais, Jacob Roggeveen. Ses compagnons et lui furent frappés par les monolithes colossaux, hauts parfois de 8 ou 9 mètres, qui parsemaient l'île et représentaient des hommes aux longues oreilles.

Que sait-on de cette civilisation australe, de ses croyances ancestrales et surtout de ses étranges idoles qui, du moins avant qu'elles ne devinssent aveugles, semblaient regarder l'éternité de leurs yeux de corail et d'obsidienne ?

2°) DES PERSONNAGES MYSTÉRIEUX

Akhénaton, pharaon mystique

Il n'y a pas de pharaon plus mystérieux qu'Aménophis IV, l'homme à la longue et triste figure, mari de la « grande épouse royale Néfertiti » et père, par une autre épouse, du célèbre Toutankhamon. Vers 1354 avant J.-C., il décida de quitter Thèbes, de rompre avec le puissant clergé d'Amon, de fonder à 250 kilomètres au nord une nouvelle capitale, Akhet-Aton (Tell el-Amarna), de prendre le nom d'Akhénaton en hommage au dieu Soleil, Créateur et « Seigneur d'Éternité », et enfin d'instituer une nouvelle liturgie. En posant ces actes proprement révolutionnaires, quel était son but ? Quel parallèle établir entre ses conceptions et celles des Hébreux de Moïse, entre le « monothéisme amarnien » et le monothéisme biblique ? Sur ce questionnement passionnant, Catherine CHADEFAUD apporte l'éclairage d'une spécialiste de l'Égypte ancienne.

Shakespeare et ses doubles

S'il est un écrivain entouré de mystère, c'est assurément William Shakespeare, l'un des plus grands génies du théâtre, sinon le plus grand, dont l'œuvre embrasse tous les ressorts de l'esprit humain. On ne connaît presque rien de ce fils de gantier, né à Stratford-upon-Avon, baptisé le 26 avril 1564, mort le 3 mai 1616. Les rares documents le concernant ne sont que des pièces administratives, comptables, juridiques, traitant de questions matérielles. C'était un bon bourgeois, un marchand. Comment, s'est-on demandé, un personnage aussi ordinaire, sans expérience, ignorant les usages du monde, les pratiques et les jeux politiques de la Cour, de la mythologie, de l'histoire de l'Angleterre, a-t-il pu composer une œuvre poétique et dramatique si intense, aux fulgurances foisonnantes, qui fascine encore quatre siècles plus tard les publics du monde entier ?

De là à soutenir que l'homme de Stratford n'était qu'un prête-nom, il n'y a qu'un pas qu'un certain nombre de chercheurs franchirent allègrement. Auteur de plusieurs ouvrages sur le grand homme de théâtre, Mme Dominique Goy-Blanquet fait le tri parmi les hypothèses et énumère les arguments convaincants en faveur de la solution qui paraît la plus évidente.

Le Masque de fer démasqué ?

Qui était ce mystérieux prisonnier d'État, « dont le nom ne se dit pas », conduit au fort royal de l'île Sainte-Marguerite en 1687 avec un masque d'acier sur le visage, puis transféré en 1698, le visage couvert d'un masque de velours noir, à la Bastille, où il mourut cinq ans plus tard ? Était-ce un frère jumeau de Louis XIV, le surintendant Fouquet, le diplomate Matthioli, Molière ou un simple valet dénommé Eustache Danger ? L'énigme n'est pas totalement résolue, mais nous en savons bien davantage aujourd'hui qu'il y a trente ou quarante ans.

La Mauresse de Moret. Noirs désirs à la cour du Roi-Soleil

Journaliste, historienne, auteur d'une importante biographie de Marie-Thérèse d'Autriche, femme de Louis XIV, Joëlle Chevé se penche sur cette énigme : à la fin du XVIIe siècle, une religieuse de couleur, vivant dans un couvent de bénédictines près de Moret, sœur Louise-Marie-Thérèse, protégée de Mme de Maintenon et à qui les gens de la Cour rendaient visite, était-elle vraiment, comme elle le prétendait, la fille du roi et de la reine, dont elle portait les prénoms ? Ou du roi et d'une maîtresse noire inconnue ?

Robespierre, un monstre bien utile

Jean-Clément Martin, professeur émérite à l'université Paris-I-Panthéon-Sorbonne, s'attaque au « mythe Robespierre », autrement dit à la légende noire de l'Incorruptible, bouc émissaire, selon lui, rendu seul responsable de la Terreur par les Thermidoriens. De quoi enfiévrer un débat toujours passionné !

La « Comtesse des ténèbres »

Le 25 novembre 1837 s'éteignait au château d'Eishausen, dans le petit duché saxon d'Hildburghausen, une femme dont la vie avait été entourée volontairement de mystère durant plus de trente ans. Nul ne pouvait l'approcher, pas même les domestiques, ni lui parler, hormis un riche et dévoué personnage, fort estimé dans la région, appelé le « Comte », qui bénéficiait de la protection des autorités ducales. Aucun prêtre ou pasteur ne vint à son chevet. Trois jours plus tard, elle fut discrètement ensevelie sur une pente d'un jardin boisé proche d'une des propriétés du comte.

Lors de sa succession, on s'aperçut que sur différents objets ou meubles lui ayant appartenu figuraient les lys de la Maison de France. L'ADN aujourd'hui a parlé, mais n'a pas tout dit sur la « Comtesse des ténèbres ».

Les multiples fantômes de Jack l'Éventreur

C'est le roman noir par excellence, à ceci près qu'il s'agit d'une histoire parfaitement authentique, celle d'un des plus sordides tueurs en série. Du 30 août au 9 novembre 1888, dans un quartier insalubre et surpeuplé du district de Whitechapel, dans l'East End de Londres, cinq prostituées furent retrouvées sauvagement assassinées. Une première lettre de revendication, signée *Jack the Ripper* (Jack l'Éventreur), clamant sa haine des prostituées et promettant d'accomplir de nouveaux crimes parvint à Scotland Yard. Une seconde, anonyme, était accompagnée d'un demi-rein, le tueur se vantant d'avoir frit et mangé l'autre moitié…

Depuis cent trente-deux ans, le public n'a cessé de se passionner pour cet épais mystère. Bernard Oudin, vice-président de la Société Sherlock Holmes de France, était le mieux placé pour faire le point sur cette foisonnante enquête.

Zhang Yufeng, la femme qui lisait sur les lèvres de Mao

Sinologue réputé, Alain Roux se penche sur le destin de cette femme de l'ombre, qui a joué un rôle essentiel dans les derniers temps de la vie de Mao Zedong. Alors que celui-ci, atteint de la maladie de Charcot et frappé par plusieurs AVC, était devenu à peu près aveugle, incapable de parler ni de manger sans aide, l'une de ses anciennes maîtresses, Zhang Yufeng (« Phénix de jade »), de cinquante-deux ans sa cadette, fut jusqu'à sa mort en septembre 1976 à la fois sa secrétaire privée, sa lectrice, sa gouvernante et – fonction ô combien redoutable au milieu du champ clos des rivaux de l'équipe dirigeante – la seule « interprète » capable de déchiffrer les mots bredouillés de ses lèvres tremblantes par le Grand Timonier.

3°) MORTS ET DISPARITIONS MYSTÉRIEUSES

A-t-on armé le bras de Ravaillac ?

L'identité de l'assassin ne fait aucun doute : un demi-fou, François Ravaillac, natif d'Angoulême, soûlé de prônes tyrannicides. Mais n'a-t-il pas été également circonvenu et guidé par une équipe d'une dizaine de tueurs venus de Bruxelles, sur l'ordre de l'archiduc Albert de Habsbourg ? C'est la question que nous nous sommes posée à partir de pièces d'archives peu connues et d'un faisceau d'indices troublants.

La mystérieuse disparition de sir Benjamin Bathurst

Au soir du 25 novembre 1809, un jeune et brillant diplomate britannique de vingt-cinq ans, sir Benjamin Bathurst, de retour de Vienne où il avait été envoyé par le cabinet de Londres, disparaissait au relais de poste d'une petite cité prussienne à mi-chemin entre Berlin et Hambourg, Perleberg. Il s'était promené un instant autour de la berline prête à partir, puis s'était volatilisé. Faute de certitudes, des auteurs de science-fiction anglo-saxons en sont venus à des explications paranormales : un enlèvement par des extraterrestres, une brusque projection dans un univers parallèle. Il y a peut-être une solution plus raisonnable.

Saint-Leu. La liaison dangereuse du duc de Bourbon

Le 27 août 1830, Louis-Henri-Joseph, duc de Bourbon, dernier prince de Condé, était retrouvé pendu à l'espagnolette d'une des fenêtres du château de Saint-Leu. Était-ce un suicide ou un crime maquillé en suicide ? Les soupçons se portèrent sur sa maîtresse, Sophie Dawes, baronne de Feuchères, héritière d'une bonne partie de sa fortune. Le nouveau roi, Louis-Philippe Ier, qui avait intérêt à sa disparition, n'était-il pas lui aussi impliqué dans cette affaire ? À moins qu'il n'y ait une explication, disons, plus délicate… Me Pierre CORNUT-GENTILLE, avocat au barreau de Paris, historien, auteur d'une biographie de la baronne de Feuchères, restitue cette ténébreuse affaire.

Le mystère du lac de Starnberg. La mort de Louis II de Bavière

Ceux qui ont vu *Ludwig* de Luchino Visconti (1972) se souviennent des dernières scènes de ce film somptueux : la nuit, par un temps de brume et de pluie, des infirmiers, des domestiques munis de torches et lanternes, courent le long du lac de Starnberg en Bavière, à 80 kilomètres au sud de Munich, à la recherche du roi Louis II, déposé la veille par le gouvernement bavarois pour dérangement mental, assigné à résidence au castel de Berg et qui était parti en promenade dans le parc avec son médecin, l'aliéniste von Gudden. Soudain, au milieu des roseaux, à quelques mètres de la berge, apparurent les corps du roi et de son accompagnateur. On était le 13 juin 1886, au soir de la Pentecôte.

Catherine DECOURS, à qui l'on doit la dernière biographie de ce monarque assurément schizophrène, mais amoureux fou des vieilles légendes germaniques, de la musique de Wagner et grand bâtisseur de châteaux de rêve, serre au plus près la réalité de ce drame.

Mort de Zola. Un rideau de fumée

La mort du grand écrivain le 29 septembre 1902, retrouvé asphyxié chez lui par des émanations d'oxyde de carbone, a paru accidentelle jusqu'au jour où, cinquante et un ans plus tard, une enquête révéla que le conduit de sa cheminée avait été sciemment bouché. Reprenant la piste criminelle, Alain Pagès, professeur émérite de littérature à l'université Sorbonne-Nouvelle-Paris-III, complète le dossier par des révélations inédites…

Le cadavre encombrant d'Adolf Hitler

Soyons sérieux. Il ne s'agit aucunement de remettre en cause le suicide du Führer dans le bunker de l'ancienne chancellerie du Reich le 30 avril 1945, en compagnie d'Eva Braun, de Goebbels, de sa famille et de quelques autres. Il n'y a plus aucun mystère à ce sujet. L'épisode que conte ici François Kersaudy, spécialiste de l'histoire diplomatique et militaire contemporaine, concerne les restes carbonisés des deux cadavres enterrés dans le jardin de la chancellerie – celui du Führer et de sa maîtresse (avec laquelle il venait de se marier), dont on mit bien du temps à retrouver la trace, en raison des fausses pistes lancées par les autorités soviétiques, des enquêtes et contre-enquêtes des services de renseignements rivaux. La vérité enfin se fait jour.

L'assassinat du président Kennedy : du mystère à l'Histoire

Depuis cinquante-sept ans, deux grandes enquêtes officielles, celle d'Earl Warren, président de la Cour suprême, et celle de Louis Stokes, membre de la Chambre des représentants – l'une concluant à l'acte isolé d'un tueur à l'esprit dérangé, l'autre à une conspiration aux contours imprécis –, se sont succédé pour tenter de résoudre le mystère de l'assassinat du président Kennedy le 22 novembre 1963.

Des dizaines d'hypothèses ont été émises. Des centaines de milliers de pages et de documents – rapports, interrogatoires, expertises balistiques, enregistrements, photos, films… – ont été déclassifiées, sans que la vérité parvienne à percer ces ténèbres. Qui a commandité le meurtre ? Qui a vraiment tiré sur le président ? Thierry Lentz, auteur d'un ouvrage remarqué sur la question, conduit l'enquête.

Lady Di, victime des médias ?

La nouvelle a saisi de stupeur le monde entier. Dans la nuit du 30 au 31 août 1997, lady Diana, princesse de Galles, divorcée du prince Charles, était victime d'un accident de voiture à Paris dans le tunnel du pont de l'Alma. Dégagée de l'amas de ferraille, la princesse, très grièvement blessée, devait décéder à l'hôpital de la Salpêtrière. Elle avait trente-six ans. Son compagnon, Dodi Al-Fayed, était mort, ainsi que le chauffeur qui avait perdu le contrôle de son véhicule.

La soudaineté de l'événement et surtout les circonstances de l'accident firent naître de multiples rumeurs, y compris celle d'un assassinat par les services secrets britanniques. Historien des dynasties européennes, auteur d'une récente biographie d'Elizabeth II, Jean des Cars était tout qualifié pour faire la lumière sur ce drame, qui, depuis plus de vingt ans, a fait couler un flot d'encre.

4°) DES SURVIVANCES PROBLÉMATIQUES

Les vrais mystères de Jeanne d'Arc

Avocat au barreau de Paris, conférencier et écrivain, Me Jacques Trémolet de Villers, qui a réédité les minutes du procès de Rouen, enquête sur les légendes qui ont fleuri autour du personnage de la Pucelle : n'aurait-elle pas été en réalité la fille d'Isabeau de Bavière ? Son exécution n'a-t-elle pas été fictive ? Ne serait-elle pas réapparue sous le nom de Jeanne des Armoises ?

Sébastien de Portugal, mort ou vivant ?

Le 4 août 1578, le roi Sébastien Ier de Portugal, âgé de vingt-quatre ans, venu prêter main-forte à son allié, le sultan détrôné Moulay Muhammad al-Mutawakkil, contre un prétendant qui s'était emparé du trône, était tué à Ksar el-Kébir. Le vainqueur, l'émir Abd al-Malik al-Nasir, appelé plus tard al-Mansour, rendit le corps aux Portugais, du moins celui que l'on reconnut comme tel, car le cadavre était défiguré et déjà corrompu.

Abasourdie, l'opinion portugaise se prit à douter de son identité. Des rumeurs commencèrent à circuler, assurant que le jeune roi blessé avait survécu à la bataille et s'était retiré dans la solitude d'un ermitage. À partir de 1584, des prétendants se firent connaître, voire reconnaître. Spécialiste des phénomènes de psychologie collective, auteur d'un brillant ouvrage sur le mythe du « Roi caché », Yves-Marie Bercé fait la lumière sur ce « sébastianisme ».

Louis XVII. Le retour du dauphin perdu

Nul autre que l'historien et journaliste Philippe Delorme n'était mieux à même de faire la synthèse des dernières recherches sur l'orphelin du Temple, puisqu'il a été à l'origine en 2000 des prélèvements d'ADN sur le cœur de l'enfant-roi, dérobé durant son autopsie en juin 1795 par le docteur Pelletan. Les conclusions qu'il en tire, en dépit des contre-feux des « survivantistes », partisans de Naundorff, sont sans appel.

Le tsar Alexandre, *alias* l'ermite Fiodor ?

Un mystère entoure la fin inattendue, à l'âge de quarante-neuf ans, du tsar de toutes les Russies, Alexandre Ier, glorieux vainqueur de Napoléon Ier. Est-il vraiment mort le 1er décembre 1825 à Taganrog, sur les rives venteuses de la mer d'Azov, d'un brutal accès de fièvre des marais, alors qu'il accomplissait un périple en Crimée ?

Or, à l'automne de 1836, un étrange vagabond d'une soixantaine d'années était arrêté par la police du tsar Nicolas Ier. Refusant de s'expliquer sur son passé, il était condamné à vingt coups de fouet puis déporté en Sibérie. Il y vécut dans une discrète retraite sous le nom de Fiodor Kouzmitch. Par son aspect physique, par son langage, il ressemblait à Alexandre, et la population le considérait comme un saint. Après avoir fouillé les archives de Saint-Pétersbourg, de Moscou et de Tomsk, Marie-Pierre Rey, spécialiste de l'histoire russe, à qui l'on doit une biographie d'Alexandre Ier, soupèse les arguments en faveur ou au détriment du mystérieux starets.

Anastasia : une étrange affaire

Journaliste, historien, spécialiste du monde slave, Jean-Christophe Buisson revient sur l'énigme Anastasia qui a défrayé la chronique durant tant d'années. La question était de savoir si cette jeune femme traumatisée, dépressive, plus ou moins amnésique, recueillie dans un asile de Berlin en février 1920, qui prendra plus tard aux États-Unis le nom d'Anna Anderson, était ou non la grande-duchesse Anastasia, quatrième fille de l'empereur Nicolas II, qui aurait échappé au massacre de la famille impériale à Ekaterinbourg dans la nuit du 16 au 17 juillet 1917. Ses surprenantes connaissances de la Cour, y compris des détails intimes, persuadèrent plusieurs émigrés russes qu'elle l'était. Les fouilles effectuées en 1991 et 2007 dans le bois des Quatre-Frères, à une quinzaine de kilomètres au nord-ouest d'Ekaterinbourg, conjuguées aux analyses comparées de l'ADN des Romanov avec celui de la prétendante, lèvent définitivement le voile sur ce mystère.

5°) DES SECRETS D'ÉTAT ET AFFAIRES ÉTRANGES

La Saint-Barthélemy. Une nuit très obscure

Historien médiéviste et éditeur, Laurent Theis fait le point sur la soudaine et violente tuerie des protestants, déclenchée au

Louvre et dans Paris le 24 août 1572, au son du tocsin de Saint-Germain-l'Auxerrois. Le mouvement gagna toute la France et fit au total environ 10 000 victimes. La difficulté réside à la fois dans l'enchaînement précis des faits et la désignation des responsables : la reine mère Catherine de Médicis ? Le roi Charles IX ? Son frère Anjou (futur Henri III) ? Le duc Henri de Guise ? Qui et pourquoi ?

Anne d'Autriche et Jules Mazarin, « une liaison intime de l'esprit » ?

Ils ont gouverné la France pendant la minorité de Louis XIV. Ce qui reste de leur correspondance secrète est empli de signes cabalistiques et d'expressions amoureuses. Ont-ils été amis ou amants ? Ont-ils été mariés secrètement ? Thierry SARMANT, conservateur général du patrimoine au Mobilier national, éclaire cette énigme.

Les Poisons : une ombre sur le Roi-Soleil

En 1679, à l'apogée du règne de Louis XIV, éclate cette affaire criminelle, dans laquelle se trouvent mêlées des centaines de personnes, dont les plus grands noms de la Cour, en particulier la favorite, Mme de Montespan. Claude QUÉTEL, historien, ancien directeur de recherche au CNRS, ancien directeur du mémorial de Caen, auteur d'un ouvrage sur cette énigme, livre ses conclusions.

L'Affaire du Collier, ou le génie de l'intrigue

Marie-Antoinette, qui avait indiscutablement un goût prononcé pour les parures et les diamants, a-t-elle été mêlée de près ou de loin à cette habile escroquerie menée par une aventurière, Jeanne de La Motte-Valois, qui prétendait être son amie intime ? Hélène DELALEX, historienne de l'art, conservateur au château de Versailles, nous donne la version la plus vraisemblable de ce scandale qui éclaboussa la cour de France, préparant ainsi la voie à la Révolution.

Qui a tué le duc d'Enghien ?

« C'est un crime inutile ! », se serait exclamé Bonaparte en apprenant l'exécution du jeune duc d'Enghien, fusillé dans les fossés du château de Vincennes le 21 mars 1804, après avoir été enlevé à Ettenheim en territoire badois par un détachement du 22e régiment de dragons et aussitôt jugé par un tribunal militaire. Plus tard, cependant, l'Empereur revendiquera haut et fort cette mort qui confortait son pouvoir. Où est la vérité ? Thierry LENTZ, historien du Premier Empire, directeur de la Fondation Napoléon, mène l'enquête.

Napoléon III, recherche en paternité

Maître de conférences à l'université Paris-IV-Sorbonne, spécialiste du Second Empire, biographe du neveu de Napoléon, Éric ANCEAU dissèque le mystère de sa naissance. S'il fut sans conteste le fils de la volage Hortense de Beauharnais, il n'est pas établi qu'il ait été celui de Louis Bonaparte, roi de Hollande. Les tests ADN soulèvent une troublante question de paléogénétique. Faut-il remonter à un adultère de « Madame Mère » ?

Jean Moulin, le rendez-vous tragique

Qui est responsable de l'arrestation par les Allemands à Caluire, le 21 juin 1943, de Rex, *alias* Jean Moulin, délégué pour la France du général de Gaulle ? Olivier WIEVIORKA, professeur à l'École normale supérieure de Cachan, membre de l'Institut universitaire de France, s'efforce de faire la lumière sur l'un des épisodes les plus sombres de l'histoire de la Résistance. Des noms sont écartés, d'autres surgissent… Une authentique et irritante énigme qui a conduit à la disparition tragique du grand héros de la France libre !

De Gaulle à Baden-Baden : le coup de Massu

Impuissant devant ce qu'il appelait la « chienlit », le Général a surpris tout son entourage, y compris son Premier ministre Georges

Pompidou, en disparaissant précipitamment de l'Élysée le 29 mai 1968. On apprendra plus tard qu'il s'était réfugié à Baden-Baden, quartier général des forces françaises en Allemagne. Repli tactique savamment élaboré ou pitoyable « fuite à Varennes » ? Journaliste, écrivain, auteur d'une biographie du général Massu, Pierre PELLISSIER apporte ses explications.

Qui a voulu tuer Jean-Paul II ?

Le 13 mai 1981, à 17 h 17, alors qu'il effectuait au milieu d'une foule enthousiaste le tour de la place Saint-Pierre en voiture découverte, Jean-Paul II était victime d'un attentat qui manqua de peu de le tuer. L'homme qui tira sur lui fut arrêté. C'était un Turc de vingt-trois ans, Mehmet Ali Agça, qui avait fait partie d'une organisation nationaliste et islamiste, les « Loups gris », très liée à la mafia de son pays. Condamné à la prison à vie, il fut gracié dix-neuf ans plus tard. Sur l'attentat, il ne tint jamais que des propos incohérents. Y a-t-il eu complot ? Journaliste, vaticanologue et auteur d'une biographie de Jean-Paul II, Bernard LECOMTE s'est attaché à la fois à donner le mot de l'énigme et à cerner la personnalité de cet individu au regard étrange.

6°) TRÉSORS CACHÉS ET SOCIÉTÉS SECRÈTES

Templiers : un sottisier bien garni

Historien médiéviste, spécialiste des croisades et des ordres religieux militaires au Moyen Âge, Alain DEMURGER était tout désigné pour explorer les arcanes de l'ordre du Temple, source inépuisable et *ad nauseam* de fantasmes récurrents, et rétablir la vérité.

Rennes-le-Château. La faute de l'abbé Saunière

Jean-Jacques BEDU est l'un des très rares chercheurs à avoir eu en main la totalité des papiers de cet étrange curé de Rennes-le-Château à la fin du XIXe siècle, soupçonné d'avoir possédé un fabuleux trésor, lié à une société secrète, le soi-disant Prieuré de Sion. Il a ainsi pu percer le mystère de cette affaire qui connut ces dernières années une dimension mondiale avec le roman de Dan Brown, le *Da Vinci Code*.

Qui se cache sous la Cagoule ?

Professeur d'histoire contemporaine à l'université Panthéon-Sorbonne, Olivier Dard étudie l'Organisation secrète d'action révolutionnaire nationale, surnommée la Cagoule, fascisante – et fascinante ! – société terroriste clandestine d'avant guerre, financée et armée par Mussolini, afin de préparer un coup d'État dans la crainte d'une prise du pouvoir par les communistes. Il en dévoile leurs criminels et dérisoires secrets.

*

Les progrès de l'Histoire suscitent parfois désillusions et frustrations. « N'est-il rien de plus décevant qu'une énigme dont le mot est trouvé ? remarquait G. Lenotre, le grand maître de la petite histoire, passionné de mystères et d'affaires ténébreuses. Un puzzle quand tous ses fragments sont en place n'est plus qu'une assez vulgaire image dont personne ne s'amuse : l'intérêt dans ce genre de casse-tête n'est pas d'y réussir, mais d'y travailler, et les vrais joueurs retardent autant qu'ils le peuvent l'achèvement qui met fin à leur plaisir… » Il est vrai que le propre des mystères historiques a toujours été d'enflammer les passions et les imaginations. Les mystères peuvent être résolus, les légendes sont immortelles… et les débats éternels !

Jean-Christian Petitfils
Juillet 2020

1

Akhénaton, pharaon mystique

par Catherine CHADEFAUD

*Vers 1354 avant J.-C., en l'an 5 de son règne, le jeune souverain de la XVIIIe dynastie, Aménophis IV, accompagné de la reine Néfertiti et de leurs trois filles, quitte Thèbes, la capitale du royaume. Il se rend dans la nouvelle ville dont il a décidé la fondation à quelques centaines de kilomètres au nord. Le chantier, qui mobilise des milliers de travailleurs, avance à grande vitesse. Avant même qu'il ne soit terminé, Pharaon et la Cour s'installent dans la cité nouvelle qui a reçu le nom d'*Akhet-Aton*. Le déplacement de la capitale s'accompagne d'un bouleversement brutal de l'organisation administrative et religieuse du royaume. Aménophis IV change son nom d'intronisation qu'il remplace par Akhénaton, en hommage au soleil, auquel un culte officiel est dédié. C'est une rupture avec toutes les traditions religieuses et politiques dont le clergé d'Amon était le garant à Thèbes et dans tout le royaume. Les causes de ce bouleversement voulu par le roi restent, à ce jour, insaisissables. Le souverain voulut-il échapper aux pressions d'un clergé devenu trop puissant, ou même conférer un contenu théocratique nouveau à la fonction qu'il exerçait ? Était-il un mystique que la religion égyptienne laissait insatisfait ? Ou souhaitait-il instaurer sur l'ensemble du royaume, pour renforcer son autorité, un hénothéisme, c'est-à-dire un culte prédominant rendu à une divinité particulière, sans nier l'existence d'autres dieux ? Il y a peu de réponses à ces questions, si ce n'est que cette capitale nouvelle ne survécut pas au règne d'Akhénaton. Elle fut abandonnée une quinzaine d'années plus tard, lors de son décès. Après une période confuse mais brève, le pouvoir retourna* *à Thèbes et le très jeune pharaon Toutankhaton, qui avait épousé une des filles d'Akhénaton, se plia aux volontés du clergé d'Amon et changea son nom en Toutankhamon. La ville d'Akhetaton fut considérée comme maudite. Il lui fut réservé le sort qui convenait à un foyer d'hérésie que les dynasties suivantes voulurent rayer de l'histoire du royaume. La ville fut abandonnée. Les statues furent détruites et toutes les images du souverain furent martelées. Quel est donc ce mystère ?*

Débuts du règne à Thèbes et idées nouvelles

Aménophis III et la reine Tiyi étaient les parents d'Aménophis IV, qui prit par la suite le nom d'Akhénaton. La fin du règne d'Aménophis III est mal connue. Certains documents épigraphiques laissent entendre qu'une forme de corégence aurait associé le souverain et son fils au gouvernement à partir de l'an 30 du règne d'Aménophis III. Au cours de cette période de cinq ans, lorsqu'il résidait à Thèbes, le prince Aménophis IV aurait reçu pour nom d'intronisation « Nefer-Kheperou-Rê, Oua-en-Rê » (« Beau de formes comme Rê, seul fils de Rê »). Le contexte de son avènement demeure mystérieux et les sources conservées font rarement référence à son épouse Néfertiti et à leurs trois filles aînées, nées à Thèbes pendant les premières années du règne : Mérytaton, Mékétaton et Ankhèsenpaaton. Les noms de trois autres filles apparaissent seulement dans les documents trouvés sur le site d'Akhetaton (Tell el-Amarna).

Pendant la phase thébaine de son règne, Aménophis IV fit ouvrir une carrière de grès dans le Gebel Silsileh, dans le but de faire construire des monuments nouveaux dans l'enceinte du temple d'Amon-Rê à Karnak. Un premier édifice fut dédié au dieu solaire Rê-Harakhty, forme syncrétique associant le soleil (Rê) et le dieu faucon royal (Horus). Un second temple fut édifié. Il reçut le nom de *Gempaaton* (« Aton est trouvé », c'est-à-dire révélé). La construction de ces deux édifices marque une volonté de rupture exprimée par le prince vis-à-vis des canons religieux jusque-là admis. Les causes de cette rupture restent non élucidées. Mais il est clair que les souverains suivants voulurent effacer cet épisode de l'histoire du royaume. Ces deux temples furent abandonnés sous les règnes suivants, comme fut détruite la ville d'Akhetaton. Leurs fouilles ont révélé des caractéristiques extraordinaires : tous les blocs taillés, ou *talatates*, retrouvés par milliers étaient d'un modèle normé de 52 cm × 26 cm × 24 cm ; tous étaient ornés de bas-reliefs comportant des traces de polychromie. Au fur et à mesure de la reconstitution, les archéologues furent stupéfaits d'observer que les motifs artistiques ne correspondaient à aucun des usages de la tradition pharaonique antérieure. La gravure en creux se substitue au relief. La représentation des corps figure le mouvement, en opposition à l'hiératisme traditionnel des canons de l'art égyptien. Plus surprenant encore, on observe sur ces *talatates* une nouvelle image divine : un soleil sculpté au-dessus des scènes. Ce globe solaire est pourvu d'un *uraeus*, symbole traditionnel de la royauté. Des rayons terminés par une petite main humaine irradient du disque solaire, comme un symbole de don profus, renforcé parfois par le signe de vie, *ankh*, que ces mains proposent. Cette image est accompagnée de deux cartouches et de l'uraeus, suivis de la titulature royale. Ce symbole introduit un lien de nature nouvelle entre le divin et la fonction royale. Il suggère que la nature du pharaon, qui jusque-là participait du divin, est celle d'un roi terrestre et humain. Sa relation avec le dieu est celle d'un fils à qui il doit toute vie.

Cette rupture conceptuelle étonna les archéologues et ils firent le rapprochement avec les découvertes effectuées sur le site de la ville nouvelle d'Akhetaton (Tell el-Amarna). Pourquoi ces deux monuments thébains avaient-ils été démontés et non pas détruits et les blocs remployés et cachés à l'intérieur d'autres édifices ? À quelle époque cette opération eut-elle lieu ? Une partie des explications fut livrée par les fouilles effectuées sur le site de Tell el-Amarna.

Vers la rupture avec le clergé d'Amon-Rê

Quelles influences avaient pu marquer Aménophis IV dans sa prime jeunesse ? À la cour de son père, il avait connu Amenhotep, fils de Hapou, administrateur de talent dont la réputation de savant et de sage se perpétua dans les siècles postérieurs. Il avait aussi été marqué par le culte solaire voué à Rê à Héliopolis, ville proche des pyramides de Gizah. Il avait entretenu des liens avec le clergé fort savant de ce temple qui en avait renouvelé le culte et la liturgie. De cette époque datent les textes connus sous le nom de *Litanie du soleil.* Rê est celui qui illumine les « Occidentaux » (c'est-à-dire les défunts inhumés sur la rive occidentale du Nil). Aménophis IV, influencé par ces textes héliopolitains, avait consacré au début de son règne deux temples au dieu solaire dans l'enceinte de Karnak, dont l'un est curieusement dédié au disque lumineux « Aton ». Il avait ainsi suscité l'hostilité du clergé d'Amon, desservant du culte du dieu dynastique Amon vénéré à Thèbes dans le grand temple de Karnak sous son aspect syncrétique d'Amon-Rê. Ce clergé avait accumulé une richesse considérable, principalement grâce aux dons du roi conquérant Thoutmosis III, un des prédécesseurs d'Aménophis III. En raison de l'intrication propre à l'antiquité pharaonique entre le religieux, le politique et l'économie, le clergé d'Amon était tout-puissant dans la vie politique et diplomatique du royaume. Il interférait dans les affaires d'autant plus aisément qu'il était chargé de former l'élite administrative du pays, les scribes au premier chef, dans l'école dite « Maison de vie ». Aménophis IV voulut-il rompre avec un système qui limitait son pouvoir ? Il abandonna Thèbes, après avoir dépossédé les prêtres d'Amon de leurs biens et fait effacer sur les monuments le nom du dieu. C'est peut-être à ce moment-là qu'il changea son nom royal pour prendre celui d'Akhénaton, signifiant « Aton est brillant », c'est-à-dire lumineux, rayonnant.

Akhetaton, ville nouvelle

Le choix géographique du roi se porte sur un site de Moyenne-Égypte : à 250 kilomètres au nord de Thèbes et à 250 kilomètres au sud des pyramides, au lieu-dit, au XIXe siècle, Tell el-Amarna, dans la province de Miniah. Pourquoi en ce site ? Le roi a fait écrire, par la suite, que le dieu Soleil l'avait guidé dans le choix de ce lieu vierge de toute construction antérieure et de toute attribution divine. Situé sur la rive droite du Nil, il est protégé à l'ouest par la chaîne arabique, au nord et au sud par deux défilés étroits. Une vaste échancrure dans les falaises, vers l'orient, fait songer au signe hiéroglyphique *akhet*, qui figure la montagne où le disque solaire apparaît au matin. Akhénaton fit marquer le périmètre de la ville à construire par une série de stèles-frontières gravées sur les parois rocheuses. L'une d'elles porte l'inscription d'un serment fait par Pharaon : « Serment que prononça le roi de Haute et de Basse Égypte, celui qui vit de Maât, le Maître des Deux Terres, Neferkhépérourê, l'Unique de Rê, le Fils de Rê qui vit de Maât, le Maître des Couronnes, Akhénaton, à qui est donnée toute vie pour toujours. » Curieusement, dans les inscriptions, le roi n'utilise pas le déterminatif hiéroglyphique de la ville (*niout*) pour désigner Akhetaton, mais il la définit comme « espace divin ». *Akhet-Aton* signifie « sanctuaire de l'astre solaire ». Le site archéologique s'étend sur 9 kilomètres du nord au sud et sur 3 d'est en ouest.

Le programme de construction était considérable. Les fouilles successives permettent de restituer un axe central matérialisé par une chaussée royale orientée nord-ouest sud-est, desservant le centre-ville. Là se trouvent le grand temple d'Aton, le palais royal, des salles d'audience, des cuisines, les bureaux de l'administration du royaume, et un quartier de dépôt des archives. Une cité annexe, dite « quartier nord », comportait un autre palais. Au sud, une autre cité abritait des maisons d'habitation et un atelier de sculpteurs où fut découvert le buste polychrome de Néfertiti (conservé au musée de Berlin). Encore plus au sud se trouvait le *Marou-Aton*, lieu de culte, proche de l'habitat des hauts fonctionnaires. À l'est, le lit d'un oued s'ouvrait sur le chantier inachevé d'une nécropole royale. Cet espace urbain présente la particularité de réunir sur la même rive du Nil les constructions des vivants et celles destinées aux défunts, ce qui n'est pas l'usage dans la tradition religieuse égyptienne. Les défunts sont en général réunis dans des tombes sur la rive occidentale du Nil.

Pharaon, grand prêtre et seul médiateur d'Aton

Pharaon, dans le cadre de la nouvelle liturgie qu'il avait instituée, dépossédant les clergés des différents dieux de leurs attributs, était devenu le grand prêtre du dieu Aton. Le grand temple était désigné par le nom *Per-Aton-em-Akhetaton* (« La demeure d'Aton dans Akhet-Aton »). Seules subsistent les fondations du temple, à l'intérieur d'un enclos de briques. Les bas-reliefs de quelques tombes de fonctionnaires d'Amarna ont heureusement permis de restituer en partie la forme du culte qui s'y pratiquait. Les trois structures intérieures au grand temple avaient la particularité d'être à ciel ouvert (fig. 1). Toute l'activité religieuse se déroulait sous le soleil. Pharaon en personne officiait devant une table chargée d'offrandes pour remercier le soleil de ses dons à l'univers. La figuration des dieux traditionnels a disparu. Les participants, au lieu de la représentation hiératique traditionnelle, sont représentés dans des postures propres à la fonction qu'ils remplissent. La famille royale, figurée debout comme le roi, participe au culte. Les courtisans s'inclinent devant le roi. La résidence du roi et de sa famille, un palais de taille modeste, se situait près de ces espaces de culte. Là était édifiée une « fenêtre des apparitions » où Akhénaton distribuait des récompenses à certains hauts fonctionnaires. Des bas-reliefs révèlent l'aspect de cet édifice.

Fig. 1 – Pharaon rend le culte dans le temple, sur un podium face à la table d'offrandes et dans un sanctuaire à ciel ouvert

Le culte d'Aton était caractérisé par de somptueuses offrandes quotidiennes et la récitation des hymnes solaires. Dans les temples d'Akhetaton, deux hymnes étaient récités au cours des célébrations.

Des versions inscrites dans les tombes rupestres ont été relevées, traduites et commentées, parfois avec des interprétations contradictoires. Le texte hiéroglyphique le plus complet a été découvert dans la tombe du haut dignitaire Ay, secrétaire particulier du pharaon. La version courte de l'hymne figure dans cinq autres tombes de dignitaires, dont la tombe de Mahu.

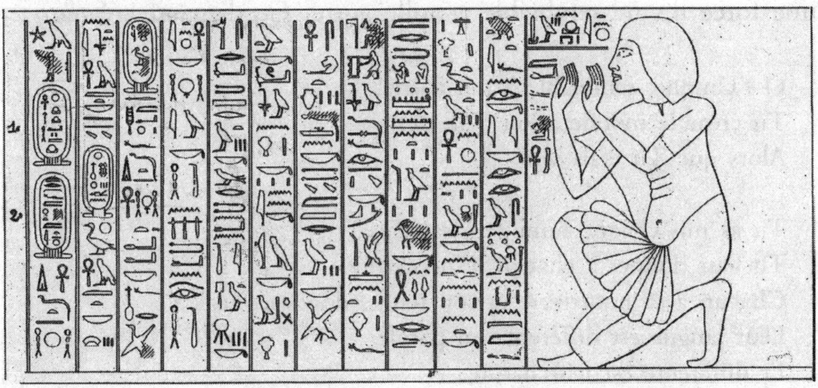

Fig. 2 – Hymne à Aton dans la tombe de Mahu

Voici des extraits de la traduction du grand hymne par l'égyptologue anglais Cyril Aldred (1969). La prière s'adresse à Aton, le disque solaire (les mots entre parenthèses sont des interpolations, les termes soulignés sont de lecture douteuse).

Tu apparais merveilleux à l'horizon du ciel,
Toi, Aton, vivant, commencement de la vie !
Une fois que tu t'es levé au-dessus de l'horizon oriental,
Tu as conféré Ta beauté à tous les pays.
Tu es gracieux, grand, brillant et haut au-dessus des pays ;
Tes rayons atteignent les terres situées à la limite de tout ce que Tu as créé ;
Comme tu es Rê, Tu atteins la fin de tous :
(Tu) les soumets pour (Ton) fils Aimé (Akhénaton).
Bien que tu sois loin, Tes rayons sont sur terre ;
Bien que tu sois en leur vue (des hommes), aucun d'eux ne connaît Tes voies.

Lorsque tu disparais à l'horizon occidental,
Le pays est dans l'obscurité et semble comme mort.
[…]

L'hymne aborde ensuite les bienfaits reçus par l'humanité : le souffle accordé à chacun, la fécondité, l'accès à l'alimentation. Cela concerne toute l'humanité, les Égyptiens et les étrangers. Aton est une force divine semblable à nulle autre. Ce dieu est créateur :

O l'Unique, semblable à nul autre !
Tu créas le monde selon Ton désir
Alors que Tu étais seul.
[…]
Tu as mis chaque homme à sa place,
Tu leur donnes à chacun le nécessaire
Chacun a sa nourriture et son temps de vie est calculé
Leur langue est différente en parole,
Et différente est leur nature.
Leurs peaux sont distinctes,
Parce que Tu as distingué les peuples étrangers.

L'hymne fait ensuite allusion à l'universalisme d'Aton, qui règne sur la crue du Nil, mais aussi sur un fleuve mythique qui irrigue les contrées étrangères éloignées, un « Nil dans les cieux ».

Aton est un « Seigneur d'Éternité », « ses rayons allaitent chaque prairie ». Il est à l'origine du rythme des saisons. La prière s'achève par une invocation plus personnelle :

Alors que Tu étais seul,
Te levant sous Ta forme comme Aton vivant,
Apparaissant, brillant, T'éloignant ou T'approchant
Tu as fait des millions de formes de Toi-même seul
[…]
Tu es dans mon cœur,
Et là il n'y a personne d'autre qui Te connaisse
Si ce n'est Ton fils Nefer-Khéperou-Rê, Oua-en-Rê (Akhénaton)
Car Tu l'as fait savant dans la connaissance de Tes plans et de Ta force.

Forte est la tentation de déceler dans cet hymne des interrogations et une expression révolutionnaires par rapport à la religion polythéiste pratiquée en Égypte. En fait, nombre des séquences de cette prière sont inspirées par la culture égyptienne traditionnelle. Le soleil était regardé comme un démiurge qui avait fait sortir du chaos la création et les êtres vivants. D'autres compositions antérieures au Nouvel Empire expriment la jubilation de la nature sous les rayons du soleil. Un hymne à Amon de Thèbes, écrit sous le règne d'Aménophis II, célèbre dans une adoration commune Rê le soleil et Atoum le dieu créateur. Dans quelques autres textes de même inspiration, on trouve des allusions à la création de l'humanité en incluant les étrangers. Les prières anciennes dédiées à Thot ou à Osiris inspirent également la spiritualité de l'époque. Thot est évoqué comme celui qui dispense les connaissances et qui « fit les langues des pays différentes les unes des autres ». Osiris est invoqué comme celui qui « a fait ce pays avec ses mains, son eau et son air, sa végétation et tous ses troupeaux, tout ce qui vole et qui bat des ailes, ses choses rampantes et les bêtes du désert ».

L'hymne à Aton n'échappe pas à ces influences venues des temps anciens. Mais sa nouveauté réside davantage dans ce qui n'est pas dit. À aucun moment il n'est question des autres dieux de l'Égypte. Est-ce délibéré ? La culture et l'esprit de l'époque avaient-ils poussé Akhénaton à s'imaginer comme le seul grand prêtre ou médiateur par rapport à cette puissance panthéiste du soleil qui fait vivre l'univers, hommes, bêtes et plantes ? La disparition des références directes à Osiris est étonnante. Dans sa fonction de dieu des défunts, son culte était fort enraciné dans toutes les provinces du pays. Quelques égyptologues ont émis l'hypothèse que l'eschatologie d'Aton était peut-être liée à un très ancien culte agraire d'Osiris. Le *Ba*, principe spirituel formant l'individu (dans la vie et dans l'au-delà), selon ce culte, pouvait se manifester à l'aube parfois sous la forme d'oiseaux, pour retourner au crépuscule dans le tombeau. Ce concept de création de l'univers par Aton à chaque aube est plusieurs fois répété dans les hymnes d'Amarna.

Les inscriptions relevées dans les cinq tombes des hauts fonctionnaires Mahu (cf. fig. 2), Meryrê, Toutou, Apy et Any révèlent une version brève de l'hymne à Aton, traduite par Morgane Ferglоute (2016). Au début de la prière figure le nom dogmatique de la divinité curieusement inscrit sous deux cartouches comme pour la titulature pharaonique (fig. 2, première colonne à gauche) :

Vive Rê, le souverain qui se réjouit dans l'horizon
En son nom de lumière qui émane de l'astre solaire.

Dans son invocation, Pharaon se proclame Fils d'Aton. La prière se développe ensuite en trois points.

(1) Ton Fils est pur en accomplissant ce que tu loues,
O Aton, vivant dans ses apparitions. Ce que tu as créé danse avec toi.
Ton Fils auguste se réjouit, son cœur est dans la joie.
(2) Son enfant, son auguste Fils, qui est tout à fait l'Unique de Rê,
Sans interruption,
Le fils de Rê qui élève sa perfection.
(3) Je suis Ton Fils, celui qui t'est utile, celui qui élève ton nom.
Ta force et ta puissance sont installées dans mon cœur. Tu es l'Aton vivant, éternelle est ton image.

Dans le grand hymne, comme dans la version brève, le texte met l'accent sur la création et sur la lumière qui éclaire l'humanité, qui donne vie et mouvement.

Égypte et monde biblique

De longue date, les biblistes et les hébraïsants ont souligné les analogies entre le psaume 104 de l'Ancien Testament dédié à Yahweh et le grand hymne à Aton. Qui a influencé qui ? Le texte d'Aton serait-il antérieur au psaume biblique ? Ce sujet a beaucoup occupé les spécialistes des deux disciplines. Force est d'observer que les ressemblances entre les deux textes sont liées à des conceptions cosmologiques communes à l'ensemble du Proche-Orient ancien. Mais, même si le texte amarnien est antérieur de quelques siècles, rien ne permet de soutenir l'idée d'une filiation entre le supposé « monothéisme » amarnien et le monothéisme biblique. Dans l'hymne amarnien, Pharaon devient la cause bienfaitrice de toute cohésion sociale. Le roi est le simple porte-parole d'un dieu muet, contrairement au Dieu de la Bible qui délivra un message aux patriarches, puis les tables de la Loi à Moïse.

L'hypothèse d'un monothéisme d'Aton pourrait être étayée, à un premier niveau, par la formule du grand hymne « O l'Unique, semblable à nul autre ». À un deuxième niveau, la persécution des anciennes divinités ouvre la porte à l'idée d'un désir de destruction du panthéon traditionnel, tentative d'éliminer les autres dieux en faveur de « L'Un ». À un troisième niveau, la forme adoptée par le culte abonde dans le sens de cette hypothèse. Ce dernier est consacré presque exclusivement à Aton sur tous les monuments d'Amarna. Plus tard, dans l'Égypte d'époque ramesside, apparurent des hymnes dédiés à « L'Un », un dieu cosmique englobant le soleil et la lune, mais qui, au rebours d'Aton, tolère les autres divinités tout en ne leur révélant pas qui il est.

> Il est plus loin que le ciel
> Plus profond que les enfers.
> Aucun dieu ne connaît sa véritable apparence,
> Son image n'est pas révélée par les écritures,
> On n'enseigne rien de sûr à son sujet.
> (Papyrus de Leyde.)

Ce dieu cosmique aurait-il été « L'Un » qui préexistait à la création ? Par son œuvre il se serait transformé en formes « multiples » qui le révéleraient aux yeux de tous.

Akhénaton, mystique et hénothéiste ?

Akhénaton n'a pas laissé de livre sacré définissant une doctrine. Il semble toutefois être le premier dans l'histoire de la Méditerranée et du Proche-Orient à avoir introduit dans la pensée religieuse la distinction entre vrais dieux et faux dieux, dans une démarche antérieure à celle de Moïse, qui distinguait Dieu et les idoles.

Sigmund Freud a consacré un essai en 1939 à *L'Homme Moïse et la religion monothéiste*. Il s'est appuyé sur les travaux de l'égyptologue américain James Henry Breasted, qui avait publié sa thèse en 1894 à Berlin. Ce dernier s'interrogeait sur « la révolution monothéiste d'Akhénaton » dans le but d'identifier les sources du monothéisme biblique. Freud avait aussi eu connaissance de l'ouvrage paru en 1910 de l'archéologue anglais Arthur Weigall, qui associait la pensée d'Akhénaton au récit biblique. Le monothéisme signifiait pour Freud le retour du père primitif assassiné, refoulé. Il avait imaginé Moïse comme un disciple d'Akhénaton qui se serait rapproché des Israélites, après la mort du roi, pour leur enseigner une religion monothéiste. Pendant ce temps, les « sages » égyptiens, les scribes qui rédigeaient des enseignements (*sebayt*) dans la « Maison de vie », auraient attendu la mort d'Akhénaton, pharaon hérétique, pour abolir sa religion nouvelle et en effacer toute trace dans la mémoire du pays. À cet effet, une campagne de destruction des monuments, de martelage des inscriptions et représentations datant de son règne fut entreprise. Parallèlement, les disciples qui auraient suivi Moïse au désert se seraient révoltés, ne pouvant accepter une religion aussi abstraite et exigeante. Ils auraient assassiné Moïse ! Fort de cette hypothèse, Freud explique la longue « latence » du monothéisme dont le souvenir demeura dans l'inconscient collectif jusqu'à l'apparition des Prophètes d'Israël rappelant, à partir du VIIIe siècle avant J.-C., la loi divine oubliée du Deutéronome. Il interprète les malheurs du peuple d'Israël (Deut., 28, 15-68), la chute du royaume du Nord, l'invasion assyrienne puis la déportation à Babylone comme la punition encourue par le peuple pour avoir ignoré la loi du Deutéronome.

L'égyptologue Jan Assmann estime que le traumatisme monothéiste est double. Akhénaton aurait été le premier à déclarer que toutes les divinités de la religion traditionnelle étaient fausses. Il aurait été en cela un hérétique oublié par les Égyptiens. La persécution des divinités, l'iconoclasme et de manière générale la « théoclastie » d'Akhénaton furent peut-être ressentis par la population comme une faute, un blasphème impensable, ce qui amena à l'effacer de la mémoire par tous les moyens et à détruire tous les monuments de son règne. Cependant, Akhénaton n'a pas totalement disparu de la mémoire collective des Égyptiens. Il aurait été « refoulé », mais son souvenir serait curieusement réapparu sous un autre nom à l'époque hellénistique. Voilà une tradition fort étrange, véhiculée à un moment de brassage culturel et religieux entre le monde grec et l'Égypte des traditions pharaoniques. Il persiste une trace écrite de cette mémoire dans le récit de Manéthon, prêtre érudit du IIIe siècle avant J.-C., à l'époque des Ptolémées, qui rapporte cette tradition orale. Son œuvre d'histoire et de chronologie des rois d'Égypte est en grande partie perdue. Il a cependant été lu par l'auteur juif Flavius Josèphe, qui le cite dans son ouvrage apologétique *Contre Apion*, au Ier siècle après J.-C. Il est dit que le roi Aménophis III aurait demandé un jour à voir les dieux. Un sage de l'époque lui aurait dit qu'il verrait les dieux s'il purifiait son pays des lépreux. Le roi fit alors réunir tous les lépreux du pays, les enferma dans une sorte de campement et les fit travailler durement sur des chantiers de construction. Les lépreux malheureux et exploités se choisirent un chef, dont le nom était Osarsiph, un prêtre d'Héliopolis. Ce dernier alla négocier avec Pharaon, qui finit par lui accorder que tous les lépreux partiraient s'installer avec Osarsiph dans la ville d'Avaris, sur la marge orientale du delta du Nil. Osarsiph donna des lois à cette communauté de lépreux. Le premier commandement interdisait d'adorer les dieux de l'Égypte. La loi prohibait la communication avec d'autres populations. À la fin du récit on apprend qu'Osarsiph prit le nom de Moïse. Osarsiph-Moïse fortifia la ville d'Avaris puis partit à la conquête du pays, fit brûler des villes égyptiennes, détruisit les images des dieux et fit manger les animaux sacrés. Son pouvoir et la terreur qu'il exerçait durèrent treize ans. Étrange ! C'est aussi la durée approximative de l'occupation de la ville d'Amarna avant qu'elle ne soit abandonnée aux sables. Dans le récit de Manéthon rapporté par Flavius Josèphe apparaît pour la première fois le langage de la maladie, la pire forme d'impureté est désignée : la lèpre. Beaucoup plus tard, les Pères de l'Église reprirent ce langage pour l'appliquer aux païens et aux idolâtres.

L'art amarnien : créativité et innovation

Une des grandes originalités du règne d'Akhénaton réside dans la libération des formes artistiques par rapport aux canons issus d'une longue tradition. Le répertoire des images fait appel à des scènes de la vie royale quotidienne et familiale, loin des contraintes des figurations officielles ou des scènes à dominante religieuse. Au lieu de l'immobilisme et des poses hiératiques, l'art amarnien laisse deviner un style de vie joyeux et spontané. Akhénaton et Néfertiti sont souvent figurés avec leurs filles, y compris au cours de repas, chose inimaginable jusque-là dans la représentation de la famille royale. Sur un bas-relief de la tombe du dignitaire sacerdotal Méry-Rê figurant une fête grandiose, Akhénaton et son épouse sont assis et se tiennent tendrement par la main en présence de leurs six filles, dont l'une porte des fruits de mandragore, une autre un petit faon. Des délégués de Nubie participent à cette grande fête publique, ainsi que des représentants des provinces du Nord, de l'Asie et de l'Égée, tandis que des jeux sont organisés en l'honneur des participants à cette fête. Le mouvement caractérise chacun des personnages sur les registres de cette vaste composition. Dans un autre domaine de l'intimité familiale, une stèle montre Akhénaton et Néfertiti devisant avec trois de leurs petites filles. Elles ont grimpé sur leurs genoux. Tous sont dehors assis sous un kiosque dans un jardin du palais. Le vent fait ondoyer les rubans des coiffes des souverains. Quelques jarres de vin sont posées à côté des sièges. Au-dessus de la scène le disque solaire et ses rayons munis de mains survole toute la famille. Une autre stèle figure les époux dégustant une coupe de vin. Ailleurs, sur un tesson de poterie, une des petites princesses déguste une aile de poulet ! D'autres figurations exaltent les beautés de la nature. De gracieux vestiges des peintures murales du palais montrent des bosquets de papyrus, des fleurs de lotus et des animaux gambadant dans les prairies au bord du Nil. Tous ces types de scènes disparurent brutalement de l'art égyptien après cette période. On en revint aux canons traditionnels enseignés dans les ateliers royaux. Le règne d'Akhénaton n'aurait-il été qu'une parenthèse énigmatique ?

Bibliographie sélective

Généralités

BARUCQ, André et DAUMAS, François, *Hymnes et prières de l'Égypte ancienne*, Cerf, 1980.

HORNUNG, Erik, *Les Dieux de l'Égypte, l'un et le multiple*, Monaco, 1986 ; rééd. Flammarion, coll. « Champs », 1992 (traduction de l'ouvrage *Der Eine und die Vielen,* Darmstadt, 1971).

MEEKS, Dimitri, *Les Égyptiens et leurs mythes,* Hazan, coll. « Chaire du Louvre », 2018.

VANDERSLEYEN, Claude, *L'Égypte et la vallée du Nil,* t. 2, *De la fin de l'Ancien Empire à la fin du Nouvel Empire*, PUF, coll. « Nouvelle Clio », Vᵉ partie, chap. II, « Amenhotep IV-L'épisode amarnien Akhénaton », 1995.

Sur Akhénaton et l'archéologie d'Amarna

ALDRED, Cyril, *Akhénaton le pharaon mystique*, Tallandier, 1969 (traduction de l'ouvrage *Akhenaton*, Londres, Thames and Hudson, 1969). Ouvrage accompagné d'une illustration commentée.

AUFRÈRE, Sydney et GOLVIN, Jean-Claude, *L'Égypte restituée,* t. 3, *Sites, temples et pyramides de Moyenne et Basse Égypte,* Errance, 1997, « Amarna », p. 236-256.

DESROCHES-NOBLECOURT, Christiane, *L'Égypte ancienne. L'extraordinaire aventure amarnienne,* éditions des Deux-Mondes, 1960.

FERGLOUTE, Manon, « Le petit hymne à Aton et le monothéisme d'Akhénaton », in *Acta Orientalia, Belgica*, 2016, Bruxelles, n° 29, p. 277-296.

Posener, Georges, Sauneron, Serge et Yoyotte, Jean, *Dictionnaire de la civilisation égyptienne*, Hazan, 1959, 1re éd., articles « Amarna » et « Aton ».

Römer, Thomas (préface), *Ce que la Bible doit à l'Égypte,* collectif, Bayard, 2008 (cf. les contributions de Jan Assmann, Erik Hornung).

Les musées et les collections égyptologiques

De belles pièces de l'art amarnien (statues, bas-reliefs, fragments de peintures) sont présentées au musée archéologique du Caire, au musée de Louqsor (les *talatates*), au musée archéologique de Berlin, au musée du Louvre, au British Museum de Londres.

Un roman du Prix Nobel de littérature

Mahfouz, Naguib, *Akhénaton le renégat*, 1998, Denoël, traduction française et édition en Livre de poche.

2

L'Atlantide : quelle énigme ?

par Maurice SARTRE

Le très sérieux journal italien La Stampa *lui consacre une page entière en ce 15 juin 2002 ; l'édition italienne du* National Geographic *y revient le 10 novembre 2010 : on a localisé l'Atlantide. Le journaliste-archéologue-géologue Sergio Frau est formel : l'Atlantide, c'est la Sardaigne. La photogrammétrie aérienne l'atteste, ajoute* La Stampa *le 23 août 2016. Que ceux qui la cherchent du côté du détroit de Gibraltar rangent scaphandres et sonars : les fameuses « colonnes d'Hercule » au large desquelles Platon situe l'île-continent désignent en réalité le détroit de Messine ! Quelques esprits chagrins feront peut-être remarquer que l'Atlantide a été engloutie tout entière dans les flots, selon Platon, mais le philosophe dramatise sans doute pour les besoins de sa cause. Pourquoi bouder son plaisir lorsqu'une énigme est enfin résolue ? Énigme, ai-je dit ? Mais, au fait, quelle énigme ?*

Dans deux dialogues rédigés vers 358-355, le *Timée* et le *Critias*, Platon raconte, par l'intermédiaire d'un auditeur de Socrate, Critias, une histoire appelée à connaître, depuis lors, une immense fortune aussi bien dans la littérature que, plus récemment, au cinéma et à la télévision, celle de l'Atlantide (en grec *Atlantis*). Environ 40 000 ouvrages lui ont été consacrés, sérieux ou fantaisistes, car si Platon, l'un des piliers de la philosophie occidentale, survit par chacune de ses œuvres, le mythe qu'il a créé offre « un champ de divagations incontrôlées pour les dilettantes, un objet d'intérêt très vif, pour ne pas dire maladif, dans le grand public », comme le soulignait dès 1952 le grand archéologue Massimo Pallottino. Cet intérêt ne faiblit pas et il faut donc revenir aux textes pour comprendre les enjeux d'une histoire que beaucoup considèrent comme énigmatique. Mais où est l'énigme ?

Le récit de Critias

Au lendemain d'une réunion qui a rassemblé, autour de Socrate, trois de ses fidèles auditeurs pour discuter du meilleur régime politique, mais aussi des origines de l'homme et de la Terre, Critias fait un récit qui étonne beaucoup la petite assemblée. Le conteur, personnage historique bien connu, fut l'un des « Trente Tyrans », ces hommes qui renversèrent le régime démocratique athénien en 404 avant notre ère et gouvernèrent la cité avec brutalité. Il fut exécuté lors du rétablissement de la démocratie par les exilés en 403. La discussion se tient donc environ un demi-siècle avant la rédaction du dialogue, Socrate étant lui-même mort en 399.

Quelque neuf mille ans avant l'époque de Solon, soit vers 9600 avant notre ère, la cité d'Athènes vivait, prospère et vertueuse, sur le territoire qui est resté le sien, quoique réduit : il s'étendait alors de l'isthme de Corinthe jusqu'au territoire d'Oropos, au sud-est de la Béotie. Placés sous la double protection d'Athéna et d'Héphaïstos, divinités de la sagesse et de l'habileté technique, les Athéniens pratiquaient alors l'agriculture sans ignorer l'artisanat ; mais, bien que située près de la mer, la cité ne jugeait pas utile de posséder une marine. La population, répartie en trois groupes – artisans, agriculteurs et guerriers –, vivait autour de l'Acropole, qui englobait la colline de la Pnyx et le mont Lycabette. Les Athéniens maintenaient une certaine égalité de fortune, chacun possédait le nécessaire, mais personne ne cherchait à acquérir le superflu. L'or et l'argent n'y avaient d'ailleurs pas cours. Les guerriers ne possédaient pas de propriété privée et se contentaient de protéger la population et, à l'occasion, les autres Grecs. Cela leur valait l'admiration de tous et on louait autant leur beauté physique que leurs qualités morales. La cité, très peuplée, comptait 20 000 hoplites, mais l'abondance des sols fertiles et des pluies permettait à chacun de vivre confortablement. De cette Athènes ancienne, il ne reste qu'un squelette, car séismes, inondations, déluges ont emporté la plupart des grasses terres agricoles, laissant souvent la roche à nu.

Cette cité heureuse et bien gouvernée dut affronter un redoutable danger. À l'ouest des « colonnes d'Hercule », c'est-à-dire du détroit de Gibraltar, se trouvait une île gigantesque, *Atlantis*, plus vaste que la Libye (c'est-à-dire l'Afrique) et l'Asie réunies (les Anciens leur accordaient une étendue équivalant à l'Europe), propriété de Poséidon. Le dieu de la mer y avait établi les cinq paires de jumeaux mâles qu'il avait eues d'une nymphe, Clitô, fille d'un couple de mortels autochtones, Evénor et Leucippè. Critias donne une description détaillée de la configuration géométrique de l'île, et en énumère les richesses multiples : des mines d'orichalque, un métal précieux qui ne le cédait qu'à l'or, d'abondantes forêts et une considérable variété d'animaux domestiques et sauvages, y compris des éléphants. *Atlantis* entretenait des relations commerciales étendues, rien n'y manquait, et, grâce à sa richesse, elle avait élevé une profusion de monuments sacrés, publics et privés, tous plus somptueux les uns que les autres. Vrai pays de cocagne, *Atlantis* abritait une population très nombreuse, répartie entre les 60 000 lots affectés aux seuls guerriers ; chaque lot devait fournir deux hoplites, deux archers, deux frondeurs, deux cavaliers avec leur cheval, un conducteur de char, six fantassins légers et quatre rameurs. Une armée innombrable en somme, souligne Critias. La cité disposait d'une puissante marine (1 200 trirèmes), ses trois ports abritaient la flotte de guerre et recevaient aussi des marchands qui y entretenaient le tumulte jour et nuit. Tout y semblait donc inépuisable, les hommes comme les ressources.

Mais les bonnes lois établies par Poséidon tombèrent peu à peu en désuétude, à mesure que la part humaine l'emportait sur la part divine des habitants. Les dix rois qui régnaient sur l'île – sous l'autorité d'Atlas, fils aîné de Poséidon, puis de ses descendants –

commencèrent à mener une politique agressive envers les autres peuples, proches ou lointains. Ils conquirent ainsi l'Afrique jusqu'à l'Égypte, et l'Europe jusqu'à la Tyrrhénie, c'est-à-dire l'Italie centrale. La Grèce entière fut menacée à son tour, en particulier Athènes.

Face au danger, la cité parvint à mobiliser les Grecs, mais la plupart se rendirent sans combattre et Athènes resta seule face à l'ennemi. Grâce à l'excellence de ses lois et au courage de ses citoyens-hoplites, elle parvint néanmoins à vaincre *Atlantis*. Mais les dieux, scandalisés par le comportement des habitants d'*Atlantis*, décidèrent de punir l'île. Le récit s'arrête brutalement dans le *Critias* avec l'ouverture de la réunion où Zeus sollicite l'avis des dieux, mais l'épilogue avait été annoncé dans le *Timée* et résume suffisamment la fin de l'aventure : *Atlantis* disparut, engloutie avec toute sa population dans une succession de séismes et d'inondations gigantesques. Ses vestiges formèrent une sorte de masse vaseuse qui empêcha toute navigation dans l'océan extérieur, l'Atlantique. La population d'Athènes périt noyée dans le même séisme, sauf quelques bergers illettrés réfugiés dans les montagnes. Décrire la guerre ou les catastrophes parut probablement inutile à Platon et n'aurait rien ajouté à sa démonstration, et il stoppa net son récit, simulant un dialogue inachevé.

Platon historien ?

Le récit de Critias fourmille de détails qui lui donnent une saveur historique incontestable. Il explique d'abord d'où il tient son récit. Son grand-père, Critias l'Ancien, très âgé, lui aurait raconté, à lui, enfant de 10 ans, ce que Solon avait appris en Égypte. Le propre père de Critias l'Ancien, Dropidès, était en effet un ami proche de Solon. Lors de son voyage sur les bords du Nil, celui-ci était allé à Saïs, une ville du Delta qui honorait la déesse Neith, que les Grecs nomment Athéna. Les prêtres lui rapportèrent des éléments inédits de la très ancienne histoire d'Athènes, lui expliquant qu'eux, Égyptiens, en avaient conservé la trace, mise par écrit il y avait huit mille ans, alors que les Athéniens, victimes de plusieurs déluges et non d'un seul, comme ils le croyaient, n'en avaient pas gardé le moindre souvenir car seuls des bergers illettrés, incapables de rien transmettre aux générations futures, survécurent à chaque catastrophe. Platon donne du crédit à son récit en citant ses sources : les prêtres égyptiens et Solon, les hommes les plus sages de la terre pour les Égyptiens, le plus sage des Sept Sages de la Grèce pour Solon, tous s'accordent là-dessus. Et Critias ajoute qu'il conserve chez lui les documents écrits qui confirment son récit.

La description détaillée de Critias donne plus qu'un parfum d'historicité à ses propos, à commencer par la localisation précise de l'île-continent. Mais il décrit les cités d'il y a neuf mille ans avec des termes qui s'appliquent plutôt aux cités de son temps, et beaucoup d'allusions pouvaient éveiller le doute chez ses lecteurs. Ainsi, les bonnes lois qui régissent cette Athènes ancienne ressemblent aux propositions de Socrate dans la *République* pour la cité idéale. Souvent, il s'agit de traits réels puisés de-ci de-là. Ainsi, la population de l'Athènes ancienne est répartie en trois classes, comme elle l'est en trois tribus dans de nombreuses cités doriennes oligarchiques, alors que les rois qui gouvernent *Atlantis* sont dix, comme les tribus de l'Athènes démocratique. Athènes ne possède pas de port, pas de bateaux, pas de rameurs, et mène une vie respectueuse de ses voisins. À l'inverse, *Atlantis* possède une puissante marine – 1 200 trirèmes, chiffre annoncé par Hérodote pour la flotte perse lors de la seconde guerre médique en 481-480 –, 10 000 chars de guerre (autre emprunt aux Perses), vit des échanges maritimes, possède des mines du minerai le plus précieux après l'or, se couvre de temples somptueux, baigne dans le luxe et mène une vigoureuse politique impérialiste.

Platon répartit en fait entre l'Athènes ancienne et sa rivale, *Atlantis,* des traits historiques qu'il puise dans la longue histoire d'Athènes. Mais d'autres éléments sont empruntés à Homère (*Atlantis* n'est pas sans évoquer l'île des Phéaciens de l'*Odyssée*), à Hésiode, et à des traditions mythologiques diverses. Bernard Sergent a pu ainsi relever une foule de détails qui proviennent de l'ensemble de ce que Platon pouvait lire ou connaître en son temps. Pour donner une consistance historique à son récit, il le truffe de faits vraisemblables pour ses lecteurs. Vraisemblables, certes, mais sont-ils réels pour autant ? C'est une autre histoire.

Platon, pasticheur

Une étude détaillée du vocabulaire de Platon dans l'histoire de l'Atlantide montre qu'il y use de termes absents de ses autres ouvrages, mais fréquents sous le calame d'Hérodote. Ses lecteurs ne pouvaient pas s'y tromper. Soucieux d'apparaître comme historien, Platon emprunte le vocabulaire de celui que les Grecs considèrent comme le fondateur de l'Histoire, Hérodote. D'ailleurs, il le plagie en transposant le combat entre Grecs et Perses, sujet des *Histoires*, en une lutte non moins grandiose entre Athènes et *Atlantis,* la puissance de l'Occident. Platon a lu aussi chez Hérodote l'histoire d'Atlas soutenant la voûte du ciel près des colonnes d'Hercule.

La longue description que Critias donne de l'île-continent n'est pas sans évoquer aussi la manière d'Hérodote, qui, interrompant son récit des relations entre Grecs et Perses, place de longues digressions pour décrire un peuple, une cité, une expédition. Comme Hérodote, Platon accorde aux prêtres égyptiens une autorité indiscutable : en les plaçant à l'origine du récit, il écarte les doutes des auditeurs sur l'authenticité de cette histoire lointaine.

Mais il lance aussi quelques clins d'œil à ceux qui seraient tentés de le prendre au pied de la lettre. Ainsi la date des faits : neuf mille ans avant l'époque de Solon ! Avant les travaux de Boucher de Perthes au XIXe siècle, les hommes n'avaient aucune idée de la durée des temps passés. En Mésopotamie, en Grèce comme en Judée, on ne donnait pas plus de quelques millénaires à l'histoire humaine. L'ère juive de la création du monde fixait son point de départ trois mille sept cent soixante ans avant le début de l'ère chrétienne. Quelques savants, comme Buffon, proposèrent dès le XVIIIe siècle d'allonger cette durée, mais il leur fallait pour cela mettre en doute les vérités bibliques, ce qui n'était pas sans danger.

Les Grecs n'imaginaient pas une date plus ancienne. En proposant tout à coup une histoire remontant à plus de neuf mille ans, Platon rompt avec le vraisemblable, et s'oblige à se justifier : les prêtres de Saïs affirment à Solon que ses ancêtres n'ont pas subi un seul déluge, celui de Deucalion, mais plusieurs, qui ont effacé la mémoire des temps anciens, alors que l'Égypte, habituée à la crue annuelle du Nil, a su préserver une continuité qui fait défaut ailleurs. Platon laisse néanmoins subsister une contradiction qui doit alerter le lecteur : comment et pourquoi les prêtres de Saïs, qui ne commencèrent à écrire qu'en 8600, de leur propre aveu, ont-ils conservé le souvenir de faits survenus en Grèce mille ans plus tôt ?

Dans un autre passage, Platon explique de façon alambiquée pourquoi les habitants d'*Atlantis* portent des noms familiers aux Grecs ; c'est que les originaux ont été traduits en égyptien, puis de l'égyptien en grec par Solon, d'où cette allure très grecque ! Visiblement, Platon s'amuse.

Il parsème ainsi son texte de signes qui indiquent que l'on est dans le domaine du pastiche et de la fable. Car il n'y a pas une once de réalité dans le mythe qu'il élabore. Certes, la fiction, telle un bon roman, emprunte au réel pour paraître crédible, mais il n'y a pas à chercher dans le récit de Platon le moindre vestige d'une mémoire enfouie. Comme n'importe quel Grec de son temps, il sait ce que sont une éruption volcanique, un tremblement de terre, un tsunami, des inondations désastreuses, une épidémie (il a vécu la « peste » d'Athènes). Mais il n'a aucun moyen de connaître, par exemple, la date et les conséquences de l'éruption du volcan de Santorin (que l'on date vers 1650 avant notre ère), qui a englouti la ville d'Akrotiri et où l'on a voulu voir la matrice de son histoire. Platon connaît l'Histoire comme la connaissent les anciens Grecs : par les seuls récits de ses prédécesseurs. Il a lu Homère, Hésiode, Hérodote, Thucydide, et sans doute d'autres dont l'œuvre a disparu. Comme eux, il n'a aucune idée de la profondeur du temps, il ignore tout ce que l'archéologie, la numismatique, l'épigraphie, la papyrologie et la méthode critique nous ont enseigné depuis deux ou trois siècles.

Platon décrit les deux cités autour de 9600 avant notre ère comme si elles n'étaient que la simple projection à l'identique d'une cité de son temps. Deux traits seulement lui suffisent à marquer l'évolution : les dieux sont encore présents à la tête de la cité, notamment à Athènes, où il ne mentionne aucune institution politique (ce qui n'est pas le cas d'*Atlantis*) ; et l'Attique n'offre plus que le squelette du riche pays qu'elle était, du fait de l'érosion. Ni les prêtres égyptiens ni les Grecs ne pouvaient savoir ce qui s'était passé au Xe millénaire avant notre ère, époque des débuts de la domestication de plantes et d'animaux au Proche-Orient. Les quelques millénaires du Néolithique qui voient apparaître la sédentarisation, l'agriculture, la céramique, l'architecture monumentale, les premières villes ont fait l'objet de découvertes spectaculaires depuis un quart de siècle, mais il reste exclu qu'il existât des cités organisées comme les décrit Critias. Platon a conscience de l'évolution géologique (qu'il amplifie de beaucoup), ce que chacun au cours d'une vie humaine peut observer (comme la fonte des glaciers et le déplacement des rivages), mais n'en a aucune en ce qui concerne les modes de vie. En aurait-il idée que son mythe deviendrait sans objet. Car le mythe de l'Atlantide a chez Platon une fonction précise, politique et philosophique, et non historique.

Platon critique de la démocratie athénienne

Comme l'avait bien vu dès le XVIIIe siècle Giuseppe Bartoli, professeur de littératures grecque et italienne à Turin, dans un ouvrage paru à Stockholm en 1779, les deux cités antagonistes du récit ne sont en réalité qu'une seule et même cité : Athènes la vertueuse, c'est l'Athènes rêvée des temps anciens, *Atlantis*, c'est l'Athènes contemporaine de Platon corrompue par la richesse, le commerce, les échanges maritimes et l'impérialisme. Dans tout ce récit, il n'est en réalité question que d'Athènes. On se doit de citer Bartoli, qui fut le premier à comprendre le propos de Platon : « La submersion politique de l'île Atlantique, c'est-à-dire l'image de la décadence qu'a souffert la république d'Athènes abandonnée de tous et tombée sous la domination de ses ennemis, trompera-t-elle encore nos philosophes[1] ? », interroge-t-il. Et de conclure après son exposé : « Il ne s'agit que d'un peuple, d'une ville et d'un gouvernement dont je ne sais pas encore si je dois les appeler ou trop ou trop peu connus, des Athéniens, des Athéniens toujours, des Athéniens encore[2]. » En d'autres termes, Bartoli a compris qu'*Atlantis* n'est que le double corrompu d'une Athènes idéalisée, et que dans tout le mythe, il n'est question que d'Athènes, encore et toujours. Pierre Vidal-Naquet, auteur d'un excellent livre sur le mythe platonicien, lui rend hommage à juste titre, en dépit des défauts qu'on peut lui trouver ; le caractère fantasque du personnage a contribué à ce que sa thèse soit moquée et écartée sans grande discussion, y compris par ceux qui défendirent la même position. Le personnage pouvait surprendre (il soutenait que les idéogrammes chinois et les hiéroglyphes égyptiens transcrivaient la même langue, mais on a beau jeu de se moquer quand on vit après Champollion !) et le grand Edward Gibbon le trouvait un peu charlatan quoique savant.

Pourtant, Bartoli, sur le fond, avait raison, et il fallut attendre le XXe siècle pour que son analyse s'impose chez les historiens. La cause était loin d'être gagnée, comme le montrent les tentatives multiples de localiser l'Atlantide et de lui donner une consistance historique qu'elle n'a jamais eue.

Platon oppose deux Athènes. Il y a l'Athènes dont il rêve, celle que vantent à la même époque les adversaires de la démocratie héritée de Périclès, les partisans d'un retour à la *Constitution des ancêtres*, mythe politique d'une démocratie modérée très en vogue au IVe siècle, et souvent attribuée à Solon. Platon va plus loin, et les auditeurs de Critias trouvent d'étranges parallèles entre cette Athènes vertueuse, non impérialiste, vivant dans une aisance dépourvue de

1. G. Bartoli, *Discours par lequel Sa Majesté le roi de Suède a fait l'ouverture de la Diète, en suédois, traduit en français et en vers italiens, avec un essai sur l'explication historique que Platon a donnée de son Atlantide et qu'on n'a pas considérée jusqu'à présent…*, Stockholm, 1779, p. 190-191, cité par P. Vidal-Naquet, *L'Atlantide. Petite histoire d'un mythe platonicien*, Les Belles Lettres, 2005, p. 97.

2. G. Bartoli, *op. cit.*, p. 224-225, cité par P. Vidal-Naquet, *op. cit.*, p. 97.

superflu, avec les propositions de réformes de Socrate, celles qu'il établit dans sa cité idéale, celle de la *République* – celle des *Lois* n'est élaborée qu'un peu plus tard.

À l'inverse, *Atlantis*, dont la description est bien plus fouillée, n'est que le doublon de l'Athènes démocratique que déteste Platon. Quelques indices l'indiquent clairement : sa population descend d'une nymphe autochtone, allusion au mythe athénien de l'autochtonie ; l'île est partagée entre dix rois, comme l'Attique entre les dix tribus territoriales. Elle est riche du second métal le plus précieux, l'orichalque, comme Athènes l'est en argent avec les mines du Laurion. Elle vit des échanges avec l'univers connu tout entier, tous les marchands y affluent dans ses trois ports (Athènes en compte trois aussi), elle entretient non seulement une infanterie d'hoplites, mais elle a une flotte puissante et, pour faire bonne mesure, un charrerie (10 000 chars) qui n'a jamais existé dans le monde grec classique – il faut bien ajouter quelques traits barbares (l'armée immense, la charrerie) pour brouiller les pistes ! *Atlantis* apparaît à l'origine comme un pays de cocagne, qui dispose de tout de façon illimitée. Mais elle en fait mauvais usage, et sa richesse l'incite à conduire une politique agressive qui lui a permis de conquérir toute l'Afrique jusqu'à l'Égypte et l'Europe de l'Ouest jusqu'à l'Italie centrale. Même lorsqu'il inverse les données, Platon reste transparent : il place *Atlantis* à l'extrême ouest comme le double inversé des Perses de l'extrême est ; *Atlantis* a conquis la rive sud de la Méditerranée et un peu de la rive nord, alors qu'Athènes impérialiste a tenté de soumettre les Grecs de la rive nord. Sans plaquer les réalités de l'Athènes de Périclès ou de la Seconde Confédération athénienne (qui a vécu de 377 à 355), la critique de l'impérialisme athénien demeure féroce, quoique masquée. N'importe qui pouvait comprendre l'allusion, sans que Platon se rende passible d'un dénigrement manifeste de sa propre cité.

L'Atlantide possède donc tous les traits qui ont conduit Athènes à la guerre et à la double défaite, celle de la guerre du Péloponnèse en 404, celle de la guerre des Alliés en 355. L'afflux de richesses a permis au peuple de vivre dans le luxe, dans un cadre fait de temples et d'édifices de marbre décorés de statues d'or – les statues d'or et d'argent qui se dressent à profusion à *Atlantis* évoquent la statue chryséléphantine créée par Phidias au Parthénon –, l'argent fourni par les mines du Laurion (que l'on réorganise dans les années 360) finance la guerre et l'impérialisme qui a rendu esclaves les autres Grecs. Rien ne manque au tableau, et si l'on veut qu'*Atlantis* ait une réalité historique, ce ne peut être que comme masque de l'Athènes classique, déformée par la haine que lui voue Platon.

Fortune d'un mythe

Le mythe créé par Platon connut dès l'Antiquité une fortune surprenante. Nombre d'auteurs anciens y font plus ou moins allusion. Beaucoup comprennent qu'il ne s'agit que d'une fiction (Aristote, Pseudo-Longin) ou d'une allégorie (Porphyre de Tyr), et Théopompe de Chios se livre même à un pastiche du pasticheur, avec l'invention de *Meropis*. Mais avec le temps, bien que quelques-uns affichent leur scepticisme (Pline l'Ancien), beaucoup finissent par croire qu'il s'agit bien d'une histoire réelle : Strabon, Plutarque, Ammien Marcellin, les auteurs chrétiens Tertullien et Arnobe, notamment. Personne, cependant, n'essaie de localiser l'île disparue avec plus de précision et tous se contentent des indications de Platon, « au-delà des colonnes d'Hercule ». Quelques auteurs tardifs commencent à spéculer sur ce récit, notamment les chrétiens, qui doivent le concilier avec les vérités reçues de la Bible. La dimension politique de la fable s'est perdue, ou n'intéresse plus personne, car le débat sur la démocratie n'est plus d'actualité, même chez les nombreux philosophes néo-platoniciens qui fleurissent entre le IIIe et le VIe siècle de notre ère. Seul Proclus en parle un peu longuement, mais il n'en tire qu'un enseignement moral et philosophique.

Si le Moyen Âge ne se soucie guère de l'Atlantide, à la Renaissance, avec la publication d'une traduction latine, puis de traductions en langues vernaculaires de l'œuvre de Platon, le mythe devient accessible à de nombreux lecteurs. Après la découverte d'un monde nouveau à l'ouest des colonnes d'Hercule, il retrouve même une véritable actualité : ces terres inconnues ne seraient-elles pas tout ou partie du continent que Platon prétend englouti ? Les spéculations fleurissent alors dans toute l'Europe et le mythe n'a pas cessé d'alimenter l'imaginaire jusqu'à aujourd'hui. On peut classer sous trois rubriques principales les ouvrages qui, d'une manière ou d'une autre, traitent du mythe de l'Atlantide.

Il y a d'abord un courant littéraire qui, peu soucieux de savoir si oui ou non l'Atlantide a existé, utilise ce thème, l'enrichit, le modifie, ignorant la signification qu'il avait chez Platon. Cela peut donner des œuvres littéraires de qualité si l'auteur a du talent ou d'abominables navets s'il n'en a pas. L'auteur peut broder sur le canevas établi par Platon, modifier sans limites les indications du philosophe, localiser l'Atlantide là où il le veut et lui donner les prolongements que lui suggère son imagination. Le mythe se trouve ainsi transposé en d'autres temps et en d'autres lieux. *L'Atlantide* de Pierre Benoit surgit ainsi au sein du Hoggar colonial. Jules Verne, dans *Les 500 Millions de la Bégum*, transpose le mythe platonicien dans l'Oregon, où s'affrontent le docteur Sarrasin, Français fondateur de France-Ville, la pacifique, et le professeur Schultze, l'Allemand créateur de Stahlstadt, la ville de l'acier, vouée à la construction du plus puissant canon possible. Le roman fut publié en 1879, et on y retrouve sans peine les traces de la défaite française de 1870. Chantal Foucrier, dans une thèse monumentale, a recensé d'innombrables œuvres inspirées par l'Atlantide, qui continue ainsi de nourrir la création non seulement dans la littérature, mais aussi au cinéma et à la télévision, en particulier à destination de la jeunesse. L'historien n'a rien à redire à de telles métamorphoses, qui ne sont que le reflet de la fécondité du mythe platonicien.

À côté de ces œuvres de fiction, l'Atlantide a nourri une littérature soi-disant « scientifique » qui admet comme principe de façon explicite ou implicite que le récit de Platon se fonde sur une réalité historique incontestable, quand bien même celui-ci l'aurait déformée ou mal comprise. Il existe de nombreuses nuances entre tous ces ouvrages, depuis la lecture littérale de Platon jusqu'à l'idée que le mythe s'appuie sur une lointaine mémoire de faits historiques plus ou moins déformés. Mais nul ne met en cause son historicité, au moins partielle, et nombreux sont ceux qui proposent de situer dans le temps et dans l'espace ce monde disparu. Avec l'élargissement du monde, les navigations lointaines et la découverte de terres nouvelles à partir du XVIe siècle, les raisons ne manquaient pas d'établir des correspondances d'allure scientifique entre le récit platonicien et des réalités insoupçonnées jusqu'alors. Comme l'écrivait Thomas-Henri Martin dès 1841 : « Beaucoup de savants, s'étant embarqués à la recherche de l'Atlantide avec une cargaison plus ou moins lourde d'érudition mais sans autre boussole que leur imagination et leur caprice, ont vogué au hasard », et, peut-on ajouter, sont arrivés à peu près partout sur la planète.

La découverte de l'Amérique ne manqua pas de suggérer à beaucoup que, contrairement à ce qu'avait cru Platon, l'Atlantide n'avait pas été submergée, du moins pas tout entière, et qu'une partie s'était retrouvée à quelques milliers de lieues à l'ouest du détroit de Gibraltar. L'affaire intéressa jusqu'à la cour d'Espagne : si l'Amérique avait dérivé de la proximité des côtes ibériques à son emplacement actuel, le roi d'Espagne n'y exerçait-il pas la souveraineté par droit divin ? D'autres proposaient des hypothèses moins radicales qu'une navigation hauturière de l'île punie par les dieux : les Canaries, Madère, les Açores ne seraient-elles pas des lambeaux de l'île *Atlantis* ? Le secours des géologues à partir du XXe siècle continue à alimenter cette thèse, avec des variantes, en la colorant d'un improbable vernis scientifique.

Le problème se compliquait, par rapport au temps de Platon, car il fallait tenir compte à la fois de ce dernier, source unique de renseignements sur l'Atlantide, et des vérités incontournables de la Bible. Se greffèrent alors sur la question de l'Atlantide l'histoire des dix tribus d'Israël, celle du Déluge, et bien entendu la question de la localisation du Paradis. La multiplication des paramètres ouvrait un champ infini à la spéculation et on en mesure avec effroi, cinq siècles et 40 000 ouvrages plus tard, les résultats.

Des Atlantides ont surgi partout. Si l'Atlantique et les Amériques tinrent longtemps la corde puisque Platon situait son île à l'ouest de Gibraltar, elles ne sont plus aujourd'hui qu'une possibilité parmi des centaines d'autres. L'imagination fertile d'Olof Rudbeck au XVIIe siècle avait retrouvé *Atlantis* en Suède, et plaçait même sa capitale près d'Uppsala, ce qui demande un réel tour de force intellectuel pour concilier cette théorie avec le texte de Platon. Mais depuis lors, on a vu bien plus fort (ou fou), et sans prétendre être exhaustif, j'observe que sont désormais sur les rangs des contrées réparties sur la planète entière, souvent inattendues : la Palestine, l'Irlande, l'Italie, le Spitzberg, l'Arctique, l'Égypte, le Caucase, le pays yoruba, au Nigeria (Leo Frobenius), Troie (Eberhard Zangger), le Wisconsin, la Namibie centrale (abbé Breuil), l'île d'Heligoland en Allemagne du Nord (Jurgen Spanuth, sous le régime nazi), la Prusse, la Flandre, l'Iran, la Mongolie, Socotra, dans l'océan Indien, le Pacifique entier, la basse vallée du Guadalquivir (Victor Bérard, R. Freund), le triangle des Bermudes (Charles Berlitz) – comment n'y a-t-on pas songé plus tôt ? –, la Crète (Arthur Evans), la Grèce enfin, notamment Santorin, où l'archéologue Spyridon Marinatos a imposé sa théorie après la fouille du site fossilisé d'Akrotiri au début des années 1960 et a joui de l'appui marqué des colonels au pouvoir de 1967 à 1974. Sergio Frau s'ajoute donc à une longue liste. Ces auteurs appartiennent à des milieux très divers, mais possèdent un trait commun : ils n'hésitent jamais à corriger Platon pour que ses propos correspondent à leur hypothèse. Ainsi le géologue Jacques Collina-Girard estime que l'existence d'un petit groupe d'îles au large du cap Spartel (extrémité nord-ouest du Maroc), submergé vers 9000 avant notre ère, dont la plus grande n'excédait pas 14 kilomètres sur 5, confirme Platon ; comme l'observe Pierre Vidal-Naquet avec humour, à ce compte-là, pourquoi ne pas localiser l'Atlantide dans le bassin du jardin du Luxembourg !

Si certains se contentent de rechercher la trace du continent pour prouver que le récit de Platon est historique ou, du moins, s'inspire de faits historiques, d'autres, jusqu'au milieu du XIXe siècle en particulier, greffèrent là-dessus des théories délirantes sur les origines de l'humanité et son histoire jusqu'au temps présent. Pierre Vidal-Naquet en a résumé quelques-uns, dont les plus spectaculaires peut-être se trouvent être, avec Olof Rudbeck déjà mentionné,

Delisle de Sales, avec son *Histoire nouvelle de tous les peuples du monde*, en 52 volumes, et, plus loufoque encore, le théosophe Fabre d'Olivet dans ses *Lettres à Sophie* et son *Histoire du genre humain*, qui défient tout essai de résumé. Cette littérature qui nous fait sourire par son délire et sa naïveté eut une influence considérable en raison de son apparence scientifique et parfois de la qualité de ses auteurs, puisque d'authentiques savants – rarement dans le domaine de l'histoire ancienne – s'y égarèrent : Leo Frobenius était anthropologue, Jurgen Spanuth pasteur, Eberhard Zangger géo-archéologue, l'abbé Breuil préhistorien, Victor Bérard helléniste, d'autres encore professeurs d'université célèbres ou explorateurs, comme Jacques-Yves Cousteau.

Face à ce délire qui ne semble connaître aucune limite, il a cependant toujours existé un troisième groupe, qui rassure l'historien sur le maintien de la raison au sein de l'espèce humaine. Ce groupe réunit ceux qui n'ont jamais douté qu'il s'agissait d'une fiction et que, comme telle, elle n'avait besoin d'aucun support historique. On a rappelé qu'Aristote comme Proclus, à huit siècles d'écart, l'affirmaient. Aristote donnait même très explicitement la clé : « Celui qui l'a créée est aussi celui qui l'a détruite » ; comme un héros de roman, Platon fait naître et mourir l'Atlantide. Depuis le début du XVIe siècle jusqu'aux travaux savants du XIXe et du XXe siècle, des hommes ont donc récusé sans hésiter le caractère historique du mythe platonicien, même s'ils ne mesuraient plus toujours exactement les objectifs de Platon. Sans doute est-ce aussi lié aux préoccupations du moment : qui pouvait encore s'inquiéter de la perversité supposée de la démocratie athénienne dans l'Europe absolutiste du XVIIe siècle ? Mais du moins comprenaient-ils les leçons morales que tirait Platon des malheurs de cette cité corrompue. Face aux élucubrations des partisans de l'historicité, des gens comme le jésuite José de Acosta dès 1589, plus tard Montaigne, Voltaire (lui-même grand créateur de mythes, comme celui de Candide), Giuseppe Bartoli déjà mentionné, voyaient clairement qu'il s'agissait d'une fable que le philosophe utilisait pour une démonstration intellectuelle. À défaut que la thèse défendue par Bartoli se soit répandue largement et ait triomphé, l'analyse critique

que donna Thomas-Henri Martin, *Dissertation sur l'Atlantide*, au sein de ses *Études sur le* Timée (t. I), en 1841, aurait dû porter le coup de grâce à toutes les tentatives historicistes. Cette première édition critique de l'œuvre de Platon, avec une traduction et un commentaire qui rejoint sur l'essentiel celui de Bartoli bien qu'il le juge sévèrement, marque à n'en pas douter le point de départ des études savantes sur le mythe platonicien, et sa conclusion est sans appel : l'Atlantide n'a jamais existé ailleurs que dans la tête de Platon. Cette démonstration décisive, qui ne fut guère connue en dehors du milieu des spécialistes, ne ralentit en rien la production de divagations pseudo-scientifiques sur l'Atlantide, et celles-ci prospéreront aussi longtemps que le mythe nourrira l'imaginaire pour apaiser les inquiétudes humaines.

En guise de conclusion

À l'Atlantide s'attachent en définitive non pas une, mais deux énigmes. La première me semble définitivement résolue, dès l'origine en quelque sorte : l'Atlantide n'a jamais existé, la seule qui exista fut l'Athènes impérialiste des temps classiques. Elle s'inscrit bien dans l'histoire, d'une certaine manière, mais dans l'histoire des idées, et elle seule.

À la seconde énigme, l'historien peut apporter quelques éléments de réponse avec le secours des spécialistes des sciences humaines : pourquoi autant de gens continuent-ils de croire que cette fable habile s'appuie sur une réalité historique ? Personne n'a cherché à retrouver le tonneau des Danaïdes, le rocher de Sisyphe, ni même le lieu où un loup et un agneau devisèrent au bord d'une rivière. L'Atlantide continue à nourrir les fantasmes en raison de l'habileté et du talent de son inventeur, mais aussi parce que le mythe rejoint d'autres quêtes, d'autres inquiétudes, éternelles. Elle s'inscrit dans la recherche immémoriale du paradis perdu, du continent disparu, des tribus dispersées ; le mythe nourrit la réflexion sur l'âge d'or et sa déchéance, sur l'idée de déclin et de décadence qui traverse toutes les sociétés humaines. En un siècle où les populismes se nourrissent de déclinisme généralisé, nul besoin d'être prophète pour promettre encore un bel avenir aux charlatans de la pensée qui exploitent, avec plus ou moins de talent, l'ignorance de leurs contemporains.

Bibliographie sélective

Bartoli, Giuseppe, *Discours par lequel Sa Majesté le roi de Suède a fait l'ouverture de la Diète, en suédois, traduit en français et en vers italiens, avec un essai sur l'explication historique que Platon a donnée de son Atlantide et qu'on n'a pas considérée jusqu'à présent…*, Stockholm, 1779.

Foucrier, Chantal et Guillaud, L. (éd.), *Atlantides imaginaires, réécritures d'un mythe*, Michel Houdiard, 2004.

Foucrier, Chantal, *Le Mythe littéraire de l'Atlantide (1800-1939). L'origine et la fin*, éditions de l'université de Grenoble, 2004.

Martin, Thomas-Henri, *Études sur le Timée*, Ladrange, 1841 ; rééd. J. Vrin, 1981.

Pallottino, Massimo, « Atlantide », *Archeologia classica*, 4, 1952, p. 229-240 (citation p. 229).

Sergent, Bernard, *L'Atlantide et la mythologie grecque*, Karthala, 2006.

Treuil, René, *Le Mythe de l'Atlantide*, CNRS éditions, 2012.

Vidal-Naquet, Pierre, *L'Atlantide. Petite histoire d'un mythe platonicien*, Les Belles Lettres, 2005.

3

L'introuvable tombeau d'Alexandre

par Jean-Yves Carrez-Maratray

— *Où est le tombeau d'Alexandre ?*
— *Il était à Alexandrie.*
— *À Alexandrie ? Mais alors comment le découvrir puisqu'on ne sait pas même pas où est le Phare ?*
— *Si, on le sait, le Phare est au fond de l'eau, au pied du fort de Qaït Bey !*
— *Ah ! Mais la bibliothèque d'Alexandrie, alors, où est-elle ?*
— *Elle a brûlé en 48 avant J.-C.*
— *Ah non, pas du tout ! Luciano Canfora, dans son livre,* La Véritable Histoire de la bibliothèque d'Alexandrie, *dit qu'elle n'a pas été incendiée par Jules César. Il affirme qu'elle existait encore dans les premiers siècles de notre ère…*

On l'a compris : quand on parle de l'Alexandrie antique, rien n'est simple. Ahmed Fahmi, un grand archéologue égyptien doublé d'un homme exquis, nous disait naguère qu'il vaut mieux ne jamais être envoyé en poste à Alexandrie, tant on s'y dispute sur tout et sur rien. Et puis, depuis l'Antiquité, on ment beaucoup à son propos. Prenons l'exemple de l'incendie de la bibliothèque. N'en déplaise à L. Canfora, c'est bien César qui l'a réduite en cendres. Quelle preuve en avons-nous ? Je n'en donnerai qu'une seule : Hirtius, le lieutenant de César, au début de son récit de la

« guerre d'Alexandrie », ne dit rien sur la bibliothèque mais nous gratifie d'une étrange information sur la ville. Elle était, dit-il, *incendio tuta,* « protégée contre l'incendie », car construite en matériaux résistant au feu. Une ville antique ignifugée ! Que n'a-t-elle donné sa recette aux Romains de Néron ! Ne nous laissons pas tromper par ce gros mensonge d'Hirtius, qui signifie simplement que la bibliothèque a bien été incendiée mais qu'on fera comme si elle ne l'avait jamais été.

Après de tels préliminaires, on se dit que retrouver le tombeau d'Alexandre ne va pas être une mince affaire. À la fin du IVe siècle de notre ère, à Antioche, saint Jean Chrysostome raille les prétentions antiquaires des païens d'Alexandrie : « Vous ne savez même pas, leur écrit-il, où se trouve le tombeau d'Alexandre » (*Homélies*, XXXV, 5). À ce compte, nous encore moins ! La « malédiction du tombeau d'Alexandre » c'est donc surtout ceci : alors que cela fait mille six cents ans qu'on affirme qu'il a disparu, cela fait aussi mille six cents ans qu'on prétend le retrouver.

Est-ce à dire qu'il n'y a pas de mystère ? Que le tombeau d'Alexandre est irrémédiablement perdu (comme la bibliothèque, qui l'est assurément) ? Nous n'irons pas jusque-là, mais il convient, selon nous, de bien mettre les choses au point. Comme nous l'écrivions en ouvrant ce chapitre, le tombeau d'Alexandre était à Alexandrie et si jamais il en reste quelques vestiges, c'est là qu'il faudra les retrouver.

Fausses pistes et désillusions

On ne se fiera donc pas aux sites Internet où ce sont surtout des hypothèses « extra-alexandrines » qui sont proposées. La plupart ont été formulées à l'occasion de la découverte, en Grèce du Nord, de plusieurs tombes royales macédoniennes, à commencer par la première et la plus célèbre d'entre elles, la tombe de Philippe II, en 1977. Plus récemment, en 2014, il y eut celle de la tombe dite du « tumulus Kastas », qui était peut-être celle de l'ami, et amant, du conquérant, Héphaïstion. Aujourd'hui encore, si l'on tape « tombeau d'Alexandre » sur un moteur de recherche, c'est sur la fouille de ce monument que l'on est souvent envoyé, même si son inventeur, Katerina Peristeri, n'a jamais affirmé avoir découvert la tombe du conquérant. Ceux qui le prétendent sont surtout des Grecs désireux de rendre à la Macédoine le caractère hellénique que semble lui disputer le nom d'une petite république issue de l'ex-Yougoslavie. Elles supposent un déplacement du corps d'Alexandre hors d'Alexandrie que rien, bien sûr, ne vient étayer à l'époque des tombeaux en question.

Une autre hypothèse « extra-alexandrine », moins lointaine puisque égyptienne, mais néanmoins tout aussi improbable, apparaît encore sur le Net sous la forme d'anciens extraits de presse datant de 1995. Cette année-là, l'archéologue grecque Lena Souvaltzi pensa avoir retrouvé le tombeau d'Alexandre au fond du désert libyque égyptien, dans l'oasis de Siwa. Étant alors jeune chercheur à l'Institut de papyrologie et d'égyptologie de Lille, je fus contacté à ce sujet au téléphone par le journal *La Voix du Nord*. Encore novice, et très ému de l'honneur qui m'était fait, je balbutiai au journaliste quelque chose comme « c'est bizarre, il me semble que le tombeau d'Alexandre était à Alexandrie… », au lieu de dire : « C'est n'importe quoi ! », la réponse qui s'imposait. Comme on s'en aperçut assez vite, Mme Souvaltzi avait mal interprété une inscription grecque qui mentionnait le « prêtre d'Alexandre » nommé annuellement à Alexandrie et dont le nom servait à dater les documents.

La dernière hypothèse récemment formulée, celle d'Andrew Chugg, n'est pas tout à fait « extra-alexandrine », puisqu'elle admet l'existence du tombeau d'Alexandre à Alexandrie. Mais elle l'est en ce qu'elle propose de retrouver à Venise la dépouille du conquérant que les païens d'Alexandrie auraient préservée en la faisant passer pour la momie de saint Marc transportée en Italie au IXe siècle. Nous y reviendrons.

Si donc, en bonne méthode, nous excluons toutes les hypothèses « extra-alexandrines », c'est dans la capitale même fondée par Alexandre qu'il convient de chercher son tombeau. Des érudits et des archéologues ont passé des années à cet exercice. En 1972, Peter Fraser, dans son monumental ouvrage *Ptolemaic Alexandria*

(2 000 pages, notes et index compris), faisait déjà le bilan de ce qu'il faut bien appeler des échecs. Jean-Yves Empereur a, plus récemment, dénombré, dans les archives de la direction des Antiquités, les centaines de projets d'exploration déposés par des passionnés du sujet. Faute de prendre toutes les hypothèses en compte, ce qui ne nous mènerait à rien, retenons toutefois celles qui ont pu, d'une manière ou d'une autre, faire progresser la recherche. Trois d'entre elles mettent le tombeau d'Alexandre en relation avec une mosquée de la ville.

La plus ancienne est la mosquée disparue de Dul-Qarnaïn, mentionnée par Abdul-Hakim dans une liste datée de 900 environ et dont Al-Massoudi déclare qu'elle conservait de son temps, en 954, des blocs de marbre qui auraient servi de socle au sarcophage d'Alexandre. Cette mosquée se trouvait « à proximité de la porte de la ville », donc à l'est, mais sa disparition empêche d'en savoir plus.

En 1550, Léon l'Africain décrit, mais cette fois au « centre d'Alexandrie », au milieu de ruines, une petite maison avec une chapelle qui aurait conservé le corps d'Alexandre dans son tombeau. Elle serait visitée par les voyageurs de passage. Il est évidemment exclu que le corps du roi existât encore, et l'on reconnaîtra plutôt ici une tradition construite autour d'un cercueil antique retrouvé. On pense au plus célèbre d'entre eux, le sarcophage en brèche verte du pharaon Nectanebo II, qui se trouvait alors dans la mosquée Attarine. Ce monument de 7 tonnes, couvert de hiéroglyphes, fut rapporté à Londres en 1802 par Edward D. Clarke, dans le cadre des accords de la capitulation française qui mirent fin à l'expédition d'Égypte. Il se trouve aujourd'hui, comme la pierre de Rosette, au British Museum. En 1805, Clarke proclama donc dans son livre *The Tomb of Alexander* qu'il avait découvert le tombeau du conquérant, lequel se trouvait, disait-il, sous la mosquée Attarine. Quelques années plus tard, le déchiffrement des hiéroglyphes par Champollion montra que ce sarcophage n'était pas celui d'Alexandre mais celui de son prédécesseur immédiat, Nectanebo II, le dernier roi de la XXXe dynastie, qui régna entre 360 et 342 avant J.-C., avant la reprise temporaire de l'Égypte par les Perses, entre 342 et 332. La mosquée Attarine ne recélait donc pas le fameux tombeau, même si, nous le verrons, il n'est pas exclu que le sarcophage de Nectanebo eût, de fait, quelque chose à voir avec lui.

Une dernière tentative pour retrouver le tombeau d'Alexandre sous une mosquée de la ville fut menée par Evaristo Breccia entre 1925 et 1930, sous la mosquée Nabi Daniel, au centre-ouest de la ville, au pied septentrional de la colline de Kôm el-Dikka. Vaines recherches, dont Breccia dut lui-même avouer l'échec en 1931, quand il quitta l'Égypte. Avant de partir, toutefois, il avait laissé la description d'une ruine monumentale située à l'est de la ville, dans le cimetière latin d'Alexandrie. Il en reconnut le caractère funéraire et proposa d'identifier cette tombe avec le *Nemeseion* consacré par Jules César à la mémoire de Pompée, son adversaire défunt. Ce monument est appelé aujourd'hui le « tombeau d'Albâtre ». Il fut par la suite étudié et restauré par Achille Adriani, successeur de Breccia, qui élimina à juste raison l'hypothèse de son prédécesseur et proposa d'y voir plutôt les vestiges du tombeau d'Alexandre.

Trois tombeaux successifs

Toutes ces hypothèses, si séduisantes qu'elles paraissent, péchaient par un même défaut de méthode : elles ne tenaient aucun compte des quelques sources antiques, certes rares, qui nous parlent du tombeau d'Alexandre à Alexandrie. C'est donc à elles qu'il nous faut venir maintenant.

Alexandre est mort le 13 juin 323 à Babylone, peut-être d'une péritonite aiguë provoquée par des excès de boisson sur un corps épuisé par les exercices. Aussitôt deux questions se posèrent à ses généraux : que faire de son corps ? Où en conserver les restes ? Pour le premier dilemme, deux traitements étaient possibles : soit on incinérait son cadavre, « à la macédonienne », en ne brûlant que les parties molles et en recueillant les os calcinés pour les placer dans une urne cinéraire, facile à déplacer, soit on l'embaumait en espérant que sa dépouille résisterait à un voyage pour le ramener chez lui. C'est cette solution qui l'emporta. Le corps d'Alexandre fut traité par des experts chaldéens et égyptiens. Restait à savoir où le rapatrier. Le conquérant n'avait pas laissé de dernières volontés à ce propos. Diodore et Quinte-Curce écrivent qu'il aurait exprimé le souhait de rejoindre son « père Ammon », le dieu égyptien qui l'avait naguère reconnu comme son fils dans son oracle de Siwa (d'où les recherches de Mme Souvaltzi). Mais cette tradition a tout l'air d'un faux rétrospectif. Le plus logique semblait être que le corps fût ramené et inhumé dans la nécropole des rois de Macédoine, à Aigai, l'actuelle Vergina, dans le nord de la Grèce. Ce fut, semble-t-il, l'option qui l'emporta, option défendue par le « régent » Perdiccas, qui y trouvait aussi un intérêt personnel.

Arrêtons-nous un instant sur les usages funéraires de l'époque. Une « tombe royale macédonienne » est un vaste tertre circulaire (*tumulus*) enfermant en son centre une chambre souterraine précédée d'un vestibule, le tout accessible par une longue descenderie menant à une porte maçonnée. Si nous en parlons, c'est parce que le tombeau d'Alexandre à Alexandrie fut peut-être construit de la sorte. Il aurait alors occupé un espace pouvant approcher les 200 mètres de côté si l'on se rapporte aux dimensions du tumulus Kastas, qui mesurait, à lui seul, 158,4 mètres de diamètre.

Mais pourquoi le corps n'arriva-t-il pas en Macédoine ? Sur ce sujet, les sources antiques sont unanimes. Alors que le corps du roi, placé dans un catafalque somptueux, remontait le long de l'Euphrate en Syrie, un an après sa mort, il fut intercepté par un commando égyptien et « détourné » vers la vallée du Nil. C'est Ptolémée, le fils de Lagos, l'ancien général et ami d'Alexandre devenu à sa mort satrape – gouverneur – d'Égypte, qui avait organisé ce rapt du cercueil (les Anglo-Saxons parlent d'un *highjaking*). Perdiccas y vit un *casus belli*, envahit l'Égypte l'année suivante, mais son armée pataugea dans le Nil, fut en partie dévorée par les crocodiles, et le régent finit assassiné. Ptolémée avait gagné : il tenait définitivement le corps d'Alexandre le Grand !

C'est alors que commencent les tribulations du tombeau. Le corps d'Alexandre va en effet connaître trois sépultures successives en Égypte, et donc deux déménagements. Il fut d'abord enterré à Memphis, au sud du Caire actuel, et cela jusqu'au moment où

Ptolémée Ier fit ramener son corps à Alexandrie. Ce renseignement, donné par deux sources différentes, Quinte-Curce et Pausanias, doit être de ce fait considéré comme indubitable. Plus tard, le roi Ptolémée IV (qui règne de 222 à 205) aurait fait enlever le corps de sa première sépulture alexandrine pour l'installer dans une autre, en l'associant aux tombeaux de ses prédécesseurs, c'est-à-dire Ptolémée Ier et son épouse Bérénice Ire, Ptolémée II et sa sœur-épouse Arsinoé II, et Ptolémée III et son épouse Bérénice II, la propre mère du roi qui venait de s'empoisonner pour ne pas cautionner l'accession au trône de son incapable de fils. L'auteur qui nous l'apprend est un certain Zénobios, dont l'œuvre est perdue mais dont on a conservé quelques fragments. Écrivant au IIe siècle de notre ère, il était « parémiographe », c'est-à-dire auteur et commentateur de proverbes et mots célèbres. Tout le monde n'admet pas la réalité de ce deuxième déménagement, notamment Valerio Manfredi. Mais pour notre part nous y croyons.

Quand on dit que l'on cherche le « tombeau d'Alexandre », il convient donc de préciser duquel on parle : celui, abandonné, de Memphis ? Celui, également abandonné, d'Alexandrie ? Ou, enfin, le dernier des trois ? Parlons d'abord du premier. Il dut être installé sur le « plateau des pyramides » qui domine encore aujourd'hui la palmeraie de Mit Rahineh, l'antique Memphis, au lieu-dit Sakkara. C'est là que se dresse encore la célèbre pyramide à degrés du pharaon Djoser, mais c'était d'abord, pour les Grecs du temps d'Alexandre, le site du *Serapeum*. Ce sanctuaire de Sarapis abritait la nécropole des taureaux sacrés, les Apis, mais il était surtout devenu, pour le public cosmopolite de l'époque, un grand centre de pèlerinage et de consultations autant thérapeutiques qu'oraculaires. L'endroit fut fouillé en 1851 par Auguste Mariette, qui y mit au jour une « exèdre des philosophes » décorée de statues grecques qui furent photographiées en 1858 par Théodore Devéria, un ensemble monumental assez surprenant à cet endroit pour qu'on puisse envisager qu'il ait décoré l'entrée du premier tombeau d'Alexandre. Si seulement on pouvait dater précisément les statues, cela nous aiderait ! Hélas, alors que Charles Picard les datait effectivement du règne de Ptolémée Ier, François Queyrel, le meilleur spécialiste français actuel de la sculpture hellénistique, les dates plutôt de Ptolémée IV ou V. L'hypothèse reste donc fragile et actuellement invérifiable, compte tenu de cette incertitude et de l'ensablement colossal du site, déjà en cours au temps de Strabon.

Venons-en maintenant à la question, beaucoup plus obscure, des deux tombeaux alexandrins du conquérant. Il convient, pour cela, de se faire au préalable l'idée la plus exacte possible de l'organisation urbaine de la capitale des Ptolémées, telle que des décennies de recherches archéologiques nous les ont fait connaître. La ville antique d'Alexandrie fut construite entre le lac Maréotis et la mer Méditerranée selon un plan d'urbanisme dit « hippodamien », c'est-à-dire composé d'un quadrillage de rues perpendiculaires les unes aux autres, les plus longues, qui s'étiraient d'est en ouest, étant coupées par des transversales nord-sud. Sa grande rue centrale est-ouest, l'antique voie Canopique, sous l'actuelle rue Horreya, fut numérotée L1 par Mahmoud bey Falaki, l'astronome du khédive Ismaïl, et ses parallèles vers le nord L2, L3 et ainsi de suite (celles vers le sud étant appelées L'2, L'3), tandis que la grande rue centrale nord-sud, qui aboutissait au quartier royal installé sur le cap Lochias, fut numérotée R1 et ses parallèles vers l'ouest R2, R3, etc. (celles vers l'est R2 *bis*, R3 *bis*, etc.). Le croisement des rues délimitait des îlots quadrangulaires de 400 mètres de côté environ. Le tout était entouré d'une vaste enceinte urbaine dont on n'a rien retrouvé, contrairement à l'enceinte médiévale d'Ibn Touloun, construite au IXe siècle, et beaucoup plus réduite.

Strabon et Zénobios sont les deux seuls auteurs anciens qui, lorsqu'ils parlent du tombeau d'Alexandre, qu'ils appellent tous deux *Sèma*, ajoutent une précision, hélas toute relative, sur son emplacement. Pour Zénobios, il fut installé par Ptolémée IV « au milieu de la ville ». Pour Strabon, il « faisait partie des quartiers royaux », lesquels occupaient un quart (voire un tiers, mais Strabon exagère) de la surface de la ville. Tous deux parlent nécessairement du troisième et dernier tombeau, Zénobios parce que c'est le sujet même de son texte, et Strabon parce qu'il décrit Alexandrie au temps d'Auguste, après la chute des Ptolémées. Comment expliquer alors que l'un dise « au milieu de la ville » et l'autre « dans les quartiers royaux » ? Ceux-ci, en effet, ne se trouvaient pas au centre d'Alexandrie mais ils occupaient, le long du Grand Port, la partie nord-est de la capitale. Autrement dit, *grosso modo*, tout le quartier situé au nord de la rue L3, voire de la rue L2, entre les rues R4 à l'ouest et R4 *bis* à l'est (voir le plan de J. McKenzie).

Réfléchissons posément ! Strabon ne peut pas s'être trompé quand il place le tombeau à l'intérieur du quartier royal. En effet, il a séjourné longuement à Alexandrie, entre 24 et 20 avant J.-C., dans la compagnie du préfet romain Aelius Gallus, qui, à ce titre, logeait précisément dans l'ancienne demeure des Ptolémées. Et sa description ne laisse aucun doute à ce sujet : « Le *Sèma*, c'est ainsi qu'on le nomme, fait aussi partie des palais royaux, c'est l'enceinte dans laquelle se trouvaient les tombeaux des rois et celui d'Alexandre. » C'est donc dans cet espace défini plus haut que fut installé par Ptolémée IV le troisième tombeau d'Alexandre, son deuxième à Alexandrie. Comment expliquer alors que Zénobios parle, lui, du « milieu de la ville » ? N. J. Saunders a à ce sujet une explication qui nous paraît recevable. La ville d'Alexandrie s'étant étendue vers l'est au temps des Ptolémées, le quartier royal, auparavant un peu excentré, se vit ainsi replacé vers le centre et, sur l'axe est-ouest de la capitale, long de 5 kilomètres environ, le tombeau se serait effectivement trouvé plus ou moins à mi-chemin des deux extrémités, disons dans l'axe des rues R3/R2, donc bien « au centre de la ville ». Cela laisse entendre aussi que le premier tombeau alexandrin, celui qui fut abandonné sous Ptolémée IV, ne se trouvait pas, lui, au centre de la ville mais plus à l'est. C'est à lui qu'il nous faut maintenant nous intéresser.

La plupart des spécialistes considèrent que, lorsque le corps d'Alexandre fut ramené de Memphis par Ptolémée Ier, la logique voulait qu'il fût enterré au cœur de la ville qu'il avait fondée, selon la tradition qui s'attachait aux *oikistai*, les fondateurs de cités archaïques. Certains ont même pensé à l'agora, qui devait se trouver au croisement des deux grands axes, les rues L1 et R1. Mais la chose nous paraît hautement improbable si, comme on peut le présumer, le conquérant fut enseveli dans un tumulus macédonien mesurant plusieurs dizaines de mètres de diamètre. Un tel bâtiment était incompatible tant avec l'urbanisme grec qu'avec l'esprit civique d'une agora classique. Mais sait-on au moins à quoi ressemblait le tombeau d'Alexandre ?

L'« antre souterrain »

Il n'en existe qu'une seule description un peu précise, mais elle est poétique et concerne le dernier, et non pas le premier aménagement alexandrin. C'est celle de Lucain lorsque, dans *La Pharsale*, il évoque la mort de Pompée près de Péluse, aux confins du Sinaï. Celui qu'on appelait *Magnus*, « le Grand », écrit Lucain, n'a pas eu même l'honneur d'un tombeau alors que son assassin, l'ignoble Ptolémée XIII, conserve, lui, le corps d'Alexandre sous un *extructus mons*, c'est-à-dire probablement un vaste tumulus (VIII, 694), et que « des pyramides et de honteux mausolées enferment les mânes et la lignée infâme des Ptolémées » (VIII, 696-697). Les paroles assassines de ce fervent républicain montrent que tout le monde ne partageait pas, au Iᵉʳ siècle de notre ère, le rêve alexandrin de beaucoup de nos contemporains. D'ailleurs, Lucain sait être plus catégorique encore. Ainsi lorsqu'il évoque César « descendant, brûlant d'impatience, dans l'antre souterrain » pour y contempler la dépouille du conquérant. Le poète dépeint alors Alexandre comme « le fils taré de Philippe, le fameux voleur macédonien [...], ce héros dont la dépouille, qui repose dans un sépulcre sacré, mériterait d'être dispersée de par le monde » (X, 22-25). On ne trouve pas souvent cité, dans toute la littérature consacrée à notre sujet, ce texte qui démolit le rêve de tous les chercheurs du tombeau d'Alexandre : plût au ciel que la tombe de ce tyran eût disparu à jamais !

Le sépulcre décrit par Lucain est bien sûr le dernier d'entre eux, celui situé dans le quartier des palais, comme l'imposent la date de l'épisode et la mention des mausolées royaux. On y apprend que ces derniers étaient de style égyptisant, les pyramides en question étant probablement de petites superstructures placées sur les mausolées, comme on peut encore en voir au Soudan, à

El-Kourrou, dans la nécropole sainte des rois napatéens, ou des pyramides réduites, comme celle de Cestius à Rome, ou, plus près de nous, la « pierre de Couhard », au-dessus d'Autun. Mais Alexandre, lui, était bien enterré « sous un mont » et « dans un antre », autrement dit dans un tumulus macédonien. Il est difficile de préjuger de l'aspect du premier tombeau à partir de ce dernier, mais on imagine mal qu'on ait attendu Ptolémée IV pour enterrer le roi « à la macédonienne », c'est-à-dire selon un rite qui était à son zénith sous Ptolémée Ier. Nous en concluons, pour notre part, que le premier tombeau alexandrin d'Alexandre était déjà un tumulus de style macédonien.

Nous pensons qu'il existe un candidat plausible à l'emplacement de ce premier tumulus abandonné, c'est celui du « tombeau d'Albâtre » dans lequel, nous l'avons vu, Achille Adriani reconnaissait effectivement les restes du tombeau d'Alexandre, et plus précisément le vestibule précédant la chambre funéraire disparue. Il se trouvait dans l'îlot formé par les rues L1, L2, R2 *bis* et R3 *bis*, c'est-à-dire non loin de l'agora si, comme c'est probable, elle se trouvait au croisement de L1 et de R1, mais un peu au nord-est de celle-ci. Alexandre aurait ainsi été déposé à la fois *intra-muros*, en tant que fondateur de la ville, mais dans un quartier à lui, en tant que roi macédonien. Cela expliquerait que, plus tard, cette zone de la ville ait reçu le nom d'« Alexandre » et, peut-être aussi, l'appellation antique de *Sôma*, « le corps », donnée au tombeau, appellation qui alterne avec *Sèma* dans les sources anciennes, le premier nom insistant peut-être sur l'aspect individuel de cette première tombe avant qu'elle ne soit déplacée et associée aux mausolées royaux. Évidemment, ce ne sont là que des conjectures dont on laissera à chacun le soin d'apprécier la pertinence…

Ce premier tombeau alexandrin fut délaissé et la vénération du conquérant se transféra dans le second, au quartier royal, un peu plus au nord et près de la mer. Il n'existe hélas aucun moyen d'être plus précis sur son emplacement. Tout ce que nous savons de ce tombeau se résume à des anecdotes pittoresques concernant ses visiteurs célèbres, comme Jules César dont nous avons déjà parlé. Auparavant, le roi Ptolémée X, dit « le Cambrioleur », avait déjà dépouillé le cadavre de son sarcophage d'or pour le remplacer par un autre en *hyalinè*, une matière moins précieuse, peut-être une sorte de verre. Après César vint son fils adoptif, Octavien, le futur Auguste, au lendemain de la défaite et de la mort d'Antoine et de Cléopâtre en 30 avant J.-C. Invité à la traditionnelle visite funèbre, il consentit à voir « le roi » Alexandre mais refusa de s'incliner devant les cendres des Ptolémées, rien que « des cadavres (*sômata*) » selon lui. Le culte de ces souverains déchus fut aboli et leurs grandes statues pharaoniques furent abattues, comme jadis les Égyptiens avaient abattu les statues des « pharaons noirs » de Kerma, au Soudan. De même que Charles Bonnet a retrouvé ces dernières au fond d'un puits, de même Jean-Yves Empereur a-t-il repêché celles des Ptolémées au fond du port, devant les palais royaux. On ne saurait oublier que si le tombeau d'Alexandre a continué à être visité, c'est au milieu des ruines de ses voisins les mausolées royaux abandonnés. Cela ne devait pas en faire un monument très attachant et l'on se gardera de l'imaginer à l'aune du mausolée de Lénine au centre de la grandiose place Rouge.

Enquête sur une disparition

La suite de l'histoire du tombeau d'Alexandre est celle d'une longue déchéance jusqu'à cette fin du IVe siècle où, nous l'avons vu, Jean Chrysostome en parle comme d'un monument disparu. Son dernier visiteur connu est l'empereur Caracalla, qui, en 215, cassa les scellés que Septime Sévère, son père superstitieux, avait placés sur l'entrée pour empêcher tout visiteur de devenir un nouveau maître du monde. Mais Caracalla ne devint jamais Alexandre et, après 215, le silence se fait sur le tombeau. La ville d'Alexandrie entre alors dans une période de cataclysmes violents.

Le premier eut lieu en 273, sous Aurélien, quand la révolte de Firmus, consécutive à l'occupation palmyrénienne, fut sévèrement réprimée. Elle avait justement pour base l'ancien quartier des palais, désormais appelé le *Bruchion,* dont Ammien Marcellin nous informe du destin fatal : « Alexandrie vit ses querelles civiques tourner au conflit meurtrier, ses murailles détruites et, de tous ses quartiers, elle perdit la partie la plus importante, celle qui s'appelait *Bruchion* et qui fut longtemps la demeure d'hommes éminents » (XXII, 16, 15). Le *Bruchion* était bien, en effet, l'ancien quartier royal, comme l'atteste l'évêque Épiphane de Salamine, qui rappelle que c'est là que se trouvait jadis la grande bibliothèque et que ce fut désormais « un endroit désert ». Les mêmes faits désolants se reproduisirent au printemps de 298, quand une nouvelle et dernière usurpation alexandrine, celle de Lucius Domitius Domitianus, fut écrasée dans le sang par Dioclétien. Les murailles de la ville étant abattues, le *Bruchion* n'avait plus de protection et il ne fut jamais réintégré *intra-muros*.

Cet abandon suffit-il pour autant à expliquer qu'on ait pu perdre, à Alexandrie, le souvenir même de l'emplacement du tombeau entre 273 et 400 environ, date à laquelle Jean Chrysostome le déclare désormais introuvable ? Certains spécialistes en doutent et soupçonnent l'auteur de mauvaise foi à son sujet : en niant l'existence du tombeau d'Alexandre, pensent-ils, les chrétiens voulaient avant tout imposer la primauté du tombeau de Jésus à Jérusalem (le Saint-Sépulcre), récemment découvert. Ils auraient donc souhaité et organisé la destruction de ce rival alexandrin. Selon une autre hypothèse, celle d'Andrew Chugg, les « païens » d'Alexandrie, vénérateurs encore du « dieu Alexandre », sentant la menace, auraient préalablement sauvegardé le corps en le faisant passer pour celui de saint Marc. De tout cela, nous ne croyons rien.

La première hypothèse, celle de la destruction par les chrétiens, fait florès sur le Net, avec des images saisissantes. Le rapprochement est alors fait avec un drame abominable, le lynchage de la philosophe Hypatie par des moines déchaînés, au début du ve siècle, exactement en mars 415. Mais l'hypothèse ne tient pas puisque cet assassinat est largement postérieur à l'époque où, comme l'assure Jean Chrysostome, le souvenir de l'emplacement du tombeau s'était déjà irrémédiablement perdu. Auparavant, dans le courant du IVe siècle, lorsque ce souvenir s'estompe déjà, on n'en est pas encore à la violence qui suivra l'interdiction du paganisme, laquelle ne prendra effet que sous Théodose, en 391. Et il y a plus discutable encore :

pour que le tombeau attirât la vindicte chrétienne, encore eût-il fallu qu'il suscitât d'abord la dévotion des païens. Or rien n'est moins sûr. Pour l'époque ptolémaïque, Peter Fraser écrivait déjà : « Qu'il y ait jamais eu à Alexandrie un culte public d'Alexandre, comme on en trouve dans de nombreuses cités grecques, en plus de celui de fondateur, semble improbable en soi, et l'on notera qu'Alexandre n'apparaît pas une seule fois dans les dédicaces privées ; à l'évidence la relation fictive avec Alexandre n'était pas de nature à susciter beaucoup d'intérêt ou de motivation chez les sujets des Ptolémées. » À plus forte raison chez ceux de l'empereur ! À la fin de ce même IVe siècle, le rhéteur Libanius connaît encore à Alexandrie un temple, le Tychaion, orné des statues d'Alexandre et de Ptolémée Ier, mais il ne s'agit là que de pieux souvenirs des rois fondateurs, et la vindicte chrétienne ne les touche pas. Selon Palladas, en 391, le Tychaion fut simplement transformé… en cabaret. Alexandre, tout fondateur d'Alexandrie qu'il fût, n'a semble-t-il jamais fait l'objet en Égypte d'une véritable dévotion populaire.

C'est la raison qui nous conduit à ne pas souscrire non plus à l'hypothèse « vénitienne » d'Andrew Chugg. Celle-ci suppose en effet que la vénération du corps d'Alexandre était si prégnante dans les milieux païens de l'Alexandrie tardive qu'on le sauva en le faisant passer pour celui de saint Marc. Ce tour de passe-passe a pour lui la saveur romanesque qui entoure les énigmes dont ce livre fait l'objet, mais il ne nous convainc pas. On se gardera pourtant d'interdire aux amateurs de *fake news* le pèlerinage à Venise en période de carnaval, de manière à aller vénérer, les yeux masqués, dans la châsse de saint Marc, les prétendus restes momifiés du conquérant.

Ils pourront aussi aller à Londres, au British Museum, et s'incliner devant la cuve en brèche verte de Nectanebo II. Peut-être a-t-elle en effet conservé un temps le corps d'Alexandre si, hypothèse plausible, c'est elle qui, faute de pouvoir accueillir la dépouille de Nectanebo, servit de réceptacle au sarcophage d'or d'Alexandre arrivé de Babylone à Memphis. L'ensemble cuve et sarcophage, transféré par Ptolémée Ier de Memphis au premier tombeau d'Alexandrie, aurait ensuite été dissocié par Ptolémée IV, qui n'aurait transporté que le sarcophage d'or dans le second tombeau. Ainsi s'expliquerait la présence à Alexandrie de la cuve de Nectanebo, laissée à l'abandon et finalement réutilisée comme vasque à ablutions dans la mosquée Attarine. Et s'ils vont à Alexandrie, ils pourront se rendre au cimetière latin visiter le « tombeau d'Albâtre ». Ils y trouveront l'entrée de ce qui fut peut-être le premier tombeau alexandrin du roi, grandiose vestibule ouvert sur nulle part.

Mais alors, si l'on exclut l'hypothèse de la destruction par les chrétiens, peut-on au moins savoir pourquoi et comment le tombeau d'Alexandre a disparu dans les dernières décennies du IVe siècle ? Cela s'est passé, selon nous, le 21 juillet 365 de notre ère, lors du plus grand tsunami connu de la Méditerranée orientale.

Pendant longtemps, on s'est interrogé sur la véritable nocivité du « cataclysme de 365 ». En 1984, deux grands savants français, Bernard Bousquet et François Jacques, s'interrogeaient sur la fiabilité des témoignages antiques à son propos. Les auteurs chrétiens, disaient-ils, deux ans après la mort de l'empereur Julien, ont pu exagérer ce en quoi ils reconnaissaient une vengeance divine exercée contre « l'Apostat ». Mais des études récentes ont montré que c'est bien en 365 de notre ère qu'un séisme d'une magnitude exceptionnelle souleva de près de 10 mètres la côte ouest de la Crète. Une vague géante se dirigea d'un côté vers la Sicile, de l'autre vers Alexandrie… Sachant que les images valent mieux que les mots, allons pour le coup sur Internet et revoyons celles de l'effroyable tsunami du 26 décembre 2004 qui fit 230 000 morts dans l'océan Indien. Elles nous font voir en vrai les mêmes scènes de terreur que celles éprouvées par les Alexandrins ce 21 juillet 365. Comme mille six cent quarante ans auparavant, les mêmes faits se reproduisent : promenade amusée de badauds inconscients sur une plage dont la mer s'est retirée avant le retour d'une vague monstrueuse qui emporte tout sur son passage, jusqu'aux bateaux sur les toits des maisons. Cette précision, rapportée par les auteurs anciens, a parfois été soupçonnée d'être une galéjade antique digne des Phocéens du temps. Mais il n'y a pas matière à rire lorsque l'on découvre la même image reproduite à l'identique sur la plage martyre de Banda Aceh, au milieu des ruines et de la désolation.

Ce jour-là, le tombeau d'Alexandre, sur les bords du Grand Port, prit de plein fouet la vague gigantesque. Le caveau fut envahi d'eau de mer, de gravats et d'immondices. Peut-être attend-il qu'on le retrouve un jour, caché sous les tonnes de béton de la « Corniche » d'Alexandrie, mais, en le vidant, on n'exhumera sans doute que l'odeur de la mort qui, ce jour-là, emporta définitivement le corps du conquérant.

Bibliographie sélective

Carrez-Maratray, Jean-Yves, *Bérénice II d'Égypte. Une reine dans les étoiles*, Ellipses, 2014 (transfert du tombeau sous Ptolémée IV).

Chugg, Andrew M., *Alexandre le Grand : le tombeau perdu*, Londres, 2005.

Empereur, Jean-Yves, *Alexandrie redécouverte*, Stock, 1998.

Fraser, Peter M., *Ptolemaic Alexandria*, vol. I-III, Oxford, 1972.

Manfredi, Valerio, *Le Tombeau d'Alexandre le Grand. L'énigme*, JC Lattès, 2010.

Mela, Charles, Möri, Frédéric (éd.), Aufrère, Sydney, Dorival, Gilles, Le Boulluec, Alain (coll.), *Alexandrie la Divine,* vol. I-II, Genève, éditions de la Baconnière, 2014 (tous les sujets alexandrins sont traités et admirablement illustrés).

Saunders, Nicholas J., *Alexander's Tomb : the two thousand year obsession to find the lost conqueror*, New York, 2006.

Plusieurs publications anciennes d'archéologie alexandrine, notamment celles d'Evaristo Breccia, ainsi que de précieuses cartes sont accessibles en ligne sur le site du Centre d'études alexandrines : www.cealex.org (ressources numériques/Livres rares et anciens sur Alexandrie + cartes et plans consultables en ligne). On y trouvera par exemple l'article d'Alexandre-Max de Zogheb, « Le tombeau d'Alexandre le Grand », publié dans la *Revue d'Égypte* de 1894, un bel exemple de fausse piste (la mosquée Nabi Daniel).

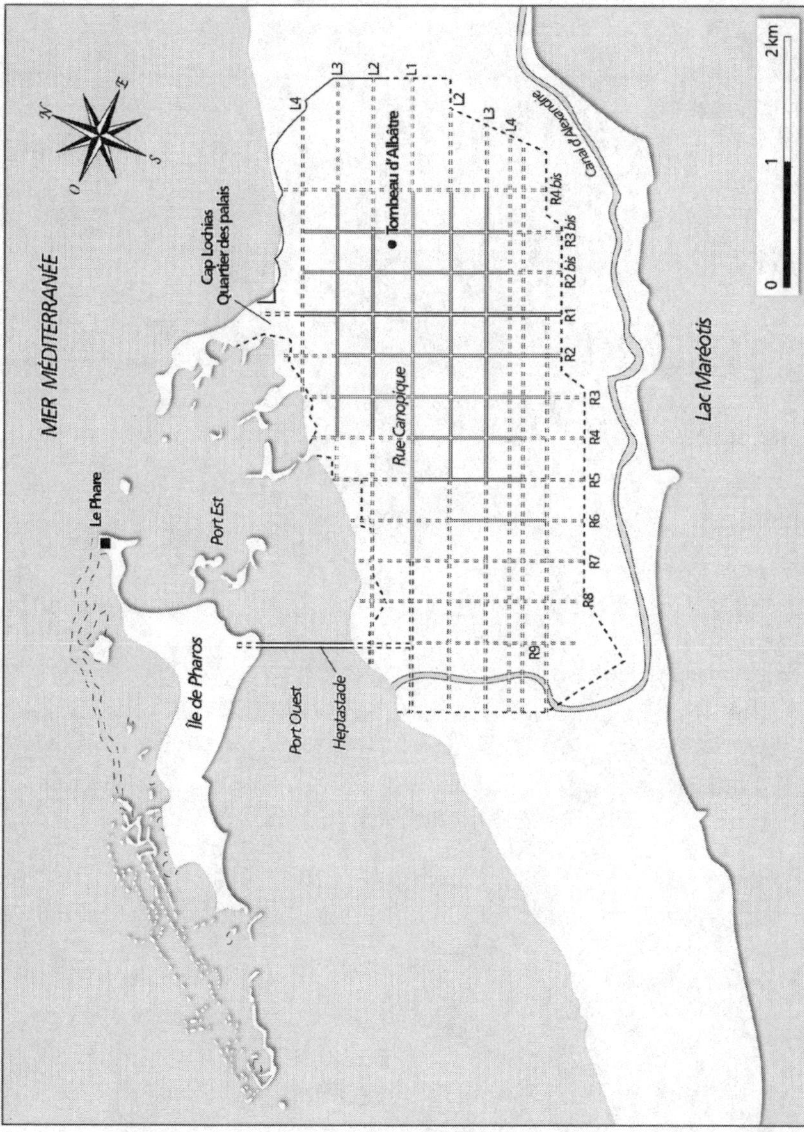

Le quadrillage urbain d'Alexandrie
(plan de Judith McKenzie, *JRS* 94, 2004, p. 75).
Le premier tombeau correspond peut-être à l'« Alabaster Tomb »,
et le second se trouvait peut-être à l'extrémité nord de la rue R2.

4

Alésia.
Une défaite improbable

par Jean-Louis BRUNAUX

Alésia. La mémoire du lieu cultive le paradoxe. Plus de vingt siècles nous séparent de l'événement qu'elle retient. Pourtant, l'épisode historique n'a rien de glorieux : il marque une défaite cuisante, pis, la fin d'une civilisation. Alésia devrait en être honteusement oublié. Mais l'attachement que les Français lui témoignent est si fort que, depuis la Renaissance, nombre de localités s'en réclament les descendantes. La raison tient à la bataille elle-même qui demeure une énigme. Comment les Gaulois, à la tête de l'armée la plus considérable jamais réunie jusqu'alors sur le sol de France (plus de 300 000 hommes), ont-ils pu céder devant les 60 000 légionnaires de César ? Mais, au fond, ce mystère n'est-il pas celui, plus large, de cette guerre des Gaules dont César voulut qu'Alésia marquât la fin ?

La Guerre des Gaules, *histoire ou fiction ?*

Pour répondre à ces questions, il faut reprendre l'histoire à son début, celle de la conquête romaine. Nous disposons de l'ouvrage, *La Guerre des Gaules*, dans lequel César narre son aventure en Gaule pendant sept années. Témoignage irremplaçable sur les événements de la fin de l'indépendance gauloise, il est aussi, pour le malheur de l'historien, quasi unique. Et ce récit circonstancié des principaux faits guerriers et particulièrement du siège d'Alésia n'est pas neutre, il est celui du vainqueur. De surcroît, l'auteur est un écrivain de grand talent, capable, sans mentir vraiment, de tordre les faits pour les ajuster à sa vision de la Gaule, des Gaulois et de sa « conquête ».

Or César, proconsul (administrateur temporaire d'une province romaine après la sortie de sa charge de consul en 59), avait en venant en Gaule des intentions calculées. Il lui fallait faire une guerre facile à gagner et à même de conforter son ascension politique par la renommée acquise et la richesse confisquée à l'ennemi. Composé des rapports annuels qu'il faisait parvenir au Sénat romain pour justifier les subsides qu'il en recevait pour faire la guerre, l'ouvrage, immédiatement publié par morceaux, s'est avéré un formidable moyen de propagande. Il lui a valu les plus grands honneurs que la République romaine ait accordés à un général romain.

Sans être pure fiction – César était accompagné en Gaule d'hommes politiques romains : autant d'observateurs vigilants de son action –, *La Guerre des Gaules* ne peut pour autant être considérée comme un véritable manuel d'histoire. Il faut, à sa lecture, ne jamais se départir d'un esprit critique et souvent lire entre les lignes. Son titre, tout d'abord, pose problème : il affirme que la conquête de la Gaule fut avant tout affaire militaire. C'est une fausse évidence.

La Gaule de la fin de l'indépendance

Il en est une autre qu'il faut combattre, celle qui fait des Gaulois des Barbares vivant dans la périphérie et l'ombre du monde gréco-romain. Ils jouissaient, au contraire, d'une authentique civilisation que révèlent leurs inventions technologiques, leurs formes d'art originales, leur pensée religieuse à nulle autre pareille et leurs institutions politiques. Mais surtout, ils étaient beaucoup moins éloignés des Romains que César veut bien le dire. Depuis plus d'un siècle, tous les peuples du sud et du centre de la Gaule pratiquaient activement le commerce avec Rome. Des centaines de milliers d'amphores de vin et d'huile y parvenaient depuis l'Étrurie et le Latium. Les Gaulois les payaient avec des minerais, des produits agricoles, des esclaves, mais aussi des outils et des véhicules desquels ils étaient devenus maîtres dans la fabrication. Les Romains en ont souvent conservé les noms gaulois : l'*essedum* (char à deux roues), le *carpentum* (voiture bâchée), le *carrus* (voiture à quatre roues), parmi une douzaine de types de véhicules ; mais aussi ceux des vêtements : le *sagum*, le *cucullus*, la *caracalla*, le *birrus*, tous des types de manteaux. Ce ne sont là que quelques exemples des produits gaulois adoptés par les Romains ; il faut leur ajouter le tonneau, le savon, la cotte de mailles, la tactique de la tortue (boucliers formant une carapace au-dessus d'un groupe de guerriers), etc.

La Gaule n'était pas une nation. Ses différents peuples (César en cite une soixantaine) gardaient une forme d'autonomie : ils constituaient ce que César appelle des « cités », entités politiques, administratives et territoriales correspondant à un ou deux de nos actuels départements. Néanmoins, ces peuples depuis des siècles se regroupaient en confédérations : Celtes entre Seine et Garonne ; Belges entre Seine et Rhin ; Aquitains au sud de la Garonne. Les trois ensembles avaient aussi conscience d'appartenir à un même pays et depuis longtemps s'étaient dotés de quelques institutions communes. La plus remarquable est celle que César appelle le « Conseil de toute la Gaule » : toutes les cités y déléguaient des représentants qui se réunissaient au moins une fois chaque année et désignaient parmi eux un « peuple-patron » disposant, le temps de son mandat, d'une autorité morale et d'un pouvoir d'arbitrage. Il pouvait, dans quelques cas, décider la constitution d'une armée confédérale. L'autre institution est plus célèbre ; il s'agit d'une cour de justice, animée par les druides, et dont la compétence s'étendait non seulement à tous les Gaulois, mais aussi aux cités. Elle tenait ses assises une fois par an au centre de la Gaule (chez les Carnutes de la Beauce). Là devait se trouver aussi un lieu de culte commun à tous les peuples (les enseignes militaires de toutes les cités y étaient déposées et réunies).

La Gaule était donc avant tout un espace politique et religieux. Sa conception avait été l'œuvre des druides, répartis dans tout le pays. Les premiers avaient pris l'habitude de se réunir pour discuter de leurs doctrines et s'étaient placés sous l'autorité d'un chef incontesté. Leurs modes de réunion et de désignation d'un chef de file ont été les modèles des institutions politiques gauloises. Leurs pratiques de la justice, de la religion et de l'éducation furent les ferments de ce fonctionnement commun à tous les peuples au cours des trois derniers siècles de l'indépendance gauloise.

Eduens, Séquanes et Germains

Le commerce de grande envergure avec Rome ne fut pas sans conséquence sur les fragiles équilibres entre les peuples. Quelques-uns se sont considérablement enrichis, provoquant la convoitise des autres. Ce fut le cas des Eduens, habitant le Morvan actuel. Probablement alliés à Rome depuis la seconde guerre punique, ils en avaient reçu le titre officiel de « Frères consanguins des Romains ». C'est par leur territoire que transitaient les produits romains destinés à tout l'est de la Gaule. La Saône qu'empruntaient les bateaux devint un objet de litige incessant entre eux et leurs voisins orientaux, les Séquanes de Franche-Comté : ils se disputaient la propriété du fleuve et la perception des taxes sur les marchandises et les profits tirés du transport par eau et sur les berges.

Au cours des années 70 avant J.-C., le conflit entre les deux cités s'exacerba, prenant souvent une tournure guerrière. Les Eduens sortaient régulièrement victorieux des affrontements. En désespoir de cause, les Séquanes se résolurent à recruter des mercenaires chez les Germains, peuples habitant la rive droite du Rhin. Ces hommes, encore partiellement nomades, étaient de redoutables guerriers. Leur irruption dans le conflit en changea la face : ils repoussèrent les Eduens. Trouvant les terres de la Gaule plus agréables et riches que les leurs, ils s'y installèrent, tout d'abord chez les Séquanes en paiement de leurs prestations, puis chez les Eduens. Les deux anciens adversaires finirent par s'unir pour repousser les envahisseurs, mais en vain.

La menace germaine pour la Gaule devint si grande que vers 60 fut constituée une armée confédérale pour chasser les Germains d'Arioviste. La bataille eut lieu à Admagetobriga, près de Luxeuil. Ce fut un désastre pour les Gaulois : les Eduens y perdirent tous leurs sénateurs. Toutes les familles nobles durent fournir des otages aux Germains. Ces derniers considéraient que la Gaule Chevelue (par opposition à la province romaine du sud de la France) était leur province : ils y firent venir pour la coloniser des peuples amis ou parents du centre et du nord de l'Allemagne.

Ce furent les prémices de la conquête romaine.

L'étrange druide Diviciac et la migration des Helvètes

Diviciac, seul sénateur éduen à avoir échappé à la mort, partit à Rome pour demander l'aide du Sénat. Il y jouissait de solides amitiés : il se fit héberger par Cicéron. C'est d'ailleurs par l'orateur qu'on apprend, au détour de son traité *Sur la divination*, qu'il était druide et que lui et son hôte avaient profité de son séjour à Rome pour comparer leurs pratiques divinatoires respectives : l'un augure (cette fonction faisait partie du *cursus honorum*), l'autre, le Gaulois, spécialisé dans la divination par les nombres.

Il ne fait guère de doute qu'à cette occasion Diviciac rencontra aussi César, sur le point de devenir consul. Il n'obtint pas l'aide qu'il était venu chercher (Rome avait d'autres conflits à régler), mais reçut suffisamment d'assurances pour repartir chez les siens. Il y devint rapidement vergobret (premier administrateur de la cité). Là, d'autres difficultés l'attendaient. Son propre frère, Dumnorix, fomentait un complot avec deux chefs de cités, l'Helvète Orgétorix et le Séquane Casticos. Tous trois devaient s'emparer du pouvoir dans leur cité et prendre ensuite ensemble le contrôle de la Gaule. Pour que le projet aboutisse, il fallait que les Helvètes, étouffés par les Germains qui les entouraient de toutes parts, quittent leur territoire et s'installent au nord de la Gironde, chez les Santons, qui les y avaient invités.

Le projet n'aboutit pas. Orgétorix, convaincu de trahison par son peuple, fut condamné à mort. Cependant, la migration des Helvètes, décidée par les assemblées, et dont les premiers préparatifs avaient commencé en 60, n'était pas abandonnée. Le départ de tout le peuple (près de 400 000 âmes) était prévu pour le printemps 58 et l'itinéraire négocié avec les cités dont les territoires devaient être traversés par l'immense convoi. Au début du mois de mars, les autorités helvètes mirent le feu à leurs douze villes et à leurs quatre cents villages, afin de rendre leur départ inéluctable.

Le proconsulat de César

À ce moment, César entamait son proconsulat. Cette charge, d'une durée d'un an, suivait le consulat et permettait à son titulaire de poursuivre sa carrière politique, voire de la relancer par une expédition guerrière dans la province consulaire qui lui avait été attribuée. Dans le cadre du triumvirat (partage des pouvoirs politiques entre Pompée, Crassus et César), ce dernier avait reçu du Sénat l'Illyricum (bande côtière entre l'Italie et la Grèce), la Gaule cisalpine (Italie du Nord), la Transalpine (province de la Gaule), et son proconsulat était prolongé exceptionnellement à cinq années.

César avait tous les moyens légaux de s'offrir une gloire militaire à bon compte et de s'enrichir considérablement sur les provinciaux. Sa réussite politique en découlerait. Il lui suffisait de bien choisir le terrain de ses expériences guerrières. L'annonce du franchissement du Rhône par les Helvètes, à la hauteur de Genève, le détermina à intervenir. Les Helvètes voulaient descendre le fleuve par sa rive gauche jusqu'à la confluence avec la Saône, autrement dit par la province romaine dont le fleuve marquait la frontière. César gagna Genève à vive allure pour leur interdire d'aller plus loin. Dans le même temps, il fortifiait toute la rive gauche du Rhône et faisait recruter de nouvelles légions dans la province, précaution qui eût dû être inutile, puisque les Helvètes renoncèrent à ce chemin et entreprirent de suivre la rive droite du fleuve. Il s'agissait désormais d'une affaire intérieure à la Gaule Chevelue.

C'était sans compter sur la duplicité de Diviciac. Il donna le prétexte au proconsul pour pénétrer dans la Gaule demeurée indépendante : les Helvètes, lui annonça-t-il, ravageaient les terres éduennes (pur mensonge : les migrants n'avaient nul besoin de transiter si au nord). Diviciac demandait donc de l'aide au proconsul, ce qui convenait parfaitement à ce dernier : les Helvètes, installés en Saintonge, menaceraient la partie occidentale de la province, encore rétive à l'occupation romaine ; il redoutait également que le plateau suisse déserté par ses habitants ne soit la proie de Germains, qui, de là, pourraient fondre sur l'Italie. À ces arguments s'ajoutaient ceux de Diviciac : Dumnorix, son frère, voulait redonner vie au complot évoqué précédemment ; le commerce éduen en pâtirait et surtout les espoirs de Diviciac, qui ne rêvait que d'une alliance encore plus forte avec Rome et, pour tout dire, d'une romanisation de la Gaule.

Avec l'aide logistique des Eduens, César s'acquitta brillamment de sa tâche : en quelques semaines, il ramena les Helvètes sur leur territoire. Mais Diviciac avait encore une demande à produire à son allié.

Le protectorat de Rome

La menace germaine ne s'était pas estompée, loin de là. Arioviste avait profité de l'intermède helvète pour augmenter ses conquêtes plus au nord et à l'ouest. Diviciac comptait bien sur la présence du proconsul en Gaule pour qu'il règle le problème. Il est d'ailleurs hautement probable que tous deux en aient formé le projet dès le séjour de l'Eduen à Rome. La chronologie des événements laisse supposer une manœuvre diplomatique de Diviciac auprès de ses congénères gaulois, parfaitement coordonnée avec la campagne militaire. En effet, César se remettait à peine de sa victoire sur les Helvètes que déjà une ambassade, composée de représentants de nombreux peuples gaulois, venait à sa rencontre. Ils voulaient, lui dirent-ils, tenir auprès de son camp leur Conseil de toute la Gaule car ils avaient une importante demande à lui faire : qu'il les aide à repousser les Germains. Il s'agissait d'une mise en scène : la tenue du Conseil de la Gaule, rassemblant des délégués de toutes les cités, nécessitait des mois de préparation ; elle n'avait donc rien de spontané.

César répondit positivement. Mais on comprend, grâce aux événements postérieurs, qu'il assortit son accord de conditions draconiennes. Les Gaulois devraient fournir des hommes, des montures, du fourrage et de la nourriture ; en somme, ils devraient héberger les Romains sur leurs territoires ; ils devraient même par un véritable impôt permettre à César de constituer de nouvelles légions. Ce ne fut rien d'autre que la demande à Rome d'un protectorat. Les délégués en étaient si conscients qu'ils s'étaient juré entre eux de ne révéler ni le nom des participants au Conseil ni le contenu de leurs discussions avec César.

Rome désormais était partout chez elle en Gaule. À la fin du printemps de 58, la conquête – si ce mot ici a quelque sens – était donc achevée. Immédiatement, César, avec l'aide de Diviciac, entreprit de donner un cadre administratif à cette coopération entre Rome et les Gaulois. Les cités, on l'a vu, possédaient une forme d'autonomie. Il fallait donc faire signer à chacune d'elles de véritables traités. L'entreprise prit des mois, deux années peut-être. Le statut de la collaboration revêtit des formes variables : certaines cités furent considérées comme alliées de Rome, d'autres confédérées, le plus grand nombre furent assujetties (elles acceptaient de payer le tribut qui leur était demandé).

Les Romains repoussèrent les Germains au-delà du Rhin à la fin de l'année 58 mais ne retournèrent pas ensuite dans la province. César disposait encore de quatre années de proconsulat. Il lui fallait justifier la présence de ses légions. La mauvaise volonté des peuples belges qui n'acceptaient pas leur séjour à demeure en Gaule lui donna prétexte d'une intervention en 57. Ce furent, aussi bien chez les Suessions du Soissonnais que chez les Bellovaques du Beauvaisis, les Ambiens de l'Amiénois et les Viromanduens de

Thiérache, de fausses victoires militaires : ces cités, convaincues par la diplomatie éduenne, se rendirent sans combattre. Seuls les Nerviens du Hainaut résistèrent quelque peu.

À la fin de l'année 57, à Rome on considéra que la conquête de la Gaule était un fait acquis : les plus grands honneurs jamais décernés à un général victorieux furent attribués au proconsul. Mais César ne transforma pas pour autant la Gaule Chevelue en province. Il avait d'autres projets : accroître sa gloire militaire, s'enrichir encore plus et fortifier son armée (des quatre légions octroyées par le Sénat, il était passé à dix). Toutes ces dépenses étaient payées par les cités gauloises. De 56 à 54, les Romains se contentèrent de consolider les frontières de la Gaule. César mena même plusieurs expéditions hors du territoire, deux fois dans l'île de Bretagne (Angleterre) et deux fois en Germanie : des prouesses inutiles et sans lendemain qui lui valurent une gloire plus grande encore. Il faisait figure à Rome de nouvel Alexandre.

La révolte

Pendant cette longue période, tous les peuples du centre de la Gaule se tinrent tranquilles. Leurs représentants politiques collaboraient avec le proconsul, qui leur avait promis de rendre l'indépendance à leur cité et de faire d'eux ses administrateurs. De certains, tel Commios, l'Atrébate de l'Artois, il avait fait des rois, au pouvoir limité cependant. Partout la noblesse témoignait de ses sentiments proromains et avec d'autant plus d'empressement que la plèbe portait seule l'effort des contributions imposées par les Romains. À partir de la fin de 54 apparurent les premières révoltes contre l'autorité romaine ; elles étaient surtout le fait de tribuns du peuple, mais aussi de la jeunesse noble qui ne supportait plus la passivité de ses aînés. Vercingétorix fut de ceux-là. Au cours de l'année 53, les mouvements de résistance se firent plus nombreux et s'unirent. Au début de l'année 52, les Carnutes donnèrent le signal de l'insurrection des peuples du centre (ceux qui jadis étaient appelés Celtes) en massacrant les commerçants romains installés à Cenabum (Orléans), cette action leur rendant impossible tout retour en arrière.

Vercingétorix prit la tête de la rébellion. L'historien grec Dion Cassius nous apprend que le jeune Arverne se trouvait alors dans l'amitié de César. On en a conclu qu'il avait été quelque temps l'un de ces jeunes otages pris à la noblesse gauloise et dont le général aimait s'entourer dans son quartier général. Ainsi s'expliqueraient ses étonnantes connaissances en matière militaire – plus particulièrement celles concernant la stratégie romaine. En effet, Vercingétorix a tôt fait de constituer une armée de près de 100 000 hommes qu'il forme, entraîne et commande, comme s'il en avait toujours fait métier.

Pendant six mois, Vercingétorix tient en échec son adversaire. Une course-poursuite se dispute dans tout le centre de la Gaule, qui épuise les légions et fait terminer leur périple à Gergovie, là où César pensait casser définitivement la résistance gauloise. Mais Vercingétorix a tout appris de l'art militaire romain et met en déroute une légion, ce qui n'était jamais arrivé encore. Les Eduens, jusqu'alors demeurés dans la réserve et toujours fidèles à leur allié romain, se divisent sur la conduite à tenir. Les jeunes nobles se détournent de leurs aînés et, avec la plèbe, se joignent aux rebelles.

Dans le même temps, les cités belges, qui avaient feint l'obéissance à l'occupant, s'étaient elles aussi soulevées, obligeant César à se séparer de son meilleur lieutenant, Labiénus, pour qu'il contienne leurs forces considérables au nord de la Seine et les empêche de se joindre à l'armée de Vercingétorix. La révolte devient si générale que les Eduens convoquent à Bibracte (Mont-Beuvray) un Conseil de toute la Gaule, persuadés d'y être confirmés comme les patrons de la Gaule et d'obtenir le commandement général de ses armées. Mais c'est Vercingétorix qu'on désigne généralissime. Les premiers responsables politiques éduens s'inclinent et acceptent, à contrecœur, de participer à son état-major.

César était alors en mauvaise posture, son armée coupée en deux, une moitié retenue sur les bords de la Seine, l'autre insuffisante pour affronter les forces coalisées sous la direction de Vercingétorix. Il décide de se replier chez les Lingons (plateau de Langres), qui sont ses fidèles alliés et chez lesquels il peut recruter en masse des mercenaires germains et recevoir des chevaux en grand nombre. Là, Labiénus pourra le rejoindre aisément. L'armée romaine réunie sera moins vulnérable.

Le choix d'Alésia

Dès lors, chacun des deux généraux cherche à piéger l'autre. Vercingétorix, le premier, choisit son terrain d'action. Ce sera à Alésia chez les Mandubiens, petit peuple installé au nord du pays éduen, à proximité de la cité lingonne. C'est un plateau puissamment défendu par la nature, entouré de tous côtés par trois cours d'eau formant confluence à l'ouest, une place inexpugnable, pourvu qu'on fortifie son seul point faible, à l'est : une langue de terre le reliant à un autre plateau. De là, les Gaulois contrôlent le grand chemin qui passe par la Seine et la Saône et menacent directement les Lingons. César n'aura d'autre choix que de venir déloger Vercingétorix, autrement tous ses mouvements seront entravés.

C'était sans compter sur le service de renseignements des Romains, disposant partout d'espions à leur solde. César connaît très tôt le projet de son ennemi, en apprécie l'intelligence et réagit d'une manière inattendue. Ayant réuni ses deux corps d'armée, il se dirige vers la vallée de la Saône, en passant à l'est d'Alésia. Il avait fait savoir à Rome qu'il comptait quitter la Gaule et prendre repos et force en Cisalpine, une intoxication de l'ennemi dont il usa parfois. Le bruit répandu dans l'*Urbs* revient aussi rapidement en Gaule. Vercingétorix se persuade que son stratagème ne servira à rien, réaction escomptée par César. Connaissant la route empruntée par les légions, Vercingétorix décide de les arrêter à la hauteur d'Alésia pour les forcer ensuite à venir attaquer la forteresse où il se sera réfugié. Le corps de l'armée gauloise est divisé en deux : Vercingétorix doit faire barrage avec ses propres troupes, tandis que la puissante cavalerie éduenne prendra en tenailles l'armée romaine en marche. La victoire est immanquable. Les Eduens jurent de ne pas rentrer dans leurs foyers avant qu'ils n'aient traversé à deux reprises les rangs ennemis.

C'est un terrible échec. Les Eduens attaquent trop tôt l'adversaire, alors qu'il est hors de portée du barrage tenu par Vercingétorix. Mais surtout les légionnaires ne sont déjà plus en ordre de marche, ils ont formé le carré et mis à l'abri leurs bagages. De toute évidence, on les a informés du plan des Gaulois. Les Eduens perdent une grande partie de leur cavalerie. Vercingétorix et ses 80 000 hommes n'ont que le temps de se replier à Alésia dont les travaux de fortification ne sont pas achevés. Pour comble de malheur, dès le lendemain, les légions romaines se pressent déjà autour d'Alésia. Des éclaireurs et des espions gaulois les ont guidés par monts et vallées jusqu'à la place forte.

Le plan du chef arverne était pourtant d'une redoutable efficacité : lui-même et sa propre armée s'étaient installés sur le flanc oriental du Mont-Auxois (Alésia) sur lequel avaient été accumulés vivres et fourrage, et où ils pouvaient se réfugier en cas de besoin. Sur toute la périphérie du plateau, au-delà des trois rivières le baignant, se succédaient des collines et plateaux où l'armée gauloise confédérée, en cours de formation, pourrait prendre place. Les Romains seraient ainsi piégés au pied du plateau, pris en tenailles.

Mais la réactivité de César mettait à mal cette audacieuse combinaison tactique. Le grand camp de Vercingétorix n'était pas totalement fortifié et l'armée confédérée était loin d'être rassemblée. Le proconsul comprend la manœuvre de son adversaire. Le siège d'Alésia commence, c'est un chef-d'œuvre de la poliorcétique. César fait entourer le plateau, à son pied, d'une première ligne de siège d'une dizaine de kilomètres de longueur, qu'il garnira plus tard de tours. Cette fortification s'oppose aux assiégés. Dans le même temps, il fait construire une dizaine de camps sur les hauteurs entourant le plateau. Par la suite, il les fera relier par une seconde ligne de siège, tournée vers l'extérieur pour faire face à une armée gauloise venant secourir Vercingétorix.

Les péripéties du siège sont bien connues. Vercingétorix, avant que le blocus ne fût complet, fit sortir de nuit sa cavalerie afin qu'elle se répande dans toutes les cités de la Gaule, pour lever une immense armée. Mais les délégués des cités au Conseil de toute la Gaule, probablement demeurés à Bibracte, refusèrent cette levée en masse. Ils alléguèrent que cette armée démesurée ne pourrait être commandée et serait inefficace. Cependant, plus de quarante-deux cités offrirent des contingents variables (de 1 000 à 35 000 hommes) pour un total de plus de 250 000 guerriers. Cette armée, dite « de secours », fut constituée en trois semaines, ce qui représente une prouesse à peine imaginable, si l'on tient compte de l'immensité du territoire sur lequel elle a été recrutée. Mais ce temps était encore trop long pour les assiégés, rationnés, affamés, et qui durent chasser de la ville d'Alésia femmes, enfants et vieillards.

L'affrontement final

Pour mesurer l'importance du choc entre les deux ennemis, il est nécessaire de faire état des forces en présence. Du côté romain, César dispose de douze légions, soit environ 60 000 hommes seulement. Mais il prend bien soin de taire l'effectif de ses auxiliaires, des cavaliers germains en très grand nombre et qui jouent le plus grand rôle dans les trois batailles qui vont se dérouler au pied d'Alésia. Du côté gaulois, Vercingétorix bénéficie d'un nombre de guerriers à peu près égal à celui des légionnaires. L'armée de secours, on l'a vu, comprend près de 260 000 hommes, mais de valeur très inégale : seuls 60 000 sont dits « d'élite ».

À la fin du mois de septembre, quand celle-ci quitte la plaine d'Autun où elle s'est probablement rassemblée, son train est si long (sans doute une centaine de kilomètres) que les premiers guerriers arrivent en vue d'Alésia alors que les derniers n'ont pas encore quitté le camp. Il ne peut donc y avoir effet de surprise : les Romains ont tout le temps de se préparer à les affronter. Les Gaulois se présentent en ordre dispersé. Il n'y a pas de camp pour les recevoir, aussi doivent-ils se contenter de bivouaquer. Le lendemain de leur arrivée, à midi, les cavaliers partent à l'assaut des lignes romaines, à l'ouest du Mont-Auxois dans la plaine des Laumes, à la confluence des trois rivières. Beaucoup se précipitent dans les chausse-trapes dissimulées devant les fortifications, mais certains parviennent à franchir la muraille et se trouvent entre les deux lignes romaines. Pendant ce temps, les hommes de Vercingétorix, descendus du plateau, s'attaquent à la fortification qui leur fait face. Le combat se prolonge tout l'après-midi. Les assiégés et leurs renforts sont même près de se rejoindre entre les deux lignes. Mais tout à coup, César fait intervenir ses cavaliers germains, dissimulés sur le mont Réa au nord de la plaine des Laumes. Reposés et extrêmement mobiles, ils prennent à revers les Gaulois, les entourent et les massacrent. Le signal de la retraite est donné.

La nuit suivante, contre toute attente, les fantassins gaulois attaquent par surprise le même secteur dont ils connaissent les pièges. Mais les légionnaires sont à leurs postes sur les remparts et disposent de suffisamment de munitions pour résister. Au petit matin, de peur d'être à nouveau pris à revers par les cavaliers germains, les Gaulois doivent rebrousser chemin.

Le jour suivant, un conseil de guerre est réuni. Les Gaulois décident d'attaquer encore le secteur de la plaine des Laumes mais en allongeant considérablement leur front pour fragiliser la défense romaine. Le chef arverne Vercassivellaunos, avec les 60 000 guerriers d'élite, a pour mission de s'emparer du camp du mont Réa où se trouvent les cavaliers germains. Il passe la nuit à s'en approcher. Le signal du combat est donné à midi. Vercassivellaunos se lance à l'assaut du camp. Dans la plaine, les cavaliers gaulois attaquent la ligne romaine sur une longueur de près de cinq kilomètres. De l'autre côté des lignes romaines, les hommes de Vercingétorix descendent à nouveau du plateau, avec échelles, mantelets et grappins. Commence la plus formidable bataille qu'ait connue la Gaule. Les Romains cèdent sur de nombreux points. César lui-même doit descendre dans l'arène et galvaniser ses troupes. À l'en croire, c'est sa présence qui décide du sort de la bataille. La situation se retourne, en effet : des Germains et de nouvelles cohortes surgissent de nulle part. Les Gaulois prennent peur des deux côtés et regagnent leurs camps. Déjà la plus grande partie de l'armée de secours est en fuite, elle a pris le chemin du retour.

Le lendemain, Vercingétorix, pour sauver ses hommes, décide de se rendre. César présente cette bataille non seulement comme sa plus formidable victoire, mais aussi comme le terme de son entreprise de conquête. Il arrête là son récit (à la fin du VIIe livre) ; ce sera l'un de ses lieutenants, Hirtius, qui, quelques années plus tard, écrira un huitième livre pour narrer les événements de l'année 51, considérés comme mineurs par le proconsul.

Les mystères et leur explication

Napoléon, à Sainte-Hélène, est revenu sur le texte de César. Grand stratège lui-même, il s'interroge sur les exploits de son prédécesseur et, peut-être trop respectueux de l'historien antique, ne comprend pas les trois échecs des Gaulois. On perçoit cependant à le lire qu'il doute de l'objectivité du récit. La première attaque, celle de la cavalerie gauloise, peut en effet être interprétée tout autrement que ne le fait César : les cavaliers n'avaient probablement pas l'intention de briser les lignes romaines et de délivrer Vercingétorix ; ils voulaient tout simplement créer des brèches dans les remparts, en vue du combat de nuit qui allait suivre, but qu'ils ont atteint. L'échec de l'attaque de nuit n'en est que plus surprenant : les Romains, qui avaient durement repoussé la cavalerie, auraient dû penser que les Gaulois mettraient quelque temps à reprendre des forces, relâchant leur vigilance. Le contraire s'est produit : en pleine nuit, le rempart, sur plusieurs kilomètres de longueur, était garni de nombreux légionnaires, largement approvisionnés en traits de toutes sortes ; et les Gaulois ne créèrent pas d'effet de surprise. Tout laisse penser que les Romains avaient été avertis des intentions de leur ennemi. Mais c'est le troisième combat, la véritable bataille d'Alésia, qui, décrite par César en termes peu compréhensibles, nous donne les clefs pour résoudre ces énigmes. Toutes les conditions sont alors requises pour que les Gaulois puissent ouvrir suffisamment grand la double ligne parallèle de fortification : le camp du mont Réa et les Germains sont neutralisés ; la ligne extérieure de rempart est attaquée et fragilisée sur toute la largeur de la plaine des Laumes ; la ligne intérieure est prise d'assaut par les 60 000 hommes de Vercingétorix. Il suffisait que la grande masse des fantassins gaulois, demeurés à leur bivouac, s'engouffre dans les brèches ouvertes, comme l'a théorisé Napoléon : « Réunir ses feux contre un seul point ; la brèche est faite, l'équilibre est rompu ; tout le reste devient inutile et la place est prise. »

Mais ces fantassins n'ont pas bougé ; ils ont fait leur bagage et sont partis sur le chemin du retour avant même la fin des combats. On ne peut qu'y voir la mauvaise volonté des généraux éduens Viridomar et Eporédorix qui, depuis leur nomination aux côtés de Vercingétorix, n'ont cessé de traîner les pieds. Dirigeant, avec l'Atrébate Commios et l'Arverne Vercassivellaunos, l'armée de secours, on ne les voit à aucun moment prendre part au combat, contrairement aux deux premiers.

Une fois encore, la victoire de César semble avoir été surtout diplomatique. Et l'énigme d'Alésia n'est finalement que le reflet de celle, plus profonde, qu'est la prétendue « guerre des Gaules ». Si César consacre tant d'efforts à présenter Alésia comme son plus grand succès militaire – il y consacre pas moins de vingt chapitres de son VIIe livre –, c'est qu'il sait très bien qu'Alésia a aussi une autre signification : rassembler plus de 300 000 guerriers appartenant à plus de quarante cités était une vraie victoire, politique, de Vercingétorix. C'est ce que comprennent aussi, inconsciemment, ses lecteurs, à deux mille ans de distance.

Une fausse énigme…

… Celle de la localisation d'Alésia, disputée régulièrement par des localités souvent éloignées du théâtre de la bataille, le territoire des Mandubiens, peuple dont Alésia jouait le rôle de chef-lieu. Alésia a, en effet, laissé des souvenirs historiques. La ville gauloise, non détruite, est devenue une agglomération gallo-romaine, puis une bourgade, Alise-Sainte-Reine (Côte-d'Or), chef-lieu du pagus (canton) mérovingien Alisiensis, à l'origine du nom Auxois.

Les ambitieuses fouilles commandées par Napoléon III et celles effectuées par une commission franco-allemande dans les années 1990 ont mis en évidence les traces des fortifications césariennes et livré un abondant mobilier du milieu du Ier siècle avant notre ère, qui ne laissent aucun doute sur l'identification du lieu. Les résultats de ces recherches sont exposés au musée des Antiquités nationales (Saint-Germain-en-Laye) et au MuséoParc Alésia.

Bibliographie sélective

Brunaux, Jean-Louis, *Alésia*, Gallimard, 2012.

Carcopino, Jérôme, *Alésia et les ruses de César*, Flammarion, 1958 (2e éd.).

César, *La Guerre des Gaules*, Les Belles Lettres, 1926, 2 vol.

Reddé, Michel, *Alésia, L'archéologie face à l'imaginaire*, Éditions Errance, 2003.

Reddé, Michel et Schnurbein, Siegmar von (dir.), *Alésia, fouilles et recherches franco-allemandes sur les travaux militaires romains autour du Mont-Auxois (1991-1997)*, Académie des inscriptions et belles-lettres, 2001, 3 vol.

5

Le linceul de Turin : une provocation à l'intelligence ?

par Pierre DE RIEDMATTEN

Pour beaucoup de nos concitoyens, l'affaire est classée depuis le test au carbone 14 de 1988 qui a daté cet objet entre 1260 et 1390.

Mais ce tissu mystérieux, un sergé de lin de 4,36 × 1,10 mètres, tissé en chevrons, continue d'intriguer les chercheurs du monde entier, qui se retrouvent fréquemment dans des congrès, car il reste toujours une « provocation à l'intelligence », comme le disait déjà le pape Jean-Paul II en 1998.

Appelé aussi le « Saint Suaire », et conservé dans la cathédrale de Turin, il continue d'être vénéré par les chrétiens lors des ostensions publiques (plus de deux millions de personnes en 2015).

Plusieurs centaines de milliers d'heures d'études, entreprises surtout depuis 1932, lui ont été consacrées, dans tous les domaines ; en particulier, le STURP[1] *a analysé ce tissu pendant cent vingt heures consécutives au palais royal de Turin en 1978, avec tous les matériels scientifiques existant à cette époque.*

Regardons comment répondre, aussi objectivement que possible, aux trois grandes questions que chacun peut se poser :

– Peut-on expliquer et reproduire l'étonnante empreinte qu'on y observe ?

1. Shroud of Turin Research Project, groupe de 33 chercheurs, américains pour la plupart.

– *Quelle est l'histoire de ce tissu ?*
– *Quelle personne a-t-il contenue ?*

Pourquoi cette empreinte nous interpelle ?

Tout le monde connaît l'image partielle de la figure 1 *bis* : le visage, anatomiquement parfait et d'une grande paix, d'un homme figé dans la mort. Mais ce n'est pas l'image proprement dite telle qu'on peut la voir à Turin ; c'est la photo du négatif du visage, détail de la photo du négatif complet (fig. 1). Or, avec nos appareils argentiques, on regardait seulement les positifs de nos photos, mais jamais les négatifs, trop difficiles à comprendre. Ici, c'est exactement le contraire : l'image réelle, c'est-à-dire le « positif » du corps entier, telle qu'on peut la voir à Turin (fig. 2), comme celle du visage (fig. 2 *bis*), est très difficile à *lire*. Cela va beaucoup mieux quand le tissu est dans la pénombre et éclairé par-derrière, comme lors des (rares) ostensions : on distingue alors le corps d'un homme entièrement nu, de face et de dos, tête-bêche.

Notons déjà que cette *empreinte* n'est pas du tout conforme à l'iconographie traditionnelle du Christ (nudité, pas de couronne d'épines, pas de croix).

L'empreinte comporte, en fait, deux images superposées, très différentes

L'image dite « sanguine » (due au contact corps/tissu lors de la dépose au tombeau) est tout à fait normale, comme un *positif photographique* : les nombreuses taches de sang sont foncées (donc blanches sur le négatif, fig. 1 et 1 *bis*), et elles traversent le tissu. Elles proviennent bien de sang humain (hémoglobine, porphyrine, protéines...). La couleur de certaines taches est due à la bilirubine, substance dont la couleur (jaune-orangé) ne change pas lors d'un traumatisme important, alors que nos taches de sang courantes noircissent très rapidement. D'autres taches contiennent des traces de biliverdine, substance

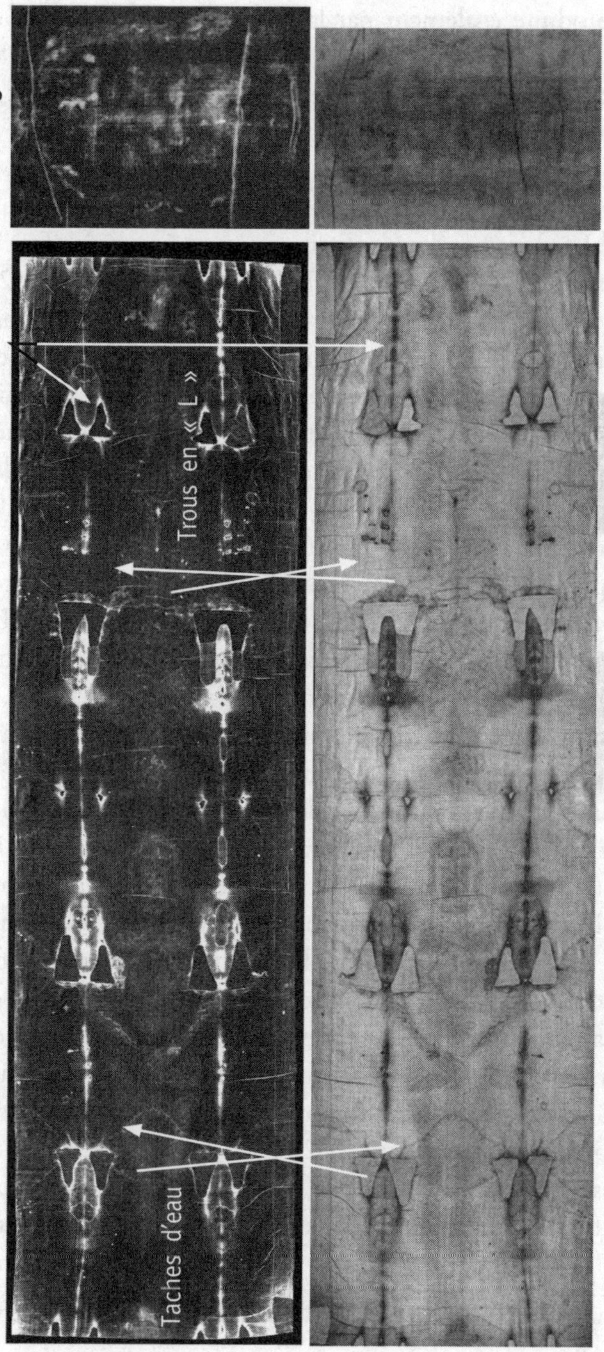

Fig. 1 – Photo du négatif du Linceul

Fig. 1 *bis* – Négatif du visage

Fig. 2 – Le Linceul tel qu'on le voit (« Positif »)

Fig. 2 *bis* – « Positif » du visage

verdâtre produite également par la dégradation du sang, notamment lors d'un traumatisme[2]. On peut y distinguer du sérum, les divers types de sang (veineux et artériel) et leur mode d'écoulement (avant et après la mort), alors que les connaissances sur la circulation sanguine remontent seulement au XVIIe siècle (Harvey, 1628).

L'image dite « corporelle » (celle des chevrons colorés) s'apparente, inexplicablement, à un négatif photographique : en effet, les zones normalement éclairées (nez, barbe…) sont noires (fig. 2 *bis*), et les zones en retrait (oreilles, orbites des yeux…) sont claires ; sur nos photos, c'est exactement le contraire. Cette découverte date de 1898, quand Secundo Pia (avocat à Turin, l'un des premiers photographes amateurs) a pris la toute première photo du Linceul, lors d'une exposition d'art sacré : il a alors failli lâcher ses plaques de verre, car il s'est senti « pétrifié » par le réalisme du négatif (fig. 1).

Les caractéristiques de cette image « corporelle » n'ont pas fini de nous surprendre ! Elle ne traverse pas le tissu, et elle est très ténue, n'étant présente que sur 20 à 30 microns (1 micron = 0,001 mm) ; ce n'est pas le cas des peintures du Moyen Âge, qui utilisaient du collagène comme liant (colle à base d'os et de peau). Elle n'a aucun contour, en sorte que plus on s'en approche, moins on peut l'observer. Il faut être à plus de 2 mètres pour la distinguer, contrairement aux peintures. Elle n'a aucune trace de pinceau ni aucune trace de pigments ; mais toutes les fibres ont la même couleur (jaune sépia) : c'est seulement leur densité (nombre de fibres colorées par cm^2) qui forme les contrastes de l'image. Elle résiste à tous les solvants. Et elle est thermiquement stable : la chaleur de l'incendie de Chambéry, en 1532 (voir ci-dessous), n'a pas altéré l'image, alors que l'argent recouvrant le coffre de bois a traversé toutes les épaisseurs du tissu ; or l'argent fond à 1 000 °C, et les peintures du Moyen Âge ne peuvent pas supporter des températures supérieures à 200 °C.

Elle est inversée de droite à gauche. C'est ainsi la photo du négatif (fig. 1) qui restitue correctement l'anatomie du supplicié.

---

2. Communication du docteur J.-P. Laude à Rochester, *Frontiers in Optics/Laser Science*, 2016.

Enfin, elle est tridimensionnelle : la densité des fibres colorées est inversement proportionnelle à la distance entre le corps et le tissu. Cette intensité relative, mesurée en chaque point, a permis de reconstituer le relief réel de l'homme du Linceul au tombeau, d'abord pour le visage (Paul Gastineau en 1974, fig. 3), puis pour le corps entier (John Jackson et Éric Jumper en 1976, à l'aide du système VP8, destiné à l'étude du relief des planètes). Aucune autre image naturelle ne possède cette information, perpendiculaire à sa surface. Cette caractéristique unique a même permis d'établir l'hologramme du visage réel (Petrus Soons, États-Unis, 2005).

Fig. 3

Mais comment l'image corporelle s'est-elle formée ?

Le STURP a conclu que ce n'est en aucun cas une peinture, mais qu'elle provient d'une oxydation acide déshydratante des fibres de lin. Pour mémoire, la thèse de la peinture (Mac Crone, USA) a été définitivement invalidée en 2010 (C. Gavach et J.-B. Rinaudo).

Cette image n'existe pas sous les taches de sang : elle a donc été réalisée après l'image sanguine, mais quand ? De même que l'image sanguine, à laquelle elle est très étroitement associée, elle provient donc du corps du supplicié, et non pas d'un phénomène extérieur. Elle a été réalisée par projection orthogonale vers le tissu plus ou moins tendu, et non par contact direct en tous points : en effet, une extension des formes serait normale si l'on avait enveloppé le corps, notamment la tête.

Bien des idées ont été émises pour expliquer la formation de cette surprenante image. Mais il n'y a que deux familles d'hypothèses possibles :

– Émanation de vapeurs ammoniacales dues à la violence du supplice (hypothèse de la vaporographie). Cependant, l'empreinte devrait traverser le tissu, ce qui n'est pas le cas.

– Rayonnement de particules émises par le corps vers le tissu. Mais quelles particules ? Le père J.-B. Rinaudo, biophysicien, a établi un modèle, basé sur la rupture éventuelle des rares noyaux de deutérium du corps (hydrogène « lourd ») ; critiqué par certains, ce modèle permet cependant de répondre à la fois aux caractéristiques de l'image corporelle (par l'émission des protons, d'où faible pénétration dans le lin, oxydation, tridimensionnalité...), et à un écart de datation par le carbone 14 d'environ treize siècles (par l'émission des neutrons vers les atomes d'azote contenus dans le liant du tissu)[3].

Peut-on reproduire cette double image ?

De nombreuses tentatives (souvent saluées par la presse) ont eu lieu, en vue de *démasquer une fois pour toutes la supercherie de cette fausse relique*. Mais, à ce jour, personne n'a jamais pu reproduire cette empreinte avec toutes ses caractéristiques sanguines et corporelles. Plusieurs « artistes » se sont contentés d'essayer de reproduire le visage, comme Joe Nickell (États-Unis, vers 1980), qui a entouré un bas-relief avec un linge humide, puis a teinté les parties saillantes avec de l'ocre.

3. Les neutrons auraient pu alors entraîner un enrichissement initial du tissu en carbone 14, d'où le rajeunissement apparent observé en 1988.

« Même actuellement, aucun de nous ne réaliserait de telles images sans commettre quelque bévue », disait déjà le docteur Barbet.

D'où provient cet objet ? De quand date-t-il ?

Le parcours du Linceul en Europe est parfaitement connu. Il est présenté pour la première fois au public vers la fin de 1356 dans le petit village de Lirey (20 kilomètres au sud de Troyes), par l'épouse de Geoffroy Ier de Charny, mort à la bataille de Poitiers ; ce simple chevalier de Champagne, comme on le croyait encore récemment, était en fait un chef militaire de première importance, porte-oriflamme du roi et siégeant en son Conseil secret. En 1390, le pape d'Avignon, Clément VII, autorise la poursuite des présentations publiques, mais sans cérémonies trop solennelles. Notons, comme l'a montré en 2006 Emmanuel Poulle (membre de l'Institut), que le pape n'a pas suivi le mémoire, tardif, de l'évêque de Troyes (Pierre d'Arcis, 1389) affirmant que son lointain prédécesseur avait identifié le peintre et reçu ses aveux : dans sa bulle officielle (fin mai 1390), Clément VII a en effet supprimé toute allusion à un quelconque faussaire. Il n'existe d'ailleurs aucune trace d'une éventuelle enquête diligentée auparavant.

En raison de la guerre civile et de la folie du roi Charles VI, le Linceul est mis en sécurité en 1418 à Saint-Hippolyte-sur-le-Doubs, hors de France. Il est cédé en 1453, par Marguerite de Charny (petite-fille de Geoffroy Ier), à la famille de Savoie, qui l'installe à Chambéry et fait construire une sainte chapelle pour l'abriter – l'appellation « Saint Suaire » semble remonter à cette date. C'est là qu'il subit un grave incendie, en décembre 1532, qui, heureusement, n'altère pas l'image (voir les traces de brûlures sur les figures 1 et 2). Des rapiècements sont mis en place en 1534 par les clarisses – ils seront supprimés en 2002, pour ne pas laisser « emprisonnés » les débris calcinés de cet incendie.

En 1578, pour éviter à saint Charles Borromée de traverser les Alpes à pied pour venir vénérer le Linceul à Chambéry, en remerciement de la fin de la peste à Milan, le duc de Savoie le transfère à Turin. Il est installé en 1694 dans l'autel reliquaire de Bertola, dans la cathédrale (chapelle dite de Guarini).

En 1983, à la mort d'Umberto II, roi d'Italie en exil, il est définitivement cédé au Vatican. Et en avril 1997, la cathédrale subit un très grave incendie, sans conséquence sur le tissu, qui avait été éloigné peu avant, en raison de travaux, et placé dans un coffre en cristal blindé de 8 cm d'épaisseur ; le Linceul a pu être récupéré juste à temps. Il est maintenant conservé dans un long coffre, sous argon et à l'abri de la lumière. Il n'est montré au public que lors des ostensions (la dernière a eu lieu en 2015).

Mais on ne sait toujours pas à quelle date il est arrivé en France.

Peut-il dater d'avant le XIVe siècle ?

Le test au carbone 14 de 1988, pour lequel des précautions particulières ont été prises (12 mesures, trois tissus témoins), a daté le tissu du Moyen Âge (entre 1260 et 1390). Les trois laboratoires (Oxford, Tucson et Zurich) n'ont pas triché, et certains arguments avancés pour contredire cette datation ne sont pas valables : le prélèvement n'a pas été fait dans un coin du tissu supposé sali par la sueur de ceux qui le tenaient lors des ostensions, ni dans une partie retissée au Moyen Âge de manière supposée invisible : une étude textile, réalisée en 2010, a montré que l'échantillon prélevé en 1988 provient bien du Linceul.

Mais l'écart de datation entre les trois laboratoires, soit 104 ans, conduit à un niveau de signification de 5 % seulement – ne pas confondre avec le niveau de confiance. Cet écart a été dûment mentionné dans la publication très officielle des résultats[4], mais la presse n'en a pas parlé ; il traduit une absence d'homogénéité des

4. Revue *Nature*, vol. 337, février 1989.

trois échantillons, qui reste inexplicable puisqu'ils ont été prélevés au même endroit. En outre, la date maximum annoncée (1390) est incompatible avec la première exposition publique en 1356.

En dehors du test au carbone 14 de 1988, toutes les autres études confirment une origine très ancienne de cet objet.

Une nouvelle datation, faite par le professeur Giulio Fanti en 2013, par d'autres méthodes (spectroscopies IR et Raman...), a donné des résultats totalement différents, avec une fourchette de + / – 250 ans autour de la période de la naissance du Christ. L'origine des fils examinés reste cependant à valider officiellement.

Pour les spécialistes des textiles anciens, comme G. Vial et Mme M. Flury-Lemberg, ce tissu présente certaines caractéristiques particulières :

– Il a été réalisé sur un métier à quatre harnais, existant au Moyen-Orient aux premiers siècles mais introduit beaucoup plus tard en Europe ; il a été tissé avec un fil à torsion en Z, utilisé aux premiers siècles au Moyen-Orient mais pas en Europe ; et son tissage a été très coûteux (plusieurs centaines d'heures), comme s'il était destiné à ensevelir un dignitaire.

– Il ne contient pas de laine (comme dans les prescriptions bibliques), mais un peu de coton (*Herbaceum*), d'usage ancien au Moyen-Orient.

– Il possède une couture très particulière, entre la bande principale (1,03 mètre) et la bande supérieure (7 cm) – provenant du même rouleau d'étoffe ; ce type de couture n'existe sur aucun tissu ancien venant d'Europe, mais on l'a observé sur des tissus trouvés dans les ruines de Massada (au sud de Qumran), forteresse prise par les Romains en l'an 73.

Les grandes taches d'eau (fig. 1 et 2) ont été attribuées par erreur à l'extinction de l'incendie de Chambéry ; en effet, elles ne correspondent pas du tout au pliage du Linceul à cette époque (1532). Elles peuvent être dues à une conservation beaucoup plus ancienne du tissu, plié en accordéon dans une jarre humide.

Le tissu contient des traces de myrrhe et d'aloès, produits utilisés en Palestine pour l'ensevelissement. Des pollens, prélevés en 1973 et 1978 par Max Frei, criminologue internationalement connu, attestent du passage du Linceul au Moyen-Orient (Jérusalem, mer Morte, Édesse et Constantinople), et bien sûr en Europe. Décédé en 1983, Max Frei n'a pas eu le temps de publier tous ses travaux. Malgré les critiques, d'autres spécialistes (Uri Baruch, Avinoam Danin...) ont trouvé des résultats semblables, notamment des pollens de fleurs qui poussent au printemps dans les vieux murs de Jérusalem. Pour A. Danin, le seul endroit sur terre où poussent trois des plantes identifiées « est une zone comprise entre Jérusalem et Hébron ».

Enfin, des pièces de monnaie, déposées sur les yeux du supplicié et datables des années 30, ont laissé des traces sur le tissu (voir ci-dessous).

Au total, rien ne s'oppose à ce que ce tissu ait été fabriqué au Moyen-Orient (Syrie, Palestine...) au tournant de l'ère chrétienne. Or aucun autre tissu venant d'un homme enseveli en Palestine au Iᵉʳ siècle n'est parvenu jusqu'à nous, sauf celui découvert en l'an 2000 dans une tombe « étanchée », car l'homme avait la lèpre et la tuberculose ; en effet, chez les juifs, seuls les ossements étaient alors conservés, car tout le reste était détruit un an après l'inhumation.

Pour que ce tissu ait été conservé, il a fallu des circonstances exceptionnelles.

Qu'est devenu le linceul du Christ ?

Les Évangiles (Matthieu, 27 ; Marc, 15 ; Luc, 23 ; et Jean, 20) disent : « Le soir venu, arriva un homme riche d'Arimathie, nommé Joseph ; il alla trouver Pilate et demanda le corps de Jésus. Il l'enveloppa dans un linceul blanc, et le déposa dans un sépulcre où personne n'avait encore été mis. » Marc précise : « Un linceul acheté. » Il ne s'agissait donc pas d'un tissu quelconque.

Les Actes des Apôtres ne parlent pas de ce tissu, qui était impur pour les juifs car taché du sang d'un condamné. S'ils l'ont conservé, aussi discrètement que possible, l'ont-ils emporté avec eux quand, fuyant les premières persécutions, ils sont partis vers le nord ?

En tout cas, plusieurs textes apocryphes laissent supposer que ce tissu n'a pas été détruit. Ainsi, l'évangile aux Hébreux (IIe siècle) précise : « Quand le Seigneur eut donné son suaire au serviteur du prêtre, il se rendit auprès de Jacques et lui apparut. » Et le pape Sylvestre Ier a demandé de dire la messe sur des « nappes d'autel en lin, en souvenir du linceul sacré du Christ » (décret de 325).

Qu'a-t-on vénéré à Édesse, puis à Constantinople ?

Édesse (Sanli-Urfa, dans l'est de la Turquie) a été la première ville à se convertir au christianisme ; en 202, une inondation détruit déjà une « église des chrétiens ». De nombreux philosophes et théologiens chrétiens (Bardesane, saint Éphrem…) y ont séjourné, et la première traduction de la Bible y a été publiée, en syriaque.

Selon Eusèbe de Césarée (*Histoire ecclésiastique*, IVe siècle), le roi Abgar V, contemporain du Christ, lui aurait écrit une lettre pour qu'il vienne le « guérir de son infirmité » ; et le Christ aurait répondu qu'il lui enverrait un de ses disciples, « lorsqu'il aura été élevé ». Le disciple Thadée (Addaï en syriaque) aurait ainsi guéri le roi Abgar de sa lèpre, en apportant à Édesse une image sur un linge ; selon une autre forme de la tradition, Ananias, le serviteur d'Abgar, n'arrivait pas à faire le portrait de Jésus, tellement son visage était lumineux ; voyant cela, « Jésus demanda à se laver, et un suaire lui fut donné. Et quand il se fut lavé, il essuya son visage avec, et, son image y laissant son empreinte, il le donna à Ananias ». (C'est peut-être l'origine de la légende du voile de Véronique, qui ne remonte qu'au XIIe siècle, ce voile n'étant pas mentionné dans les Évangiles.)

Cette image, longtemps cachée, aurait été redécouverte dans une muraille de la ville en 525. Elle aurait été ensuite profondément vénérée à Édesse, car estimée « non faite par une main humaine » (*acheiropoiètè* en grec).

Fig. 4

Après un curieux siège par les Byzantins, qui libérèrent 200 prisonniers et donnèrent 12 000 pièces d'or uniquement pour obtenir l'image d'Édesse, elle fut solennellement transférée à Constantinople, le 15 août 944 : « L'empereur reçut avec un faste splendide la sainte toile avec l'image du Christ » (manuscrit de Skylitzès, Bibliothèque nationale, Madrid, fig. 4). L'homélie prononcée à cette occasion précise : « Ce ne sont pas les moyens grâce auxquels la peinture forme les images… qui ont dessiné le resplendissement… il a été empreint par les seules sueurs d'agonie du Prince de la vie, qui ont coulé comme des caillots de sang… Ce sont elles qui ont coloré la réelle empreinte du Christ, car, depuis qu'elles ont coulé, elle a été embellie par les gouttes de sang de son propre côté. »

Appelée alors le saint Mandylion (το αγιον μανδυλιον en grec), cette image d'Édesse a été profondément vénérée à Constantinople, où elle était « considérée comme le plus précieux trésor de la capitale de l'Empire chrétien » (André Grabar). Et les recherches de l'historien Mark Guscin, en 2010, au mont Athos, ont confirmé qu'il s'agissait bien d'un *syndon* (terme utilisé dans les trois évangiles synoptiques pour la sépulture du Christ), sur lequel on voyait non seulement le visage, mais également le corps entier et les taches de sang.

Le *sydoine de NS Jésus-Christ* disparaît en 1204, lors de la IVe croisade. Mais sa présence est signalée à Athènes en 1205, dans une lettre de Théodore Ange au pape Innocent III à propos d'une des reliques pillées à Constantinople, « ce qu'il y avait de plus sacré parmi ces dernières, le linceul où fut enveloppé après sa mort et avant sa résurrection Notre Seigneur Jésus-Christ. Nous savons que ces choses sacrées sont conservées à Venise, en France et autres pays de pillards, le linceul sacré étant à Athènes ». Or, l'un des chefs de la IVe croisade, Othon de la Roche, qui avait emporté cette relique ou l'avait reçue en récompense de sa bravoure lors du sac de Constantinople, devint seigneur d'Athènes. La déposa-t-il dans le monastère, tout proche, de Daphni ?

Peut-on identifier l'image d'Édesse au linceul de Turin ?

Jusque dans un passé récent, cette hypothèse n'était pas retenue.

Fig. 5

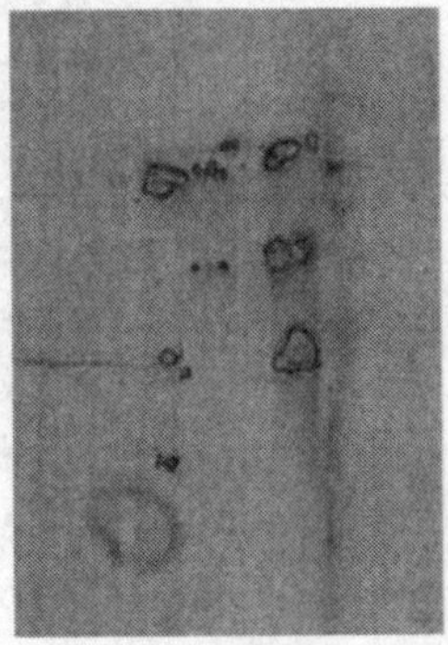

Fig. 6

Mais ce lien est maintenant acquis, sans ambiguïté (voir les photos ci-dessous). En effet, quatre séries de quatre trous en forme de « L » (ou en équerre) sont visibles au niveau des reins, sur le Linceul, symétriquement par rapport à l'axe principal (fig. 1 et 2). Ils sont antérieurs à l'incendie de Chambéry, car ils figurent déjà sur une reproduction datée de 1516, conservée à Lier en Belgique. Et ils figurent également sur une gravure du « Codex Pray » (fig. 5), un manuscrit daté au plus tard de 1195, trouvé à Budapest ; cette gravure représente les linges retrouvés vides lorsque les saintes femmes reviennent au tombeau le dimanche matin pour achever la toilette de Jésus. De tels détails, qui n'ont aucun intérêt artistique, ont nécessairement été observés sur le Linceul (fig. 6). L'atténuation progressive de ces quatre séries de quatre trous (le Linceul était alors dit *tetradiplon*, « plié en quatre ») fait penser à une brûlure accidentelle (encensoir ?).

Une autre gravure de ce manuscrit représente le Christ entièrement nu (ce qui était impensable au XIIe siècle) ; il a les mains croisées comme sur le Linceul, et il n'a que quatre doigts à chaque main, comme l'homme du Linceul (voir ci-dessous).

Comment le Linceul est-il arrivé en France ?

L'hypothèse des Templiers et celle du retour en France d'Othon de la Roche ne sont plus retenues maintenant. Parmi les hypothèses possibles pour l'arrivée du Linceul à Lirey (d'autres sont en cours d'étude), signalons :

– Son envoi préalable, par l'empereur Baudouin II, en 1241, à Saint Louis, qui l'aurait placé dans la grande châsse de la Sainte-Chapelle.

– Son arrivée discrète en 1317 à Lirey, grâce aux veuves des derniers ducs d'Athènes, après la chute du duché en 1312.

Qui est l'homme du Linceul ?
Est-ce le Jésus-Christ des Évangiles ?

Pour les ethnologues et les anatomistes, l'homme du Linceul est de type syro-palestinien, âgé de 30 à 40 ans ; or saint Luc précise que « Jésus avait environ trente ans au début de sa mission » (Lc, 3, 23). Et sa taille, environ 1,78 mètre, n'est pas incompatible avec celle de juifs du Iᵉʳ siècle, comme l'ont montré des fouilles près de Jérusalem en 1968. Il a une chevelure avec la raie au milieu, une barbe à deux pointes (courante chez les Sémites), et une natte dans le dos, qui pourrait être un signe d'appartenance à un groupe religieux.

Des traces de pièces de monnaie, seulement visibles avec un fort agrandissement, ont été mises en évidence sur ses paupières ; il s'agit de leptons à l'effigie de l'empereur Tibère César, utilisés couramment en Palestine : *dilepton lituus* sur l'œil droit et *lepton simplum* sur l'œil gauche ; selon le père Filas, ces pièces ont été frappées par Ponce Pilate, uniquement entre les années 29 et 32. Or, le Christ est mort un vendredi 14 Nisan, ce qui est tombé ainsi le 7 avril 30 et le 3 avril 33. Des pièces identiques et présentant la même faute (un K au lieu d'un C dans le mot *Kaisaros* = « de César ») ont été trouvées récemment chez les collectionneurs (la dernière en 1992).

En dehors des Évangiles,
peut-on identifier l'homme du Linceul ?

Des traces d'écritures autour du visage, devinées au début des années 1980, mais quasiment invisibles à l'œil nu, ont été mises en évidence en 1994 en s'affranchissant du bruit de fond optique généré par les chevrons colorés. Comme le montre la fig. 7 (où ces traces d'écritures sont surlignées), on distingue notamment :

– En dessous du visage, le mot grec ΗΣΟΥ, signifiant « de Jésus ».

– À droite, de haut en bas, l'inscription NNAZAPENNOΣ, signifiant « Nazaréen » ; et de bas en haut, l'inscription INNECE, peut-être être un morceau de la sentence de mort (*In necem ibis*).

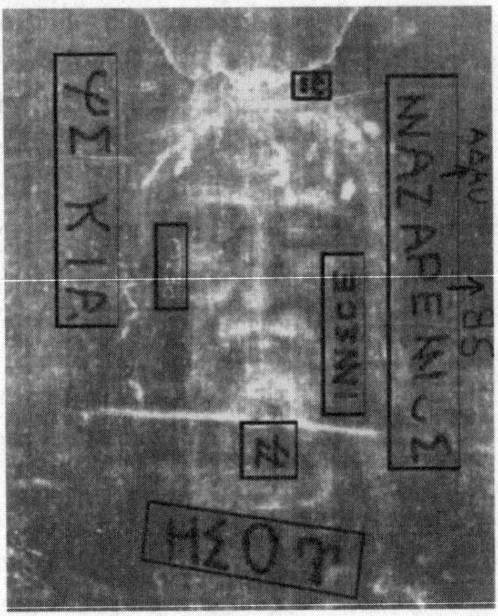

Fig. 7

Selon les paléographes, ce mélange de grec et de latin était utilisé notamment au Ier siècle en Palestine. Il pourrait s'agir des inscriptions légales, faites par le fonctionnaire chargé de préciser le nom, l'origine et le motif de la condamnation du défunt, voire le mois de sa mort (pour venir un an plus tard recueillir les ossements).

L'iconographie byzantine apporte également sa contribution à cette identification : à partir de la fin du IVe siècle, le portrait du Christ sans barbe et à la chevelure bouclée, comme par exemple le Bon Pasteur au Vatican, est remplacé progressivement par un visage ressemblant à celui de l'homme du Linceul : type sémite, raie au milieu de cheveux descendant sur les épaules, et longue barbe, souvent à deux pointes.

Paul Vignon a observé, sur le Linceul, une quinzaine de signes particuliers qui n'ont aucun intérêt artistique, mais que les iconographes ont reproduits, comme schématisé sur la fig. 8 ; par exemple :

– Un carré et un triangle en haut du nez, et une raie transversale au milieu du front.

– Des yeux accentués et « ouverts », car leur tour, blanc sur le positif, permettait cette interprétation (voir fig. 2 *bis*).

– Et surtout une importante double mèche de cheveux en haut du front ; les iconographes, qui ne connaissaient pas la circulation physiologique du sang, semblent avoir interprété ainsi la forte coulée de la veine frontale, en forme d'epsilon sur le positif (fig. 2 *bis*), qui a été arrêtée par les joncs de la couronne d'épines (peut-être ceux qui sont encore visibles à Notre-Dame de Paris).

Fig. 8

On retrouve tout ou partie de ces signes sur les icônes anciennes, où le Christ est toujours représenté avec les yeux ouverts (de même que sur les anciennes représentations du voile de Véronique), avec parfois l'inscription « Le saint Mandylion », comme à Chypre (XIIe siècle). À Daphni (près d'Athènes), la quasi-totalité de ces signes figurent sur l'immense mosaïque du Pantocrator, datant du XIIe siècle (fig. 9).

Fig. 9

Comparaison du Linceul avec les Évangiles

Tout ce qui est dit dans les Évangiles de la Passion du Christ se trouve sur l'homme du Linceul, et réciproquement :

– Il a reçu des coups sur la figure (Mc 15, 19), et le cartilage de son nez est cassé.

– Il a eu des blessures autour de la tête (Mt 27, 29), faisant penser à un casque d'épines, le *pileus* romain.

– Il a été flagellé (Jn 19, 1) par un fouet identifiable au *flagrum* romain, muni de boules de plomb ou d'osselets de mouton. Cette flagellation, quasi à mort (100 à 120 coups de fouet, 800 cm² de peau et de muscles détruits), a entraîné un début de fibrillation cardiaque.

– Il a porté un objet lourd sur l'épaule, identifiable au *patibulum*, poutre transversale des croix (Jn 19, 17).

– Il avait de la terre sous les genoux et sur le nez, identifiée comme une aragonite qui existe notamment à Jérusalem.

– Il a été crucifié (Jn 19, 18) au niveau des poignets, et non pas dans les paumes, qui ne peuvent pas supporter le poids d'un corps ; cela a entraîné la rétraction du pouce vers l'intérieur (sollicitation du réseau nerveux), ne laissant voir que quatre doigts seulement à chaque main, comme le montre aussi le « Codex Pray » (voir ci-dessus).

– Il n'a pas eu les jambes brisées (Jn 19, 33).

– Il était en rigidité cadavérique avant la dépose sur le linceul, en raison de la violence de la flagellation. Or Pilate s'étonna que le Christ soit déjà mort (Mc 15, 44), car les condamnés restaient souvent en croix pendant plusieurs jours.

– Il a reçu un coup de lance au côté (Jn 19, 34), d'où sont sortis du sang et de l'eau (sérum) ; ce coup a été donné *post mortem*, car la blessure (de la largeur d'une lance romaine) ne s'est pas refermée.

– Il n'a pas pu être lavé avant l'ensevelissement (Lc 23, 56).

– Il n'est pas resté dans ce linceul plus de deux jours (Jn 20, 2). En effet, les caillots de sang ne présentent aucun signe de putréfaction, laquelle commence entre trente et quarante heures.

– Et il a quitté ce linceul sans qu'aucun des caillots de sang ait été arraché ; son corps n'a donc pas pu être volé (Mt 27, 64).

En conclusion

Les recherches sur le linceul de Turin se poursuivent dans le monde entier, car il interroge autant les scientifiques que les historiens. Si on ne sait toujours pas comment il est arrivé en France, les études ont confirmé qu'il a séjourné au Moyen-Orient (Palestine, Édesse, Constantinople) bien avant le XIVe siècle.

Il contient une information incontournable et inexplicable : l'homme enseveli en est sorti moins de quarante heures après y avoir été déposé et sans arracher aucun des nombreux caillots de sang dus à un « supplice indescriptible » (pape Jean-Paul II). Et cet homme est sans doute un Nazaréen d'une trentaine d'années, nommé Jésus, flagellé et crucifié en Palestine au début des années 30. Les chrétiens voient là un témoignage majeur et saisissant de la résurrection du Christ.

Même si les sceptiques continueront à affirmer qu'il s'agit d'une escroquerie, personne n'a jamais pu reproduire l'empreinte qu'on peut y discerner, avec toutes les caractéristiques très complexes de son image « sanguine » et de son image « corporelle ».

Le phénomène physique inconnu qui a produit cette empreinte peut-il avoir faussé le test au carbone 14 de 1988, qui avait daté du Moyen Âge « ce tissu bien intriguant[5] » ?

Le linceul de Turin restera donc, sans doute encore longtemps, une « provocation à l'intelligence » (Jean-Paul II).

Bibliographie sélective

Barbet, P., *La Passion de N. S. Jésus-Christ selon le chirurgien,* Médiaspaul (15e éd., 2011).

Bouzoud, L., *Le Clan des Achaïens. Scénario pour l'histoire du linceul de Turin,* Savoisy, 2015.

Danin, A., *Botany of the Shroud,* résumé de conférences, 2010.

Dubarle, A. M., « L'homélie de Grégoire le Référendaire pour la réception de l'image d'Édesse », *Revue des études byzantines,* t. 55, 1997.

—, *Histoire ancienne du linceul de Turin,* t. 2, F.-X. de Guibert, 1998.

Fanti, G., *Sindone : primo secolo dopo Christo !,* Segno, 2013.

Filas, F., *La Datation du suaire de Turin à partir des monnaies de Ponce Pilate,* juin 1982.

Flury-Lemberg, M., « Die Leinwand des Turiner Grabtuches zum technischen Befund », *Das Münster,* 2001.

Frale, B., *Le Suaire de Jésus de Nazareth,* Bayard, 2011.

—, revue *Aevum,* 86, 2012.

Frei, Max, « Le passé du Saint Suaire à la lumière de la palynologie », IIe congrès de Turin, octobre 1978.

5. Professeur C. Ramsey, directeur du laboratoire C 14 d'Oxford. Communiqué du 31 janvier 2008.

GAVACH, C. et RINAUDO, J.-B., *Le Linceul de Jésus enfin authentifié ?*, F.-X. de Guibert, 2010.

GUERRESCHI, A., « Reconstitution des dommages de Chambéry », IVe Symposium international, Paris, 2002.

JULL, Timothy, *Proceedings of the 20th International Radiocarbon Conferences 2009*, University of Arizona, 2010.

LATENDRESSE, M., « Passage du Linceul par la Sainte-Chapelle de Paris », Cahier MNTV 57, décembre 2017.

MARION, A. et COURAGE, A.-L., *Nouvelles découvertes sur le suaire de Turin,* Albin Michel, 1997.

POULLE, E., « Le linceul de Turin victime d'Ulysse Chevalier », *Revue d'histoire de l'Église de France,* Brepols, décembre 2006.

VIAL, G., « Le linceul de Turin, étude technique », *Bulletin du CIETA*, 1989.

VIGNON, P., *Le Saint Suaire de Turin devant la science, l'archéologie, l'histoire…*, Masson, 1939.

6

Les Vikings en Amérique ?

par Jean Renaud

Les Vikings (au sens large du terme) ont-ils découvert l'Amérique au début du XI*e* *siècle, bien avant Christophe Colomb en 1492 ? Plusieurs textes médiévaux l'affirment : la plupart font de simples allusions à une nouvelle terre qu'ils nomment* Vínland *(le « Pays du vin »), deux en font leur matière principale. Faut-il en douter ?*

En 1705, le savant islandais Þormóður Torfason (plus connu sous son nom latinisé, Torfæus) publie la première étude complète de l'histoire du *Vínland*, intitulée *Historia Vinlandiæ antiquæ*. Mais il faut attendre plus d'un siècle pour que paraisse un nouvel ouvrage rassemblant et s'efforçant de rendre cohérent tout ce qui a trait à la présence norroise en Amérique du Nord, celui du philologue danois Carl Christian Rafn : *Antiquitates Americanæ*, en 1837. Des traductions partielles ou des résumés en sont publiés dès l'année suivante en plusieurs langues – entre autres en français par Xavier Marmier : *Mémoire sur la découverte de l'Amérique au dixième siècle*. Le sujet suscite un véritable engouement, et celui des Américains ne sera pas des moindres – au point qu'outre-Atlantique on érige bientôt des statues en l'honneur des Vikings, comme celle de Leifr Eiríksson à Boston (Massachusetts) en 1887, et on se lance dans une recherche passionnée de « reliques » vikings qui tourne parfois à la supercherie !

C'est ainsi que la « tour de Newport » (Rhode Island) a longtemps été considérée comme un ancien baptistère édifié vers le XIe siècle par des colons scandinaves, suivant une hypothèse malheureuse émise par Rafn. Il s'agit en réalité d'un moulin à vent en ruine ayant appartenu au gouverneur Benedict Arnold au XVIIe siècle.

La pierre runique de Kensington (Minnesota), trouvée en 1898 par un fermier, Olof Öhman, immigrant suédois, alors qu'il défrichait sa terre relate un voyage d'exploration de « Gots » (Suédois) et de Norvégiens au *Vínland* en 1362. Or la langue n'est pas exactement celle de cette époque-là et plusieurs runes utilisées sont inconnues au Moyen Âge et n'apparaissent qu'en Dalécarlie après 1550 (presque deux cents ans plus tard). Il s'agit manifestement d'un faux, habilement réalisé, ce que certains tentent toutefois encore de nier.

Mais on peut citer, parmi beaucoup d'autres découvertes de prétendues inscriptions runiques, la pierre de Popham Beach (Maine) et ses vagues stries glaciaires, le rocher de Dighton (Massachusetts) gravé de pétroglyphes amérindiens, la pierre de Yarmouth (Nouvelle-Écosse) où on a affaire à tout sauf à des runes, voire d'évidentes contrefaçons comme les trois pierres de Spirit Pond (Maine). Jusqu'à présent, aucune inscription runique irréfutable n'a été mise au jour sur le continent américain.

Ces prétendus vestiges nordiques ont même inspiré les poètes, comme ce mystérieux squelette de guerrier découvert à Fall River (Massachusetts) en 1832 (et détruit lors d'un incendie en 1843) que certains ont alors imaginé être celui d'un Viking. Henry Longfellow a popularisé cette interprétation en lui consacrant un long poème intitulé « The Skeleton in Armor » (« Le squelette en armure ») :

I was a Viking old !
My deeds, though manifold,
No Skald in song has told,
No Saga taught thee !

Et la tour que ce Viking a construite pour y vivre avec sa bien-aimée n'est autre, indique le poète en note, que la tour de Newport…

Quant à la fameuse carte dite « du *Vínland* », c'est une carte du monde sur vélin, découverte reliée avec l'*Historia Tartarorum* (récit d'un voyage chez les Mongols en 1245-1247) dans un petit manuscrit du XVe siècle mis en vente à Genève en 1957. Sur cette carte censée dater d'environ 1440, en haut à gauche figurent sous la forme de deux îles dans l'Atlantique Nord, le Groenland (*Grouelanda*) et le *Vínland* (*Vinilanda*), en regard duquel un commentaire indique sa découverte par les compagnons *Byarnus* et *Leiphus*, Bjarni et Leifr (*Vinilanda Insula a Byarno reperta et Leipho sociis*). Cette carte, désormais propriété de l'université de Yale, a d'emblée suscité la méfiance de nombreux chercheurs qui ont mis en doute son authenticité : il s'agit manifestement d'un faux, réalisé dans la première moitié du XXe siècle sur un authentique vélin.

Des témoignages écrits

En Norvège, une inscription runique évoque le *Vínland* – du moins selon une des deux lectures possibles des runes en question –, celle de la pierre (maintenant disparue) de Hønen, dont le texte, relevé en 1823, a dû être gravé entre 1020 et 1050 : « Partis (en mer) au loin, manquant de vêtements secs et de nourriture, ils parvinrent sur une plaine de glace au *Vínland* [<uinlat> (ou : parcourue de vents froids <uinkalt>)] dans une contrée inhabitée. » Cette pierre a été érigée en mémoire de Norvégiens du Ringerike partis en expédition dans un pays désertique et glacé, où ils ont trouvé la mort. S'il s'agit bien du *Vínland*, c'est le témoignage le plus ancien que nous en ayons.

Autre témoignage du XIe siècle, celui du clerc Adam de Brême : son *Histoire des archevêques de Hambourg* (*Gesta Hammaburgensis ecclesiæ pontificum*), qu'il achève de rédiger vers 1075, comporte un chapitre intitulé *Descriptio insularum Aquilonis* dans lequel il décrit « les îles du Nord » et évoque la découverte du *Vínland* : « En outre, il [le roi Sveinn] mentionna encore une île que beaucoup ont découverte dans cet océan et qui s'appelle *Vínland* [*quæ dicitur Winland*] du fait que des vignes sauvages y poussent et donnent un excellent vin. Et il y a abondance de blé qui pousse sans semailles, ce qui n'est pas une affabulation, nous le savons de source danoise très sûre. » Mais Adam de Brême, qui a effectivement séjourné à la cour du roi danois Sveinn Ástríðarson, ne précise pas davantage…

Les *Annales islandaises* pour l'an 1121 indiquent que l'évêque Eiríkr s'embarque à la recherche du *Vínland* [*at leita Vínlands*] : il s'agit de l'évêque du Groenland, Eiríkr Gnúpsson, mais il n'existe aucune autre référence connue sur ce voyage.

Vers 1120, l'érudit islandais Ari Þorgilsson fait aussi une rapide allusion au *Vínland* dans son *Livre des Islandais* (*Íslendingabók*) quand il évoque ses habitants « que les Groenlandais [les Islandais fixés au Groenland] appellent *skrælingjar* ». Et le *Livre de la colonisation de l'Islande* (*Landnámabók*), probablement aussi rédigé au début du XIIe siècle, mais dont il subsiste plusieurs versions plus tardives (comme celle de Sturla Þórðarson, vers 1270-1280), cite aussi le *Vínland*.

En Islande également, un itinéraire destiné aux pèlerins se rendant à Rome et à Jérusalem (*Leiðarvísir og borgaskipan*), probablement dû au premier abbé de Munkaþverá (mort en 1159), Nikolás Bergþórsson, figure dans un manuscrit d'environ 1300, où il est précédé d'une description du monde dans laquelle on peut lire : « Au sud du Groenland se trouvent le *Helluland* et le *Markland* et de là, il n'y a pas loin jusqu'au *Vínland* dont certains pensent qu'il s'étend depuis l'Afrique. » Mais il peut s'agir d'un ajout ultérieur, car il est peu vraisemblable qu'un Islandais du XIIe siècle imagine le *Vínland* dans le prolongement de l'Afrique.

Snorri Sturluson, pour sa part, historien et homme politique islandais, auteur (vers 1230) de *Heimskringla*, remarquable histoire des rois de Norvège, consacre un très bref chapitre à Leifr Eiríksson dans une des sagas qui la composent, celle d'Óláfr Tryggvason (*Óláfs saga Tryggvasonar*). Il écrit notamment : « Le roi Óláfr, ce même printemps, envoya aussi Leifr Eiríksson au Groenland pour y proclamer la foi chrétienne, et Leifr s'y rendit cet été-là. En mer il recueillit un équipage naufragé qui dérivait sur une épave et c'est alors qu'il découvrit le Bon *Vínland*. Il atteignit le

Groenland à l'automne, accompagné d'un prêtre et de clercs et s'installa à *Brattahlíð* chez Eiríkr, son père. »

On trouve aussi mention du *Vínland* dans d'autres sagas islandaises du XIIIe siècle, comme *Kristni saga* (l'histoire de la christianisation de l'Islande) ou *Eyrbyggja saga*, mais il y en a deux qui racontent en détail les expéditions qui aboutissent à sa découverte et le décrivent.

Les sagas du Vínland

Ces deux textes sont la *Saga d'Eiríkr le Rouge* (*Eiríks saga rauða*) et la *Saga des Groenlandais* (*Grœnlendinga saga*), plus courte et parfois appelée « Dit (ou Récit) des Groenlandais » (*Grœnlendinga þáttr*). Or, à leur lecture, on se rend vite compte de nombreuses divergences et d'évidentes contradictions ; en outre, le cadre temporel reste vague : l'essai de chronologie proposé ici découle d'une seule date, l'an 1000, celle de la mort du roi norvégien Óláfr Tryggvason à la bataille de *Svǫlðr*.

La *Saga d'Eiríkr* raconte d'abord comment Eiríkr Þorvaldsson, banni d'Islande, découvre le Groenland [en 981 ou 982], puis s'y établit [en 985 ou 986] au sud, sur la côte ouest. Parmi ceux qui le rejoignent et s'y installent, il y a Þorbjǫrn Vífilsson et sa fille, Guðriðr. Le fils d'Eiríkr, Leifr, se rend en Norvège [en 999] ; reçu à la cour du roi Óláfr, il accepte après hésitation d'évangéliser le Groenland. Et c'est au cours du voyage de retour [en l'an 1000] qu'il découvre inopinément le *Vínland* : « Leifr mit le cap au large ; il resta en mer pendant longtemps et découvrit des terres dont il ne soupçonnait pas l'existence. Il y avait là des champs de blé sauvage et il y poussait des pieds de vigne. Il y avait des arbres qu'on appelle *mǫsurr* [peut-être des érables]. Ils emportèrent des échantillons de tout cela, dont des troncs si grands qu'ils servirent à construire des maisons. »

Þorsteinn, le frère de Leifr, décide [en 1001] de se rendre au *Vínland*. Il prend la mer avec un équipage enthousiaste, mais ils sont déroutés, dérivent et rebroussent chemin. Þorsteinn épouse

Guðriðr cet automne-là et meurt l'hiver suivant. Þorfinnr Þórðarson, surnommé *Karlsefni*, arrive au Groenland [en 1003] et, l'hiver venu, épouse Guðriðr.

Þorfinnr décide à son tour [en 1004] de partir pour le *Vínland*, conjointement avec Þorvaldr, autre fils d'Eiríkr. Ils ont trois navires et 160 hommes à leur bord. Þorfinnr et Guðriðr (qui fait partie de l'expédition) passent le premier hiver au *Straumfjǫrðr*, le deuxième hiver [1005-1006] plus au sud, à *Hóp*, et le troisième à nouveau au *Straumfjǫrðr*. Au cours de cette expédition ils entrent en contact avec les Amérindiens (*skrælingjar*) et subissent une attaque ; Guðriðr donne naissance au petit Snorri ; Þorvaldr est tué d'une flèche décochée par… un « unipède » (*einfœtingr*). Ils reviennent au Groenland [au cours de l'été 1008].

La *Saga des Groenlandais*, après une brève introduction, s'attache d'emblée au voyage de Bjarni Herjólfsson, un marchand qui revient de Norvège [en 1001] et qui, après une escale en Islande, décide de poursuivre sa route vers le Groenland pour retrouver son père, qui y a accompagné Eiríkr le Rouge. Mais le temps se dégrade et son navire est dérouté durant de nombreux jours avant qu'une terre n'apparaisse : « Ils virent bientôt que ce pays était plat, couvert de forêts, avec de petites hauteurs. »

Bjarni ne pense pas qu'il s'agisse du Groenland. Il fait voile vers le nord pendant deux jours et découvre une nouvelle terre plate et boisée. Puis il s'en éloigne, poussé par des vents de sud-ouest pendant trois jours, et voit une troisième terre, « élevée, montagneuse, couverte d'un glacier ». Il met à nouveau le cap au large, le vent souffle en tempête et, au bout de quatre jours, il atteint une quatrième terre : c'est la pointe sud du Groenland.

Leifr, le fils d'Eiríkr, finit par convaincre son père de partir en quête de ces nouvelles terres et ils préparent ensemble l'expédition. Mais alors qu'ils sont sur le point d'embarquer [en 1002], le cheval d'Eiríkr trébuche : Eiríkr tombe de selle – signe prémonitoire –, se blesse au pied et renonce à partir. Leifr reprend en sens inverse l'itinéraire de Bjarni et atteint successivement ces trois terres qu'il nomme *Helluland*, *Markland* et *Vínland*. C'est au *Vínland* qu'il fait construire un ensemble de « cabanes » (les *Leifsbúðir*).

Il y passe l'hiver et rentre au Groenland – où son père, Eiríkr, meurt l'hiver suivant.

Son frère, Þorvaldr, s'embarque à son tour [en 1004 ou 1005] pour le *Vínland*. Il trouve les *Leifsbúðir*, où il passe l'hiver. Puis il explore la côte occidentale et revient y passer un second hiver. Après quoi, en remontant vers le nord, il découvre un cap qu'il appelle *Kjarlarnes*. Là, lui et ses hommes sont attaqués par des Amérindiens : Þorvaldr est tué au cours de l'escarmouche mais les survivants rentreront au Groenland. Þorsteinn veut aller chercher le corps de son frère Þorvaldr au *Vínland* [en 1007 ou 1008], mais son navire est dérouté et son expédition échoue. Puis une maladie le terrasse.

Þorfinnr *Karlsefni* épouse Guðriðr, la veuve de Þorsteinn, et part pour le *Vínland* [en 1010 ou 1011] avec trois navires, 60 hommes et 5 femmes à bord, et du bétail. Ils passent deux hivers aux *Leifsbúðir*, Guðriðr met au monde un fils, ils ont plusieurs démêlés avec les Amérindiens et rentrent au Groenland.

Enfin [vers 1014] Freydís, fille naturelle d'Eiríkr, organise à son tour une expédition au *Vínland*, où elle passe un hiver mais provoque des rivalités et fait assassiner ses deux associés et leurs hommes, tuant elle-même à la hache les cinq femmes qui les accompagnent. Elle retourne au Groenland en imposant le secret à tous sous peine de mort.

Quel crédit peut-on accorder à ces deux textes probablement rédigés au XIIIe siècle ?

Les sagas de la catégorie dite « des Islandais » (*Íslendingasǫgur*) – auxquelles on les rattache – n'ont guère de valeur scientifique dans la mesure où elles mêlent histoire et fiction, authenticité et illusion d'authenticité. Si au XIXe siècle tous les historiens sont d'avis que les sagas reposent sur des faits (dont la réalité est parfois confirmée par d'autres sources) qui se sont déroulés plusieurs siècles auparavant, mais que la tradition orale a transmis de génération en génération, au XXe siècle ils ne considèrent plus les sagas que comme des compositions purement littéraires, réalisées par des auteurs chrétiens et lettrés, avec tout ce que cela implique. La vérité se situe sans doute entre les deux et varie d'une saga à l'autre, car ce sont des évocations sinon objectives, du moins exclusives du passé viking.

La *Saga des Groenlandais* est conservée dans le *Flateyjarbók*, un manuscrit du XIVe siècle. Son auteur paraît restituer, dans un style assez simple, des traditions dont il a connaissance au sujet des expéditions au *Vínland*. Leifr y est présenté comme la figure dominante dans ce contexte. La *Saga d'Eiríkr* en revanche, qui existe en deux versions assez proches, celles du *Hauksbók* et du *Skálholtsbók*, est manifestement plus élaborée. Son auteur met délibérément à l'honneur le couple Þorfinnr/Guðriðr, réduisant en définitive à leur seul voyage les quatre expéditions successives citées dans la *Saga des Groenlandais*.

Il est vrai que ces sagas reflètent tantôt l'héritage culturel norrois de leurs auteurs – celui de la *Saga d'Eiríkr* présente par exemple une *vǫlva* (magicienne, voyante) se livrant au *sejðr* (rituel magique) –, tantôt d'autres influences, des plus classiques comme celle des *Etymologiæ*, dans lesquelles Isidore de Séville fait référence aux légendaires « Îles Fortunées », jusqu'aux traditions celtiques d'Irlande avec les « Navigations » (*immrama*), récits de voyages fantastiques vers des pays fabuleux, tels que le voyage de Máel Dúin (*Immram Maele Dúin*) ou celui de saint Brendan (*Navigatio sancti Brendani*), un des plus anciens textes traduits en islandais. Les « unipèdes », par exemple, font partie de ce merveilleux véhiculé au Moyen Âge. Néanmoins, en passant ces sagas au crible, on y découvre une part d'historicité – souvent difficile à cerner et toujours sujette à controverse.

Les deux sagas font état d'une première découverte fortuite des nouvelles terres, ce qui permet d'établir un itinéraire avec des points de repère entre le Groenland et le *Vínland* : notamment le *Helluland* (le « Pays des pierres plates ») qui est probablement l'île de Baffin, et le *Markland* (le « Pays des forêts »), autrement dit le Labrador. Au *Vínland*, trois campements sont cités ; deux dans la *Saga d'Eiríkr* : *Straumfjǫrðr* (le « fjord des Courants ») et *Hóp* (la « Petite Baie » [reliée à la mer par un passage étroit]) ; mais un seul dans la *Saga des Groenlandais* : *Leifsbúðir* (les « Cabanes de

Leifr »). *Straumfjǫrðr* est un camp de base dans le Nord ; c'est le point de départ et de retour des voyages d'exploration dans différentes directions, servant d'entrepôt temporaire. À une distance considérable au sud, *Hóp* est un camp d'été : c'est à cet endroit que poussent la vigne et le blé. Quant aux *Leifsbúðir*, d'où sont lancées les explorations mais où il est aussi possible de récolter du blé et des raisins, il pourrait s'agir d'une combinaison, sous ce seul vocable, des deux autres sites, mais ce n'est qu'une hypothèse.

Les deux sagas montrent que les expéditions au *Vínland* ont pour but l'exploitation de ses ressources, dont elles donnent un aperçu et au premier rang desquelles figurent le bois, les peaux, le blé et les raisins. La mention appuyée dans ces textes de la vigne et du blé sauvages ne renvoie pas simplement à quelque récit fabuleux – comme le souligne d'ailleurs explicitement Adam de Brême en affirmant que « ce n'est pas une affabulation » –, mais à une réalité qu'il faut plutôt chercher du côté du golfe du Saint-Laurent. Ce qu'ils nomment *hveiti* (blé, froment) correspond vraisemblablement à la zizanie aquatique (*Zizania aquatica*), qu'on appelle aussi le riz sauvage : il s'agit d'une graminée dont se nourrissaient couramment les Amérindiens. Pour la vigne, il en existe plusieurs espèces, telles que la « vigne américaine » (*Vitis labrusca*, en anglais *fox grapes*) et la « vigne des rivages » (*Vitis riparia*, en anglais *riverbank grapes*). Au XVIe siècle encore, l'explorateur Jacques Cartier, en remontant le Saint-Laurent, s'émerveille de voir, entre autres, du « blé sauuaige, qui a l'espy come seilgle et le grain conme auoyne » et « tant de vygnes chargez de raisins le long dudict fleuve ».

L'idée d'une colonisation n'est explicitement suggérée qu'une seule fois, dans la *Saga des Groenlandais*, lorsque Þorfinnr *Karlsefni* emmène femmes et bétail « car ils avaient l'intention de coloniser le pays s'ils le pouvaient ». Mais le retour au Groenland s'impose à chaque expédition, qui dure d'un à trois ans. D'ailleurs, ce ne sont pas des familles entières qui y participent, mais des hommes (« choisis pour leur taille et leur force »), qui auront leur part des bénéfices – et seulement quelques femmes, dont plusieurs épouses, pour les tâches domestiques.

Les deux sagas évoquent des contacts remplis de curiosité et de méfiance réciproques entre les Groenlandais et les *skrælingjar*. En norrois, ce terme, au sens péjoratif de « malingres », désigne non seulement les Dorsétiens de l'Arctique de l'Est canadien – et du nord-ouest du Groenland comme l'indique l'*Historia Norwegiæ*, une *Histoire de la Norvège* rédigée en latin vers 1170 par un moine norvégien qui les appelle « *Scrælinga* » –, mais aussi les nouveaux arrivants vers le XIIIe siècle, les Thuléens (les Inuits actuels) ; ainsi que les Amérindiens, en l'occurrence ceux de la famille linguistique algonquine qu'ils ont dû rencontrer : au Labrador, les Innus (ou Naskapis) ; à Terre-Neuve les Béothuks, dont les derniers se sont éteints au XIXe siècle ; et sur la rive méridionale du golfe du Saint-Laurent (Nouveau-Brunswick et Nouvelle-Écosse), les Mi'kmaqs. Ce sont probablement ces derniers que la *Saga d'Eiríkr* décrit à *Hóp*, à bord d'un « grand nombre d'embarcations en peau » (*fjǫldi húðkeipa*) ; on sait que certains tendaient leurs canoës de peaux de caribou dans ces régions-là. Pacifiques pour commencer, ils font du troc ; mais par la suite les échanges dégénèrent en affrontements. Au nord, selon la *Saga des Groenlandais*, les contacts sont hostiles d'emblée. C'est d'ailleurs la raison de l'abandon de la colonisation invoquée dans la *Saga d'Eiríkr* : Þorfinnr *Karlsefni* et ses compagnons comprennent « qu'ils auraient constamment à craindre l'hostilité de ceux qui vivaient là ».

Les données de l'archéologie

Plusieurs découvertes archéologiques faites au Groenland tendent à confirmer les expéditions menées de là vers l'Amérique du Nord.

Un unique morceau d'anthracite a été trouvé, en 1930, au cours des fouilles d'une ancienne ferme viking à l'entrée du fjord Ameralik (en norrois *Lýsufjǫrðr*) qui a pu appartenir à Þorfinnr *Karlsefni* et son épouse Guðriðr, si l'on en croit les sagas. Ce type d'anthracite ne se trouve guère qu'à Rhode Island – et pourrait avoir été rapporté lors de leur voyage au *Vínland*. Cela ne constitue nullement une preuve, mais ce n'est pas impossible. D'autant plus que dans un ancien cimetière tout proche les archéologues ont découvert une pointe de flèche amérindienne en quartzite – peut-être arrivée là avec le corps d'une victime ramenée par ses compagnons pour être inhumée au Groenland.

Et à Ikagait (en norrois *Herjólfsnes*), des cercueils en bois de mélèze ont été mis au jour : le mélèze pousse au Labrador et il était inconnu en Scandinavie à l'époque. Ce qui indiquerait que les Groenlandais ont pu, à l'occasion, aller se fournir en bois au Labrador (*Markland*), moins éloigné que le *Vínland*, longtemps après leur découverte. D'ailleurs, les *Annales islandaises* mentionnent, en 1347, l'arrivée en Islande d'un navire groenlandais, dérouté par la tempête, qui avait voyagé jusqu'au *Markland* – peut-être pour aller chercher du bois de construction.

Dispersés le long des côtes nord-américaines, divers objets d'origine scandinave ont été mis au jour, comme par exemple un bras de balance en bronze sur l'île d'Ellesmere, un morceau de fer fondu et une coupelle en bronze sur l'île de Devon, une figurine en bois sur l'île de Baffin. Probablement acquis par troc, ils ont dû circuler soit parmi les derniers Dorsétiens ou les premiers Thuléens, soit parmi les Amérindiens, et ils n'indiquent ni où ni quand les contacts ont eu lieu, ni dans quelles circonstances. Découvert sur le site dorsétien de Nanook (au sud-est de l'île de Baffin), outre une cordelette et une pierre à aiguiser, un petit creuset en pierre, grossièrement circulaire (et dont il ne reste qu'une moitié), présente d'abondantes traces de bronze ainsi que des sphérules de verre : il a son équivalent au Rogaland, en Norvège. Les Vikings travaillaient le métal non ferreux à haute température dans des creusets (habituellement en céramique), mais pas les Dorsétiens ; d'où l'hypothèse que des Groenlandais ont pu séjourner sur ce site du *Helluland*. À Penobscot Bay (Maine), sur un site amérindien, une monnaie en argent frappée sous le règne du roi norvégien Óláfr *kyrri*, vers la fin du XIe siècle, a été découverte en 1957. S'il ne s'agit pas d'une duperie, il serait tentant de l'associer au voyage de l'évêque Eiríkr Gnúpsson au *Vínland* en 1121… si tant est qu'il y soit parvenu.

En réalité, la seule preuve irréfutable de la présence scandinave en Amérique dont dispose l'archéologie à ce jour est le site de L'Anse aux Meadows, découvert puis méticuleusement fouillé par le couple norvégien Helge et Anne Stine Ingstad au cours des années 1960. Il se trouve au fond de la baie des Épaves, à la pointe septentrionale de Terre-Neuve, face au Labrador tout proche sur la rive opposée du détroit de Belle Isle. Les trois principales constructions et leurs dépendances, dont les vestiges ont été mis au jour, sont comparables aux riches fermes d'Islande et du Groenland. Elles sont alignées nord-sud sur une sorte de terrasse naturelle en retrait de la plage, entourée de tourbières et traversée par un ruisseau ; une forge est située à l'écart, de l'autre côté du ruisseau, et à l'origine, la forêt s'étendait jusque-là. L'occupation du site a pu être datée grâce au carbone 14 : entre 990 et 1030, ce qui correspond à la chronologie des sagas.

Les trois longs bâtiments possèdent des murs faits d'une double épaisseur de tourbe avec du sable ou du gravier entre les deux pour drainer l'eau du toit, qui était soutenu par des rangées de poteaux et recouvert de pans de gazon. Ce ne sont pas de simples *búðir* (« cabanes » saisonnières), comme le laisse supposer le nom *Leifsbúðir* (les « Cabanes de Leifr ») dans la *Saga des Groenlandais*, mais de spacieuses habitations, dont la grande pièce commune (*skáli*) est chauffée par un long foyer central. D'après la taille des bancs le long des murs, qui servent aussi de lits, on estime que l'ensemble du site peut accueillir au moins 80 personnes. Les deux plus grandes maisons comportent d'autres pièces (*stofa, eldhús*) ainsi que des remises. À cela s'ajoutent, à proximité, plusieurs petites constructions, dont trois ateliers où un fourneau sert à la fusion du minerai de fer des tourbières.

L'absence de sépultures (païennes ou chrétiennes) corrobore la brièveté de l'occupation du site, tout comme l'accumulation limitée de déchets. Autre particularité : pas d'étable, ni de grange, ni même d'enclos ; les occupants ne pratiquent guère l'élevage et préfèrent la pêche et la chasse. Et parmi le peu d'objets personnels mis au jour – ce qui suggère un abandon définitif planifié du site –, certains attestent la présence de femmes : un volant de fuseau en stéatite, une petite pierre à aiguiser les aiguilles à coudre, une aiguille en os, une épingle de broche en bronze et quelques perles de verre.

En revanche, on a retrouvé quantité de chutes de bois et de copeaux, un ancien bordé, des rivets de fer en très mauvais état, des clous, des scories de forge, autant d'éléments attestant d'une réelle activité de réparation navale.

On a également découvert plusieurs fragments de jaspe ayant servi pour des briquets à percussion, et deux de ces pierres se sont avérées provenir non pas du Groenland ou d'Islande, comme les autres, mais de la baie Notre-Dame, une vaste baie de Terre-Neuve à quelque 200 kilomètres plus au sud, sur la côte est, autour de laquelle vivaient alors de nombreux Béothuks. Et on a trouvé des noix (en anglais *butternuts*) parmi les déchets : ce sont celles du noyer cendré (*Juglans cinerea*), un arbre qui ne pousse pas à Terre-Neuve, et qu'on ne rencontre pas au-delà de la vallée du Saint-Laurent et du Nouveau-Brunswick. Or c'est aussi la limite de l'extension de la vigne sauvage vers le nord. Ceux qui ont rapporté ces noix à L'Anse aux Meadows ont nécessairement vu des vignes…

Le Vínland

Personne ne doute plus aujourd'hui de la découverte de l'Amérique par les Vikings, mais personne ne sait non plus avec certitude ce à quoi correspond précisément le *Vínland*. Les archéologues ne désespèrent pas de trouver d'autres vestiges en tentant de les localiser grâce à l'imagerie satellite, comme en 2016 à Pointe Rosée, à l'extrême sud de Terre-Neuve.

Sur deux cartes anciennes, authentiques celles-là, figure le *Promontorium Winlandiæ* – mais on ignore d'où vient cette information. La première a été dressée en 1570 par l'Islandais Sigurður Stefánsson. Elle montre, à l'ouest de l'Atlantique Nord, le Groenland rattaché à son extrémité septentrionale à une sorte de continent le long de la côte duquel, en descendant vers le sud, sont indiqués *Helleland*, *Markland*, et enfin *Skrælinge Land* d'où remonte une péninsule :

le promontoire en question. La seconde, établie en 1605 par le Danois Hans Poulsen Resen, ne diffère pas considérablement de la précédente, mais elle ne mentionne pas le « pays des *skrælingjar* » et le trait de côte se poursuit au sud du « promontoire du *Vínland* » puis, escamotant l'insularité de Terre-Neuve, dessine aussitôt le golfe du Saint-Laurent, qualifié de *Portus Jacobi Carterii* en référence à l'exploration de Jacques Cartier.

Le *Promontorium Winlandiæ* semble bien correspondre à la péninsule à l'extrémité de laquelle se situe L'Anse aux Meadows. Est-ce à dire que Terre-Neuve est le *Vínland* ? Il n'y a pas de vignes à Terre-Neuve et les partisans de cette théorie ont avancé deux arguments différents. Les uns ont supposé que le mot *vínber* des sagas ne fait pas référence à des raisins, mais à des baies dont on aurait pu obtenir une boisson légèrement alcoolisée : ce qui est peu vraisemblable car les baies portent des noms spécifiques en norrois et le mot *vínviðr* (« cep de vigne ») figure dans les sagas. Les autres suggèrent que le premier élément du nom composé *Vínland* n'est pas *vín* (avec une voyelle longue), au sens de « vin », mais *vin* (avec une voyelle brève), au sens de « pâturage », « herbage » : ce qui est linguistiquement contestable, car le mot *vin* devrait entrer en composition au génitif et on n'aurait pas *Vinland* mais *Vinjaland* (« le pays des herbages »).

Terre-Neuve n'est donc pas le *Vínland*. Mais quand les navigateurs partis du Groenland, longeant la côte du Labrador, aperçoivent le *Promontorium Winlandiæ* au bout de 2 500 kilomètres, celui-ci est l'amer leur annonçant les régions côtières qui encerclent le golfe du Saint-Laurent et que la vigne caractérise le mieux à leurs yeux : le *Vínland*. L'Anse aux Meadows y est à n'en pas douter leur camp de base. Une fois embouqué le détroit de Belle Isle, il leur faut malgré tout parcourir encore quelque 1 300 kilomètres avant d'avoir accès aux richesses naturelles du Nouveau-Brunswick ou d'explorer des territoires plus au sud comme la Nouvelle-Écosse et le Maine.

Pour la nouvelle petite colonie du Groenland – guère plus de 500 personnes au début du XIe siècle –, l'intérêt que représente le *Vínland* ne justifie pas les efforts consentis en hommes et en matériel. Au lieu d'effectuer ces voyages longs et périlleux, limités à la belle saison, vers des terres peuplées d'indigènes imprévisibles et armés, les Groenlandais ont dû juger préférable de conserver leurs liens avec la Scandinavie, d'où ils font venir notamment des métaux, du bois, du blé, du vin et divers autres produits de consommation courante ou de luxe, tandis que l'ivoire de morse et les fourrures constituent leurs principales exportations.

Il n'est pas si étonnant que l'aventure du *Vínland* ait tourné court ; elle est néanmoins restée dans les mémoires.

Bibliographie sélective

Bergþórsson, Páll, *The Wineland Millenium : Saga and Evidence*, Reykjavík, Mál og Menning, 2000.

Boyer, Régis, « Sagas du Vínland », in *Sagas islandaises*, Gallimard, « Bibliothèque de la Pléiade », 1987.

Durand, Frédéric, « L'Anse aux Meadows, porte océane de l'Amérique norroise », in *Proxima Thulé*, vol. 4, Paris, 2000.

Ingstad, Helge et Stine, Anne, *The Norse Discovery of America*, 2 vol., Oslo, Norwegian University Press, 1985.

Wallace, Birgitta, « L'Anse aux Meadows and Vinland : An Abandoned Experiment », *in* James H. Barrett (éd.), *Contact, Continuity and Collapse. The Norse Colonization of the North Atlantic*, Brepols, Turnhout, 2003.

7

Les Mayas : un effondrement, des effondrements ?

par Éric TALADOIRE

« Nous autres, civilisations, nous savons maintenant que nous sommes mortelles », écrit Paul Valéry en 1919, témoin des ravages de la Première Guerre mondiale. S'il fait de brèves allusions aux civilisations antiques, son propos vise d'abord notre monde. Cette simple phrase a pourtant eu des répercussions inattendues en attirant l'attention publique sur la chute des grandes civilisations, avec son lot d'interprétations catastrophistes.

Dès le milieu du XIX*ᵉ siècle, les Mayas ont suscité l'attention des chercheurs et des curieux, pour leur maîtrise de l'écriture, au point que Champollion lui-même s'y serait intéressé. L'arbre qui cache la forêt, puisqu'une bonne part de nos connaissances sur les civilisations mésoaméricaines provient en fait des manuscrits aztèques et mixtèques. Toujours est-il que les Mayas restent, aux yeux des amateurs, LA civilisation du Nouveau Monde qui a sauté le pas de l'oral à l'écrit. Il est symptomatique de constater que l'effondrement de cette civilisation n'a pas fait l'objet d'un intérêt majeur avant le milieu du siècle passé. Si les spécialistes du* XIX*ᵉ siècle et du début du* XX*ᵉ s'accordent à y voir une civilisation disparue, les raisons de sa chute ne les préoccupent guère : c'est à leurs yeux un phénomène presque normal. Aujourd'hui, en revanche, la fascination du public et même de la part de nombreux archéologues pour l'effondrement des grandes cités mayas classiques, le collapse, aboutit* *à une lecture brutale du phénomène, comparable à la chute d'un château de cartes. De multiples hypothèses ont été avancées – épidémies, tremblements de terre, catastrophes naturelles, guerres, révoltes –, sans grand succès. À l'image de Mel Gibson dans son film* Apocalypto, *certains articles sensationnalistes y voient même la conséquence de l'intrusion des conquérants espagnols. Une erreur de six siècles ! Ces événements trouvent de nos jours un nouvel éclairage avec les interprétations écologistes catastrophistes inspirées de Jared Diamond, qui tournent autour de l'incapacité humaine à gérer les contraintes du milieu : confrontés à des sécheresses successives, les Mayas n'auraient pas maîtrisé la gestion de leurs pratiques agricoles, d'où des famines. L'explication est jolie, d'actualité, parfois bien argumentée et bien documentée par de solides études de pollen ou de stalagmites. Malheureusement, cela n'explique pas pourquoi les régions les plus sèches sont précisément celles qui survivent le plus longtemps. À trop chercher une explication unique, on tombe dans les généralisations abusives.*

Un lent déclin

L'effondrement est en réalité un lent déclin de deux siècles, ponctué de crises brutales, et qui touche très inégalement les basses terres mayas centrales. Palenque entre en décadence un peu après 800, peut-être épuisée par les conflits et ses défaites, Yaxchilan et Piedras Negras vers 810, victimes de leur hostilité réciproque. Tikal cesse toute activité vers 820, même si une dernière stèle est érigée en 869. Mais c'est sous les coups de boutoir d'une coalition de cités voisines en révolte contre sa politique agressive que Dos Pilas, capitale de l'entité politique de Petexbatun, tombe en combattant en 761. Il en va de même pour Cancuén et Toniná, dont les élites dirigeantes, hommes, femmes, enfants, sont massacrées lors de raids violents, respectivement vers 800 et 910. Simultanément, d'autres cités, Lamanai au Belize ou Naachtun dans le nord du Petén, poursuivent leur existence, tandis que, si la dynastie de Copán, au Honduras, disparaît à son tour, une bonne

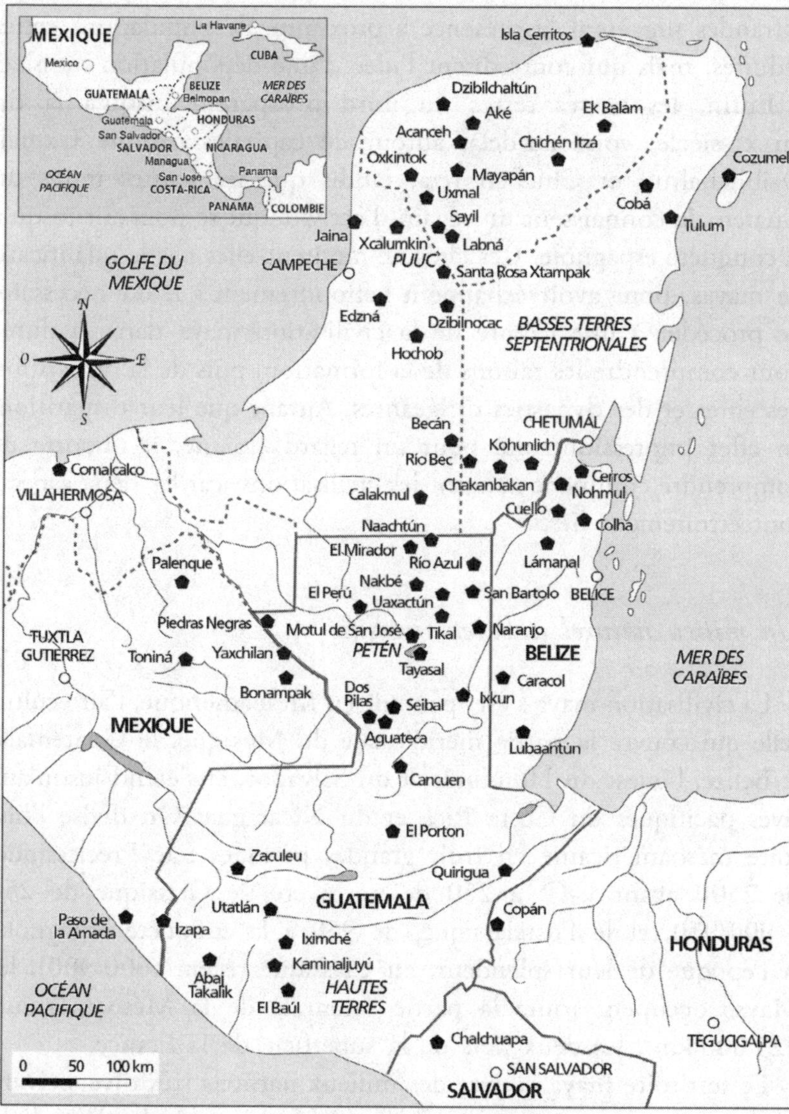

Carte simplifiée de l'aire maya, avec les principaux sites, toutes périodes confondues.

partie de la population subsiste dans la vallée. Dans quelques cités où toute activité publique a cessé, des traces d'occupation, des offrandes suggèrent la présence à proximité de populations certes réduites, mais qui contredisent l'idée d'une dépopulation massive.

Enfin, les basses terres du nord prospèrent jusqu'à la fin du xe siècle, voire au-delà, autour de capitales comme Uxmal, Dzibilchaltun et Chichén Itzá, tandis que les hautes terres du Guatemala connaissent un regain d'activité qui se poursuit jusqu'à la conquête espagnole. Ces cités ne méritent-elles pas le qualificatif de mayas, pour avoir échappé à l'effondrement ? Il est nécessaire de procéder à une lecture de la civilisation maya dans sa durée pour comprendre les raisons de la formation, puis de la disparition des élites et des dynasties dirigeantes. Autant que leur disparition, en effet impressionnante pour un regard éloigné, il importe de comprendre comment naissent les civilisations, car les deux aspects sont étroitement liés.

Un milieu naturel riche et diversifié

La civilisation maya s'est épanouie en Mésoamérique, l'aire culturelle qui couvre la partie méridionale du Mexique, le Guatemala, le Belize, l'ouest du Honduras et du Salvador, et s'étend jusqu'aux rives pacifiques du Costa Rica et du Nicaragua. On divise l'histoire mésoaméricaine en trois grandes périodes : le Préclassique, de 2500 avant J.-C. à 250 de notre ère, le Classique de 250 à 900/950, et le Postclassique, de 950 à la conquête espagnole. À l'époque de leur splendeur, au Classique récent (600-900), les Mayas occupent toute la partie orientale de la Mésoamérique, 325 000 km^2, les deux tiers de la superficie de la France.

Le territoire maya couvre des milieux naturels très divers. Dans les basses terres centrales du Petén, la forêt tropicale s'étend du Chiapas et du Tabasco (Mexique) à l'ouest jusqu'à la côte caraïbe du Belize et du Honduras à l'est. C'est un vaste plateau calcaire, d'une altitude moyenne de 300 mètres, dont le climat alterne une saison des pluies, de juin à octobre, et une saison sèche, d'octobre à mai. Le Petén, enserré entre les riches bassins fluviaux du Motagua et de l'Usumacinta, a vu l'épanouissement des plus célèbres cités classiques. Leurs constructeurs parlent en majorité la langue chol.

Vers le sud, on monte progressivement vers les hautes terres volcaniques du Guatemala, qui dépassent 2 000 mètres d'altitude. Elles abondent en ressources naturelles – jade, obsidienne, pierres dures, sel –, qui font l'objet d'échanges avec les cités du Petén. La richesse des sols des hautes terres a facilité l'installation humaine et permis une prospérité durable. Le découpage en vallées ou petits bassins entraîne une grande diversité que reflète la mosaïque des groupes qui peuplent la région. Au nord du Petén s'étale la péninsule du Yucatán, qui couvre les États mexicains du Campeche, du Quintana Roo et du Yucatán, un plateau calcaire poreux, sans rivières, au climat plus sec, couvert d'une végétation xérophile. La rareté de l'eau oblige les habitants à se regrouper autour des points d'eau naturels, les *cenotes*, comme à Chichén Itzá ou à Dzibilchaltun.

Ce découpage en grandes régions recouvre une forte diversité interne qui a permis de multiples adaptations locales, de sorte qu'en dépit des découvertes incessantes, la recherche est loin d'en être achevée. Les récentes photographies par lidar qui ont suscité l'attention de la presse internationale nous donnent un instantané de l'occupation humaine de plus de 12 000 km^2 au centre du Petén. On y voit les grands sites, mais surtout un dense réseau d'habitations, de terrasses, de routes, de fortifications. Des régions entières, des dizaines de cités restent inexplorées. La multiplication des fouilles s'accompagne d'un intense travail de déchiffrement des milliers d'inscriptions sur des monuments sculptés, des peintures murales, sur de petits objets. Les Mayas ne sont pas les seuls Mésoaméricains à avoir maîtrisé l'écriture. Mais ils l'ont poussée au plus haut point, avec en particulier un calendrier qui porte sur des milliers d'années. Les inscriptions mayas sont des annales historiques qui rapportent les événements majeurs des dynasties et des dirigeants : naissances, mariages, accessions au trône, victoires, morts. Depuis la conquête espagnole, les efforts entrepris pour les interpréter ont donné lieu à de vives et spectaculaires empoignades entre savants, opposant par exemple le Russe Yuri Knorozov à l'école britannique, en pleine guerre froide, et cette écriture a résisté au déchiffrement plus longtemps qu'aucune autre, ce qui a épaissi le halo de mystère nimbant la civilisation maya. À ce jour, on est parvenu à déchiffrer environ 80 % des textes et à identifier la langue dans laquelle ils doivent être lus, le chol. Mais déchiffrer ne signifie pas lire. L'écriture traduit la pensée, les croyances, la culture. Chaque cité possède un glyphe emblème, bien identifiable. On en dénombre une cinquantaine, mais on ignore encore s'ils renvoient à une famille dirigeante, à un lieu, voire à un élément du paysage. Tous les Français connaissent l'emblème de Paris, l'écusson bleu et rouge, avec trois nefs : de là à le lire comme *Fluctuat nec mergitur*, il y a un grand pas. On commence à peine à déchiffrer d'autres glyphes qui pourraient faire allusion à des activités économiques, comme les fresques du marché de Calakmul. Et, bien entendu, chaque fouille dévoile de nouvelles inscriptions à déchiffrer.

Une occupation ancienne

Le peuplement maya débute réellement vers 1000 avant J.-C., au Belize. Sur le site de Cuello, on a fouillé des fonds de cabane avec des sépultures sous le sol des maisons, une pratique funéraire bien documentée qui est un indice de culte des ancêtres. La cité se dote très tôt d'une première construction publique qui traduit l'émergence d'une élite locale pratiquant les sacrifices humains. Il ne fait aucun doute que les premiers habitants de Cuello sont des Mayas qui occupent le site jusqu'à la fin du Préclassique récent (300 avant J.-C.-250 après J.-C.).

Puis des groupes mayas se sont progressivement installés sur d'autres sites côtiers comme Colha, proche de riches gisements de silex, et dans la forêt, en particulier dans le bassin de Mirador. C'est à Nakbé justement qu'a été découvert le premier temple-pyramide en pierre, daté de 600 avant notre ère. Les occupants du site érigent les premières stèles, ce qui suggère l'émergence d'une famille dirigeante, d'une dynastie. C'est pourtant dans des sites des hautes terres, comme El Portón, dans la vallée de Salama, qu'ont été découvertes les plus anciennes stèles portant une iconographie (400 avant J.-C.). Mais ce sont surtout les peuples mixes-zoques, parfois appelés les Mokaya, qui ont jeté de nombreuses bases de ce qui caractérisera plus tard la civilisation maya. Ils occupent la côte pacifique du Chiapas et du Guatemala. On leur doit en particulier la construction des premiers terrains de jeu de balle à Paso de la Amada, une architecture monumentale et des sculptures à Takalik Abaj, et surtout l'élaboration de l'écriture et du calendrier. C'est du territoire qu'ils occupent que proviennent les plus anciens monuments datés connus, comme la stèle de La Mojarra, avec ses 500 glyphes. On retrouve les Mixes-Zoques à Ceibal, dans le bassin de l'Usumacinta, sous la forme de riches dépôts rituels de haches en pierre verte, datés de 1000 avant J.-C. ou dans le bassin de Mirador, avec les somptueuses peintures murales de San Bartolo, qui représentent des scènes et des personnages, accompagnées d'inscriptions. Leur influence s'étend jusqu'aux confins de la péninsule du Yucatán où ils auraient introduit la pratique du jeu de balle. On ignore encore les modalités de la fusion entre Mayas et Mixes-Zoques, mais le phénomène est probablement à l'origine du premier apogée de la civilisation maya.

L'apogée préclassique

Au Préclassique récent (300 avant J.-C.-250 de notre ère), le bassin de Mirador connaît une activité intense, autour de sa capitale. La cité compte certainement plusieurs milliers d'habitants. Ses temples-pyramides s'élèvent à 70 mètres au-dessus de la canopée, dominant les habitations et les palais. Le complexe architectural d'El Tigre atteint le volume impressionnant de 428 680 m^3. On compte par dizaines les sites satellites, comme Tintal ou Nakbé, encore, reliée à la capitale par une impressionnante chaussée d'une dizaine de kilomètres : un investissement surprenant pour un peuple qui n'avait aucun usage de la roue, même s'il en connaissait l'existence, trait qui pour nous demeure énigmatique. Le Préclassique récent marque un premier apogée maya, d'une grande homogénéité, qui se manifeste dans l'architecture, la sculpture, la céramique. Les talus qui bordent les escaliers des pyramides, à Uaxactún, Chakanbakan ou Cerros, sont décorés de masques monumentaux en stuc, représentant des dirigeants ou des créatures surnaturelles. Ce dynamisme, qui traduit une forte croissance démographique, montre l'émergence d'élites dirigeantes qui affirment leur pouvoir par le port de riches vêtements et de parures, la recherche de matériaux exotiques (jade, plumes de quetzal, coquillages marins), la sculpture en bas-relief, la planification urbaine et l'architecture monumentale. Sous leur égide, l'organisation sociale se diversifie, avec l'apparition d'artisans étroitement liés aux élites dirigeantes et de commerçants chargés de se procurer les biens convoités.

Le culte des ancêtres est l'un des fondements de la culture maya. Qu'il s'agisse des familles de paysans, de petits nobles ou du lignage dirigeant, l'ancêtre fondateur est révéré. Il repose sous le sol de la maison, et son culte réunit non seulement ses descendants, mais aussi tous ceux qui sont liés à la famille. Les différenciations sociales permettent l'émergence d'une famille qui impose progressivement sa domination sur la communauté et qui dirige la cité. Le fondateur de la dynastie, parfois un ancêtre mythique, devient l'objet d'un culte public. On lui élève une pyramide, surmontée d'un temple où est célébrée sa mémoire. Le représentant de la dynastie, l'*Ajaw*, réside dans un palais avec sa famille, entouré de ses guerriers, ses prêtres et ses serviteurs. Revêtu des atours du pouvoir, des symboles solaires ou terrestres qui justifient sa puissance, il est représenté sur les monuments sculptés, sur les crêtes faîtières qui couronnent les temples à Tikal, sur les fresques à Bonampak, accompagné de créatures qui symbolisent ses prédécesseurs. Même si son pouvoir est héréditaire et absolu, il n'est en réalité que le représentant de la dynastie, ce qui lui impose de lourdes obligations. Pour son peuple, il doit assumer la survie et la protection de la communauté, mener les guerriers à la victoire, verser son sang dans l'autosacrifice, comme on le voit sur les panneaux de Yaxchilan.

L'effondrement préclassique

Vers le IIe siècle, la prospère cité de Mirador s'effondre brutalement, victime d'un conflit avec d'autres entités voisines, dont Tikal. On a trouvé des traces de combats, murs édifiés à la hâte, armes, ou destructions délibérées. Une partie de la population est probablement emmenée chez les vainqueurs, une autre trouve refuge parmi des entités proches, comme Naachtun, dont la croissance débute justement vers 150 de notre ère. Aux yeux de nombreux archéologues, cet effondrement préfigure celui des cités classiques.

Outre Tikal et Naachtun, de nouvelles cités émergent. Des indices de cette nouvelle prospérité existent jusque dans la métropole du Mexique central, Teotihuacan, à plus de 1 000 kilomètres. Les fouilles de la pyramide de la Lune prouvent l'existence d'échanges avec les lointaines cités mayas : on y a trouvé des objets en jade, des animaux exotiques comme des jaguars et même trois dignitaires sacrifiés, originaires d'une cité dont on ignore l'identité. On sait par ailleurs que des gens originaires de Teotihuacan s'installent à Tikal, en particulier dans le quartier du *Mundo Perdido*, où l'on trouve également des céramiques importées, de l'obsidienne verte, mais aussi des sculptures et même la forme architecturale symptomatique de la métropole, en *talud-tablero* (un talus surmonté d'un panneau en relief).

Ces échanges culminent par l'intrusion à Tikal d'une expédition de Teotihuacan dirigée par un personnage connu sous le nom de Siyaj K'ak' (Grenouille Fumante). Des guerriers de la métropole mexicaine pénètrent dans Tikal le 16 janvier 378, avec l'appui d'une véritable cinquième colonne, leur colonie du *Mundo Perdido*. Le dirigeant de Tikal meurt le lendemain. Siyaj K'ak' s'octroie la régence. Il place sur le trône Yax Nuun Ayiin I (Nez Busqué), le fils né à Tikal d'un certain Propulseur Hibou au statut encore mal défini. Sur la stèle 31, érigée en 445 à la gloire de la nouvelle dynastie par Siyaj Chan K'awiil (Ciel d'Orage), Yax Nuun Ayiin étale ostensiblement ses origines. Il figure sur la face de la stèle, entouré sur les deux côtés de ses protecteurs, revêtus de leur tenue de guerriers de Teotihuacan : le bouclier à l'image du dieu de l'Orage et le propulseur. Siyaj K'ak' entame une politique agressive à l'égard des voisins immédiats. Uaxactun, Rio Azul tombent sous la coupe de Tikal, dont l'influence s'étend jusqu'à la lointaine cité de Copán. Là aussi, une nouvelle dynastie s'installe, sous l'égide du dirigeant Yax K'uk Mo', qui revendique ouvertement ses origines étrangères.

Ces troubles marquent le début d'un conflit qui va opposer pendant plusieurs siècles la dynastie de Tikal à celle de Calakmul, la dynastie du serpent, Kaan. Les batailles et les affrontements sont constants et violents. D'abord sur la défensive, Calakmul pratique une politique d'alliances destinée à cerner Tikal. Par des manœuvres diplomatiques, des alliances matrimoniales, la dynastie Kaan parvient à attirer dans son orbite des alliés comme Caracol, Naranjo et même l'entité du Petexbatun, où règne pourtant une dynastie originaire de Tikal. En 562, Tikal connaît une défaite retentissante qui aboutit à l'effacement durable de sa dynastie. L'activité de la cité s'arrête, on ne construit plus, on n'érige plus de stèles, un phénomène connu comme le hiatus. Tikal met cent trente ans à s'en remettre, jusqu'à sa victoire finale, en 692, et à la capture de Patte de Jaguar, le dirigeant de Calakmul. Il serait audacieux d'y voir un deuxième effondrement. Du moins cela prouve-t-il la fragilité du pouvoir dynastique.

L'apogée maya classique

L'hégémonie des deux rivales, Tikal et Calakmul, en sort de toute manière sérieusement affaiblie, au plus grand bénéfice d'une multitude de concurrentes, Caracol, Naranjo, Palenque, Yaxchilan, Piedras Negras et tant d'autres. Les véritables bénéficiaires de ce conflit sont les dynasties locales, qui profitent de l'épuisement des belligérants pour acquérir indépendance et prospérité. Sous le contrôle de sa dynastie, chaque cité rivalise avec ses voisines. Chaque nouvelle entité élève des temples-pyramides, des palais, on érige des stèles à la gloire du dirigeant local, dans une véritable compétition de prestige. L'exemple le plus célèbre de ces dirigeants est Pakal, à Palenque, dont le tombeau qu'il fait construire de son vivant repose dans une crypte sous la pyramide des Inscriptions. Pakal a pris grand soin de faire représenter ses propres ancêtres dans la crypte et dans les bas-reliefs qui ornent le temple.

Il serait erroné d'interpréter le pouvoir du dirigeant comme une autocratie. Par un système complexe d'alliances, de clientélisme, la dynastie regroupe à ses côtés une population qui partage avec elle des croyances, des rituels, des intérêts. Il serait difficile d'interpréter autrement la fidélité de la population de Dos Pilas, qui fait corps avec ses gouvernants lors des conflits qui aboutissent à la destruction de la cité et à la migration des survivants vers Aguateca, puis Punta de Chimino, où ils tentent de poursuivre leur existence.

La population s'accroît, les conflits aussi. Le monde maya du Classique récent (600-840) connaît un état de guerre endémique. Des cités succombent, d'autres profitent du vide pour se développer. Dans des régions auparavant peu peuplées ou moins fertiles, des populations s'installent. Dans la région de Rio Bec, des familles nobles vivent dans des résidences surmontées de tours, dont les façades sont parfois décorées de masques du monstre terrestre. Dans le Puuc, région sèche et aride, la colonisation tardive est étroitement liée à la maîtrise de techniques d'emmagasinage de l'eau dans de vastes citernes souterraines, les *chultuns,* qui contiennent des dizaines de mètres cubes du précieux liquide. Ce contrôle du ravitaillement en eau facilite l'émergence de cités comme Uxmal, Oxkintok, Sayil ou Xcalumkin. Si l'on connaît l'existence de quelques dirigeants locaux, par des monuments sculptés à leur effigie, l'existence de dynasties semble céder la place à de nouvelles formes d'autorité, autour d'un groupe constitué d'une aristocratie, probablement moins sensible au risque de personnalisation du pouvoir.

La fragilité des dynasties

C'est en période de prospérité que la puissance d'une dynastie présente de multiples avantages. À travers les rituels, les manifestations publiques, les victoires qui engrangent butin et victimes sacrificielles, le lignage protège la communauté. Mais les dirigeants mayas qui exigent constamment plus de leurs sujets pour leur politique de prestige ne sont guère préparés à une gestion des ressources. Sauf dans quelques régions comme le Belize, où l'on enregistre des travaux agricoles sous la forme de terrasses, à Caracol par exemple, les pratiques agraires continuent sous la forme des brûlis. Le système atteint ses limites, accentué par la croissance démographique.

On présente souvent le milieu forestier tropical comme fragile et dangereux, peuplé d'animaux redoutables, jaguars, serpents venimeux, sauriens. La réalité est plus prosaïque. La forêt tropicale abonde en ressources naturelles, fruits, gibier. Les véritables dangers proviennent plutôt des insectes, des moustiques et autres parasites. Plus que la forêt, c'est au contraire la déforestation qui est lourde de conséquences. Le moindre facteur de perturbation peut avoir des conséquences dramatiques : une sécheresse, ou à l'inverse des typhons ou des cyclones, une invasion d'insectes ravageurs, une guerre perdue entraînent une perte de confiance des habitants dans les capacités surnaturelles du dirigeant. L'effondrement maya classique est avant tout la disparition du pouvoir dynastique et de tout ce qui l'entoure ou le symbolise. Les constructions s'arrêtent, on n'érige plus de monuments à la gloire des dynastes, pis, on martèle leurs portraits et même ceux des ancêtres. Les populations abandonnent les cités, les dynasties s'éteignent. Il est symptomatique que ce soient précisément les cités où existe un pouvoir partagé, plus aristocratique, qui parviennent à subsister plus longtemps.

Dans ce contexte, si le déclin et l'effondrement sont bien un phénomène global et impressionnant, les trajectoires de chaque cité restent individuelles. Nombreux sont les dirigeants morts au combat ou qui sont capturés, puis sacrifiés. Certaines dynasties tombent par simple paralysie, d'autres ne sont pas en mesure de se renouveler. Les conflits s'exacerbent dans une fuite en avant : les familles dirigeantes de Cancuén ou Toniná sont victimes de raids violents, de massacres. Dans d'autres cas, enfin, l'épuisement des terres, des catastrophes naturelles entraînent la fuite des populations et l'arrêt des activités. L'effondrement maya classique est une réaction en chaîne, plutôt comparable à la chute d'un alignement de dominos.

L'effondrement touche d'abord les cités soumises à un pouvoir dynastique, mais fragilise l'ensemble. Dans quelques recoins du Petén, au Belize par exemple, peut-être épargnés par des catastrophes naturelles ou mieux gérés, notamment pour ce qui touche à la production agricole, quelques cités parviennent à subsister. Sur les marges occidentales des basses terres, des Mayas mexicanisés appelés Putuns ou Chontales font preuve d'un nouveau dynamisme. Certains ont peut-être participé à la chute de quelques cités ou profité de leur affaiblissement. Ils colonisent des villes comme Ceibal, vers 830, donnant un éphémère regain de prestige à la cité déclinante, jusqu'en 889.

Il en va de même dans les basses terres septentrionales, où les cités du Puuc et Chichén Itzá, sous la coupe de pouvoirs partagés entre grandes familles nobles, un système connu sous le nom de *multepal*, parviennent à se maintenir, du moins durant un bon siècle, jusque vers l'an mille. On ne peut ignorer non plus leur insertion dans de nouveaux réseaux d'échanges. L'apparition de traits culturels originaires du Mexique central, comme le culte du serpent à plumes, les râteliers de crânes, les grands halls à colonnades, souvent considérés comme les signes d'une invasion ou d'une intrusion toltèque, marque l'intégration de ces cités dans de nouveaux réseaux d'échanges.

Les recherches récentes de Rafael Cobos confirment que Chichén Itzá est bien une capitale maya, dans la continuité des cités traditionnelles. On y retrouve les pratiques antérieures, la construction de pyramides superposées à la manière des poupées gigognes, comme cela vient d'être révélé, ou l'érection de monuments porteurs d'inscriptions. C'est d'ailleurs dans les basses terres du Nord que se produisent des innovations majeures comme l'utilisation du papier d'écorce pour fabriquer des livres, les codex. Il importe de signaler qu'aux trois codex déjà connus, ceux de Dresde, de Paris et de Madrid, s'ajoute désormais un quatrième, le codex dit Groslier, dont l'authenticité vient d'être attestée. La cité s'organise en un ensemble de quartiers juxtaposés qui traduisent l'existence d'un pouvoir partagé. Chaque quartier possède son temple-pyramide, son terrain de jeu de balle, son hall à colonnades, indice de la coexistence de groupes d'origines différentes. Chichén Itzá est une cité prospère qui dispose de ports comme Isla Cerritos pour le commerce côtier et son rayonnement s'exerce bien au-delà de sa zone d'influence directe. On enregistre des éléments architecturaux caractéristiques de la cité et des preuves d'échanges jusque dans le nord du Belize, à Nohmul par exemple. Chichén Itzá est aussi un lieu de pèlerinage où affluent les marchandises exotiques, métaux précieux, jade des hautes terres et même la turquoise en provenance du Mexique central.

De même, les hautes terres du Guatemala voient l'émergence de nouvelles entités, comme Zaculeu, où se manifeste le même phénomène d'internationalisation, avec là aussi l'apparition de traits importés des civilisations du Mexique, comme le culte du serpent à plumes ou les pyramides jumelles. La division de nombreuses cités en deux moitiés, voire en quartiers, confirme l'existence d'un pouvoir partagé. Souvent, les deux moitiés d'une cité sont unies par un terrain de jeu de balle, éventuel lieu d'affrontement ou de résolution des conflits entre les familles nobles. De véritables États expansionnistes, les royaumes quiché ou cakchiquel, autour de leurs capitales respectives, Qumaarkaj et Iximché, se développent jusqu'à l'arrivée des Espagnols.

De nouveaux conflits

Les vieilles habitudes ont la vie dure. Si les Quichés et les Cakchiquels se lancent dans des conquêtes couronnées de succès, au Yucatán, la guerre met aux prises des cités rivales qui s'opposent continûment. Les Cocom, les Xiu d'Uxmal et les Itzás de Chichén s'affrontent dans des conflits constants, comme en témoignent les peintures murales qui dépeignent des guerriers en armes. Chichén Itzá, malgré sa puissance, montre la même fragilité que les cités classiques. La ville finit par tomber à son tour sous les coups des Cocoms, qui fondent en 1221 la cité de Mayapan. On retrouve dans cette nouvelle entité presque tous les traits caractéristiques de Chichén Itzá, mais sans le même prestige ou la monumentalité, avec un habitat beaucoup plus concentré, protégé par des murailles. La nouvelle incarnation de la civilisation maya poursuit son existence presque jusqu'à la conquête espagnole. La péninsule du Yucatán sombre à son tour dans une décadence qui ne signifie cependant pas un dépeuplement, car sa longue et difficile conquête par les Espagnols de Montejo démontre l'existence d'une population encore nombreuse et combative.

Et les Itzás ? Fuyant la domination de leurs rivaux, ils migrent vers le cœur du Petén, où, à faible distance des ruines de Tikal et des autres grandes cités classiques, ils fondent une nouvelle capitale sur les bords du lac Petén Itzá, Tayasal. On y retrouve, sous une forme plus fruste, presque toutes les caractéristiques des cités mayas, temples, palais, monuments sculptés. Cortés, dans sa traversée du Petén lors de son expédition punitive contre son ancien lieutenant rebelle Cristobal de Olid, passe à proximité sans s'en rendre compte. Ce n'est qu'en 1694, près de deux siècles après la conquête du Mexique, que Tayasal capitule de son plein gré. La civilisation maya a vécu son dernier effondrement, qui ne signifie pas la disparition des Mayas : ils sont encore plus de 6 millions de nos jours, bien vivants et fiers de leurs traditions. Ce ne sont certes plus les prestigieuses cités classiques, leurs monuments ou leurs inscriptions, les riches céramiques polychromes ou les pierres finement travaillées, mais des croyances et des rites, des pratiques agricoles, un habitat qui rappelle les vieux fonds de cabane de Cuello. Cela ne leur enlève pas pour autant leur identité.

Bibliographie sélective

Cobos, Rafael, *Arqueología en Chichén Itzá. Nuevas explicaciones,* Merida, Universidad Autónoma de Yucatán, 2016.

Demarest, Arthur, *Les Mayas : grandeur et chute d'une civilisation,* Tallandier, 2007.

Diamond, Jared, *Effondrement. Comment les sociétés décident de leur disparition ou de leur survie,* Gallimard, coll. « Folio Essais », 2009.

Hansen, Richard D., « Les premières villes : urbanisation et formation d'États dans les basses terres », *in* N. Grube (éd.), *Les Mayas, art et civilisation*, Cologne, Koenemann, 2000, p. 50-65.

Michelet, Dominique (éd.), *Maya. De l'aube au crépuscule. Collections nationales du Guatemala*, musée du quai Branly, Somogy, éditions d'Art, 2011.

—, *Mayas. Révélation d'un temps sans fin*, musée du quai Branly, 2014.

8

Templiers : un sottisier bien garni

par Alain DEMURGER

En langage journalistique le sujet Templier est un « marronnier », c'est-à-dire un sujet que l'on ressert périodiquement sans même avoir besoin de le renouveler (J.-V. Bacquart). Énigmes, mystères, secrets lui sont généralement associés, car il est naturellement un aliment de choix pour toutes les théories ésotériques ou complotistes que l'on peut imaginer.

Disons-le tout net : l'historien ne peut pas lutter contre ce flot incessant où tout est confondu : histoire, légende, imaginaire. Aussi ne lutterai-je point pour démêler le vrai du faux dans ce « sottisier templier ». Celui-ci est bien là et il est en lui-même un objet historique, même si son contenu ne tient pas la route. Aussi je ne parlerai pas de la prétendue charte de Larménius et des listes de grands maîtres ayant succédé à Jacques de Molay jusqu'à nos jours, tout cela reposant sur des faux tellement grossiers qu'on se demande comment on peut encore raisonner dessus. Je laisserai en partie de côté les problèmes de la filiation entre Temple et franc-maçonnerie, ou – mais cela est d'une autre nature – du développement, hors de la maçonnerie, des groupes templaristes en tous genres. Je proposerai seulement quelques thèmes pour montrer comment légendes et affabulations se sont formées à partir de quelques faits réels et de beaucoup d'autres qui ne le sont pas ; la nature a horreur du vide on le sait, alors il faut les combler par n'importe quels moyens.

Aux origines, une expérience religieuse neuve dans le christianisme occidental

On suit historiquement assez bien l'origine de l'ordre du Temple depuis les interrogations spirituelles d'Hugues de Payns, ce seigneur champenois vassal des comtes de Champagne qui se fit moine au couvent bénédictin de Molesme mais le quitta bien vite car il ne répondait pas à ses attentes spirituelles, et qui trouva sa voie dans la croisade. Par deux fois, après le succès de la première croisade et la prise de Jérusalem en 1099, il partit en Terre sainte avec son seigneur le comte Hugues ; et la deuxième fois, en 1114, il y resta avec l'objectif de mener une vie religieuse au service de la Terre sainte sans cesser d'être lui-même, c'est-à-dire chevalier. Encouragé par le roi de Jérusalem Baudouin II (1118-1131), Hugues de Payns et ses premiers compagnons obtinrent l'appui décisif de Bernard de Clairvaux et la reconnaissance de leur initiative par l'Église romaine en janvier 1129 lors du concile de Troyes. Alors un nouvel ordre religieux est fondé, rompant avec les pratiques du monachisme traditionnel tout entier tourné vers la méditation et le retrait du monde. Au contraire, les membres du nouvel ordre entendaient agir dans le siècle, et agir militairement qui plus est, ce qui était entièrement nouveau dans l'Église. Le roi de Jérusalem installa les premiers « moines-soldats » dans son palais de Jérusalem, proche de la mosquée al-Aqsa, élevé sur les substructions du palais du roi Salomon pour l'heure confondu avec le Temple de Salomon : ils devinrent « les pauvres chevaliers compagnons du Christ et du Temple de Salomon », autrement dit les Templiers.

L'ordre du Temple est un ordre religieux qui impose à ses membres d'obéir à un maître, de prononcer les trois vœux du moine – obéissance, chasteté, pauvreté – et de vivre selon une règle. L'ordre bénéficie du privilège de l'exemption, ce qui veut dire qu'il dépend uniquement du pape à l'exclusion de toute autre autorité religieuse (les évêques) et laïque (rois et seigneurs).

Avec le temps, les Templiers ont développé en Occident un solide réseau de maisons et de domaines productifs réunis en

« commanderies », qui leur fournit les ressources et les moyens nécessaires à l'accomplissement de leur mission militaire de défense de Jérusalem et des États latins d'Orient. Que n'a-t-on dit de leur richesse et de leur fabuleux trésor (j'en reparlerai) ; et de leur emprise sur l'Occident : 250 cathédrales, 45 000 églises, 4 584 commanderies (admirons la précision !) et 3 468 forteresses, nous dit un petit opuscule récent consacré à eux (Jean-Cl. Czmara, *Les Templiers en 200 questions*, 2016) : les « comptes fantastiques » d'Haussmann sont enfoncés !

Il y a bien sûr des incertitudes dans la création du nouvel ordre, mais pas de mystère, pas de secret. Laissons aux amateurs de la *fantasy history* le récit qui fait des premiers Templiers un commando secret chargé dès 1099 (et l'on ose se référer au grand historien du royaume latin de Jérusalem, l'archevêque Guillaume de Tyr, qui n'a jamais situé la création du Temple à cette date !) de faire des fouilles dans le prétendu Temple de Salomon pour mettre la main sur l'Arche d'Alliance ; ils l'auraient ensuite rapportée en France et cachée dans la cathédrale de Chartres (dont ils auraient été naturellement les constructeurs !).

Une règle et ses secrets ou une règle secrète ?

Pas d'ordre religieux, pas de vie monastique sans l'obéissance à une règle. La règle mise au point en 1129 comprend 71 articles et elle a été complétée par des statuts et une jurisprudence. L'ordre du Temple exerce une fonction militaire ; la règle bénédictine, si utile pour la vie au couvent, n'est naturellement de nul secours en ce domaine. A été ajouté un ensemble d'articles ou « retraits » qui forme un véritable code militaire, unique au Moyen Âge. Quant à la jurisprudence, constituée au fil du temps, elle met par écrit les pratiques judiciaires qui régissent les rapports internes et externes de l'ordre et de ses membres, ce qu'on appelle la « justice de la maison ».

C'est là que s'introduit le secret. Parmi les accusations portées contre les Templiers par le roi de France en 1307 figure celle de se réunir en secret, à l'exclusion de toute personne extérieure à l'ordre :

1) lors de l'admission de nouveaux frères ;

2) lors des chapitres, tenus portes closes à la nuit tombée.

Naturellement les Templiers ne doivent rien révéler de ce qui se dit et se fait au cours de ces réunions. La diffusion de la règle est limitée : seuls les dirigeants de l'ordre, les maîtres de provinces, les commandeurs des principales maisons de l'ordre peuvent en posséder un exemplaire. La raison invoquée est que l'on craint que les frères, en général peu instruits, ne la lisent sans comprendre ou ne l'interprètent mal. L'ordre est soucieux de ne pas ébruiter les délibérations des chapitres, souvent réunis pour des raisons disciplinaires, pour ne pas porter atteinte à la réputation de l'ordre. En somme, on est là dans la « philosophie » chère à nos modernes « footeux » : cela ne doit pas sortir du vestiaire. Cela vaut pour le Temple comme pour tous les ordres religieux.

Il n'y avait sans doute pas là de quoi fouetter un chat, mais lorsque l'affaire du Temple éclata, que des accusations graves furent portées contre l'ordre, l'argument du secret fut bien commode et facile à utiliser pour le discréditer : il y avait secret parce qu'il y avait des choses à cacher… ; on pouvait donc tout imaginer et les conseillers et agents du roi de France, poursuivant le projet de supprimer le Temple, ne s'en sont pas privés. La postérité également a retenu à charge le secret, mais avec des objectifs différents et divers : les Templiers suivaient en réalité une règle secrète, ce que les accusateurs du Temple, en 1307, n'ont jamais mentionné. Interrogé à Nîmes le 29 août 1311, Bertrand de la Séauve dit qu'« au temps où il fut arrêté dans le couvent de Montpellier, Guillaume de Saint-Just, chevalier (c'est un officier du roi), prit dans la maison du Temple de Montpellier deux livres dans lesquels étaient écrits les statuts ou retraits et la justice de l'ordre du Temple, lesquels livres étaient fermés avec des clefs : lui-même [Bertrand] en possédait une et l'autre était confiée au frère Raimbaud de Caron » (étrange précision car celui-ci, venu de Chypre avec le grand maître en 1306 et arrêté à Paris le 13 octobre 1307, n'avait rien à voir avec Montpellier). Rien de secret dans ces livres :

il s'agit tout bonnement des retraits, c'est-à-dire le code militaire, et des articles de jurisprudence ; si ces deux livres avaient contenu des articles scandaleux ou hérétiques, l'accusation se serait empressée de s'en servir contre les Templiers. Lorsque, le 24 août 1307, le pape Clément V ouvrit une enquête sur les accusations dirigées contre le Temple, il demanda au grand maître (qui avait réclamé une telle enquête) de lui fournir un exemplaire de la règle. Il est douteux que Clément V ait attendu de Jacques de Molay qu'il lui donne une « règle secrète » ! Il voulait seulement s'assurer que, dans les copies récentes de la règle que pouvait posséder le grand maître, n'avaient pas été introduits, par mégarde ou non, des modifications, des corrections ou des ajouts douteux.

Au moment où éclate l'affaire du Temple, la question d'une règle secrète ne se pose pas ; il n'y a pas de *« codice ombra »* pour reprendre une expression de Barbara Frale. La règle secrète est en effet une invention du XIXe siècle, période particulièrement féconde et imaginative dans le développement du sottisier templier.

Maillard de Chambure, le premier, en a évoqué l'idée dans sa publication *Règle et statuts secrets des Templiers* en 1840. Le relais est pris, avec davantage de succès, par Merzdorf qui en 1877 publie la soi-disant « vraie règle secrète des Templiers », ce que Peter Partner, auteur d'une belle synthèse sur tout cet « imaginaire » templier, a qualifié de « plus grande falsification de l'histoire du Temple ». Merzdorf prétendait avoir retrouvé dans les « Archives secrètes » du Vatican une règle latine secrète datant du XIIIe siècle ; or ce texte est un faux, peut-être rédigé par Merzdorf lui-même, qui puise dans les pratiques imputées aux Cathares l'essentiel de ses articles prétendument secrets. Merzdorf répondait sans doute au livre publié en 1872 par Jules Loiseleur, *La Doctrine secrète des Templiers*. Cet auteur s'appuyait, lui, sur les accusations portées contre les Templiers en 1307-1308 et en inversait le signe pour en faire des articles de la règle secrète, prouvant par là que les Templiers étaient bien coupables d'avoir voulu propager une doctrine religieuse anticatholique.

Là-dessus s'est greffée l'histoire, introduite par Maillard de Chambure, d'un alphabet secret des Templiers à partir d'un document en partie effacé et mal lu que Simonetta Cerrini a pu reconstituer et identifier comme une série de formules de type magique et religieux prononcées pour la guérison des chevaux ; on connaît d'autres formulaires de ce genre pour guérir des fièvres, etc. Le véritable intérêt de ce formulaire est de montrer que les Templiers, loin d'être des super-héros, partageaient la culture et les usages de la société de leur temps : chevaliers, et donc cavaliers, s'occupant, comme la règle leur en fait obligation, de leurs armes et de leurs chevaux, ils utilisaient parfois des recettes que l'on ne s'attend pas à trouver dans un ordre religieux mais qui étaient fréquentes dans le monde laïque.

D'une règle secrète, c'est très facilement que l'on passe à la société secrète.

Les secrets du Baphomet

Lorsque, au début du XVIIIe siècle, en Angleterre, en France, en Allemagne, la franc-maçonnerie prend son essor, il n'est pas question de l'ordre du Temple. Les maçons se réfèrent à la chevalerie qui connaît alors un vif *« revival » ;* la chevalerie, ses valeurs, ses rites, son organisation. En France, le chevalier Ramsey fait le lien avec la croisade ; et de fil en aiguille, on en vient aux chevaliers du Temple, qui firent du Temple de Salomon (ou ce que l'on croit être le Temple de Salomon) à Jérusalem leur « maison chêvetaine ». Même si la tentation est grande de relier les Templiers, puis les maçons, aux premiers constructeurs du Temple de Salomon et à la tradition de sagesse et de science dont le Temple est porteur, ce sont d'autres raisons qui ont conduit à lier maçonnerie et Templiers. Dans la deuxième moitié du XVIIIe siècle, certains maçons allemands, rejetant le rationalisme et l'égalitarisme un peu trop prégnants dans la maçonnerie, vont introduire dans leurs loges des grades hiérarchiques et des rites ésotériques qu'ils pensent avoir été ceux des Templiers. Ainsi se développa ce que Le Forestier a plaisamment appelé le « bobard templier », ouvrant la voie au templarisme ou néo-templarisme du XIXe siècle.

Karl Gottfried von Hund fonda ainsi la « Stricte observance templière » instituant au sommet de sa pyramide des grades celui des « supérieurs inconnus ». Un autre auteur, Friedrich Nicolai, présente en 1782 une des premières moutures du templarisme en ce sens qu'il fait des Templiers les sectateurs d'une doctrine non catholique connue des seuls initiés. Il distingue trois grades : les simples frères qui ne connaissent que la règle ordinaire, celle du concile de Troyes ; les frères du grade de la grande profession à qui on a demandé de renier le Christ et de cracher sur la croix ; et enfin les frères de l'ordre intérieur, les seuls initiés, les seuls à connaître la signification du « Baphomet ». Voilà donc introduit le fameux « Baphomet » sur lequel je vais revenir. Avec Nicolai, la règle historique s'articule sur la règle ésotérique. En quelque sorte, la règle de 1129 serait la vitrine légale du véritable ordre du Temple, société secrète diffusant une doctrine différente de celle de l'Église et fondée sur un savoir caché que l'on peut définir comme manichéo-gnostique (et les règles ou doctrines secrètes de Merzdorf et Loiseleur près d'un siècle plus tard en sont l'écho) et dont le Baphomet est le cœur.

Nicolai et quasiment au même moment un autre auteur, Starck, ont inventé le Baphomet templariste en même temps qu'ils développaient l'idée d'une filiation entre les Templiers et les gnostiques et manichéens de l'Antiquité, toutes sectes et doctrines que les docteurs du christianisme de l'Antiquité ont combattues en écartant, pour mieux fixer la doctrine chrétienne, de nombreux textes dits « apocryphes » ; parmi eux une série d'« évangiles » fortement entachés de gnosticisme pour qui la véritable « connaissance » (*gnosis*, la gnose), c'est-à-dire la connaissance entière, supérieure et secrète de Dieu ne pouvait être atteinte que par un cercle restreint d'initiés ; pour le christianisme au contraire Dieu devait être accessible à tous, par la foi. Dans la construction de Friedrich Nicolai, le Baphomet n'était pas une idole mais le symbole de l'« immersion » gnostique, une sorte de baptême, degré ultime de la connaissance et de la sagesse. Nicolai distingue bien en effet l'idole qui se présente comme un buste avec une tête barbue censée représenter le père de toutes choses, et le symbole qui seul a le nom de Baphomet et qui est une inscription en forme de hiéroglyphe. À ce symbole sont liés de mystérieux objets « baphométiques » que Nicolai a reproduits dans son ouvrage.

Le terme de Baphomet n'est pas une invention de Nicolai et de ceux qui l'ont suivi. Les accusateurs des Templiers, en 1307, leur ont reproché de renier le Christ et d'adorer une idole en forme de tête à une ou plusieurs faces, parfois barbue, parfois avec des pieds (bref, on n'est pas très fixé !), susceptible disait-on d'apporter richesse et puissance aux Templiers : les articles 46 à 60 de la liste des 127 articles qui ont servi de base à l'accusation dans le procès sont consacrés à l'idole et à l'idolâtrie. Pourtant dans les confessions des Templiers, telles que les rapportent les procès-verbaux, l'idole n'est que rarement évoquée et les enquêteurs ne s'y sont pas attardés, sauf dans certains interrogatoires du Midi de la France. Cette idole n'est pas nommée, sauf dans la déposition de deux Templiers interrogés à Carcassonne : l'un dit avoir adoré une idole « en forme de Baphomet » (*in figuram Baffometi*), l'autre une figure baphométique dont il dut baiser les pieds en disant « Yalla, qui est le mot des sarrasins ». Dans le procès de Florence, il est dit que lors d'un chapitre, il fut ordonné aux Templiers d'adorer une tête, « votre dieu, votre Baphomet (ou Mahomet) ».

Car dans les pays de langue d'oc, Baphomet n'a d'autre sens que Mahomet. Parlant de l'offensive des Mamelouks contre les chrétiens en Orient, le troubadour Olivier écrit : « Et Bafomet agit de tout son pouvoir... » C'est donc en rapport avec l'islam qu'il faut analyser la présence de ce terme dans le procès des Templiers, un islam que les Occidentaux connaissent mal et assimilent au paganisme et à l'idolâtrie. Seuls les clercs instruits ou un peu curieux, ou tout simplement soucieux de combattre efficacement l'islam, ont fait l'effort de s'informer sur cette religion que le prophète Mahomet a prêchée au contraire contre les idolâtres de La Mecque et de l'Arabie. Il n'y a pas d'idoles, pas de saints, pas d'images, pas de statue de Mahomet à vénérer dans l'islam. Les accusateurs des Templiers ne l'ignoraient pas, mais il fallait le faire croire au bon peuple que l'on voulait convaincre de l'abominable hérésie des Templiers.

On en serait probablement resté là si les *Grandes Chroniques de France* n'avaient pas reproduit une liste de 11 articles d'accusation ne figurant pas dans la liste des 127 articles officiellement retenue dans les différentes procédures menées contre les Templiers. Pour l'essentiel, ces articles portaient sur le culte de l'idole et les pratiques magiques des Templiers, ouvrant la voie aux accusations de magie noire, de sorcellerie et de bacchanales qui constitueraient l'ordinaire des cérémonies secrètes des Templiers. Sur le moment, cette liste n'eut guère de succès et ne fut utilisée que lors d'un procès dont le procès-verbal est tronqué, de sorte qu'on n'en connaît ni le lieu ni la date (il est probable qu'il se situe dans le Bas-Rhône ou le Dauphiné). Même reprises au milieu du XVIe siècle par l'historien savoyard Paradin, ces accusations ne font toujours pas recette. Ce n'est qu'à la fin du XVIIIe siècle que les partisans de la filiation gnostique du Temple les reprirent à leur compte : la luxure des cérémonies templières décrites par Paradin était bien la preuve des liens des Templiers avec les Ophites (adorateurs du Serpent), les plus scandaleux des gnostiques.

On croise alors l'incontournable Joseph de Hammer-Purgstall. Ce docte orientaliste autrichien, interprète de l'amiral anglais Smith lors de l'expédition d'Égypte de Bonaparte, « découvrit » en 1800, dans un traité d'un auteur irakien du Xe siècle, Ibn Washîyya, un hiéroglyphe qui, traduit en arabe, devint « Bahumed » que l'Autrichien assimila à « Baphomet » et dont les Templiers avaient forcément eu connaissance quand ils étaient en Syrie. Insensible aux critiques de Silvestre de Sacy, non moins orientaliste que lui, Hammer-Purgstall publie en 1818 un livre en latin dont le long titre révèle le contenu et le fond de la pensée de l'auteur sur la culpabilité des Templiers : *Le Mystère du Baphomet révélé ou la démonstration que les Templiers sont coupables, par l'intermédiaire de leurs monuments, de l'apostasie, de l'idolâtrie et de l'impureté des Gnostiques et même des Ophites*. Hammer-Purgstall liait l'ésotérisme des Templiers à celui de la secte ismaélite des Assassins dont il écrivit par ailleurs l'histoire. Il se faisait fort, face à ses nombreux détracteurs, de produire les preuves (objets, images, sculptures, etc.) de ce qu'il avançait. Raynouard, auteur à succès de la tragédie

Les Templiers en 1805 et d'une histoire du procès des Templiers documentée aux meilleures sources puisqu'il avait pu consulter les Archives du Vatican que l'empereur Napoléon avait fait transférer à Paris, fit une critique sans concession des théories de Hammer-Purgstall dans le *Journal des savants* ; et il concluait ironiquement qu'il attendait les preuves. Hammer-Purgstall finit par les fournir.

Ce sont les fameux coffrets Blacas, du nom du duc de Blacas, collectionneur et acheteur de deux objets, l'un trouvé à Issarois en Côte-d'Or, l'autre à Volterra en Italie. Il s'agit de deux coffrets ornés de motifs iconographiques aussitôt interprétés par Hammer-Purgstall comme baphométiques et attribués aux Templiers parce que trouvés, au moins pour le premier, dans une région riche en maisons templières (*Mémoires sur deux coffrets gnostiques au Moyen Âge*, 1832). Aucune preuve à l'appui de ces affirmations ; aucune analyse des objets, aucune critique du « document ». À le suivre, toute représentation figurée d'un diable cornu, d'une gargouille démoniaque, d'une tête monstrueuse, d'un être androgyne devient un Baphomet templier : ainsi en est-il du soi-disant Baphomet du porche de l'église Saint-Merry (église qui ne fut jamais templière) à Paris, sculpté en 1842 !

Le Trésor

Le Baphomet est né à la fin du XVIIIe siècle, pas avant. Le Trésor est plus ancien. Deux filons conduisent au trésor du Temple ; l'un est historique, l'autre fantaisiste.

Le premier part d'un fait incontestable : la défense des États latins d'Orient d'abord, la défense des acquis de la Reconquista en Espagne ensuite coûtaient cher, très cher. Il fallait des ressources financières considérables pour construire et « garnir » châteaux et grandes forteresses, et payer les soldes des nombreux combattants qui n'étaient pas membres des ordres militaires mais étaient indispensables dans la défense des forteresses comme dans les combats de siège ou de rase campagne : cavalerie légère, piétons, arbalétriers et archers, mineurs et constructeurs de machines de siège. Cela valait pour tous les ordres. Le rôle des maisons et commanderies de l'arrière en Occident était justement de fournir ces ressources : armes et armures, chevaux et autres montures, vivres, argent. Alimenté par des donations, augmenté par des achats, organisé et remembré pour renforcer sa productivité, le patrimoine constitué par les Templiers, mais aussi par les autres ordres militaires en Occident, est devenu effectivement très important. Les chiffres du chroniqueur bénédictin anglais sont exagérés mais significatifs : 9 000 manoirs (entendons domaines) en Occident pour les Templiers, 19 000 pour les Hospitaliers ! Ces ressources et notamment l'argent étaient transférés en Orient : il fallait des bateaux – les ordres en possédaient quelques-uns et en louaient beaucoup ; il fallait aussi utiliser les techniques financières mises au point par les hommes d'affaires, italiens surtout, aux XIIe et XIIIe siècles : le prêt, sous toutes ses formes, le contrat de change que les Templiers ont utilisé mais n'ont pas inventé (et ne parlons pas de la lettre de change, plus sophistiquée, qui ne commence à se répandre qu'au XIVe siècle, après donc la disparition de l'ordre du Temple). Et les autres ordres (y compris des ordres non militaires, comme l'ordre cistercien) ont fait de même.

La richesse des Templiers (et des autres !) est incontestable. Cessons pourtant d'ajouter des adjectifs ou des adverbes à cette richesse : considérable, fabuleuse, immensément, etc. Cela ne signifie rien tant que l'on n'a pas fait l'effort de compter, d'inventorier et d'additionner. Et quand on le fait, on constate que les Templiers ont effectivement investi des sommes d'argent importantes pour constituer leur patrimoine foncier. La richesse mobilière du Temple est certaine ; elle sert à satisfaire les besoins des Templiers sur le front et, en Occident, à accroître la richesse immobilière. Mais, comme l'a remarqué Jean Favier, les Templiers « n'investissaient pas, ils ne se lançaient pas dans le négoce à vaste échelle ; ils ne faisaient pas, si je puis dire, de capitalisme actif » (*L'Histoire*, nº 198, 1996, p. 34).

Lorsque les Templiers furent arrêtés le 13 octobre 1307, leurs biens furent saisis et inventoriés. Partout on y recense outils, cheptel, réserves vivrières, mais très peu d'argent. À moins de supposer qu'ils aient eu vent de l'arrestation et mis à l'abri leurs « trésors », ce qui n'est pas compatible avec l'idée largement admise et largement vraie (mais il faut y mettre quelques réserves) qu'ils ont été complètement surpris par l'attaque du roi, il n'y a donc pas de trésor ?

Ne soyons pas si affirmatif, mais au fait, qu'est-ce qu'un trésor ? Dans les champs de la commanderie de Payns près de Troyes, on a découvert il y a peu un trésor monétaire composé d'environ 700 pièces correspondant au XIIe et début du XIIIe siècle, donc bien de l'époque templière (mais pas de la fin de l'époque templière). Qui les a enfouies et pourquoi ? Les Templiers pris de panique au moment de l'arrestation ? Sûrement pas, il y aurait alors dans ce trésor des pièces du temps de Saint Louis, de Philippe III et de Philippe IV le Bel. Et puis toutes ces pièces, ensemble, n'ont qu'une valeur de 3 livres tournois dans la monnaie de compte de l'époque ; ce n'est pas « fabuleux » ! Le trésor monétaire enfoui, aubaine des numismates, est de tous les temps et de tous les pays. Ce n'est pas ce genre de trésor qu'il faut chercher, même s'il doit être plaisant ou émouvant d'en trouver un.

Il en est un autre, bien réel aussi, quoiqu'on ne l'ait pas retrouvé, qui mérite attention : le trésor d'Hugues de Pairaud, visiteur du Temple en Occident (sauf l'Espagne). Celui-ci a rassemblé dans un petit coffre un « trésor » qu'il a confié peu avant l'arrestation (c'était un haut dignitaire du Temple sans doute informé qu'il se tramait quelque chose) au commandeur de la maison de Dormelles en Gâtinais. Lequel, inquiet lui aussi, le confia à un pêcheur de Moret. Lorsque le 13 octobre 1307, les Templiers furent arrêtés, le pêcheur prit peur et donna le coffret au bailli royal de Sens. Le trésor d'Hugues de Pairaud existe donc bel et bien, mais on ne risque pas de le retrouver : il est passé dans les caisses royales ! Ce coffret contenait 1 189 pièces d'or et 5 010 pièces de vieux deniers d'argent. Argent mis de côté par le visiteur au mépris de son vœu de pauvreté ? Argent nécessaire à l'exercice de sa fonction ? On ne sait, mais là encore ne rêvons pas : les 5 010 deniers d'argent avaient en tout une valeur de 20 livres 17 sous 6 deniers qui s'ajoutait aux 1 000 livres environ que valaient les pièces d'or en monnaie de compte. C'est dérisoire ! Bien loin des montagnes d'or que s'attendent à trouver les chercheurs de trésor qui ont labouré les souterrains du château de Gisors ou les terroirs de Rennes-le-Château, de la forêt d'Orient ou d'autres. Le « fabuleux trésor » peut être caché n'importe où. Cependant, c'est bien historiquement ce petit trésor d'Hugues de Pairaud qui est à l'origine du mythe et du second filon qui mène au trésor.

Certains auteurs, se référant au témoignage du Templier Jean de Châlons, racontent que quelques jours avant l'arrestation des Templiers celui-ci aurait vu à la nuit tombante trois chariots lourdement chargés et couverts de paille ou de foin quitter le Temple de Paris et se diriger vers l'ouest ; ils s'arrêtèrent à Gisors et y déposèrent les mystérieuses charges que la paille dissimulait. L'invraisemblance ne fait pas peur ! L'arrestation des Templiers étant programmée depuis le 13 septembre, le Temple de Paris, comme toutes les maisons templières, était surveillé de près par la police royale ; et la distance à couvrir nécessitait au moins deux jours de voyage : les trois chariots ne pouvaient manquer d'attirer l'attention ! Et combien absurde fut l'idée d'aller déposer à Gisors leur lourde charge, alors que Gisors est château royal et prison (les Templiers arrêtés dans le diocèse de Rouen y seront d'ailleurs emprisonnés dès leur arrestation) ! Le hic est que Jean de Châlons ne parle ni de chariot ni de Gisors, mais d'autre chose.

Comparaissant à Poitiers devant le pape et interrogé le 30 juin 1308, Jean de Châlons (en-Champagne) « dit que les puissants de l'ordre, pressentant cette confusion, fuirent et que lui-même alla au-devant de frère Gérard de Villiers (maître de France) conduisant 50 chevaux et il entendit dire qu'il prit la mer avec 18 galées ; et que frère Hugues de Chalon (sur-Saône) s'enfuit avec tout le trésor de frère Hugues de Pairaud ». Son témoignage confirme la fuite de Gérard de Villiers et d'Hugues de Chalon, attestée par un document de la chancellerie de Philippe le Bel ; le premier a pris la fuite avec quarante autres frères en armes ; quant à Hugues de Chalon, il est le neveu d'Hugues de Pairaud. Comme on l'a vu, le (modeste) trésor d'Hugues de Pairaud existe bien mais Hugues de Chalon n'est pas impliqué dans la tentative de le mettre à l'abri. Les galères ne sont pas des chariots et Gisors n'est pas sur la mer mais qu'importe. L'affabulation peut bien commencer. Remarquons qu'elle est récente et ne s'embarrasse ni de chronologie ni de cohérence : les visions du gardien du château de Gisors, archéologue amateur, imprudent et imaginatif trouvant sous la motte du château des monceaux d'or, les Templiers en Amérique (avec les 18 galères sans doute) et y ramenant, bien avant les Espagnols, l'argent des mines du Pérou qui servit à la construction des cathédrales (aux XIIe-XIIIe siècles, soit avant l'arrestation de 1307), etc. Et qui dit que les chariots imaginaires aient été vers Gisors ? Bien d'autres lieux se sont portés volontaires pour accueillir le fabuleux trésor : Arginy en Beaujolais, la forêt d'Orient la bien nommée, Rennes-le-Château… Rassurons les chercheurs de trésor : un trésor, surtout s'il est fabuleux, n'a d'intérêt que si on ne le trouve jamais ; donc l'espoir est permis.

Mais ce trésor, dira-t-on, n'a rien à voir avec ce grossier matérialisme. C'est un trésor spirituel que les Templiers ont légué à leurs affiliés secrets et tardifs. Voilà Hund, Merzdorf et, après eux, bien d'autres adeptes de l'ésotérisme templier remis en selle. La boucle est bouclée. Comme sur les chaînes d'information continue, le marronnier templier repasse en boucle.

Bibliographie sélective

Bacquart, Jean-Vincent, *Mystérieux Templiers. Idées reçues sur l'ordre du Temple*, Le Cavalier Bleu, 2013.

Dailliez, Laurent, *Les Templiers, ces inconnus*, Tallandier, 1972 ; rééd., Perrin, coll. « Tempus », 2003.

Demurger, Alain, *Les Templiers. Une chevalerie chrétienne au Moyen Âge*, Le Seuil, 2005 ; rééd., « Points », 2014.

Favier, Jean, « Philippe le Bel et le trésor des Templiers », *L'Histoire*, n° 198, avril 1996.

Frale, Barbara, *L'Ultima Battaglia dei Templari*, Viella, 2003.

—, *La Leggenda nera dei Templari*, Editori Laterza, 2016.

Le Forestier, René, *La Franc-maçonnerie templière et occultiste aux XVIIIe et XIXe siècles*, A. Faivre (éd.), Éditions Montaigne, 1970.

Leroy, Thierry, *Les Templiers. Légendes et histoire*, Imago, 2007.

Markale, Jean, *Gisors et l'énigme des Templiers*, Pygmalion, 1988.
Mollier, Pierre, *La Chevalerie maçonnique*, Dervy, 2005.
Nicolotti, Andrea, « L'idolo/statua dei Templari dall'accusa di Idolatria al mito del Bafometto », dans Canetti Luigi (dir.), *Statue, Rituali, Scienza e Magia dalla Tarda antichità al Rinascimento*, Edizioni del Galluzzo, 2017.
Partner, Peter, *Templiers, francs-maçons et sociétés secrètes*, Pygmalion, 1992.
Sède, Gérard de, *Les Templiers sont parmi nous*, Julliard, 1962.

9

Les vrais mystères de Jeanne d'Arc

par Jacques TRÉMOLET DE VILLERS

Peu de personnages historiques auront inspiré autant de légendes ou de contrefaçons que Jeanne d'Arc. Il faut dire que le caractère extraordinaire de sa vocation, la rapidité foudroyante de ses victoires, la tragédie de son procès et de sa mort ont nourri les imaginations plus encore que les récits scrupuleux des historiens. Il y a toujours, dans les jardins, à côté des plus belles plantes quelques parasites qui essaient de les dépasser. Ce sont d'elles que nous allons parler, avant de les arracher pour que la beauté de la vraie fleur éclate encore plus belle.

D'abord, il y a les légendes qui précèdent Jeanne.

Les légendes d'avant la légende

Nous sommes le samedi 24 février 1431, au procès de Rouen. Jeanne parle.

Assez près du village de Domrémy, il y a un arbre, qu'on appelle l'arbre des Dames ; d'autres l'appellent l'arbre des Fées ; auprès du pied est une source ; j'ai entendu dire que les malades de la fièvre boivent à cette source et vont y chercher de l'eau pour avoir santé. Cela, je l'ai vu moi-même, mais je ne sais s'ils guérissent ou non [...]. C'est un grand arbre appelé fau [hêtre] d'où vient le beau mai, que l'on disait appartenir à Monseigneur Pierre de Bourlemont, Chevalier.

Quelquefois, j'allais m'y promener avec les autres filles et je faisais à cet arbre des guirlandes pour l'image de Notre-Dame de Domrémy. Plusieurs fois j'ai ouï dire des anciens, non pas de mon lignage, que les Dames Fées y conversaient. Et j'ai ouï dire à une femme, nommée Jeanne, femme du maire Aubry, de mon pays, laquelle était ma marraine, qu'elle avait vu les Dames Fées. Mais moi qui parle, ne sais si cela est vrai ou non. Je n'ai jamais vu fée à l'arbre que je sache !

Même si elle ne les a jamais vues, elle en a parlé et le réquisitoire s'en servira pour lier sa mission à ces personnages féeriques.

Le juge Jean Beaupère poursuit :

« Avez-vous souvenir d'un bois qu'on nomme le Bois-Chenu ?

Jeanne – Il y a un bois que l'on appelle le Bois-Chenu, qu'on voit de l'huis de mon père, et il n'y a pas la distance d'une demi-lieue. Je ne sais et je n'ai ouï onques dire si les Dames Fées y conversaient. Mais j'ai ouï dire à mon frère qu'on disait que j'avais pris mon fait à l'arbre des Mesdames les Fées. Mais ce n'était point, et je lui ai dit le contraire. Quand je vins devant mon roi, aucuns demandaient si, en mon pays, il n'y avait point de bois qu'on appelle le Bois-Chenu. Car il y avait prophéties qui disaient que dedans le Bois-Chenu devait venir une pucelle qui ferait merveilles. Mais en cela, je n'ai point ajouté foi. »

Même si Jeanne ne leur prête aucune importance, les légendes ont la vie dure. Lorsqu'elle arrive à Chinon, le 6 mars 1429, le roi la reçoit, et avant de « la mettre en œuvre », lui fait subir un examen de femmes, lors duquel elle est chargée de dire si « elle est homme ou femme, pucelle ou corrompue », puis un autre examen ecclésiastique pour savoir si elle est folle, sorcière ou « saine d'esprit et de doctrine ». Le même examen sera répété à Poitiers, par un vrai tribunal ecclésiastique, pendant trois semaines. Les procès-verbaux de ces « procès » que Jeanne appelait le « Livre de Poitiers » n'ont pas été retrouvés. Qui les a cachés ? Ont-ils été perdus, ou détruits ? Voilà encore de quoi nourrir les énigmes.

Mais il n'y eut pas que les légendes annonciatrices.

Le cas Catherine de La Rochelle

Jeanne est entourée, dès son arrivée à Chinon et jusqu'à sa capture à Compiègne, d'une foule qui la vénère, et aussi, à son gré, l'invente. On touche son manteau, son fourreau, son anneau. On la supplie de guérir les malades et de ressusciter les morts, et même si elle s'en défend, on publie qu'elle l'a fait. Des simulatrices – ou des illuminées – viennent jusqu'à elle pour lui dicter sa conduite. Le cas le plus significatif est celui de Catherine de La Rochelle.

L'affaire est retracée à l'audience du 3 mars 1431. Jeanne vient d'être questionnée sur un enfant qu'elle avait visité à Lagny :

> L'enfant avait trois jours. Il fut apporté à Lagny devant l'image de Notre-Dame, il me fut dit que les pucelles de la ville étaient devant Notre-Dame et que je voulusse aller prier Dieu et Notre-Dame qu'Il lui veuille donner vie. J'y allai et priai avec les autres. Finalement, il apparut vie, et il bailla trois fois, et puis fut baptisé et aussitôt mourut, et fut enterré en terre sainte. Or, il y avait trois jours, comme l'on disait qu'en l'enfant la vie n'avait apparu, et il était noir comme ma cotte. Mais quand il bailla, la couleur lui commença à revenir. Et j'étais avec les pucelles à genoux devant Notre-Dame à faire ma prière.
>
> *L'évêque :* « Ne fut-il point dit dans la ville que vous aviez fait cette résurrection et que c'était à votre prière ? »
>
> Jeanne répond souverainement – et même un peu méprisante : « Je ne m'en enquerrai point. »

C'est après cette évocation du « miracle de Lagny » que le juge en vient à Catherine de La Rochelle.

> *L'évêque* – Connaissez-vous point Catherine de La Rochelle ? L'avez-vous vue ?
>
> *Jeanne* – Oui, à Jargeau et à Montfaucon en Berry.
>
> *L'évêque* – Ne vous a-t-elle point montré une dame vêtue de blanc, qu'elle disait qui lui apparaissait aucune fois ?
>
> *Jeanne* – Non.
>
> *L'évêque* – Que vous a dit cette Catherine ?

Jeanne – Cette Catherine me dit que venait à elle cette dame blanche vêtue de drap d'or, qui lui disait qu'elle allât par les bonnes villes, et que le roi lui baillât des hérauts et trompettes pour faire crier que quiconque aurait or, argent, ou trésor mussé [caché] l'apportât aussitôt ; et que ceux qui ne le feraient, et qui en auraient de mussés [cachés] elle le connaîtrait assez bien, et saurait trouver lesdits trésors, et ce serait pour payer mes gens d'armes.

L'illuminée a un propos très matériel. Elle cherche l'or, l'argent ou le trésor. Jeanne n'est pas dupe : « À quoi, je répondis qu'elle retournât à son mari, faire son ménage, et nourrir ses enfants. »

On voit Jeanne, tout au long de sa courte vie, dénonçant avec humour et en riant ces supercheries prétendument surnaturelles. Comme Catherine de La Rochelle avait su gagner la confiance de beaucoup, elle alla jusqu'à la vérification expérimentale.

« Je demandais à cette Catherine si cette dame blanche, qui lui apparaissait, venait toutes les nuits, et pour ce, je coucherai avec elle et j'y couchai, et veillai jusqu'à minuit, et ne vis rien, et puis je m'endormis. Quand vint le matin, je demandais si elle était venue : et elle me répondit qu'elle était venue, et que je dormais, et qu'elle n'avait pu m'éveiller. Alors je lui demandais si elle reviendrait point le lendemain, et elle me répondit que oui. Pour laquelle chose, je dormis de jour, afin de pouvoir veiller la nuit. Et je couchai la nuit suivante avec Catherine et veillai toute la nuit. Mais je ne vis rien, bien que souvent je lui demandasse si elle ne viendrait point. Et Catherine répondait : oui, tantôt. »

Catherine de La Rochelle est le modèle des « fausses Jeanne » qui surviennent après sa mort. Leur cas était comme réglé à l'avance par Jeanne elle-même dans son procès.

Jeanne a-t-elle été brûlée ?

Lors de son exécution, le 31 mai 1431, sur le bûcher, le bourreau, après avoir constaté qu'elle était asphyxiée sans être encore brûlée, arrêta le feu, écarta flammes et fumée, pour que les assistants puissent bien la voir, telle qu'elle était, nue et morte. La crainte qu'elle inspirait à ses ennemis était telle qu'il fallait qu'ils la voient ainsi, pour être certains qu'il n'y avait pas eu magie, miracle ou substitution.

Quand on eût bien constaté que Jeanne était morte, le bourreau remit le feu. Comme on le sait, seul son cœur ne brûla pas, malgré les efforts du bourreau qui avait rajouté de l'huile, de la poix, du petit bois et qui s'en vint, affolé, dire au cardinal de Winchester qu'il n'avait jamais vu cela, que c'était un miracle, et qu'il était damné pour avoir brûlé une sainte.

Le cardinal lui intima l'ordre de jeter le cœur avec les cendres à la Seine, en faisant attention qu'il n'en reste rien. Le bourreau obéit. On l'emmena ensuite boire dans les tavernes pour noyer son désespoir.

Malgré l'évidence violente de cette scène, quelques années plus tard parut une femme prénommée Claude qui se disait Jeanne. Elle tenta de se faire reconnaître à Orléans, où elle trompa quelques personnes. Plus étonnant, il semble qu'elle trompa l'un des frères de Jeanne.

… ou ressuscitée en Claude des Armoises ?

On lit dans la chronique du doyen de Saint-Thibault de Metz :

« L'an 1436, le vingtième jour de mai, la Pucelle Jeanne qui avait été en France vint à la Grange-aux-Ormes près de Saint-Privat ; elle y fut amenée pour parler à quelques-uns des seigneurs de Metz, elle se faisait appeler Claude et le même jour y vinrent la voir ses deux frères dont l'un était chevalier et s'appelait messire

Pierre et l'autre Petit-Jean, écuyer. Et ils croyaient qu'elle avait été brûlée ; mais lorsqu'ils la virent, ils la reconnurent, et elle aussi les reconnut. Par la suite, Claude des Armoises rencontra le sire Pierre Leuve, conseiller du duc de Bourgogne, qui lui donna un cheval, et son équipement guerrier masculin fut complété par un seigneur de Boulay et un certain Nicolas Gronart qui lui remit une épée. »

Régine Pernoud et Marie-Véronique Clin écrivent dans leur *Jeanne d'Arc* :

« Cette prétendue Jeanne à la vie aventureuse réapparut à Trèves et donna son avis sur les deux hommes qui se disputaient le siège épiscopal. À l'instigation du comte de Wurtemberg elle se rend aussi à Cologne. On a ces détails par l'inquisiteur Jean Nider, prieur des dominicains de Nuremberg, et plus tard de Bâle, docteur de l'université de Vienne. »

La fausse Pucelle « se glorifiait de pouvoir comme Jeanne l'avait fait auparavant pour le roi Charles de France, introduire l'un des deux candidats à l'épiscopat. Cette même Jeanne se disait suscitée par Dieu ». Devant le tribunal de l'Inquisition, elle se livra à quelques tours de prestidigitation – briser un verre, puis le verre redevint intact, déchirer une nappe en deux, et la nappe resta entière… Elle ne convainc pas l'inquisiteur. Elle épousa le chevalier Robert des Armoises, le 7 novembre 1436. Claude se faisait appeler Jeanne.

En 1439, le 18 juillet, elle est reçue à Orléans. On lui offre la table et le vin. Le 1er août, elle reçoit une somme d'argent pour le « bien qu'elle a fait à la ville durant le siège ». C'était dix ans après. Les Orléanais avaient bien connu Jeanne. Comment se sont-ils laissés prendre ? Il faut croire que la nostalgie, l'envie de penser qu'elle n'était pas morte, la force de son pouvoir surnaturel étaient tels que la faussaire a pu en jouer.

À l'approche annoncée du roi, elle s'en va précipitamment et c'est alors qu'elle rejoint Gilles de Rais, qui l'engage dans sa troupe.

L'année d'après, Gilles de Rais est arrêté, jugé, condamné à mort, exécuté.

Claude des Armoises – Jeanne – gagne alors Paris. Beaucoup commencent à croire à son aventure, mais elle reconnaît elle-même son imposture devant le roi.

« Advint que à l'heure que le roy la manda pour venir devant lui, il était en un jardin sous une grande treille. Il commanda à l'un de ses gentilshommes que, dès qu'il verrait la Pucelle entrer, qu'il s'avança pour la recueillir comme s'il fut le roy ; ce qu'il fit. Mais elle, connaissant aux enseignes susdites qu'il ne l'était pas, le refusa et s'en vint au roi. Dont il fut ébahi et ne sut que dire, si non en la saluant bien doucement, lui dit : "Pucelle m'amie, soyez la très bien revenue, an nom de Dieu qui sait le secret qui est entre vous et moi."

« Alors, miraculeusement, après avoir ouï ce seul mot, se mit à genoux devant le roy, cette fausse Pucelle en lui criant "mercy" ; et sur-le-champ confessa toute la trahison. »

Pierre Sala (1457-1529), écuyer à la cour de France qui relate cet épisode, est le seul qui donne la teneur de la prière secrète que Charles VII, en grand désarroi, avait faite, une nuit, à Dieu et dont Jeanne lui avait révélé le contenu dès leur première rencontre à Chinon, ce qui avait vivement frappé le roi. La supercherie dura, en tout, quatre ans, et s'éteint de l'aveu même de celle qui l'avait construite.

Claude des Armoises n'est pas la seule à avoir joué les « Jeanne » ressuscitées. Nous savons par une lettre de rémission datée de février 1457 et accordée à une certaine Jeanne de Sermoise mariée à un Angevin nommé Jean Douillet qu'elle était détenue dans la prison de Saumur depuis plus de trois mois pour s'être fait passer abusivement pour Jeanne la Pucelle.

Y en a-t-il eu d'autres ? En tout cas deux « ressuscitées », c'est déjà une de trop. Cependant pour certains chroniqueurs, malgré la différence des dates, cette Jeanne Douillet serait la même que

Jeanne/Claude des Armoises, devenue veuve de Robert et remariée « à un obscur Angevin » nommé Douillet.

Jeanne, bâtarde royale ?

Mais la légende la plus surprenante éclôt au XIXe siècle dans le cerveau imaginatif de Pierre Cazes, sous-préfet de Bergerac : Jeanne serait une bâtarde, fille d'Isabeau de Bavière et de Louis d'Orléans. Régine Pernoud a émis l'idée que le sous-préfet aurait inventé cette histoire pour tromper son ennui. Toujours est-il que né en 1805 dans une pièce de théâtre, le « roman » de « Jeanne la Bâtarde d'Orléans » fut présenté par son auteur en 1819 et depuis son succès n'a cessé de croître, malgré l'invraisemblance d'un récit que toutes les données historiques démentent absolument.

Dans le récit de Pierre Cazes, Jeanne serait née le 20 novembre 1407, jour où, selon les annales du temps, la reine Isabeau avait effectivement donné naissance à un enfant qui ne vécut pas. D'après les témoins d'alors, cet enfant était de sexe masculin, prénommé Philippe. Mais le sous-préfet décida que c'était une fille, née des amours d'Isabeau de Bavière, femme de Charles VI, et de Louis d'Orléans, et, pour cacher l'adultère, hâtivement transportée à Domrémy et confiée à des parents adoptifs qui se trouvent être, précisément, Jacques d'Arc et Isabelle Romée. Fille de reine et de prince, la petite Jeanne aurait été élevée en vue d'un rôle qu'on voulait lui faire jouer plus tard, celui de libératrice de la France.

Le « secret » que Jeanne a révélé à Chinon à Charles VII n'était donc pas la prière secrète que le dauphin avait adressée à Dieu et que lui seul connaissait, mais le fait qu'elle était sa sœur. « Bien entendu, observe Régine Pernoud, la question reste de savoir pour qui le secret en était un, puisque Jeanne le savait très bien, que ses parents adoptifs le savaient mieux que personne et qu'évidemment Charles VII en avait été instruit avant tout le monde… »

Mais peu importe, puisque l'histoire laisse la place à l'imagination romanesque. Continuons. Puisque Jeanne était de sang royal, sœur du roi, elle ne pouvait pas être brûlée. Donc, elle ne le fut pas ! C'est une fausse Jeanne qui fut brûlée tandis que la vraie – la princesse – s'évadait. La preuve en est que, plusieurs années après, une Jeanne réapparut qui se fit reconnaître comme telle par son frère (d'adoption, Petit-Jean), par les échevins d'Orléans... mais pas par le roi, qui avait décidé de garder le secret. Jeanne/Claude des Armoises devient la preuve d'un « mystère » de l'origine de Jeanne, origine royale... clandestine. En effet, comme elle est de sang royal, Cauchon, qui, lui aussi, était dans le secret, l'avait fait évader par le couloir secret du château de Rouen. Une vraie sorcière condamnée prit sa place sur le bûcher. Jeanne, ensuite, réapparaît. Elle est Claude des Armoises mais sa vie devient plus difficile. Charles VII accepte qu'elle se fasse passer pour une fausse « Jeanne », mais, malgré l'énormité de l'escroquerie, la ménage puisqu'elle est sa sœur. Elle finit sa vie en résidence surveillée, mais royale.

Ce secret des origines de Jeanne est consigné dans les interrogatoires du Livre de Poitiers, où Jeanne a raconté tout ce qu'elle savait de sa naissance et de son ascendance. C'est pour dissimuler cette bâtardise que le Livre de Poitiers a été gardé secret. Il serait aujourd'hui dans les trésors du Vatican, à moins qu'il n'ait disparu dans une valise que le cardinal Tisserant avait préparée pour un inconnu qui devait la remettre aux Archives nationales de France après la mort du cardinal, en 1972, mais que, précisément, on ne retrouva pas parce qu'il fallait que le scandale n'éclatât point. Donc, le mystère demeure, jusqu'à la découverte de cette valise posthume contenant un secret que le cardinal défunt ne voulait pas garder sur sa conscience.

Ce que j'écris là m'a été raconté par un auditeur, à la suite d'une conférence que je prononçais sur le procès de Rouen. Pour que le mystère reste entier, j'ignore son nom, mais la chose, pour lui, ne faisait aucun doute. Évidemment, le secret doit être gardé pour des raisons qui ne tiennent plus à l'honneur d'Isabeau de Bavière – dont Louis XI, son petit-fils, disait lui-même qu'elle était une « grande putain » –, mais pour l'honneur de l'Église, qui a canonisé Jeanne sans savoir qui elle était vraiment. En effet, Jeanne a juré sur les Évangiles, à la première audience de son procès, qu'elle dirait la vérité sur ce qu'on lui demanderait, sauf sur ce qui concernait son roi. Et elle a précisé les sujets sur lesquels « volontiers, elle répondrait ». Ainsi, « de mon père, de ma mère et des choses que j'ai faites depuis que j'ai pris le chemin de France, volontiers, je jurerai ». Jeanne est donc délibérément parjure et la vierge sainte du procès est, en réalité, une habile intrigante qui dit n'importe quoi parce qu'elle sait qu'elle ne sera pas, en définitive, exécutée.

Le procès de Rouen devient non plus la plus grande tragédie judiciaire depuis le procès de Jésus-Christ, mais une comédie qui s'achève par le coup de théâtre habituel dans ce genre de spectacle : la substitution, sur l'échafaud, d'une vraie sorcière déjà condamnée à l'héroïne royale dont l'évasion était organisée. Les auteurs qui suivent Pierre Cazes se répètent tous, le mécanisme étant toujours le même. Avec les vrais mystères, on fabrique de fausses énigmes.

Jeanne parle comme une princesse

Jean Cocteau disait : « Le plus grand écrivain de langue française, c'est Jeanne d'Arc. » Les témoins ont rapporté, lors du procès dit de réhabilitation, combien elle avait charmé ceux qui la rencontraient, à la ville, à l'armée et à la Cour, par la qualité de sa conversation, son humour et l'éloquence de ses propos. Dès lors, comme ce « parler » ne peut pas être celui des paysans de Domrémy, il faut que Jeanne le tienne d'ailleurs. Cet ailleurs, c'est son origine royale et l'éducation qui lui a été donnée par Colette de Corbie, sur ordre de la Cour.

Seulement, comment expliquer que, même avec une éducation princière, ce don de la repartie aille jusqu'à l'énoncé d'une vérité théologique que de nombreux théologiens n'avaient pas su dire en aussi peu de mots ?

Nous avons lu, dans les pages précédentes, cette description de jeunes filles de Domrémy à l'arbre des Fées, où Barrès voyait un charmant poème en prose alliant un paganisme naïf et innocent à une jeune et féminine dévotion mariale. Lorsque le 22 février 1431, dans la salle du parement du château de Rouen, Jean Beaupère dit à

Jeanne : « Quand avez-vous commencé à ouïr ce que vous nommez vos voix ? », Jeanne répond : « Quand j'eus l'âge de 13 ans. J'eus une voix de Dieu pour m'aider à me gouverner. Et la première fois, j'eus grand peur. Et vint cette voix environ l'heure de midi, au temps de l'été, dans le jardin de mon père. »

13 ans à l'époque, c'est l'âge de la nubilité pour les jeunes filles. C'est aussi l'âge où elles peuvent décider de vouer à Dieu leur virginité. Ce que Jeanne fera dès qu'elle aura clairement identifié la voix qui est venue à elle.

« Pour m'aider à me gouverner. » Dieu, qui est la Toute-Puissance, le Créateur, vient vers elle, humblement, « pour l'aider à se gouverner ». Jeanne fait entrer celui qui l'écoute dans la douceur ineffable du mystère des rapports de Dieu avec les hommes, du Créateur avec sa créature.

Plus tard, dans une autre audience, Jeanne dira de cette voix « qu'elle est belle et douce et humble et parle langage de France ». Elle dira encore « la troisième fois, je sus que c'était la voix d'un ange ». Elle a opéré ce discernement en raison de ce que la voix ne lui disait que de bonnes choses : « Bien se conduire, fréquenter l'église et les sacrements… » C'est donc avec sa raison – son intelligence naturelle – qu'elle a discerné que cette voix était bonne, et que, donc, c'était une voix de Dieu. Elle procède ainsi, humble jeune fille, comme une grande théologienne et, après avoir entendu la voix, jugé que cette voix était de Dieu, elle y adhère par un acte de volonté, « et j'eus cette volonté de le croire ». La perfection de cette langue française s'allie à la perfection de la pensée et nous entraîne, avec simplicité, dans le mystère divin. Si on réfléchit que, pendant six ans – de 13 à 19 ans –, Jeanne a été en conversation quotidienne avec ses voix, que ses voix l'ont formée pour sa mission, pendant quatre ans, de 13 à 17 ans, on ne s'étonne plus de la qualité de son langage. Et le mystère efface la prétendue énigme.

Le mystère de la perfection de son art militaire

Dès son arrivée à Orléans et sa première rencontre avec Dunois – le Bâtard d'Orléans –, qui est le chef des troupes de Charles VII, elle manifeste cette qualité propre aux grands chefs militaires, « le coup d'œil ». Elle voit ce que les autres n'ont pas vu et qui lui paraît, à elle, évident. Et elle le dit à Dunois : « C'est vous le Bâtard d'Orléans ? » Et comme il lui répond qu'il est effectivement le Bâtard d'Orléans et qu'il se réjouit de son arrivée, elle lui réplique : « C'est vous qui avez conseillé de me faire venir par cette voie, et de ne pas marcher directement où étaient Talbot et les Anglais ? »

Dunois : « Je lui répondis que c'était moi, et d'autres plus sages que moi encore, qui avions donné ce conseil, croyant mieux faire pour la sécurité de l'opération. »

Alors Jeanne dit textuellement : « En nom Dieu, le conseil de Dieu Notre Sire est plus sûr et plus sage que le vôtre. Vous avez cru m'abuser, et vous vous êtes abusé bien davantage, car je vous apporte meilleur secours qu'eut jamais capitaine ou cité : le secours du Roi du Ciel… »

Dunois poursuit dans sa déposition du 22 février 1456 : « En un clin d'œil, le vent qui était contraire et empêchait considérablement les bateaux de ravitaillement de remonter le fleuve, le vent tourna brusquement et devint propice. On mit tout de suite les voiles et je fis entrer les bateaux […]. À partir de ce moment, je fondai de grandes espérances sur la Pucelle et, plus qu'auparavant je la suppliai de vouloir bien passer la Loire et entrer à Orléans où elle était attendue avec impatience. »

Cette présence surnaturelle au cours du combat va de pair avec un art stratégique qui stupéfie les hommes d'armes les plus aguerris : « Elle était fort ignorante en tout, sauf dans l'art de la guerre. » En réalité, Jeanne révolutionne l'art de la guerre de son temps. D'une guerre de siège et de positions, elle fit une guerre de mouvement dont la campagne de la Loire est le sommet. Les Anglo-Bourguignons tiennent Meung, Jargeau et Beaugency, trois places fortes. Immédiatement après la victoire d'Orléans, sur la demande du roi, Jeanne entame le nettoyage de la Loire. Contrairement à l'avis de ses capitaines, elle place son armée au milieu du dispositif ennemi, et, avec une tactique qui sera joliment qualifiée de napoléonienne, elle va détruire l'une après l'autre, en empêchant leur réunion, les forces adverses. Les maîtres mots de cette stratégie sont la rapidité du mouvement, l'attaque avec le maximum de forces réunies contre le point le plus faible de l'ennemi. Une fois la victoire acquise, reporter le plus rapidement possible son effort sur un deuxième point, puis sur le troisième, sans laisser le moindre répit. L'attaque doit surprendre par son impétuosité et sa violence. À la fin, quand seront tombées successivement Meung, Jargeau et Beaugency, apprenant que les renforts anglais arrivaient dans la plaine de Patay, Jeanne joint ses troupes à celles du connétable de Richemont qui vient d'arriver et dont les autres – dont Jean d'Alençon – ne veulent pas. Elle les contraint à l'unité. Quand Jean d'Alençon – son « beau duc » – lui dit : « Si Richemont et ses hommes se joignent à nous, je m'en vais... », Jeanne lui répond : « Ce n'est pas l'heure de s'en aller, c'est l'heure de s'entendre », et elle inflige aux Anglais, le 18 juin 1429 à Patay, une défaite qui venge Azincourt : « Plus de 4 000 ennemis tués ou prisonniers », dit Dunois dans sa déposition.

Les fabricants d'énigmes expliquent cette virtuosité militaire par le fait que l'un de ses premiers compagnons, Bertrand de Poulangy, était celui qui l'avait emmenée, à sa naissance, de Paris à Domrémy. Chevalier, il l'aurait éduquée dans l'art de la guerre. Dunois, qui était dans le secret, pour réconforter les habitants d'Orléans leur aurait dit qu'une pucelle viendrait, de par Dieu, les libérer et avait aussitôt envoyé Collet de Vienne chercher Jeanne à Domrémy en disant à Baudricourt de lui fournir, à elle et à Bertrand de Poulangy, des chevaux, des armes et une petite équipe. Pour que ce récit soit cohérent, il faut admettre que Dunois, tenu au secret, a sous la foi du serment menti dans sa déposition au procès en réhabilitation, et, comme on a vieilli Jeanne de cinq ans, on vieillit Bertrand de Poulangy de vingt ans. Naturellement, celui-ci, étant au courant depuis le début, a menti lui aussi au procès en réhabilitation.

Il déclarait avoir environ 63 ans alors qu'en fait il en avait 83. Il déclara avoir connu Jeanne à Vaucouleurs alors que c'est lui qui l'avait emmenée, bébé, à Domrémy.

Tous les témoins du procès en réhabilitation ont ainsi menti, la première étant Isabelle Romée, qui, dans sa requête, écrit au pape : « J'avais une fille, née en légitime mariage… » Et comment expliquer que Jeanne, éduquée par un chevalier dans l'art de la guerre selon les méthodes de son temps, ait adopté une stratégie totalement ignorée de ces chevaliers ?

Autre mystère de Jeanne, la sûreté de son jugement politique

Après la victoire de Patay, le roi est dans l'euphorie complète. Son Conseil, unanime, décide d'exploiter la victoire, en repoussant les Anglais à la mer, et en reprenant la Normandie, ce qui ne peut que faire plaisir au jeune duc d'Alençon. Contre l'unanimité du Conseil, Jeanne décide que le roi doit aller se faire sacrer à Reims. Dunois en atteste dans la même déposition :

« Je me souviens aussi qu'après ces victoires, les princes de sang et les capitaines voulurent que le roi allât en Normandie et non pas Reims. Elle, la Pucelle, fut toujours d'avis qu'il fallait aller à Reims pour sacrer le roi, et elle donna les motifs de son choix : quand le roi serait couronné et sacré, la puissance de ses adversaires ne cesserait de diminuer, et, finalement, ils ne pourraient plus nuire à lui-même, ni au royaume. Tous s'y rallièrent. »

Cette intelligence politique est devenue pour les fabricants d'énigmes la preuve que Jeanne était princesse bâtarde, manipulée par Yolande d'Aragon, la belle-mère du roi. Mais alors, comment expliquer qu'elle fut seule à avoir cette intuition géniale ?

Et aussi le mystère judiciaire

Celui-là, les fabricants d'énigmes n'ont pas osé l'aborder de front. Or, pour un praticien des audiences criminelles et de la justice pénale, l'aisance de Jeanne dans le combat judiciaire appelle l'admiration et l'étonnement. Elle est la seule accusée dans l'histoire à se tenir aussi aisément, sans conseil autre que celui de ses voix, devant des juges qui sont la fine fleur de l'université de Paris. Ces juges sont en masse, quarante-cinq, cinquante, cinquante-cinq, ils la harcèlent de questions, si bien qu'elle doit les interrompre en disant : « Tout beau, messieurs, l'un après l'autre, s'il vous plaît, sinon je ne pourrai répondre. » Elle ne sait « ni A, ni B ». Elle a 19 ans, et elle les désarçonne par l'assurance de ses réponses. « Jeanne, êtes-vous en état de grâce ? – Si j'y suis, Dieu m'y garde. Si je n'y suis Dieu m'y mette ! » Et après cette réplique célèbre, le chant qui s'élève comme la prière de l'âme : « Je serais la plus dolente du monde si je savais n'être point en état de grâce. »

Aucun chef d'État, chef de guerre, au long de l'histoire, ayant comparu pour répondre de ses actes devant un tribunal n'a eu cette liberté, cette audace de comportement. L'échappatoire trouvée par les fabricants d'énigmes est que le procès n'existe pas, puisqu'au procès, l'accusée n'est pas la vraie Jeanne, mais un personnage qui lui a été substitué. Là, il faut mettre un terme à la description de ces hypothèses puisque, justement, les seules pièces certaines que nous ayons sur l'histoire de Jeanne sont les procès-verbaux du procès de Rouen et donc la vraie question demeure : d'où lui viennent cette force et cette aisance, sinon, croyons-nous, de ses voix alliées à sa merveilleuse nature ? L'alliance des deux, la nature et la grâce, dans cette humble et magnifique jeune fille, est le plus beau des mystères de l'histoire de France, et, au-delà, l'un des plus beaux de l'histoire des hommes. À côté de cette splendeur, les misérables imaginations des fabricants de prétendues énigmes historiques n'ont d'autre mérite que de mettre en valeur, par contraste, la juvénile et éclatante lumière de « la sainte la plus grande après sainte Marie ».

En définitive, le vrai mystère de Jeanne, c'est Jeanne elle-même.

Bibliographie sélective

Le site www.stejeannedarc.net propose, consultable et téléchargeable, une très importante documentation comportant une bonne partie des textes indiqués ci-dessous.

Ambrogi, Pascal-Raphaël et Le Tourneau, Dominique, *Dictionnaire encyclopédique de Jeanne d'Arc*, Desclée de Brouwer, 2017.

Beaune, Colette, *Jeanne d'Arc, vérités et légendes*, Perrin, 2008.

Beaurepaire, Charles de, *Notes sur les juges et assesseurs du procès de condamnation de Jeanne d'Arc*, A. Picard, 1890.

Bouzy, Olivier, Contamine, Philippe et Hélary, Xavier, *Jeanne d'Arc, histoire et dictionnaire*, Robert Laffont, 2011.

Clin, Marie-Véronique ; Pernoud, Régine, *Jeanne d'Arc*, Fayard, 1986.

Pernoud, Régine, *Jeanne devant les Cauchon*, Seuil, 1970.

Quicherat, Jules-Étienne, *Procès de condamnation et de réhabilitation de Jeanne d'Arc, dite la Pucelle*, Jules Renouard et Cie, 1841-1849, 5 vol.

Sepet, Marius, *Jeanne d'Arc*, A. Mame et fils, 1869.

10

La Saint-Barthélemy.
Une nuit très obscure

par Laurent THEIS

« Tout ce jour de dimanche 24 août fut employé à tuer, violer et saccager : de sorte qu'on croit que le nombre de tués ce jour-là dans Paris et ses faubourgs surpasse dix mille personnes, tant seigneurs, gentilshommes, présidents, conseillers, avocats, médecins, procureurs, marchands, artisans, femmes, filles, qu'enfants et prêcheurs. Les rues étaient couvertes de sang, les portes et entrées du palais du roi peintes de même couleur, mais les tueurs n'étaient pas encore saoulés. »

Ce récit, publié dix-huit mois après les faits, d'un huguenot anonyme, témoin engagé mais peut-être oculaire, est corroboré par tous les autres, quelle que soit leur tendance, qui, pour le déplorer ou s'en féliciter, s'accordent au moins sur ce point : en une époque et dans une culture où le massacre n'est nullement objet de scandale, les violences atteignirent ce jour de 1572 et aussi les suivants, à Paris mais également en province, un degré presque inconnu, qui leur conféra, sur le moment et surtout dans la suite, une nature particulière. Les protestants, et aussi quelques autres réputés tels par commodité, furent frappés sans considération d'âge, de sexe, de parenté, de condition sociale, et l'acharnement sur les personnes, les cadavres et les biens fut extrême. Dans ses origines et dans son déroulement, ce déchaînement inouï recèle bien des mystères et des contradictions, qui ajoutent encore à l'énormité du forfait. Seul le résultat physique est à peu près établi : environ 3 000 morts à Paris, 10 000 peut-être pour l'ensemble du royaume, qui compte alors à peu près 15 millions d'habitants. Le bilan politique et moral est, lui, inappréciable, au point que « Saint-Barthélemy » est devenu un nom commun. Rapporter ce que furent au juste ces journées, c'est poser et résoudre la question des responsabilités. Ici, plus que jamais, c'est l'interprétation qui commande le déroulement des faits, et c'est pourquoi, depuis plus de quatre siècles, le débat n'a pas cessé sur ce qui est véritablement advenu, afin de donner sens à l'impensable. Voici un scénario possible.

Pour commencer, la fête

Le jeudi 21 août, on s'est encore bien amusé au Louvre. Le roi Charles IX a affronté en tournoi, avec ses frères Henri d'Anjou et François d'Alençon ainsi que Henri de Guise, son cousin et désormais beau-frère Henri de Navarre, le prince Henri de Condé et leurs compagnons. Dans la tribune, la reine Élisabeth n'a d'yeux que pour son royal époux, tandis que la princesse Marguerite, à présent reine de Navarre, applaudit, sans doute plus attentive aux exploits du duc de Guise qu'à ceux de son nouveau mari. Après trois guerres dites de Religion commencées en 1562, le royaume, depuis deux ans, est relativement en paix, les deux dynasties issues de Saint Louis, Valois, catholique, et Bourbon, en partie protestante, viennent de s'unir, la noce célébrée le lundi achève ces réjouissances, c'est, croit-on, temps d'espérance et de concorde pour la population, de fête pour la jeunesse. Car tous ceux que l'on vient de nommer, et qui vont plonger dans le drame, ont entre 17 et 22 ans. Nés en 1519, les autres acteurs principaux, la reine mère Catherine de Médicis et Gaspard de Châtillon, amiral de Coligny, font figure de vieillards.

Par âge et par tempérament, la Florentine et le huguenot ont de la mémoire, sont entêtés et s'opposent, outre la différence de religion, sur presque tout : influence sur le jeune roi ; guerre ou paix avec l'Espagne, et donc soutien ou non à Guillaume d'Orange et aux gueux de Flandre soulevés contre le duc d'Albe, gouverneur espagnol des Pays-Bas ; sans parler de la conception du bien public et de la nature du pouvoir monarchique. Comme s'opposent aussi, et plus vivement, les clans nobiliaires très puissants Montmorency-Châtillon et Lorraine-Guise, surtout depuis l'assassinat en 1563 du duc François de Guise, père d'Henri le Balafré, à l'instigation, prétend ce dernier, de Coligny.

Feu sur l'amiral

Ce soir-là, les princes et seigneurs huguenots et leurs gens, souvent méridionaux et forts en gueule, rassemblés par centaines dans Paris – Paris si catholique – pour assister au mariage de leur chef, vont se coucher tranquilles, même si, dans la ville capitale perpétuellement bruissante et émotive, des rumeurs circulent comme des armes qui s'aiguisent.

Le vendredi matin, un conseil s'est tenu au Louvre, dirigé, en l'absence du roi qui assiste à la messe, par son frère cadet Henri d'Anjou, futur Henri III. Il n'a pas duré plus d'une demi-heure. En sortant, Coligny rencontre le roi et l'accompagne au Jeu de paume, où s'engage une partie entre Charles IX et Charles de Téligny, gendre de l'amiral. Il est peut-être 11 heures lorsque ce dernier, entouré de quelques capitaines protestants de sa nombreuse clientèle, se dirige à pied vers son hôtel, situé à environ deux cents mètres du Louvre, à l'angle des rues de Béthisy et de l'Arbre-Sec. Peu avant de quitter la rue des Poulies pour emprunter celle des Fossés-Saint-Germain qui contourne l'église Saint-Germain-l'Auxerrois, Coligny est victime d'un coup d'arquebuse, de deux peut-être, tiré de la fenêtre d'une maison voisine. La main droite et le bras gauche sont profondément atteints. Des fidèles de l'amiral se précipitent : au rez-de-chaussée, l'arquebuse fume encore, mais le tireur s'est évaporé, grâce à des complicités. On saura plus tard qu'il s'appelle Charles de Maurevert et qu'il n'en est pas à son mauvais coup d'essai : trois ans plus tôt, il avait tué Artus de Mouy, un lieutenant de

Coligny. Pour les protestants, l'attentat est signé : les Guises, dont des proches occupent la maison de la rue des Poulies, et derrière eux la reine mère, le duc d'Anjou, l'Espagne, les catholiques extrémistes enflammés par les prêcheurs parisiens, bref tous ceux qui veulent du mal aux tenants de la religion nouvelle.

Aussitôt prévenu, Charles IX, qui paraît partagé entre l'effondrement et la colère, promet à Henri de Navarre et à Condé, ses hôtes au Louvre, prompte justice. Catherine de Médicis renchérit et, en début d'après-midi, la famille royale se rend rue de Béthisy exprimer son indignation et sa compassion à l'illustre blessé, qui, grâce aux bons soins d'Ambroise Paré, semble se remettre. Que se disent le roi et l'amiral ? Coligny essaie-t-il encore une fois de convaincre Charles IX de lancer les opérations en Flandre contre l'Espagne ? Fait-il part de ses certitudes sur la responsabilité des Guises dans la tentative de meurtre, voire de ses soupçons sur celle de la reine mère et d'Henri d'Anjou ? Déjà dans Paris frémissant de on-dit, Paris où Henri de Guise est si populaire, des mesures d'ordre public sont prises, car les autorités royale et municipale sentent bien que le crime risque d'entraîner des troubles incontrôlables. Ce samedi matin 23, alors qu'un détachement de la garde royale est aposté face au logis de Coligny d'où les va-et-vient sont incessants, devant l'hôtel de Lorraine, sous les plafonds du Louvre même, des capitaines huguenots menacent de faire justice eux-mêmes si celle du roi n'y suffit pas, et auraient même déclaré devant Charles IX que, s'il ne remplissait pas son office justicier, ils iraient jusqu'à occire Henri de Guise, fût-il réfugié à ses pieds. Ces paroles très graves, prononcées publiquement, devaient être lourdes de conséquences. Ainsi, à la fin d'une semaine qui avait si bien commencé, l'arquebusade de Maurevert, qui court toujours et dont les commanditaires, s'ils existent, sont impossibles à identifier, a déclenché la mécanique infernale. Sous un soleil de plomb, les crânes entrent en ébullition. Les imaginations divaguent, le mot de complot, qui donne libre cours à toutes les suppositions, est prononcé de façon de plus en plus insistante, d'autant que les provocateurs trouvent un terrain propice à l'intoxication : les protestants, forts de leur nombre, s'apprêteraient, sur ordre de l'amiral et sous la direction de Gabriel de Lorges, comte de Montgomery, qui jadis tua Henri II en tournoi par accident, à trucider la famille royale, les Guises et tous les bons catholiques, pour installer une monarchie huguenote, autant dire satanique. Dans le camp protestant, la peur monte. Certains, comme Jean de Ferrières, vidame de Chartres, veulent quitter une ville de plus en plus hostile, où l'autorité publique ne paraît plus être en mesure de garantir leur sécurité, ni même le vouloir ; d'autres, autour de Coligny et de ses proches, dont l'avis l'emporte, déclarent encore se fier à la protection royale. Naturellement, les récits, passablement confus, reconstitueront l'après-midi et la soirée du 23 août à la lumière de ce qui, tout aussitôt, advint.

Le roi sous pression

Vers midi, à l'heure solaire bien entendu, Henri de Guise et son oncle Claude d'Aumale demandent l'autorisation ou reçoivent l'instruction du roi, remonté contre eux, de quitter Paris, soit pour se protéger, soit pour calmer les esprits. Quelques heures plus tard, ils sortiront par une porte et rentreront aussitôt par une autre. C'est alors peut-être, car rien n'est sûr, qu'ils se seraient fait communiquer par la prévôté des listes portant les résidences des principaux huguenots de passage à Paris. À partir de 17 heures et jusque dans la soirée, dans le jardin des Tuileries puis au Louvre, se tinrent un ou deux conseils successifs. Y participaient, autant qu'on puisse le savoir, le roi et son frère Henri d'Anjou, la reine mère et son équipe rapprochée à dominante italienne, Louis de Gonzague, duc de Nevers, Albert de Gondi, maréchal de Retz, le chancelier René de Birague, ainsi que le maréchal de Saulx-Tavannes et le garde des Sceaux Jean de Morvillier ; au total un groupe restreint. Ces réunions sous haute tension auraient abouti à la décision de devancer une subversion jugée plus que probable en liquidant les chefs militaires protestants nommément désignés, quelques dizaines sans doute, et Coligny au premier chef. Henri de Navarre, beau-frère du roi, et Henri de Condé, prince du sang et beau-frère du duc de Nevers, seraient épargnés. Fut-il ouvertement précisé que l'exécution de la décision serait confiée aux Guises ? La logique paraissait y conduire. On peut penser que la décision ne fut pas prise facilement. Jean de Morvillier, par exemple, ne s'y rallia pas sans réticence ni scrupule. La propagande protestante, mais aussi certains témoignages de catholiques modérés, comme Jacques-Auguste de Thou, ont chargé particulièrement la responsabilité de Catherine de Médicis et d'Henri d'Anjou, qui auraient reconnu leur implication dans l'attentat contre Coligny et auraient exercé une forte pression, voire un chantage contre le malheureux Charles IX, exigeant qu'il légitime l'opération sous peine de mettre en péril la paix avec l'Espagne, la concorde intérieure, et la sauvegarde de la monarchie elle-même. Charles IX se serait pour finir écrié : « Par la mort-Dieu, puisque ma mère et mon frère trouve [*sic*] bon qu'on tue l'amiral, je le veux, mais aussi tous les huguenots de la France, afin qu'il n'en demeurât pas un qui pût me le reprocher par après. » Cette tirade, provenant d'une source hautement suspecte, est très certainement apocryphe, mais la rumeur lui fit un beau sort posthume. En réalité, le roi n'avait guère besoin d'être convaincu d'une menace qu'il ressentait presque physiquement, et surtout politiquement puisque son autorité souveraine était mise en cause, voire bafouée.

L'exécution

Le soir même, Jacques Le Charron, prévôt des marchands, reçut l'ordre de boucler la ville, d'empêcher toute traversée de la Seine en enchaînant les embarcations, de mobiliser la milice bourgeoise et de placer des canons à l'Hôtel de Ville, face à l'extérieur. Il s'agissait de parer à toutes les éventualités, sans que l'on sache bien lesquelles.

Ensuite ? Ensuite, tout commence avant l'aube. Le 24 août est un dimanche, jour du Seigneur auquel il est consacré, et voué à l'apôtre Barthélemy. En un tel moment, la violence est particulièrement tenue pour une profanation. Dans les églises et sur les places publiques, les prédicateurs parisiens, parmi lesquels se distingue Simon Vigor, curé de Saint-Paul, ne s'y arrêtent guère, chauffant à blanc la population depuis des semaines. Les tueurs, agissant sur ordre, n'avaient besoin d'aucun signal pour passer à l'action. Un premier groupe se rend chez Coligny, enfonce la porte avec la complicité des gardes royaux, élimine tout ce qui lui résiste, monte à l'étage dans la chambre où Coligny s'est réveillé au bruit. Un reître surnommé Besme perfore l'amiral de son épée, les coups de dague pleuvent, le vieillard encore vivant est jeté par la fenêtre et achevé à terre. Henri de Guise essuie le visage sanglant pour bien le reconnaître, puis lance ses hommes à travers le quartier pour continuer la besogne : François de La Rochefoucauld, familier du roi, Téligny, des dizaines d'autres « huguenots de guerre » sont mis en pièces, généralement et curieusement sans opposer de résistance. En même temps ou un peu plus tard, au Louvre, se déroule une deuxième phase, cette fois sous la conduite directe de Charles IX. Tandis qu'Henri de Navarre et Condé sont conduits dans la chambre du roi, qui les menace de tout s'ils ne se convertissent pas immédiatement, leurs plus proches compagnons, désarmés, sont poussés vers une porte donnant sur la cour, où des hallebardiers les embrochent. De cette mise à mort la reine Margot dressera un compte rendu épouvanté. Restent les huguenots regroupés sur la rive gauche, faubourg Saint-Germain, dont Jean de Ferrières et Gabriel de Montgomery sont les plus notables. Les gardes royaux tardant à s'occuper d'eux, Henri de Guise décide de les prendre en chasse, mais perd du temps porte de Buci, la clé étant introuvable. Montgomery et ses amis comprennent ce qui les attend lorsque, de l'autre côté du fleuve, ils aperçoivent, dit-on car la légende noire a bon dos, le roi se saisir d'une arquebuse et les ajuster. L'équipe des Guises les poursuit sans succès jusqu'à Montfort-l'Amaury. Ceux-là sont les très rares à s'en sortir vivants. Au début de la matinée, l'extermination programmée de la noblesse réformée est achevée pour l'essentiel. Dans un premier mouvement, Charles IX en attribue la responsabilité aux Guises engagés dans une querelle de clan avec les Châtillon.

La Saint-Barthélemy du peuple

Alors commence une seconde Saint-Barthélemy, qu'on pourrait dire populaire, sans commune mesure avec la première, d'origine royale. Est-ce la cloche du Palais de Justice, ou celle de Saint-Germain-l'Auxerrois, vers 5 heures du matin, qui a donné le branle ? Il semble qu'il n'en était guère besoin. Aucune hésitation n'est en effet perceptible lorsque des soldats du roi, du duc d'Anjou et des Guises, la milice parisienne emmenée par ses capitaines Pezou, Chocquart, Perrier, Crozier, toutes sortes d'éléments populaires, donc catholiques car à Paris c'est tout un, où se distinguent des enfants, s'en prennent à tout ce qui est soupçonné d'être protestant. Arborant au bras ou au chapeau une croix blanche de tissu ou de papier, partout c'est le même cri : « Tue, tue ! » Ce cri qu'entendent Maximilien de Rosny, 12 ans et futur duc de Sully, Jacques de Caumont, 13 ans et futur duc de La Force qui se laisse tomber, feignant d'être mort, entre les corps de son père et de son frère tués sous ses yeux, Philippe Duplessis-Mornay, qui lui aussi échappe par miracle. Les cadavres des suppliciés s'entassent sur les places, soigneusement mutilés à l'instar de celui de Coligny, ou sont jetés par centaines à la Seine. Les femmes enceintes de la mauvaise graine hérétique sont particulièrement recherchées et désentripaillées, les nourrissons embrochés. Voisins, amis, parents sont dénoncés ou directement assassinés, sauf, comme toujours, des gestes de compassion salvateurs ici et là. Meurtres et pillages ont pour théâtre principal les quartiers commerçants, rue Saint-Martin et Saint-Denis, où de vieux contentieux sont ainsi réglés, et le secteur des écoles, de la rue Saint-Jacques à la place Maubert. Ainsi périrent de grands humanistes, comme Pierre de La Place, premier président de la Cour des aides, ou Pierre de La Ramée, professeur au Collège de France. Beaucoup de massacreurs sont convaincus d'accomplir une œuvre de justice et de purification, agréable à Dieu et conforme à la volonté du roi, qui a déclenché l'entreprise : dans le cimetière des Saints-Innocents, un plant d'aubépine desséché depuis longtemps ne vient-il pas, ce 24 août, de reverdir puis de refleurir, face à une image de la Vierge ? La nouvelle de ce miracle se répandit comme une traînée de poudre, donnant la mesure de l'état des esprits. Incapable, en dépit des ordres donnés, de faire cesser la tuerie, Charles IX, après avoir tenté une explication par la vendetta entre clans nobiliaires, choisit alors, le mardi 26, de déclarer devant le Parlement que « ce qui est advenu a été par son exprès commandement » – il veut parler de l'exécution des chefs huguenots – face à la conspiration de Coligny et de ses complices. Cette explication fut également fournie aux cours d'Europe, et difficilement acceptée en Angleterre et chez la plupart des princes allemands.

Alors que le mouvement, qui se poursuit à Paris, a gagné Orléans, Meaux, Saumur, Angers, atteindra Lyon, Rouen, Bordeaux, Toulouse, la Saint-Barthélemy est ainsi devenue un crime d'État, dont le mérite, pour les uns, l'opprobre, pour les autres, revient au roi Charles de Valois, flétri par d'Aubigné sous l'anagramme de « chasseur déloyal ». Lorsque, le 6 septembre, Sa Majesté catholique Philippe II d'Espagne apprit la nouvelle, il esquissa un pas de danse et, pour la première fois de sa vie dit-on, éclata de rire. Trois cents ans plus tard, Michelet pleurait en décrivant, à la fin de son *Histoire de France au XVIe siècle*, le martyre de Coligny.

Une tragédie inexplicable ?

La difficulté, on l'a vu, de décrire avec certitude l'enchaînement des faits procède de la multiplicité de témoignages contradictoires et étalés dans le temps, et surtout de l'impossibilité d'en comprendre les tenants et les aboutissants et d'en trouver une explication satisfaisante pour la raison. De là la surinterprétation idéologique qui en fut donnée par les contemporains d'abord désemparés, et dont la trace se fait sentir quasiment jusqu'à aujourd'hui. De là aussi le caractère unique de la Saint-Barthélemy, statut que n'ont pas atteint des violences civiles pourtant d'envergure comparable ou supérieure, comme la Terreur de 1793-1794 ou la Commune de Paris.

Au moins trois mystères, ou plus simplement trois questions principales, demeurent attachés aux événements de l'été 1572. Comment, en quelques jours, voire quelques heures, un déchaînement de violence et de haine a-t-il succédé à un climat apparent de paix et de fête ? Comment s'est construite la décision royale d'éliminer les « huguenots de guerre » ? Comment cette opération a-t-elle dégénéré en massacres de masse ?

Le basculement

Signée en août 1570, la paix de Saint-Germain soldait ce qu'on appelle la troisième guerre de Religion, commencée en 1568, marquée par les dures batailles de Jarnac en mars et de Moncontour en octobre 1569, où les huguenots furent défaits. Cette paix, qui n'était pas défavorable aux protestants, le roi Charles IX, âgé de 20 ans, y était personnellement attaché et décidé, comme il le prouva, à la faire respecter. L'idéal de concorde n'était pas pour lui un vain mot et Catherine de Médicis en comprenait la nécessité politique. Les catholiques et ceux de la « nouvelle religion », qui en effet n'avait guère plus de 15 ans d'âge, étaient appelés à « vivre paisiblement ensemble comme frères, amis et concitoyens », car la différence de religion, qu'il faudrait bien surmonter un jour, ne devait pas mettre en péril l'unité du corps du royaume, dont le roi était le symbole et le garant. La réalisation de ce programme, porté par la royauté et par ceux que l'on appelait les « moyenneurs » ou « politiques », c'est-à-dire les partisans d'un compromis nécessaire et vertueux dans la ligne du défunt chancelier Michel de L'Hospital, se heurtait à de grandes difficultés, car dix ans d'affrontements ne pouvaient pas s'effacer d'un trait de plume et, surtout, les exigences de deux fois antagoniques paraissaient à beaucoup incompatibles : n'était-ce pas trahir Dieu que de composer avec ceux qui le profanaient de la parole et du geste ? Tout l'effort de la royauté fut de prouver le contraire, en agissant sur deux terrains : contrer l'influence prépondérante de l'Espagne de Philippe II sur les affaires européennes en soutenant, discrètement ou ouvertement, les insurgés protestants des Pays-Bas contre la domination espagnole ; quelle que fût leur religion, beaucoup de sujets du roi pouvaient se retrouver dans cette cause, dont Coligny, incontestable chef de file des huguenots, était un protagoniste actif. Sans vouloir décider une guerre ouverte contre l'Espagne, Charles IX entretenait habilement la menace. À l'intérieur, les noces d'Henri de Navarre et de Marguerite de Valois, difficilement négociées entre les reines Jeanne d'Albret, mère d'Henri, et Catherine de Médicis, devaient spectaculairement démontrer que l'alliance l'emportait sur la division pour le plus grand bien du royaume. « Ce mariage, écrit le roi, rendra l'union qui est entre mes sujets perdurable, chose que je désire plus que autre en ce monde. » Il parvint à le faire accepter par les principaux représentants des deux camps. L'harmonie tant souhaitée paraissait ainsi s'inscrire dans les faits et, espérait-on, dans les esprits. Elle fut ainsi mise en scène, de façon fastueuse, le 18 août 1572. Quatre jours plus tard, l'arquebusade de Maurevert remettait-elle tout en cause ? Il est facile d'affirmer que la tentative d'harmonie royale n'était qu'un rêve hors de portée d'une société religieusement et politiquement fracturée, et que la réalité se vengeait. Il est encore moins certain que l'attentat ait procédé soit d'un ordre explicite des Guises, pas plus que de Catherine de Médicis, comme pourtant, et on comprend pourquoi, bien des protestants s'en convainquirent, soit d'une conspiration téléguidée par Madrid pour éliminer un va-t-en-guerre en Flandre contre l'Espagne. Sans être un acte isolé, le coup de feu ne venait pas nécessairement de très haut. Suffisamment de gens, dans Paris, souhaitaient la mort de Coligny. Pour eux, un bon huguenot était un huguenot mort, et surtout celui-là. Au total, la tentative d'instaurer une paix durable, si fragile qu'elle pût être, n'était pas vouée à l'échec. Le coup de feu du 22 août fit prendre à l'histoire un cours tout différent.

Un processus extraordinaire

L'eût-il voulu, ce qui est possible, le roi n'avait pas les moyens de faire prompte justice à Coligny, qui, élément imprévu dans un événement inattendu, avait survécu. Dès lors, que faire face au danger bien réel d'une réaction violente des protestants se trouvant en nombre à Paris, qui relancerait la guerre civile qu'on s'était efforcé de conjurer et qui, pouvait-on craindre, menacerait l'intégrité même du corps du roi en même temps que les fondements de la monarchie ? Cette peur n'était pas sans motif. On se souvenait, et surtout la reine mère, de la conjuration d'Amboise de 1560 et de la « surprise de Meaux » de 1567, où par deux fois un parti protestant avait tenté de s'emparer de la famille royale. L'année suivante, dans le préambule de l'édit de Saint-Maur, l'autorité royale dénonçait une « damnée entreprise d'établir et constituer en ce royaume une autre principauté souveraine pour défaire la nôtre ordonnée de Dieu », et reprochait aux protestants de « traiter avec nous comme voisins, non comme sujets obéissants ». Si depuis lors Charles IX et son conseil avaient adopté des positions moins tranchées, ils ne pouvaient pas avoir dépouillé leur méfiance, que l'attitude et les propos de Coligny, rétabli dans ses charges en 1571, étaient bien faits pour entretenir, tant il le prenait de haut avec la majesté royale, usant d'intimidation pour obtenir une intervention en Flandre. La nouvelle conjoncture créée le 22 août, les menaces des capitaines protestants de court-circuiter la justice royale, et donc d'usurper un attribut de la souveraineté, laissaient redouter un pas supplémentaire vers la subversion. On peut croire Charles IX, même s'il grossit le trait pour les besoins de sa cause, lorsque, pour se justifier, il écrivait le 13 septembre au sujet de l'amiral : « Il avait plus de puissance et était mieux obéi de la part de ceux de la nouvelle religion que je n'étais, de sorte que s'étant arrogé une telle puissance sur mes dits sujets, je ne me pouvais plus dire roy absolu, mais commandant seulement à une des parts de mon royaume. »

Dès lors, le Conseil royal, face à un coup de force réputé imminent, décida le 23 au soir de prendre les devants, en faisant exécuter les chefs protestants. Il espérait sans doute que, dans une société où les clientèles personnelles pesaient lourd, les troupes seraient dissuadées si leurs capitaines étaient éliminés. De plus, l'occasion était bonne de décapiter le parti huguenot puisque ses dirigeants étaient exceptionnellement rassemblés à Paris. Encore fallait-il donner un habillage juridique à une entreprise d'une exceptionnelle gravité. Faute de pouvoir intenter un procès ordinaire aux supposés comploteurs, ce qui impliquait un temps de procédure, ce fut la voie d'une justice extraordinaire qui fut retenue, le roi usant sans délai du « glaive que Dieu a mis entre ses mains à la conservation des bons, vengeance et extermination des méchants, sans autre forme et solennité de justice garder », comme il le déclara lui-même le 26 août devant le parlement de Paris pour expliquer son choix. Et il renchérit dans la lettre du 13 septembre déjà citée : « Je me suis résolu de laisser le cours d'une justice à la vérité extraordinaire, et autre que je n'eusse désiré. » À preuve, la justice reprit son cours ordinaire dès que possible, avec le procès deux mois plus tard de deux chefs protestants, qui furent pendus, tandis que Coligny, lui aussi condamné mais à titre posthume, fut pendu en effigie. Pour prompte et improvisée qu'elle ait été sous le coup de la peur, la décision du 23 août fut réellement débattue, se fondant sur la raison d'État et non pas de religion, même si la formule n'y était pas, et ne peut être imputée à personne en particulier, ni la reine mère ni le duc d'Anjou. C'est le roi, dans l'idée qu'une violence limitée et maîtrisée servirait la paix civile et religieuse à laquelle il restait attaché, qui fit plein exercice de sa souveraineté et en assuma les conséquences y compris contre ses hôtes au Louvre, estourbis comme on a vu. Redoutant le pire, l'autorité royale s'était résolue aux extrêmes. Mais le pire était au-delà de ce qu'elle envisageait, lorsque l'émotion prit le pas sur la raison.

Du crime d'État aux meurtres de masse

Lorsque, le 24 août avant l'aube, sonnèrent les cloches de Saint-Germain-l'Auxerrois et du Palais de Justice, et qu'un tumulte se fit entendre dans certains quartiers, beaucoup crurent d'abord à une attaque généralisée des protestants, conformément à une sorte de psychose préétablie, ce qui provoqua une première mobilisation. Puis, dès qu'il fut connu, l'assassinat organisé des huguenots de guerre, et singulièrement de Coligny, parut avoir immédiatement libéré des pulsions et levé des inhibitions au sein de la partie extrémiste, et assurément majoritaire, de la population parisienne. Si elle n'attendait qu'un signe pour en finir avec des religionnaires détestés et redoutés, ce signe était venu, et qui plus est du roi lui-même, donc de Dieu en personne. Ce déchaînement libérateur, à la différence de la décision royale, venait de loin et des profondeurs. Bien que la proportion de protestants à Paris fût infime, environ 2 % des 300 000 habitants, et peut-être parce qu'elle l'était, et bien que leur culte fût prohibé, elle suscitait une répulsion profonde, voire de l'horreur, de la part des catholiques parisiens. Ces derniers, dans leur organisation sociale autant que religieuse, étaient regroupés dans des fraternités paroissiales, des confréries de fidèles, des structures de sociabilité qui affichaient leur appartenance par des insignes extérieurs, des processions, des marques ostensibles de dévotion à la Vierge et aux saints, dont les adeptes de la nouvelle religion non seulement s'étaient exclus, mais qu'ils souillaient par leur dédain, leur particularisme affiché, et pour finir par leur existence même. L'hérésie, tonnaient depuis longtemps certains prédicateurs, étant œuvre satanique, inoculait le péché, voire l'enfer, à tout ce qui la côtoyait. Avec le rassemblement de nombreux protestants venus d'ailleurs s'offrait une occasion providentielle de purification qu'il ne fallait pas laisser passer. Et cette purification passait par la destruction des corps par lesquels se maintenait et se propageait le poison de l'hérésie. Contre des infidèles d'autant plus détestables et menaçants qu'ils étaient pour certains des voisins, voire des amis, la véritable chrétienté devait retrouver l'esprit de croisade, dont la marque, une croix blanche, était arborée par les purificateurs.

À cette exaltation mystique d'éradication du mal s'ajoutaient la peur et la colère contre de mauvais sujets du roi, qui battaient en brèche son autorité divine, tentaient d'assujettir la monarchie à leurs conceptions spirituelles et politiques, allant jusqu'à la république, qu'on voyait à l'œuvre à Genève et même dans le Midi de la France, et sapaient les fondements mêmes de la société. Les protestants étaient ainsi éprouvés comme des ennemis de l'intérieur, d'autant plus redoutables que, en dépit de leur faible nombre et de leurs défaites sur le terrain militaire, ils bénéficiaient, à la faveur des édits successifs, d'accommodements et même de privilèges, comme des places de sûreté, sous prétexte de concorde et de paix. Aussi, pour les activistes parisiens, la paix ainsi conçue était-elle une sorte de sacrilège, dont la responsabilité était imputable d'abord aux protestants, qui naturellement pensaient exactement l'inverse, mais aussi au roi et à la fraction catholique modérée, dite politique. C'est pourquoi, plus royalistes que le roi, les tueurs du 24 août et des jours suivants s'affranchirent des ordres répétés et inaudibles d'avoir à cesser les massacres. Dans ce mouvement, il est probable que les Guises, le duc de Nevers et autres ultras poussèrent à la roue, et il est certain que les petits chefs des gardes du roi et du duc d'Anjou comme de la milice bourgeoise s'en donnèrent à cœur joie, d'autant qu'eux savaient précisément qui était et où se trouvait l'ennemi à exterminer, et aussi les pillages et le butin à faire, car les opérations revêtaient également un caractère crapuleux.

Ainsi, épuration religieuse et élimination civile et politique allèrent de pair, à la surprise, peut-être surjouée, du pouvoir royal qui trouva là un moyen de s'affirmer, et à la consternation indignée, et bien légitime, des protestants qui cherchèrent aussitôt des explications, à l'extérieur dans les personnes de la reine mère, du duc d'Anjou et de leurs affidés en liaison avec la cour d'Espagne, estimant même que les noces princières étaient un traquenard conçu de longue main pour les rassembler et les livrer sans défense aux poignards de leurs ennemis, et à l'intérieur d'eux-mêmes, pour comprendre pourquoi Dieu leur envoyait une telle épreuve : énormité de leurs péchés ou signe de l'élection qui fait les martyrs ?

Que conclure ?

Comme pour tout épisode d'une telle richesse historique, les ressorts de la Saint-Barthélemy ne se prêtent pas à une qualification et une interprétation uniques : « crime d'amour » ayant mal tourné, conjuration politique préméditée, émotion collective sous l'emprise de l'alcool fort de la religion, étape tragique vers l'absolutisme royal, enjeux internationaux impliquant l'Espagne, l'Angleterre et les Pays-Bas, intervention de la Providence, beaucoup d'éléments s'entremêlent. L'un d'entre eux paraît décisif : le contexte parisien, acquis au catholicisme le plus militant, et surchauffé à la fois par les prêtres, par la faction des Guises qui était plus populaire que partout ailleurs, et par la présence inopinée d'un groupe considérable de protestants en armes, alimentant tous les fantasmes. Organiser les noces d'Henri et de Marguerite à Paris n'était pas une bonne idée s'il s'agissait de renforcer la concorde et la paix. Nous aurions conseillé plutôt Blois, où la Cour se trouvait l'année précédente, Fontainebleau ou même Saint-Germain-en-Laye.

Bibliographie sélective

Bourgeon, Jean-Louis, *Charles IX devant la Saint-Barthélemy*, Droz, 1995.
Christin, Olivier, *La Paix de religion. L'autonomisation de la raison politique au XVIe siècle*, Seuil, 1997.
Constant, Jean-Marie, *Les Guise*, Hachette, 1984.
Crété, Liliane, *Coligny*, Fayard, 1985.
Crouzet, Denis, *La Nuit de la Saint-Barthélemy. Un rêve perdu de la Renaissance*, Fayard, 1994.
Garrisson, Janine, *La Saint-Barthélemy*, Complexe, 1987.
Jouanna, Arlette, *La Saint-Barthélemy. Les mystères d'un crime d'État*, Gallimard, 2007.
Solnon, Jean-François, *Catherine de Médicis*, Perrin, 2003.

11

Sébastien de Portugal, mort ou vivant ?

par Yves-Marie Bercé

Le retour merveilleux d'un prince disparu, la renaissance d'une cause perdue, la survie d'un héros revenant d'une mort apparente, toutes ces légendes étaient des réponses aux grands malheurs d'une nation, d'un peuple ou d'un royaume. D'illustres personnages semblent échapper au tombeau et viennent revendiquer une couronne en perdition, venger une défaite, sauvegarder un pays. Leur apparition fabuleuse est attendue par les vaincus et les victimes. En bravant l'invraisemblance de leur survie, ils suscitent l'indignation des vainqueurs et des incrédules. Les exemples historiques ne manquent pas de dénonciations de tels imposteurs : faux Darius, faux Alexandre, Frédéric Barberousse veillant dans une grotte au salut de l'empire, prétendu Baudouin de Constantinople, fausses Jeanne d'Arc, nouvel Édouard VI, etc. La légende de l'éternel retour du grand roi évanoui dépasse parfois l'espace d'une vie, d'une seule génération, pour prendre figure de caractère intemporel. La mélancolie du souverain martyr, l'attente du réveil du jeune prince immolé se confondent dans l'imaginaire d'une nation avec la longue résignation aux épreuves. Le retour du héros au-delà de la mort ressemble au sacrifice et à la résurrection du Christ. Toutefois, cette espérance n'est pas propre à la foi chrétienne, puisqu'en dehors de cette cosmogonie viennent à se lever des prophètes politiques et hommes providentiels, des rois des derniers jours, un imam caché, un messie ultime. Les croyances de leurs fidèles sont invincibles, irrépressibles, chevillées dans l'âme humaine. Telle fut l'aventure posthume du roi Sébastien de Portugal.

La disparition du roi au combat

Les marins et marchands de ce royaume s'étaient très tôt lancés sur les océans. Ils construisaient le premier empire européen implanté dans tous les continents, depuis les côtes africaines et brésiliennes jusqu'aux îles du Japon. Tout près de la métropole, ils achetaient des blés et des sucres dans les ports du Maroc. Ils étaient de ce fait amenés à s'impliquer dans les conflits internes de l'Empire chérifien et à participer à ses querelles dynastiques. Ce fut ainsi qu'en 1578 le roi Sébastien, âgé de 24 ans, entreprit de soutenir par les armes un des prétendants au trône disputé du Maroc. Son armée de près de 20 000 hommes, dit-on, débarqua aux ports de Tanger et d'Arzila (Assilah, Azayla), place fortifiée tenue par les Portugais depuis 1471. Au lieu-dit Ksar el-Kébir, sur la route du port de Larache, le 4 août 1578, Sébastien et son allié marocain affrontèrent le prétendant. La troupe portugaise, inférieure en nombre aux flots de cavaliers et d'archers indigènes, laissa des milliers de morts et de prisonniers qui seraient mis à rançon. La bataille fut dite des « Trois Rois », car y avaient péri les deux prétendants marocains et le roi Sébastien. Dans la mêlée il fut sans doute méconnu, tué obscurément et enseveli sous des cadavres d'hommes et de chevaux. Un troisième prince marocain, survivant et victorieux, l'émir Abd al-Malik al-Nasir, dit plus tard al-Mansour (le Victorieux), fit rechercher sa dépouille. Un cadavre défiguré et déjà corrompu sembla correspondre aux traits du roi, des cheveux roux, une armure de prix, une place au cœur des combats. Le nouveau sultan fit recueillir le corps dans un cercueil de bois précieux avec les marques d'honneur dignes de son rang. De leur côté, les barons portugais qui avaient pu fuir et trouver refuge dans les forteresses côtières avaient envoyé à Lisbonne la nouvelle de la catastrophe et de la disparition du roi dans la tourmente.

L'hypothèse affreuse de la mort du roi et de la vacance du trône ne fut pas envisagée dans l'instant. Toutefois, le conseil en charge du gouvernement pendant l'absence royale dut se résoudre à organiser la transmission du pouvoir. Sébastien n'ayant ni femme ni enfants, la couronne revenait à un oncle paternel. C'était un prélat sexagénaire, le cardinal Henri de Portugal. Il se résigna à se laisser couronner le 28 août 1578.

Du fait de son grand âge et de sa dignité ecclésiastique, la vacance reviendrait bientôt. De fait, le cardinal-roi mourut en janvier 1580. Le plus proche héritier se trouvait alors être Philippe II, roi d'Espagne, fils d'Isabelle de Portugal. Son droit à l'union personnelle des deux couronnes était incontestable, mais il signifiait la perte de souveraineté du vieux royaume atlantique ; son territoire et son empire ultramarin seraient soumis à son voisin, adversaire pluriséculaire et redoutable rival sur les mers. Un petit-fils illégitime du roi Manuel, Dom Antoine, commandeur de Malte, fit alors valoir sa filiation. Il trouva immédiatement des partisans nombreux et enthousiastes ; il reçut le soutien d'émissaires et de subsides du roi de France. Il réussit à régner à Lisbonne pendant les trois mois de l'été 1580, mais ses maigres troupes ne purent résister à l'armée du roi Philippe. Celui-ci, fort de sa légitimité et de ses moyens militaires, vint s'établir à Lisbonne. Devant l'assemblée des Cortes, ou États généraux, en avril 1581, il jura de respecter les coutumes du royaume et fut reconnu sous le titre de Philippe Ier de Portugal.

Philippe veilla à ce que le cercueil supposé de Sébastien fût transporté de Ceuta à Lisbonne en décembre 1582 et inhumé solennellement dans l'église des Hiéronymites de Belèm, lieu de sépulcre des anciens rois. En vérité, les cérémonies du voyage funèbre et des funérailles avaient été considérées par nombre de Lisboètes comme des mascarades qui ne servaient que la gloire du sultan marocain et la légitimité du roi espagnol. La dépouille relevée sur le champ de bataille était, disait-on, celle d'un mercenaire suisse à la peau blanche et aux cheveux roux à la ressemblance du roi. Ce pauvre soldat montagnard allait désormais reposer pour l'éternité entre les tombeaux des nobles rois de Portugal.

Les rumeurs de survie et l'apparition de prétendants

Au long de ces années tragiques, l'opinion portugaise n'accorda aucune confiance à la version de la mort de Sébastien au combat et resta assurée de la proximité de son retour. Une anecdote particulière confortait la croyance. Dans la nuit même de la bataille, sous les murs de la citadelle d'Arzila, un groupe de cavaliers avait demandé l'entrée. Les sentinelles n'auraient consenti à ouvrir les portes à ces rescapés que sur leur affirmation que le roi blessé se trouvait parmi eux. Ce personnage mystérieux, dissimulé sous un manteau, réfugié dans Arzila, fut dans la suite cité comme « l'encapuchonné d'Arzila ». Peut-être les cavaliers en fuite avaient-ils menti pour obtenir l'ouverture des portes. En tout cas, ce récit fut un argument majeur du survivantisme. Une autre rumeur évoquait des médecins appelés secrètement pendant l'hiver 1579 pour soigner un énigmatique chevalier blessé caché dans la montagne. Aux Açores, un maréchal-ferrant, faisant le prophète, avait annoncé le retour de Sébastien pour mars 1580 ; les habitants de ces îles soutinrent effectivement la cause du roi Antoine jusqu'à l'été 1582. Ces aventures étaient racontées partout par les marchands portugais présents dans les ports et par les partisans du roi Antoine réfugiés à Paris ou à Amsterdam. Elles étaient commentées dans les chancelleries, à Rome, où le pape se désolait des querelles entre princes catholiques, et à Paris, où le roi de France, opposé aux desseins espagnols, faisait valoir, sans trop y croire, des droits remontant au XIIe siècle.

L'apparition de prétendants à l'identité du roi évanoui intervint à l'approche du septième anniversaire de la bataille. Ce délai correspondait à la durée d'une pénitence de sept ans que le roi malheureux se serait imposée. Ces prétendants excipaient d'une supposée ressemblance, s'appuyaient sur des souvenirs de témoins, compagnons du souverain, courtisans, prêtres, serviteurs. Accablé par la défaite de son armée, Sébastien aurait choisi l'obscurité, l'éloignement et la solitude d'un ermitage de montagne ou de désert. Enfin l'état de déshérence du royaume et l'excès d'épreuves de son peuple le décidaient maintenant à sortir de l'ombre et à venir réclamer sa couronne.

Le premier prétendant en juin 1584 fut un orphelin, fils d'un potier de village. Il avait été recueilli dans un couvent carmélite. Le peu d'instruction qu'il y avait reçue le fit se fantasmer en roi Sébastien revenu d'errances solitaires en Afrique. Les juges s'étonnèrent de sa franchise et de sa naïveté ; ils se limitèrent à l'exposer au pilori et à l'envoyer aux galères.

L'année suivante parut un autre orphelin, fils d'un maçon venu des Açores. Lui aussi avait un peu de culture, ayant été novice franciscain. Il fut remarqué pour sa réelle ressemblance avec Sébastien. En quelques semaines il réunit dans la petite ville d'Ericeira, port de pêche non loin de l'embouchure du Tage, des subsides et près d'un millier d'hommes en armes, assez pour alarmer les juges de la capitale. Il annonçait son projet d'entrer dans Lisbonne le jour de la Saint-Jean (24 juin). Il fallut en toute hâte monter une expédition militaire de 400 hommes pour disperser sa troupe le 11 juin et s'emparer de lui. Le procès fut rapide. Il eut la main coupée et fut pendu le 16 juin, ainsi qu'une vingtaine de ses partisans. Pour l'exemple, son corps fut mis en quartiers exposés dans les lieux de son entreprise.

À l'été 1595, la rumeur de survie ressurgit dans un couvent espagnol, à Madrigal de las Altas Torres, près de Valladolid. Dans cette maison résidait une princesse rêveuse, Anne d'Autriche, nièce de Philippe II, fille illégitime du vainqueur de Lépante. Son confesseur, un religieux portugais augustin, prédicateur renommé, l'avait persuadée de la survie de Sébastien. Elle imaginait de l'épouser et d'aller avec lui conquérir la Terre sainte. En attendant son retour, il serait proclamé à Lisbonne et représenté par un sosie. Pour roi par procuration, le complot avait choisi un serviteur du couvent, intelligent et charmant, pâtissier de son métier, nommé Gabriel de Espinosa. L'intrigue révélée par maladresse se termina mal. Le beau prétendant de Madrigal et le fameux prédicateur finirent à la potence le 1er août 1595. Le corps du prétendant fut démembré et sa tête exposée dans une cage. La princesse triste fut enfermée dans un couvent d'Avila. Elle retrouva sa liberté et ses dignités en 1598, après la mort de Philippe II.

L'histoire du Sébastien de Venise

Un seul supposé Sébastien connut une réputation européenne assez durable pour vraiment inquiéter les autorités de Lisbonne et de Madrid. On entendit d'abord parler de lui en octobre 1598, vingt ans après la bataille. C'était à Venise, *emporium* de la Méditerranée, carrefour de négoces et de nouvelles, où parmi d'autres marchands se trouvait une communauté portugaise notable. Il était abrité dans l'île de Murano, dans la résidence d'un prélat dominicain, archevêque de Spalato (Split), dans la Dalmatie vénitienne. Il se faisait appeler *« o cavaleiro da Cruz »*, se présentant comme un gentilhomme obligé par des malheurs à de grands voyages en Éthiopie, en Perse, à Londres et à Paris. Il avait effectivement voyagé et parlait avec éloquence. À des familiers, il confiait qu'il était bel et bien le roi disparu, *« o verdadeiro rey Dom Sebastiao »*. Ses revendications firent tant de bruit que l'ambassadeur du roi d'Espagne s'en plaignit. Les autorités vénitiennes jugèrent prudent de le faire arrêter le 24 novembre 1598. Vingt-cinq mois durant, le prétendant fut maintenu prisonnier sous les plombs et soumis à près de trente interrogatoires. Il faut dire que la république de Venise n'avait jamais entretenu de bons rapports avec l'Espagne. Les magistrats de la Sérénissime prêtaient donc une oreille favorable aux plaidoyers de dignitaires portugais en exil venus défendre le cas du prétendant. En même temps, les gouvernants vénitiens s'interdisaient de défier la puissance espagnole. Se bornant à une attitude de prudence, le tribunal compétent, celui des Sages de Terre ferme, ne se prononça donc pas sur la vérité du cas, ni ne chercha non plus à soutenir une cause nuisible aux Espagnols. Il ordonna simplement l'expulsion du trublion hors du territoire vénitien. Sans autre forme de procès, le prétendant fut libéré au soir du 15 décembre 1600. Il fut accueilli aussitôt par des notables sébastianistes qui l'attendaient, réunis dans une auberge de Padoue. Ils avaient l'intention de le faire passer à Marseille, où il serait sous la protection du roi de France. La rencontre fut, dit-on, solennelle et émouvante. La conviction des exilés portugais fut renforcée par la sincérité du personnage. Sans doute résultait-elle plus de son éloquence que de l'évidence des preuves. En effet, le prétendant avait les cheveux plus noirs que roux et la peau sombre. C'était, disait-il, l'influence de son long séjour sous le soleil d'Afrique. Il ne parlait pas bien le portugais, maladresse qui, à l'entendre, résultait de sa solitude, éloigné de ses compatriotes, privé de l'usage de sa langue maternelle.

Ses partisans crurent possible de lui faire traverser la Toscane pour gagner un port français. Ils anticipèrent joyeusement ce succès et la fausse nouvelle de son arrivée put ainsi circuler pendant des mois. Il est vrai que le grand-duc Ferdinand de Médicis n'était pas, lui non plus, un allié de l'Espagne. Il était oncle de la nouvelle reine de France et attaché à cette illustre alliance ; il ne manquait donc pas de raisons de soutenir le prétendant. Le roi Henri IV et le pape Clément VIII acceptaient la revendication de ce dernier ; ils tentèrent vraiment de l'appuyer auprès du grand-duc de Toscane. Par précaution, celui-ci avait fait arrêter le prétendant le 28 décembre, dès son arrivée à Florence, et le faisait garder dans la prison du Bargello. Ferdinand hésita pendant plus de trois mois. Hélas, la force des garnisons espagnoles dans les présides de la côte toscane le ramena à une humble neutralité. En conséquence, le Sébastien de Venise fut, le 28 avril 1601, livré à ses ennemis dans le préside espagnol d'Orbetello et aussitôt transféré à Naples.

Les circonstances du passage du prétendant à Naples furent en leur temps l'objet de relations opposées : les procès-verbaux accablants des autorités espagnoles contrastaient avec les récits héroïques et lamentables des partisans sébastianistes. Dans la version espagnole, il fut par dérision promené à travers les rues en habits d'arlequin monté sur un âne. Le comte de Lemos, vice-roi de Naples, l'interrogea soigneusement et rapporta à Madrid que tout simplement le malheureux n'avait pas son entendement. En même temps, il faisait enquêter et obtenait des témoins et parents établissant que l'imposteur était un marchand calabrais, nommé

Marco Tullio Catizone, originaire des environs de Catanzaro. Il semble bien que telle était la triste vérité.

Dans le récit apologétique, au contraire, le prisonnier ne perd pas sa fierté. Lorsqu'il est mené devant le vice-roi, il l'interpelle et le fait ressouvenir d'épisodes que seul le roi Sébastien aurait pu connaître. Le comte, troublé, abasourdi, semble admettre dans son for intérieur la véracité de ses dires. La raison d'État l'oblige à le maintenir dans les fers, mais il veille à ce qu'il soit traité avec un honneur tout à fait insolite pour un vulgaire escroc. Il se trouve que le comte mourut effectivement peu après. Il se serait alors repenti de son injustice.

L'homme avait été à la fin de mai 1601 mis dans une galère à destination de Cadix. Les récits sébastianistes confirment encore la dignité du captif dans ce voyage. Bien qu'attaché à un banc, il n'était pas soumis à la rame, il portait un costume et un chapeau convenables, son noble maintien inspirait le respect aux gardes-chiourmes et aux galériens. En Espagne, pendant plus d'un an, il resta enchaîné dans une galère ancrée dans le port de Sanlùcar de Barrameda, où l'on venait le voir par curiosité, compassion ou solidarité. Hélas encore, en janvier 1603, le bruit de complots de dominicains portugais pour le faire évader conduisit les autorités de Madrid à reprendre son procès. Le 22 avril, sous la torture, il avoua son imposture. Le 23 septembre, sur la place publique de Sanlùcar, le bourreau lui coupa le poing et le pendit. Son dernier procès et son supplice ne furent guère connus. L'éclat de sa revendication avait commencé à l'automne 1598 ; ses chances de succès avaient alors été réelles ; elles avaient impressionné l'opinion européenne de décembre 1600 à mai 1601.

Contexte du sébastianisme

Somme toute, les prétendants avaient été deux orphelins fantasmant leur origine, puis deux aventuriers plus ou moins engagés dans une conviction délirante. Chaque fois, leurs tuteurs avaient été des religieux porteurs d'une espérance politique, surtout des dominicains, dont l'ordre s'était résolument engagé dans la défense de la Couronne portugaise.

Les carrières de ces prétendants recélaient des traits christiques, évidents pour les contemporains. C'était le sacrifice du roi martyr s'il était tombé au combat, et s'il avait survécu son temps de pénitence au désert. Dans le cas du Sébastien de Venise, la visite de ses partisans le 15 décembre 1600 mettant le doigt sur ses cicatrices évoquait la reconnaissance du Christ ressuscité. Sa promenade patibulaire ensuite dans les rues de Naples fut expressément comparée à l'entrée de Jésus à Jérusalem et surtout à son humilité subissant les outrages sur le chemin de la croix.

La fermeté du prétendant dans les épreuves et dans les prisons avait étonné ; de même, le nombre de ses partisans, résolus contre toute évidence, n'était pas moins surprenant. La postérité s'est passionnée pour l'étrangeté de tels comportements. Le genre littéraire de la petite histoire qui collecte les curiosités du passé offre nombre de récits d'impostures célèbres. Sa version conventionnelle oppose la naïveté de braves gens et les beaux discours d'aventuriers abusant d'un désarroi politique. Cette image de l'imposteur rusé et menteur reste insuffisante. En fait, dans une telle conjoncture psychologique, la psychopathie particulière d'un individu s'accorde avec l'espérance du plus grand nombre. Le prétendant est un délirant ; persuadé de son identité, il assume son rôle jusque dans les moments les plus tragiques, il défie les invraisemblances, subit les humiliations, supporte les tortures, brave la mort. Il est ce qu'il prétend être, absurdement, désespérément. Il attire des soi-disant témoins qui le reconnaissent, confirment ses dires, soutiennent son entreprise.

L'afflux de partisans qui rallient sa cause traduit un autre trait de psychologie collective, la contagiosité des convictions, l'aptitude d'une communauté politique à partager ses leurres les plus déraisonnables. Ainsi entendue, l'histoire des imposteurs ne peut se réduire à des contes de tromperies fameuses. Elle doit prendre rang dans une anthropologie politique qui recense les avatars des États, les types de crises et d'impasses du droit public.

La formation du sébastianisme, à la fin du XVIe siècle, en cette époque plutôt qu'à une autre, supposait certaines conditions :

l'état particulier des institutions et aussi les modes de perception des personnes en ce temps. Au plan des institutions, il s'agit de la version monarchique de la souveraineté où le destin du peuple se confond avec celui de son roi et se trouve lié à son identité.

Au plan de la reconnaissance des individus, qu'ils fussent notables ou misérables, on ne pouvait aux temps modernes se fier qu'aux familiarités de l'habitat et du voisinage. Les traits précis d'un visage et d'un corps étaient improbables. Aucune image ou de rares portraits, aucun document ou de vagues signalements ne garantissaient l'identification d'un individu et l'information sur son sort. Les voyages étaient longs, les nouvelles clairsemées. La longue absence d'un voyageur, d'un marchand ou d'un pèlerin, d'un soldat ou d'un marin laissait ses proches dans l'incertitude. Ainsi les juges ecclésiastiques des officialités étaient-ils confrontés à des cas douloureux de femmes esseulées, privées de nouvelles de leur mari parti sur les routes ou sur la mer depuis longtemps. Ne pouvant prouver leur veuvage, disposer de leurs biens, envisager un remariage, il leur fallait chercher des témoignages d'anciens amis, compagnons susceptibles de faire le récit de la mort du disparu.

Célèbres exemples de survivantisme

Les lettrés des années 1600 savaient évoquer, ailleurs qu'au Portugal, d'autres exemples d'identités incertaines. Elles pouvaient embarrasser de banales querelles d'héritages ou même parfois s'élever jusqu'à la contestation de la dévolution d'une couronne. Dans la suite des temps, deux épisodes de cette sorte sont devenus très célèbres.

En Russie, pendant les mêmes décennies autour de 1600, dans l'incertitude de la succession d'Ivan IV et la menace d'incursions polonaises à l'ouest, avait surgi la prétention d'un fils d'Ivan le Terrible, le tsarévitch Dimitri, qu'on croyait mort accidentellement et qui disait revenir d'un long exil. Des vraisemblances d'âge, physionomie, caractère, gestuelle, jouaient en sa faveur, renforcées par son intelligence et son charme. En effet, il put être acclamé, couronné et régner presque un an de juin 1605 à mai 1606, avant d'être assassiné, victime d'une conjuration de grands boyards. Le pape Clément VIII, qui en espérait un rapprochement de l'Église orthodoxe, avait été tenté de reconnaître sa légitimité, tant l'aventure aurait été désirable. « Ce sera un autre Sébastien », avoua-t-il avec une clairvoyance désabusée. L'histoire politique de la Russie fut jalonnée d'autres exemples de prétendus tsars (*samosnavets*) se donnant pour échappés à la mort, le plus célèbre étant Pierre III, époux malheureux de Catherine, revenant sous l'apparence du Cosaque Pougatchev.

En France, deux siècles après Sébastien, le triste sort de Louis XVII, enfant martyr, inconscient de sa royauté, suscita un autre épisode de survivantisme. La rupture révolutionnaire avait fait naître l'espérance du retour d'un prince miraculé. Le tragique prestige de la disparition de l'enfant royal emprisonné au Temple vint frapper l'imagination d'enfants isolés, trouvés, abandonnés ou orphelins, adolescents obsédés par leur malheur. Les similitudes d'âge et de déréliction leur offraient un modèle d'identification. L'analyse des carrières des principaux « faux Louis XVII » montre effectivement leur profonde et intime conviction, bien loin de la ruse mystifiante qu'on leur attribue communément. Elle révèle plutôt leur trouble de personnalité. Leur sombre acharnement dans la revendication assure l'authenticité de leur délire.

La légende sébastianiste ne s'était pas arrêtée avec la mise à mort du dernier prétendant. La révolte du Portugal en 1640, l'avènement du roi Jean IV de Bragance, restaurant une dynastie nationale, semblèrent réaliser le retour du roi perdu. Des prédicateurs jésuites y virent un écho, un nouveau relais de l'espérance sébastianiste, inlassable, impérissable, prenant désormais figure de millénarisme. Le père Antonio Vieira, visiteur de la province jésuite du Brésil, fut le plus fameux interprète de l'attente du roi sauveur. Ce monarque à venir annoncerait un jour l'avènement du Cinquième Empire et la conversion des païens. Le thème de l'éternel retour n'aurait jamais de fin.

La dépouille supposée de Sébastien avait été pieusement recueillie par Philippe, roi d'Espagne et roi de Portugal. Il l'avait fait ensevelir dans la basilique de Belèm, nécropole des rois de Portugal. La tombe édifiée en 1582 portait une inscription latine, lourde d'ambiguïté. L'identité du corps qui reposait là, celle du roi évanoui en Afrique, était présentée au conditionnel, *« si vera fama est »*. Une seconde version de l'épitaphe fut composée en 1682 ; elle poursuivait l'équivoque en confondant volontairement la survie légendaire du roi et sa vie éternelle. Les décennies passaient, la légende demeurait, comme si les prélats rédacteurs de ces textes voulaient eux aussi donner des ailes au mythe d'une survivance hors du temps ordinaire. Bien au-delà de la possibilité de survie à la bataille, elle ancrait l'attente du roi perdu dans une nostalgie politique intemporelle, propre au Portugal et même étendue plus tard à l'empire du Brésil, dont les annales sont ponctuées de révoltes populaires malheureuses.

Bibliographie sélective

Bercé, Yves-Marie, *Le Roi caché. Sauveurs et imposteurs. Mythes politiques populaires dans l'Europe moderne*, Fayard, 1990.

Berthier, Pierre, *La Bataille de l'oued el-Makhazen, dite bataille des Trois Rois (4 août 1578),* CNRS éditions, 1985.

12

Shakespeare et ses doubles

par Dominique Goy-Blanquet

Shakespeare a-t-il vraiment écrit l'œuvre qui porte son nom ? Les sceptiques se rejoignent tous sur un point : une conviction intime leur dit que le petit provincial inculte, fils de gantier ignorant du monde et des usages de la Cour, n'a pas pu écrire cette œuvre magistrale. Mais tous diffèrent quant à son véritable auteur. Si leurs candidats sont légion, les arguments qu'avancent ces « anti-stratfordiens » ne varient guère. Faute de documents probants, ils font parler en faveur de leurs hypothèses le silence des sources : aucun manuscrit ne subsiste des œuvres de Shakespeare, il n'a pas fait d'études supérieures, ni voyagé à l'étranger. Les seuls documents biographiques existants ne font pas allusion à sa carrière littéraire, ne traitent que de questions matérielles, la plupart sordides et mercantiles. Il a disparu des radars pendant plusieurs années, entre son départ de Stratford-upon-Avon, sa ville natale, et les premiers échos de sa présence à Londres. Son testament ne mentionne pas de livres.

« Je » est-il un autre ?

S'il est une énigme entourant l'identité de l'auteur, c'est qu'elle soit apparue si tard, et qu'elle ait la vie aussi dure. Personne du temps de Shakespeare n'a émis le moindre doute sur la paternité de son œuvre. Rappelons ici quelques-uns des témoignages mémorables le concernant. Le premier qui signale sa présence à Londres, et le plus aigre, *Greene's Groatsworth of Wit* (1592), dénonce l'intrusion parmi les poètes d'un corbeau parvenu, un *« Johannes fac totum »* qui se croit capable de tourner un vers blanc aussi bien qu'eux et pense être le seul « Shake-scene » du pays. Une anecdote coquine rapportée par un membre des Inns of Court, les écoles de droit londoniennes, le montre en rivalité amoureuse avec le principal acteur de sa troupe, Richard Burbage, déclarant que *« William the Conqueror came before Richard III »* (« Guillaume le Conquérant a précédé Richard III »). Les Inns, qui ont produit les premières œuvres du théâtre élisabéthain, accueilleront bientôt celles de Shakespeare dans leurs salles de banquet. Francis Meres, dans *Palladis Tamia* (*Le Manteau de Pallas*, 1598) cite Shakespeare comme le meilleur auteur anglais de comédies et de tragédies. L'érudit Gabriel Harvey (1552-1631) note en marge d'un livre que « la jeunesse se délecte du *Venus et Adonis* de Shakespeare, mais [que] sa *Lucrèce*, et sa tragédie de *Hamlet, prince de Danemark*, ont tout ce qu'il faut pour plaire aux plus sagaces ». Les étudiants de Cambridge apprécient également ses poèmes et placent *« sweet Mr Shakespeare »* au-dessus de Chaucer ou Spenser dans une satire de la vie universitaire. Dans ses *Remaines Concerning Britain* (1605), l'historien William Camden le nomme parmi les principaux auteurs contemporains.

Quelques pièces ont paru du vivant de Shakespeare en format in-quarto, dont certaines seulement portent son nom. En 1623, sept ans après sa mort, deux anciens camarades de théâtre, Heminges et Condell, rassemblent ses œuvres dans un volume in-folio pour les mettre à l'abri « des copies volées et subreptices », en y joignant des poèmes d'hommage par des auteurs réputés. Tous ces témoignages ainsi que les précédents sont éliminés comme non probants par les anti-stratfordiens. Diana Price ne propose pas de candidat au titre, mais elle fixe dans *Shakespeare's Unorthodox Biography* (2001) les critères d'un témoignage fiable, autrement dit personnel et relié à une activité ou des intérêts littéraires, *« a personal literary paper trail »*, et affirme n'en avoir trouvé aucun prouvant que l'homme de Stratford était bien l'auteur des pièces qu'on lui prête. Celui de Leonard Digges semble pourtant obéir aux critères requis : beau-fils d'un ami proche et voisin de Shakespeare, il compare du vivant du poète les sonnets de Lope de Vega à ceux de *« our Will Shakespeare »*, et lui dédie deux poèmes, dont l'un inclus dans l'in-folio posthume. Ben Jonson, dans le même in-folio, dédie à la mémoire de *« my beloved, the author, Mr. William Shakespeare »* un poème où il le nomme *« sweet swan of Avon »*, associant clairement le « cygne » auteur de l'œuvre à sa ville natale. À cette preuve pourrait-on croire imparable, les « oxfordiens » objectent que l'allusion désigne en réalité le comte d'Oxford, jadis propriétaire d'un manoir donnant sur l'Avon, sans préciser qu'il l'avait vendu en 1581. Comme le souligne avec humour Thomas Pendleton dans une *Shakespeare Newsletter*, ce cygne-là s'était envolé quarante-deux ans avant le poème de Jonson.

Pourquoi le véritable auteur se serait-il dissimulé derrière un prête-nom ? Pour des raisons politiques variant selon les candidats, ou parce que écrire pour le théâtre était une activité indigne d'un aristocrate, à moins que l'acteur Shakespeare ne lui ait volé ses pièces. Il faut rappeler ici que la littérature était un passe-temps naguère réservé aux membres de la noblesse et à leurs protégés. Les auteurs dramatiques se distinguent en étant les premiers à faire commerce de leur plume, ce qui ne leur vaut guère de considération. Leurs textes sont la propriété de la compagnie théâtrale qui en a passé commande, eux-mêmes s'occupent rarement d'en superviser la publication. Si Shakespeare a fait fortune en écrivant, c'est parce qu'il était actionnaire du Globe. La popularité du théâtre obligeait à un renouvellement rapide du répertoire, les collaborations étaient fréquentes, les piratages aussi. En un temps où il n'existait pas de *copyright*, faire imprimer les textes originaux était la seule façon de les protéger.

Les écrivains et amateurs qui ont connu Shakespeare le disent très apprécié du public, sans faire de lui le génie auquel les siècles suivants voueront un véritable culte. Paradoxalement, c'est cette vénération qui sera à l'origine des doutes concernant son identité. La biographie littéraire telle que nous la comprenons aujourd'hui ne naît qu'à la fin du XVIIIe siècle. Concernant le « divin Shakespeare », le « Barde », comme l'appellent alors ses thuriféraires, elle provoque une chasse aux documents, anecdotes et souvenirs relatifs à sa carrière. On cherche aussi des indices dans les œuvres, à commencer par la seule où l'auteur emploie le « je », les *Sonnets*, qu'il semble signer discrètement en fin de séquence par ses jeux de mots grivois sur *« will »*, à la fois l'abrégé de son prénom et le terme argotique désignant le sexe masculin, mais aussi la volonté, le désir, la luxure. Le poète William Wordsworth (1770-1850) a montré la voie aux détectives en déclarant qu'avec cette clé, Shakespeare nous a ouvert son cœur, *« with this key/ Shakespeare unlocked his heart »*.

Mais ces *Sonnets* sont-ils vraiment autobiographiques ? Rien n'est moins sûr. On connaît les conventions d'usage du pétrarquisme. Les artisans du vers s'appliquent à travailler la forme, et la sincérité affichée du sentiment fait partie de l'exercice, ainsi chez Du Bellay : « J'ai oublié l'art de pétrarquiser/ Je veux d'amour franchement deviser. » Si Dante, Pétrarque semblent s'inspirer d'une aventure personnelle, les sonnets d'un Thomas Wyatt adoptent un ton larmoyant étranger à sa forte nature : l'amoureux éconduit y prend les postures habituelles de la souffrance infligée par la froideur de sa dame. Le comte de Surrey expérimente de nouveaux schémas de rimes et met l'accent sur le distique déclamatoire final qui deviendra la marque du sonnet shakespearien. Sir Philip Sidney dédie la séquence *Astrophel and Stella* non à sa muse, mais à son épouse. Spenser, au lieu de s'adresser à une étoile hors d'atteinte, célèbre le matin de ses noces dans un *Épithalame*. Comme eux, Shakespeare dialogue avec ses prédécesseurs. Peut-être ouvre-t-il son cœur, à moins qu'il n'essaie une variation inédite en substituant à la belle lointaine un jeune homme blond trop éloigné de lui par la naissance et une femme brune trop généreuse de ses charmes. Ses comédies ne se privent pas de moquer les amoureux rimailleurs et leurs mauvais vers. Le traducteur François-Victor Hugo a résumé avec esprit les contraintes imposées au sonnettiste, qui doit sans relâche courir après son mètre et sa maîtresse, « avec cette condition de toujours manquer la belle et de ne jamais manquer la rime ».

L'ère du soupçon

Le poème de Wordsworth est le prélude à une véritable enquête de personnalité. Dans l'esprit des enquêteurs, Shakespeare ne pouvait connaître que ce qu'il avait vécu ou expérimenté. Ils sont généralement déçus par leurs rares trouvailles, quelques documents administratifs ou procéduriers qui s'accordent mal avec leur image du plus grand poète de l'humanité. Là où les justificatifs manquent, certains n'hésitent pas à en fabriquer, souligne James Shapiro. Malgré une quête acharnée, à la fin du XVIIIe siècle, les érudits et collectionneurs n'ont encore trouvé aucun document holographe reliant Shakespeare à l'œuvre dramatique, lorsqu'en décembre 1794, William Henry Ireland, clerc de notaire, déniche une pleine malle de documents et de livres dans la demeure d'un gentilhomme campagnard. Le lien rêvé est enfin établi par une lettre où la reine Elizabeth remercie Shakespeare de ses « jolis vers » et l'attend à Hampton Court avec ses meilleurs acteurs pour la divertir. Quelques mois plus tard, Ireland découvre un manuscrit de *King Lear*. L'enthousiasme à Londres confine au délire.

Mais apparaissent en même temps les premiers experts, dont Edmund Malone, qui rend trois mois plus tard un verdict sans appel : l'orthographe, la langue, le vocabulaire des documents sont truffés d'anachronismes. Ireland confesse qu'il les a forgés en les parant de sceaux volés à son étude. Tout est faux, y compris le portrait d'un jeune Jacobéen qu'il a maquillé pour le faire ressembler à l'effigie ornant le tombeau du poète dans l'église de Stratford, et le catalogue d'un millier de volumes collectés chez les bouquinistes, enrichis d'annotations signées Shakespeare, pour lui constituer une bibliothèque. Mais le pli est pris, conclut Shapiro, le portrait recomposé du « bon mari, sujet loyal, protestant dévot et homme de lettres complet » établit un précédent pour les candidatures à venir, qui se révéleront « tout aussi enracinées dans le fantasme, la projection et l'anachronisme ». Quant à Malone, il introduit d'autres dérives en cherchant dans les pièces des correspondances topiques, centrées pour la plupart sur la cour d'Elizabeth.

Il y détecte aussi les sentiments personnels de l'auteur, telle la jalousie du mari trompé au sonnet 93, reprise dans *Othello*, qui vaudra à la veuve du poète de ne figurer dans son testament que par le don d'un lit de piètre qualité, *« my second-best bed »*. Dérive plus périlleuse encore, les pièces démontrent sa connaissance du droit, de la fauconnerie, de la navigation, des mœurs de la Cour… Ce profilage forcé va bientôt produire l'effet inverse.

Schlegel, puis Wordsworth invitent à lire dans les *Sonnets* les confessions de Shakespeare. Coleridge entend le poète parler par la voix de Prospero. Outre-Atlantique, le philosophe Emerson prend le relais et soutient les recherches d'une enseignante autodidacte, Delia Bacon. Impossible selon elle qu'un « acteur de troisième ordre, stupide et ignorant » soit l'auteur des pièces qu'on lui attribue : elles sont l'œuvre d'un collectif clandestin dirigé par sir Francis Bacon, conseiller juridique de la reine et futur chancelier de Jacques Ier, qui entreprend là un combat républicain contre le despotisme royal. Comme Hawthorne et Whitman, Emerson admire sa lecture politique des œuvres, sans tout à fait partager ses convictions. Un autre ami de Delia, Samuel Morse, lui inspire un vif engouement pour les codes secrets, les indices dissimulés dans les textes. Certaine que les lettres de Francis Bacon contiennent des instructions chiffrées, elle se rend en Angleterre dans l'espoir d'y dénicher les manuscrits disparus, se fait enfermer la nuit dans l'église de Stratford où est enterré Shakespeare, mais renonce pour finir à ouvrir sa tombe. En 1857, elle publie à Londres *The Philosophy of the Plays of Shakespeare Unfolded* (« La philosophie des pièces de Shakespeare dévoilée »), avant de sombrer dans la folie. Son ouvrage suscite des réactions divergentes. Si les pièces sont écrites à plusieurs, elles ne sauraient permettre une lecture autobiographique. Les dévots du divin Shakespeare, eux, refusent de croire qu'il ait pu s'associer à des auteurs médiocres. Les scissions commencent en même temps que l'ère du décryptage.

Après avoir longtemps chevauché en tête, Bacon est supplanté par Edward de Vere, comte d'Oxford, malgré un handicap sérieux : la mort du comte en 1604, alors qu'il restait encore la moitié des pièces à écrire. La parution d'un ouvrage de Charlton Ogburn a redonné tant de vigueur à la thèse oxfordienne qu'en 1987, trois juges de la Cour suprême des États-Unis président des débats conclus par un vote où « l'homme de Stratford » l'emporte de justesse sur le comte. À Londres, où la thèse d'Ogburn est officiellement soumise à un tribunal, le jugement prononcé entre les parties adverses tranche en faveur de Shakespeare. Pourtant, dernièrement, le film *Anonymous : Was Shakespeare a Fraud ?* (2011) soutenait avec fracas la candidature d'Oxford. Le film est présenté en ligne comme une enquête sur l'authenticité des œuvres et le climat politique de l'époque. À l'occasion de sa sortie aux États-Unis, Sony Pictures distribue des plans de cours aux professeurs de littérature et d'histoire visant à les « informer de la controverse », afin d'« encourager les étudiants à penser par eux-mêmes ». En toute objectivité, bien sûr : le natif de Stratford, un médiocre batteur de planches, s'empare de l'œuvre du comte – un fils caché d'Elizabeth –, lequel écrit pour un public d'amis car il veut délivrer la Cour des ministres de la reine. Ceux-ci, les infâmes Cecil, sont haïs par le peuple, qui reconnaît sous la bosse de Richard III le méchant bossu Robert Cecil, et se rue à l'assaut du palais après le spectacle. Ici le cinéaste déploie ses dons d'invention : la pièce donnée en prélude à la rébellion du comte d'Essex en 1601 n'était pas *Richard III* mais *Richard II*, et bien que jouée à la demande des conjurés, elle n'a pas été écrite pour l'occasion ; les Londoniens ne se sont pas soulevés ; comme ils étaient restés sagement chez eux, les Cecil n'ont pas fait tirer sur la foule à coups de canon. Et ils n'ont pas non plus incendié le Globe, qui a brûlé dix ans plus tard, lors d'un tir d'artifice pendant une représentation d'*Henry VIII*.

Les autres thèses anti-stratfordiennes ne sont pas moins farfelues : Bacon, lui aussi fils clandestin de la reine Elizabeth, entendait démontrer par ses pièces ses droits à la couronne. Mais sans se faire connaître ! Sir Henry Neville, emprisonné à la Tour après son soutien à la rébellion d'Essex, y aurait écrit *Hamlet* pour se justifier. Marlowe a pu survivre à la rixe qui l'avait laissé pour mort. Le patronyme Shakespeare pourrait venir d'un surnom donné à la Cour au comte d'Oxford, *Spear-shaker*, à moins qu'il ne soit la traduction anglaise d'un patronyme italien ou français, Crollalanza,

Branle-lance. Les thèses des sceptiques, tous candidats confondus, dénoncent les « stratfordiens » comme étant farouchement attachés à la défense d'un *establishment* prospère. En fait, il n'existe pas de parti stratfordien constitué, mais des chercheurs aux quatre coins du monde qui estiment jusqu'à preuve du contraire que les documents existants sont aussi fiables et plus fournis que ceux concernant n'importe quel auteur dramatique élisabéthain, des universitaires qui ont dû répondre aux questions d'étudiants ou de proches ébranlés par ce qu'ils entendaient autour d'eux. J'ai encore souvenir de parents inquiets voulant s'assurer que leur fille n'allait pas perdre son temps à étudier un imposteur pendant son année de licence. Avait-il vraiment existé ? J'ai pu leur certifier que oui, son certificat de baptême daté du 26 avril 1564 le confirme. Mais la véritable énigme porte sur la possibilité d'une œuvre qui semble embrasser tout l'esprit humain, rappelle Peter Brook : « Bacon, Marlowe, Oxford, etc. L'absurdité de tout cela ne nous sert à rien. On change le nom, c'est tout. Le mystère reste entier. »

Vrai ou faux ?

Freud, qui a fondé sa thèse de l'Œdipe sur l'homme de Stratford, se convertit à la cause oxfordienne en lisant l'essai d'un certain Thomas Looney, *Shakespeare Identified in Edward De Vere Seventeenth Earl of Oxford* (1920). Les anti-stratfordiens citent volontiers la liste d'écrivains illustres et d'artistes prestigieux dans leurs rangs, Emerson, Hawthorne, préfacier de Delia Bacon, Walt Whitman, Henry James, Mark Twain, sans préciser qu'ils soutiennent chacun des prétendants différents ou se contentent d'exprimer des doutes sur l'identité de l'auteur. Doutes plus surprenants quand ils sont le fait d'acteurs familiers des textes, Orson Welles, John Gielgud, Vanessa Redgrave, qui tenait le rôle d'Elizabeth dans le film *Anonymous*, Mark Rylance, l'ancien directeur du Globe, Derek Jacobi…

Quand la légende paraît plus séduisante que la terne vérité des faits, on préfère généralement imprimer la légende. En 2016, l'agitation suscitée par le quadri-centenaire du poète a réveillé le grand serpent de l'Avon. Ainsi l'a-t-on vu ressurgir un peu partout en France dans les médias, des plus sérieux aux plus frivoles, émissions sur les chaînes Histoire ou Arte, articles dans *Le Monde*, *Le Magazine littéraire*, parés de titres à sensation, « L'énigme shakespearienne », « Shakespeare mis à nu », « Le célèbre "Barde de Stratford" n'est pas celui qu'on croit », « Shakespeare, un pur spectre ». Selon deux ouvrages publiés conjointement, *John Florio alias Shakespeare*, de Lamberto Tassinari, et *Shakespeare, le choix du spectre*, de Daniel Bougnoux, les pièces attribuées au « médiocre » homme de Stratford sont en réalité l'œuvre du linguiste John Florio, bien introduit dans l'aristocratie britannique, et auteur d'un dictionnaire anglo-italien. Il suffirait de secouer ce dictionnaire pour en faire tomber l'essentiel des mots qui composent l'œuvre théâtrale. Constatant un « dénivelé abyssal » entre le bourgeois enrichi de Stratford et l'œuvre qu'on lui attribue abusivement, Bougnoux, grand spécialiste d'Aragon, grand amateur de Shakespeare, juge urgent de le doter « d'une éducation, d'une surface sociale et d'un visage enfin dignes de son œuvre ». Mais si Florio était bien un érudit hors pair, et sa traduction des *Essais* de Montaigne admirable, on chercherait en vain dans ses écrits la moindre image ou les fulgurances de Shakespeare, la moindre trace d'un intérêt pour le théâtre, d'une connaissance du métier. François Laroque et moi-même savions d'avance qu'il était impossible d'en finir avec la légende, mais il nous a paru alors nécessaire de rectifier quelques contre-vérités en publiant sans tarder un état des lieux de la querelle dans *Shakespeare, combien de prétendants ?* Sans ébranler beaucoup les floristes, qui reviennent à la charge depuis peu avec un nouvel argument, relayé cette fois encore par *Le Monde* : la présence de deux mots, « Planet Sol », dans *Troïlus et Cressida* « prouve » que Shakespeare était un géo-héliocentriste averti, qui ne pouvait être autre que John Florio, alors que l'expression apparaît dans divers écrits antérieurs, et qu'une autre pièce, *Cymbeline*, exprime une vision copernicienne du monde.

Les anti-stratfordiens se plaignent souvent que le monde académique traite leurs ouvrages par le mépris, bien que nombre de chercheurs scrupuleux, Scott McCrea, Irvin Matus, Thomas

Pendleton et d'autres, aient pris la peine d'étudier leurs théories, sans jamais ébranler leur intime conviction. Ils soulignent aussi, cette fois à juste titre, que les biographies de Shakespeare sont truffées de « peut-être », « sans doute » et autres « probablement ». Il est exact qu'on n'a retrouvé aucun bulletin scolaire prouvant qu'il a bien été élève de l'école de Stratford. Mais que le fils du maire de l'époque ait été dûment scolarisé, c'est plus que probable. Que le niveau des études ait été médiocre, et responsable du « peu de latin » de Shakespeare, c'est faux. L'école secondaire de Stratford appliquait le modèle établi par Érasme et le doyen John Colet pour Saint Paul's School, dont la première règle était l'étude approfondie de la grammaire et des auteurs latins sous la férule de maîtres compétents. Parmi les enseignants de Stratford, on compte un poète suffisamment réputé pour être cité dans le *Palladis Tamia*. Les nombreuses références à Ovide dans le *corpus* des pièces shakespeariennes, par exemple, montrent une connaissance intime des *Métamorphoses*, à la fois dans l'original et dans la traduction.

Exact aussi, aucun manuscrit des pièces n'a été retrouvé. Mais on n'en a pas retrouvé non plus d'autres dramaturges anglais de l'époque. Les textes, nous l'avons vu, ne leur appartenaient plus dès lors qu'ils avaient été rémunérés, et leurs brouillons confiés à un copiste. Les copies coûtant cher, l'usage était de les diviser en donnant à chaque acteur la partie qui lui revenait, d'où l'équivalent anglais du mot rôle, *part*. Assembler l'œuvre complète d'un auteur dans un volume au format luxueux, c'était presque sans précédent. Le seul à s'y être risqué auparavant, Ben Jonson, s'était attiré des railleries pour sa vanité. Sans l'initiative de Heminges et Condell, non seulement les manuscrits mais une bonne partie des pièces de Shakespeare n'auraient pas survécu. Celles de Thomas Nashe (1567-1601) ont presque toutes disparu, et il en reste assez peu de l'énorme production du dramaturge Thomas Dekker (1572-1632).

Exact encore, les documents biographiques sont surtout des pièces comptables ou juridiques. L'auteur, quelle que soit son identité, n'a pas laissé de journal intime, ni de correspondance, préfaces ou conseils aux acteurs en dehors de ceux que Hamlet dicte aux comédiens d'Elseneur. Ces instructions, comme la répétition des artisans du *Songe d'une nuit d'été*, sont-elles le reflet de ses opinions personnelles sur le métier, peut-être, sans doute… Si l'on s'avance prudemment sur le terrain des indices livrés par l'œuvre, on peut en déduire au moins la certitude que le dramaturge connaissait bien son domaine, et qu'il a compris très vite comment varier la focale de ses scènes, utiliser le plateau en éperon pour mettre le public dans son jeu, exploiter au mieux les talents de ses interprètes, chant, mime, récitatif, soliloque, escrime, acrobaties…

Parmi les pièces indéniablement authentiques, le testament de Shakespeare a fait couler beaucoup d'encre. Signé le 25 mars 1616, moins d'un mois avant son décès, il constitue la principale source d'information sur sa vie, l'étendue de sa fortune, ses relations familiales et professionnelles. Mais il ne mentionne aucun livre, preuve selon les anti-stratfordiens que ce ne pouvait être le testament d'un écrivain. D'après Shapiro, ces assertions prouvent surtout leur ignorance des conventions testamentaires de l'époque : lorsque le gendre de Shakespeare fait enregistrer le testament aux bureaux de l'archevêché de Canterbury à Londres, la liste des documents fournis signale « un inventaire des effets domestiques du testateur » qui pouvait inclure sa bibliothèque. De toute façon, l'absence de livres n'a rien d'exceptionnel, confirme l'historien Roger Chartier. Souvent ils ne figurent pas dans les inventaires, même ceux des biens d'étudiants, de pasteurs ou d'écrivains reconnus. Les testaments de l'illustre théologien Richard Hooker ou du poète Samuel Daniel n'en comportent pas non plus.

Le nom de Shakespeare est orthographié d'une demi-douzaine de manières différentes. Faut-il en conclure que selon qu'il s'écrit avec ou sans tiret, Shake-spear, il désigne des individus différents, le natif de Stratford et le signataire des in-quartos ? Là encore, il ne s'agit pas d'un cas isolé. On peut citer l'exemple de Marlowe, Merlin, Marlin, Marley, ou les vingt-six variantes du nom de Philip Henslowe, propriétaire du Rose Theatre, qu'on voit dans *Shakespeare in Love* aux prises avec des gratte-papier nécessiteux.

Entre autres hypothèses, aucun contemporain n'atteignant à l'excellence de Shakespeare, ses pièces devaient être le produit de collaborations. C'est en partie vrai. Pour certaines, les collaborations sont avérées, et elles ne faisaient pas mystère à l'époque. La signature n'avait pas non plus la valeur qu'on lui prête aujourd'hui. Les œuvres très populaires de Thomas Kyd (1558-1594) ont paru anonymement, seule sa traduction de la *Cornélie* de Robert Garnier pour le cercle érudit de Sidney porte son nom. Certaines pièces imprimées sont attribuées parfois avec désinvolture, selon la notoriété d'un auteur et l'espoir qu'il fasse vendre. La couverture de l'anthologie *The Passionate Pilgrim* annonce « *by W. Shakespeare* » alors qu'elle contient seulement cinq poèmes de lui. Son nom n'apparaît pas sur les premiers in-quartos, mais sur des rééditions à partir de 1598, où il commence à être connu. L'usage de composer à plusieurs mains était courant, pour répondre à la forte demande du public ou pour toute autre raison imposant l'urgence. Après passage chez le censeur, la pièce d'Anthony Munday et Henry Chettle, *Sir Thomas More*, écrite vers 1596, est révisée après la mort de la reine par au moins trois auteurs différents, dont Shakespeare.

Les voix du silence

Trait commun à ces divers arguments, chaque fois l'absence de preuve constitue une preuve en soi. Tout a été dit déjà sur le fonctionnement propre aux théories du complot. Qu'il s'agisse de démasquer Corneille derrière Molière, Bacon, Oxford ou Florio derrière Shakespeare, la démarche est la même. Laurent Joffrin l'a rappelé dans un récent éditorial de *Libération* : appliquée à toute sorte d'événements, elle « consiste à se concentrer sur des détails étranges, troublants, inattendus, qu'on énumère dans un procédé d'accumulation, pour suggérer avec force sous-entendus que l'histoire "officielle" n'est pas la vraie et qu'il y a une manipulation derrière les scènes rapportées par les médias *"mainstream"* ». Ainsi le raisonnement complotiste élimine tous les éléments de preuve fournis par la thèse dite officielle, sans préciser l'origine ni la méthode de la manipulation, et dénonce les contradicteurs comme autant de suppôts de la censure ou de la pensée unique : « S'il y a tant de contradicteurs, cela démontre que le complot est bien plus étendu qu'on ne croit. » Ajoutons à cela que la parole des sages et des savants s'est dépréciée depuis qu'ils sont descendus de leurs chaires pour se répandre à la télévision, que les experts de tout poil ne font pas le poids contre l'autorité des réseaux sociaux.

Si complot il y eut organisé de son temps autour de l'homme de Stratford, il faudrait imaginer un secret connu de plusieurs centaines de personnes, et gardé si farouchement que rien n'aurait filtré pendant plus de deux siècles, dans une ville provinciale comme Stratford, dans le petit monde du théâtre, des comtes d'Essex et de Southampton, des mécènes ou amis et leurs domestiques, celui de Cambridge, le Londres des éditeurs et imprimeurs, la Cour où le *Master of the Revels*, officier de la maison royale en charge des Menus Plaisirs, fait office de censeur, ou encore les écoles de droit qui ont commandé des représentations spéciales d'œuvres signées Shakespeare. Pourquoi se faisaient-ils tous complices d'une telle fraude ? Quel pouvait être leur intérêt commun à taire la vérité ? Les sceptiques ne le disent pas.

Pendant la guerre civile, en 1647, les théâtres sont fermés depuis cinq ans lorsque paraît l'in-folio des pièces de Beaumont et Fletcher. Les signataires de la dédicace, survivants de la troupe des King's Men, évoquent la parution des œuvres de *« that sweet swan of Avon, William Shakespeare »*. On a dû oublier de les prévenir qu'ils se trompaient de cygne. Si Oxford était l'auteur de ces œuvres, pourquoi les puritains de Cromwell auraient-ils voulu en dissimuler la paternité aristocratique alors qu'ils reprochaient à Charles Ier de perdre son temps avec du Shakespeare au lieu de lire la Bible, on ne sait trop. Et dans le cas d'Oxford, interroge Pendleton, pourquoi le fait d'écrire pour le théâtre serait-il si pendable alors que les témoignages contemporains l'accusent ouvertement de tous les vices ?

Ces objections et bien d'autres ont déjà été maintes fois énumérées, mais les complotistes font preuve d'une ingéniosité étourdissante quand on les leur soumet. Que certains candidats comme Marlowe ou Oxford soient morts trop tôt, par exemple, ne suffit pas à décourager leurs supporters : la mystérieuse rixe de Deptford où Marlowe aurait trouvé la mort en 1593 était organisée pour l'exfiltrer en vue de nouvelles missions d'espionnage. Oxford a laissé des scénarios que d'autres ont complétés, en y ajoutant des allusions topiques. La méthode de l'anti-stratfordien Lamberto Tassinari, résume Lois Potter, biographe de Shakespeare, « c'est pile je gagne face tu perds » : si l'auteur manifeste des connaissances de l'Italie, c'est qu'il est italien, comme Florio, mais s'il prend le Rialto pour un square, c'est qu'il fait exprès des erreurs pour dissimuler sa véritable identité. Si ses personnages attendent la marée pour se rendre en bateau de Vérone à Milan, c'est qu'ils ont emprunté des canaux qui le permettaient à l'époque. Leurs adversaires, souvent plus raisonnables, moins fervents, finissent par se lasser de rétablir les faits, et sont à leur tour dénoncés comme complices de ce vaste complot. Scott McCrea ne se faisait guère d'illusions quand il a assorti son ouvrage exhaustif du sous-titre *The End of the Authorship Question* en 2005 : aucune preuve ne peut convaincre un vrai croyant, car rien ne peut invalider son idée fixe.

Bibliographie sélective

Brook, Peter, *Avec Shakespeare*, Actes Sud, 1998.

Déprats, Jean-Michel, *Shakespeare*, PUF, coll. « Que sais-je ? », 2016.

Goy-Blanquet, Dominique et Laroque, François (éd.), avec Roger Chartier, Lois Potter, James Shapiro *et al.*, *Shakespeare, combien de prétendants ?*, éditions Thierry Marchaisse, coll. « Octets », 2016.

Joffrin, Laurent, *Libération*, 4 juin 2018.

McCrea, Scott, *The Case for Shakespeare : The End of the Authorship Question*, Westport, Conn., Praeger, 2005.

Pendleton, Thomas, « Irvin Matus's *Shakespeare, IN FACT* », *The Shakespeare Newsletter*, été 1994.

Regnault, François, « Et si c'était X qui avait écrit les œuvres de Y », *Une mémoire. Nouveaux écrits sur le théâtre*, Riveneuve/Archimbaud, 2018.

Schoenbaum, Samuel, *William Shakespeare*, Flammarion, 1996, trad. A.-D. Balmès de *William Shakespeare : A Compact Documentary Life*, Oxford University Press, 1987.

Voir aussi le débat entre Alan Nelson et Diana Price à l'adresse : http://shakespeare-authorship.com/?page=nelsonresponse

L'inventaire des polémiques sur le site de David Kathman et Terry Ross : https://shakespeareauthorship.com

Et les anti-stratfordiens cités :

BACON, Delia, *The Philosophy of the Plays of Shakespeare Unfolded*, Londres, 1857.

BOUGNOUX, Daniel, *Shakespeare, le choix du spectre*, Impressions nouvelles, 2016.

FREUD, Sigmund, « Correspondance pour Londres », in *Correspondances de Freud*, éd. Stéphane Michaud, Presses de la Sorbonne-Nouvelle, 2008.

LOONEY, Thomas, *Shakespeare Identified in Edward De Vere Seventeenth Earl of Oxford*, Londres, 1920.

OGBURN, Charlton, *The Mysterious William Shakespeare : the Myth and the Reality,* New York, 1984.

PRICE, Diana, *Shakespeare's Unorthodox Biography*, Wesport, Conn., 2001.

TASSINARI, Lamberto, *John Florio alias Shakespeare*, trad. Michel Vaïs, Le Bord de l'eau, 2016.

TWAIN, Mark, *Shakespeare or not Shakespeare ?*, Castor astral, 2016, trad. Thierry Gillybœuf de *Is Shakespeare Dead ? From my Autobiography*, New York, 1909.

WHITMAN, Walt, « Shakspere's Cipher », *The Cosmopolitan*, octobre 1887.

13

A-t-on armé le bras de Ravaillac ?

par Jean-Christian PETITFILS

L'énigme

L'assassinat d'Henri IV à Paris le 14 mai 1610 constitue l'un des événements politiques majeurs de l'histoire moderne. Il créa en France un traumatisme si profond que son souvenir contribua, au cours des XVIIe et XVIIIe siècles, à renforcer l'absolutisme monarchique, le culte du secret et le mystère de l'État. La moindre menace de mort, le moindre propos contre le souverain furent dès lors traités comme crimes de lèse-majesté, valant à leur auteur une lettre de cachet et un enfermement dans un cul-de-basse-fosse, souvent pour le reste de ses jours. Sous Louis XIV et Louis XV, deux cents dossiers environ ont été recensés dans les archives de la Bastille de 1661 à 1774, concernant les individus accusés de « mauvais discours » contre la personne royale. La peur du régicide était obsessionnelle. « On ne peut toucher ni de près ni de loin à l'évocation de la mort du roi, écrit l'historienne Arlette Farge, sans être englouti par la nocivité extrême du thème qui ne peut être utilisé sans qu'on s'y brûle[1]. » En janvier 1757, à Versailles, un déséquilibré, ancien domestique, Robert François Damien, frappa Louis XV d'un coup de canif. Ce n'était nullement pour le tuer,

1. Arlette Farge, *Dire et mal dire. L'opinion publique au XVIIIe siècle*, Le Seuil, 1992, p. 219-221.

mais pour lui donner un avertissement sur sa politique religieuse : il n'en fut pas moins condamné à mort par le Parlement et écartelé avec la même cruauté que Ravaillac.

À partir de la disparition tragique d'Henri IV, les théoriciens se mirent à exalter comme jamais la puissance et la souveraineté des rois. C'est de ce moment que date le plein épanouissement des théories du droit divin. On plaça si haut le trône que l'on finit par considérer que désobéir au roi, l'Oint du Seigneur, lieutenant de Dieu sur terre, revenait à offenser Dieu en personne, et par conséquent à commettre un sacrilège.

Le drame de la rue de la Ferronnerie est aussi l'un des grands mystères de l'histoire de France. Il n'est pas question, naturellement, de remettre en cause l'identité du meurtrier, connue d'à peu près tous les écoliers d'aujourd'hui, même en cette époque de culture historique plutôt indigente – Ravaillac, natif d'Angoulême –, mais de s'interroger sur les conditions dans lesquelles le meurtre a été accompli. S'agit-il de l'acte isolé d'un demi-fou, tourmenté de pulsions et de visions homicides, comme le laissent supposer les troubles psychologiques révélés lors de son bref procès ? Le tueur a-t-il été, au contraire, l'agent conscient d'une conspiration et, comme il nia à plusieurs reprises avoir des complices, n'avait-il pas reçu l'absolution d'un prêtre complaisant lui permettant, par le jeu des restrictions mentales, de mentir sur ce point ?

Troisième hypothèse, le fanatique n'a-t-il pas été inconsciemment suggestionné ? Il croyait agir seul, alors que dans l'ombre de puissants personnages l'incitaient au crime. Mais lesquels ? Si l'on se rapporte à l'histoire contemporaine, l'affaire qui lui ressemblerait le plus serait celle de l'incendie du Reichstag dans la nuit du 27 au 28 février 1933 par un chômeur déséquilibré, d'origine hollandaise, Marinus van der Lubbe, condamné à mort et décapité un an plus tard. Hermann Göring et les nazis auraient discrètement poussé le criminel à agir ainsi, afin de dénoncer un complot communiste et de déporter plusieurs dizaines de milliers de militants d'extrême gauche.

On pourrait également établir un rapprochement avec l'assassinat du président John Kennedy, le 22 novembre 1963, par Lee

Harvey Oswald. Dans cette obscure affaire, la CIA, le FBI, le vice-président Johnson, des réseaux criminels mafieux, des groupes d'extrême droite, des Cubains anticastristes, le complexe militaro-industriel, la franc-maçonnerie, l'Union soviétique ont été mis en cause, alors qu'officiellement on n'a pu mettre la main que sur un seul responsable. On pense également à la tentative d'assassinat du pape Jean-Paul II le 13 mai 1981 par le Turc Mehmet Ali Agça, énigmatique membre de l'organisation nationaliste d'extrême droite les « Loups gris », derrière laquelle d'aucuns ont vu l'influence de la mafia ou plus vraisemblablement des services secrets bulgares et du KGB...

La journée du 14 mai

Les faits sont connus. Le vendredi 14 mai 1610, peu après 4 heures de l'après-midi, Henri IV quitte le Louvre en carrosse, accompagné de quelques gentilshommes. Il se rend à l'Arsenal, chez le duc de Sully, surintendant des Finances et grand maître de l'Artillerie, pour envisager les dernières mesures à prendre avant son départ le 19 pour Châlons-en-Champagne, où l'attendent 37 000 hommes. Cette imposante armée doit s'ébranler sitôt son arrivée et franchir la frontière du Luxembourg. La France, en effet, a décidé d'appuyer les revendications de deux princes protestants, Jean Sigismond, électeur de Brandebourg, et Philippe-Louis de Bavière, comte palatin de Neubourg, dans la succession des duchés germaniques de Clèves et Juliers, contre les prétentions de l'empereur Rodolphe II de Habsbourg.

Une autre raison plus personnelle pousse le Béarnais à entrer en campagne : il compte faire un détour par Bruxelles, où se trouve retenue contre son gré, au palais ducal de Coudenberg, sa tendre égérie de 15 ans, Charlotte de Montmorency, princesse de Condé, que son mari, Henri II de Condé, premier prince du sang, a soustraite à ses assiduités en franchissant la frontière, et avec laquelle il ne cesse d'échanger des lettres enflammées (elle est sa « déesse », sa « Dulcinée », sa « fée » ; lui son « Tout », son « cher et divin astre »...). Il projette son enlèvement. Un roman d'amour par conséquent se mêle à une affaire de haute politique. C'est l'histoire renouvelée de la Belle Hélène, à cette différence près que le beau Pâris est un vieux faune de 56 ans, au visage buriné, au front ridé et au menton en galoche couvert d'une barbe blanche.

La reine Marie de Médicis, couronnée la veille, 13 mai, doit faire son entrée solennelle à Paris le surlendemain 16. L'idée d'Henri est de profiter de son déplacement chez Sully pour admirer rue Saint-Denis les apprêts de la fête : poteaux fleuris, arcs de triomphe festonnés, rochers en carton et inscriptions allégoriques. Il fait un temps magnifique. La voiture, dont les ridelles de cuir ont été relevées, est escortée seulement de quelques gentilshommes à cheval. Après la rue Saint-Honoré, elle s'engage dans la rue de la Ferronnerie, un boyau limité par des échoppes de marchands d'ustensiles de cuivre et de fer-blanc. Elle est vite immobilisée par un encombrement non loin de la maison du notaire Poutrain et d'une auberge à l'enseigne du *Cœur couronné percé d'une flèche* : une charrette de foin et un haquet chargé de tonneaux de vin obstruent le passage. Henri a passé familièrement le bras droit autour du cou de son voisin, le duc d'Épernon, qui lui lit une lettre, car il a oublié ses lunettes. Il découvre assez largement le buste. Quelques valets de pied, qui se tiennent habituellement aux portières, descendent et passent par le cimetière des Saints-Innocents qui longe la rue.

C'est alors qu'un étrange personnage à la carrure athlétique, à la barbe rousse, aux cheveux fauves, habillé d'un pourpoint vert à la flamande, surgit, saute sur la roue arrière gauche du carrosse et à trois reprises poignarde le monarque. Le premier coup l'atteint entre la deuxième et la troisième côte. Le deuxième, plus violent, pénètre entre la cinquième et la sixième côte et transperce probablement la veine cave. Le troisième se perd dans la manche du duc de Montbazon, son autre voisin. « Ce n'est rien, ce n'est rien ! » répète le blessé, mais bientôt un flot de sang lui envahit la bouche.

Le drame n'a duré que quelques secondes. L'agresseur reste planté, hébété, son long couteau à double tranchant à la main, sans chercher à se perdre dans la foule des badauds qui s'agglutinent maintenant autour du carrosse royal. Un des officiers de l'escorte, Jacques de Pluviers de Saint-Michel, s'apprête à le transpercer quand il est arrêté par le cri du duc d'Épernon : « Ne frappez pas, il y va de votre tête ! » Tous les autres seigneurs à l'intérieur de la voiture font chorus. On veut éviter l'erreur commise lors de l'assassinat d'Henri III en août 1589, au château de Saint-Cloud : le tueur, le moine fanatique Jacques Clément, avait été massacré sur-le-champ, sans que l'on ait eu le temps de l'interroger.

Le moment de panique passé, les familiers du roi se répartissent les rôles. La Force regagnera le Louvre avec le blessé agonisant et Épernon ira à l'Hôtel de Ville calmer les esprits, tandis que le baron de Courtomer se rendra à l'Arsenal avertir Sully. Le carrosse fait donc demi-tour et retourne au Louvre, pénétrant à vive allure dans la cour. C'est l'affolement. Henri, transporté avec précaution dans le cabinet de la reine, est assis dans un fauteuil, puis étendu sur un lit. Le pourpoint dégrafé, la chemise maculée, il ouvre les yeux trois fois puis reste sans vie. Marie de Médicis sort de ses appartements. *« L'hanno ammazzato ! »* (Ils l'ont tué), crie-t-elle folle de douleur. « Le roi est mort ! Le roi est mort ! » répète-t-elle, désemparée. Surmontant sa propre émotion, le chancelier Brulart de Sillery lui rétorque en lui désignant son fils Louis, âgé de 8 ans et demi : « Votre Majesté m'excusera, mais le roi ne meurt point en France ! Voilà le roi vivant, Madame ! »

Dans Paris, gonflé de nombreux provinciaux venus pour le couronnement, la désastreuse nouvelle se répand. « Les boutiques se ferment, note le chroniqueur Pierre de L'Estoile, chacun crie, pleure, se lamente, grands et petits, jeunes et vieux. Les femmes et les filles s'en prennent aux cheveux. » L'affliction est universelle. Le lendemain matin, au Parlement, dans le grand chatoiement des robes écarlates et noires, se tient un lit de justice[2] présidé par le petit Louis XIII, au cours duquel la régence est confiée officiellement à sa mère.

2. Séance solennelle du Parlement se tenant en présence du roi et destinée à enregistrer des actes importants. Le monarque prenait place sur un trône surmonté d'un dais (d'où l'expression de lit de justice).

Au Louvre, la dépouille d'Henri IV, lavée et autopsiée, est placée dans un cercueil de plomb, doublé d'un autre de bois. Pour répondre à la volonté du défunt, son cœur est transporté dans une urne d'argent au collège jésuite de La Flèche. À partir du 21 mai, le catafalque est installé dans la salle des Caryatides tendue de noir et ornée des écussons de France et de Navarre. Des prêtres et des moines psalmodient jour et nuit. Au son lancinant du glas, des messes avec oraisons funèbres sont célébrées dans les paroisses et couvents de la capitale. Le 29 mai, le cercueil est escorté à Notre-Dame par les troupes et les corps constitués du royaume en grand deuil. Le lendemain, il est descendu avec solennité dans la crypte de Saint-Denis.

Le meurtrier n'a pas prévu que son geste, loin d'emporter l'approbation populaire, ferait éclore la légende henricienne. Les panégyristes le comparent à Salomon, à David, à Constantin, à Saint Louis. Il est le Jupiter, le Mars, l'Hercule gaulois, l'Atlas, le Persée, le preux chevalier délivrant la France de ses ennemis. On en oublie ses faiblesses, son exubérance brouillonne, son avarice, sa constante duplicité, son mépris des libertés locales, des franchises provinciales.

Sans doute Henri IV a-t-il été un grand souverain, dont on admire à juste titre la vive intelligence, la souplesse d'esprit, l'habileté politique, la clairvoyance et la jovialité. À la guerre, il s'était battu à merveille, avec grand courage et le souci constant d'épargner le sang de ses soldats. Bref, comme le disait sa belle-sœur, Eléonore de Médicis, c'était « un homme à se faire aimer des pierres elles-mêmes ». Comme chacun sait, son titre de gloire fut d'avoir su mettre fin aux guerres de Religion en 1598, en signant le fameux édit de Nantes qui institua la coexistence pacifique de deux religions au sein de l'État.

Cela dit, son règne avait connu bien des remous, des soulèvements populaires, des récriminations contre les « gabelles[3] » et les

3. L'impôt sur le sel, très impopulaire à cette époque, en raison de l'usage généralisé que l'on faisait du sel pour la conservation des aliments. Par extension, le terme désignait tous les impôts indirects.

financiers. N'allait-il pas se lancer dans une campagne improvisée contre la maison d'Autriche, dont il avait tort de négliger la puissance. Qu'en serait-il advenu ? « Quiconque considérera l'entreprise qu'il fit sur la fin de ses jours, écrivit Richelieu, ne doutera pas du bandeau qu'il avait sur les yeux. »

Le procès de Ravaillac

Remis aux archers de la garde, l'assassin fut conduit à l'hôtel de Retz, rue Saint-Honoré, où on s'empressa de le fouiller. On trouve sur lui de menues pièces de monnaie, un chapelet, un « cœur de coton » servant à ses dévotions, quelques papiers, dont le poème d'un ami parlant d'un criminel que l'on conduit au supplice. Il n'avait pas d'autre arme que le long couteau qui avait frappé le roi. On l'interrogea, on le tortura. On place ses pouces entre les chiens de deux carabines, dont on a ôté les pierres, et on tourne les vis. Sous la douleur, il lâche quelques bribes de sa vie. Il s'appelle Jean François Ravaillac. Célibataire, âgé de 32 ans, il est originaire d'Angoulême. Quand on lui parle du roi Très Chrétien, il se met à ricaner. « C'est la question de savoir s'il était véritablement très chrétien car, s'il l'avait été tel, il aurait fait la guerre aux sectateurs de la religion prétendue réformée, qu'il protégeait ! »

On comprend qu'il est un de ces ultra-catholiques, un « catholique à gros grain » selon sa propre expression, héritier de l'esprit de la Ligue, qui reproche au Béarnais d'avoir changé plusieurs fois de religion et de ne pas avoir contraint par la force les hérétiques à se convertir. Pis encore, il est persuadé qu'en soutenant les princes luthériens dans l'affaire de Clèves et Juliers, en s'attaquant à l'empereur Rodolphe, le roi va combattre le pape. Il a l'esprit confus. Bref, on s'aperçoit que c'est un déséquilibré.

On lui demande si quelqu'un l'a incité à commettre ce crime abominable, s'il a des complices. Il répond qu'il n'a été « mû ni induit par personne », mais « poussé par une mauvaise et diabolique tentation ». Il avoue qu'il est venu à Paris dans l'intention « d'attenter contre Sa Majesté » et reconnaît avoir volé le couteau dans une hostellerie proche des Quinze-Vingts.

À l'hôtel de Retz, chacun peut le voir, lui parler. Les curieux ne s'en privent pas. Pierre Cotton, confesseur du roi, lui conseille de ne pas mettre en peine les gens de bien. Il craint naturellement pour son ordre, les Jésuites, dont certains membres, espagnols et portugais, tels Juan de Mariana et Emmanuel de Sâ, ont défendu quelques années auparavant de sulfureuses théories tyrannicides. Parmi la vingtaine de tentatives d'assassinat d'Henri IV, l'une au moins a donné lieu à des attaques directes contre eux, celle de Jean Chastel en 1594, qui avait été leur élève : il avait manqué de peu sa victime, la blessant à la lèvre et lui cassant une dent. En conséquence, le Parlement avait expulsé la Société de Jésus, mais Henri IV l'avait rappelée en 1603. D'autres jésuites se relayent et l'adjurent de ne pas proférer de calomnies. « Vous seriez bien étonnés, leur lance-t-il en guise de provocation, si je soutenais que ce fût vous qui me l'aviez fait faire ! »

Dans la nuit du 15 au 16 mai, le prisonnier est transféré à la Conciergerie et mis au secret le plus absolu. D'ordre de la régente, l'instruction du procès commence sous la conduite du parlement de Paris et de son premier président, le vieil Achille de Harlay. Du 16 au 19, le régicide subit quatre interrogatoires, dont les procès-verbaux ont été conservés. Il donne des précisions sur sa famille, son père, ancien greffier de la mairie d'Angoulême, tombé dans l'ivrognerie et la misère, sa mère obligée de vivre seule, dans le dénuement. À 12 ans, il a été placé comme valet chez un procureur. Il a exercé quelques petits métiers, dont celui d'instituteur-catéchiste. Il raconte ses différents voyages à Paris pour avertir le roi qu'il fait fausse route et doit impérativement combattre les huguenots. Il ne cache pas ses visions, les hosties qui s'élèvent dans les airs et les voix célestes, les trompettes de guerre qu'il entend. Il avoue être entré comme frère convers chez les Feuillants de Paris, mais en avoir été chassé au bout de quelques semaines à cause de ses hallucinations. À dix-sept ou dix-huit reprises, il nie avoir eu des complices. Il reconnaît cependant avoir été influencé par les théories tyrannicides. À la question : « Qui vous a poussé ? » il répond sans hésiter : « Les sermons que j'ai ouïs pour lesquels il était nécessaire de tuer les rois. » À cela rien d'étonnant : Angoulême était un nid de l'ultra-catholicisme au milieu d'une terre acquise à la Réforme.

Le 27 mai, il est exécuté pour crime de lèse-majesté en place de Grève, actuelle place de l'Hôtel de Ville. On lui brûle la main qui a tenu le couteau, on lui tenaille au fer rouge les tétins et les cuisses, on verse du plomb et du soufre fondus sur ses plaies, puis on l'écartèle. Le supplice a attiré une foule avide de sang.

Tout semble clair dans son affaire. Et pourtant… Avant de périr, il s'est écrié : « *On* m'a bien trompé quand on m'a voulu persuader que le coup que je ferais serait bien reçu du peuple… » Qui *on* ?

Les étrangetés du procès

La hâte avec laquelle le Parlement s'est empressé de clore le procès et de faire exécuter le coupable est singulière : onze jours. On a omis de faire venir ou d'interroger sur place son père et sa mère, son frère aîné Geoffroy, ses sœurs, ses amis, ses relations, particulièrement un notable d'Angoulême, Hélie Béliard, chez qui, le 10 avril 1610, veille de Pâques, il aurait résolu de tuer le roi.

On s'est gardé aussi de rechercher les prêtres qui auraient pu l'influencer par leurs prônes. On ne s'est même pas enquis de ses logeurs de Paris – c'eût été pourtant très facile –, ni de questionner les soldats du régiment des gardes qu'il avait rencontrés à l'auberge des Cinq Croissants, faubourg Saint-Jacques, notamment un nommé Saint-Georges qui lui avait confié, comme pour exciter sa fureur, qu'il devait obéissance au roi, même s'il se trompait en faisant la guerre à l'empereur et aux princes catholiques.

Non moins surprenant est le refus d'organiser des confrontations avec plusieurs suspects arrêtés peu après le crime et incarcérés à la Conciergerie, à quelques pas par conséquent de son cachot. Parmi eux se trouvait le prévôt des maréchaux de Pithiviers, Thomas Robert, ultra-catholique, ancien ligueur, connu pour avoir participé précédemment au complot du comte d'Auvergne contre Henri IV.

Alors qu'il jouait aux boules le 14 mai après-midi, cet homme, apparemment bien informé, s'était exclamé devant ses amis étonnés : « Le roi est mort ! Il vient d'être tué tout maintenant, n'en doutez point ! » Quelques jours plus tard, on le retrouva étranglé dans sa cellule avec les cordons de son caleçon. Étrange !

Citons également le cas d'un soldat nommé Saint-Martin, ancien prêtre défroqué qui s'était engagé dans la compagnie Saint-Matthieu du régiment des gardes. Lui aussi fut jeté en prison. Huit jours avant le drame, il avait conseillé à une veuve de sa connaissance de quitter Paris au plus vite, car, assurait-il, de terribles événements se préparaient. Accompagnant cette femme au temple de Charenton, le seul temple protestant autorisé en région parisienne, il lui avait laissé entendre que, peu de temps auparavant, il avait vu à l'entrée de cet édifice un homme habillé de vert au milieu de ces faux mendiants et agents espagnols ou flamands qui passaient leur temps à insulter les huguenots… Les noms de Thomas Robert et de Saint-Martin ne sont même pas mentionnés sur le registre d'écrou de la Conciergerie. Leur interrogatoire a été escamoté. Secret d'État.

Le duc d'Épernon et la marquise de Verneuil mis en cause

Quelques mois plus tard, l'affaire rebondit. Le 15 janvier 1611, alors qu'elle fait ses dévotions dans une chapelle de l'église Saint-Victor à Paris, Marguerite de Valois, la première épouse du feu roi, est abordée par une petite femme boiteuse, légèrement bossue, qui veut lui parler seule à seule. Elle insiste. La reine Margot finit par accepter et la reçoit en son hôtel particulier de la rue de Seine. Sortant de prison pour affaire privée, la femme révèle qu'elle s'appelle Jacqueline Le Voyer, épouse d'un soldat aux gardes, Isaac d'Escoman. Elle accuse formellement le puissant duc d'Épernon, l'un des proches d'Henri IV, et Henriette d'Entragues, marquise de Verneuil, ancienne favorite du roi, d'avoir guidé le bras de l'assassin. À la demande de cette dernière, dont elle assure avoir été la confidente, elle aurait hébergé Ravaillac durant huit semaines. La femme d'Escoman est aussitôt arrêtée et jugée. Comme elle ne parvient pas à prouver ses dires, elle est condamnée pour diffamation à finir ses jours aux Filles repenties. Naturellement, d'Épernon et Mme de Verneuil se sont acharnés à la perdre. C'était elle ou eux !

En 1619, un soldat de fortune, Pierre Du Jardin, dit le capitaine de La Garde, raconte à son tour une étrange histoire et la publie dans un manifeste. Alors qu'il se trouvait en 1608 de passage à Naples, il tomba sur des Français nostalgiques de la Ligue qui complotaient la mort d'Henri IV. Il gagna si bien leur confiance qu'ils lui firent rencontrer le père jésuite Alagon, parent du duc de Lerma, favori du roi d'Espagne, qui lui proposa de tuer le roi. Un jour, il vit arriver un inconnu, vêtu « d'écarlate violette », qui apportait des lettres du duc d'Épernon au comte de Benavente, vice-roi de Naples. Cet homme, assure La Garde, était Ravaillac ! Il le connaissait bien pour avoir servi avec lui dans la compagnie du maréchal de Biron…

Ces étranges révélations ont troublé plus d'un historien. Jules Michelet, dans son *Histoire de France* (1857), et Philippe Erlanger, dans son *Étrange Mort d'Henri IV* (1957), arrivent à la conclusion qu'une vaste conspiration avait été menée par le duc d'Épernon, connu pour ses sentiments pro-Espagnols, par la marquise de Verneuil, désireuse de se venger d'avoir été abandonnée par le Vert-Galant. Concino Concini et sa femme Léonora Galigaï, confidents et proches conseillers de la reine Marie de Médicis, y seraient mêlés, avec la complicité passive de cette dernière. Tous avaient agi en plein accord avec le cabinet de Madrid, impatient de se débarrasser du roi de France qui s'apprêtait à partir en guerre contre Rodolphe II de Habsbourg, cousin de Philippe III. Sans s'en rendre compte, Ravaillac, l'exalté incontrôlable, aurait été influencé par eux. Pour Jean Castarède, qui adopte peu ou prou ces conclusions, comme dans l'affaire Kennedy, bien du monde était au courant des intentions du régicide et aurait laissé faire.

Que faut-il penser de cette thèse ? Si l'on scrute attentivement le procès de la d'Escoman, on s'aperçoit que ses dépositions comportent de nombreuses zones d'ombre. Quand on lui demande de décrire l'homme, qu'elle prétend avoir nourri et hébergé, elle fait le portrait d'un valet un peu chétif, noir de barbe et de visage, qui se trouve là. Difficile de le comparer à l'Hercule rouquin qui avait sauté sur la roue du carrosse royal ! Quand on lui réclame le billet de la marquise de Verneuil la priant de s'occuper de lui pour quelques semaines, billet dont elle faisait grand cas, elle assure l'avoir remis à une certaine demoiselle demeurant à Paris. Renseignement pris, on s'aperçoit que cette personne, paralysée et très âgée, n'est pas venue dans la capitale depuis sept ans ! Accablante enfin est la déposition de Mathurin Renaudin, aumônier de la marquise de Verneuil : il affirme que l'accusée venait seulement de temps en temps demander la « charité » à sa maîtresse. C'était donc une simple solliciteuse et non l'amie, la confidente de la marquise. Bref, la d'Escoman, femme galante de réputation douteuse, qui avait abandonné son enfant sur le pont Notre-Dame (d'où son emprisonnement en 1610), n'est pas un témoin fiable, mais une intrigante, très probablement une mythomane, dont les déclarations se sont révélées fausses.

Quant à la déposition très tardive du capitaine de La Garde, elle est tout aussi suspecte. Outre le fait qu'il paraît difficile d'admettre que l'instable et illuminé d'Angoulême ait pu servir comme cavalier, sa présence en 1608 dans sa ville natale est attestée à plusieurs reprises par des actes notariés. La Garde semble un hâbleur. Peut-être, en effet, a-t-il entendu cette année-là à Naples des réfugiés français, ennemis du roi, discourir sur sa disparition, mais ce n'est que plus tard qu'il a ajouté à son récit les noms de Ravaillac et d'Épernon. Un premier *factum* signé de sa main ne les mentionnait pas.

Par ailleurs, il est douteux que Madrid ait été au courant de l'attentat. À cette époque, le duc de Lerma, favori et principal ministre, menait une politique pacifiste, recherchant un accommodement avec la France. Quand on réveilla Philippe III pour lui annoncer la mort d'Henri IV, il tomba des nues et témoigna sincèrement de sa stupeur et de son émotion. Quelque temps auparavant, il s'était indigné des intentions d'un paysan du Rouergue, venu spécialement à Madrid lui proposer d'occire le roi de France.

La piste flamande

Alors, faut-il considérer que Ravaillac a agi seul et qu'il n'y a pas eu de complot ? Il est une piste plus sérieuse, qui a été négligée jusqu'ici. Si l'on en croit Pierre de L'Estoile, sur un « maraud de maçon », arrêté le 29 mai près du Temple et incarcéré à la Conciergerie, on avait trouvé des lettres compromettantes ainsi qu'un long couteau. « Il était pensionné de l'archiduc, écrit-il, duquel il avait encore reçu depuis peu deux cents pistoles. » L'archiduc en question était Albert de Habsbourg, cosouverain avec sa femme, l'infante Isabelle-Claire-Eugénie, des Pays-Bas espagnols (en gros, la Belgique et le Luxembourg actuels). Or, on l'a vu, Henri IV s'apprêtait à traverser le Luxembourg afin d'assiéger Juliers, avec la ferme intention de faire un crochet par Bruxelles, où sa chère et tendre princesse était retenue. Comme par hasard, les interrogatoires du suspect ont disparu et le « maraud de maçon » ne fut jamais jugé. Personne n'en entendra plus parler.

L'existence de cette piste flamande semble confirmée par plusieurs autres documents.

Une lettre du 23 mai 1610 de l'ambassadeur de Genève en France, Jacob Anjorrant, généralement bien informé, cite les noms du comte de Sallenove et de son adjoint La Motte et précise qu'un autre individu (« un certain… ») avait promis « à l'archiduc qu'il ne faillirait pas le roi quand il le devrait attaquer au Louvre ». D'origine franc-comtoise, Charles-Emmanuel de Marmiers, comte de Sallenove, était un officier de l'état-major de Bruxelles au palais de Coudenberg. Un de ses cousins germains exerçait la charge de gentilhomme de la bouche des archiducs. Sallenove aurait donc été l'organisateur de la tentative d'assassinat pour le compte de l'archiduc Albert et La Motte, l'exécutant, le chef du commando expédié à Paris. Cette dépêche fort importante, inexploitée par les historiens qui se sont penchés sur cette énigme, est conservée aujourd'hui aux Archives d'État de la République et canton de Genève. Elle semble lever une partie du voile sur le complot flamand.

Par ailleurs, un rapport du 1er juin de l'ambassadeur de Venise à Paris, Foscarini, révèle que Marie de Médicis, fouillant les papiers de son mari après sa mort, aurait trouvé le dernier billet de la princesse de Condé, écrit du palais de Coudenberg à Bruxelles, où elle était à l'affût des nouvelles, conjurant son « cher astre » de se garder de ses ennemis qui « aspiraient à lui ôter la vie, ne voyant d'autre moyen de se préserver de ses armes ».

D'autre part, il ressort de l'enquête menée en 1611 par un magistrat français, Jean de Villiers-Hotman, que, huit, dix, douze jours avant le drame, on savait dans les Pays-Bas espagnols et la zone rhénane de Cologne que le roi de France allait être poignardé. Des commerçants, des banquiers, des hommes d'affaires en parlaient dans leur correspondance comme d'un fait accompli, révélant que le tueur était parti de Bruxelles, où il avait vécu, et que des prières publiques et privées avaient été dites pour la réussite de l'« entreprise ». Villiers-Hotman donne des détails précis et fort troublants. Il rapporte en outre le propos menaçant d'un des plus hauts dignitaires des Pays-Bas catholiques, Philippe de Mérode, baron de Frentz, grand veneur de Flandre, grand bailli de Bruges et gentilhomme de la Chambre de l'archiduc Albert, au sujet du projet d'Henri IV de passer par son pays : « Le roi s'en pourrait bien repentir ! »

Enfin, parmi les dépenses enregistrées par la Chambre des comptes de Lille, qui regroupait toutes celles de la cour de Bruxelles, figure pour l'année 1610 la mention d'une somme de 15 000 livres versée à des personnes chargées de mission en France, « dont on ne veut plus ample déclaration être faite ». Or, pour les années précédentes, les dépenses relatives aux affaires secrètes de « leurs Altesses les Archiducs » ne dépassaient pas quelques centaines de livres.

Il y a peu de chance de trouver de nouveaux documents sur cette troublante affaire. Toutes les archives des États liés à la maison d'Autriche (Simancas, Prague, Vienne, Bruxelles, Turin) ont été expurgées des correspondances diplomatiques allant de janvier à juin 1610. Preuve peut-être que le roi d'Espagne, qui n'était pas directement lié à l'affaire, avait tenu à faire le ménage pour préserver l'un de ses proches fâcheusement compromis, son beau-frère Albert par exemple…

Menacés par une attaque imminente, les archiducs se trouvaient dépourvus de troupes depuis la Trêve de Douze Ans conclue avec les Provinces-Unies. Scandalisé par le comportement tyrannique du roi de France qui projetait d'enlever dans ses États une femme mariée, bref se considérant en cas de légitime défense, l'opiniâtre archiduc Albert – plutôt que sa femme Isabelle-Claire-Eugénie, la fille effacée de Philippe II, qui le laissait gouverner – aurait donc commandité une équipe de tueurs. Celle-ci, à en croire Jacob Anjorrant, serait arrivée à Paris vers le 23 avril. Sa mission, semble-t-il, était d'assassiner le roi entre le couronnement de sa femme et son départ pour l'armée. Le report à plusieurs reprises du sacre de Marie de Médicis, prévu le 1er mai, décalé au 6, puis au 10 et enfin réalisé le 13, la veille du drame, expliquerait pourquoi on crut en Flandre et en Allemagne dès le début du mois de mai que le roi était mort.

Ravaillac, bien entendu, n'a pas été l'agent stipendié de cette conspiration. Mais la question est de savoir si les tueurs flamands n'ont pas rencontré, au hasard des auberges, l'halluciné d'Angoulême, lui-même arrivé dans la capitale le 18 avril, et, voyant sa farouche détermination, ne l'ont pas habilement encouragé à agir à leur place ? Rien de plus facile ensuite que de le surveiller et de se débarrasser de lui, une fois son forfait accompli. L'historien François Eudes de Mézeray au XVIIe siècle en avait eu l'intuition : « Ceux qui avaient prémédité de se défaire du roi, écrivait-il, trouvant cet instrument propre pour exécuter leur dessein, surent bien le confirmer dans ses sentiments. »

Le jour du drame, aussitôt après l'arrestation de Ravaillac par les gentilshommes escortant la voiture royale, un curieux incident s'était produit rue de la Ferronnerie. Le baron de Courtomer, chargé d'avertir Sully à l'Arsenal, s'était heurté à un groupe de huit à dix hommes à pied et de deux à cheval, tous armés, qui, au lieu de porter secours au souverain agonisant, hurlaient à l'encontre de l'assassin : « Tue, tue, il faut qu'il meure ! » Quand il leur cria que le roi n'était que blessé, ils disparurent dans la foule. Jamais on ne les retrouva.

Tous ces faits, connus en haut lieu, notamment par les magistrats du parlement de Paris, expliquent le silence et la prudence des autorités. « Il semble qu'on craigne de trouver ce qu'on cherche », remarquait Pierre de L'Estoile dans son journal. La France, affaiblie par la mort de son roi, pouvait-elle, sans créer une crise diplomatique d'envergure, mettre en cause un prince souverain de la maison d'Autriche ?

Quand on demanda au premier président Achille de Harlay s'il n'avait pas de preuve que Ravaillac avait eu des complices, il s'exclama : « Des preuves ! Il n'y en a que trop, il n'y en a que trop… ! Plût à Dieu que nous n'en vissions pas tant ! » Mais il se garda de donner plus d'amples précisions ! Non, tout n'a pas été dit sur l'assassinat d'Henri IV et ses mystères.

Bibliographie sélective

Babelon, Jean-Pierre, *Henri IV*, Fayard, 1982 ; rééd., 2009.

Cassan, Michel, *La Grande Peur de 1610. Les Français et l'assassinat d'Henri IV*, Champ Vallon, 2010.

Castarède, Jean, *1610. L'assassinat d'Henri IV, un tournant pour l'Europe ?*, France-Empire monde, 2009.

Erlanger, Philippe, *L'Étrange Mort de Henri IV*, Amiot-Dumont, 1957 ; rééd., Perrin, 1963.

Garrisson, Janine, *Ravaillac, le fou de Dieu*, Payot, 1993.

Loiseleur, Jules, *Ravaillac et ses complices*, Didier, 1873.

Mousnier, Roland, *L'Assassinat d'Henri IV, 14 mai 1610*, Gallimard, 1964.

Petitfils, Jean-Christian, *L'Assassinat d'Henri IV, mystères d'un crime*, Perrin, 2009.

14

Anne d'Autriche et Jules Mazarin, « une liaison intime de l'esprit » ?

par Thierry SARMANT

Le pavillon de la reine du château de Vincennes comporte une disposition curieuse : au premier étage, les deux appartements d'apparat, séparés en apparence par l'escalier d'honneur qui occupe le centre du bâtiment, sont en fait reliés par le chemin de ronde de l'enceinte médiévale, qui permet d'aller directement de l'arrière de l'un à l'arrière de l'autre. L'un de ces appartements était destiné à la reine Anne d'Autriche, l'autre au cardinal Mazarin… qui mourut avant de pouvoir l'occuper. La distribution des lieux n'en suscite pas moins quelques interrogations.

Le couple formé par la reine et le cardinal a duré dix-huit années, pour l'étonnement, l'envie, la colère ou le scandale de leurs contemporains. Comment ce couple s'est-il formé ? Quels en furent la nature et le ciment ? Comment résista-t-il à l'épreuve du temps ? Autant de questions que se posaient les témoins du lien étroit entre la souveraine et le prélat… et que se posent toujours les historiens, en dépit des masses d'archives laissées par les protagonistes, dont l'exploration se poursuit depuis deux siècles.

Suivre avec précision le fil de ces dix-huit années est le meilleur moyen de bien poser les questions, sinon de trouver les clefs de l'énigme.

La rencontre

En 1643, quand la reine et le cardinal accèdent conjointement au pouvoir, ils ont respectivement 42 et 41 ans. Anne d'Autriche, reine de France depuis 1615, n'est assurée de sa situation que depuis la naissance du futur Louis XIV, cinq ans plus tôt. Auparavant, il a été question de trahison et de répudiation, car la reine a été convaincue d'entretenir une correspondance secrète avec l'Espagne, sa patrie d'origine, alors en guerre avec la France. Jules Mazarin, lui, est passé du service du pape à celui du roi de France en 1639. Remarqué par Richelieu, l'Italien a connu une ascension foudroyante : désigné comme plénipotentiaire au congrès qui doit mettre fin à la guerre européenne en 1640, cardinal en 1641, il est entré au Conseil du roi l'année suivante, le 5 décembre 1642, le lendemain même de la mort de Richelieu, et Louis XIII l'a désigné comme parrain du dauphin.

Anne d'Autriche a compté Richelieu pour son pire ennemi tandis que Mazarin est au sens le plus fort une créature, voire une création du principal ministre. Rien ne semble donc devoir les rapprocher. Le futur cardinal a été présenté une première fois à la reine en 1632, il l'a revue en 1636 et lui a par la suite envoyé des présents. Avec l'entrée de Mazarin dans le premier cercle des conseillers de Richelieu, les occasions de rencontrer la souveraine se multiplient, mais rien n'indique qu'elle l'ait particulièrement remarqué. C'est bien évidemment *a posteriori* qu'on a prêté à Richelieu le mot fameux : « Vous l'aimerez, Madame. Il a l'air de Bouquinquant » – allusion au penchant de la reine pour le duc de Buckingham, favori de Charles Ier d'Angleterre.

Dans les derniers mois de la vie de Louis XIII, des intrigues souterraines se nouent pour préparer la régence qui s'annonce. Anne d'Autriche, longtemps écartée des affaires, revient dans le jeu en deux temps. Premier acte : une déclaration du roi, datée du 20 avril 1643, lui confère la qualité de régente mais soumet ses décisions à l'accord d'un Conseil de régence dont la composition est fixée par avance. Deuxième acte : le 15 mai, au lendemain de la mort de Louis XIII, le Parlement confère à la reine la régence pleine et entière, ignorant ainsi les dispositions du monarque défunt.

Les nombreux récits des témoins, le plus souvent rédigés assez longtemps après coup, et les quelques correspondances écrites sur le moment qui soient parvenues jusqu'à nous ne permettent pas de déterminer avec certitude comment Anne a opéré ce rétablissement et quel rôle exact Mazarin a joué dans l'opération. Ce qui est certain, en revanche, c'est que leurs premiers contacts prolongés datent des quelques mois qui séparent la mort de Richelieu de celle de Louis XIII ; le cardinal effectue alors des acquisitions immobilières qui indiquent qu'il est assez sûr de demeurer à Paris et dans une position de premier plan, plutôt que de devoir effectuer en catastrophe un repli sur l'Italie : c'est alors qu'il acquiert l'hôtel Tubeuf, séparé par une simple rue des jardins du Palais-Royal. Mazarin a pris le parti de la reine – c'était le seul qui lui permît de rester dans le jeu ; Anne a misé sur Mazarin, plutôt que sur des personnages plus proches d'elle au départ, comme le duc de Beaufort ou l'évêque de Beauvais, Augustin Potier.

Sitôt reconnue comme régente, la reine déclare le cardinal chef du Conseil. À la stupéfaction générale, le couple Anne d'Autriche-Mazarin remplace le couple Louis XIII-Richelieu. À ce stade, le sentiment n'a sans doute pas un rôle prépondérant dans les rapports entre la régente et son ministre. Anne a choisi le collaborateur qui lui paraissait le plus habile, mais aussi un étranger, un homme seul, qui serait plus certainement dans sa main. Mazarin s'est inscrit dans les pas de son protecteur Richelieu, mais n'est pas encore tout à fait sûr de la solidité de sa faveur.

On a conservé, sous forme de copie, une pièce dont l'authenticité n'est pas certaine, qui consiste en un engagement écrit du cardinal au moment de prendre les rênes du ministère : « Je n'aurai jamais de volonté que celle de la reine. Je me désiste dès maintenant de tout mon cœur des avantages que me promet la déclaration [du 20 avril 1643], que j'abandonne sans réserve, avec tous les autres intérêts, à la volonté sans exemple de Sa Majesté. Écrit et signé de ma main, de Sa Majesté le très humble, très obéissant et très fidèle sujet et la reconnaissante créature. »

Le pouvoir

La reine et le cardinal se retrouvent sur une ligne politique claire : à l'intérieur, maintien de l'autorité royale ; à l'extérieur, poursuite de la guerre contre les Habsbourg d'Autriche et d'Espagne. À l'intérieur comme à l'extérieur, l'objectif est de rendre un jour à un Louis XIV majeur un royaume plus fort qu'au début de sa minorité. Mazarin se veut le continuateur de Richelieu. Alors que les critiques se déchaînent contre le ministre défunt, son successeur confie au maréchal de Brézé le 28 mai : « Le temps fera raison à ce grand homme de toutes ces injures, et ceux qui le blâment aujourd'hui connaîtront peut-être à l'avenir combien sa conduite eût été nécessaire pour achever la félicité de cet État, dont il a jeté tous les fondements. Laissons donc évaporer en liberté la malice des esprits ignorants ou passionnés, puisque l'opposition ne servirait qu'à l'irriter davantage, et consolons-nous par les sentiments qu'ont de sa vertu les étrangers, qui en jugent sans passion et avec lumière. »

La première épreuve du couple reine-cardinal est la cabale dite « des Importants » en raison des airs d'importance et de mystère que se donnent ses protagonistes. Il ne s'agit de rien de moins que d'assassiner Mazarin pour prendre sa place. La régente sévit sans hésiter : le 2 septembre 1643, le duc de Beaufort est arrêté et mis au château de Vincennes. Les Vendôme doivent s'exiler à Anet. La duchesse de Chevreuse, ancienne favorite de la reine, est priée de quitter Paris, l'évêque de Beauvais d'aller résider dans son diocèse.

Ce coup d'autorité vaut à Anne d'Autriche et à son ministre quatre années de tranquillité relative. À la fin de 1644, Mazarin s'installe au Palais-Royal, où le roi et la reine résident depuis l'année précédente. En 1646, la régente nomme le cardinal surintendant de l'éducation du roi et de son frère le duc d'Anjou ; deux ans plus tard, elle lui donne la surintendance des Bâtiments. Au-dehors, les succès militaires ne cessent pas et mettent la France en position de force durant les négociations qui se déroulent aux deux congrès de Münster et d'Osnabrück.

Mais le coût de la guerre impose de durcir la fiscalité. C'est l'origine de la période de troubles intérieurs connue sous le nom de Fronde qui dégénère en guerre civile et qui se poursuit, en même temps que la guerre extérieure, de 1648 à 1653. Les adversaires du pouvoir royal exigent le renvoi de Mazarin et suscitent une campagne de pamphlets d'une ampleur sans précédent dans l'histoire de France : les « mazarinades ». Le « gredin de Sicile » y est accusé tantôt d'être l'amant de la reine, tantôt d'être le père naturel de Louis XIV, tantôt d'abuser du petit roi et du duc d'Anjou :

Sire, vous n'êtes qu'un enfant,
L'on vous dérobe impunément
Et le larron baise votre mère
Laire là.
Même on dit qu'il a protesté
De baiser Votre Majesté
Aussi bien que son petit frère
Laire là.

On lit encore dans la pièce fameuse intitulée *La Custode de la reine qui dit tout* datée de 1649 :

Peuple, n'en doutez plus, il est vrai qu'il la foute
Et que c'est par ce trou que Jules nous canarde […].
Son crime est bien plus noir qu'on ne le pense pas.
Elle consent, l'infâme, au vice d'Italie
Et croirait sa débauche être moins accomplie
Si son cul n'avait part à ses sales ébats.

Vingt-six strophes du même tonneau succèdent à cette entrée en matière !

On parle de liaison, mais aussi de mariage secret. Dans l'entourage le plus intime de la reine, Mazarin n'a pas que des amis. Les *Mémoires* du valet de chambre La Porte et ceux de Mme de Motteville, première femme de chambre d'Anne d'Autriche, en témoignent abondamment. Mais, en dépit de tout, le couple politique tient. Les rôles sont bien répartis : la souveraine, sûre de son bon droit, plus fière, plus colérique, affirme la majesté royale, tandis que son ministre, souple, insinuant, dépourvu de passion, pousse à la négociation et au compromis.

Au pire moment de la Fronde, quand les princes s'unissent aux parlementaires, le pouvoir doit lâcher du lest et Mazarin est contraint de se retirer de la Cour de mars 1651 à janvier 1652 et d'août 1652 à février 1653, mais, même tenu à distance, il ne cesse pas d'être, suivant l'expression de Simone Bertière, le « maître du jeu », en communion avec la reine régente.

La Fronde vaincue, les rôles se modifient. Anne d'Autriche se met quelque peu en retrait du gouvernement, laissant le cardinal exercer la plénitude de ses attributions de Premier ministre. Dans les dernières années de son ministère, Mazarin « réunit tout d'un coup en sa personne l'autorité de la mère et du fils, écrit Mme de Motteville, et se rendit le tyran de leurs volontés plutôt que le maître. Il devint la seule idole des courtisans, il ne voulut plus que personne s'adressât à d'autres qu'à lui pour demander des grâces, et s'appliqua avec soin à éloigner d'auprès du roi tous ceux qui avaient été mis par la reine sa mère ». Cet état de choses dure jusqu'au décès du cardinal, le 9 mars 1661.

Un couple plus que politique

D'entrée, les rapports entre la reine et son ministre ont donné lieu à suppositions. En 1643, à 42 ans, le cardinal est encore bel homme : nez fin, yeux noirs, cheveux châtains, barbiche à la royale. Sa robe cardinalice n'est nullement un gage de chasteté ; les exemples ne manquent pas alors de princes de l'Église menant une vie peu régulière. Mazarin parle couramment l'espagnol et sait employer le langage de la galanterie. Il a avec la régente de longs entretiens en tête à tête. L'entourage même d'Anne d'Autriche lui fait remarquer que sa proximité avec Mazarin peut susciter des rumeurs. Tantôt, la reine répond par des traits d'humour, comme lorsqu'elle dit à Mme de Hautefort que le cardinal est d'un pays « à avoir des inclinations d'une autre nature » (c'est-à-dire l'homosexualité, alors réputée « vice italien »). Tantôt, elle entre en furie et clame l'innocence de leurs relations.

Bien des indices donnent à penser que très tôt le couple Anne d'Autriche-Mazarin est davantage que politique. Dès 1644, la reine invite le cardinal à se promener avec elle dans sa calèche. Quand il tombe malade au mois d'octobre, elle se rend plusieurs fois par jour dans sa chambre pour prendre de ses nouvelles. Les observateurs relèvent tout signe de familiarité, jusqu'aux plus légers. Lors de l'audience donnée aux maîtres des requêtes le 16 janvier 1648, Olivier d'Ormesson note ainsi qu'au moment où la reine vient s'asseoir dans le grand cabinet aux côtés du roi, Mazarin, qui suit, marche par mégarde sur sa robe. Sur quoi, Anne d'Autriche « se retourna avec furie ; mais, voyant que c'était M. le Cardinal, elle lui sourit ».

La correspondance codée entre la reine et son ministre, décryptée par les historiens, ne laisse aucun doute quant à la nature de leurs sentiments : c'est bien d'amour qu'il s'agit. De Mazarin à Anne le 11 mai 1651 : « Mon Dieu ! Que je serais heureux et vous satisfaite si vous pouviez voir mon cœur, ou si je pouvais vous écrire ce qu'il en est et seulement la moitié des choses que je me suis proposées. Vous n'auriez pas grand peine, en ce cas, à tomber d'accord que jamais il n'y a eu une amitié approchante à celle que j'ai pour vous. Je vous avoue que je ne me fusse pu imaginer qu'elle allât jusqu'à m'ôter toute sorte de contentement lorsque j'emploie le temps à autre chose qu'à songer à vous. » L'expression de ces sentiments est d'autant plus vigoureuse lorsque le cardinal, contraint de s'éloigner, doute de la constance de la reine, qu'elle soit politique ou amoureuse… Les onze lettres autographes conservées d'Anne au cardinal sont d'un ton tout aussi passionné. On y parle d'« amitié », terme alors ambivalent, et aussi de sentiments seulement désignés par des signes de convention et qui doivent durer « jusques au dernier soupir ». Le cachet de cire employé pour fermer ces missives est fort révélateur : on y trouve les chiffres d'Anne d'Autriche (AA), de Mazarin (ICM), le double MM qui dans le système emblématique de l'époque correspond au verbe « aimer », et quatre « s » barrés, symboles de l'amour.

L'historienne Claude Dulong, experte de cette correspondance, conclut à l'établissement de rapports charnels, mais assez tardivement, vers la fin de la Fronde, entre janvier et août 1652, alors que la Cour nomadise à travers la France au gré des opérations de la guerre civile. Auparavant, à Paris ou dans les maisons royales d'Île-de-France, au milieu de centaines de courtisans et de domestiques, une liaison discrète eût été impossible. Il en va différemment par la suite et une fois la Fronde vaincue, Louis XIV déclaré majeur et le pouvoir royal définitivement assuré, les précautions sont sans doute moins nécessaires. Un passage d'une lettre de Mazarin, alité en raison d'une crise de goutte, à la reine, datée d'août 1658, peut être interprété dans ce sens : « Vous ne sauriez vous imaginer le soulagement que l'on a, dans la maladie que je souffre, quand l'on reçoit certaines visites, de fois à autre, le soir, à l'honneur desquelles on ne peut aspirer dans l'état où je suis. » L'allusion nous semble transparente… mais une visite du soir peut être innocente !

En l'absence de témoignage décisif, la liaison charnelle paraît matériellement possible, mais psychologiquement peu plausible. Anne d'Autriche, imbue de son rang, pénétrée de la grandeur de sa fonction, confite en dévotion, aurait-elle fait entrer dans son lit un homme de médiocre naissance, revêtu d'un caractère ecclésiastique… et qui plus est parrain de son fils ? Mazarin, dont la sexualité semble avoir été assez indécise, dont aucune aventure féminine ou masculine n'est assurée avant son ministère, était-il assez imprudent ou audacieux pour entretenir une relation qui aurait pu se retourner contre lui ? Il est tout de même troublant que la plupart des grands témoins du temps, même les plus hostiles, ne semblent pas croire à une liaison et que les pamphlétaires ennemis de la reine et de son ministre soient incapables de donner des précisions à ce sujet.

Plutôt qu'à une liaison ordinaire, on pense ici à une relation où l'exaltation amoureuse est sublimée dans le plaisir d'une complicité de tous les instants et dans l'exercice commun du pouvoir. C'est le type de rapports qui s'établit à la même époque entre la reine Christine de Suède, retirée à Rome, et le cardinal Decio Azzolino…

et qui fait jaser tout autant que ceux de la reine de France avec son Premier ministre. En ce qui concerne Anne d'Autriche et Mazarin, la duchesse de Chevreuse, experte en la matière, dit un jour au cardinal de Retz qu'elle « avait remarqué des circonstances qui lui faisaient juger qu'il n'y avait entre eux qu'une liaison intime de l'esprit ».

Comme toujours en amour ou en amitié, la sincérité et l'intensité des sentiments ne sont pas identiques entre la reine et le cardinal. Anne d'Autriche, nature plus entière et plus romanesque, aime sans doute davantage, mais avec une sorte de préciosité. « La reine, rapporte Mme de Motteville, était persuadée que les hommes pouvaient sans crime avoir des sentiments tendres pour les femmes ; que le désir de leur plaire les portait aux plus grandes et aux plus belles actions, leur donnait de l'esprit et leur inspirait de la libéralité, et toutes sortes de vertus ; mais que, d'un autre côté, les femmes, qui étaient l'ornement du monde et étaient faites pour être servies et adorées des hommes, ne devaient souffrir que leurs respects. » Dans l'affection de Mazarin, personnalité plus cynique, il a dû entrer, au moins au commencement, une bonne part de calcul. Mme de Motteville, qui ne l'aime guère, écrit qu'il « méprisait les dames et ne croyait pas qu'elles fussent dignes de son estime si, par leurs intrigues ou par leur malice, elles ne trouvaient le moyen d'acquérir sa confiance ». La reine Christine, qui le rencontre en 1656, le juge « homme prudent, adroit, fin », qui « fait profession d'être homme d'honneur et le contrefait assez bien quelquefois, modéré dans toutes ses passions, ou plutôt l'on peut dire qu'il n'en a qu'une seule, qui est la plus belle, et c'est l'ambition. Il fait servir toutes les autres à celles-là et n'a de l'amour ni de la haine qu'autant qu'il convient à son intérêt qui n'est autre qu'un immense désir de régner ».

L'épreuve du temps

Au moment où Mazarin écrit la lettre à Anne d'Autriche où il est question de visites nocturnes, il a 57 ans et la reine 58. Leur couple politique, noué autour des intérêts du petit Louis XIV, est mis à l'épreuve par l'entrée du monarque dans l'âge adulte. En juillet 1658, le roi a été gravement malade pendant la campagne de Flandre. On a craint pour sa vie. Quand il est rétabli, son futur mariage vient à l'ordre du jour.

Le jeune souverain n'a pas été insensible aux charmes de la seconde génération des nièces de Mazarin. Ces fréquentations déplaisent à la reine. L'affaire tourne au vinaigre quand la galanterie se change en passion pour la troisième des sœurs Mancini, Marie. Il est un moment question de mariage. Il est possible que le Premier ministre, déjà allié aux Conti et aux Savoie-Carignan, se soit laissé tenter par la perspective d'une union qui aurait fait de lui l'oncle du roi. Selon Mme de Motteville, il parle alors à la reine des folies de sa nièce en s'en moquant, « mais d'une manière ambiguë et embarrassée ». La réponse est cinglante : « Je ne crois pas, Monsieur le Cardinal, que le roi soit capable de cette lâcheté ; mais s'il était possible qu'il en eût la pensée, je vous avertis que toute la France se révolterait contre vous et contre lui ; que moi-même je me mettrais à la tête des révoltés, et que j'y engagerais mon fils. »

Mais le grand politique prend vite le dessus sur le chef de clan : pour conclure la paix avec l'Espagne, il faut conclure un mariage entre Louis et l'infante Marie-Thérèse. Marie Mancini est un obstacle à ce dessein. Une fois sa résolution prise, Mazarin agit avec vigueur. Quand le jeune Louis XIV lui propose d'épouser sa nièce, le ministre répond « qu'ayant été choisi par le feu roi son père et depuis par la reine sa mère pour l'assister de ses conseils, et l'ayant servi jusques alors avec une fidélité inviolable, il n'avait garde d'abuser de la confidence qu'il lui faisait de sa faiblesse et de l'autorité qu'il lui donnait dans ses États pour souffrir qu'il fît une chose si contraire à sa gloire ; qu'il était le maître de sa nièce et qu'il la poignarderait plutôt que de l'élever par une si grande trahison ». « Voilà, conclut Mme de Motteville, un des plus beaux endroits de la vie du cardinal, et une des principales actions qu'il a faites pour payer les obligations infinies qu'il avait à la reine. »

Quand le roi lui écrit qu'il peut dominer ses passions, sauf « une qui lui tenait dans la tête », le cardinal réplique sans ménagement : « C'est à proprement parler pour ne rien dire, car vous aurez toujours une passion qui vous dominera et vous direz de ne pouvoir pas vaincre celle-là et que vous serez maître des autres qui ne feront aucune peine. Je vous conjure donc de vous bien appliquer pour vous rendre maître de toutes et je vous supplie d'être persuadé que sans cela il vous sera impossible de venir à bout de votre dessein. Je ne vous plais pas peut-être en vous tenant ce discours, mais vous m'en voudrez du bien un jour, qu'étant délivré du mal que vous avez à présent, vous connaîtrez mieux que rien ne me touche à l'égal de vous bien servir et vous représenter ce que j'estime qui peut le plus contribuer à votre gloire. »

La paix conclue, la santé de Mazarin décline rapidement. Vieilli, malade, le cardinal se rend parfois difficile à Anne d'Autriche et sans doute au roi lui-même. Mais Louis XIV et sa mère escortent jusqu'au bout leur compagnon des mauvais jours. Anne d'Autriche vient loger à Vincennes, où Mazarin s'est retiré, espérant profiter du « bon air » pour lequel le château est célèbre. La reine mère, qui loge à proximité de l'appartement de son ministre, doit bientôt s'en éloigner tant les cris de douleur du malade l'incommodent. Elle ordonne que les prières des quarante heures soient dites à son intention, honneur réservé aux têtes couronnées. Le 7 mars, Mazarin donne à la Cour un dernier spectacle au moment de recevoir l'extrême-onction. « Il remercia ceux qui l'avaient administré, rapporte l'abbé de Choisy. Puis il fit venir tous ses domestiques, voulant se montrer à tous avec la barbe faite, étant propre et de bonne mine, avec une simarre couleur de feu, sa calotte à sa tête, comme un homme qui veut braver la mort. Il leur parla fort chrétiennement, leur demanda pardon avec de grandes marques d'humilité et confessa qu'un de ses crimes devant Dieu avait été la colère et la rudesse qu'il avait eues pour eux. » Le cardinal dit ensuite adieu à Louis XIV, à Anne d'Autriche et à Monsieur et leur demande de ne plus venir le visiter.

Au matin du 9 mars 1661, Louis XIV apprend la mort du ministre à son réveil, par sa nourrice, et pleure beaucoup. La reine mère, lasse de l'humeur du défunt et indisposée par ses dernières exigences en faveur de sa famille, montre moins de chagrin. « Le cardinal ne fut pas trop regretté, même de ceux qui lui avaient le plus d'obligation ; c'est le sort des favoris, constate la Grande Mademoiselle. Le roi et la reine furent fâchés quelques jours ; mais je crois que la longueur de sa maladie les y ayant préparés, ils sentirent cette douleur moins vivement. » La grossesse de la nouvelle reine Marie-Thérèse remplace rapidement dans les conversations la mort du cardinal-ministre. Anne d'Autriche est la première à dire qu'il n'en faut plus parler !

La Cour prend le deuil – encore une fois l'honneur n'est d'habitude réservé qu'aux membres des familles royales. Mais le public est moins recueilli et les épigrammes ne manquent pas :

Monsieur le Cardinal est mort.
Il est mort dedans Vincenne.
Hélas ! S'il n'était pas mort
Il foutrait encore la reine.

Principale victime de la « prise du pouvoir » de 1661, Anne d'Autriche est d'emblée exclue du Conseil de gouvernement restreint que Louis XIV met alors en place autour de lui. Elle demeure à la Cour comme une figure tutélaire, mais dont l'influence va diminuant. Son rôle politique s'est achevé le jour de la mort de son partenaire et principal ministre. Elle lui survit un peu moins de cinq ans et meurt d'un cancer du sein, le 20 janvier 1666.

Que savait, que pensait Louis XIV du couple improbable qui avait présidé à ses jeunes années ? Dans ses *Mémoires*, Louis glisse assez vite sur le legs du cardinal. Il a même à son sujet des expressions assez ambiguës : « Dès l'enfance même, le seul nom des rois fainéants et de maires du palais me faisait peine quand on les prononçait en ma présence. Mais il faut se représenter l'état des choses : des agitations terribles par tout le royaume avant et après ma majorité ; une guerre étrangère, où ces troubles domestiques avaient fait perdre à la France mille et mille avantages ; un prince de mon sang et d'un très grand nom [le Grand Condé] à la tête des ennemis ; beaucoup de cabales dans l'État ; les parlements encore en possession et en goût d'une autorité usurpée ; dans ma cour, très peu de fidélité sans intérêt, et par là mes sujets en l'apparence les plus soumis, autant à charge et autant à redouter pour moi que les plus rebelles ; un ministre rétabli malgré tant de factions, très habile, très adroit, qui m'aimait et que j'aimais, qui m'avait rendu de grands services, mais dont les pensées et les manières étaient naturellement très différentes des miennes, que je ne pouvais toutefois contredire ni lui ôter la moindre partie de son crédit sans exciter peut-être de nouveau contre lui, par cette image quoique fausse de disgrâce, les mêmes orages qu'on avait eu tant de peine à calmer. »

On retire de ces phrases entortillées que Louis, jusqu'au bout, comprit la nécessité politique de soutenir Mazarin. Quant aux sentiments intérieurs, ils semblent avoir été plus mélangés. Même limitée à une « liaison intime de l'esprit », la passion mutuelle de la reine et du cardinal n'avait pas dû passer inaperçue d'un jeune roi qui, tout silencieux qu'il était, ne manquait pas de faire ses réflexions. L'élimination d'Anne d'Autriche du Conseil après le 9 mars 1661 peut ainsi être interprétée comme une forme de désaveu. On observe également que, passé cette date, aucun prélat ne fut admis dans les conseils de gouvernement et que cette exclusive dura jusqu'en 1715.

La postérité est comme Louis XIV. Elle reste embarrassée de ce couple royal et cardinalice et incertaine de la nature du lien puissant qui l'unissait. Un lien fait d'amour et de politique... dans des proportions qu'il est sans doute impossible de déterminer avec certitude.

Bibliographie sélective

Bertière, Simone, *Mazarin, le maître du jeu*, De Fallois, 2007.
Dargent, Raphaël, *Anne d'Autriche, l'absolutisme précaire*, Belin, 2015.
Dulong, Claude, *Anne d'Autriche, mère de Louis XIV*, Hachette, 1980.
—, *Mazarin*, Perrin, 1999.

HILDESHEIMER, Françoise, *La Double Mort du roi Louis XIII*, Flammarion, 2007.

MINELLA, Alain-Gilles, *Pour l'amour de l'enfant-roi : Anne d'Autriche, Jules Mazarin*, Perrin, 2008.

SARMANT, Thierry, *Louis XIV, homme et roi*, Tallandier, 2012.

15

Les Poisons : une ombre sur le Roi-Soleil

par Claude Quétel

En l'année 1678, une ombre terrible obscurcit le règne du Roi-Soleil. Tout un monde d'empoisonneurs et d'empoisonneuses surgit progressivement sous les yeux du lieutenant général de police de Paris. La machine judiciaire se met en marche : torture, aveux, exécutions… Bientôt l'entourage du roi lui-même est compromis. Jusqu'où faudra-t-il aller ?

Dans l'après-midi du 17 juillet 1676, une foule immense obstruait littéralement le court trajet qui conduit de la Conciergerie à la place de Grève. Les fenêtres, louées pour l'occasion, débordaient de curieux. Des cris de haine se mêlaient aux « Jésus, Marie, Joseph ! » et aux signes de croix. On exécutait la Brinvilliers, convaincue d'avoir fait périr par le poison son père et ses deux frères. Noble, la condamnée avait eu le privilège d'être décapitée au lieu d'être pendue tandis que la foule avait entonné le *Salve Regina*. Son corps avait été ensuite livré au bûcher. La marquise de Sévigné était là, qui écrivait le soir même à sa fille : « Son pauvre petit corps a été jeté, après l'exécution, dans un fort grand feu, et les cendres au vent, de sorte que nous la respirons, et par la communication des petits esprits, il nous prendra quelque humeur empoisonnante dont nous serons tous étonnés. » On n'aurait su mieux dire…

Pourtant, on ne pourrait parler déjà d'une « affaire des Poisons ». La fonction de lieutenant général de police de Paris n'a été créée qu'en 1667 et Gabriel-Nicolas La Reynie, qui a été nommé par Colbert à ce poste bientôt redouté, doit tout inventer pour mettre un peu d'ordre et de sécurité dans une ville de 500 000 habitants, la plus peuplée d'Europe – un Paris qu'il faut aussi approvisionner, dont il faut commencer à réglementer les métiers, la propreté des rues… C'est dire que des décès qui pourraient paraître suspects n'attirent guère l'attention d'une police aux effectifs dérisoires (même si Paris a été divisé en dix-sept quartiers avec des commissaires, ancêtres des arrondissements actuels). Passe encore d'être occis par épée ou par « pistolet de poche », mais par le poison ? Non pas de ces breuvages de théâtre qui vous terrassent à la seconde et signent l'assassinat, mais de ces poisons longuement administrés et à petites doses (huit mois pour le père de la marquise de Brinvilliers) qui font croire à une longue maladie suivie d'une mort naturelle. De toute façon, la grande faucheuse ne chôme pas au XVIIe siècle. La mort n'étonne pas, ne fait pas scandale, quel que soit l'âge. Quant à soupçonner un empoisonnement criminel, les « ouvertures cadavériques » sont alors incapables de le déceler, se contentant de décrire longuement des organes que la maladie a pu tout aussi bien altérer.

Dans ces conditions, le poison est depuis des siècles l'arme du crime par excellence. L'arsenic est le plus répandu. Le trioxyde d'arsenic ou arsenic blanc a été isolé dès le VIIIe siècle par un alchimiste arabe. Cette poudre blanche a le « mérite » d'être sans goût et sans odeur. Indécelable, elle provoque les mêmes symptômes qu'une intoxication alimentaire (et d'ailleurs, c'en est une), ce qui lui confère le titre de « poison des rois et roi des poisons ». Encore faut-il le distiller, cet arsenic – ce qui ne va pas sans un laboratoire hérissé de cornues et d'alambics. Voilà qui se remarque, surtout dans la promiscuité du Paris d'alors. Oui, mais les chimistes du poison se dissimulent habilement derrière les alchimistes quand ce ne sont pas les mêmes. Alchimie et chimie sont d'ailleurs synonymes. Au XVIIe siècle, on croit encore dur comme fer (c'est le cas de le dire) à la transmutation des métaux, principalement celle des métaux vils comme le cuivre ou le plomb en métaux nobles que sont l'or et l'argent. C'est dire que les officines où l'on s'emploie à distiller sont nombreuses. On y utilise, parmi d'autres produits chimiques, l'arsenic, censé favoriser la conversion du cuivre en argent. Nombreux sont par ailleurs les alchimistes qui distillent des remèdes tout en s'évertuant à la recherche du « végétable », le principe de vie des plantes. Toutes ces pratiques coûtent cher au point que beaucoup s'y ruinent. D'autres au contraire se financent en vendant ouvertement des élixirs et sous le manteau de l'arsenic.

La Reynie, pour lors très occupé à faire la chasse aux mendiants qui désolent Paris ou encore à faire fabriquer des lanternes pour éclairer les rues, est bien loin de ces questions. Cependant, une nouvelle affaire d'empoisonnement qui surgit deux ans après le supplice de la Brinvilliers lui met la puce à l'oreille. Une demoiselle de la Grange, « devineresse » et tireuse d'horoscopes, a visiblement empoisonné son protecteur, avec la complicité d'un abbé, Léonard Nail. L'affaire est claire et les deux complices seront jugés et pendus, mais ce qui intéresse dès lors le lieutenant de police ce sont les ramifications d'un commerce criminel telles qu'elles sont apparues au cours des longs interrogatoires menés à la Bastille.

Les adjoints de La Reynie ne sont pas nombreux mais intelligents et zélés et de surcroît très efficaces, car le système, l'institution plutôt, de la lettre de cachet leur permet de procéder à des arrestations immédiates, loin des lenteurs et des lourdeurs de la voie judiciaire. Parmi ces « exempts » (inspecteurs), Louis Desgrez, la trentaine, fait merveille. C'était lui déjà qui avait retrouvé et arrêté la marquise de Brinvilliers, en fuite à Liège. Le 29 novembre 1677, le même Desgrez, escorté de deux archers, arrête chez lui « De par le Roy » un certain Vanens et sa maîtresse. Tout un attirail de distillation, de fourneaux et d'alambics est mis sous scellés. Tous ceux qui de près ou de loin ont fréquenté « la » de la Grange et l'abbé Nail sont arrêtés et jetés à la Bastille. À la différence de l'affaire de la Brinvilliers, celle de la De la Grange commence à faire tache d'huile.

Il apparaît bientôt qu'une bande d'empoisonneurs tourne autour de Vanens et de son valet et acolyte, La Chaboissière, aide alchimiste et exécuteur des basses œuvres de son maître. « Il se défait des gens en riant », dit sa logeuse, la Dusoulcy, blanchisseuse et loueuse de garnis mais aussi maquerelle, avorteuse et empoisonneuse. Au milieu de toute cette canaille, la figure de Catherine Leroy se détache. Servante de la Dusoulcy, mise elle aussi à la Bastille, elle est la seule à parler avec franchise, comme si son emprisonnement la soulageait enfin. Normande « montée à Paris », elle est devenue la maîtresse de La Chaboissière qui la maltraite et la menace de mort. Elle avoue volontiers avoir elle-même porté à diverses adresses de Paris des fioles dont elle n'ignorait pas le contenu. La Chaboissière lui a dit un jour en ricanant et en se frappant le ventre que la Brinvilliers n'était pas morte et qu'elle avait des héritiers. Indigné, La Reynie lui demande pourquoi elle restait à vivre avec un tel gredin – « Je ne savais où aller ».

À l'évidence, il y a dans Paris des empoisonneurs et des empoisonneuses qui courent encore. Il faut donner un coup de pied dans la fourmilière. Desgrez, l'homme des missions spéciales, a carte blanche. Un nom est déjà apparu lors des interrogatoires, celui de Marie Bosse. On la voit souvent en joyeuse compagnie chez une dame Vigoureux. Toutes deux sont devineresses, tireuses de cartes et fort suspectes de se livrer au commerce des poisons. Desgrez conçoit alors un plan machiavélique au terme duquel il infiltre chez la Bosse, dans le Marais, la jeune épouse de l'un de ses archers. Les premières fois, c'est pour se faire prédire l'avenir. Les suivantes, pour évoquer un problème de succession. La dernière, pour obtenir contre quatre louis d'or une fiole de poison. Il apparaît au passage que, pour être clandestin, ce commerce criminel est visiblement entré dans les mœurs.

Les deux femmes sont arrêtées ainsi que toute leur famille. On fera le tri après. La Reynie ne brusque rien, invitant habilement chacune des deux femmes à parler contre l'autre. De nouveaux noms surgissent, par dizaines, dont une certaine Catherine Deshayes dite Voisin qui semble tenir un rôle central. C'est elle qui fait fabriquer et vend du poison. À en croire les dames Bosse et Vigoureux, elle s'enrichit en les payant misérablement. Des noms de clients apparaissent aussi : une dame Brunet qui a payé 2 000 livres pour se débarrasser de son mari au moyen d'un lavement empoisonné, une dame de Poulaillon qui elle aussi veut qu'on empoisonne son mari, beaucoup plus âgé qu'elle. Cette dernière est arrêtée le 11 février 1679. Puis c'est au tour de la veuve Brunet. Desgrez se saisit de la Voisin, 42 ans, le dimanche 12 mars à la sortie de la messe, à l'église Notre-Dame-de-Bonne-Nouvelle. Il apparaît au passage que toutes ces empoisonneuses sont d'une grande piété.

La Reynie provoque des confrontations riches d'enseignements. Les lettres de cachet pleuvent : des femmes surtout mais aussi quelques hommes, à commencer par un certain Lesage, *alias* Dubuisson, *alias* Cœuret, principal complice de la Voisin qui va se révéler intarissable. Il en sait et il en dit beaucoup sur la clientèle de sa complice. On y trouve tout un monde misérable et miséreux mais aussi des personnes de bonne compagnie et même des personnages de la Cour. Avec un aplomb extraordinaire, il avertit La Reynie et son greffier : « Messieurs, c'est dangereux à éplucher dans Paris ! »

La Reynie rend compte en principe à Colbert, ministre entre autres de la Maison du roi (Intérieur), mais Louvois a pris les choses en main avec l'agrément de Louis XIV et c'est lui qui le plus souvent signe les lettres de cachet pour la Bastille ou le donjon de Vincennes dans cette affaire qui prend de l'ampleur. Houspillé sans cesse par Louvois, La Reynie multiplie arrestations et interrogatoires, découvrant avec horreur le monde des poisons qu'il va nommer dans l'un de ses nombreux rapports à Versailles « le commerce des impiétés ».

Beaucoup de prêtres sont complices des empoisonneuses comme cet abbé Guibourg qui « fait paraître l'esprit ». Certains disent des messes à l'envers pour exaucer quelque vœu, tel qu'un mariage impossible. Il ne s'agit pas que d'empoisonner. D'autres disent des messes noires sur le ventre nu de la demanderesse. On parle de sacrifices de nouveau-nés fournis par un réseau parallèle d'avorteuses. Parmi celles-ci est arrêtée la veuve Lepère, 78 ans, ancienne sage-femme, sur qui la Voisin redirige des clientes. L'avortement se pratique jusqu'au terme de la grossesse. Alors, dit la Lepère sur le ton de la conversation : « On fait venir l'enfant au monde, on le baptise et on le met dans une boîte qu'on donne au fossoyeur pour l'enterrer dans un coin du cimetière. »

Louvois et La Reynie sont plongés dans la consternation et l'indignation. Il s'agit maintenant d'un vaste grouillement de prétendus sorciers et sorcières, sacrilèges et empoisonneurs dont on commence seulement à discerner le fonctionnement et les réseaux. Louvois a dû en rendre compte au roi qui lui aussi s'est offusqué. Une cour de justice spéciale est constituée en avril 1679 qui va aussitôt prendre le nom suggestif de « Chambre ardente ». On l'appelle également « Chambre de l'Arsenal » du fait que ses séances se tiennent à l'Arsenal, juste à côté de la Bastille.

Alors le glaive de la justice s'abat. La Vigoureux et la Bosse sont condamnées à être brûlées vives et leurs cendres jetées au vent. La Vigoureux meurt sous la question, torture légale et soigneusement codifiée, appliquée à tout condamné à mort juste avant son exécution. Le condamné, avant de paraître devant Dieu, n'a-t-il pas quelque chose de plus à avouer ? Il se dit bien des choses intéressantes sous la torture que notent scrupuleusement les greffiers, y compris les cris de douleur. À cette première fournée est jointe la Ferry, une rubanière qui a empoisonné son mari avec l'aide de la Bosse et du fils de celle-ci. Ils ne seront que pendus à deux pas du bûcher sur lequel la Bosse subit son atroce supplice sans une plainte. Cinq jours plus tard, c'est au tour de la Philbert d'être pendue mais au préalable le bourreau lui a tranché le poing comme parricide lors de l'amende honorable prononcée devant Notre-Dame. Tous les accusés ne sont pas condamnés à mort, à commencer par la ravissante Mme de Poulaillon qui a fait preuve d'une si douce contrition que les juges ont hésité à faire tomber une tête aussi adorable. Il a presque fallu la consoler parce qu'elle n'était pas condamnée à mort.

On brûle, on pend… Plus rarement, on remet en liberté, non sans quelque bannissement. Pendant ce temps, d'autres arrestations sont opérées. Chez la Trianon, on a trouvé pas moins de cinquante-sept paquets de poison. Nombre de complices de la Voisin et de Lesage, qu'on avait d'abord laissés courir, sont mis sous les verrous au fur et à mesure que les exécutions font de la place. La Lepère est pendue le 12 août. À cause de son grand âge, elle a été dispensée de la question. Louvois suit tout cela de près. Le roi aussi d'ailleurs qui reçoit personnellement La Reynie le 27 décembre en son château de Saint-Germain en lui recommandant d'agir sans faiblesse. Il va faire de même auprès du procureur de la Chambre de l'Arsenal.

Lesage dénonce à qui mieux mieux toutes celles et ceux qui ont eu le malheur de l'approcher. À propos d'une certaine Filastre, il a dit que si on la prenait, « on saurait d'étranges choses ». Et la voilà prise, avec sa complice Chappelain, toutes deux spécialisées, outre les poisons, en messes sacrilèges. Lesage comme la Voisin, en plus de s'accuser mutuellement, font maintenant étalage de leurs connaissances à la Cour. Des « personnes de considération » sont mises en cause, comme le marquis de Feuquières et le duc de Luxembourg, maréchal de France. Côté femmes, la Voisin cite parmi ses « clientes régulières » la duchesse de Vivonne, très proche du roi, et la comtesse de Soissons, l'une des célèbres sœurs Mancini, nièces de Mazarin et défrayant la chronique de la Cour. Ce n'est en principe que pour se faire prédire l'avenir mais ces dames achètent aussi des « poudres pour se faire aimer ». Alors pourquoi pas des poisons ? Le décès prématuré, à 40 ans, de l'époux de la comtesse de Soissons, Olympe de son prénom, paraît d'ailleurs suspect.

Après bien des hésitations, les juges décrètent de prise de corps (inculpation précédée d'arrestation) le 22 janvier 1680 le duc de Luxembourg, la comtesse de Soissons, la marquise d'Alluye, la vicomtesse de Polignac et le marquis de Cessac. La duchesse de Vivonne, très compromise, notamment pour des messes noires, n'est pas du lot. Elle est trop proche du roi. Son mari est le frère de Mme de Montespan, la favorite, la presque reine. Le scandale n'en est pas moins grand, même si le procès du duc de Luxembourg tourne court. Il n'a été que crédule devant les diableries de Lesage invoquant « le Prince des Ténèbres ». Olympe de Soissons, accompagnée de son inséparable amie la comtesse d'Alluye, a préféré quitter le royaume. « Elle a porté son innocence au grand air », commente joliment Mme de Sévigné. De son côté, la vicomtesse de Polignac a disparu. D'autres grandes dames sont assignées à comparaître, dont la maréchale de La Ferté, perdue de débauche mais dont le mari, duc et maréchal de France, a dit pour sa défense : « Si mon épouse était une empoisonneuse, je serais mort depuis vingt ans. » La duchesse de Bouillon, sœur cadette d'Olympe, mise en cause par la Voisin et avant celle-ci par la Bosse et la Vigoureux, doit comparaître à son tour. Elle arrive à l'Arsenal au milieu d'un bruyant cortège d'une vingtaine de carrosses où s'entassent parents et alliés puis répond avec une morgue extraordinaire aux juges. À La Reynie, qui est l'un des deux rapporteurs et qui lui demande avec une lourde ironie si elle a vu le diable, elle répond : « Je le vois en ce moment-ci ; il est fort laid et déguisé en conseiller d'État ! » Déchargée d'accusation, la duchesse de Bouillon triomphe avec une telle ostentation que le roi l'exile sur l'une de ses terres à Nérac. Après tout elle a été une cliente de la Voisin et aurait dû normalement lui être confrontée. Le roi a bien voulu lui épargner cette humiliation.

La Voisin, dont le procès a été longtemps différé par Louvois, est jugée et condamnée à être brûlée vive le 20 février 1680. Elle subit stoïquement la question en se bornant à déclarer : « Je me crois être encore obligée de vous déclarer pour la décharge de ma conscience qu'un grand nombre de personnes de toutes sortes de conditions et de qualité se sont adressées à moi pour demander la mort et trouver le moyen de faire mourir beaucoup de personnes. C'est la débauche qui est le premier mobile de tous ces désordres. » Deux jours plus tard, le roi étend la compétence de la Chambre ardente « aux sacrilèges, impiétés, profanations, fabrication et exposition de fausse monnaie ». C'est le moyen de procéder à l'arrestation de nombreux prêtres sacrilèges encore en liberté.

Hormis les prêtres, les arrestations se poursuivent et derrière elles, les condamnations. Les poches de Desgrez débordent de lettres de cachet. Depuis l'exécution de sa mère, la fille de la Voisin, arrêtée à son tour, répond plus volontiers aux questions de La Reynie, qui lui accorde plus de crédit qu'à l'intarissable Lesage, lequel en revanche a l'oreille de Louvois, qui va jusqu'à lui rendre visite au donjon de Vincennes où il est enfermé. Sa mère faisait porter des paquets au château de Saint-Germain. « Que contenaient-ils ? – Des poudres pour l'amour... Pour qui ? – Pour le roi... Qui les demandait ? – Mme de Montespan. » La réponse est énorme, presque sacrilège et serait passée sous silence si, le 30 septembre 1680, la Filastre, condamnée à être brûlée vive en même temps qu'un abbé Cotton, ne s'était écriée au milieu du supplice de la question (en l'occurrence les brodequins, sorte d'étau de bois écrasant progressivement les jambes) : « C'est la Chappelain qui l'a fait agir et c'est Mme de Montespan qui faisait agir la Chappelain afin de donner du poison à Mlle de Fontanges[1] et des poudres pour l'amour et faire rentrer la dame de Montespan aux bonnes grâces du roi. » Sur le chemin du supplice, la Filastre se rétracte mais c'est trop tard. Les aveux obtenus sous la question ont une grande valeur.

Les séances de la Chambre ardente sont aussitôt suspendues sur ordre du roi, qui n'a pas trouvé d'autre moyen d'empêcher que Mme de Montespan soit, pour le moins, citée à comparaître. Désormais tout ce qui touche à sa personne va être classé séparément en « faits particuliers » dont seuls le roi, Louvois, Colbert et La Reynie auront la connaissance. La Reynie est en proie au doute mais l'enquête révèle qu'en 1668, l'abbé Mariette et Lesage qui se faisait alors appeler Dubuisson, mis à la Bastille sous l'accusation de sorcellerie, avaient déjà cité parmi leurs clientes Mme de Montespan et sa sœur, Mme de Thianges. La Reynie confie le 11 octobre 1680 son désarroi à Louvois : « Je reconnais que je ne puis par aucunes de mes vues particulières percer l'épaisseur des ténèbres dont je me trouve environné. »

Colbert, grand ennemi de Louvois, contre-attaque car l'affaire des Poisons est devenue un enjeu de pouvoir entre les deux ministres. Un avocat commis par lui, Claude Duplessis, reprend tous les procès-verbaux, pointant les contradictions. Les déclarations de la fille Voisin ne sont pas des preuves. Quel crédit faut-il lui accorder quand elle dit que « madame de Montespan se fit dire une messe sur le ventre par l'abbé Guibourg » ? Et les poudres pour l'amour

1. Jeune favorite du roi en 1679 et décédée l'année suivante à la suite d'un accouchement difficile.

que venait chercher régulièrement sa suivante Mlle des Œillets ? Qui prouve que c'était pour Mme de Montespan ? Et surtout comment sortir de l'embarras de toute cette procédure, bloquée en raison des « faits particuliers » ? Or, explique La Reynie à Louvois en janvier 1681, il y a 147 prisonniers à la Bastille et à Vincennes pour « le fait des poisons ». Beaucoup risquent d'échapper à la justice du seul fait qu'ils ont prononcé ou seulement entendu le nom de Mme de Montespan. La Reynie plaide pour la reprise des séances tandis que Colbert et Louvois s'y opposent. Le lieutenant de police tient bon, arguant qu'on ne peut annuler une telle affaire d'un trait de plume. Le roi adopte alors une solution intermédiaire : la Chambre ardente va reprendre ses séances mais à l'exclusion de ce qui pourrait être relatif aux « faits particuliers ».

La Chambre, qui reprend ses séances le 19 mai 1681, semble vouloir rattraper le temps perdu. Certes des « vedettes » comme Lesage, la fille Voisin, la Chappelain, l'abbé Guibourg (l'un des principaux complices de la Voisin) et bien d'autres échappent à la justice, mais il reste une légion d'empoisonneurs et d'empoisonneuses de moindre calibre, sans compter les nouvelles prises. Condamnations et exécutions reprennent de plus belle. L'un des condamnés, Barenton, qui a l'affreux privilège d'être roué vif, est un laboureur de la Beauce, vétérinaire, rebouteux, jeteur de sorts et « grossiste » en poisons. La Reynie s'inquiète fort, entrevoyant là que le monde des poisons ne s'arrête pas aux portes de Paris. Ledit Barenton a dénoncé sous la question pas moins de six complices aussitôt arrêtés. Pour faire de la place, la Chambre décharge d'accusation du petit gibier et prononce de nombreux bannissements hors de la vicomté de Paris, mais il est évident que la machine s'emballe. Le 21 juillet 1682, le roi prononce la dissolution de la Chambre ardente.

À cette date, la Chambre des poisons a tenu 810 séances. Sur les 319 décrets de prise de corps, 194 personnes « seulement » ont pu être arrêtées, 88 jugées et 36 condamnées à mort (et donc sous l'Ancien Régime exécutées). Restent à juger 106 prisonniers auxquels s'ajoutent les 24 « prisonniers retenus », c'est-à-dire ceux qui ont à voir avec les « faits particuliers », les Lesage, Guibourg, fille Voisin, Chappelain… C'est trop, beaucoup trop. Une âpre négociation s'engage entre Louvois et La Reynie à l'occasion d'un dîner chez le ministre qui pourtant reçoit très peu. Louvois fait valoir qu'on ne peut enfermer à vie tout ce monde, que cela va coûter trop cher à la Couronne et que ce n'est pas la meilleure façon de mettre fin au scandale des Poisons. La Reynie, lui, ne voit que 130 scélérats à punir. On aboutit à 85 et à condition que les autres ne soient pas purement et simplement mis en liberté. Des valets arrêtés en même temps que leur maître, des maris d'empoisonneuses non pleinement convaincus de complicité vont être bannis de Paris. Un fort contingent de femmes va rejoindre le quartier de correction de la Salpêtrière pour y passer de longues années. D'autres, plus chanceuses, vont être enfermées dans des couvents de province à la discipline néanmoins très sévère. La trop jolie Mme de Poulaillon est du nombre pour avoir rompu son ban. Il semble qu'elle a alors oublié qu'elle a échappé de peu à une sentence de mort, car elle ne cesse d'intriguer dans le couvent trop bien nommé des Filles repenties d'Angers. Elle voudrait être transférée aux Bernardines de la même ville, un couvent incontestablement moins dur. La Reynie, qui n'entend pas abandonner son gibier alors même que plus de dix ans ont passé, s'y oppose : « Ce serait d'un mauvais exemple que cette femme eût une aussi bonne retraite. »

Quant aux rescapés de la place de Grève, il ne s'agit pas tant de vengeance ni de vindicte que de logique judiciaire. Ce sont des morts civils, virtuellement exécutés. Ils vont dès lors être enfermés à vie, enchaînés et au secret, dans des citadelles éloignées gardées militairement, le plus souvent aux frontières du royaume. Et gare à ceux qui voudront parler, surtout sur ce qui aurait trait à Mme de Montespan – des « sottises sans aucun fondement », précise Louvois à l'intendant de Franche-Comté à qui il recommande « de les faire corriger si cruellement au moindre bruit qu'ils feront, qu'il n'y en ait pas un qui ose souffler ».

Une vingtaine de prisonniers des poisons ont été conduits, sous la garde de l'irremplaçable Desgrez, à la citadelle de Besançon. On y retrouve Guibourg ou encore Lesage, qui voudrait bien raconter de nouvelles fables au gouverneur, mais Louvois, enfin débarrassé de ses œillères, a prévenu celui-ci : « Vous ne sauriez agir trop durement envers ce fripon-là. » À la forteresse de Belle-Île, hier encore place forte de l'infortuné Fouquet, on retrouve la fille Voisin, Catherine Leroy ou encore une drôlesse surnommée « la Poignard ». À peine nourris et moins encore chauffés, les prisonniers des Poisons meurent comme des mouches. Dix ans plus tard, la moitié a déjà trouvé la mort. Aucun adoucissement ne survient, ni après la mort de Louvois en 1691, ni après le remplacement de La Reynie par d'Argenson en 1697. En 1714, le nouveau gouverneur de la citadelle de Besançon est vertement rappelé à l'ordre par le ministre de la Guerre parce qu'il a fait ôter ses chaînes à un survivant des Poisons, un certain Romani. Les deux doyennes des Poisons décèdent, l'une en 1717, l'autre en 1724 après quarante ans de détention (c'est la Chappelain, complice de la Filastre). Elles partageaient la même cellule au fort de Villefranche-de-Conflent (Pyrénées-Orientales), mais elles faisaient « chacune potée à part ».

En juillet 1682, l'année même de la dissolution de la Chambre ardente, un édit royal a tiré l'enseignement de l'affaire des Poisons, en s'attaquant aux racines du mal. Son intitulé vaut programme : « Édit pour la punition de différents crimes qui sont devins, magiciens, sorciers, empoisonneurs ; règle ceux qui peuvent vendre ou employer des drogues dangereuses, et à qui il est permis d'avoir des fourneaux ou laboratoires. » Cet édit est décisif en ceci que ce n'est pas à la sorcellerie ni aux sorciers et sorcières qu'il s'agit de tordre le cou. Il n'y a plus officiellement de sorciers en France depuis qu'un jugement du parlement de Rouen qui en était encore à juger de « vrais sorciers » a été cassé. Désormais, ceux qui seront jugés en la matière le seront en tant que « faux sorciers ». On ne poursuit plus le diable mais le crime. C'était simple mais il fallait y penser. Les pratiques superstitieuses sont défendues sous toutes leurs formes. La dénonciation est exigée sous peine de complicité. Les crimes « qui se commettent par le poison » seront punis de mort. Le commerce et l'usage des poisons sont désormais strictement réglementés avec notamment la tenue d'un registre spécial (le registre des produits toxiques, toujours en vigueur dans les pharmacies).

L'édit est affiché aux portes des églises et lu aux sermons des messes dominicales. Ni Louvois, ni Colbert et moins encore La Reynie ne sont assez naïfs pour s'illusionner sur le résultat immédiat d'un pareil édit, mais une page vient d'être tournée.

Et Louis XIV dans tout cela ? Les « faits particuliers » ? Lorsque ceux-ci furent révélés au roi, l'étoile de Mme de Montespan avait déjà pâli au profit, côté cour, de Mlle de Fontanges et, côté jardin, de Mme de Maintenon. Le scandale, quoique étouffé, accéléra sa disgrâce. On ne sait si le roi fit part à la belle Athénaïs des terribles accusations qui pesaient sur elle. Il eût été en tout cas le seul à pouvoir le faire car elle restait, en ce terrible automne 1680, la maîtresse officielle du roi. Aussi un grand mystère va-t-il continuer à régner sur le degré d'implication de Mme de Montespan. Des drogues achetées à la Voisin pour conserver l'amour du roi ? Certainement. Des messes noires ? C'est moins certain.

Une scène étrange met fin en quelque sorte à l'épouvantable affaire des Poisons, un dernier bûcher si l'on ose dire. Le 14 juin 1709, La Reynie rend son âme à Dieu. Louis XIV a alors 71 ans. Vieilli, malade, amer, il ne se déplace plus qu'en fauteuil roulant dans un Versailles devenu morne et austère. Il avait fait déposer dans un coffre scellé et confié à la garde du lieutenant général de police tous les procès-verbaux concernant les « faits particuliers », pas moins de « vingt-neuf gros paquets de divers registres ou portefeuilles de minutes ». Il avait une totale confiance en La Reynie, mais maintenant ? Alors, le 13 juillet 1709, il se fait apporter le coffre dans son cabinet, à Versailles, où, en dépit de la saison, il a fait allumer un grand feu. Pontchartrain, chancelier de France, est présent. Loin de toute opération irrégulière, le roi se considère comme étant en Conseil et son procès-verbal est pris qui décharge le greffier de La Reynie qui a apporté le coffre. Le chancelier en extrait une à une les liasses que le souverain examine brièvement avant de les confier à un valet qui les jette au feu. Quand tout est brûlé, le roi demande qu'on le laisse seul. Ses pensées ne sont pas difficiles à deviner mais on ne saura jamais quelle fut son intime conviction dans le degré d'implication de Mme de Montespan, la mère de sept de ses enfants. De toute façon ce n'est pas la mémoire d'Athénaïs qu'il vient de protéger ainsi mais la sienne.

Bibliographie sélective

Chautant, Gisèle, *Croyances et conduites magiques dans la France du xviie siècle d'après l'affaire des Poisons,* thèse de doctorat d'histoire, université Pierre-Mendès-France, Grenoble, 1998.

Funck-Brentano, Frantz, *Le Drame des poisons,* Hachette, 1928 (1re éd. 1899).

Lebigre, Arlette, *1679-1682. L'Affaire des Poisons*, Complexe, 1989.

Le Nabour, Éric, *La Reynie, le policier de Louis XIV*, Perrin, 1990.

Mongrédien, Georges, *Madame de Montespan et l'affaire des Poisons*, Hachette, 1953.

Nass, Lucien (Dr), *Les Empoisonnements sous Louis XIV, d'après les documents inédits de l'affaire des Poisons*, G. Carré et C. Naud, 1898.

Petitfils, Jean-Christian, *L'Affaire des Poisons. Crimes et sorcellerie au temps du Roi-Soleil*, Perrin, 2009.

Quétel, Claude, *Une ombre sur le Roi-Soleil. L'affaire des Poisons*, Larousse, 2007 ; rééd., Tallandier, 2015.

Saint-Germain, Jacques, *La Reynie et la police au Grand Siècle*, Hachette, 1962.

Thuillat, Louis, *Gabriel Nicolas de La Reynie, premier lieutenant général de police de Paris*, thèse de doctorat de droit, université de Poitiers, 1930.

16

Le Masque de fer démasqué ?

par Jean-Christian PETITFILS

« *Un masque d'acier sur le visage…* »

« Un homme est resté de longues années à la Bastille et y est mort masqué. Il avait à ses côtés deux mousquetaires pour le tuer, s'il ôtait son masque. Il a mangé masqué et dormi masqué. Il fallait sans doute que ce fût ainsi, car on l'a d'ailleurs très bien traité, bien logé et on lui a donné tout ce qu'il désirait. Il a communié masqué ; il était très dévot et il lisait continuellement. On n'a jamais pu apprendre qui il était. »

L'auteur de ces lignes, écrites au château de Marly le 10 octobre 1711, n'était ni un gazetier fantaisiste, ni un épistolier ordinaire, mais la propre belle-sœur de Louis XIV, Élisabeth Charlotte de Bavière, duchesse d'Orléans, princesse palatine, vivant à la cour de France. Avait-elle par hasard levé un coin du voile d'un secret d'État ? Cette lettre, comme toutes celles de sa volumineuse correspondance, était destinée à sa chère tante Sophie de Hanovre, au grand dam sans doute du marquis de Torcy, surintendant des Postes et chef du « cabinet noir », qui ne pouvait se permettre de la censurer…

Cette singulière énigme n'a cessé de piquer la curiosité du public depuis trois siècles. Un millier de livres et d'articles, des colloques internationaux, quantité de romans, dont le fameux *Vicomte de Bragelonne* d'Alexandre Dumas, dernier livre de la trilogie des

Trois Mousquetaires, des pièces de théâtre, des bandes dessinées et des films de cape et d'épée ont entretenu le mystère autour de ce prisonnier, d'abord enfermé au donjon de Pignerol, petite place française sur le versant italien des Alpes, puis au fort d'Exilles, entre Turin et Briançon, ensuite à la citadelle de l'île Sainte-Marguerite, en mer de Provence, enfin à la Bastille où il mourut en 1703. Que sait-on de cet homme ? Pourquoi a-t-on dissimulé ses traits sous un masque ? Qu'avait-il fait pour mériter une si longue détention : trente-quatre ans ? Pourquoi l'a-t-on entouré de tant de précautions ? Près d'une soixantaine d'hypothèses ont été avancées pour lui donner une identité. Il n'est pas simple de démêler l'histoire de la légende qui très vite a pris son essor.

Le 4 septembre 1687, en plein règne de Louis XIV, une gazette manuscrite circulant sous le manteau dans les milieux jansénistes se faisait l'écho d'un étrange événement : « M. de Saint-Mars a transporté par ordre du roi un prisonnier d'État de Pignerol aux îles Sainte-Marguerite ; personne ne sait qui il est ; il y a défense de dire son nom et ordre de le tuer s'il le prononce [...]. Il était enfermé dans une chaise à porteurs, ayant un masque d'acier sur le visage, et tout ce qu'on a pu savoir de Saint-Mars était que ce prisonnier était depuis de longues années à Pignerol et que tous les gens que le public croit morts ne le sont pas... »

Juché sur un promontoire au centre de la citadelle qu'avait assiégée autrefois le cardinal de Richelieu, le donjon de Pignerol était un château médiéval avec cinq tours qui servait de prison d'État. Plusieurs personnages y avaient été incarcérés, dont l'ancien surintendant des Finances Nicolas Fouquet, accusé de prévarication, et le comte de Lauzun, amoureux de la Grande Mademoiselle, capitaine des gardes du corps du roi. Un officier des mousquetaires, adjoint du célèbre d'Artagnan, Bénigne Dauvergne, sieur de Saint-Mars, en avait été nommé gouverneur en 1665, avant de prendre en 1681, après le décès de Fouquet et la libération de Lauzun, le commandement du petit fort d'Exilles, dans le val de Suse. C'est de là que venait le mystérieux captif, après avoir passé quelques années à Pignerol.

À Sainte-Marguerite, on peut encore voir sa chambre qui fait face à la baie de Cannes et à l'amphithéâtre du massif de l'Esterel : une pièce sombre mais spacieuse de trente mètres carrés environ, dont la fenêtre est protégée par trois rangées de grilles que ronge l'air marin, avec des murs de près de deux mètres d'épaisseur et une entrée munie de deux lourdes portes cloutées aux gonds inversés. Jamais un rayon de soleil ne pénètre en ce lieu ! Cette chambre avait été aménagée peu avant son arrivée en 1687. L'inconnu y demeura enfermé jusqu'à la fin d'août 1698, date à laquelle il fut conduit à la Bastille par Saint-Mars, son geôlier attitré, qui venait d'en être promu gouverneur. Il voyagea cette fois non en chaise à porteurs mais en litière[1], un masque de velours sur le visage : il avait en effet manqué de périr étouffé lors du précédent transfèrement.

Dans son registre d'écrou personnel, aujourd'hui conservé à la bibliothèque de l'Arsenal, le lieutenant de roi de cette forteresse, Étienne Du Junca, fonctionnaire précis, droit et intègre, consigna ainsi cet événement : « Du jeudi 18e de septembre, à 3 heures après-midi, M. de Saint-Mars, gouverneur du château de la Bastille, est arrivé pour sa première entrée venant de son gouvernement des îles Sainte-Marguerite et Honorat, ayant avec lui dans sa litière un ancien prisonnier qu'il avait à Pignerol, lequel il fait tenir toujours masqué, dont le nom ne se dit pas et, l'ayant fait mettre en descendant de sa litière dans la première chambre de la tour de la Bazinière, en attendant la nuit, pour le mettre et mener moi-même à 9 heures du soir, avec M. de Rosarges, un des sergents que M. le Gouverneur a amenés, dans la troisième chambre seul, de la tour de la Bertaudière, que j'avais fait meubler de toutes choses quelques jours avant son arrivée, en ayant reçu l'ordre de M. de Saint-Mars, lequel prisonnier sera servi et soigné par M. de Rosarges et que M. le Gouverneur nourrira[2]. »

Cinq années plus tard, le mystérieux captif mourut subitement, ainsi que l'atteste le second registre du lieutenant de roi, consacré

---

1. Une caisse de carrosse sans roues, portée sur deux brancards par deux ou quatre chevaux.

2. C'est-à-dire réglera ses frais d'entretien sur un compte spécial, différent de celui des autres prisonniers.

aux décès : « Lundi 19e de novembre 1703, ce prisonnier inconnu, toujours masqué d'un masque de velours noir, que M. de Saint-Mars gouverneur a mené avec lui en venant des îles Sainte-Marguerite, qu'il gardait depuis longtemps, lequel s'étant trouvé hier un peu mal en sortant de la messe, il est mort le jourd'hui sur les 10 heures du soir, sans avoir eu de grande maladie, il ne se put pas moins. M. Giraut, notre aumônier, l'a exhorté un moment avant de mourir, et ce prisonnier inconnu gardé depuis si longtemps a été enterré le mardi à 4 heures de l'après-midi dans le cimetière Saint-Paul, notre paroisse… »

Sur l'acte de décès établi à la sacristie[3], on lui donna le nom de « Marchioly, âgé de 45 ans ou environ ». L'étonnant pour une sépulture chrétienne est que la mention du prénom n'ait pas été faite. Quant à l'âge fourni, il est probablement erroné si l'on considère que le prisonnier, peu de temps avant sa mort, avait déclaré au docteur Fresquière, médecin de la prison, avoir environ 60 ans.

Selon Du Junca, ses obsèques coûtèrent quarante livres, une somme modique qui permit de payer un linceul et les honoraires du fossoyeur. Étrange ! Cela ne correspond apparemment pas à un détenu de rang social élevé comme on aurait pu le penser. À ces renseignements, le major Godillon-Chevalier, archiviste de la Bastille au XVIIIe siècle, ajoutait dans la fiche qu'il avait consacrée au « fameux homme au masque que personne n'a jamais connu » la note suivante : « Il a été enseveli dans un drap neuf qu'a donné le gouverneur, et généralement tout ce qui s'est trouvé dans sa chambre a été brûlé comme son lit tout entier, chaises, tables et autres ustensiles, ou fondu, et le tout jeté dans les latrines. »

Le père jésuite Henri Griffet, aumônier de la forteresse de 1745 à 1764, faisait grand cas du témoignage de Du Junca, décédé à cette époque. Il le contredisait cependant sur un point : il n'y avait aucune raison pour que le détenu fût contraint de garder constamment son masque de velours. « Il n'était obligé de le prendre que lorsqu'il traversait la cour de la Bastille pour aller à la messe,

3. L'église Saint-Paul-des-Champs, dont il ne reste aujourd'hui qu'un pan de mur, était proche de l'église des Jésuites, l'actuelle Saint-Paul-Saint-Louis.

afin qu'il ne fût pas reconnu par les sentinelles ou quand il était obligé de laisser entrer dans la chambre quelque homme de service qui n'était pas dans le secret. » Le fait fut confirmé dans *L'Année littéraire* de 1768 par le fils d'un lieutenant de Saint-Mars à Sainte-Marguerite, Formanoir de Palteau : « Il n'avait ce masque que lorsqu'il sortait pour prendre l'air ou était obligé de paraître devant quelque étranger. »

Que retenir de ces documents incontestables qui n'empruntent rien à la fantaisie ? D'abord, qu'il a bien existé sous Louis XIV un prisonnier ayant porté une sorte de casque de fer ou d'acier lors de son transfèrement d'Exilles à l'île Sainte-Marguerite en 1687, casque transformé en un masque de velours noir à la Bastille, de 1698 à sa mort en 1703. Ensuite, que son identité était inconnue de Mme Palatine, belle-sœur du roi, ce qui peut se comprendre vu son goût immodéré du commérage, mais aussi du lieutenant de roi, pourtant second personnage de la forteresse parisienne après le gouverneur.

Des légendes et des hypothèses à foison

La légende s'empara vite du personnage. En Provence, où il était resté onze ans derrière les barreaux du fort royal de Sainte-Marguerite, des récits, des anecdotes avaient perpétué son souvenir. On racontait qu'il était servi par le gouverneur avec des égards extraordinaires, qu'il aimait le linge fin, les dentelles et les somptueux vêtements, jouait de la guitare, chantait de sa voix harmonieuse des mélopées d'une indicible mélancolie…

Voltaire, qui avait été l'un des premiers à se passionner pour cette énigme, prit plaisir à les collationner. Un jour, raconte-t-il, l'inconnu écrivit quelques mots à la pointe d'un couteau sur un plat d'argent qu'il laissa choir de sa fenêtre. Ayant vu par hasard tomber l'objet sur les rochers, d'un coup de rame, un pêcheur des environs alla le ramasser et le rapporta au gouverneur. Le regardant d'un air inquiet, celui-ci lui demanda s'il avait lu ce qui était écrit dessus. « Je ne sais pas lire, avoua le pêcheur ; je viens de le trouver ; personne ne l'a vu. – Allez, lui dit-il, en le renvoyant, vous êtes bien heureux de ne pas savoir lire ! »

Qui donc avait-on voulu cacher derrière ce masque ? Au XVIIIe siècle, on commença à en discourir discrètement dans les salons. Parmi les noms les plus couramment avancés figuraient celui du duc de Beaufort, petit-fils d'un bâtard d'Henri IV, le fameux « roi des Halles », disparu officiellement au siège de Candie, en Crète, en juin 1669, mais dont on n'avait pas retrouvé le corps ; celui du jeune comte de Vermandois, fils naturel de Louis XIV et de Louise de La Vallière, décédé en novembre 1683 d'une fièvre contractée au siège de Courtrai, qu'on avait peut-être fait passer pour mort ; celui du duc de Monmouth, bâtard de Charles II d'Angleterre, officiellement décapité en juillet 1685 pour s'être soulevé contre son oncle, Jacques II… À la vérité, rien ne venait étayer ces suppositions.

Voltaire, qui avait fait deux courts séjours à la Bastille en 1717 et 1726, cherchait de son côté à accréditer à mots feutrés, car il ne tenait pas à en faire un troisième dans cette insalubre prison d'État, sa propre théorie, beaucoup plus redoutable pour la dynastie royale : celle d'un frère aîné de Louis XIV, issu des amours adultérines d'Anne d'Autriche et de quelque grand seigneur, à qui aurait dû revenir le trône, puisqu'il était né au sein d'un légitime mariage. Le masque était là pour cacher une ressemblance frappante. L'ingénieux fureteur tenait cette histoire, directement ou indirectement, d'une vieille demoiselle de Chartres, Mlle Dubois de Saint-Quentin, ancienne maîtresse du marquis de Barbezieux, secrétaire d'État mort en 1701, qui avait eu dans son département la prison de l'île Sainte-Marguerite.

Le 20 octobre 1738, préparant son grand ouvrage sur le règne de Louis XIV, il écrivit à l'abbé Du Bos, secrétaire perpétuel de l'Académie française : « Je suis assez instruit de l'aventure de l'homme au masque de fer, mort à la Bastille. J'ai parlé à des gens qui l'ont servi. » La réponse de son honorable correspondant est datée du 3 décembre de la même année : « Quant à l'homme masqué, j'entendis dire, lorsqu'il mourut il y a vingt ans[4], qu'il n'était qu'un domestique de M. Fouquet : si vous avez des preuves de ce fait, vous ferez très bien de les avancer. Mais si vos preuves ne sont point persuasives, mon sentiment serait que vous ne démasquiez point cet homme. Ce que j'ai entendu dire sur son état ne doit pas être confié au papier. M. Thieriot[5] à qui j'en ai dit un peu plus que je ne vous en écris, m'a paru de mon sentiment. »

Ancien commis des Affaires étrangères, le savant abbé Du Bos était bien renseigné. Il laissait entendre que deux thèses circulaient dans les milieux officiels : celle d'un obscur domestique (confirmée par Michel Chamillart, contrôleur général des Finances et secrétaire d'État à la Guerre, qui assurait que « c'était un homme qui avait tous les secrets de M. Fouquet ») et celle, sulfureuse et maléfique, du frère aîné du roi, mise en circulation par Mlle de Saint-Quentin. Négligeant la première, sans intérêt pour lui, fasciné par la seconde mais prudent en diable, Voltaire mit des années avant de lever complètement le masque.

En 1751 parut la première édition de sa magistrale étude sur *Le Siècle de Louis XIV*. Dans un chapitre consacré aux anecdotes du règne, quelques paragraphes parlaient du Masque de fer, où abondaient déjà approximations historiques et rumeurs légendaires : ce prisonnier inconnu était « d'une taille au-dessus de l'ordinaire, jeune, de la figure la plus belle et la plus noble ». Il portait « un masque dont la mentonnière avait des ressorts d'acier qui lui laissaient la liberté de manger avec le masque sur le visage ». À la Bastille « où il fut logé aussi bien qu'on peut l'être dans ce château, on ne lui refusait rien. Son plus grand goût était pour le linge d'une finesse extraordinaire et pour les dentelles. Il jouait de la guitare. [...] Sa peau était un peu brune... ».

Pour qui savait lire entre les lignes, il s'agissait du portrait en filigrane du Roi-Soleil ! L'affaire, évidemment, prenait une tout autre dimension, du moins pour ceux qui avaient deviné ce que l'auguste oracle suggérait. Ce n'était plus seulement le masque,

4. Cela faisait en réalité trente-cinq ans que le prisonnier était mort.
5. Nicolas Claude Thieriot, avocat, ami de Voltaire.

ce supplice odieux et barbare, qui se trouvait dénoncé par les philosophes et gens de lettres, mais le crime fratricide d'un tyran persécuteur, séquestrant un innocent, qui plus est son propre frère aîné, à qui revenait de droit le trône.

D'ouvrage en ouvrage, du *Supplément au siècle de Louis XIV* (1753) aux *Questions sur l'Encyclopédie* (1771), en passant par la *Suite de l'essai sur l'histoire générale* (1763), l'auteur de *Candide*, avec des airs entendus, distilla subtilement des détails accréditant sa solution.

En 1771 enfin, dans la seconde édition des *Questions sur l'Encyclopédie*, il passa aux aveux, sous couvert d'une *Addition* de l'éditeur : « Le Masque de fer était sans doute un frère, et un frère aîné de Louis XIV, dont la mère avait ce goût pour le linge fin sur lequel M. de Voltaire appuie… » Joli coup !

D'autres hypothèses…

Après le 14 juillet 1789, un astucieux journaliste publia dans les *Loisirs d'un patriote français* le texte d'une carte trouvée par hasard dans les papiers de la prison du faubourg Saint-Antoine : « Fouquet arrivant des isles Sainte-Marguerite avec un masque de fer. » Une carte que personne n'a jamais pu produire depuis ! « Citoyen et soldat », Dorat-Cubières, dans son *Voyage à la Bastille fait le 16 juillet 1789 et adressé à madame de G… à Bagnols*, proposa une autre identification qui devait faire la fortune des romanciers, d'Alexandre Dumas à Marcel Pagnol : l'homme masqué serait un frère jumeau du Roi-Soleil, emprisonné à vie parce que la loi salique n'avait rien prévu en cas de naissance royale gémellaire !… Disons-le tout de suite, cette supposition, qui fit couler beaucoup d'encre, est dépourvue de la moindre once de vraisemblance – l'accouchement des reines de France se faisait en effet en public, et il en fut ainsi le 5 septembre 1638 pour Anne d'Autriche –, mais elle a tant séduit les amateurs de sensationnel qu'elle résiste encore aujourd'hui à toute critique rationnelle. Il y a à peine plus d'un siècle, un illuminé, un certain abbé Félix

Devalois, dit de Valois, prêtre de Marseille, fondait sa revendication du trône de France sur une parenté en ligne directe avec l'infortuné jumeau. Il avait même rassemblé un cercle de partisans convaincus et fondé une « revue historique et politique », intitulée comme il se doit *Le Masque de fer* (juillet 1911-février 1912).

Le Masque, un frère jumeau du roi ? Que nenni, c'était Molière, assurait à la fin du XIXe siècle un original, Anatole Loquin, douanier, musicologue et littérateur. Les responsables en étaient les Jésuites, qui, voulant se venger du *Tartufe*, l'avaient fait enlever au sortir de la quatrième représentation du *Malade imaginaire*, le 17 février 1673, avaient annoncé sa mort et l'avaient fait conduire masqué à Pignerol ! Pour d'autres, il s'agissait du lieutenant général de Bulonde, ou d'un conspirateur lorrain nommé Oldendorff, ou encore du chevalier de Rohan, du chevalier de Grémonville, à moins que ce ne fût Nabo, le page noir de la reine Marie-Thérèse, dont parlait le peu sérieux Touchard-Lafosse dans ses *Chroniques de l'Œil-de-Bœuf* (1800)… Bref, on a l'embarras du choix !

Les pièces d'un puzzle historique

Il est temps de revenir à l'histoire, à sa méthode, à sa rigueur, à ses documents, à ses faits. Dans les rumeurs colportées au XVIIIe siècle, tout n'était pas inventé assurément. Les mélodies, entendues par les pêcheurs de Cannes en provenance des prisons, étaient en réalité des psaumes chantés par un des pasteurs protestants enfermés au fort après la révocation de l'édit de Nantes, Paul Cardel. L'anecdote du « plat d'argent » était elle aussi véridique : une simple écuelle d'étain jetée par un autre, Pierre de Salves dit Valsec. Saint-Mars en parle dans ses lettres. Mais comment distinguer le vrai du faux ?

L'enquête historique commence au donjon de Pignerol, dont Bénigne de Saint-Mars a été gouverneur de 1664 à 1681. Il est établi, grâce au registre de Du Junca, que l'homme masqué était un « ancien prisonnier » de cette geôle. Or, le gouverneur, nous le savons par sa correspondance avec son ministre de tutelle, le marquis de Louvois, conservée aux Archives nationales et au Service historique de la Défense, avait eu sous sa responsabilité un nombre parfaitement connu de pensionnaires. Outre Fouquet, mort le 23 mars 1680, et Lauzun, libéré en avril 1681, résidaient au donjon des individus de moindre renom : un domestique, Eustache Danger, un moine jacobin (c'est-à-dire dominicain) surnommé Lapierre (car il cherchait la pierre philosophale), un agent double, Dubreuil, un ancien conseiller du duc de Mantoue, Ercole Antonio Matthioli et un valet de prison, La Rivière. L'un d'eux est nécessairement l'homme que nous recherchons.

Les ordonnances de remboursement des frais, périodiquement émises par le geôlier, sont claires sur ce point et confirment que l'énigme se circonscrit à ces cinq candidats. Il n'y a aucune place pour un personnage clandestin, secrètement gardé et magnifiquement traité. Tant pis si les amateurs de merveilleux sont déçus : le célèbre prisonnier n'était certainement pas un homme de très haute condition sociale, ni un prince du sang, ni un duc et pair, ni un maréchal de France, ni même un gentilhomme de vieille roche, pour qui on aurait eu quelque considération. On tombe de haut évidemment ! Et c'est bien là une partie du problème qu'il faut résoudre…

Pis encore, cet obscur personnage fut toujours traité comme le gibier ordinaire des prisons, petits espions, agents doubles, empoisonneurs ou mythomanes, qu'on s'interdisait de tuer pour des raisons religieuses, mais qu'on enfouissait à tout jamais dans un cul-de-basse-fosse sans interrogatoire ni procès. Sa pension était celle d'un homme du commun. Pour sa nourriture, le trésorier de l'Extraordinaire des guerres, dont relevait le donjon de Pignerol, ne payait que 5 livres 10 sols par jour, soit 165 livres par mois. En comparaison, on notera que le fonds constitué pour l'entretien mensuel de Fouquet et de Lauzun s'élevait respectivement à 500 et 600 livres.

En 1687, lors de son transfèrement à l'île Sainte-Marguerite, le gouverneur vendit ses effets : « Le lit de mon prisonnier, écrivait-il à Louvois, était si vieux et rompu que tout ce dont il se servait, tant linge de table que meubles qu'il ne valait pas la peine d'apporter ici, l'on n'en a eu que treize écus. » Treize écus, c'est-à-dire 39 livres.

Avec pareille somme, pas question d'avoir de beaux meubles ni une luxueuse garde-robe comme Fouquet ou Lauzun ! Un châssis de bois pour sommier, une couche et de simples nippes. « Il faut, avait prescrit Louvois en décembre 1681, que les habits durent trois ou quatre ans à ces sortes de gens-là. »

Matthioli ?

L'analyse de la correspondance ministérielle, dont les historiens ont pris progressivement connaissance au cours du XIXe siècle, nous livre une autre certitude : l'homme au masque, contrairement à ce que pensaient encore les historiens Marius Topin en 1869 et Frantz Funck-Brentano en 1894, ne fut pas l'Italien Matthioli, cet agent du duc de Mantoue qui avait trahi la confiance de Louis XIV en révélant aux cours européennes des négociations secrètes touchant la cession de la place de Casal, sur le Pô. Il est établi aujourd'hui que cet individu resta à Pignerol en 1681, lorsque Saint-Mars prit le gouvernement du fort d'Exilles, emmenant avec lui deux mystérieux prisonniers « de conséquence » dont le futur homme masqué.

Certes, c'est bien le nom de cet agent mantouan, légèrement déformé en « Marchioly » par le curé de Saint-Paul, l'abbé Gilles Lesourd, qui figure sur le registre des actes de décès, mais, à cette époque, on enterrait systématiquement les prisonniers d'État sous des noms d'emprunt : décédé en octobre 1701, François Esliard, jardinier de Coutances, surpris alors qu'il affichait aux portes de Notre-Dame des placards traitant le roi de tyran, fut inscrit à Saint-Paul sous le nom de Pierre Navet (pour un jardinier, quel humour !), « n'étant pas à propos de dire son nom, note Du Junca, étant cru criminel d'État ». En juin 1702, Dupressoir-Louvard, accusé de sodomie, se trancha la gorge : il fut inhumé sous le nom de Pierre Massuque. En mars 1704, le faux-monnayeur Vinacchio dit Vinache fut porté en terre sous le nom d'Étienne Durand… Tous ces malheureux étaient des hommes de mince importance. On peut penser à plus forte raison que le « prisonnier dont le nom ne se dit pas » dut être déclaré sous une fausse identité. Saint-Mars choisit intentionnellement celle de son ancien voisin de cellule à Pignerol, avec lequel la rumeur commençait à le confondre. Celui-ci, en réalité, était mort en avril 1694, à son arrivée à Sainte-Marguerite, lors de l'évacuation des derniers prisonniers de la place forte alpine, menacée par les armées du duc de Savoie.

« Le nommé Eustache Danger »

L'identité du héros involontaire de ce drame n'est plus aujourd'hui un mystère : il s'agit d'Eustache Danger. La lecture en continu de la correspondance ministérielle le démontre avec une concordance rigoureuse et impressionnante. Dubreuil, resté à Pignerol, fut libéré en 1684, La Rivière, ancien valet de Fouquet, mourut d'hydropisie à Exilles en 1686 après avoir fait son testament, et le moine jacobin Lapierre, devenu fou, décéda à Pignerol en 1693.

C'était assurément un personnage de piètre envergure qu'Eustache Danger, valet de son état, arrêté à Calais à la fin de juillet 1669 par le major de la citadelle de Dunkerque, Alexandre de Vauroy, et conduit par petites étapes dans la forteresse piémontaise, avec une simple escorte de trois archers (100 mousquetaires et leur chef d'Artagnan avaient été mobilisés pour convoyer Fouquet en 1664 et Lauzun en 1671). Un homme de modeste origine, mais qui connaissait un secret d'État. La lettre de Louvois annonçant sa prochaine arrivée à Pignerol insistait sur ce point : « Il faudra que vous portiez vous-même à ce misérable, une fois le jour, de quoi vivre toute la journée et que vous n'écoutiez jamais, sous quelque prétexte que ce puisse être, ce qu'il voudra vous dire, le menaçant toujours de le faire mourir s'il vous ouvre jamais la bouche pour vous parler d'autre chose que de ses nécessités. [...] Vous ferez préparer les meubles de celui que l'on vous amènera, observant que, comme ce n'est qu'un valet, il ne lui en faut pas de bien considérables. »

Le temps passant, l'importance du secret parut diminuer. En 1675, à la mort d'un des deux domestiques de Fouquet, Saint-Mars expliqua à Louvois qu'il ne parvenait pas à en recruter de nouveaux, personne ne voulant s'enfermer à vie, pas même « pour un million ». L'autre serviteur, La Rivière, étant constamment malade, il proposa donc la candidature d'Eustache, ancien domestique lui-même. Après avoir été bien chapitré, faisait-il valoir, ce doux et pieux cénobite, « résigné à la volonté du roi et de Dieu », se garderait de dire « d'où il sort ». Or, fait extraordinaire, Louis XIV, qui avait exigé jusque-là des précautions inouïes pour qu'on n'entendît point le mystérieux captif, faisant aménager à dessein un cachot hermétique, accéda sans objection à cette singulière proposition. Il fut cependant précisé que Danger ne servirait qu'à Fouquet et seulement en cas de nécessité. De cela, on peut logiquement déduire que certaines révélations tiraient moins à conséquence si elles étaient faites à un condamné à la prison perpétuelle qu'à Lauzun, promis un jour à la libération.

Cependant, quand on décida d'alléger le régime carcéral de l'ancien surintendant en lui permettant de rencontrer librement ce dernier, on ne se soucia pas de reconduire « le nommé Eustache » à son cachot. Louvois se contenta de demander à Fouquet s'il pouvait compter sur sa discrétion, afin que personne ne sache « de ce à quoi il avait été employé avant que d'être à Pignerol » (lettre du 28 décembre 1678), « puisque, ajoutait-il, vous connaissez de quelle conséquence il est que personne n'ait connaissance de ce qu'il sait » (lettre du 20 janvier 1679). Fouquet promit.

Danger vécut ainsi quelque temps à côté de l'ancien ministre qui pouvait désormais recevoir sans contrainte sa femme, ses enfants, son frère, les officiers de la garnison. On ne dissimulait alors ni son nom ni son visage…

En janvier 1680, l'état de santé de Nicolas s'aggrava. Le 11 mars, Louvois, qui avait ses propres informateurs à Pignerol, avertit Saint-Mars que ses prisonniers communiquaient à son insu. Le 23, le geôlier répondit qu'il avait en effet trouvé dans l'appartement de Fouquet un trou pratiqué dans la cheminée, grâce auquel celui-ci était en communication constante avec Lauzun, enfermé à l'étage inférieur. Par la même lettre, il annonçait la mort du surintendant, survenue à la suite d'une apoplexie dont cette découverte était peut-être la cause.

Catastrophe ! Que faire ? Lauzun allait quitter Pignerol. Devant ce fait nouveau, on aurait pu l'y laisser à tout jamais. On n'en fit rien, car le roi avait trop besoin pour son bâtard chéri, le duc du Maine, des biens de la Grande Mademoiselle. L'élargissement du Gascon était en effet la condition de la donation de la cousine germaine du roi, toujours amoureuse et désirant l'épouser.

Le mieux était de neutraliser un témoin gênant en faisant disparaître Eustache dans un cul-de-basse-fosse. C'est ce qui fut décidé. En même temps, Louvois ordonna à Saint-Mars de persuader Lauzun que les deux valets de Fouquet, Danger et La Rivière, avaient été libérés à la mort de leur maître. De la sorte, on disqualifiait d'avance les éventuelles révélations dont ils étaient détenteurs.

Le mystère du Masque de fer commence à cette époque. Saint-Mars restait le seul à savoir que les deux valets avaient été maintenus dans une claustration absolue. Ils furent bientôt transférés à Exilles, hors de cette ville de garnison truffée d'espions et d'agents secrets. La Rivière, coupable de complicité dans l'affaire du trou clandestin, mourut après six années de réclusion. Quant à Eustache, rayé du contrôle des prisons, il suivit son geôlier à la citadelle de Sainte-Marguerite. Lorsqu'il arrivera à la Bastille, il sera un homme sans visage ni identité. Il mourra sous un nom d'emprunt, et ses restes seront jetés à la fosse commune.

Quel était son secret ? Il serait téméraire de croire qu'il s'agissait d'une affaire capitale touchant de près à la couronne de France, à la famille royale ou à l'honneur du souverain. Jamais, dans ce cas, on n'aurait sorti le valet mystérieux de son isolement. Allons plus avant : le fait d'avoir accepté de le placer au service de Fouquet, cet ennemi de l'État, semble prouver que son histoire n'avait qu'une importance relative.

Pour l'historien américain Paul Sonnino, Eustache aurait été au courant des multiples turpitudes financières du cardinal Mazarin, qu'il accuse en particulier d'avoir fait main basse sur la fortune de la veuve de Charles Ier, Henriette de France. Malheureusement, les dates correspondent difficilement : arrêté à Calais en août 1669, huit ans après la mort du cardinal, Eustache était probablement trop jeune pour avoir été mêlé à cette histoire qui avait du reste perdu une grande partie de son intérêt.

Le mystère était peut-être lié à une affaire diplomatique du moment, les discussions secrètes entre la France et l'Angleterre qui aboutirent à la signature en 1670 du traité de Douvres ? Ces négociations étaient menées d'un côté par Henriette d'Angleterre, belle-sœur de Louis XIV, de l'autre par son frère Charles II. Les correspondances étaient chiffrées. Il s'agissait pour le roi d'Angleterre d'obtenir le soutien militaire du roi de France sitôt qu'il annoncerait sa conversion au catholicisme, sujet explosif s'il en était dans un pays acquis à l'anglicanisme, en échange d'un appui naval dans la guerre de Hollande en préparation. C'est ce qu'on appelait alors le « grand secret ». Eustache aurait été, dans ce cas, un intermédiaire indiscret, dont on se serait assuré le silence.

Mais, dira-t-on, quel besoin avait-on d'affubler d'un masque le visage de ce parfait inconnu ? À la vérité, à aucun moment le port de cet accessoire ne fut imposé par le roi ou par Louvois. Cette précaution fut imaginée par Saint-Mars lors du transfèrement du prisonnier d'Exilles à Sainte-Marguerite. La raison en était simple : il avait reçu l'ordre d'escamoter le captif, de faire croire à tous qu'il avait été libéré. Il ne voulut pas courir le risque qu'il fût reconnu par les soldats qui l'avaient vu dans l'appartement de Fouquet.

Mais le masque avait une autre utilité : il servait de faire-valoir au gouverneur. En effet, après 1681, Saint-Mars, qui avait perdu avec Fouquet et Lauzun ses deux plus importants pensionnaires, dont la notoriété rejaillissait sur la sienne, se retrouva dans son « exil d'Exilles » n'ayant sous sa garde que deux inconnus, deux « merles » comme il les appelait avec mépris. Une mission guère reluisante pour un sous-lieutenant de la première compagnie des mousquetaires du roi ! Durant les cinq années de son séjour, rien ne filtra. En 1687, il fut nommé gouverneur des îles de Lérins et reçut l'ordre d'y mener le survivant des deux « merles », l'autre, La Rivière, venant de mourir. C'est alors que, pris d'une frénésie de bavardage, il se mit à conter des galéjades, à dérouter les curieux en les payant d'histoires à dormir debout, des « contes jaunes », comme il l'avouait lui-même, qui, en le valorisant, flattaient sa vanité frustrée. Il laissait divaguer les imaginations et fleurir les légendes. Tout n'était pas faux, certes, mais tout était exagéré ! Eh oui ! Il gardait quelqu'un de la plus haute importance, qui n'avait qu'à dire son nom pour recevoir un coup de pistolet dans la tête ! Alors que le prisonnier n'intéressait manifestement plus en haut lieu – on en a des preuves –, les marques de respect, les précautions excessives étaient de son cru. Plus on parlait de cette affaire, plus son prestige grandissait ! « Dans toute cette province, jubilait-il le 8 janvier 1688 dans une lettre à Louvois, l'on dit que le mien (*mon prisonnier*) est M. de Beaufort et d'autres disent que c'est le fils de feu Cromwell. » Il se délectait de ces rumeurs, de ces invraisemblables supercheries auxquelles le public croyait et qu'il avait nourries, telle une somptueuse épopée en gestation.

La mystification de Saint-Mars permet de mesurer l'abîme qui sépare l'humble réalité – la condition servile du personnage – des égards princiers que le geôlier fit mine de déployer pour lui. Entre la légende et la réalité, la différence est telle que, si nous n'avions pas la correspondance ministérielle et les comptes des prisons, leur logique, leur implacable enchaînement, on pourrait encore douter et se laisser prendre au piège de ce grand metteur en scène oublié de l'histoire.

Bibliographie sélective

Mongrédien, Georges, *Le Masque de fer*, Hachette, 1952.

Noone, John, *The Man behind the Iron Mask*, Alan Sutton, 1988.

Petitfils, Jean-Christian, *Fouquet*, Perrin, 1998 ; rééd., coll. « Tempus », 2005.

—, *Le Masque de fer, entre histoire et légende*, Perrin, 2003 ; rééd., coll. « Tempus », 2004.

Sonnino, Paul, *The Search for the Iron Mask : A historical detective story*, Rowman and Littlefield, 2016.

Vergé-Franceschi, Michel, *Le Masque de fer enfin démasqué*, Fayard, 2009.

17

La Mauresse de Moret. Noirs désirs à la cour du Roi-Soleil

par Joëlle CHEVÉ

La Mauresse de Moret… Ne croirait-on pas le titre d'un conte oriental, entre exotisme et libertinage, dans la veine des Mille et Une Nuits, *dont la parution en 1704 a lancé la mode ? Tous les poncifs du genre sont réunis : un roi puissant et galant, une reine trop fidèle pour être honnête et une petite princesse défunte qui, trente ans plus tard, réapparaît sous les traits d'une religieuse noire ensevelie dans un couvent obscur !*

« Une Moresse dont elle pensa mourir… »

Le roi puissant c'est Louis XIV et la reine, son épouse, Marie-Thérèse d'Autriche. Leur mariage en 1660 est suivi, en novembre 1661, par la naissance d'un dauphin, Louis de France dit Monseigneur, puis, en 1662, par celle d'une fille, Anne-Élisabeth, qui ne survit que quinze jours. En 1664, Marie-Thérèse est à nouveau enceinte. Le jeune roi est alors au plus fort de ses amours avec Louise de La Vallière. Toutefois, contrairement aux idées reçues, il est très attaché à la reine – l'un n'empêche pas l'autre ! –, et il va le prouver dans des conditions très difficiles pour elle et pour son enfant. Depuis le début du mois de novembre, elle est fiévreuse et ressent de vives douleurs dans les jambes et le dos. Ses couches sont prévues pour la mi-décembre, mais, le 15 novembre, l'enfant s'annonce. Depuis plusieurs nuits, au palais du Louvre, le roi veille sa femme car elle a de violentes convulsions sans doute à l'origine de son accouchement prématuré. Comme de coutume, celui-ci est public afin qu'il n'y ait aucun doute sur l'identité et le sexe de l'enfant. La brutalité de la médecine d'alors n'épargne pas les femmes enceintes, ce dont s'étonnent les contemporains eux-mêmes. Ainsi, le duc d'Enghien s'effare que la reine ait été saignée à plusieurs reprises : « On aurait cru autrefois assassiner une femme grosse que de la saigner, mais les médecins les saignent présentement comme si elles ne l'étaient pas et la médecine change de mode en France comme les habits. » Marie-Thérèse est saignée plusieurs fois mais son état empire. Antoine Vallot, premier médecin du roi, lui prescrit alors un émétique contenant de l'antimoine, remède de charlatan selon de nombreux médecins. C'est un vomitif : on imagine ses effets dévastateurs sur une femme en couches. L'affaire tourne mal. Louis XIV s'affole et supplie le chirurgien Félix de sauver son épouse plutôt que l'enfant. Le duc d'Enghien écrit alors avec malice que « la reine en doit être très satisfaite », quant à la confidente d'Anne d'Autriche, Mme de Motteville, elle note aussi l'empressement et les larmes du roi lorsqu'il la croit perdue. L'enfant paraît enfin, mais toute l'attention des médecins, de la famille royale et de son entourage est concentrée sur la parturiente qu'il faut préparer au pire. Anne d'Autriche le lui annonce sans ménagement. Elle confiera plus tard qu'elle aimait sa belle-fille mais « qu'elle souhaitait plus ardemment la voir vivre dans le ciel que sur la terre ». Marie-Thérèse, elle, en dépit de sa foi immense, désire ardemment continuer de vivre sur terre ! Mme de Sévigné décrit la scène : « On n'a point entré aujourd'hui à la chambre à cause de la maladie de la Reine qui a été à l'extrémité. Elle reçut hier soir Notre Seigneur comme viatique. Ce fut la plus magnifique et la plus triste chose du monde de voir le roi et toute sa cour avec des cierges et mille flambeaux, aller quérir et reconduire le Saint Sacrement. Il fut reçu avec une autre infinité de lumières. La Reine fit un effort pour se soulever et le reçut avec une dévotion qui fit fondre en larmes tout le monde. Ce n'était pas sans peine qu'on l'avait mise en cet état. Il n'y avait eu que le roi capable de lui faire entendre raison. À tous les autres elle avait dit qu'elle voulait bien communier mais non pas pour mourir ; on avait été deux heures à la résoudre. » Louis XIV a libéré des prisonniers, distribué des aumônes, ordonné des prières, fait exposer la châsse de sainte Geneviève et quérir le bonnet de saint François de Paule, tandis que Mme Fouquet mère a fait porter à la reine un emplâtre de sa composition à lui poser sur le ventre.

Mais quid du nouveau-né dont la peau noire est à l'origine de notre énigme ? Mme de Sévigné n'en écrit pas un mot à sa fille, alors qu'elle ne se prive jamais de gloser sur les petits et grands scandales de la Cour. Notamment, en octobre 1671, à propos de Mme de Coëtlogon, « qui prit tant de chocolat, étant grosse l'année passée, qu'elle accoucha d'un petit garçon noir comme le diable qui mourut ». Aucune allusion non plus au chocolat dont Marie-Thérèse était certainement la plus grosse consommatrice du royaume ! En réalité, seul son sort préoccupe la marquise, tant elle sait combien la mort en couches est fréquente – c'est la première cause de décès des femmes à l'époque moderne – et tant elle la redoute pour sa propre fille. De son côté, le médecin Guy Patin, de la faculté de Paris, rapporte à son confrère lyonnais André Falconnet les nouvelles qui lui parviennent du Louvre. D'une lettre à l'autre, il se contredit. Le 14 novembre, la reine « est grosse de huit mois », le 8 décembre elle « n'a point accouché avant terme », et le 1er janvier l'accouchement a été avancé « à cause d'un purgatif donné à contretemps ». Sa cible principale est le médecin Vallot, qu'il accuse d'assassiner la reine avec son émétique, « un poison qui a tué tant de monde ». Quant à la petite princesse, il indique que, « fluette et délicate et souffrant de convulsions » elle a été baptisée le jour même. La coutume était d'ondoyer les nouveau-nés et, s'ils survivaient, de les baptiser trois ou quatre ans plus tard. Marie-Anne est portée sur les fonts baptismaux par la belle-sœur du roi, Henriette d'Orléans dite Madame, et par son cousin, le prince de Condé. Tous deux l'ont donc vue de près, toutefois ni l'un ni l'autre n'a commenté son aspect physique. Le prince de Condé n'est pourtant pas d'un genre délicat, qui compare même ses propres petits-enfants, quasiment nains, à ces chiens de Bologne, très à la mode au XVIIe siècle, que l'on élevait dans des paniers pour limiter leur croissance ! Le duc d'Enghien, fils de Condé, qui est présent à l'accouchement, ne fait, lui non plus, aucune allusion au teint noir de la princesse lorsqu'il la décrit à sa tante par alliance, la reine de Pologne : « L'enfant donne toutes les marques de vivre qu'elle peut donner. Elle tète fort bien, elle a beaucoup de forces et il ne paraît point qu'elle ait aucune incommodité ; mais étant née dans un mois aussi méchant que le huit, on n'oserait encore espérer qu'elle vive. » Mme de Motteville est peu loquace sur l'accouchement, « qui fut à huit mois, d'une princesse qui vécut peu de jours », et dont elle ne signale aucune particularité physique. Bref, si l'on s'en tient aux témoins oculaires qui ont relaté l'événement à chaud, il n'est jamais question d'une fille noire. Dans un écrit de 1675, attribué au comte de Bussy-Rabutin, l'auteur évoque une petite scène de jalousie entre Marie-Thérèse et Louis XIV et conclut : « Trois jours après, elle accoucha d'une petite fille moresse dont elle pensa mourir. » Mais il ne fait aucun commentaire satirique ou malveillant comme l'on pourrait s'y attendre de la part d'un auteur friand de secrets d'alcôves royales. Ce sont les Mémoires de la duchesse de Montpensier – la Grande Mademoiselle – qui ont nourri les affabulations des siècles suivants. Absente de Paris au moment de l'accouchement, c'est son cousin qui lui relate le drame : « Monsieur me conta l'effroi que l'on avait eu sur la maladie de la reine, le monde qui était au Louvre lorsque l'on lui apporta Notre Seigneur et comme M. l'abbé de Gordes […] son premier aumônier, s'était évanoui d'affliction ; que M. le Prince avait ri et tout le monde ensuite ; que la reine avait fait une mine (je ne m'en étonnais pas ; quand l'on est dans cet état et que l'on voit rire l'on n'est pas trop aise) ; que la fille dont elle était accouchée ressemblait un petit maure que Monsieur de Beaufort avait amené qui était fort joli, qui était toujours avec la reine ; que quand l'on s'était souvenu que son enfant y pourrait ressembler, on l'avait ôté, mais qu'il n'était plus temps ; que la petite fille était horrible ; qu'elle ne vivrait pas ; que je me gardasse bien de le dire à la Reine, ni qu'elle mourrait. »

Drôle de drame

Le lecteur peut être surpris du ton de ce récit qui ressemble plus à celui d'une comédie qu'à celui d'un drame, et qui contraste avec celui de Mme de Sévigné. De qui se moque le prince de Condé ? Pas de l'enfant, ce qui eût été un crime de lèse-majesté – il en avait suffisamment d'autres sur la conscience pour ne pas risquer une nouvelle disgrâce… Par ailleurs, le texte est clair : c'est le malaise de l'abbé de Gordes qui fait rire les courtisans, et la reine « fait la mine » à cause du comportement indélicat de son entourage. Elle avouera plus tard à Mademoiselle que sa « mine » a été provoquée aussi par la tenue d'Henriette d'Orléans, attifée de rubans jaunes comme pour aller au bal et qui n'a pas montré de compassion pour sa belle-sœur. Elle a appris peu auparavant la liaison de Louis XIV avec Louise de La Vallière et sait le rôle qu'Henriette y a joué. Ainsi, chacun vit l'événement à travers ses propres préoccupations et la petite princesse, noire ou pas, est reléguée au second plan. Encore plus « éloquent » le silence des ambassadeurs, alors que leur correspondance, secrète et souvent chiffrée, leur autorise toutes les indiscrétions. À l'affût de la moindre anecdote, c'est à celui qui annoncera le premier à son maître ce qu'on appellerait aujourd'hui un scoop. Les accouchements royaux sont des moments forts de la vie diplomatique et les ambassadeurs campent dans les antichambres pour être les premiers informés. Serge Arolles a dépouillé les archives diplomatiques des monarchies espagnole, autrichienne, britannique, et celles du Vatican et des républiques de Venise et de Hollande pour les années 1664-1665. Or, aucun diplomate n'y évoque la naissance d'une enfant noire ni même une rumeur à ce propos. Il peut arriver à l'historien d'être confronté à des sources contradictoires. Leur croisement et leur mise en perspective lui permettent la plupart du temps de démêler le vrai du faux. Mais lorsqu'elles ne disent rien, on ne les fait pas parler sous la torture ! La mort de la reine eût été en 1664 – et a été en 1683 – un événement international. La mort d'un nouveau-né, fût-ce un prince, est un non-événement qui n'impose aucun deuil officiel à la Cour. On ne s'en réjouit pas mais on s'en console vite, surtout lorsqu'il s'agit d'une fille non appelée à régner, et tant est forte la conviction qu'une petite âme innocente est accueillie pour la vie éternelle parmi les anges. Guy Patin, qui prend les rumeurs comme elles viennent, annonce le décès de Marie-Anne au matin du 8 décembre. Elle meurt quinze jours plus tard, mais il ne se soucie pas de rectifier son erreur. Il écrit à un ami médecin, et que se racontent les médecins entre eux ? Des histoires de médecins ! Ce sont les suites de la maladie de Marie-Thérèse qui l'intéressent, car elles lui donnent l'occasion de pourfendre les archiatres de la Cour – « le simple bourgeois est mieux traité que cela ». La jeune reine se rétablit lentement. Est-ce grâce à l'émétique de Vallot, à l'emplâtre de Mme Fouquet, qui n'obtient pas pour autant la grâce de son fils le surintendant, ou à la mansuétude divine sollicitée par les prières de tout le royaume et l'intercession de saintes reliques ? Quoi qu'il en soit, le 8 décembre, Louis XIV et son épouse vouent ensemble leur petite fille à l'Immaculée Conception de la Vierge et lui en donnent l'habit. Mais le 26 décembre, une ultime convulsion l'emporte. Le lendemain, Louis XIV écrit au roi d'Espagne : « Monsieur mon frère, oncle et beau-père, ma fille mourut hier au soir dans le moment à ce qu'on dit qu'elle devait naître, si sa mère eût pu la porter jusqu'à son terme : bien que nous fussions préparés à ce fâcheux accident, il n'a pas laissé de me toucher d'une douleur assez vive. » Le corps est exposé dans la chapelle du Louvre puis inhumé dans la crypte de Saint-Denis, et le cœur déposé au couvent du Val-de-Grâce. Ne reste de l'enfant que le « portrait » posthume qu'en fit le peintre Jean Nocret en 1670, dans un tableau allégorique de la famille royale, et qui est celui d'un *putti* de la Renaissance, dans les langes et les traits roses et joufflus. Cependant, un autre témoignage atteste que la princesse a conservé jusqu'à sa mort un faciès au nez aplati et aux lèvres épaisses. Il a été retrouvé sur un fragment de manuscrit échappé au feu, et dont quelques lignes sont lisibles malgré l'effet de palimpseste. Elles ont été rédigées par le vicaire de l'église de Saint-Germain-l'Auxerrois, paroisse dont dépendait le Louvre. Antoine Rouget, qui a assisté la petite princesse dans son agonie le 26 décembre, note qu'elle « était un peu moresque » avec « un nez aplati et des grosses lèvres ». Et il ajoute que la reine aurait regardé « deux petits moresques que M. de Beaufort lui aurait offerts lors de son retour de l'expédition de Gigeri en Algérie ». Si c'est le cas, elle ne les a pas vus très longuement car, comme en témoigne une lettre de Louis XIV du 12 novembre, à cette date il attend le retour de Beaufort pour le féliciter. Or la reine accouche le 16 novembre. Ce texte d'Antoine Rouget est capital. Il vient à l'appui du témoignage de la Palatine, deuxième épouse de Monsieur, qui affirme dans sa correspondance qu'« il est certain que l'enfant laide est morte » et que toute la Cour l'a vue mourir. Il n'y a donc pas eu de substitution d'enfant comme d'aucuns l'ont imaginé pour démontrer que la religieuse noire de Moret était la princesse Marie-Anne. Reste que la reine a accouché d'une fille dont quelques personnes se sont étonnées du type négroïde…

Un regard très pénétrant

Si l'on envisage que la reine ait mis au monde un enfant noir, c'est-à-dire d'origine africaine ou « maure », comme l'on disait à l'époque, deux hypothèses s'imposent. La première est celle d'une facétie génétique, qui peut faire ressortir des caractéristiques physiques, par exemple négroïdes ou asiatiques, chez un enfant dont les parents, blancs, ne se connaissent pas d'ancêtres de couleur. Un métissage très ancien peut en être la cause, mais ces cas sont plus que rarissimes ! Marie-Thérèse d'Autriche, aux cheveux blonds cendrés, aux yeux bleus et au teint très blanc, appartient à la dynastie autrichienne des Habsbourg. Celle-ci conçoit la pureté du sang comme une injonction quasi divine, ce qui fait, d'ailleurs, la valeur de ses filles sur le marché européen des mariages princiers. Les Bourbons ont été moins sélectifs et le généalogiste Christian Carretier note que Louis XIV compte parmi ses ancêtres Pierre Ier, roi de Portugal au XIVe siècle, qui descendait, disait-on, de Mahomet. Ce dernier n'était pas cependant, que l'on sache, de type africain mais sémite… Reste que l'hypothèse d'un enfant noir né du couple royal ne paraît pas inconcevable à l'époque, comme le note le marquis de Dangeau dans son Journal en 1697 : « Beaucoup de gens ont cru qu'elle était fille du roi et de la reine, que sa couleur avait fait cacher. » Un tel enfant était en effet considéré comme un monstre, d'où la fiction de la substitution et de la survie de la princesse Marie-Anne…

Venons-en à la deuxième hypothèse, celle d'un enfant noir né des amours adultères de Marie-Thérèse d'Autriche avec l'un de ses pages africains. La Palatine, veuve de Monsieur, est catégorique : « Il est faux que la Reine ait mis au monde une négresse. Feu Monsieur disait que la princesse était laide mais point noire. » Et la princesse de Conti, fille de Louis XIV et de Mme de Montespan, émet le diagnostic sur lequel les historiens s'accordent aujourd'hui : « La reine Marie-Thérèse était accouchée d'une fille dont le visage était tout à fait violet et même noir, parce qu'elle avait apparemment beaucoup souffert en venant au monde. » Pour autant, la fiction s'installe. Qui est le page noir incriminé d'avoir impressionné la reine par sa noirceur, ou d'en avoir été l'amant ? Lui a-t-il été offert par Beaufort ou par un ambassadeur du Dahomey ? Est-ce celui qu'elle appelait Osmin, ou s'agit-il de cet Augustin cité par le comte Quarré d'Aligny qui écrit, dans ses *Mémoires de campagne*, à propos d'une mystérieuse jeune fille élevée à l'abbaye de Compiègne : « L'on a voulu dire encore […] que cette fille était de la Reine, laquelle voyant un more nommé Augustin que le roi aimait fort, elle avait fait une petite moresque » ? S'agit-il du maure évoqué par Monsieur, qui n'apparaît pas dans les registres de la Maison de la reine, mais qu'un fabricant d'histoires croustillantes du XIXe siècle, Georges Touchard-Lafosse, a baptisé Nabo ? Et ce petit maure, quel que soit son nom, a-t-il disparu avant ou après l'accouchement de la reine ? Était-il le Masque de fer, hypothèse soutenue en 1978 par Pierre-Marie Dijol ? En 1964, la belle-mère de celui-ci, née Desgranges et descendante par alliance de Bénigne de Saint-Mars, le geôlier du Masque de fer pendant plus de trente ans, lui aurait affirmé que ce dernier « était un noir soupçonné d'avoir été l'amant de la reine ». On ne peut que saluer l'incroyable discrétion de cette famille pendant trois siècles, alors que tant d'historiens ou d'amateurs auraient payé des fortunes pour résoudre l'énigme la plus célèbre du règne de Louis XIV ! Las ! en dehors du lien généalogique attesté des Desgranges avec Saint-Mars, rien ne corrobore cette révélation, aussi sensationnelle que fantaisiste. Mais combien d'autres, tout aussi incroyables, sous la plume de romanciers, poètes, chroniqueurs, pamphlétaires, affabulateurs ou auteurs de caniveau ? Impossible de les citer tous. Impossible aussi de ne pas s'étonner d'y trouver Victor Hugo, l'érotomane que l'on sait, mais aussi l'une des grandes voix féministes du XIXe siècle, et qui écrit dans *L'homme qui rit* : « Dans ces mœurs-là, le goût du difforme existait, particulièrement chez les femmes, et singulièrement chez les belles. À quoi bon être belle si on n'a pas un magot ? Que sert d'être reine si on n'est pas tutoyée par un poussah ? [...] Marie-Thérèse d'Espagne avait été "un peu familière" avec un nègre. D'où l'abbesse noire. Dans les alcôves du grand siècle la bosse était bien portée. » *No comment*... Paul Lacroix, plus connu sous le pseudonyme de P. L. Jacob, dans des Mémoires apocryphes du cardinal Dubois, extravague lui aussi, mais avec moins de fascination morbide et plus d'humour que le grand poète. On lui doit un dialogue surréaliste entre le chirurgien Félix, qui assure à Louis XIV que la reine a accouché d'une moresque parce qu'elle a eu sous les yeux un enfant noir, et le roi, mi-goguenard, mi-dubitatif, qui laisse tomber : « Il eût fallu que le regard fût bien pénétrant ! » Au XXe siècle, Bernard Caire, un féru d'énigmes, a lui aussi conclu à l'infidélité de la reine, mais en arguant de son imbécillité. N'a-t-elle pas des dettes de jeu et n'a-t-on pas retrouvé d'elle une lettre maladroitement écrite ? « Rien d'étonnant dans ces conditions qu'ayant mis dans son lit son page préféré, il soit arrivé ce qui est arrivé », et de conclure : « Ce qui est invraisemblable n'est pas impossible. » Sur ce point la démonstration est faite !

Les infortunes de la vertu

Mais revenons à Marie-Thérèse. En 1664, elle a 26 ans et elle est enceinte d'un homme dont elle est profondément amoureuse parce que c'est lui mais aussi parce qu'il est roi. Elle a la conviction d'appartenir à une espèce supérieure, celle de la « société des princes », qui ne peut en aucun cas se mêler au commun des mortels. Ainsi, lorsqu'elle apprend que Louis XIV a autorisé la Grande Mademoiselle à épouser le comte de Lauzun, simple cadet de Gascogne, elle lui fait une scène terrible et refuse de signer le contrat de mariage, « sa main dût-elle en sécher » ! Et que dire de son éducation d'infante ? Religieuse, bien sûr, qui a fait d'elle un modèle de la Réforme catholique, marchant sans effort sur les chemins de la vertu, au grand agacement des dames de la Cour dont beaucoup sont très pieuses mais souvent aussi pécheresses. S'y ajoute une éducation du corps, à l'espagnole, très différente de l'éducation à la française. À la cour de Madrid, aucun contact physique n'est autorisé avec l'infante. Lors de son mariage par procuration à Fontarabie, c'est Philippe IV qui lui glisse l'anneau au doigt et non le représentant de Louis XIV, le ministre Luis de Haro. Marie-Thérèse répugnera d'ailleurs toujours à donner sa main à baiser aux courtisans comme c'était l'usage en France. Pour autant, elle aime faire l'amour avec son mari – « elle ne haïssait pas ce métier », écrit en souriant la Palatine –, mais une union charnelle ne peut exister pour elle en dehors du mariage et n'a pour but que d'assurer l'avenir de la dynastie. Autre constat : la reine de France n'est jamais seule ! Les élucubrations les plus ahurissantes montrent Nabo se glissant sous les draps de la reine lorsque Louis XIV quitte le lit conjugal – au pied duquel dort d'ailleurs sa nourrice ! – pour rejoindre la chambre de parade où se tiennent les cérémonies du lever. La disposition en enfilade des appartements interdit de surcroît toute intimité. Pour entretenir une aventure galante, il faut disposer de complicités sûres. Louis XIV peut compter sur son valet de chambre, Alexandre Bontemps, qui lui amène ses conquêtes dans ses appartements secrets, mais le procédé est parfois déjoué par de petits curieux, tel le comte de Lauzun. Pour sa part, Marie-Thérèse vit entièrement sous les yeux du public et elle est la dernière reine à s'être pliée à cette tradition de la cour de France. Au moindre faux pas, le scandale eût été immense et la répudiation immédiate. Alors que dire de cette notice rédigée au XXIe siècle pour le site Geneanet ? Marie-Anne de France y est présentée d'emblée comme la Mauresse de Moret, née « peut-être » le 16 novembre 1664 – alors que cette date est incontestable – et morte « peut-être » en 1745 à l'âge de 81 ans ! Son père serait Nabo ou Augustin, confondus en un seul personnage, mort en 1664, alors qu'on ne sait rien ni de l'un ni de l'autre. Et de nous présenter avec force détails la famille royale de la princesse noire, ses demi-frères et ses demi-sœurs... La petite note de bas de page est encore plus confondante : « Sœur Louise-Marie-Thérèse ne serait probablement pas la princesse Marie-Anne d'après Jean-Christian Petitfils. » On part de la fable comme d'un fait acquis qu'un historien aurait la témérité de contester. C'est l'histoire cul par-dessus tête et violée par la généalogie, sa « science » auxiliaire. Plus désolante, la diffusion de ces contre-vérités sur un site reconnu et consulté par des millions d'internautes.

Borgnes et aveugles...

Depuis son mariage morganatique avec Louis XIV en 1683, Mme de Maintenon multiplie les visites de couvents. Depuis 1681, elle s'intéresse à celui de Moret, couvent « borgne », c'est-à-dire pauvre et obscur. Proche de Fontainebleau, où la Cour séjourne régulièrement, il est occupé par une vingtaine de bénédictines. Cet ordre contemplatif lui est cher car, parmi ses filles, il compte les oblates instituées par sa patronne sainte Françoise Romaine. Saint-Simon brocarde la marquise qui « se croyait l'abbesse universelle » et « se figurait être une mère de l'Église ». En 1694, elle se fait même représenter par le peintre Pierre Mignard en sainte Françoise Romaine ! Son intérêt est donc un peu plus vif pour ce petit couvent, auquel elle donne 4 000 à 5 000 livres par an et où elle fait nommer abbesse une de ses amies, Mme de Beuvron. Pour autant, le couvent est pauvre et le roi ne lui attribue aucune charité particulière, alors que le bruit court, à partir de 1695, qu'une de ses religieuses, noire, serait sa fille et celle de la reine. Le 30 septembre, la marquise écrit : « Je donnerai un de ces jours le voile à une Mauresse, qui désire que toute la Cour assiste à la cérémonie ; je proposai de le faire à portes fermées mais on nous a dit que ce serait un cas de nullité ; il faudra se résoudre à voir rire le peuple. » Que signifient ces exigences incroyables de la part d'une simple professe, et pourquoi cette crainte de la marquise de faire rire ? À l'évidence, elle souhaite éviter une affluence de curieux. Les Bénédictines sont soumises à une stricte clôture. La prise de voile publique est donc une occasion unique d'apercevoir la religieuse noire. Serge Bilé, qui défend la thèse de la paternité de Louis XIV, affirme que cette curiosité ne tenait pas au fait qu'elle était noire, car les nonnes africaines n'étaient pas une nouveauté en France. Et de nous citer le cas de Salou Cassaïs, une princesse malienne, qui épousa un chevalier français à Gao et termina sa vie dans un couvent toulousain ainsi que ses trois filles... au début du XVe siècle ! Mme de Maintenon tente de désamorcer la rumeur en assurant que la religieuse était la fille d'un couple de Maures travaillant à la ménagerie du roi, et qu'elle l'avait placée à Moret, vers 1680. Serge Arolles note que la Mauresse y était sûrement en effet depuis son enfance, car sa calligraphie est identique à celle des religieuses de son âge formées par les maîtresses de ce couvent. Outre son écriture, restent d'elle trois portraits, visibles aux musées de Melun et de Remiremont et à la bibliothèque Sainte-Geneviève. Celui de Melun a été peint vers 1720 par Pierre Gobert, peintre réputé à la Cour, né à Fontainebleau, et dont la fille, religieuse, était proche de la Mauresse. Des portraits surprenants, qui semblent plutôt ceux d'une véritable Africaine que d'une métisse. Ce qui est certain c'est que les archives n'ont conservé aucune trace d'une femme noire à la Cour. Michelet signale, sans citer ses sources, une « vieille négresse », femme de chambre d'Anne d'Autriche. On disait de Louis XIV, au XVIIIe siècle, qu'il avait été déniaisé par une femme borgne, la baronne de Beauvais – qui n'était pas du tout borgne au moment des faits –, alors pourquoi n'aurait-il pas aussi expérimenté la « chose » avec une vieille négresse ? Et quoi encore ? La piste d'une comédienne noire jouant sous le règne de Louis XIII des rôles de « sauvagesse », et dont l'existence est attestée par des sources officielles, a été suivie par Serge Bilé, acharné à démontrer que c'est par racisme que les historiens rejettent l'hypothèse d'une relation de Louis XIV avec une femme noire. L'attaque est ridicule. L'historien ne rejette rien, mais il veut des preuves. Alors que la vie amoureuse du souverain est scrutée par toute la Cour et que la plupart de ses secrets sont déjoués, aucun écho, aucune rumeur, aucun témoignage ne nous sont parvenus d'une telle liaison. Il s'en tient donc là, mais n'en finit pas de s'étonner. Ainsi, comment Voltaire, qui a rendu visite à la Mauresse vers 1720, a-t-il pu affirmer qu'elle était la fille de Louis XIV, sans aucune preuve, et plus encore qu'elle lui ressemblait, alors qu'il a 21 ans lors de la mort du roi et qu'il ne l'a jamais rencontré ? S'il est un mystère à éclaircir c'est bien celui-là ! Le cas de Louise-Marie-Thérèse est cependant très intrigant, moins pour la couleur de sa peau, cependant, que pour ses prétentions royales.

Fille de roi

En 1697, le marquis de Dangeau, dans un passage repris quasiment mot pour mot par Saint-Simon, s'étonne des rumeurs qui circulent sur la Mauresse, à propos de la pension qui lui est versée par Alexandre Bontemps, des soins dont elle est entourée et des visites fréquentes que lui font la reine, Mme de Maintenon et la petite duchesse de Bourgogne, ou le Grand Dauphin et ses fils. Ce texte, commenté depuis des générations, est à l'origine de tous les fantasmes et dit tout et son contraire. Que la Mauresse est inconnue de tous mais que tout le monde va la voir, que la reine et Mme de Maintenon y vont souvent mais que ce n'est pas spécialement la Mauresse qui les intéresse. Rappelons que la reine, morte en 1683, ne l'a pas vue bien souvent. Il est probable que cette petite fille, née sans doute à Versailles d'un couple noir

– celui de la Ménagerie royale ? – a été un événement suffisamment exceptionnel pour expliquer que Louis XIV et Marie-Thérèse aient été ses parrain et marraine. Quel rôle joue Bontemps dans cette affaire ? La postérité l'a confiné dans le rôle d'entremetteur et d'introducteur des maîtresses de Sa Majesté. On le voit notamment à l'œuvre pour marier Louise de Maison-Blanche, la fille que Louis XIV eut en 1676 – la Mauresse est née à peu près à la même date – de Claude de Vin des Œillets, femme de chambre de Mme de Montespan. Le roi n'est pas sûr d'en être le père, malgré leur ressemblance, qui intime à Louise de ne sortir que voilée pour éviter tout scandale. Il ne la légitime pas, la marie avec une dot de 40 000 livres mais ses filles sont inscrites sur les registres de Saint-Cyr sous la mention « petite-fille du roi ». Rien de tel pour la Mauresse, dont aucun document permettant d'établir la filiation n'a subsisté et notamment son acte de baptême. Une chemise en papier filigrané du XVIIIe siècle, portant la mention « La Moresque fille de Louis XIV », a été retrouvée à la bibliothèque Sainte-Geneviève avec son portrait. Mais elle a été vidée de son contenu. Quand, par qui et pourquoi ? De même, les minutes notariales des archives de la Haute-Marne la concernant ont été volées vers 1869 par un érudit local, E. Sollier, le dernier à les avoir consultées et l'auteur d'une notice sur l'ancien couvent de Moret. Si ces documents contenaient des éléments permettant de faire le point sur son identité, pourquoi ne les a-t-il pas révélés ? Le mystère s'épaissit et se double même de la découverte d'une deuxième religieuse noire, une certaine Dorothée, repérée au couvent des ursulines d'Orléans, et dotée d'une pension enregistrée par la Maison du roi. Celui-ci l'aurait fait venir pour trois mois dans un couvent parisien, escortée par un officier supérieur, avec cette recommandation : « Prenez bien soin d'elle. » Voulait-il la voir et pourquoi ? Rien n'indique qu'il l'ait rencontrée, mais, une fois de plus et très généreusement, lui en est attribuée la paternité. Et, dans le même élan, pourquoi ne pas faire d'elle la sœur ou la demi-sœur de Louise-Marie-Thérèse. Ce qui signifierait deux maîtresses noires de Louis XIV…

Restons-en là sur ces divagations, en l'absence totale du moindre début de preuve. Et concluons sur ce qu'il est possible d'affirmer. La Mauresse de Moret n'est pas la fille de Louis XIV et de Marie-Thérèse, ni celle de Marie-Thérèse et d'un page noir et tout indique qu'elle n'est pas non plus celle de Louis XIV et d'une femme noire. Elle est très certainement la fille des Maures de la ménagerie de Versailles, comme le soutient Mme de Maintenon. Quant à ses prétentions royales, il paraît évident qu'elle a repris à son compte les croyances populaires, d'autant plus facilement qu'elles ne s'opposent pas à l'idée d'une fille noire née de parents blancs. Mme de Maintenon est bien décidée à lui en faire rabattre, car ses supérieures se plaignent de son orgueil et Saint-Simon rapporte même qu'il « lui échappa une fois, entendant Monseigneur chasser dans la forêt, de dire négligemment : “C'est mon frère qui chasse !” ». La marquise, excédée, fit « ce qu'elle put pour lui ôter l'idée qui nourrissait sa fierté. – Madame, lui dit cette personne, la peine que prend une dame de votre élévation, de venir exprès ici me dire que je ne suis pas fille de roi, me persuade que je le suis ». On ne saurait être plus souverainement maîtresse de ses désirs !

Bibliographie sélective

Bilé, Serge, *La Mauresse de Moret, la religieuse au sang bleu*, éditions Pascal Galodé, 2012.

Chevé, Joëlle, *Marie-Thérèse d'Autriche, épouse de Louis XIV*, Pygmalion/Flammarion, 2015.

Decaux, Alain, *Histoires secrètes de l'Histoire*, Tallandier, 1973.

Mémoires de la Grande Mademoiselle, Mercure de France, 2005.

Petitfils, Jean-Christian, « Louis XIV a-t-il eu pour fille une noire ? », *Historia*, août 1989, n° 512.

Saint-Simon, *Mémoires*, Gallimard, « Bibliothèque de la Pléiade », t. 1, 1983.

Touchard-Lafosse, Georges, *Chroniques de l'Œil-de-Bœuf, des petits appartements de la cour et des salons de Paris sous Louis XIV, la Régence, Louis XV et Louis XVI*, Garnier frères, 1800.

Voltaire, *Le Siècle de Louis XIV*, Gallimard, 2015.

18

Pâques. L'île mystérieuse

par Anne Pons

Une île minuscule de 165 km², perdue dans l'immensité du Grand Océan, à plus de 4 000 kilomètres de toute terre habitée. La plus éloignée des cinq archipels de la Polynésie française, agglomération éparse dont Bougainville disait : « Autant d'îles inabordables qui ne méritent pas qu'on perde son temps à les visiter. » Une île volcanique, boisée ou dénudée selon les siècles et dont les mystérieuses statues géantes sont les seules gardiennes (Pierre Loti). *Jusqu'au* XVIII*e siècle, les Européens qui sillonnent le Pacifique Sud, Portugais, Espagnols et Hollandais, passent au large de Rapa Nui sans même soupçonner son existence. Ils tracent leur route vers le sud, convaincus de l'existence d'un continent austral riche et peuplé, la* Terra Australis incognita, *censé équilibrer l'ensemble des terres situées au nord de l'équateur. Observant les Instructions, ignorant qu'il s'agit d'une chimère, lançant leurs somptueux navires qui jaugeaient jusqu'à 1 000 tonneaux à l'assaut du néant, alors que l'Antarctique, situé à 15 000 kilomètres au sud, ne serait découvert qu'en 1821.*

« Nous voyageons partout où il y a de l'argent à gagner »

Lorsqu'un jour de 1722, le capitaine hollandais Jacob Roggeveen aperçoit par hasard une côte inconnue, il ignore que sa future découverte suscitera des débats passionnés et que les experts n'auront jamais fini de décrypter ses mystères. Né à Middleburg en 1683 d'un père érudit, féru de traités de navigation, de géographie et d'astronomie, Jacob a déjà une longue carrière derrière lui, notamment comme « seigneur du Conseil de la Justice » à Batavia (aujourd'hui Jakarta) quand il décide de rentrer dans sa ville natale. En dépit de ses 62 ans, il souhaite monter une expédition pour l'hémisphère austral en hommage à son père qui n'avait jamais pris la mer faute de moyens financiers. À Middleburg, la VOC, Compagnie néerlandaise des Indes occidentales (*Vereen Oostindische Compagnie*), détient le monopole d'un commerce florissant avec les Indes, c'est-à-dire tout l'Extrême-Orient. En atteste dès 1639 cette déclaration à l'emporte-pièce : « Nous les bourgeois d'Amsterdam, nous voyageons partout où il y a de l'argent à gagner, sur toutes les mers et le long de tous les rivages. » Ce sont donc les marchands que la VOC tient en grande estime, et non les capitaines, *shippers* qui ne sont que des exécutants, à l'inverse de leurs homologues anglais ou français. Fermement décidé à participer au voyage, Jan, le frère de Jacob, négociant prospère au service de la Compagnie, se fait l'ardent avocat de son entreprise. À eux deux, ils obtiennent le consentement de la Compagnie et les fonds nécessaires. Même si Roggeveen avait déjà averti la VOC que seule la glace régnait dans le Grand Sud, qui sait s'il ne trouverait pas l'hypothétique continent ? Trois vaisseaux sont mis à sa disposition, dont l'un placé sous les ordres du navigateur allemand Karl Friedrich Behrens. Ils appareillent le 1er août 1721, avec des vivres secs et vivants, des moutons, du bois de chauffe, du fromage de Hollande et des barriques de vin. Éditée en hollandais, puis en allemand aux dépens de la Compagnie, la relation due à la plume de Jacob sera traduite en français par Behrens sous le titre *Histoire de l'expédition de trois vaisseaux aux terres australes* en 1739. Les citations sur lesquelles s'appuie cet article proviennent d'une traduction plus récente, publiée en 1809 par Bancarel dans la *Collection abrégée des voyages anciens et modernes autour du monde*.

« *Nous l'appelâmes l'île de Pâques* »

À défaut du continent austral, Roggeveen découvre une île bien réelle, Rapa Nui. « C'était le 6 avril (le 14 selon Étienne Taillemite, le calendrier julien accusant un retard par rapport à notre calendrier grégorien), jour anniversaire de la résurrection de Jésus-Christ, et nous l'appelâmes *l'île de Pâques* (*Paasch-Eyland*). » Tout comme les noms des saints, des marins et des savants envahissent peu à peu les mappemondes, « les navigateurs écrivent la grande page blanche du Pacifique », selon la belle formule de Michel de Certeau. Mais ce jour-là, la page est noire et le Pacifique en colère. Le ciel s'enténèbre, la tempête sévit et les vaisseaux doivent rester à l'ancre une nuit entière. À la pointe du jour, un insulaire se porte à leur rencontre et accepte sans façon de monter à bord : « On lui donna du corail et d'autres brimborions pour se parer, et il pendit tout cela à son cou avec du poisson sec. Son teint était d'une couleur rembrunie, ses oreilles très longues pendaient sur ses épaules. Il était d'une physionomie heureuse, plein de gaieté et de vivacité et accompagnait ses discours de beaucoup de gestes, sans doute afin de se faire mieux comprendre. » En dépit de ces termes optimistes, l'homme est beaucoup moins confiant qu'il n'y paraît. Il refuse de boire et de manger, le son de la cloche l'effraie et il ressent une peur bleue en surprenant le reflet de son visage dans un miroir. Cependant, dès qu'il entend la musique des violons, sensible aux modulations de ces sons étrangers, il chante et danse avec entrain : « La symphonie lui inspira beaucoup de gaieté, et chaque fois qu'on le prenait par la main, il se mettait à sauter avec les marins comme un enfant. » Bien que les Hollandais n'aient pas pour mission de « faire du chrétien », ils sont enchantés de constater que l'homme a le sens de la pudeur : « Il semble éprouver quelque honte de sa nudité surtout à côté de nos vêtements. Il se montre heureux et très satisfait quand nous lui attachons un morceau de toile autour de la taille comme pour cacher ses parties. » Mais voilà qu'à son grand déplaisir, on l'oblige à retourner auprès des siens pour témoigner de l'accueil amical qui lui a été réservé.

Au lendemain, les navires mouillent dans une baie du nord-est de l'île, aujourd'hui nommée baie de Lapérouse, quand ils voient approcher des pirogues emplies d'insulaires qui leur proposent « des poules et des racines apprêtées à leur manière ». « Parti sans doute par mégarde », un fusil tue d'une seule balle un malheureux qui revenait vers eux avec un supplément de volailles. « Par mégarde » ! Les nouvelles transmises aux autorités par les journaux de bord doivent masquer les erreurs des capitaines et les combats sanglants de façon à donner une image idéale de la grandeur des nations. L'affaire s'envenime lorsque Roggeveen débarque avec 150 hommes. Des hordes leur barrent le passage, si bien qu'affolés par les tentatives de larcin et de jets de pierres, les Hollandais déchargent leurs mousquets et tuent une douzaine de Pascuans.

Sauvages affables ou guerriers vociférants, femmes nues consentantes ou forcées, quiproquos suivis d'affrontements violents, volées de flèches empoisonnées, de lances et de harpons ou tirs au fusil… : « primitifs » et « civilisés » se sont longtemps côtoyés sans se comprendre. Manquaient-ils d'intelligence, les officiers de marine ? Leurs préventions culturelles les rendaient-ils sourds et aveugles ? Une fois cessées les hostilités, ils demeurent étonnés de voir que les échanges amicaux avec les « sauvages » se rétablissent rapidement, sans rancune…

En précurseur des Lumières, Roggeveen observe les idées et les coutumes des Pascuans, qu'il évalue à 5 000 personnes environ. Les naturels montent à bord sans être déroutés par les moutons installés à demeure, bien qu'ils n'en aient jamais vu de leur vie. Il note aussi qu'ils tirent entièrement leur subsistance du produit de la terre : « Tout y était planté, semé et labouré. » Mais ce qui l'intrigue par-dessus tout ce sont d'abord les moaï, ces statues géantes qui semblent le défier : « Il paraissait que ces pauvres gens se fiaient pour leur sûreté à la protection de leurs idoles. Ces statues étaient toutes de pierre, ayant la figure d'un homme avec de longues oreilles ; leur tête était ornée d'une couronne, le tout proportionné selon les règles de l'art, ce qui nous remplit d'étonnement, car nous ne pouvions comprendre comment des indigènes sans solides épars et sans cordages furent capables de les dresser. » Roggeveen entend rester sur place pour approfondir la question quand survient une tempête qui met ses navires en péril et l'oblige à quitter l'île. Puis les guerres en Europe vont suspendre l'exploration du Pacifique pendant près de cinquante ans, jusqu'au 15 novembre 1770, où « l'isla San Carlos » est annexée par les Espagnols. Seules traces du bref passage de Felipe Gonzalez de Haedo, leur capitaine : les trois croix qu'il fit dresser au sommet d'un volcan, et le vague projet d'établir une mission.

Les navigateurs des Lumières : James Cook et Lapérouse

Rien ne prédestinait le petit James Cook, né en 1728 d'un modeste paysan du Yorkshire, à devenir le plus illustre explorateur de l'Angleterre du XVIIIe siècle. Après des débuts comme commis d'épicerie dans un port de pêche, il ne songe plus qu'à prendre la mer. À peine éclatées les hostilités qui précèdent la guerre de Sept Ans, il se retrouve en Amérique du Nord (l'un des fronts de la guerre), où il établit la cartographie des côtes du Labrador. La perfection de son travail lui vaut d'être remarqué par les lords de l'Amirauté et les savants de la Royal Society, qui convainquent le roi George III de lui donner le commandement d'une première circumnavigation conduite sous les auspices de la science et de l'humanisme (1768-1771). Il repartira deux fois (1772-1775 et 1776-1780) et mourra assassiné sur une plage d'Hawaï au cours de son troisième voyage.

Promu *commander* à l'occasion de son deuxième voyage, il part équipé de l'horloge marine K1 copiée sur la fameuse H-4 de Harrison, qui permettait de calculer en mer la longitude pour la première fois. C'est le début de l'hydrographie scientifique et les cartes du Pacifique Sud établies de sa main sont si précises qu'elles sont encore fiables de nos jours. Une pléiade de savants renommés, dont les Allemands Johann Forster et son fils Georg, l'accompagnent, ainsi que l'astronome William Wales. Participent également à l'opération des illustrateurs talentueux, tel le peintre

William Hodges, et un interprète du nom de Mahine, qui parle la langue polynésienne, parfaitement accessible aux Pascuans. Ses impressions se résumeront par une formule lapidaire : « Les gens sont bons, le pays est mauvais. » Les Instructions lui enjoignent de s'approcher au plus près du pôle austral pour mettre un point final au problème du continent fantôme dont Cook lui-même commençait à douter qu'il existât. Le *Resolution,* charbonnier d'une solidité à toute épreuve, réarmé pour l'occasion, ayant perdu dans les brumes son vaisseau de conserve l'*Adventure,* s'élance seul vers le sud et s'enfonce dans les glaces. Trois mois plus tard, la mer se fige et n'offre plus une seule brèche par laquelle se faufiler. La température tombe en chute libre, le brouillard, la tempête entrent dans la danse et des symptômes de scorbut et de fièvres catarrhales se répandent. Cook, qui juge « téméraire et dangereux » de persévérer, décide de remonter vers Tahiti pour ravitailler ses marins. Son acharnement, sa ténacité le poussent alors à relever un dernier défi. Il repique sur la banquise et subit un échec définitif : « Moi dont la seule ambition est de descendre vers le sud plus loin qu'aucun homme ne l'a jamais fait, j'avoue que je ne suis pas fâché de rencontrer cet obstacle. C'est pour nous la fin des souffrances sans nom qui accompagnent toute navigation dans les régions polaires méridionales. » Il remet cap au nord, mais refuse de rentrer en Angleterre par le plus court chemin (le cap de Bonne-Espérance). « Ce voyage ne peut être comparé à aucun autre, déclare-t-il à ses marins, les instructions des lords ne se limitent pas à la découverte du continent austral. Nous devons partir à la recherche d'*Easter Island* dont la situation est si mal connue que l'on peine à la localiser. »

L'île de la déception

Le 11 mars 1774, la vigie aperçoit du haut de son perchoir une terre volcanique et désolée, mais la perspective de sentir le sol sous leurs pieds réconforte les troupes. C'est bien l'île de Pâques, reconnaissable aux statues colossales décrites dans le voyage de Roggeveen.

Le 13, Cook descend à terre avec quelques-uns de ses hommes et cherche à s'informer des denrées disponibles. Boire enfin, manger en suffisance des vivres frais ! Son espoir fait long feu : « Il n'y a pas d'autre île dans la mer qui offre moins de rafraîchissements et de commodités que celle-ci. » S'il veut éviter la progression du scorbut, il n'a guère d'autre choix que de repartir au plus vite. Malgré la brièveté du séjour, les journaux de bord multiplient les observations précises sur les habitants, la végétation et les moaï, ces gigantesques statues « à peine ébauchées, couronnées d'un lourd chapiteau dans le style égyptien et dont la grossièreté de facture annonce l'enfance des arts ». Marquaient-elles l'emplacement de sépultures ou servaient-elles à effrayer les envahisseurs ? Elles sont construites en très grandes pierres de taille et « leur travail n'est pas inférieur à celui de plusieurs ouvrages de maçonnerie simple que nous avons en Angleterre ». Combien de bras ont-ils été nécessaires, combien de morts peut-être, pour soulever des pierres d'une taille et d'un poids pareils et les redresser sans aucun moyen mécanique ? Certaines sont brisées, d'autres, renversées. Un cataclysme aurait-il interrompu le travail des sculpteurs de pierre ? Ils notent la faible densité de l'habitat. Reinhold Forster exécute des croquis qui, gravés et publiés, feront sensation dans les salons et dans les cabinets de curiosités européens. Suivons pas à pas ces savants de l'*Enlightenment* anglais, cartographes, dessinateurs, botanistes ou géologues, qui arpentent des terres inconnues. Ce qu'affirmait l'un des auteurs du voyage de Roggeveen en 1722 ne correspond plus à la réalité qu'ils ont sous les yeux, comme si l'île, une fois retournée à sa solitude et ses mystères, arborait des masques différents siècle après siècle. En fait de géants, les insulaires sont des êtres frêles, qui n'atteignent pas 6 pieds de haut. Très hospitaliers, ils échangent le peu qu'ils ont, patates douces, bananes et cannes à sucre, contre des clous, des miroirs et des pièces d'étoffe, mais ils n'ont aucun superflu dont ils puissent disposer en faveur des étrangers de passage. Leur sens du négoce est tel qu'il leur arrive de proposer leurs femmes aux marins, qui forniquent avec elles à l'ombre des moaï en échange d'une chemise (sous l'œil réprobateur et puritain de Cook et de ses officiers). Ce sont tous de fieffés voleurs : « Nous eûmes beaucoup de peine à garder nos chapeaux sur nos têtes et quant à ce qui était dans nos poches, il était presque impossible de le conserver, même quand ils venaient de nous le vendre. » Malgré les multiples larcins, un seul coup de fusil fut tiré durant tout le séjour.

« Le Roi le veult »

« Incomparable » : le mot est appliqué par Louis XVI à James Cook, son idole, dont il avait lu en anglais les *Relations de voyages autour du monde*. Conscient de la prééminence britannique et du retard de la France dans le domaine des explorations, et malgré l'état désastreux des finances au lendemain de la guerre d'Indépendance américaine, le souverain consent à sacrifier plus d'un million de livres à « la plus illustre expédition navale jamais projetée en France ». À sa tête Lapérouse, marin qui s'était couvert de gloire en battant les Anglais dans la baie d'Hudson, connu pour son humanisme et son sens du devoir. Dans l'esprit du roi, qui corrige de sa main le mémoire de Fleurieu, directeur des Ports et Arsenaux, et rédige lui-même le reste des Instructions, ce voyage doit compléter les observations de Cook. Une équipe scientifique de premier plan, les astronomes Dagelet et Monge, le botaniste La Martinière, le peintre Duché de Vancy, Collignon, le jardinier du Jardin du roi à Paris, pour ne citer qu'eux, participent à l'expédition. Rejoignons le chef d'escadre lors de son arrivée à l'île de Pâques le 8 avril 1786, après une longue escale de trois semaines au Chili, où la remise en état de *La Boussole* et de *L'Astrolabe* lui a fait perdre un temps précieux. Le 9, les deux frégates longent la côte de l'île pour ancrer dans la baie de Cook, escortés par des Indiens qui n'hésitent pas à les suivre à la nage contre vents et marées. Ces derniers finissent par monter à bord, vêtus de leurs seuls tatouages et sans la moindre arme, « avec des airs enjoués qui [me] donnèrent la meilleure impression de leur caractère ». Et de leur accorder sa confiance : « Il n'y a personne qui, ayant lu les relations des derniers voyageurs, puisse prendre les Indiens de la mer du Sud pour des sauvages ; ils ont au contraire fait de très grands progrès dans la civilisation. » Malgré sa bienveillance envers les insulaires, Lapérouse découvrira avant de mourir tragiquement que l'idée de bon sauvage n'est qu'un rêve écorné par la réalité, un mythe pour philosophes en chambre.

Contrairement à Cook et à ses marins, les Français débarquent en parfaite santé, avec des provisions pour plusieurs mois. Les savants parcourent quelque 7 kilomètres « avec ceux qui s'en sentent la force ». Collignon cherche un coin fertile pour y planter graines, choux, carottes, maïs et citrouilles. Comblés de présents – il leur est également confié des cochons, des boucs, des chèvres et des brebis –, les natifs applaudissent, tout en chapardant ce qui se trouve « à portée de [leur] main », aussi bien mouchoirs que chapeaux. Lapérouse ferme les yeux et s'évertue à leur trouver des excuses : « Il est certain que ces peuples n'ont pas sur le vol les mêmes idées que nous, ils n'y attachent vraisemblablement aucune honte », écrit-il. Chapeau, si l'on ose dire après qu'on lui a dérobé son tricorne ! Les femmes contribuent aux friponneries de leur mari, du moins celles qui consentent à marchander leurs appas, car il en est d'autres que l'on force à s'offrir et qui tremblent de peur. Comment Bougainville avait-il pu se tromper à ce point, se demande-t-il, lui qui avait parlé de paradis à propos de rencontres sexuelles d'une telle cruauté ? « Ils faisaient violence à des jeunes filles de treize à quatorze ans pour les entraîner auprès de nous, dans l'espoir d'en recevoir le salaire ; la répugnance de ces jeunes Indiennes était preuve que l'on violait à leur égard les lois du pays. Aucun Français n'a usé du droit barbare qu'on lui donnait ; et s'il y a eu quelques moments donnés à la nature, le désir et le consentement étaient réciproques. » De Cook, Lapérouse parle avec sa franchise coutumière. Tout en reconnaissant qu'il « a payé de son sang toutes les lumières que nous avons aujourd'hui sur ces peuples », il lui adresse quelques critiques : « J'ose croire qu'il n'a pas bien vu cette île. » Il se serait mépris sur l'époque des moaï : « Loin de témoigner de l'activité d'un peuple à jamais disparu, ces bustes pourraient être l'ouvrage de la génération actuelle. » Enfin, les dessins de Hodges ne rendent que très imparfaitement la réalité et

Johann Forster se trompe en évaluant le nombre d'habitants. Mais le temps presse, et ils doivent repartir pour compenser le retard pris au Chili. Ils ne sont restés à terre que vingt-quatre heures…

« Une civilisation en train de disparaître » (Pierre Loti)

En 1805, une goélette américaine débarque sur l'île et s'empare d'une vingtaine d'hommes, de femmes et d'enfants qui sont déportés comme esclaves vers les îles Juan Fernandez, au large du Chili. Mais le pire reste à venir. Des brigands péruviens abordent en 1862 et enlèvent 1 100 insulaires, la moitié de la population, pour exploiter les gisements de guano dans les îles Chincha, proches du littoral sud-américain. La plupart meurent rapidement en exil, et parmi eux les principaux chefs et les prêtres, seuls capables de déchiffrer le rongorongo, écriture façonnée sur des tablettes de bois (les bois parlants), découvertes en 1864, dont ne subsistent aujourd'hui qu'une vingtaine d'exemplaires et qui résiste jusqu'à présent à toute tentative d'élucidation. Après l'intervention énergique des autorités françaises et britanniques pour mettre fin à ces procédés, une centaine de captifs, dont quinze seulement survécurent, revirent leur pays natal ; porteurs de maladies infectieuses, tuberculose, variole et dysenterie, ils contaminèrent leurs compatriotes. C'est dans cette atmosphère délétère que la mission des Sacrés-Cœurs de Jésus et de Marie s'implanta dans l'île sous la houlette du frère convers Eugène Eyraud, qui convertit les rescapés au catholicisme. Toute trace de vénération à l'égard de leurs chefs religieux, les Hommes-Oiseaux, et aux anciens dieux disparaît.

Telle est la situation lorsque, le 3 janvier 1872, la frégate *La Flore* fait escale à l'île de Pâques quatre jours durant pour effectuer des relevés hydrographiques. À son bord, un aspirant de marine âgé de 22 ans, Julien Viaud, dont le génie léguera à la postérité un récit à la fois précis, clairvoyant et teinté de fantastique. Visage aux joues d'enfant, yeux éberlués, visière de sa casquette plate au ras des sourcils, il est loin d'avoir la prestance qui sera la sienne sous le nom de Pierre Loti. Mais ce qui le rend différent de ses prédécesseurs est « l'usage du monde » qu'il inaugure, prémonitoire de sa vie future : un ardent désir de communiquer avec les indigènes, hommes et femmes, la faculté de se mettre dans la peau, voire dans le vêtement de ses interlocuteurs, ce qui ne l'empêche pas de les craindre : « On ne sait jamais, affirme-t-il, quel degré de férocité peut atteindre un sauvage, naturellement doux, quand il est poussé par quelque passion inconnue aux hommes civilisés. » Rapidement, l'âme des anciens hommes de Rapa Nui pénètre la sienne, et pas seulement l'âme des habitants, hommes et femmes, mais aussi celle « des hautes statues monstrueuses » dont il multiplie les portraits : « Elles n'ont point d'yeux et cependant, elles ont l'air de regarder et de penser. » Ses talents de dessinateur, ses qualités de visionnaire n'échappent ni à l'amiral de Lapelin ni au commandant de la frégate, qui lui accordent l'autorisation de descendre à terre plus souvent qu'à son tour.

Le 5 janvier, à 8 heures, l'amiral informe Julien qu'il a reçu l'ordre de rapporter en France « une idole remplissant certaines conditions de taille et de physionomie ». Cette statue exceptionnelle se trouve sur le volcan-carrière de Rano Raraku, dans la partie est de l'île où Viaud a déjà repéré des dizaines de moaï dressés et des centaines de figures inachevées. Dès le matin, *La Flore* est en pleine ébullition. À midi, la chaloupe prévue pour l'enlèvement ploie sous le poids des palans et des chariots. Une centaine de matelots montent à bord sous la conduite d'un lieutenant, prétendument artiste. Tout est prévu pour donner un côté grandiose et martial à l'affaire ; les hommes devront marcher en rangs, au pas et au son des clairons, mais une fois débarqués, ils sont entourés de filles à demi nues, ce qui nuit au bon ordre de la cérémonie. Néanmoins, ils achèvent leur tâche. Bousculées par les leviers, les statues tombent à terre pêle-mêle et se renversent ; on choisit la dernière retournée, trop lourde à rapporter « sans savoir encore laquelle aurait l'honneur de se voir couper la tête pour aller figurer au Louvre », écrit Viaud (elle sera transportée sur *La Flore* et apportée au musée de l'Homme à Paris, puis transférée en 2005 au musée du quai Branly). Horrifié, il parle de massacre et qualifie la scène de « lèse-sauvagerie ».

Sauver l'oubli, expliquer le passé

D'autres sont venus. Nombre de savants, comme Thor Heyerdahl ou Alfred Métraux, qui resta cinq mois sur l'île (1934-1935), dont il dit qu'elle lui aura causé « infiniment plus de travail que des années de séjour dans quelque terre bénie de l'ethnographie ». Des travaux salutaires au cœur desquels était tapi un double danger : susciter le rush des touristes persuadés que Rapa Nui était encore sauvage et isolée et qu'ils n'en viennent à la défigurer. Loti l'avait vu, qui regrettait que le monde soit déjà trop exploré : « Autrefois, quand les distances étaient plus grandes et les mers plus inconnues. » L'appauvrissement de la biodiversité, l'épuisement des ressources naturelles, l'envahissement des produits dérivés et des gadgets mercantiles, la prolifération des iPads, des T-shirts ou des mugs de simili-porcelaine l'ont emporté sur le mystère et la beauté. Alarmés par l'afflux croissant des visiteurs (près de 120 000 touristes chaque année) et les déprédations, les Pascuans ont réagi dès 2009, en manifestant sur le tarmac de leur aéroport pour obtenir un quota. Au mois d'août 2018, ils ont été entendus par le gouvernement chilien : désormais, la durée des séjours autorisés pour les étrangers est passée de quatre-vingt-dix à trente jours…

Efforts mineurs et bien tardifs pour préserver les reliefs d'une civilisation fascinante, unique exemple d'une culture dont les témoignages sont disponibles et éloquents, impressionnants et inexplicables. Si l'on s'accorde à peu près sur l'origine polynésienne de la population, ces Matamua venus aux VIIe, IXe ou XIIe siècles, on ne sait pas trop, des îles Marquises ou des Tuamotu, les spécialistes divergent sur un apport péruvien plus tardif, qui expliquerait le type inca caractérisant les moaï. Surtout, comment ces derniers, près d'un millier dont certains atteignent une hauteur de 10 mètres et un poids de 80 tonnes, taillés dans le tuf du volcan Rano Raraku et installés sur près de 300 terrasses tournant le dos à la mer, ont-ils été sculptés puis transportés et érigés parfois à une vingtaine de kilomètres de la carrière ? Les théories se sont multipliées, se répartissant schématiquement en deux camps : soit les blocs, transportés en l'état, ont été sculptés sur place, recevant leurs yeux de corail blanc et de tuf rouge, et coiffés du lourd et fameux *pukao* ; soit le travail a été effectué sur le lieu de découpe, *pukao* compris, et le transport a eu lieu ensuite. Dans les deux cas demeure l'énigme de leur acheminement. Longtemps il a été admis que des rondins de bois sur lesquels les figures étaient couchées ont permis leur acheminement, quelques dizaines d'hommes tirant sur des cordages. En 2008, les savants américains Terry Hunt et Carl Lipo procédèrent à des expériences destinées à montrer que le transport s'était effectué par simple traction des mégalithes debout sur le sol, selon le principe du réfrigérateur tiré à hue et à dia par dodelinage lors des déménagements…

Un « écocide » ?

L'usage du bois dans ces opérations est conforté par le constat que l'île aurait été soumise, avant l'arrivée des Européens, à une déforestation intensive due en partie à l'excès de consommation de bois pour dresser les moaï, mais aussi et surtout aux pratiques alimentaires – avec la fabrication de bateaux de pêche, les activités culinaires et de chauffage. En sorte que la terre pascuane se serait trouvée épuisée par la surexploitation humaine. Telle est du moins l'hypothèse de Jared Diamond. D'autres spécialistes insistent sur les ravages dévastateurs opérés par la multiplication vertigineuse des rats amenés par les colons sur les fruits des végétaux, essentiellement des palmiers géants empêchés de se reproduire. Enfin, sous l'effet de prélèvements excessifs, la faune, en particulier ornithologique, se serait progressivement éteinte. Cette conjonction dévastatrice de facteurs dont il est impossible de faire la part précise et qu'on a pu qualifier d'« écocide » aurait privé peu à peu les insulaires de ressources et précipité l'effondrement de la civilisation et de la population pascuanes, réduite à guère plus de 100 personnes vers 1880, que l'intervention européenne aurait encore aggravé. Il faudrait tenir compte aussi, dans ce processus désastreux, d'une terrible sécheresse provoquée peut-être vers 1600 par un paroxysme du phénomène El Niño, entraînant une famine, des guerres de clans, dont témoigneraient les pointes d'obsidienne retrouvées sur l'île, et l'abandon des cultes traditionnels, qui n'avaient pas réussi à conjurer la catastrophe ; d'où les nombreuses statues renversées ou demeurées inachevées, comme si les ancêtres divinisés qu'elles étaient censées représenter s'étaient révélés impuissants. Mais alors, si la catastrophe avait été à ce point complète, comment des indigènes auraient-ils procuré aux découvreurs européens, qui ont relevé la présence sur l'île d'une véritable agriculture et n'ont pas constaté que la population fût plus misérable qu'ailleurs en Polynésie, des bananes, des patates douces et même des poulets ? Nicolas Cauwe, anticatastrophiste, estime donc que les Rapanui ont su s'adapter aux transformations de leur environnement. On le voit, les questions posées par Roggeveen voilà trois cents ans demeurent largement sans réponses assurées, ce qui a suscité les fantasmes habituels, faisant même appel aux extraterrestres, et continuent de nimber l'île et son passé d'une aura de mystère.

Ainsi l'île de Pâques vous propose encore un séjour parmi ses secrets insolubles. À défaut de faire le voyage, découvrez les nombreux ouvrages qui ressuscitent le peu que nous savons de ce paradis perdu. Il y a là une fortune colossale dans un coffre dont aucun serrurier n'arrivera plus à nous révéler les mystères.

Bibliographie sélective

Cauwe, Nicolas, *Île de Pâques. Le grand tabou*, Versant Sud, 2011.

Diamond, Jared, *Effondrement. Comment les sociétés décident de leur disparition ou de leur survie,* Gallimard, coll. « Folio Essais », 2009.

L'Île de Paques, collectif, Actes Sud/Musée Champollion, Figeac, Musée Fenaille, Rodez/Muséum d'histoire naturelle de Toulouse, 2018.

Loti, Pierre, *L'Île de Pâques. Journal d'un aspirant de* La Flore, éditions Pierre-Olivier Combelles, 1988.

Orliac, Catherine et Michel, *L'Île de Pâques. Des dieux regardent les étoiles,* Gallimard, coll. « Découvertes », 2004.

PONS, Anne, *Lapérouse*, Gallimard, coll. « Folio biographies », 2010.
—, *James Cook. Le compas et la fleur*, Perrin, 2015.
TAILLEMITE, Étienne, *Les Découvreurs du Pacifique, Bougainville, Cook, Lapérouse,* Gallimard, 1987 et 2007.
TCHERKÉZOFF, Serge, *Tahiti, 1768. Jeunes filles en pleurs,* Au vent des îles, 2010.

19

L'affaire du Collier, ou le génie de l'intrigue

par Hélène DELALEX

Marie-Antoinette ne tient plus en place. En ce 12 juillet 1785, une effervescence règne autour de son théâtre du Petit Trianon où doit se tenir, le 19 août, la première du Barbier de Séville, *la comédie du sulfureux M. de Beaumarchais. Ce ravissant petit théâtre de société aux harmonies bleu et or, habilement dissimulé derrière les frondaisons, avait été édifié cinq ans plus tôt par son architecte Richard Mique. Les répétitions touchent à leur fin, les acteurs ajustent leurs costumes tandis que les machinistes s'activent dans les cintres afin de régler les derniers changements de décor à vue. Il ne reste qu'un mois à la reine pour apprendre le rôle de la jeune orpheline Rosine qu'elle incarnera devant le public, deux cent cinquante courtisans triés sur le volet. Comme toujours, elle montera sur scène accompagnée de la troupe des Seigneurs dont font partie le comte d'Artois, frère du roi, dans le rôle du valet Figaro, et le comte de Vaudreuil dans celui du comte Almaviva, fou amoureux de Rosine. « On applaudissait à outrance ; cependant en sortant on critiquait tout haut, et quelques gens dirent que c'était royalement mal joué ! », raconte Mme Campan, sa première femme de chambre qui lui donne la réplique pendant les répétitions.*

Ce matin-là, on annonce la venue de M. Böhmer, le joaillier de la Couronne : il vient remettre à la reine, de la part du roi, une épaulette et des boucles de diamants. En remettant l'écrin, Böhmer glisse discrètement une lettre en forme de placet. Marie-Antoinette s'apprête à l'interroger mais il a déjà tourné les talons. Elle ouvre alors le billet et lit tout haut :

« Madame, nous sommes au comble du bonheur d'oser penser que les derniers arrangements qui nous ont été proposés, et auxquels nous nous sommes soumis avec zèle et respect, sont une nouvelle preuve de notre soumission et dévouement aux ordres de Votre Majesté, et nous avons une vraie satisfaction de penser que la plus belle parure de diamants qui existe servira à la plus grande et à la meilleure des reines. »

Elle ne comprend pas un traître mot de ces paroles obséquieuses et sibyllines. Mais de quoi diable parle-t-il ? Le joaillier ose-t-il une nouvelle fois lui proposer d'acheter ce collier au prix astronomique qu'elle a déjà, ainsi que le roi, refusé deux fois ? Agacée de cette ténacité importune, elle brûle la lettre à la flamme d'une bougie – comme elle le fait pour les correspondances sans importance – et retourne à ses répétitions. Cette lettre imprudemment brûlée est en réalité la scène d'ouverture d'une autre comédie dans laquelle la reine va tenir, sans le savoir, le premier rôle. Le rideau se lève sur L'Affaire du Collier.

« La plus belle parure de diamants qui existe »

Originaires de Saxe, Charles-Auguste Böhmer et son gendre Paul Bassenge occupent la charge de joailliers de la Couronne. Dans leur maison, *À l'enseigne du balcon*, Bassenge est le créateur et Böhmer le gestionnaire. Au début des années 1770, « les Böhmer », comme on les nomme, décident de créer une extraordinaire parure, un chef-d'œuvre inégalable qui proclamera définitivement la suprématie de leur maison en Europe. Aussi, pendant plusieurs années, réunissent-ils les plus beaux, les plus gros, les plus purs diamants en circulation pour en composer un collier à plusieurs rangs, connu grâce à la célèbre estampe : *Représentation exacte du grand collier de brillants des sieurs Bœhmer et Bassenge / Gravé d'après la grandeur des diamants*[1]. Constitué de 647 diamants pour un poids de 2 800 carats, ce collier dit « en esclavage » est une sorte de plastron composé en deux parties : autour du cou, un rang de 17 diamants gros comme des noisettes d'où partent 3 festons garnis d'énormes pendentifs en forme de poire ; dans la partie inférieure, 4 longs rubans de diamants se croisent sur la poitrine et descendent jusqu'à la taille avant de s'achever en nœuds à houppes scintillantes. Le prix de cette véritable armure de diamants dépasse l'entendement : 1 800 000 livres, la valeur de trois beaux châteaux luxueusement meublés et entourés d'un parc d'une centaine d'hectares.

Qui peut bien acheter pareil trésor ? Les Böhmer nourrissent la secrète pensée de le céder à Louis XV qui en fera présent à sa favorite Mme Du Barry. Ainsi, travaillant sans aucune commande, ils commettent la folie de le financer seuls, s'endettant jusqu'au cou et engageant tous leurs biens. Mais la réalisation du chef-d'œuvre prend un temps infini, si bien que le 10 mai 1774, lorsque le roi meurt, le collier n'est pas achevé. Qu'importe, les Böhmer entendent désormais le céder à la nouvelle reine dont ils connaissent le goût de la parure et le caractère pour le moins accessible à la tentation. Au printemps 1775, le sacre du jeune Louis XVI est l'occasion rêvée, mais le collier n'est toujours pas prêt. En 1778, il est enfin achevé. Ébloui par la beauté prodigieuse du bijou, Louis XVI propose de l'offrir à Marie-Antoinette pour la naissance de son premier enfant. Contre toute attente, la reine le trouve trop cher et refuse. Nouvelle tentative et nouveau refus en 1781 à l'occasion de la naissance du dauphin. Les joailliers réduisent le prix de 200 000 livres et proposent d'échelonner les paiements, mais en vain. La France est engagée dans la guerre d'Indépendance américaine et la reine fait remarquer, si l'on en croit Mme Campan, que la marine aurait davantage besoin d'un nouveau navire.

---

1. Le château de Versailles conserve une belle épreuve de cette estampe (INV. GRAV 1455), ainsi qu'une réplique fidèle du collier réalisée en 1960 avec des saphirs blancs, par le joaillier Albert Guerrin de la Maison Burma à Paris (V 3925).

Surtout, elle juge sa cassette assez riche et n'a plus le goût des diamants. « Songez bien à lui dire que je n'aime plus les diamants, dit-elle à Mme Campan, que je n'en achèterai plus de ma vie ! » La mode a changé à Versailles. Le grand habit de cour n'est plus porté que quatre ou cinq fois par an pour les grandes cérémonies, et la reine passe davantage de temps à Trianon où elle paraît dans une tenue simple et naturelle : une légère robe de gaulle blanche nouée « à l'enfant » avec un simple ruban de couleur, la gorge nue, les cheveux relâchés sous un grand chapeau de paille piqué de fleurs fraîches et d'épis de blé. Quel effet ferait un pareil joyau avec un chapeau de paille ! Étranglé par les intérêts, Böhmer tente de vendre son collier dans toutes les cours d'Europe mais il est si coûteux qu'aucune n'est en mesure de l'acheter. Désespéré, le joaillier sollicite une dernière audience de la reine : il se jette alors à ses pieds, joint les mains, supplie et menace d'aller se jeter dans la rivière. « Ne m'en parlez donc jamais, lui lance Marie-Antoinette d'un ton sévère. Tâchez de le diviser et de le vendre, et ne vous noyez pas ! »

La révélation

Le 3 août 1785, Mme Campan se repose dans sa maison de campagne à Crespy, à quelques lieues de Paris. Quelle n'est pas sa surprise lorsqu'elle voit arriver Böhmer, plus tourmenté que jamais. Il se plaint de n'avoir reçu aucune réponse à sa lettre malgré les « derniers arrangements » acceptés. Ses créanciers le pressent, il a besoin d'argent et réclame qu'on solde la première échéance, déjà passée de deux jours. Ce collier l'a réellement rendu fou, songe Mme Campan. Lorsqu'elle lui apprend que la reine a brûlé sa lettre et qu'elle le somme de cesser de la tourmenter à propos de ce maudit collier, Böhmer s'affole : il explique que la reine vient précisément de le lui acheter, que la transaction s'est déroulée par l'intermédiaire du cardinal de Rohan, et qu'il a en sa possession le traité d'achat dûment approuvé et signé par Sa Majesté. Ne croyant qu'à moitié ces étranges révélations, elle attend encore cinq jours avant d'en informer la souveraine.

Ainsi la femme de chambre de la reine aurait découvert toute l'escroquerie et ne l'aurait dévoilée que tardivement à Marie-Antoinette. Il existe toutefois une autre version de l'événement, celle de l'abbé Georgel, le secrétaire du cardinal de Rohan. Ses *Mémoires*, certes en faveur de son maître mais néanmoins remarquablement précis et documentés, révèlent que Marie-Antoinette était au courant de l'affaire dès la mi-juillet. Elle en aurait aussitôt informé son confesseur, l'abbé de Vermond, ainsi que le baron de Breteuil, secrétaire d'État de la Maison du roi, en charge de la police. Ce dernier a la rancune tenace : il voue au cardinal une ancienne et implacable haine depuis qu'il lui a ravi, treize ans auparavant, l'ambassade de Vienne. Il conseille à Marie-Antoinette de ne pas avertir immédiatement le roi et de laisser l'intrigue se poursuivre jusqu'à l'échéance du premier paiement, le temps de réunir les premières preuves contre Rohan. Et son enquête porte rapidement ses fruits : il obtient la déposition du banquier Saint-James, trésorier général de la marine, venu lui faire part de ses soupçons envers le cardinal qui a tenté de lui emprunter 700 000 livres au nom de la reine. Breteuil en est persuadé : Rohan se sert du nom de Marie-Antoinette pour détourner de l'argent et acquérir ce collier qu'il entend dépecer et revendre afin de régler ses innombrables dettes.

Les deux versions se rejoignent de nouveau à la date du 9 août, lorsque la reine convoque Böhmer à Trianon et lui demande, en présence de Vermond et Breteuil, de lui rendre compte de l'affaire. Marie-Antoinette tombe des nues : elle fait répéter plusieurs fois au joaillier les passages les plus invraisemblables de cette histoire ; « c'était un dédale pour elle, son esprit s'y perdait », rapporte Mme Campan. Au terme de l'entretien, elle comprend enfin qu'on ne lui demande pas d'acheter ce collier, comme elle le croyait obstinément, mais de le payer car on le lui a vendu ! Alors que Breteuil demande à Böhmer de rédiger à destination de Louis XVI un rapport détaillé de l'escroquerie accompagné de la copie certifiée du traité d'achat, Marie-Antoinette court chez le roi demander justice.

Coup de théâtre

Arrive le 15 août, jour de l'Assomption. Depuis que Louis XIII a voué la France à la Vierge, le 15 août représente une quasi-fête nationale sous l'Ancien Régime. La galerie des Glaces et le salon de l'Œil-de-Bœuf bruissent de monde. Il est près de 11 heures et la Cour au complet attend le passage de Leurs Majestés afin de les accompagner à la chapelle royale pour la grand-messe où doit officier le grand aumônier de France, le cardinal de Rohan. Louis-René-Edouard, prince de Rohan Guéméné, est le plus haut dignitaire ecclésiastique de la Cour. Appartenant à la puissante famille de Rohan-Soubise, l'une des lignées les plus anciennes et les plus illustres de France, il figure parmi les plus grands personnages du royaume. À 50 ans, il collectionne les charges et les honneurs : évêque de Strasbourg, landgrave d'Alsace, prieur de l'abbaye de Saint-Vaast d'Arras et de la Chaise-Dieu en Auvergne, commandeur de l'ordre du Saint-Esprit, surintendant de l'hôpital royal des Quinze-Vingts, proviseur de Sorbonne et au surplus membre de l'Académie française. Mais il lui manque l'essentiel : la faveur. Marie-Antoinette lui voue une profonde détestation, un sentiment qu'elle tient de sa mère, l'impératrice Marie-Thérèse d'Autriche, du temps où Rohan était ambassadeur à Vienne. Les frasques libertines et les dépenses outrancières de ce prélat fort peu dévot, plein d'esprit mais trop bavard et qui s'était permis de railler en public la coquetterie de sa fille, avaient révolté l'impératrice, qui avait demandé plusieurs fois à la France qu'on la délivre de ce « méprisable individu ». À peine Marie-Antoinette monte-t-elle sur le trône qu'elle obtient son rappel en France. Depuis, docile aux ordres de sa mère, elle hait consciencieusement le cardinal auquel elle n'a pas adressé une seule fois la parole en huit ans.

Midi sonne et la grand-messe n'a toujours pas commencé. Des murmures inquiets parcourent la foule : le cardinal aurait été appelé par le roi dans le cabinet du Conseil. Lorsqu'il pénètre dans la pièce, Rohan blêmit : il trouve face à lui les visages fermés du roi, de la reine, de Breteuil et du marquis de Miromesnil, le garde des Sceaux. Louis XVI lui présente le mémoire rédigé par Böhmer et le somme de s'expliquer. D'une voix blanche, Rohan reconnaît avoir acheté le collier au nom de la reine ; il revendique sa bonne foi et assure avoir agi sur les ordres de la comtesse de La Motte-Valois, l'amie de la reine, qui lui a certifié que Sa Majesté lui réservait l'honneur de régler discrètement cette transaction, c'était là le prix de son retour en grâce… Froidement, le roi lui tend le traité signé :

« Ce n'est ni l'écriture de la reine, ni sa signature : comment un prince de la maison de Rohan, et un grand aumônier de France, a-t-il pu croire que la reine signait "Marie-Antoinette de France" ? Personne n'ignore que les reines ne signent que leur nom de baptême[2]. »

Le cardinal pâlit et doit maintenant s'appuyer contre la table. Le roi lui demande de mettre par écrit sa déposition et le laisse seul. À son retour, Rohan tend sa feuille au roi et tente quelques derniers mots de justification. Muette et frémissante de colère depuis le début de l'entretien, la reine l'interrompt : « Comment, Monsieur, avez-vous pu croire, vous à qui je n'ai pas adressé la parole depuis huit ans, que je vous choisissais pour conduire cette négociation, et par l'entremise d'une pareille femme ? » Le cardinal reconnaît que, aveuglé par le désir de regagner ses bonnes grâces, il a été cruellement trompé. Calmement, Louis XVI le prévient qu'il va être arrêté pour délit d'escroquerie et crime de lèse-majesté. À ces mots, Rohan supplie le roi de lui épargner l'humiliation d'une arrestation publique en habits pontificaux et propose de payer le collier. Mais poussé par Breteuil et Marie-Antoinette servant chacun leurs rancunes particulières, Louis XVI reste inflexible : « Je fais ce que je dois, comme roi et comme mari », lui répond-il.

---

2. L'usage veut que la souveraine ne signe jamais autrement que par son simple prénom. Le titre « de France » est réservé aux fils et filles du roi, et si d'aventure Marie-Antoinette avait utilisé ses titres, elle aurait signé « de Habsbourg-Lorraine » ou « d'Autriche ».

Breteuil a les yeux brillants d'excitation. Il le tient, son vieil ennemi. À son tour d'entrer en scène : alors que le cardinal se retire et s'apprête à pénétrer dans la galerie des Glaces, il s'avance sur le seuil de la porte, se tourne vers le jeune sous-lieutenant des gardes du corps et lance d'une voix retentissante : « Je vous ordonne, Monsieur, de la part du roi, d'arrêter M. le Cardinal et d'en répondre ! » La Cour est pétrifiée. Escorté par les gardes, Rohan parcourt lentement la galerie des Glaces et l'enfilade des sept salons du Grand Appartement du roi, dans un interminable cortège, sous les yeux des centaines de courtisans sidérés qui s'écartent en silence sur son passage. Arrivé à la porte du salon d'Hercule, il profite d'un instant d'inattention de ses gardes pour glisser à l'un de ses valets un billet donnant l'ordre à l'abbé Georgel de brûler un petit portefeuille en cuir rouge, avant que la police ne mette les scellés sur ses papiers. En même temps, l'ordre est donné d'arrêter tous les complices de cette affaire. Vers minuit, après la perquisition de son domicile, le cardinal est transféré à la Bastille où, en raison de son rang, on l'installe dans un appartement confortable avec plusieurs domestiques à son service. À Paris, la nouvelle se propage pendant la nuit : « Le cardinal est arrêté, le grand aumônier de France est à la Bastille ! »

Une intrigue rocambolesque

Les premières auditions, menées par le comte de Vergennes et le maréchal de Castries, permettent rapidement de remonter au personnage central de ce complot : une certaine Jeanne de Saint-Rémy de Valois, comtesse de La Motte. Descendante en ligne directe d'un bâtard d'Henri II, sa famille est depuis de nombreuses années tombée dans l'obscurité et la pauvreté. La jeune indigente n'est sauvée de la mendicité que par la bonté de la marquise de Boulainvilliers, la femme du prévôt de Paris. Touchée par la chute tragique d'une descendante royale, elle se prend d'affection pour elle. Après avoir fait vérifier sa généalogie, elle la recueille et lui fait dispenser une éducation convenable dans un couvent. En 1780, à l'âge de 24 ans, la jeune fille épouse Nicolas de La Motte, un simple officier de gendarmerie issu de la petite noblesse champenoise, falot et sans le sou. Les deux époux prennent aussitôt les titres fantaisistes de comte et comtesse de La Motte-Valois. Mais Jeanne rêve d'autre chose : le sang des rois coule dans ses veines et elle entend bien à ce titre se faire une place à la Cour. Pendant des mois, elle arpente les couloirs de Versailles et malgré plusieurs manèges – elle feint des évanouissements afin d'attirer l'attention et la compassion –, « sa cousine » la reine reste inexorablement distante. Dépitée, elle décide de verser dans l'escroquerie et va user pour cela de ses nombreux atouts : une beauté piquante, un charme ensorceleur, une intelligence machiavélique servie par une imagination fertile et, par-dessus tout, une audace insensée.

Comme dans toute bonne comédie, il faut à ce Scapin au féminin un dindon de la farce. Prodigieusement riche et d'une crédulité à la mesure de son ambition, Rohan représente la victime idéale. D'autant qu'il est un adepte de l'occultisme et que le Tout-Paris le sait la proie d'un illustre escroc, le « mage » Cagliostro, un aventurier et charlatan prétendant avoir le pouvoir de transformer les métaux en or… et surtout celui de soutirer des fortunes au cardinal. Au mois de septembre 1781, Jeanne rencontre ce dernier par l'intermédiaire de Mme de Boulainvilliers. Peu farouche lorsqu'il s'agit de jolies femmes, le cardinal succombe : il prend la jeune comtesse sous sa protection et obtient pour son mari un poste de garde du corps de Monsieur. Rapidement, Jeanne devine la faille de ce puissant personnage : malgré les honneurs, son ambition n'est pas rassasiée, il aspire à de hautes fonctions politiques, il se rêve Premier ministre, une folle ambition à laquelle seule sa disgrâce auprès de la reine fait obstacle. Il est prêt à tout pour regagner sa confiance. Avec son éloquence persuasive, Jeanne assure au cardinal qu'elle est en grande faveur auprès de sa « chère amie » la reine, et lui propose de travailler à sa réhabilitation.

C'est ainsi qu'à partir du printemps 1784, l'intrigante apporte au cardinal une première lettre de la reine, rédigée sous sa dictée par son amant, Marc-Antoine Rétaux de Villette. Au fil des mois, le rythme des lettres s'intensifie. Il attend impatiemment ces petits billets à tranche dorée, bordés d'un liseré bleu clair et gravés d'une fleur de lys, et y répond le cœur battant, travaillant des journées entières les formules de sa prose ampoulée. Le cardinal s'enflamme avec cette correspondance royale qu'il conserve précieusement dans le fameux portefeuille rouge. Bientôt, la reine lui demande de lui avancer de l'argent pour ses aumônes, des sommes de plus en plus importantes, deux fois 60 000 livres. Qu'importe, le cardinal remet l'argent à Jeanne, il ne peut rien refuser à sa reine, c'est le signe qu'elle lui a pardonné ! Au même moment, le couple de La Motte commence à mener grand train dans la luxueuse maison qu'il acquiert à Bar-sur-Aube…

La scène du bosquet

Si crédule qu'il soit, le pigeon commence à s'étonner qu'aucun signe de la reine ne lui indique un retour de faveur. Il sollicite donc auprès de Mme de La Motte une audience avec elle. Jeanne tente de la repousser le plus longtemps possible mais il y apporte tant d'insistance qu'un jour il reçoit la réponse tant espérée. Marie-Antoinette lui accorde une entrevue secrète : le 11 août 1784, à 11 heures du soir, il doit la retrouver dans le bosquet de Vénus situé près de l'Orangerie du château de Versailles. Dans cet épisode crucial de l'histoire déjà présenté par les contemporains sous le nom de « scène du bosquet », Jeanne va déployer tout son talent de metteur en scène.

Avant tout, il lui faut une reine. La nuit, son mari arpente les bas-fonds du Palais-Royal et finit par dénicher une jeune modiste faisant à l'occasion métier de ses charmes, Nicole Le Guay, dont les traits ressemblent à ceux de Marie-Antoinette. Contre une forte somme, le couple la convainc de jouer un petit rôle : elle devra simplement remettre à un homme qui se présentera devant elle une lettre accompagnée d'une rose et prononcer ces quelques mots : « Vous savez ce que cela veut dire. » Afin de la rassurer, Jeanne lui promet que cette petite farce aura lieu avec l'agrément de la reine qui sera cachée derrière elle. Le jour venu, Mme de La Motte habille sa doublure avec une copie de la robe de gaulle portée par Marie-Antoinette sur le célèbre portrait peint par Mme Vigée Le Brun, qui avait fait scandale au Salon de 1783[3]. Elle poudre ses cheveux, y accroche une voilette dissimulant son visage, place dans ses mains un éventail et jette un mantelet blanc sur ses épaules. Une comtesse plus vraie que nature à laquelle il ne manque qu'un nom : Jeanne mélange les lettres de Valois pour former celui d'Oliva.

Changement de décor : une nuit d'été sans lune, au détour d'une allée des jardins de Versailles. Après avoir traversé la grande terrasse, Mme d'Oliva se place près d'une charmille dans le bosquet de Vénus (aujourd'hui bosquet de la Reine). Après quelques minutes, elle aperçoit un grand seigneur qui s'approche rapidement et s'incline devant elle. Tremblante, elle balbutie d'une petite voix la phrase apprise par cœur, tend la rose mais oublie de remettre la lettre. « Vite, vite ! Venez ! » interrompt Mme de La Motte, prétextant l'arrivée soudaine des comtesses de Provence et d'Artois. Le cardinal se retire précipitamment tandis que la petite Nicole est reconduite à la voiture et tous les acteurs de la scène disparaissent aussitôt. Convaincu qu'il vient de parler à la reine, Rohan est aux anges.

L'escroquerie finale

Le pigeon plus aveuglé que jamais, il est temps pour Jeanne d'envisager un stratagème encore plus ambitieux qui pourrait lui assurer une immense fortune, d'un seul coup. C'est alors qu'au mois de décembre 1784, elle fait la connaissance de Böhmer. Depuis des mois, ce dernier se plaint *urbi et orbi* de son malheur. Naturellement, Jeanne lui propose d'user de son influence auprès de sa royale amie afin de la convaincre d'acquérir le collier. Le 29 décembre, les joailliers lui présentent le bijou : Jeanne est éblouie et les Böhmer reprennent espoir. Moins d'un mois plus tard, elle leur annonce triomphalement que la reine désire le collier et

3. Élisabeth Louise Vigée Le Brun, *Portrait de Marie-Antoinette en chemise ou en gaulle*, 1783, huile sur toile, 90 x 72 cm, Darmstadt, Schlossmuseum.

qu'elle charge un grand seigneur de régler les conditions de l'achat. À Rohan, Jeanne déclare que la reine l'a désigné pour suivre en sous-main cette négociation, car le roi reste fermement opposé à cet achat. Son pardon, et peut-être même sa future carrière, sera le prix de ce dernier service.

Le 29 janvier 1785, Jeanne remet au cardinal l'ordre d'achat grossièrement rédigé par Rétaux de Villette et signé « Marie-Antoinette de France ». Rohan le présente aussitôt aux joailliers et le contrat établissant les modalités de paiement est signé : la somme sera réglée en deux ans par quartiers de 400 000 livres, le collier sera livré le 1er février au plus tard et la première échéance due est fixée au 1er août. Le jour dit, les Böhmer livrent au cardinal le collier dans un précieux écrin de maroquin rouge orné de filets d'or et incrusté de diamants. Rohan saute aussitôt dans une chaise de poste en direction de la rue Neuve-Saint-Gilles, à Versailles, où réside Mme de La Motte. À peine arrivé chez elle, des pas se font entendre dans l'escalier. Elle demande au cardinal de se retirer à l'intérieur d'une petite alcôve vitrée. Plongé dans l'obscurité, ce dernier aperçoit un homme portant la livrée des valets de chambre de la reine à Trianon (Rétaux de Villette) ; il tend un billet à Jeanne et reçoit l'écrin avant de disparaître. « Le collier sera remis ce soir même à la reine », assure Jeanne au cardinal. Satisfait, celui-ci reprend la route de Paris tandis que Rétaux et les époux de La Motte commencent à dépecer le collier. Les premiers diamants sont bradés auprès des bijoutiers parisiens puis, lorsque ceux-ci commencent à avoir des soupçons sur l'origine suspecte des pierres, au marché noir à Londres. En quelques jours, ce collier des *Mille et Une Nuits* disparaît comme par enchantement.

Le procès public

« J'ai été réellement touchée de la raison et de la fermeté que le roi a mises dans cette rude séance, écrit Marie-Antoinette à son frère Joseph II, le 22 août 1785, après l'arrestation du cardinal [...]. J'espère que cette affaire sera bientôt terminée, mais je ne sais encore si elle sera renvoyée au Parlement ou si le coupable et sa famille s'en rapporteront à la clémence du roi. Mais, dans tous les cas, je désire que cette horreur et tous ces détails soient bien éclairés aux yeux de tout le monde. »

Hélas, cette affaire est loin d'être terminée et le pire reste à venir. À présent, Louis XVI est face à un dilemme : faut-il porter l'affaire devant la Grand'Chambre du parlement de Paris (en justice réglée) ou la juger lui-même en huis clos (en justice retenue) ? Détenteur suprême de la justice, le roi a le pouvoir de trancher par une simple lettre de cachet, d'autant plus pour un crime de lèse-majesté. C'est le choix qu'avait fait Louis XIV dans la délicate affaire des Poisons : le souverain avait compris que ce scandale, dans lequel le nom de sa favorite Mme de Montespan était compromis, pouvait devenir une affaire d'État et éclabousser la monarchie. Louis XVI hésite. Magnanime, il décide de laisser à Rohan le choix de la méthode de jugement, comptant que ce dernier choisira la discrétion. Guy-Jean-Baptiste Target, consacré meilleur avocat de France depuis son élection à l'Académie française, dirige l'équipe d'avocats chargés de la défense du cardinal. Il parvient à convaincre son client que, puisque le roi est convaincu de sa culpabilité, il est préférable, malgré les risques, de tenter sa chance en audience publique. Par cette décision, ce qui n'était qu'une sombre intrigue de cour se retrouve soudain propulsé sous les feux de la rampe. Après le procès public, la boîte de Pandore s'ouvre devant le parterre bouillonnant des Parisiens toujours prêts à s'enflammer, comme l'analyse le baron de Frénilly dans ses *Mémoires* :

« Au lieu d'exiler le cardinal dans la moindre de ses abbayes, l'imprudent et borné Louis XVI, bon philosophe de roi, ami de la justice, ennemi des lettres de cachet, envoya Louis de Rohan à la Bastille et l'affaire au parlement de Paris. C'était jeter une mèche sur un baril de poudre, et le baril éclata avec un fracas épouvantable. »

Les audiences débutent le 22 mai 1786. Jeanne de La Motte est à la hauteur de son rôle : très en beauté, elle fait preuve comme à son habitude d'un culot inouï, niant tout en bloc, éclatant de rire, se contredisant sans vergogne, entonnant les larmes aux yeux un lamento déchirant avant de dénoncer rageusement à tout va Rohan, la reine et même le mage Cagliostro afin de mieux brouiller les pistes. Appelé à la barre, l'illuminé fait un grand numéro ésotérique qui provoque l'hilarité générale. Chaque jour, les presses et les librairies sont prises d'assaut, on s'arrache les fascicules donnant le compte rendu des débats, on se masse à la porte des avocats pour se procurer les exemplaires des mémoires judiciaires qui atteignent des tirages sans précédent. Dans les rues, les maisons, les cafés, les salons, on lit tout haut, et en y mettant le ton, les plaidoyers des avocats et les explications du « cardinal-collier », on examine les pièces justificatives, on commente les passages les plus épicés des biographies imaginaires sur les principaux protagonistes. Le nom de la reine est jeté en pâture aux pamphlétaires et dessinateurs, qui s'en donnent à cœur joie, et les libelles se propagent jusque dans les gazettes de Leyde, d'Amsterdam ou de Londres.

L'affaire du Collier a ceci d'extraordinaire que jamais dans l'histoire une énigme ne fut plus rapidement éclaircie, jamais l'innocence d'une victime ne fut plus éclatante et jamais pourtant cette victime ne fit autant figure de coupable. Car, il faut le reconnaître, ce complot lui va comme un gant. Tous se convainquent tout bas de la culpabilité de la reine car son mode de vie, ses fréquentations, son caractère dépensier, sa passion ancienne pour les bijoux et les manœuvres qu'elle a parfois déployées pour en acquérir à l'insu du roi donnent prise à de tels soupçons[4]. L'intrigue a ceci de diabolique qu'elle porte sur une parure qu'on peut légitimement la soupçonner de désirer.

Ce procès retentissant qu'elle a tant voulu devient son propre procès. Toutes les flèches lancées par la défense se retournent

4. En 1776, Marie-Antoinette achète à Böhmer des girandoles au prix de 360 000 francs, une somme qu'elle obtient de payer sur quatre ans avec les propres fonds de sa cassette ; l'année suivante, elle acquiert un fabuleux bracelet à 250 000 livres, une nouvelle dépense qui provoque la colère de sa mère l'impératrice.

contre elle : « L'avocat avait beau les émousser, raconte Frénilly, le public y remettait les pointes. » L'arrestation brutale du cardinal visait-elle à se débarrasser d'un témoin gênant ? Pourquoi avoir brûlé la lettre ? Certainement pour détruire une preuve. Et si ce collier disparu se trouvait encore entre ses mains ? N'a-t-elle pas assez souvent berné jusqu'à son époux ? Une reine qui aimait tant l'incognito et les sorties nocturnes n'aurait-elle pas pu se déguiser dans le bosquet, s'offrir au cardinal pour le prix de ces diamants et feindre ensuite de le haïr pour mieux dissimuler son jeu ? L'opinion empoisonnée admet les plus folles hypothèses. Et moins son nom est cité, plus elle paraît suspecte, car on pense qu'elle est protégée. Quoi qu'elle dise, quoi qu'elle fasse, selon Jean-Christian Petitfils, « elle ne fait que s'emmêler davantage dans le filet, comme une bête qui se débat et dont tout le monde attend la mise à mort ».

Le coup de grâce

Celle-ci a lieu le 31 mai 1786. Depuis les premières lueurs de l'aube, une foule immense se presse devant le Palais de Justice, sur l'île de la Cité, en attendant le jugement. Une pression silencieuse pèse sur les soixante-quatre magistrats : lorsqu'ils pénètrent dans la Grand'Chambre, dix-neuf représentants des familles de Rohan-Soubise, vêtus en grand deuil, se placent en haie et s'inclinent sur leur passage. À 9 heures du soir, le verdict est proclamé : Jeanne de La Motte-Valois est condamnée à être fustigée par le bourreau, marquée au fer rouge du « V » de voleuse et enfermée à perpétuité à la Salpêtrière ; son mari, en fuite à Londres, est condamné par contumace aux galères à perpétuité ; Rétaux de Villette s'en tire avec l'exil et la petite Nicole, qui a attendri l'auditoire avec son nouveau-né dans les bras, est acquittée. Reste Rohan. Malgré un réquisitoire sévère du procureur général Joly de Fleury, il est finalement acquitté « sans aucun blâme ». S'il est juste de reconnaître que le cardinal n'a pas été escroc mais dupe dans cette affaire, coupable de naïveté en quelque sorte, en revanche son acquittement pour crime de lèse-majesté est une surprise : il n'est pas même tenu de faire amende honorable auprès de la reine pour avoir accrédité l'idée qu'elle puisse accorder des entrevues nocturnes et galantes dans les jardins. Une explosion d'enthousiasme accueille le verdict qui se propage dans les rues de Paris à la vitesse d'une déferlante. « Vive le Parlement ! », « Vive le cardinal innocent ! » entend-on dans le cortège de dix mille personnes qui l'accompagne à la Bastille où il doit passer une dernière nuit[5].

Les vivats résonnent jusqu'à Versailles. Recluse dans ses appartements, Marie-Antoinette est suffoquée de douleur. Elle pleure de rage et d'humiliation car elle saisit immédiatement la portée de cet acquittement qui la condamne en creux, elle voit ce que cette offense publique a d'irréparable, comme elle l'écrit à son amie Mme de Polignac :

« Venez pleurer avec moi ; venez consoler votre amie, ma chère Polignac ; le jugement qui vient d'être prononcé est une insulte affreuse. Je suis baignée dans mes larmes de douleur et de désespoir ; on ne peut se flatter de rien, quand la perspective semble prendre à tâche de rechercher tous les moyens de froisser mon âme. Quelle ingratitude ! Mais je triompherai des méchants en triplant le bien que j'ai toujours tâché de faire. Il leur sera plus aisé de m'affliger que de m'amener à me venger d'eux. »

« Calomniez, calomniez, il en restera toujours quelque chose » (Beaumarchais)

À présent, ses yeux se dessillent. L'année précédente, en mai, elle avait mesuré pour la première fois les signes de son impopularité grandissante. En visite à Notre-Dame à l'occasion de ses

5. Nouvelle maladresse de Louis XVI : alors qu'il avait offert de lui-même sa démission, le roi révoque Rohan et l'exile dans son abbaye de la Chaise-Dieu. Le roi désavoue ainsi le Parlement et la foule crie aussitôt à l'injustice et à la tyrannie. Rohan est tout de même condamné à payer à Böhmer et Bassenge les 1 600 000 livres du collier. Il s'acquitte de la plus grande partie de sa dette en vendant des biens et des terres, mais ce sont ses descendants qui, jusqu'à la fin du XIXe siècle, achèvent de payer les derniers reliquats d'intérêts aux héritiers des joailliers.

relevailles, elle avait espéré retrouver les vivats qui l'acclamaient au début de son règne, mais tout s'était glacé sur son passage : aucun cri ne fut poussé dans les rues traversées par son carrosse, aucune acclamation à la vue du nouveau-né, aucune marque de sympathie, mais une malveillance sourde peinte sur chaque visage. « Que leur ai-je donc fait ? » murmurait-elle, bouleversée, en rentrant précipitamment aux Tuileries.

Avec l'affaire du Collier, l'impopularité se mue en détestation ; la corruption de la monarchie a trouvé son incarnation. Comme une épidémie incontrôlable, libelles, caricatures, pièces et chansons satiriques, jusqu'aux plus ordurières, se répandent *ad nauseam*, chaque jour plus nombreux. Marie-Antoinette devient la proie d'un rire grossier et collectif qui porte un coup mortel à la dignité de la monarchie et à la sacralité de la personne royale. Cette débauche de pamphlets dont la démesure étonne encore aujourd'hui reste inégalée dans l'histoire de France. Cet interminable imbroglio poursuivra Marie-Antoinette jusque sur l'échafaud, et pendant deux siècles, jusqu'à nos jours encore où certains historiens, s'infiltrant dans les dernières zones d'ombre, se demandent toujours si la reine a été, de près ou de loin, partie prenante dans cette affaire. Jules Michelet, Louis Blanc, Louis Hastier ou plus récemment Éric de Haynin accréditent la possibilité que la reine ait imaginé la scène du bosquet afin de se donner le divertissement de voir une courtisane jouer son propre rôle, tout en ridiculisant le cardinal. D'autres ont même examiné l'hypothèse que la reine ait facilité l'évasion de Mme de La Motte de la Salpêtrière au printemps 1787…

Si le décor élégant, les jeux de dupe et les bouffonneries de cette comédie rococo paraissent bien loin de nous aujourd'hui, en revanche l'ampleur et les ravages de la calomnie sur un personnage public n'ont rien perdu de leur actualité. Car, au fond, ce scandale spectaculaire révèle un espace politique et social nouveau, et la calomnie qui s'est abattue sur Marie-Antoinette résulte des effets conjugués de trois données modernes. D'une part, la culture naissante de la célébrité qui apparaît à la fin du XVIIIe siècle comme une nouvelle forme de notoriété, une réputation publique plus intense mais aussi plus éphémère : à l'adulation succède la détestation. D'autre part, le goût nouveau pour la vie privée et l'intimité qui redouble la curiosité autour de la personnalité : la jeune reine est débordée par la puissance fantasmatique qu'elle suscite. Enfin, le poids nouveau de l'opinion publique : galvanisée par la presse qui agit comme une caisse de résonance, elle apparaît à cette époque comme une force rivale du pouvoir royal et, déjà, une arme politique. À Mme Campan qui s'inquiète de la protéger contre un empoisonnement, la reine lui répond avec lucidité : « Souvenez-vous qu'on n'emploiera pas un grain de poison contre moi. Les Brinvilliers ne sont pas de ce siècle-ci : on a la calomnie qui vaut beaucoup mieux pour tuer les gens ; et c'est par elle qu'on me fera périr. »

L'affaire du Collier emporte le petit théâtre de Trianon. Après le procès, la reine ne remonte jamais sur scène. Réfugiée dans son domaine, un nouveau chantier occupe désormais tout son esprit : le Hameau. Se souvient-elle seulement de cette dernière représentation du 19 août, et de la tirade prophétique de son partenaire Basile, à la scène 8 de l'acte II ?

« La calomnie, Monsieur ! Vous ne savez guère ce que vous dédaignez ; j'ai vu les plus honnêtes gens près d'en être accablés. Croyez qu'il n'y a pas de plate méchanceté, pas d'horreurs, pas de conte absurde, qu'on ne fasse adopter aux oisifs d'une grande ville en s'y prenant bien : et nous avons ici des gens d'une adresse !... D'abord un bruit léger, rasant le sol comme hirondelle avant l'orage, *pianissimo*, murmure et file, et sème en courant le trait empoisonné. Telle bouche le recueille, et *piano, piano*, vous le glisse en l'oreille adroitement. Le mal est fait ; il germe, il rampe, il chemine, et *rinforzando* de bouche en bouche il va le diable ; puis tout à coup, ne sais comment, vous voyez [la] calomnie se dresser, siffler, s'enfler, grandir à vue d'œil. Elle s'élance, étend son vol, tourbillonne, enveloppe, arrache, entraîne, éclate et tonne, et devient, grâce au Ciel, un cri général, un *crescendo* public, un *chorus* universel de haine et de proscription. Qui diable y résisterait ? »

Bibliographie sélective

Bertière, Simone, *Les Reines de France au temps des Bourbons*, t. IV : *Marie-Antoinette l'insoumise*, De Fallois, 2002.

Campan, Jeanne Louise-Henriette, *Mémoires sur la vie privée de Marie-Antoinette*, Baudoin frères, 1826 ; Ramsay, 1979.

Correspondance de Marie-Antoinette (1770-1793), établie et présentée par Evelyne Lever, Tallandier, 2005.

Delalex, Hélène, Maral, Alexandre et Milovanovic, Nicolas, *Marie-Antoinette*, Chêne, 2013.

Delalex, Hélène, *Un jour avec Marie-Antoinette*, Flammarion, 2015.

Duprat, Annie, *Marie-Antoinette. Une reine brisée*, Perrin, 2006.

Fauveau de Frénilly, François-Auguste, *Mémoires*, Paris, Perrin, 1997.

Georgel, Jean-François abbé de, *Mémoires pour servir à l'histoire des événements de la fin du dix-huitième siècle depuis 1760 jusqu'en 1806-1810*, Eymery et Delaunay, 1817.

Hastier, Louis, *La Vérité sur l'affaire du Collier*, Fayard, 1955.

Haynin, Éric de, *Louis de Rohan, le cardinal « Collier »*, Perrin, 1997.

Lever, Evelyne, *L'Affaire du Collier*, Fayard, 2004.

Lilti, Antoine, *Figures publiques. L'Invention de la célébrité 1750-1850*, Fayard, 2014.

Maza, Sarah, *Private Lives and Public Affairs. The Causes Celebres of Prerevolutionary France*, Berkeley, University of California Press, 1993 ; *Vies privées, affaires publiques. Les causes célèbres de la France prérévolutionnaire*, trad. française, Fayard, 1997.

Petitfils, Jean-Christian, *Louis XVI*, Perrin, 2005 ; rééd., 2015.

Seth, Catriona (éd.), *Marie-Antoinette. Anthologie et Dictionnaire*, Robert Laffont, coll. « Bouquins », 2006.

Thomas, Chantal, *La Reine scélérate. Marie-Antoinette dans les pamphlets*, Seuil, 1989.

20

Robespierre, un monstre bien utile

par Jean-Clément Martin

Parmi les grands hommes historiques mystérieux, Robespierre occupe une place de choix. Il est, pour les uns, « un personnage à la fois de ténèbres et de progrès » (Catherine Marand-Fouquet), voire l'« être abstrait de la Révolution » (Louis Blanc), pour d'autres, il représente « la Révolution incarnée [...] avec son horrible bonne foi, sa naïveté de sang, et sa conscience pure et cruelle » (Eugène de Genoude). Alors que l'on sait de lui à peu près tout de ce qu'il est possible de savoir d'une personne morte à 37 ans, dont l'activité au sein des assemblées révolutionnaires de 1789 à 1794 a été l'essentiel de sa courte vie, son rôle effectif demeure à la fois incertain, source d'interrogations continuelles et de débats passionnés. Comment expliquer cette situation unique, puisque ses contemporains, amis ou ennemis, ne soulèvent pas de semblables éclats, même quand ils demeurent des enjeux historiographiques ?

On peut en effet discuter de la vénalité de Danton, de ses responsabilités dans les massacres de septembre 1792, estimer la part prise par Marat dans la radicalité politique et l'emballement des exécutions, évaluer la responsabilité de Marie-Antoinette dans la chute de la monarchie ou encore relever les conséquences désastreuses de l'ambition de Napoléon, sans que ces discussions soulèvent d'émotions comparables à celles qui ont été suscitées quand on a essayé d'établir un portrait de Robespierre à partir d'un masque mortuaire, quand on a pensé lui attribuer un nom de rue à Paris, ou quand, au détour d'un débat électoral, des mesures sociales ont été qualifiées de robespierristes. L'ombre de Robespierre est toujours là, menaçante le plus souvent, exemplaire parfois, en décalage avec ce qui est dit de lui, qui n'eut pas la flamboyance de Danton, l'audience de Marat, la place de Marie-Antoinette ou l'incroyable destin de Napoléon.

Alors qu'à l'évidence peu de choses restent à découvrir de sa vie, de ses opinions et de ses œuvres, ce « mystère Robespierre » ne tient-il pas d'abord à l'âpreté des jugements portés sur lui ? Comment expliquer ce qui l'a fait devenir ce personnage exceptionnel, dans une époque où l'exception des caractères et des carrières était la règle ? Peut-on vraiment croire que cette situation insolite dépend de sa personnalité ? Ne faut-il pas reconnaître qu'il a été pris dans un jeu politique et qu'il l'a perdu ? Robespierre n'est-il pas invoqué, depuis 1794, pour éviter la réalité de « la Terreur » ? Le mystère, puisqu'il y en a bien un, ne réside-t-il pas dans la réussite inouïe et durable, jusqu'à aujourd'hui, de la « fabrication » de ce Robespierre terrible, celui que nous connaissons tous, en juillet-août 1794 ?

Un député ordinaire

Si, en effet, on résume à grands traits sa carrière politique, peu d'éléments justifient pareille exposition. Avocat, fils d'avocat, notable en sa province, esprit cultivé et publiciste reconnu, partisan des Lumières et membre d'une académie locale, il ne se distingue guère de ces nombreux jeunes gens qu'il va rencontrer à Versailles en mai 1789. Ces Le Chapelier, Pétion, Barère, Barnave… se sont engagés, comme lui, dans la vie politique régionale et nationale, et sont, comme lui, députés aux États généraux. Les expériences politiques de Barnave à Grenoble, ou celles de Le Chapelier à Rennes ont d'ailleurs été beaucoup plus rudes que celles que Robespierre a pu connaître à Arras, lorsqu'il a dû affronter les notabilités locales pour porter les voix du tiers état. À Grenoble et à Vizille, pour Barnave, à Rennes, pour Le Chapelier, les confrontations ne concernaient rien de moins que l'état des relations entre nobles et bourgeois et remettaient en cause les traditions de tout le royaume. On comprend alors que ces deux hommes, pourtant futurs Jacobins « modérés », portèrent dans les premières années de l'Assemblée constituante les revendications du tiers état, tandis que Robespierre, moins engagé, n'y jouait qu'un rôle secondaire. Quant à Pétion et Brissot, ils avaient publié, avant 1789, des ouvrages qui contestaient fortement la monarchie et l'organisation sociale du pays, notamment la situation des Noirs dans les colonies. Ils employaient un ton critique fort éloigné de celui qui faisait le fond des mémoires que Robespierre avait envoyés aux académies de province. Ces deux hommes étaient, dès 1788, impliqués dans les réseaux militants qui mobilisaient l'opinion contre le roi et connus pour être proches de ceux qu'on appelait alors les « enragés ». Qui s'en souvient puisqu'ils entrent dans l'histoire nationale comme « Girondins », c'est-à-dire qu'ils sont maintenant considérés à peu près comme des traîtres ?

Indiscutablement, jusqu'en 1789, Robespierre partage une communauté de destin avec nombre de jeunes gens qui, avec lui, peuplent les rangs des États généraux. Même son enfance, marquée par le décès précoce de sa mère, n'est pas éloignée du sort de milliers d'enfants qui connurent le même drame, comme Condorcet, Fouché, ou encore Danton – avec qui il a en commun d'avoir fait une longue scolarité dans un établissement religieux. Mais là où Danton apprend dans un modeste collège d'oratoriens et doit travailler chez un procureur pour accéder au diplôme d'avocat, Robespierre, soutenu par sa famille et appuyé par les autorités ecclésiastiques d'Arras, fait une scolarité brillante au collège Louis-le-Grand à Paris avant de pouvoir prêter serment à Paris puis à Arras à 23 ans. À un ou deux ans près, il suit l'itinéraire de Barère et de Barnave qui avaient accompli cette formalité un peu plus jeunes avant de s'établir en suivant, eux aussi, l'exemple paternel. L'avocat arrageois Robespierre ne mène certes qu'un train de vie modeste et qu'une carrière ordinaire, mais il obtient quelques succès retentissants, notamment avec une fameuse plaidoirie pour défendre un propriétaire qui avait installé un paratonnerre. Hors des prétoires, son esprit est reconnu, que ce soit dans les cercles académiques locaux, puisqu'il appartient à l'académie d'Arras qu'il dirige un an, ou nationaux, puisqu'il est distingué par l'académie de Metz. Cette activité professionnelle et intellectuelle n'est manifestement pas accompagnée d'une vie sentimentale ; cette absence a donné lieu à de nombreux commentaires qui oublient toutefois que le temps n'était pas uniquement celui des libertins, comme Mirabeau, ou des passionnés, comme Danton, mais aussi celui des individus tentés par une vie ascétique, tel Condorcet, ou obligés de demeurer célibataire longtemps, faute de pouvoir s'établir. Sous tous ces aspects, Robespierre n'a rien de mystérieux. Si bien que lorsqu'il entre dans la salle des États généraux en mai 1789, à Versailles, avec 180 autres avocats et 218 magistrats, il est un représentant, somme toute banal, de ce groupe de jeunes juristes qui va peser très fortement sur la vie politique nationale pendant toute la Révolution.

La montée au pouvoir

En 1789, Robespierre, même s'il jouit dans son milieu d'une réputation méritée de réformiste et s'il est élu au terme d'une campagne ancrée fermement dans la défense du tiers état, ne possède donc pas l'aura nationale dont ses futurs collègues et rivaux sont pourvus dès leur arrivée. Par la suite, à Versailles puis à Paris, s'il intervient notamment contre le suffrage censitaire, la peine de mort et l'esclavage, et s'il représente l'aile gauche de l'Assemblée sans toutefois jamais se mêler au peuple parisien, il devient vraiment populaire en juillet 1791 quand, avec Pétion, Buzot et Grégoire, il maintient en vie le club des Jacobins et conteste la thèse officielle qui veut que le roi ait été enlevé le 20 juin précédent et conduit à Varennes. C'est alors qu'il est surnommé « l'Incorruptible » ou plutôt l'un des « Incorruptibles » puisqu'il partage alors ce qualificatif flatteur avec Pétion et Buzot, lui aussi futur Girondin. Si ce moment important fait certes de Robespierre le mentor de la gauche, il n'en tire pourtant pas d'avantage tangible. Ce n'est le cas ni de Pétion, qui est devenu le maire puissant et respecté de Paris, ni de Brissot, qui conduit la politique nationale et qui, à ce titre, entraîne la France dans la guerre contre l'Autriche et la Prusse, provoquant ce qui allait être l'accélération catastrophique de la Révolution.

Après quelques hésitations, Robespierre, qui s'est déclaré contre Brissot, n'a rien pu empêcher et s'est rallié à la décision. Quelques mois plus tard, il n'exerce pas, non plus, un rôle déterminant dans les journées de 1792 qui ont vu la chute de la royauté et les massacres des prisonniers, et pendant lesquelles Danton a été au premier plan. En septembre 1792, même s'il contrôle les élections à la Convention, il n'est pas le mieux élu, Danton lui raflant et de loin la première place. Quand il intervient, fin décembre 1792, pour que Louis XVI soit exécuté sans jugement, il rallie certes une partie de l'opinion des sans-culottes, mais ne parvient pas à convaincre ses collègues, qui traduisent le roi devant le tribunal qu'ils forment. Tout cela explique que Robespierre n'entre au Comité de salut public qu'en juillet 1793, après l'assassinat de Marat par Charlotte Corday, et après que Danton, tout-puissant, se fut retiré de la vie politique active par lassitude ou par calcul.

Par la suite, les équilibres se modifient. Robespierre partage les combats du Comité jusqu'au printemps 1794 ; il se retrouve toujours en accord avec Barère, souvent avec Saint-Just et parfois avec Billaud-Varenne pour renforcer la centralisation parisienne, arrêter la déchristianisation, limiter les prérogatives des sans-culottes, suspendre les répressions conduites à Lyon, à Marseille et en Vendée, mais aussi pour empêcher que Danton retrouve une place dans le gouvernement. Dans ces mois, hormis son intervention imposant la liberté des cultes, il apparaît davantage comme le porte-parole du Comité de salut public, exprimant une parole partagée notamment par les hommes déjà cités, que parlant en son nom propre. Reste qu'à partir de décembre 1793, il fait partie de ceux qui cherchent à concilier l'autonomie des armées sans-culottes avec la centralisation et à limiter les exactions, notamment en accueillant favorablement les réclamations des Lyonnaises, épouses de patriotes emprisonnés ou exécutés. Entre Danton et Desmoulins, qualifiés d'indulgents, et les amis du sans-culotte Hébert, il peine alors à trouver un juste milieu entre des groupes qui se dénoncent réciproquement. Cela explique qu'au début de 1794, il jouit à Paris d'une popularité égale à celle d'Hébert, et que le désarroi de l'opinion parisienne soit tangible quand celui-ci est exécuté après le conflit dans lequel il s'est engagé avec le Comité de salut public. Dans cette opération, Robespierre décontenance les sans-culottes, amorçant l'écart qui ne cessera de croître entre eux et sa ligne politique, et qui se traduit, le 9 Thermidor, quand ils ne se mobilisent qu'imparfaitement pour le soutenir ainsi que ses amis.

Ce n'est qu'à partir de mai-juin 1794 que Robespierre semble se tailler une place exorbitante au sommet de l'État. L'apogée est indiscutablement atteint à l'occasion de la fête de l'Être suprême et de la Nature qu'il dirige, en même temps qu'il préside la Convention, alors que ses proches ont la haute main sur la municipalité, la Commune et la garde nationale de Paris, sans oublier l'École de Mars, le Tribunal révolutionnaire et la plus importante des commissions administratives. Robespierre influence directement les décisions des institutions destinées à être collégiales, ce qui exacerbe les rivalités. Les Conventionnels, qui le craignent et qui lui sont hostiles, réussissent à dévaloriser son image : il est notamment rendu responsable de l'augmentation des mises à mort à Paris et accusé de vouloir être roi de la Révolution.

La suite finalement prévisible de cet itinéraire est bien connue. Au 9 Thermidor, 27 juillet 1794, un coup d'État improvisé réussit à le déclarer hors la loi et à l'envoyer à l'échafaud le lendemain, jour pendant lequel une grande fête, sous sa direction, devait conduire les cendres de Bara et de Viala au Panthéon, ce qui aurait mis Paris potentiellement dans sa main. La peur qu'il puisse accaparer le pouvoir a déclenché ce conflit au résultat foudroyant, malgré la confusion qui a présidé à sa réalisation. Ainsi demeurons-nous incapables de savoir exactement comment, à l'Hôtel de Ville, la mâchoire de Robespierre a été fracassée. A-t-il voulu se suicider, comme d'autres le tentèrent dans un moment semblable ? Ou est-ce le gendarme Merda – rebaptisé Méda – qui lui décocha un coup de pistolet au visage ? La leçon politique imposée dans les jours qui suivent est, en revanche, encore plus inattendue et surtout plus radicale. Le pays et même Paris étaient restés ignorants des péripéties qui agitaient les Conventionnels. Dès le 11 thermidor, ceux-ci déclarent Robespierre « tyran », puis lui attribuent la responsabilité de « la Terreur » et en font un « monstre » qui a dirigé seul la Révolution.

L'invention de la Terreur

C'est là que le « mystère Robespierre » commence. Si tous les vaincus précédents avaient été victimes de campagnes de dénigrement, celle qui l'accable est inédite par sa virulence, son succès et sa permanence. Brissot et ses amis avaient été considérés comme des traîtres et des contre-révolutionnaires, Hébert et les meneurs sans-culottes avaient été accusés de malversation, Danton avait été traité de « gros turbot farci » et de corrompu. Dans tous les cas, ces disparitions avaient marqué un tournant dans la politique nationale et légitimé le groupe des vainqueurs, mais, rapidement, ces événements n'avaient plus marqué les mémoires. Si la mort de Marat avait été suivie immédiatement par un cérémonial imposant, les Conventionnels avaient ensuite affaibli l'audience du culte militant qui lui avait été rendu.

C'est précisément l'inverse qui se passe avec Robespierre. Son exécution est le début d'un processus qui fait de lui un homme exceptionnel, ayant disposé de tous les pouvoirs et ayant entraîné la Révolution vers le « gouffre de la Terreur ». D'emblée, du 10 au 12 thermidor, plus de 100 personnes sont guillotinées, chiffre exceptionnel, puisque l'élimination des autres factions n'avait provoqué qu'une vingtaine ou une trentaine d'exécutions – rappelons que 75 « Girondins » purent passer plus d'un an en prison, sans comparaître devant le Tribunal révolutionnaire, et revinrent siéger à la Convention en 1795. Ils purent y côtoyer des dantonistes qui avaient gardé et leur tête et leur siège ; nombre d'entre eux continuèrent leur carrière sous le Consulat et l'Empire, n'hésitant pas à défendre, plume à la main, leurs amis disparus. Les « robespierristes » – le mot, inventé pour l'occasion, est voué à une longue postérité – ont subi la plus importante des épurations que la Révolution ait connues. C'est alors que Robespierre est désigné comme un « tyran » faisant renouer la Révolution avec l'histoire antique et transformant le 9 Thermidor en tragédie classique. Un mois plus tard, août 1794, l'histoire devient dramatique et Robespierre devient le seul responsable de « la Terreur ».

Le débat sur l'usage de la Terreur courait depuis la fin 1792 quand les sans-culottes voulaient la mettre à l'ordre du jour. En septembre 1793, la Convention, Robespierre et Barère d'accord, avait réussi à tourner la demande sans la refuser clairement : les sans-culottes auraient une armée révolutionnaire, sans guillotine. Quelques mois plus tard, les deux hommes supprimaient l'armée révolutionnaire et les chefs sans-culottes. Entre-temps, ils avaient profité de la disparition des guerres civiles qui menaçaient le régime : les Lyonnais, les Toulonnais et surtout les Vendéens avaient été soumis à une telle répression qu'ils ne représentaient plus de danger immédiat. Robespierre avait avec Saint-Just su théoriser ce virage en assurant que Terreur et Vertu étaient inséparables mais que seuls les membres des comités, qui acceptaient d'être les instruments du « despotisme de la liberté », pouvaient à la fois lutter contre les mauvais citoyens et protéger les autres. Il disposait alors du soutien du Comité de salut public qui, avec le Comité de sûreté générale, concentrait tous les pouvoirs.

Cette situation explique ce qui se joue le 10 Prairial-22 juin quand il avait soutenu la réforme du Tribunal révolutionnaire proposée par Couthon. La loi votée sous sa pression renforçait la mainmise des comités sur le choix des suspects à adresser aux juges, ce qui pouvait passer pour une réduction de la répression, dans la suite de ce qui avait été mis en œuvre depuis mars 1794, mais ce que les députés avaient compris autrement. Ceux-ci pouvaient, légitimement, redouter que ce contrôle ne profite qu'à Robespierre et à ses amis et qu'il s'abatte sur tous ceux avec qui il avait eu des différends. Cette peur avait accéléré le mouvement de mécontentement qui culmina le 9 Thermidor. La veille encore, Robespierre avait tenu à condamner tout système de terreur, confirmant les refus répétés de la quasi-totalité des Conventionnels de recourir à ce qui était considéré comme la politique même des despotes.

Quand Tallien l'accuse, avec sept autres Conventionnels, d'avoir installé la Terreur, le mensonge est flagrant, mais de bonne guerre. Il aurait pu clôturer un épisode de la Révolution en permettant que s'ouvre une autre période renouvelant le personnel politique et faisant oublier les événements de 1793-1794. Dans les faits, il en ira tout autrement. Sans doute Tallien et ses amis consolident leur prise du pouvoir en même temps que les sept coaccusés réussissent à se faire oublier, au détriment de Robespierre. Mais ce qui suit dépasse les calculs : la mémoire des massacres, surtout l'invention des accusations et la diffusion de rumeurs fausses bouleversent le paysage politique. Robespierre devient omniprésent, omnipuissant, il est assimilé à « la Terreur ». Il est accablé des pires vilenies, comme d'avoir installé une tannerie de peaux humaines, imaginé une guillotine à sept fenêtres… N'aurait-il pas voulu « dépopuler » la Vendée et la France, et faire guillotiner tous les Français ainsi que le bourreau ?

Publicistes, pamphlétaires, artistes se déchaînent pour raconter toute sa vie au prisme de la Terreur. Sa trop grande sensibilité dès l'enfance, sa soif de vengeance sociale, ses goûts pervers pendant ses années d'études, sans compter son austérité affectée et ses goûts vestimentaires, même sa voix mal placée et ses yeux chassieux : toute sa personnalité explique cette dérive personnelle dans l'horreur imposée à tout le pays. Tous ces thèmes inventés entre 1794 et 1797 seront repris inlassablement ensuite et même si, à partir des années 1830, quelques auteurs isolés entament une réhabilitation, courageuse et limitée, de la mémoire de Robespierre, deux cents ans plus tard, avec plus de cent cinquante pièces de théâtre et plus d'une trentaine de films qui lui ont été consacrés – au point où seuls Marie-Antoinette et Napoléon peuvent rivaliser avec lui –, il reste soit une bête sauvage ou un ascète désincarné, soit la quintessence de l'excès et le symbole de l'horreur, éventuellement le martyr d'un idéal inaccessible.

Il est couramment admis que la « légende noire » qui a enveloppé Robespierre serait due à la méchanceté des Thermidoriens et que l'amélioration de la connaissance de la personnalité et de l'œuvre de Robespierre permettrait de l'en débarbouiller. Si la transformation de Robespierre en monstre est bien l'invention de Tallien et de quelques autres, le succès de la manœuvre tient à ce qu'elle répondait aux attentes d'un pays déboussolé devant les bouleversements et heureux de pouvoir nommer un responsable des malheurs subis ! C'est au point où il fallut plusieurs années pour que le courant issu de la sans-culotterie se revendique de Robespierre, resté dans les mémoires comme celui qui avait voulu installer une dictature personnelle.

Le bouc émissaire idéal

Comment expliquer qu'il ait été le seul à avoir été l'objet d'une telle campagne d'accusations diffamatoires et que celle-ci réussisse à ce point ? Sa personnalité profonde est sans doute à mettre en cause, qui lui a donné un profil particulier que ses adversaires saisissent et retournent contre lui pour sortir d'une situation qu'il avait mieux qu'eux contribué à contrôler.

Jusqu'à son élection en 1789, il ne s'était guère différencié de tous ses confrères. Par la suite, ses interventions sont restées cantonnées pour l'essentiel dans les domaines constitutionnels et juridiques. En juillet 1794, ses collègues ont craint qu'il rompe la collégialité qui prévalait tant bien que mal dans les grands comités et à la Convention, et qu'il accapare suffisamment de pouvoirs pour se débarrasser d'une partie d'entre eux. Mais en réalisant ce coup d'État du 9 Thermidor ils bouclent, à leur profit, la période d'extrême violence qui avait commencé avec les massacres de Septembre en imputant tout ce qui avait été commis, notamment en Vendée et à Lyon, au compte de la Terreur pilotée par Robespierre, quand bien même certains d'entre eux avaient été directement impliqués dans les exactions commises, à commencer par Fouché et Tallien. En promouvant Robespierre comme l'inspirateur de la Terreur, mot qui trouve d'un seul coup sa signification, ils réussissent un tour de passe-passe extraordinaire, qui a bénéficié, à l'évidence, de l'isolement de l'homme.

Le mot ayant été beaucoup galvaudé, il convient de l'expliquer pour comprendre la situation particulière de Robespierre. Depuis 1792, il vit dans la famille Duplay, entrepreneur aisé qu'il a fait entrer au Tribunal révolutionnaire. Il y mène une vie quasi monacale, entouré par l'affection de toute la famille et peut-être par l'amour d'Eléonora, la fille aînée, autant de traits qui ont nourri une glose inépuisable. Auparavant ses fréquentations amicales n'avaient jamais dépassé un petit cercle d'intimes. Il avait été reçu quelques fois dans le salon des Roland, plus souvent dans l'appartement des Desmoulins – il était le parrain de leur petit Horace. Pas plus qu'à Arras, on ne lui connaît de relations sentimentales et ses loisirs se limitent à des représentations théâtrales, pratique qui disparaît vite, et à des promenades avec son chien, Brount. Alors que Danton entretenait autour de lui un réseau compliqué d'alliances et d'amitiés, qui compta beaucoup dans sa carrière, celui que Robespierre tisse demeure subordonné à ses positionnements politiques, au risque assumé de rompre avec des amis proches lorsqu'ils ne partagent plus ses idées. Pétion est, à cet égard, l'exemple même de ce compagnon, devenu, après 1793, un opposant et même un ennemi. Alors que Danton protège la vie de Duport au moment des massacres de Septembre, Robespierre n'interviendra pas lorsque les Roland sont poursuivis et condamnés, pas plus qu'il ne le fera pour Camille et Lucile Desmoulins.

Il convient cependant de ne pas faire d'erreur en interprétant cette ligne de conduite. Depuis ses années d'activité à Arras, il s'était fait connaître pour le ton personnel qu'il donnait à ses plaidoiries nourries de réflexions puisées chez des confrères et formulées fort vivement. Cette pratique se retrouve dans ses interventions politiques, toujours soucieuses d'exprimer un avis déterminé, de récuser les opinions divergentes et de pousser les raisonnements au plus loin. Cette attitude lui a permis d'être un des porte-parole reconnus des groupes populaires, sans qu'il ne puisse jamais obtenir un soutien affiché de ses pairs ou de ses partisans, comme Danton et Pétion purent l'avoir, sans parler d'Hébert ou de Marat, qui furent presque idolâtrés. La rigueur qu'il applique, et qui se retourne contre lui, a été son identité profonde.

Il n'était pas pour autant un homme coupé du monde. La maison des Duplay était en elle-même le centre névralgique d'une activité continue, hébergeant un autre député, Anthoine, et un imprimeur. Le flux des visiteurs y était régulier, si bien que Robespierre était tenu au courant des décisions qui se prenaient et qu'il influençait. On sait la haine que Fouché éprouva quand il dut, revenu à Paris, se justifier auprès de lui des actes qu'il avait commis à Lyon. En revanche, on sait encore mal quels étaient les liens que Robespierre avait noués avec des sans-culottes comme le fameux Lazowski, personnalité importante du faubourg Saint-Marcel jusqu'à sa mort en 1792. Les fidélités de ses proches qui partagent son sort le 10 Thermidor sont en revanche bien avérées. À côté de son frère, Augustin, qui tient une place plus importante qu'on ne le dit souvent dans les décisions que Maximilien a prises notamment face aux violences, il faut compter comme de possibles « robespierristes » Le Bas, les frères Payan, Herman, sans doute Dumas, tous investis depuis juin 1794 de postes considérables. À une distance un peu plus grande, il faut ranger Couthon, Fleuriot-Lescot, mais aussi les généraux Hanriot et Boulanger qui n'étaient pas des intimes mais qui n'éprouvèrent aucune hésitation dans l'affrontement de Thermidor.

Le cercle autour de Robespierre se renforçait aussi des rapports entretenus avec les personnels engagés dans les sections, dans le Tribunal révolutionnaire et dans de nombreuses administrations. Il était cependant détaché du reste des députés de la Convention, qui purent le 10 Thermidor effectuer une purge radicale des éléments les plus en vue de la constellation qui l'environnait. Si Robespierre possède un mystère c'est bien d'avoir su drainer autour de lui un tel maillage recrutant parmi les militants plus que parmi les députés et autres grands fauves de la politique, d'avoir diffusé une pensée marquée par la philosophie politique au travers de discours et de publications peu liés à l'actualité, sans participer aux manifestations, à l'exception notable de la fête de l'Être suprême et de la Nature, tout cela sans s'engager sur le terrain.

Il fut ainsi loin de Barère, infatigable orateur et médiateur, de Saint-Just ou de Billaud-Varenne qui voulurent expérimenter leurs systèmes *in situ*, comme de Carnot, technicien et froid politique, ou encore de Vadier, véritable statue du commandeur au Comité de sûreté générale et brutal tireur de ficelles.

Si l'isolement a du sens quand il concerne un petit groupe d'individus, alors Robespierre se coupa peu à peu d'un milieu qui avait eu recours à lui quand il avait incarné une solution nécessaire : résister au compromis avec le roi en juillet 1791, rallier les sans-culottes dans l'été 1793, rétablir l'équilibre au profit des comités en mars-avril 1794, mais pour qui il était devenu une menace après juin 1794. La réduction de sa vie à son activité politique, elle-même tout entièrement confondue avec une prise de parole *ex cathedra* explique qu'il fut aisé à ses adversaires de le faire chuter. C'est ainsi moins l'homme qui a changé que sa place dans le cours de la Révolution. Thermidor lui en assigne une nouvelle ajustée à son comportement associant paradoxalement retrait et affirmation : il devient le bouc émissaire et plus encore l'incarnation de la Révolution telle qu'elle est désormais stigmatisée.

L'impensé de la Révolution

À partir de juillet 1794, l'époque appelée dorénavant Terreur est donc assimilée à la personne de Robespierre. Le souffle ardent des violences et les affrontements de guerre civile qui avaient caractérisé les deux années précédentes sont dorénavant réputés être incarnés par un individu solitaire, coupé des réalités de la vie. C'est ce contraste qui a alimenté la croyance en un mystère de Robespierre quand il n'y eut que la rencontre d'un moment et d'une personnalité certes particulière mais qui ne posséda ni la noirceur, ni le pouvoir qui lui furent prêtés. L'élimination radicale de ses proches et de ses soutiens interdit de conduire une réhabilitation quand, un an plus tard, les vainqueurs de Thermidor furent contestés et pour partie exclus de la vie politique. C'est en profitant de cette marginalisation qu'ils avaient pu créer ce « monstre » dont l'existence expliquait d'un seul coup tout ce qui était arrivé. Tous y trouvaient leur compte : tout d'abord, ces députés, généraux ou sans-culottes qui avaient des massacres à faire oublier, ensuite ceux qui avaient tergiversé pour garder leurs postes, membres des comités qui avaient couvert des ordres de dévastations, sans oublier enfin les contre-révolutionnaires, émigrés ou insurgés, incapables de s'unir pour triompher, mais qui pouvaient désormais invoquer l'exceptionnalité, proprement satanique, de Robespierre pour justifier leur échec.

L'exposition de Robespierre mort et les innombrables récits et dénonciations qui consacrent cette identification jouent proprement un rôle cathartique : le corps politique est purifié par l'acharnement collectif sur le cadavre de celui qui est présenté comme le bourreau du pays. À cela s'ajoute le fait qu'en identifiant la Terreur et ses débordements à un homme si éloigné apparemment des caractéristiques de la brute, ou du dictateur omniprésent, en rendant la Terreur inexplicable puisque ce serait la parole d'un homme malingre et solitaire qui l'aurait déchaînée, les Thermidoriens soulignent aussi l'originalité de la rupture politique réalisée par la Révolution, qui aurait inventé un monde nouveau au prix d'une violence inédite. Le mystère ne tient pas à l'homme mais à l'usage qui est fait de son image, par ses partisans comme par ses adversaires. Car cette sidération provoquée par la Terreur, qui n'a pas cessé d'être entretenue, et l'explication accablant le seul Robespierre continuent d'être acceptées, permettant d'oublier que ce furent des opérations politiques qui inventèrent un « monstre ». Les errements et les difficultés liés à la naissance d'un nouveau régime, qui n'eurent, eux, jamais rien de mystérieux, demeurent ainsi nimbés d'une aura tragique, autour d'un destin voué à rester incompréhensible.

Bibliographie sélective

Belissa, Marc et Bosc, Yannick, *Robespierre. La fabrication d'un mythe*, Ellipses, 2013.

Gueniffey, Patrice, *Histoires de la Révolution et de l'Empire*, Perrin, coll. « Tempus », 2011.

Leuwers, Hervé, *Robespierre*, Fayard, 2014.
Martin, Jean-Clément, *Robespierre. La fabrication d'un monstre,* Perrin, 2016.
—, *La Terreur. Vérités et légendes,* Perrin, 2017.
Obligi, Cécile, *Robespierre, la probité révoltante*, préf. de J.-C. Martin, Belin, 2016.

21

Louis XVII. Le retour du dauphin perdu

par Philippe Delorme

Le 8 juin 1795, 20 prairial de l'an III de la République, peu avant 3 heures de l'après-midi. Dans une sombre chambre de la vieille tour du Temple, à Paris, un enfant parvenu au dernier degré de consomption s'éteint entre les bras de son gardien. Son acte de décès, établi quatre jours plus tard, le présentera comme « Louis-Charles Capet […], âgé de 10 ans 2 mois, natif de Versailles, département de Seine-et-Oise, […] fils de Louis Capet, dernier roy des Français, et de Marie-Antoinette Josèphe Jeanne Dautriche ». Car le jeune défunt n'est pas un enfant ordinaire. Pour les royalistes, il n'est autre que « Louis XVII » roi de France et de Navarre, lointain descendant et héritier d'Hugues Capet, de Saint Louis et de Louis XIV.

Depuis le début de la Révolution, ce petit prince né le 27 mars 1785 dans les ors de l'Ancien Régime expirant a connu, avec les siens, une lente et inexorable descente aux enfers. Successivement duc de Normandie, dauphin puis « prince royal », il a été conduit aux Tuileries avec le reste de la famille royale devenue otage des factieux qui tiennent la capitale. À partir du 13 août 1792, il est enfermé au Temple, une sinistre forteresse médiévale qui se dressait à l'emplacement de l'actuelle mairie du IIIe arrondissement.

Après l'exécution de Louis XVI, le 21 janvier suivant, 100 000 Vendéens révoltés en son nom forment la grande « Armée catholique et royale ». Le 3 juillet 1793, Louis-Charles, enlevé à sa mère, est confié à un ancien cordonnier, le sans-culotte Antoine Simon, qui devient son « précepteur », chargé de le « rééduquer ». Pendant ce temps, la Grande Terreur s'abat sur la France. Le 16 octobre 1793, Marie-Antoinette monte à son tour à l'échafaud, après que l'on a enivré son fils pour le faire témoigner contre elle. Le 5 janvier 1794, Simon renonce à ses fonctions et, deux semaines plus tard, commence pour l'infortuné Louis-Charles la période dite de « l'emmurement ». Durant six mois, cet enfant, âgé de 9 ans, reste cloîtré dans une pièce obscure et infecte, abandonné à lui-même, sans contact avec l'extérieur. Françoise Chandernagor a décrit cette période avec un réalisme poignant dans son roman *La Chambre*.

Enfin, le 9 thermidor an II – 27 juillet 1794 –, Robespierre et ses complices sont arrêtés, puis guillotinés dès le lendemain. Le nouveau maître de la France, Paul Barras, s'empresse de rendre visite aux derniers prisonniers du Temple : Louis XVII et sa sœur Marie-Thérèse, détenue à l'étage supérieur. Inquiet de l'état du jeune prince, il adoucit les conditions de sa détention et nomme un certain Christophe Laurent, créole de la Martinique, en qualité de gardien des deux enfants royaux. En outre, chaque jour, un délégué différent désigné par une des sections de la Commune se relaie au Temple pour surveiller le petit roi et sa sœur. Ainsi, plus de deux cents personnes différentes auront défilé devant l'ancien dauphin jusqu'à sa mort. Fin octobre, Jean-Baptiste Gomin est adjoint à Laurent, qui, lui-même, démissionne en mars 1795. Il est alors remplacé par Étienne Lasne, peintre en bâtiment, ci-devant soldat aux gardes françaises. Il a souvent aperçu le dauphin lorsque son bataillon protégeait le palais des Tuileries et il reconnaît sans peine le fils de Louis XVI.

Hélas, la santé de celui-ci semble irrémédiablement compromise. En mai, ses gardiens signalent au Comité de sûreté générale « une indisposition et des infirmités qui paraissent prendre un caractère grave ». Le docteur Pierre-Joseph Desault, médecin-chef à l'Hôtel-Dieu, s'avoue impuissant à soigner la tuberculose généralisée qui ronge le petit prisonnier. Son successeur, le chirurgien Philippe-Jean Pelletan, ne parvient pas davantage à enrayer la progression inéluctable du mal…

Le 10 juin 1795 – 22 prairial an III –, vers 9 heures du soir, avant que tombe la nuit, le cercueil du petit prince est porté à bras d'hommes jusqu'au cimetière Sainte-Marguerite, près de la Nation. La femme du fossoyeur racontera plus tard : « On le mit dans la fosse commune qui était la fosse de tout le monde, les petits comme les grands, les pauvres comme les riches. Tous y allaient, parce que soi-disant, tout le monde était *égaux*… »

Le mythe du « Roi caché »

Le destin de Louis XVII aurait pu n'être qu'un drame ordinaire de l'histoire si, à peine enterré, la rumeur n'avait pas couru de sa survie. L'héritier du trône des lys est-il bien mort dans ces conditions navrantes ? Ne lui aurait-on pas substitué un autre petit prisonnier ? Dans ce cas, le fils de Louis XVI et de Marie-Antoinette a-t-il survécu et a-t-il eu une descendance ? Au cours de la première moitié du XIXe siècle, plus d'une centaine d'aventuriers – fous ou mystificateurs – prétendront être le dauphin évadé du Temple. On retrouvera sa trace en Suisse, en Argentine ou aux Seychelles. Aux États-Unis, dans la région des Grands Lacs, un métis iroquois proclamera même son ascendance royale ! Plusieurs centaines d'ouvrages et une multitude d'articles seront rédigés sur cette ténébreuse « affaire Louis XVII », sans que personne longtemps parvienne à administrer de preuve décisive. À cet égard, le prince Michel de Grèce, friand des énigmes du passé, a évoqué « le mystère le plus impénétrable de tous les temps ».

Pour les uns, au rang desquels les historiens Louis Hastier ou Georges Bordonove, le petit roi serait mort dès janvier 1794, mais l'événement aurait été dissimulé pendant plus d'un an. Quant aux partisans de la « survivance », tel Xavier de Roche, ils ont échafaudé mille et une théories mirifiques, imaginant une ou plusieurs substitutions, permettant au véritable dauphin de s'échapper… sans apporter l'ombre d'un argument. Ainsi, pendant deux siècles, chacun a continué de camper sur ses positions. Enlèvement, évasion, assassinat… les hypothèses les plus folles continueront longtemps d'enflammer les imaginations. Car avec l'énigme du Temple, la science historique chevauche sa chimère.

Du milieu de cette cohorte des « faux dauphins », un nom émerge, celui de Carl Wilhelm Naundorff. Sa force de conviction et son charisme ont su résister à l'épreuve du temps, d'autant plus qu'à la différence d'autres prétendants, il a eu une nombreuse progéniture. Ce personnage étrange apparaît à Berlin en 1810. Il est âgé alors de 25 ans et exerce la profession d'horloger. Nul ne sait d'où il vient. Il s'installe ensuite à Spandau, puis à Brandebourg et enfin à Crossen, à la frontière de la Silésie. Il trempe dans une affaire de fausse monnaie à l'occasion de laquelle il commence à revendiquer sa qualité princière. Un beau jour de 1833, il débarque à Paris, baragouinant trois mots de français. Mais son aplomb et sa prestance sont tels qu'il parvient à convaincre quelques anciens courtisans de Versailles. La légende de Naundorff est en marche et son existence, déjà mouvementée, continue à ressembler à un palpitant roman picaresque.

Victime d'une étrange tentative d'assassinat, il intente un procès à la famille royale. Louis-Philippe, le roi bourgeois, n'est nullement disposé à céder son trône à cet improbable cousin ! Expulsé vers l'Angleterre, Naundorff y connaît la prison pour dettes, échappe à un second attentat. Il semble d'ailleurs que le choc finisse de déranger son cerveau déjà fragile. Il fonde une nouvelle religion, la « Doctrine céleste », dont il s'intitule « prince protecteur ». Le pape condamne alors ce « fils de perdition qui se prétend faussement duc de Normandie ». Naundorff, aux indéniables talents de chimiste, met ensuite au point un explosif, la « bombe Bourbon ». Il passe alors aux Pays-Bas où le gouvernement lui achète son invention, et lorsqu'il meurt à Delft, le 15 août 1845, son entourage déclare le décès au nom de « Charles-Louis de Bourbon, duc de Normandie ». Forte de ce précédent, la famille de Naundorff porte donc légalement, aujourd'hui encore, ce glorieux patronyme, constituant une sorte de « dynastie parallèle ».

Si presque aucun des auteurs qui se sont penchés sur l'obsédante question du sort de Louis XVII n'a su y répondre, c'est probablement parce qu'ils ne le souhaitaient pas réellement. Car, en réalité, de l'excellent livre d'Alcide de Beauchesne, *Louis XVII, sa vie, son agonie et sa mort*, publié en 1852, au plaidoyer de l'avocat Maurice Garçon, *Louis XVII ou la fausse énigme*, en 1952, il ne restait guère de doute que le jeune prince soit bien mort le 8 juin 1795. Cependant, le mystère et le rêve ont toujours eu davantage d'attrait que la vérité, dans sa triste évidence. Sans doute l'inconscient collectif des Français éprouvait-il encore un sentiment de culpabilité d'avoir laissé cet enfant innocent s'éteindre dans la solitude et l'indifférence générale. Aussi, plutôt que d'accepter cette issue tragique, dans la froide horreur du constat historique, a-t-on préféré broder sur le thème d'une hypothétique délivrance. Louis XVII n'a pu mourir de la sorte. Il s'est enfui. Libre et heureux, il a trouvé un refuge au-delà des mers…

Pour certains nostalgiques de l'ancienne France, bouleversés par les remous politiques de l'Empire et de la Restauration, cette attente du « dauphin perdu » deviendra leur unique consolation. Elle rejoint alors le mythe universel du « Roi caché », du « Grand Monarque », analysé naguère avec brio par l'historien Yves-Marie Bercé. Celui d'un souverain imaginaire, retiré du monde, mais qui réapparaîtra à l'heure critique pour rétablir le paradis sur terre. Tour à tour, au fil des siècles et des civilisations, cet espoir prendra le visage de Charlemagne, de Gengis Khan, de l'empereur Barberousse, des faux Sébastien de Portugal ou des faux Dimitri en Russie, du Mahdi de l'islam ou du Bouddha Maitraya. Aux yeux des « survivantistes » français, c'est Louis XVII, puis ses héritiers, qui rétabliront un jour la monarchie de droit divin et un fantasme de royauté chrétienne.

La preuve par l'ADN

En réalité, la solution définitive de l'« énigme Louis XVII » – déjà acquise sur le plan historique – allait dépendre d'une preuve ultime, apportée par les nouvelles techniques scientifiques, en l'occurrence la méthode des empreintes génétiques. Cette technique, mise au point en 1984 par un savant britannique, le professeur Alec J. Jeffreys, consiste à mettre en évidence la « signature » génétique d'un individu, au moyen des chaînes de molécules d'acide désoxyribonucléique – le fameux ADN –, constituant principal des chromosomes.

La technique prend en compte un ADN particulier, présent dans des organites du cytoplasme : les mitochondries. Cet ADN mitochondrial se transmet en effet en ligne maternelle, presque sans altération, au fil des générations. Par ce biais, on obtient une sorte de code dont les variations sont spécifiques à chaque être humain. Les plus propices à ce type d'analyse sont les tissus riches en ADN, comme les viscères, les ossements ou encore les cheveux, à condition qu'ils soient pourvus de leur racine. Cette technique avait déjà été employée avec succès pour identifier les cendres de la famille impériale russe, près de Iekaterinbourg.

Dans un premier temps, c'est un chercheur néerlandais, le professeur Hans Petrie, qui a entrepris de soumettre les restes de Naundorff à une telle recherche d'ADN. Le jour même du bicentenaire de la disparition du dauphin, le 8 juin 1995, cet historien pugnace soutient devant l'université de Groningue une thèse de doctorat réunissant des preuves convaincantes, selon lesquelles Louis XVII est bien mort au Temple. Puis, muni des armes de la science, il décide de confondre l'horloger de Crossen.

Avec l'autorisation des descendants canadiens de Naundorff, l'enquêteur obtient quelques-uns de ses cheveux, déposés aux archives municipales de Delft, dans deux enveloppes scellées. D'autre part, une exhumation du faux Louis XVII, pratiquée en 1950, avait permis de prélever des fragments d'humérus, conservés depuis au laboratoire de police technique de Rijswijk. Enfin, Hans Petrie acquiert quatre cheveux de deux sœurs de Marie-Antoinette

– les archiduchesses Marie-Josèphe et Jeanne-Gabrielle. Ces reliques capillaires, enfermées dans des médaillons, faisaient partie d'un chapelet, propriété d'un couvent de Klagenfurt, en Autriche, réunissant seize mèches des seize enfants de l'impératrice Marie-Thérèse, la mère de Marie-Antoinette, et donc la grand-mère de Louis XVII.

C'est alors qu'un naundorffiste célèbre, Philippe Boiry – *alias* « le prince Philippe d'Araucanie » – décide de compléter la démarche de Hans Petrie, en fournissant d'autres éléments d'analyse, et la collaboration des Naundorff de France. Après quoi l'ensemble de ces différentes reliques est confié aux laboratoires de génétique du professeur Jean-Jacques Cassiman, de l'université catholique belge de Louvain, et du docteur Olivier Pascal, au CHU de Nantes.

Au cours d'un colloque organisé à Paris en novembre 1996 sur la question Louis XVII, Hans Petrie laisse filtrer l'information capitale : « Les tests génétiques sont définitifs, aucun rapport entre les Naundorff et les Habsbourg ! » Ces analyses conduisent à une certitude quasi absolue. Mais la revue britannique *Nature Genetics*, qui doit publier le compte rendu de ces expériences, exige auparavant qu'une analyse de contrôle soit pratiquée sur un ou plusieurs descendants en ligne exclusivement féminine de Marie-Thérèse d'Autriche. C'est ainsi que la reine Anne de Roumanie accepte de fournir un peu de son sang, et son frère André de Bourbon-Parme quelques-uns de ses cheveux.

Le verdict définitif ne tombera que le 2 juin 1998. L'université de Louvain vit des instants solennels, presque historiques. La nouvelle, annoncée par le professeur Cassiman, est une sentence sans appel : « L'analyse d'ADN a montré de manière concluante que les restes de Naundorff ne peuvent être identifiés comme ceux de Louis XVII, fils de Marie-Antoinette. » La science confirme ainsi ce que toute étude historique sérieuse laissait deviner : Naundorff était au mieux un mythomane, plus sûrement un escroc. Pourtant, les partisans du Prussien ne jettent pas l'éponge : « L'os analysé est resté quarante-six ans dans un local sans scellés. À cause de cela, les résultats ne peuvent pas être définitifs. » Les naundorffistes ne seront jamais prêts à abandonner leur foi…

Le principal soi-disant dauphin disqualifié, pouvait-on espérer obtenir une preuve positive de la mort de Louis XVII au Temple ? Les investigations diligentées par Louis XVIII pour retrouver son corps, au cimetière de Sainte-Marguerite, n'avaient pas abouti. Quant aux ossements exhumés plus tard, sous la monarchie de Juillet, ils proviennent de plusieurs squelettes, impossibles à identifier. Cependant, dans une chapelle de la nécropole royale de Saint-Denis, au nord de Paris, avait été déposé en 1975 un cœur desséché, suspendu à l'intérieur d'un vase de cristal. Selon toute apparence, celui de l'enfant mort au Temple…

Un cœur vagabond

Une enquête digne d'une traque policière, menée par l'auteur de ces lignes, dans différents musées, bibliothèques et dépôts d'archives, va lui permettre de vérifier le parcours de ce viscère gyrovague. À chaque étape de sa formidable odyssée, des procès-verbaux, témoignages sur l'honneur, enquêtes ministérielles et autres actes notariés attestent l'identité de « l'objet ». Le 9 juin 1795, au lendemain du décès de l'enfant, le docteur Philippe-Jean Pelletan – assisté par les docteurs Lassus, Dumangin et Jeanroy – procède à l'autopsie du corps. Profitant d'un moment d'inattention de ses collègues, Pelletan « soustrait » le cœur, qu'il roule dans du son, enferme dans un mouchoir et cache dans sa poche. De retour chez lui, il place son « pieux larcin » dans un vase de cristal rempli d'« esprit-de-vin » – alcool éthylique. Durant toute la Révolution, le praticien, membre de l'Institut national, chirurgien en chef et professeur au grand hospice d'Humanité – ci-devant Hôtel-Dieu –, conservera le viscère dans ce bocal dissimulé derrière les livres de sa bibliothèque. Napoléon Ier s'empare de la couronne impériale, et Pelletan en vient à oublier le pauvre cœur – désormais desséché – dans l'un des tiroirs de son bureau où il range ses pièces d'anatomie.

La suite paraît des plus rocambolesques ! Un dénommé Jean-Henry Tillos, élève et assistant de Pelletan, subtilise en effet le cœur, dont le chirurgien a eu l'imprudence de lui parler. Mais le voleur ne tarde pas à succomber à la tuberculose. Sur son lit de mort, torturé par les regrets, il fait jurer à sa veuve de restituer la « relique » à son légitime détenteur. Après la chute de l'Aigle et le retour des Bourbons, Pelletan multiplie les démarches auprès de Louis XVIII. En butte à des intrigues de cour, anobli par « l'Usurpateur » et accusé de sympathies bonapartistes, le chirurgien ne parvient pas à entrer en contact avec le souverain. Néanmoins, la duchesse d'Angoulême – Marie-Thérèse, sœur de Louis XVII – le rencontre à la faveur d'une visite à l'Hôtel-Dieu, puis elle lui accorde une entrevue aux Tuileries. Elle l'interroge sur les soins qu'il a donnés à son malheureux frère et sur le moyen qu'il a employé pour « soustraire le cœur sans un danger imminent ».

Le retour de Napoléon, durant les Cent-Jours, interrompt les efforts de Pelletan. À partir de 1816, celui-ci tente de nouveau de remettre le cœur à la famille royale, sans davantage de succès. Plusieurs enquêtes sont diligentées, par plusieurs ministères. Le chirurgien fournit des preuves écrites, des témoignages nombreux, mais la précieuse relique demeure entre ses mains. En fin de compte, le 23 mai 1828, Charles X ordonne que le cœur – placé dans une urne de cristal – soit confié à la sauvegarde de l'archevêque de Paris, Hyacinthe-Louis de Quélen, qui le reçoit « comme un dépôt sacré », et promet de s'efforcer de le remettre au roi Charles X.

Pelletan s'éteint l'année suivante à Bourg-la-Reine, sans avoir obtenu satisfaction. Le 29 juillet 1830, Paris s'enflamme pendant les « Trois Glorieuses ». Les révolutionnaires saccagent le palais de l'archevêché, situé à l'emplacement de l'actuel square Jean-XXIII, près du chevet de Notre-Dame. Au cours du pillage, un ouvrier imprimeur, Benjamin Lescroart, s'empare du cœur et des papiers certifiant son authenticité. Il s'apprête à le rapporter à l'un des fils du docteur Pelletan, Philippe-Gabriel, lui-même médecin, et qu'il a probablement consulté au bureau de bienfaisance de l'ancien IIe arrondissement, rue Saint-André-des-Arts. Hélas, un émeutier lui dispute sa prise. D'un coup de sabre, il brise l'urne de cristal qui renferme le cœur. Celui-ci roule à terre, au milieu des débris de verre aux armes fleurdelysées, tandis que l'imprimeur, épouvanté, s'enfuit avec les documents. Revenu de sa frayeur, Lescroart prévient le fils Pelletan. Une semaine plus tard, le calme revenu, ils retournent ensemble sur les lieux de l'altercation. Avec l'aide du concierge de l'archevêché, ils finissent par dénicher le reste sacré, enfoui dans un tas de sable…

Le docteur Philippe-Gabriel Pelletan replace le cœur dans une nouvelle urne de cristal, semblable à la précédente. Il la gardera en sa possession jusqu'à sa propre mort, en 1879. Il lègue alors le cœur à un ami, l'architecte Prosper Deschamps. Par le jeu d'une succession d'héritages, la relique tombera finalement entre les mains d'un certain Édouard Dumont. Le 22 juin 1895, dans sa demeure de Neuilly-sur-Seine, celui-ci remet le cœur au comte Urbain de Maillé, représentant don Carlos, duc de Madrid, prétendant carliste au trône de France. Le 2 juillet suivant, la relique et le vase de cristal sont passés clandestinement en Italie par l'érudit Maurice Pascal qui les dépose entre les mains du prince, à Venise. Au cours d'une cérémonie émouvante, don Carlos adresse à l'héritier du docteur Pelletan ses remerciements pour « avoir conservé à [sa] famille le cœur de [son] grand-oncle, le roi Louis XVII ».

Quelques semaines plus tard, la relique rejoint la chapelle du château de Frohsdorf, près de Vienne. Elle y restera près d'un demi-siècle, jusqu'à ce que, fuyant les ravages de la Seconde Guerre mondiale, la fille de don Carlos, Béatrice, princesse Massimo, emporte le cœur en Italie. Enfin, le 10 avril 1975, deux des quatre filles de la princesse Massimo, Marie des Neiges – Mme Charles Piercy – et Blanche – comtesse de Wurmbrand-Stuppach –, agissant conjointement avec leurs sœurs absentes, confient le cœur au duc de Bauffremont, président du Mémorial de France à Saint-Denis, afin qu'il soit conservé dans la nécropole des rois de France.

C'est ainsi que, le 15 décembre 1999, à l'initiative de l'auteur de ces lignes et avec l'accord du duc de Bauffremont, un prélèvement est pratiqué sur la relique par les soins du professeur Jean-Jacques Cassiman, généticien de l'université de Louvain, en Belgique. La pièce anatomique est tellement pétrifiée qu'il faut la découper au moyen d'une scie médicale. D'ores et déjà, le rapport du docteur Heidi Pfeiffer, spécialiste de médecine légale, qui a procédé à l'examen macroscopique, confirme que l'objet conservé à la basilique de Saint-Denis semble bien un « cœur humain de petite taille, pouvant correspondre au cœur d'un enfant de 5 à 12 ans ». Cette simple constatation met à mal les élucubrations des survivantistes, au sujet d'un hypothétique substitué de 15 ou 18 ans !

Quant aux analyses ADN proprement dites, elles sont menées conjointement par le professeur Jean-Jacques Cassiman, de Louvain – celui qui a déjà « démasqué » Naundorff –, et par son collègue allemand de l'université de Münster, le professeur Bernd Brinkmann. Les séquences d'ADN mitochondrial déterminées dans ces prélèvements sont comparées à celles de Marie-Antoinette et des Habsbourg, que le professeur Cassiman a précédemment mises en évidence.

L'annonce des résultats, le 19 avril 2000, dans le cadre du musée d'Histoire de la médecine de Paris, prend une dimension internationale. Journaux, radios et télévisions les répercuteront sur les cinq continents ! C'est aussi que la conclusion est sans appel. Les séquences génétiques du cœur sont identiques à celles obtenues précédemment à partir des cheveux de la reine et de ses sœurs. En outre, une variante dans la séquence de l'ADN du cœur, retrouvée aussi chez les descendants actuels des Habsbourg par les femmes, Anne de Roumanie et son frère André de Bourbon-Parme, renforce encore « une parenté plus que probable entre ces différentes personnes ».

Louis XVII avait un frère…

Procédons avec méthode. Que nous apprennent exactement ces tests ? Que la relique conservée à Saint-Denis depuis 1975 appartient à un enfant apparenté à la ligne maternelle – « cognatique », dirait un généalogiste – de Marie-Antoinette. À cet égard, personne ne remet en cause leur validité, mais, selon la formule du professeur Cassiman, « l'ADN n'est pas une carte d'identité, il ne marque qu'une parenté ». Reste une question, que seul l'historien peut résoudre : ce cœur est-il bien celui de l'enfant mort et autopsié au Temple ? Car, dans ce cas, ce ne pourrait être que Louis XVII.

Cependant, n'y aurait-il pas eu substitution ou échange – volontaire ou fortuit – du cœur « soustrait » par le docteur Pelletan contre un autre « cœur Habsbourg », à un moment ou à un autre de son tumultueux parcours, entre 1795 et 1975 ? « Substitution » est le maître mot des survivantistes, et en l'occurrence leur ultime planche de salut…

Le seul autre cœur qui aurait pu, avec assez de vraisemblance, être confondu avec celui de Louis XVII est celui de son frère aîné, le premier dauphin. Rappelons les faits. Le 4 juin 1789 meurt à Meudon Louis-Joseph Xavier François, âgé de 7 ans et demi, de suites fatales d'une tuberculose osseuse. Le lendemain, cinq médecins et quatre chirurgiens procèdent à « l'ouverture du corps » et à son embaumement. Le cœur est déposé dans une double boîte de vermeil et de plomb. Le 12 juin, selon une tradition remontant à Anne d'Autriche, il est déposé dans la crypte de la chapelle Sainte-Anne du Val-de-Grâce par le jeune duc de Chartres, futur Louis-Philippe Ier.

Ces cœurs princiers – comme l'ensemble du cadavre – subissaient ce que nous appellerions aujourd'hui un traitement de thanatopraxie, sans lequel ils se seraient rapidement corrompus. Ils étaient lavés, ouverts, remplis d'herbes et d'aromates, puis emmaillotés dans des bandelettes, à la manière des momies de l'Égypte antique. Le procédé, codifié depuis le Moyen Âge, est exposé dans de nombreux traités de chirurgie et de pharmacie des XVIIe et XVIIIe siècles. Or, nous avons vu que le cœur de l'enfant du Temple n'avait pas subi un tel traitement. Pelletan s'est contenté de le plonger dans l'alcool, comme une vulgaire curiosité anatomique, puis il s'est déshydraté à l'air libre. Il ne présente aucune trace d'embaumement. Lors de son examen macroscopique, en 1999, le docteur Pfeiffer a signalé l'existence d'un fragment d'aorte, long de 2 cm, tel que décrit en 1830 par Philippe-Gabriel Pelletan. Plus généralement, les caractéristiques de cette « relique » coïncident point par point avec les indications portées dans les procès-verbaux des médecins qui l'ont observée en 1895.

Mais qu'est devenu le cœur du premier dauphin ? À la fin de 1792, le Val-de-Grâce est profané. Le journal des *Révolutions de Paris* – daté du 29 décembre – évoque « les cœurs des tyrans, embaumés [...] [qui] déjà gisent pêle-mêle sur le pavé de la chapelle funéraire [...] dépouillés de leurs enveloppes d'argent et d'or ». D'autre part, un dossier conservé aux Archives nationales nous apprend que le cœur de Louis-Joseph a échappé à la destruction. Emporté clandestinement par « un sieur Legoy, secrétaire du comité de l'Observatoire », il réapparaît de manière fugace en 1817 à la mairie du XIIe arrondissement de Paris – l'actuel V^e. Depuis lors, nous ignorons ce qu'il est advenu de lui. Il n'a pas été redéposé au Val-de-Grâce, ni à Saint-Denis. Seule la plaque gravée qui recouvrait la boîte et porte la mention « Louis-Joseph Xavier François [...] mort à Meudon le 4 juin 1789 » est encore visible au musée Crozatier du Puy-en-Velay.

Sur cet unique point plane une dernière ombre. Mais cela ne remet nullement en cause l'identité du cœur de Louis-Charles, ni sa « traçabilité », dûment établie par l'enquête historique. Consulté par le ministère de la Culture en 2004 sur l'opportunité de recevoir solennellement la « relique » à Saint-Denis, le professeur Jean Tulard émet un avis favorable. L'année suivante, il précise dans son ouvrage *Les Thermidoriens* : « [...] Il y avait ce cœur que le médecin Pelletan affirmait avoir dérobé lors de l'autopsie qu'il avait pratiquée sur l'enfant mort au Temple avec le concours des docteurs Dumangin, Lassus et Jeanroy. [...] Que le cœur ait été refusé par Louis XVIII et la duchesse d'Angoulême ne signifie pas qu'il n'est pas celui de l'enfant royal. C'était une forme de prudence que ne pouvait que partager l'historien jusqu'aux résultats des analyses d'ADN publiés le 19 avril 2000. Les résultats obtenus par les professeurs Cassiman et Brinkmann montrent un lien de parenté avec Marie-Antoinette et confirment en conséquence que ce cœur est bien celui de Louis XVII mort au Temple. [...] Il est vrai que Louis-Charles avait eu un frère aîné, Louis-Joseph, décédé le 4 juin 1789 [...]. Mais le cœur qui a été soumis à l'analyse de l'ADN ne montrait pas de traces d'embaumement ou d'un traitement respectueux de la personnalité du dauphin. On peut donc penser, si l'on fait confiance à l'analyse ADN (procédé reconnu par la justice), que Louis-Charles est bien mort au Temple le 8 juin 1795. »

Retour à Saint-Denis

La fable du dauphin évadé n'était qu'un mauvais roman à l'eau de rose. Et l'histoire ne s'écrit pas comme un roman. Elle a l'exigence et l'âpreté de la vérité. Elle est souvent implacable et sordide. Certes, le destin de l'enfant royal, emprisonné dans le sinistre donjon du Temple, apparaît monstrueux. Louis XVII, brisé physiquement et moralement, miné par la maladie, s'est éteint au terme de longs mois de captivité, sans avoir revu la lumière du soleil. « La vérité vous rendra libre », peut-on lire dans l'Évangile de saint Jean. En restituant au fils de Louis XVI sa véritable mort, c'est à tous les enfants martyrs, de tous les temps et de tous les pays, que l'on a rendu hommage. À tous les enfants victimes innocentes de la politique, de la guerre, de l'intolérance, en un mot de la cruauté et de la folie des adultes.

Ainsi, le 8 juin 2004, deux cent neuf années exactement après sa mort, l'urne funéraire contenant le cœur de Louis-Charles a été placée à Saint-Denis dans la chapelle des Bourbons, lors d'une cérémonie poignante présidée par Louis-Alphonse de Bourbon, en présence de l'archiduc Charles d'Autriche et de plusieurs descendants de nos rois. Dans son homélie, d'une profonde spiritualité, l'abbé Christian-Philippe Chanut s'est adressé au petit prince comme à un monarque vivant :

> Sire, voilà enfin le moment où, avec les honneurs que nous sommes capables de rendre, nous déposons ce qui reste véritablement de vous, dans cette crypte où se trouvent tous vos ancêtres. Sire, nous regardons toujours les rois comme des êtres de lumière, et vous ne fûtes roi que comme le Roi des Ténèbres. Et lorsque l'on vous voit, on oublie peu à peu le charmant enfant du jardin des Tuileries, [...] là où, Sire, vous êtes devenu le roi, celui de la tristesse, celui de la misère, celui de l'humiliation. Quel roi a été plus que vous le roi de

son peuple parce qu'il vivait les mêmes misères, les mêmes terreurs, les mêmes injustices ?

Avec ce petit morceau de votre cœur, Sire, ce sont tous les combattants de la Vendée, ce sont tous les martyrs de la Révolution, ce sont tous ceux qui ont dit non à la barbarie organisée, ceux qui ont voulu être comme vous une victime expiatoire.

O Sire ! Vous n'avez pas reçu l'onction du sacre, mais vous vous êtes plus que personne identifié au Christ, souffrant dans le Christ. Et si jamais vous avez été fidèle aux enseignements de votre père, cette souffrance, vous l'offriez pour qu'elle ne retombe pas sur nous et pour que la lumière se lève après le temps épais des ténèbres.

Sire, vous avez été un grand roi parce que personne n'a été témoin de vos souffrances et parce que, en fin de compte, si les bourreaux ont arrêté la lente destruction psychique qu'ils avaient entreprise, s'ils ont préféré vous emmurer pour ne plus songer à vous, c'est parce que, sans doute, mystérieusement, la grâce l'avait emporté sur le péché.

En déposant ce qui reste véritablement de vous dans cette crypte, nous voulions voir naître l'espoir. Nous vous posons comme un grain de blé qui tombe sur la terre et qui meurt afin de ressusciter et de porter beaucoup de fruits.

Sire, puisse Votre Majesté ignorée, être toujours pour nous, à travers le temps et l'espace, le signe de la lumière qui est toujours plus forte que les ténèbres, le signe de la victoire de la croix sur le péché. Amen.

Bibliographie sélective

Becquet, Hélène, *Louis XVII. L'enfant-roi*, Perrin, 2017.
Bercé, Yves-Marie, *Le Roi caché*, Fayard, 1990.
Delorme, Philippe, *Louis XVII. La vérité*, Pygmalion, 2000.
—, *Louis XVII. La biographie*, Via Romana, 2015.
Garçon, Maurice, *Louis XVII ou la fausse énigme,* Hachette, 1952.
Rendu, Jean-Baptiste, *L'Énigme Louis XVII*, Larousse, 2011.

22

Qui a tué le duc d'Enghien ?

par Thierry LENTZ

Le 15 avril 1821, Napoléon ajouta un codicille à son testament : « J'ai fait arrêter et juger le duc d'Enghien parce que cela était nécessaire à la sûreté, à l'intérêt et à l'honneur du peuple français, lorsque le comte d'Artois entretenait [...] *soixante assassins dans Paris. Dans de semblables circonstances, j'agirais de même. » Plus qu'un aveu déjà exprimé à plusieurs reprises, le fait que dans les derniers jours de sa vie (il mourut le 5 mai) l'Empereur exilé ait encore voulu revendiquer la mise à mort du dernier des Condés montre à quel point cette affaire lui fut importante et – peut-être – le tourmenta.*

Depuis le début de l'année 1804, la marche à l'Empire s'était accélérée. Auréolé de ses succès et déjà consul à vie depuis 1802, Bonaparte s'était découvert : il était prêt à accepter la couronne que réclamait en vain pour lui une partie de son entourage depuis que sa politique avait ramené la paix extérieure, la concorde religieuse et la fin de la guerre civile dans l'Ouest. Depuis le mois de mai 1803, après moins d'un an de trêve, l'Angleterre avait repris la lutte contre les « Jacobins de Paris » (thèse officielle) et la prépondérance française en Europe (fond du problème). Le jeune chef de l'État en avait profité pour resserrer son pouvoir, laissant ses généraux et les « monarchistes sans roi » lancer des ballons d'essai sur l'évolution du régime. Il ne restait plus qu'à obtenir l'assentiment parlementaire. Mais c'est ici que la mécanique bloquait. Les anciens révolutionnaires avancés, souvent régicides repentis tel le sénateur Joseph Fouché, ne voulaient pas entendre parler d'« Empire » (puisqu'il était hors de question de rétablir une royauté) et de souverain héréditaire.

La grande conspiration Cadoudal-Pichegru

On en était là lorsque la police, dirigée depuis la disgrâce de Fouché (septembre 1802) par le ministre de la Justice Regnier, découvrit qu'un vaste complot s'ourdissait dans les ruelles et les caves parisiennes, fomenté par le terrible Georges Cadoudal, général de l'Armée catholique et royale, avec les encouragements du comte d'Artois – le futur Charles X – et du gouvernement britannique, qui avait repris le financement des activités royalistes. C'est par le plus grand des hasards que l'on avait mis la main au collet de quelques comparses. On les avait convaincus d'en dire plus, au besoin en leur serrant les pouces dans des chiens de pistolet. On fut donc ébahi d'apprendre que celui que l'on n'appelait que « Georges » vivait depuis des mois au cœur de la capitale, entouré de complices dont le moindre n'était pas le général « traître » Pichegru, héros de la Révolution passé à la Contre-Révolution. Leur but était d'accomplir ce qu'ils appelaient « le coup essentiel », officiellement l'enlèvement, plus probablement l'assassinat de Bonaparte sur la route de Malmaison, son havre familial en dehors de Paris.

Une véritable chasse à l'homme débuta, avec son lot de surveillances, de correspondances violées, de filatures et d'interrogatoires appuyés. Un domestique de Cadoudal, Picot, fut pris le premier. Il finit par parler, ce qui permit l'arrestation d'autres complices. Il ressortit de l'enquête que Georges et Pichegru avaient tenté d'entraîner dans leur conspiration le général Moreau, celui que l'on a abusivement surnommé depuis le « rival républicain » de Bonaparte. Pour être « rival », il eût fallu qu'il eût les mêmes capacités que le Premier consul. Quant à son républicanisme, il ne le plaça jamais au-dessus de son ambition personnelle. Il fut arrêté le 15 février 1804, ce qui émut beaucoup dans le milieu des authentiques partisans de la République. On sentit même le peuple des faubourgs frémir et critiquer ce régime qui s'en prenait à ceux que l'on croyait vrais patriotes. Il fallait absolument interpeller les autres protagonistes pour prouver que Moreau s'était indirectement entendu avec Londres. Paris fut mis en état de siège et, quelques bavardages de mouchards plus tard, le 28 février, Pichegru fut appréhendé sans dommages. Il n'en fut pas de même le 9 mars lorsque Cadoudal tomba dans un guet-apens policier. Il se défendit, tua un inspecteur et en blessa grièvement un autre. Lorsqu'on lui reprochera d'avoir occis un père de famille, il répondra en substance que, la prochaine fois, on n'aurait qu'à lui envoyer des célibataires.

Comme on l'imagine, petits et gros poissons furent immédiatement interrogés, cette fois sans torture. Parce qu'il avait de l'honneur, Cadoudal ne rechigna pas à donner des détails : il était encore loin de passer à l'action lorsqu'on l'avait menotté puisqu'il attendait qu'un « prince français » fût arrivé à Paris ; c'est à lui qu'il devait remettre le pouvoir après l'élimination de Bonaparte.

Quel prince ?

Ceux qui ont voulu dédouaner Napoléon de la suite de l'histoire ont toujours prétendu que l'on s'était « creusé la tête » (Savary) pour deviner de qui Cadoudal avait voulu parler. Les mêmes prétendent que c'est Talleyrand qui aurait alors soufflé le nom du duc d'Enghien dont il fit par là même découvrir l'existence au Premier consul. La vérité est probablement autre. Nul ne doutait en effet que le mystérieux prince était le comte d'Artois. Et à Sainte-Hélène, on l'a dit, c'est bien lui qu'accusa l'Empereur mourant. Il le savait depuis longtemps le chef des forces armées, y compris clandestines, de la Contre-Révolution. Il l'était désormais d'autant mieux que, depuis la rupture de la paix d'Amiens, la bourse d'Albion s'était rouverte et que le temps des opérations était revenu. Nous savons, nous, qu'il ressemblait bien à Artois de promettre sa venue… sans avoir l'intention de quitter son exil britannique tant qu'il courrait le moindre risque. Il n'avait jamais agi autrement, et notamment pas lors de la sanglante expédition de ses partisans à Quiberon, à l'été 1795[1]. Cela explique qu'après plusieurs mois à Paris, de cachette en cachette, Georges et ses complices, comme sœur Anne, n'avaient rien vu venir. Ils auraient sans doute pu attendre encore longtemps.

Quant à la « découverte » du duc d'Enghien, elle ne résiste pas mieux à l'analyse. Alors âgé de 32 ans, le petit-fils du prince de Condé n'était pas n'importe qui dans les milieux royalistes, par sa filiation, certes, mais aussi par son engagement dans la lutte contre la Révolution. Émigré dès 1789, il avait combattu dans l'« armée de Condé », commandée par son grand-père, et avait participé à l'invasion de la France en 1792. À la dissolution de cette troupe bigarrée, il s'était retiré en Allemagne et résidait désormais en pays de Bade, coulant des jours d'apparence tranquille auprès de Charlotte de Rohan, nièce du principal acteur de l'affaire du Collier. Il ne vivait cependant pas que d'amour et d'eau fraîche. Ne renonçant pas à ses idéaux et toujours prêt à tirer le sabre, il attendait simplement le signal de l'offensive générale, sa correspondance l'atteste sans contestation possible. Parlant du Premier consul, il avait ainsi écrit dans une lettre interceptée par la police : « Son sceptre est de fer pour ses concitoyens ; on l'a mis là, on ne l'en ôtera que mort. » Le moins qu'on puisse écrire est que le duc faisait partie des ennemis actifs de la République. Il n'avait rien d'un innocent dont le destin allait être injustement brisé. Dans le sérail gouvernemental, il était donc loin d'être un inconnu et on trouve même fréquemment son nom dans les bulletins de police remis quotidiennement à Bonaparte. On l'y présentait parfois comme un des jeunes loups du royalisme, voire le chef de file

1. Le 23 juin 1795, 5 000 à 6 000 émigrés avaient débarqué dans le Morbihan, bientôt rejoints par plus de 15 000 chouans, tandis que les Vendéens se mettaient en mouvement. Une deuxième vague devait débarquer près de Saint-Malo, avec le comte d'Artois à sa tête. Elle ne vint jamais, si bien que, rejetés dans la presqu'île de Quiberon, les émigrés et les chouans furent sévèrement battus, 600 mourant au combat et 800 étant ensuite fusillés par les forces républicaines. Ils perdirent en outre 6 000 prisonniers.

d'une troisième voie (après la branche aînée et les Orléans) pour une restauration avec changement de branche dynastique. Le chef de l'État connaissait trop bien les configurations politiques, les hommes qui les animaient et les généalogies de son temps pour avoir été surpris que ce prince soit si actif et, surtout, imprudent puisqu'il séjournait à quelques kilomètres de la frontière française.

Tous les témoins ont attesté que Bonaparte était alors dans une colère noire contre les conspirateurs, furieux qu'on veuille attenter à ses jours mais aussi, n'en doutons pas, de se voir dénier toute légitimité au point qu'on veuille le tuer « comme un chien [*sic*] ». Il n'y avait pas besoin qu'il fût corse pour préparer une cinglante réponse. Il le dira plus tard à Caulaincourt dans la voiture les ramenant de Russie : « Le sang appelle le sang ! » C'est exactement ce qui se passa.

L'aile agissante des « assassins » étant hors d'état de nuire, il fallait désormais décapiter la conspiration. Et comme Artois était hors d'atteinte, la décapitation serait symbolique, non dans l'acte mais par la victime choisie. Le duc d'Enghien fut désigné sans trembler pour supporter les représailles. Que Talleyrand y ait poussé ne change rien à l'affaire. C'est bien Bonaparte qui décida – et qui d'autre que lui aurait pu décider ? Son dossier n'était au demeurant pas vide : le duc complotait avec les ennemis de la République et se tenait prêt – écrivait-il – à se joindre aux premières troupes qui envahiraient la France. Décidément, il ne voulait pas que du bien au gouvernement de la France et à son chef. Un seul point restait incertain : on ne pouvait prouver le moindre lien entre lui et Georges. Pour en avoir tout de même le cœur net, on envoya un gendarme-espion rôder autour de la maison qu'il occupait à Ettenheim. Ce gendarme s'appelait Lamothe. Il s'aboucha avec le maître de poste pour étoffer son rapport. C'est peu dire qu'il fit sensation : non content de se préparer à reprendre les armes, Enghien accueillait chez lui de notoires contre-révolutionnaires tels Dumouriez, passé à l'ennemi en 1792, le maître espion britannique Spencer Smith et une redoutable réunion d'émigrés belliqueux. Cette fois, son compte était bon. Les dragons du général Ordener quittèrent Paris pour la frontière badoise avec ordre de se saisir de toute la bande, tandis que l'aide de camp Caulaincourt s'en allait expliquer à la cour de Bade les raisons de cette violation de frontière.

On saura plus tard – et l'anecdote est vraie – que le pandore s'était laissé abuser par l'accent local : Dumouriez était un dénommé « Thumery » et Spencer Smith un certain « Schmitt », patronyme très fréquent dans cette germanique contrée. Mais au fond, peu importe : l'objectif était bien le duc d'Enghien et la capture des autres n'aurait été qu'un bénéfice collatéral.

L'exécution

Il était 1 heure du matin, le 21 mars 1804, lorsqu'on introduisit dans une des salles du donjon du château de Vincennes Louis-Antoine duc d'Enghien, fils du duc de Bourbon-Condé et petit-fils du huitième prince de Condé[2]. Non loin de l'endroit où, dit-on, son lointain ancêtre Saint Louis rendait la justice, c'est face à sept juges d'une commission militaire qu'on le traduisait. Cette justice-là n'était ni bienveillante ni revêtue d'aucune procédure contradictoire. Elle servait avant tout à justifier l'envoi *ad patres* des « brigands », nom juridique des comploteurs de tout poil.

Six jours plus tôt, la maison d'Ettenheim avait été encerclée par des soldats français et on s'était saisi du prince sans difficulté. On avait à peine été déçu de ne pas se saisir aussi de Dumouriez et Smith. Louis-Antoine avait été immédiatement transféré à Strasbourg puis, en simple voiture légèrement escortée, vers les portes de la capitale. Il était arrivé à Vincennes en fin d'après-midi du 20 mars et avait été aussitôt interrogé. Tous les procès-verbaux sont soigneusement conservés aux Archives nationales et montrent que pour expéditive qu'ait été la procédure, elle ne fut pas sans formes.

2. Le duc de Bourbon-Condé deviendra prince de Condé à la mort de son père, en 1818. Il mourra en 1830, dans des circonstances mystérieuses (on le retrouvera pendu) et sans postérité mâle (voir ci-dessous « Saint-Leu. La liaison dangereuse du duc de Bourbon », par Pierre Cornut-Gentille). Il sera donc le neuvième et dernier porteur du prestigieux titre.

L'accusé n'avait rien avoué concernant la conspiration Cadoudal, et pour cause. En revanche, il n'avait pas caché son opposition au régime républicain et son souhait de voir son « cousin » Provence (le futur Louis XVIII) s'asseoir sur le trône. Puis, il avait demandé à rencontrer le Premier consul, d'homme à homme, presque de soldat à soldat, pour s'expliquer et dissiper le malentendu qui – il le sentait – était en train de prendre corps. On l'avait assuré qu'un messager partait sur-le-champ vers le Palais du gouvernement. En attendant, il était confronté à ces sept officiers, présidés par le commandant des grenadiers de la garde des consuls, le général Hulin.

À la lueur des chandelles, on l'interrogea encore. Il se défendit à sa façon, prenant de haut les accusations dont on s'obstinait à l'accabler. « Oui, j'ai fait la guerre au gouvernement républicain afin de soutenir les droits de ma famille et de mon rang et je suis prêt à la faire encore. J'ai même, dans ce but, effectué une démarche auprès du gouvernement de Sa Majesté britannique pour prendre du service dans son armée à l'occasion de la nouvelle guerre. Ma naissance, mes opinions me rendent à jamais l'ennemi de votre gouvernement », finit-il par dire, un peu agacé qu'on lui reposât des questions déjà posées. Et lorsqu'on lui demanda s'il avait été payé par l'Angleterre : « Je le suis encore, et je reçois de cette puissance cent cinquante guinées par mois. » Cela étant reconnu, il nia avoir voulu attenter à la vie du Premier consul : « Me croire capable de complot et d'assassinat est me faire insulte. Une pareille manière d'agir est tellement contraire à mon rang et à ma naissance que je m'étonne que vous ayez pu m'en croire capable. Non seulement je n'ai été mêlé en rien au complot que l'on prétend avoir été ourdi contre le général Bonaparte, mais j'ai été tenu dans l'ignorance la plus absolue à son sujet et je n'en connais ni les auteurs ni le but. »

Il n'y eut pas de débat, pas d'avocat, pas de plaidoirie. Le tribunal se retira pour délibérer. Le rapporteur, le major de la gendarmerie d'élite de la garde consulaire Dautancourt, conclut à la culpabilité. Bien qu'ils débattissent assez vivement, les juges savaient ce qu'il leur restait à faire. Et s'ils hésitaient trop, la présence permanente dans la salle d'audience du général Savary, aide de camp et « séide » de Bonaparte, rappelait à chacun pour quel motif il siégeait dans la commission militaire[3]. Contrairement à ce qu'on a dit, Savary n'eut pas besoin d'arracher la plume des mains de Hulin une fois le jugement signé en lui disant : « Votre affaire est finie. Le reste me regarde. » Car le scénario de la dernière nuit du duc d'Enghien était déjà écrit. Le gouverneur militaire de Paris, Murat, avait fait boucler la zone, le commandant du château, Harel, avait doublé les gardes. Surtout, en début de soirée, on avait commencé les préparatifs de l'exécution. Une fosse avait été creusée dans les fossés[4] et un peloton de seize gendarmes avait été consigné. Une heure après sa présentation devant la commission, le duc d'Enghien fut donc condamné à mort. Sans doute crut-il avoir le temps d'écrire à Bonaparte et d'obtenir enfin son rendez-vous. Il n'en était pas question. Sa dernière lettre fut pour sa bien-aimée Charlotte.

Le voici qui descend vers les fossés, suivi de son chien dont, bizarrement, on n'a pas jugé utile de le séparer à Ettenheim. La porte s'ouvre. Il frémit à la vue des gendarmes et entend la lecture du jugement. Il demande des ciseaux, coupe une mèche de ses cheveux, la place, ainsi que son anneau, dans la lettre qu'il vient d'écrire. Il demande un prêtre. Il n'y en a pas. Alors, il s'agenouille pour recommander son âme à Dieu. Une voix – peut-être celle de Savary – s'élève : « Pas de capucinades ! » La seule réaction du condamné qui se relève sera : « Qu'il est affreux de mourir ainsi de la main de Français. » On éloigne le chien et on place le condamné face aux fusils. Il refuse le bandeau. Encore la voix : « Commandez le feu ! » Le commandant du peloton retire son bicorne. C'est le signe convenu. La salve. Le dernier des Condés s'écroule. Il est prestement enterré sur les lieux de l'exécution où il restera jusqu'à la Restauration[5].

3. Savary, plus tard duc de Rovigo, sera ministre de la Police de Napoléon de 1810 à 1814.

4. Une petite colonne en marque encore l'emplacement, au pied de la tour de la Reine. On y lit sous la mention *Hic cecidit* (« C'est ici qu'il tomba ») le nom et les titres du supplicié, ajoutés en 2004 par la fondation de la Maison de Bourbon.

5. Louis XVIII le fera exhumer et placer son tombeau, sculpté par Louis-Pierre Deseine et achevé en 1825, dans la Sainte-Chapelle du château de Vincennes.

Réactions

Selon leurs Mémoires et leurs témoignages, tous les acteurs du drame furent frappés de stupeur devant la rapidité des événements. Murat, un des organisateurs de cette folle soirée, prétendra avoir éclaté en sanglots à l'annonce de la mort du duc. Hulin et les autres membres de la commission ne cesseront de charger Savary du crime… mais évidemment après la chute de l'Empire. Talleyrand, très tôt accusé d'avoir forcé la main de son maître, niera toute implication et ira même jusqu'à affirmer qu'il avait tenté d'éviter le pire. « C'est plus qu'un crime, c'est une faute », aurait murmuré Fouché, à moins que ce ne soit Boulay de la Meurthe. Parmi toutes ces déclarations à la Ponce Pilate, la plus drôle et invraisemblable est celle du conseiller d'État Réal. Doué pour les affaires de police, celui-ci avait été chargé de l'enquête sur la conspiration de Georges et ses suites. Il était donc un homme clé de toute l'affaire, nuit de Vincennes comprise puisque le duc d'Enghien avait été décrété complice. À la Restauration, il chercha évidemment à se dédouaner et invoqua… son sommeil de plomb. Si on en croit ses dires, pendant que l'on rebouchait la fosse de Vincennes, Savary avait pris la route de Malmaison. Au même moment, Réal, lui, prenait le chemin inverse, de Paris à Vincennes. Les deux hommes se seraient croisés, le conseiller d'État informant le général qu'il avait encore des questions à poser à l'accusé. Il apprit qu'il était trop tard et, sans demander son reste, rebroussa chemin. On peut s'étonner que le responsable de l'enquête ait été si mal informé de ce qui se tramait autour du prétendu principal coauteur de la tentative de crime sur la personne du chef de l'État. Et, en effet, on s'en étonna. C'est alors que Réal avança son argument décisif : il avait tardé à se rendre à Vincennes parce que, harassé par sa tâche des jours précédents, il s'était mis au lit avec défense de le réveiller, consigne scrupuleusement respectée par ses valets, si bien que ce n'était qu'une fois sorti des bras de Morphée qu'il avait appris que le prince était arrivé à Vincennes, qu'on était en plein jugement et qu'il prétendait avoir des déclarations complémentaires à faire.

Ainsi, le conseiller Réal s'était couché en fin d'après-midi et avait dormi au bas mot jusqu'à 2 ou 3 heures du matin, alors même qu'il ne pouvait ignorer que Louis-Antoine arriverait bientôt à destination. Piètre grand policier que cet homme qui, pourtant, sera bientôt nommé chef du 1er arrondissement de police (nord et ouest de la France). De quoi mettre en doute son témoignage. S'il s'était mis lui-même hors jeu d'une affaire aussi sensible, on ne voit pas pourquoi Napoléon lui aurait conservé sa confiance.

Sur le coup pourtant, l'annonce de la mort d'un duc peu connu du grand public avait peu remué les esprits de l'opinion et des élites. On imprima d'ailleurs rapidement les documents du « procès » qui, selon la police, furent diffusés à 50 000 exemplaires, publications dans les journaux comprises. Dès le 22 mars, le préfet de police Dubois informa le chef de l'État que l'événement prouvait « que le gouvernement [savait] atteindre partout ses ennemis [...] et assurer partout la tranquillité ». La messe était dite et la courageuse démission de Chateaubriand de son poste à la légation du Valais – il ne poussa pas le courage jusqu'à lier son départ à l'exécution – passa totalement inaperçue.

Et Bonaparte ? Il accueillit la nouvelle de la mort du duc avec sang-froid, tandis qu'autour de lui, les femmes Beauharnais, Joséphine et sa fille Hortense, poussaient des hauts cris. La veille, son épouse avait essayé de le dissuader d'aller jusqu'au bout, preuve que l'exécution était bien programmée. Selon Mme de Rémusat, elle se serait vue opposer un : « Foutre ! De quoi vous mêlez-vous ? » qui sonne assez juste car tout Premier consul qu'il fût, Bonaparte avait en lui du lieutenant d'artillerie. Pour sa part, il assuma toujours l'acte du 21 mars, dans ses conversations, ses écrits, son testament, avouant même au général Bertrand, à Sainte-Hélène, qu'il avait « donné l'ordre » de procéder à l'exécution. En 1804, de toute façon, il récolta les fruits d'une action pour laquelle il n'eut besoin d'aucun Machiavel pour la recommander.

Un « crime » fondateur

Dans ses *Mémoires*, Hortense de Beauharnais affirme qu'après avoir entendu le rapport de Savary, son beau-père aurait soupiré : « C'est un crime inutile. » S'il prononça jamais une telle phrase, le crime – si l'on peut considérer que faire fusiller un comploteur avéré en est un – était loin de lui être inutile.

En mettant à mort le duc d'Enghien, il venait de rassurer sa gauche en déclarant la guerre totale aux ennemis de la Révolution. Lui aussi avait désormais sur les mains le sang d'un prince. Il entrait – par une porte secondaire – dans la famille des régicides. On avait douté de lui au moment de l'arrestation de Moreau : la salve de Vincennes prouvait la pureté de ses intentions[6]. Il redevenait le fils de la grande secousse nationale, ce qu'il prouva encore en ce 21 mars en signant l'acte de promulgation du Code civil. Le même jour, la Révolution triomphait deux fois et devenait symboliquement le « bloc » cher à Clemenceau. 1789 et 1793 ne faisaient qu'un en la personne du chef de l'État.

Quant aux contre-révolutionnaires, ils étaient prévenus : rien ne serait épargné pour leur faire la chasse et les châtier durement. La peur devait changer de camp. Tout espoir de restauration était devenu vain. Au vice-président du Sénat Le Couteulx, Bonaparte déclara, peu de jours après les faits : « Il a fallu faire voir aux Bourbons, au cabinet de Londres et à toutes les cours d'Europe, que ceci n'est pas un jeu d'enfants. Les circonstances dans lesquelles nous nous sommes trouvés n'étaient point de nature à être traitées chevaleresquement. »

Soyons cyniques. Autant que le furent les acteurs de l'affaire du duc d'Enghien. L'intérêt de l'exécution était peu contestable, dans

6. Moreau fut plus tard condamné à une peine de trois ans de détention, « comme un voleur de mouchoirs », maugréa Napoléon. Son procès donna lieu à quelques mouvements de mécontentement, les derniers avant longtemps. Le général dut s'exiler aux États-Unis. Il reviendra en Europe pour se mettre au service de la coalition antinapoléonienne et sera tué par un boulet français à Laun, en Bohême, le 2 septembre 1813. Le tsar le fera maréchal de Russie et Louis XVIII maréchal de France à titre posthume.

le contexte de l'époque. C'est pourquoi on rejettera les légendes qui l'entourent : Bonaparte qui perd son sang-froid et mène une *vendetta*, Réal qui dort, Murat qui pleure, Joséphine qui supplie, Hulin qui s'émeut, Talleyrand qui philosophe, Savary qui devance les désirs de son maître et va trop vite. Dans les semaines suivantes, tous les verrous parlementaires sautèrent comme par miracle. Il n'y eut pas plus partisans de la proclamation de l'Empire que les régicides et les avancés, Fouché en tête. Ce fut par un de ses amis, Curée, que la première motion fut déposée devant le Tribunat, Chambre basse autrefois si incommode avec les projets de Bonaparte. Puis le Sénat prit le relais et proclama pour de bon que « le gouvernement de la République [était] confié à un empereur » et que Napoléon Bonaparte était cet empereur. Le 18 mai 1804, deux mois après la nuit de Vincennes, Cambacérès se présenta au palais de Saint-Cloud et, s'adressant à celui qui n'était plus son *primus inter pares* consulaire, lui annonça la grande nouvelle en l'appelant Sire.

Le 25 juin 1804, Cadoudal et ses complices furent conduits à l'échafaud. Seul manquait Pichegru qui s'était suicidé dans sa cellule. En montant les marches le conduisant à la mort, Georges tira la bonne conclusion de toute cette histoire : « Nous voulions rendre à la France un roi ; nous lui avons donné un empereur. »

Bibliographie sélective

Bertaud, Jean-Paul, *Le Duc d'Enghien*, Fayard, 2001.
Lentz, Thierry, *Le Grand Consulat. 1799-1804*, Fayard, 1999 ; rééd., Hachette, coll. « Pluriel », 2014.
—, *Savary, le séide de Napoléon*, Fayard, 2001.
Schumann, Maurice, *Qui a tué le duc d'Enghien ?*, Perrin, 1984.

23

La « Comtesse des ténèbres »

par Jean-Christian PETITFILS

Le 7 février 1807, vers minuit, à Hildburghausen, capitale d'un de ces huit minuscules duchés saxons de Thuringe qui avaient refusé de se fondre dans le royaume de Saxe, une élégante voiture pénétrait tous rideaux fermés sous le porche de l'auberge Zum Englischen Hof *(« À la cour d'Angleterre »), à l'angle de la place du Marché. Comme la propriétaire, Frau Marquardt, l'avait promis au commissaire de la Cour, le sénateur Johann Carl Andreä, les deux lanternes de l'entrée étaient restées allumées, et le portier s'était retiré. Du véhicule sortirent un cocher en livrée galonnée, puis une jeune femme et un homme, drapés dans de longs manteaux d'hiver. Le lendemain, les membres du personnel de l'hôtel furent avertis qu'un couple de nobles étrangers avait loué une suite et qu'ils devaient impérativement s'abstenir d'en observer les fenêtres. Ainsi commence, tel un conte romantique, cette étrange histoire auréolée de mystères qui n'a cessé depuis deux siècles de passionner historiens, chercheurs et nouvellistes.*

De Hildburghausen au manoir d'Eishausen

Certes, en ces temps troublés de guerre où la Prusse et son allié le royaume de Saxe venaient d'être vaincus par les armées napoléoniennes, il n'était pas rare de rencontrer des émigrés à la recherche d'un asile discret dans cette région isolée de Thuringe[1]. Pour autant, les précautions prises par ces voyageurs paraissaient excessives et quelque peu bizarres. On ne tarda pas à jaser. Qui donc étaient ces nouveaux locataires ? Que craignaient-ils ? Que fuyaient-ils ? Comme on n'avait exigé d'eux ni passeport ni laissez-passer, personne ne douta qu'ils étaient protégés par la duchesse Charlotte de Saxe-Hildburghausen, sœur de la reine Louise de Prusse.

Impossible de les apercevoir ! Les rideaux de leurs huit fenêtres, au second étage, demeuraient obstinément fermés. Cependant, on ne tarda pas à apprendre que l'homme recevait des lettres au nom de son cocher-valet de chambre, Philippe Scharre, ou à celui de Louis-Charles Vavel de Versay, qu'on appela bientôt dans le pays le « Comte ».

Un soir, les deux voyageurs sortirent en ville pour une courte promenade. On put enfin les observer. L'homme, la quarantaine, était grand, avec un visage rond agrémenté de favoris blonds, le regard ferme et sévère. La femme paraissait plus jeune ; malheureusement ses traits disparaissaient sous une épaisse voilette de mousseline verte.

Six mois après leur arrivée, mécontents d'avoir été épiés par des domestiques indiscrets, ils changèrent de résidence et s'établirent au troisième étage du Pavillon ducal, sur la même place du Marché. Peu après, un début d'incendie s'étant déclaré dans l'imprimerie du rez-de-chaussée, le sénateur Andreä – toujours lui – procura aux inconnus un logement aux confins de la ville, chez une honorable dame du pays, veuve du conseiller Radefeld. Celle-ci, peu empressée à recevoir des étrangers qui excitaient la curiosité générale, n'accepta que sur les instances personnelles de la souveraine : « Le malheur anonyme mérite plus que tout autre la sympathie », lui aurait dit la duchesse Charlotte. La maison, d'allure bourgeoise, donnait sur un parc ceint d'une haute muraille.

1. De 1806 à 1810, ces petits États avaient été progressivement incorporés dans la Confédération du Rhin, placée sous la protection de Napoléon, tout en conservant en principe leur souveraineté.

Là encore, la consigne était impérative : un silence claustral était requis. Hormis bien sûr Scharre, vieux Suisse peu bavard, nul ne devait voir la jeune dame à l'heure de sa promenade en voiture, pas plus la cuisinière Johanna Weber, cantonnée à ses fourneaux, que la propriétaire ou ses enfants. Si l'on osait faire allusion à elle en présence du comte, celui-ci détournait aussitôt la conversation.

En dehors de ce sujet tabou, Mme Radefeld s'entretenait assez librement avec lui. Cet homme fin et cultivé, hostile à Napoléon, affichait des sentiments royalistes. On saura par elle qu'il parlait l'allemand avec un léger accent étranger. Piquée cependant de curiosité, la dame Radefeld colla plusieurs fois l'oreille à la porte de la chambre de la dame. Elle entendit le comte lui faire des lectures en une langue qui lui parut être le français. Parfois, la nuit, elle percevait des sanglots traversant la cloison.

Une étrange vie de château

Les mois passèrent. Le 30 septembre 1810, les émigrés et leur serviteur s'installèrent au château d'Eishausen, propriété ducale à 7 kilomètres au sud de Hildburghausen, sur la route de Cobourg. Cette grande bâtisse cubique sans caractère de trois étages, avec vingt-six fenêtres sur ses deux façades principales, agrémentée d'un jardin ombragé, était en assez mauvais état. Suivant le bail de location signé la veille par le sénateur Andreä, il était convenu que les huisseries et les volets endommagés seraient refaits aux frais de l'administration ducale. Le comte se réserva l'appartement face au village, la dame celui donnant sur la campagne.

C'est en ce lieu, idéal pour les amateurs de solitude, avec, disait-on, un passage souterrain débouchant dans un bois tout proche, que « le Comte et la Comtesse des ténèbres », comme les surnommeront les historiens allemands, menèrent pendant près de trente ans une existence paisible, totalement érémitique.

Ils vivaient sur un grand pied. Les beaux meubles, les vins, les liqueurs, les robes arrivaient de Francfort-sur-le-Main. Chaque matin à 10 heures, le taciturne Scharre, dans son éternelle livrée galonnée d'argent, ses cheveux de neige coiffés d'un tricorne, sortait la calèche ou la voiture et conduisait ses maîtres en promenade dans la campagne, allant jusqu'à la barrière de péage de Rodach, à la frontière du duché de Saxe-Cobourg, ou aux abords boisés de Hildburghausen. Le reste du temps – pour autant qu'on le sache –, l'inconnue le passait à broder, à lire ou à jouer de l'orgue à manivelle, du moins au début. Elle recevait des journaux allemands comme le *Leipziger Modezeitung*, ou français, tels *Cécile* et le *Journal des dames*, revue illustrée.

Le comte la servait à table avec un grand respect, après avoir pris les plats que le valet lui passait. Lorsqu'elle sortait dans la prairie voisine – jamais plus d'une heure –, séparée de la propriété par un petit pont, elle était toujours voilée et vêtue « à la dernière mode de Paris ». Pour rentrer, elle faisait de loin un signe avec un mouchoir attaché à une petite badine. Scharre venait alors lui ouvrir la grille et se retirait sans se retourner. Jusqu'à cet instant, le comte demeurait sur le qui-vive à la fenêtre, pistolet à la main. Il avait fait ajouter aux haies protégeant la prairie des palissades de huit pieds de haut. Peut-être multipliait-il à l'excès les précautions, mais de l'avis de ceux qui l'avaient approché, il n'était pas un maniaque ou un hypocondriaque.

Ernst Kühner, le fils du pasteur luthérien d'Eishausen, qui observa un jour la comtesse à la lorgnette, la décrivait comme une femme brune d'une grande beauté, au charme mélancolique. « Elle se trouvait alors à l'une des fenêtres du château et son châle était négligemment rejeté sur ses épaules. Elle s'amusait dans l'instant où je l'observais à jeter quelque aliment à un jeune chat qui se trouvait sous sa fenêtre. Il me semble voir encore avec quelle grâce la charmante comtesse brisait ce gâteau puis essuyait délicatement le bout de ses doigts avec son mouchoir. »

L'atmosphère dans ce château de la Belle au bois dormant était à la fois mystérieuse et étouffante. Au premier étage vivait le concierge, nommé Handschuch. « J'avais neuf ans, conte Ernst Kühner (né en 1804), lorsque je fus chargé un jour d'une commission pour ce concierge. Je me rappelle que ce fut bien timidement et sur la pointe des pieds que je gravis les marches du perron du château. Au moment où je me disposais à saisir le cordon de la sonnette, le concierge me prévint en ouvrant tout doucement la porte pour me faire entrer sans bruit dans sa demeure. Ce vieux bonhomme avec son vêtement couleur chocolat, moitié veste, moitié redingote, garni du haut en bas de boutons de cuivre de la largeur d'un thaler, me fit présent à cette occasion d'un vieux livre d'images, mais il me parla constamment à voix basse. Aussi, quand je fus hors de cette espèce de château enchanté, éprouvai-je un sentiment de satisfaction. »

En 1817, Philippe Scharre mourut d'hydropisie. Dévoué serviteur, il n'avait jamais fait la moindre confidence sur la dame, pas même à sa maîtresse, la cuisinière Johanna Weber, dont il avait eu deux enfants. Pour s'occuper des chevaux et du jardin, le comte avait engagé un ménage discret d'Eishausen, les Schmidt, qui ne furent pas autorisés à s'approcher de l'inconnue, ni même à pénétrer à l'intérieur du château, sauf dans les dernières années.

Johanna Weber, toujours consignée à l'office, ne vit la comtesse qu'à deux reprises, dans des circonstances exceptionnelles. La première fois, le comte, malade et alité, la sonna en pleine nuit et lui dit en désignant la personne à son chevet : « Si je meurs, vous prendrez soin de cette dame… », puis il lui fit signe de se retirer. La seconde, pendant l'hiver de 1830-1831, l'inconnue vint la trouver, affolée et en pleurs : « Le monsieur (*der Herr*) est tombé malade subitement. Aidez-moi à lui préparer un breuvage. » Le comte s'étant rétabli, elle n'eut plus jamais l'occasion d'entendre sa voix. C'était, confia-t-elle, une femme très belle. Quand le comte parlait d'elle aux domestiques, il l'appelait « Sa Grâce » (*Ihre Gnaden*), comme s'il s'agissait d'une princesse allemande ou autrichienne. « On dirait Marie-Antoinette jeune », déclara Fischer, l'apprenti de la librairie Kesserling de Hildburghausen, entré par inadvertance dans sa chambre avec un paquet de journaux et qui avait été vite repoussé dans le corridor par le comte.

Les portraits de la fille de Marie-Thérèse d'Autriche étaient en effet fort répandus à l'époque. Le conseiller von Bibra, de Meiningen, qui l'aperçut alors qu'elle n'avait pas eu le temps d'ajuster son éternelle voilette, fut « profondément troublé » lui aussi par la ressemblance avec la femme de Louis XVI, qu'il avait vue autrefois à Versailles. Brune aux yeux bleus, « elle avait son port de tête », révéla-t-il.

Le comte entretenait une volumineuse correspondance avec le pasteur Heinrich Kühner, ancien précepteur des enfants de la duchesse. Une amitié était née. Étrange amitié pourtant ! Jamais ils n'échangèrent la moindre parole. Jamais le comte n'assista au moindre office religieux. Lorsqu'ils se croisaient sur les chemins, ils se bornaient à un profond salut. Mais, durant quinze années, plusieurs fois par semaine, ils s'envoyaient des billets traitant des sujets les plus divers. La servante qui assurait la liaison et apportait le lait au château avait ordre de ne pas laisser ceux du comte aux mains du pasteur. À deux reprises, cependant, celui-ci observa que le cachet très usé qui les scellait portait trois fleurs de lis, les armes de France.

Le comte, qui avait été fait citoyen d'honneur de Hildburghausen en raison de sa générosité envers les œuvres de bienfaisance du pays, ne fut pas inquiété par les autorités ducales, même après le décès de la duchesse Charlotte en 1818 et l'avènement huit ans plus tard de la dynastie des Saxe-Meiningen. En 1820, tout en conservant le manoir d'Eishausen, il avait acheté un grand chalet près de la ville, au milieu d'un joli parc boisé, le jardin de la Montagne, d'où la vue s'étendait jusqu'aux cimes bleutées des collines de Thuringe. C'est là, dans ce paysage plein de charme et de quiétude, que « Sa Grâce » fit ses dernières promenades.

La mort de la comtesse

Le 25 novembre 1837, à 10 heures du soir, elle s'éteignit à Eishausen. Aucun médecin, aucun prêtre ou pasteur ne fut appelé à son chevet. Trois jours plus tard, à 6 heures du matin, les domestiques du château assistèrent à l'ensevelissement, qui eut lieu sur une pente du jardin de la Montagne. Quelques instants avant la descente au caveau, sur ordre du comte, qui n'était pas présent, Johann Schmidt ouvrit le cercueil. Alors, dans la nuit encore grise, à la lueur vacillante de quelques torches, l'assistance put brièvement contempler le pâle visage de la morte. Un visage resté plus de trente ans à l'abri des regards indiscrets !

Interrogé sur sa compagne, le comte ne voulut rien révéler : « Ce n'était pas ma femme. Personne sur la terre ne parviendra à m'arracher ce secret que j'emporterai dans la tombe ! » « Je suis comme les religieuses, écrira-t-il à la veuve du pasteur, quand elles se mettent à parler, elles parlent trop. » Aux autorités civiles et religieuses qui insistèrent, il finit par déclarer la défunte sous le nom de « Sophie Botta, célibataire, d'ascendance bourgeoise, originaire de Westphalie, âgée de 58 ans ». D'« ascendance bourgeoise » ? Il existait bien à la cour de Vienne une famille Botta Adorno, mais elle était noble et d'origine lombarde. L'un de ses membres, le marquis von Botta, ancien major général de l'armée, avait été ambassadeur à Saint-Pétersbourg et La Haye au temps de l'impératrice Marie-Thérèse.

La disparition de la comtesse affecta grandement le comte, qui se retrouva seul dans son immense manoir. À la veuve du pasteur il laissa encore échapper quelques confidences. « Mon état d'âme est de plus en plus pénible à supporter ; ce n'est pas une vie conjugale qui a été détruite, mais l'union d'un frère et d'une sœur étroitement attachés l'un à l'autre qui a été brisée [...]. Les biens de la succession ont été entassés hier dans une chambre. Il s'y trouve bien des objets précieux provenant du temps passé – des robes de soie, des châles qui n'ont pour la plupart jamais été portés –, un petit sac contenant dix ou douze ducats et quelques douzaines de couronnes. Elle n'a jamais eu au cours de trente années l'occasion de dépenser un sou. Elle ne marquait son linge qu'au crayon et, ne connaissant personne, n'écrivait à personne. »

Une autre fois, il lui adressa la copie d'une lettre que « Sophie » lui avait écrite dans un allemand maladroit à l'occasion de son anniversaire : « Lisez, madame, la lettre ci-jointe avec beaucoup d'indulgence pour le style et l'orthographe. *Elle parlait parfaitement le français*, était adroite avec son aiguille et, durant les premières années, jouait parfois du piano. » Datée du 22 septembre 1808, la lettre rend un son étrange : « Cher et bon Ludwig [...], Que le Ciel vous bénisse pour tout ce que vous avez fait et faites encore pour moi. [...] Pardonnez-moi pour tout ce dont je puis me rendre parfois fautive [...]. Je sais que *ma position était terrible* et je vous remercie toujours. Gardez-moi votre affection, cher Ludwig. Je demeure sous la protection de la Sainte Vierge et la vôtre. Votre pauvre Sophie jusqu'à la mort. »

Cette lettre prouve qu'elle n'était nullement séquestrée par un amant maniaque ou un mari jaloux, comme d'aucuns l'ont suggéré. Une phrase reste mystérieuse : « Je sais que ma position était terrible... » De quel danger ce noble protecteur l'avait-il donc tirée ? Le fait pour le comte de dire « qu'elle parlait parfaitement le français » suggère en tout cas qu'elle n'était pas de cette nationalité.

Après sa disparition, le comte, fatigué et goutteux, demeura à Eishausen, bien qu'il eût laissé entendre que rien ne l'empêchait désormais de retourner dans le monde. Il restreignit son train de vie, vendit la prairie et diminua ses dons. Au docteur Hohnbaum, son dernier confident, il raconta qu'il avait été membre d'une légation étrangère à Paris puis qu'il avait fait un voyage à Vienne : « Imaginez-vous qu'à cette époque la dame était déjà auprès de moi. Il me fallait constamment voyager avec les courriers, je ne pouvais pas la quitter ; elle était obligée de m'accompagner et cependant *personne ne devait connaître son existence*... J'ai voulu vous appeler pour la soigner, mais elle ne l'a pas voulu, elle aurait dû vous imposer des conditions préalables qui la gênaient. » Sa « position était terrible » ; « personne ne devait connaître son existence... » : que cachent ces phrases ?

Le vieux solitaire s'éteignit le 8 avril 1845, après avoir brûlé quantité de papiers. Lors de l'inventaire du château on trouva de beaux meubles, des bijoux, une bibliothèque bien garnie et un passeport établissant que l'inconnu s'appelait Leonardus Cornelius Van der Valk (d'où le pseudonyme aux mêmes initiales de Louis-Charles Vavel de Versay). Hollandais, catholique, né le 22 septembre 1769, il avait fait ses études à Cologne puis à Göttingen, avait servi en 1797 dans les armées de la Révolution en tant que lieutenant et avait été prisonnier des Anglais. Libéré l'année suivante, il était devenu secrétaire puis chargé d'affaires de la légation des Pays-Bas à Paris, où il se lia d'amitié avec Rouget de L'Isle et Benjamin Constant. Démissionnaire en février 1799 à la suite d'un bel héritage, il confia alors la gestion de sa fortune à son oncle, le banquier Petrus Franziscus Laarman, et partit pour l'Allemagne, d'où il se fit envoyer chaque année entre 10 000 et 12 000 florins (une somme fort appréciable).

En 1803, on le retrouve en compagnie de l'inconnue à Ingelfingen, capitale de la principauté de Hohenlohe. Il occupait un appartement dans la grande maison à colonnes du pharmacien Raimbold. La jeune femme dissimulait ses traits derrière des lunettes sombres. Là encore, ceux qui l'entrevirent lui trouvèrent une ressemblance avec la reine martyre. En mars 1804, le couple s'enfuit lors de l'enlèvement du duc d'Enghien à Ettenheim, en territoire badois, par un détachement de gendarmes et de dragons du Premier consul. Van der Valk avait sans doute été averti par Charlotte de Rohan-Rochefort, la fiancée du duc (peut-être son épouse morganatique), avec laquelle il était en correspondance. L'année suivante, il se trouvait à Vienne, où il rencontra l'empereur Alexandre Ier. On a vu, enfin, son arrivée à Hildburgausen en 1807.

La succession du comte revint à sa famille néerlandaise. Personne, malgré deux avis publiés dans la presse par le tribunal du bailliage, n'ayant réclamé celle de Sophie Botta, on vendit aux enchères ses effets. On découvrit dans ses armoires des bagues, des croix en or ainsi que de nombreuses chemises fines, brodées des lis de France. Les mêmes armes se trouvaient sur un petit éventail et sur l'abattant d'un bonheur-du-jour en bois sombre. Un livre d'heures en français, imprimé à Vienne et ayant appartenu à Marie-Antoinette, aurait été en possession de l'inconnue. Entre ses pages, de petits signets bleus et blancs étaient ornés d'un écu fleurdelisé. Tout cela semblait venir de Versailles.

Les hypothèses

Près de 80 études historiques, une trentaine de romans ou de nouvelles (dont celle d'Alexandre Dumas, *Le Château d'Eppstein*), des articles innombrables, sept symposiums internationaux et plusieurs documentaires ont été consacrés à cette singulière énigme.

Qui donc était la mystérieuse comtesse ? Certains ont supposé qu'en dépit des affirmations de son compagnon, elle était sa maîtresse et que tous deux vivaient loin du monde, afin d'échapper aux poursuites d'un père ou d'un mari. On s'est ainsi demandé si elle n'était pas cette Agnès Daniels, épouse séparée du général français Étienne-Ambroise Berthelmy, qui avait été en 1798-1799 en correspondance avec Van der Valk. Hélas, en 1886 on retrouva l'acte de décès de cette femme, daté de 1827 à Winnweiler, dans le Palatinat. Aussi fragile paraît la théorie émise en 2010 par Jutta Glockauer selon laquelle la comtesse aurait été une fille adultérine du prince héritier Frédéric-Guillaume de Prusse, née en 1771, fuyant les poursuites de son mari. Une banale histoire d'adultère n'épuise pas le mystère, car comment expliquer la présence de ces fleurs de lis sur le linge et le mobilier ?

Selon le journaliste George Hesekiel, il se serait agi d'une hypothétique fille du duc d'Enghien et de Charlotte de Rohan-Rochefort, née vers la fin de 1804, après l'exécution du duc. Mais les dates ne correspondent pas, puisque à ce moment-là l'inconnue était adulte et vivait à Ingelfingen sous la protection de Van der Valk. Pour d'autres, elle aurait été Stéphanie-Louise de Bourbon-Conti, auteur de *Mémoires historiques* parus en 1798, qui prétendait descendre du prince de Conti et de la princesse Mazarin. Malheureusement, la présence en France en 1825 de cette aventurière, mariée à un procureur de Lons-le-Saunier, suffit à ruiner cette hypothèse.

Pour l'historien allemand Friedrich Hofmann, qui séjourna dans la ville ducale et interrogea les habitants, l'histoire de la dame d'Eishausen touchait « au côté sombre d'un trône ». Certes, mais on aurait aimé en savoir davantage ! Au cours de l'été de 1890, on se décida à exhumer ses restes. Il s'agissait, selon le docteur Mielecki, médecin major au 6e régiment d'infanterie de Thuringe, d'une « personne adulte de sexe féminin », pouvant avoir 58 ans au moment de son décès. Il ne restait rien de ses vêtements, sauf les débris d'une paire de chaussures de satin blanc.

Était-ce Madame Royale ?

Cet âge correspond à celui de la princesse Marie-Thérèse Charlotte de France, autrement dit Madame Royale, fille de Louis XVI et Marie-Antoinette, née en décembre 1778. D'abord formulée avec prudence par le fils du pasteur Kühner, cette identification fut reprise en 1926 par l'historien britannique Otto Victor Maëckel, puis, en 1954, par le prince Frédéric de Saxe-Altenbourg.

Depuis, elle a été soutenue par plusieurs auteurs allemands, anglais ou français, sans apporter d'éléments nouveaux. Inutile de dire que cette thèse fait toujours les délices des derniers *naundorffistes*, ces indéracinables partisans de la survivance de Louis XVII : le refus constant de la duchesse d'Angoulême de rencontrer leur prétendant, Karl-Wilhelm Naundorff, s'expliquerait par sa peur d'être confondue.

Officiellement, l'orpheline du Temple fut libérée et échangée à Bâle en décembre 1795 contre les conventionnels livrés à l'Autriche par Dumouriez (dont Jean-Baptiste Drouet, le dénonciateur de Varennes). Elle avait alors 17 ans. Placée sous la protection de l'empereur François II, qui la garda à Vienne dans une quasi-séquestration jusqu'en mai 1799, elle refusa de se marier à l'archiduc Charles par fidélité à l'égard de son oncle Louis XVIII, qui lui destinait son cousin germain, le duc d'Angoulême. Elle se rendit alors à Mitau, en Courlande, afin de l'épouser. À partir de cette époque, elle partagea l'exil des Bourbons, avant de revenir avec eux à Paris en 1814, puis de quitter définitivement la France après la chute de Charles X et de mourir à Frohsdorf, en Autriche, en 1851.

Or, en 1814, les Parisiens eurent du mal à reconnaître dans cette femme altière, cassante, toujours coiffée de son horrible petit chapeau anglais, la charmante et douce « orpheline du Temple », « Mousseline la sérieuse », comme la surnommait sa mère. Des dissemblances apparaissent, notamment dans l'écriture et le timbre de la voix, devenu rauque et désagréable. Son comportement brusque surprit son entourage et les anciens émigrés.

Y eut-il, comme le pensent certains, substitution en Suisse ou en Autriche, avec la complicité des Bourbons en exil, la vraie Madame Royale devenant la « Comtesse des ténèbres », et une fille adoptive de la reine, compagne d'enfance de la jeune fille, Marie-Philippine, dite Ernestine de Lambriquet, se faisant passer pour la duchesse d'Angoulême ?

Pour quel motif ? Si l'on en croit les tenants de cette thèse, l'un de ses gardiens au Temple aurait abusé d'elle, et elle se serait retrouvée enceinte. Une situation inavouable évidemment. Un enfant serait né clandestinement. En 1822, en Colombie, un personnage louche, Jean-François Achard, ancien jardinier de la prison, se serait vanté du viol. Pour d'autres, il s'agirait d'un seigneur anglais (telle était la version du roman *Le Cimetière de la Madeleine* de Regnault Warin, paru en 1801). Toujours est-il qu'une dame Plateret dite de Villeneuve, née Anne-Marie Thiollier, morte à Privas le 17 avril 1881, passa pour être cette fille clandestine de Madame Royale.

À l'appui de cette stupéfiante théorie, il faut ajouter l'opinion de la famille ducale de Saxe-Meiningen, qui avait hérité de Hildburghausen, et celle de la reine Marie de Hanovre, petite-fille de la duchesse Charlotte. En novembre 1899, l'historien G. Lenotre relate dans ses *Notes et souvenirs* un déjeuner avec l'épouse du grand-duc Wladimir. « Elle me conte que ce n'est un secret pour personne à la cour de Prusse qu'il y avait dans la première partie de ce siècle à Hildburghausen, en Allemagne, une dame qui était toujours voilée, qui ne sortait jamais et qui n'était autre que la fille de Louis XVI. Celle qui a été connue sous le nom de duchesse d'Angoulême aurait été une *fausse duchesse d'Angoulême* ! Voilà qui me paraît fort ! »

Fort ? Très fort, en effet, insensé même ! Madame Royale et la duchesse d'Angoulême sont une seule et même personne, la multitude des témoins en fait foi. La comparaison des portraits et des écritures à quelque vingt ou trente ans d'intervalle n'a guère de valeur (d'autant qu'on n'a jamais produit d'expertise scientifique sur ce point). Que la fille de Louis XVI, durablement éprouvée par une adolescence tragique, ait vite perdu l'éclat et la fraîcheur de la jeunesse, qui s'en étonnera ? Rien de surprenant non plus à ce que son caractère déjà affirmé dans sa jeunesse se soit durci jusqu'à la rendre revêche. La rumeur de la prétendue naissance d'un enfant de Marie-Thérèse Charlotte a été réduite à néant par les chercheurs. Mme Plataret de Villeneuve était née en Suisse le 2 mai 1793, à une époque où la princesse de 14 ans vivait au Temple avec sa mère. Quant à Marie-Philippine, dite Ernestine de Lambriquet, prétendue duchesse d'Angoulême, loin d'avoir quitté la France, elle épousa tout simplement à Passy le 7 décembre 1810 un bon bourgeois, Jean-Charles Prenpain, et décéda trois ans plus tard au même lieu.

L'ADN allait parler. En 2012, après avoir été longtemps réticent, le conseil municipal de Hildburghausen donna son accord pour ouvrir une nouvelle fois la tombe de la comtesse. L'opération eut lieu le 15 octobre 2013. L'analyse par deux laboratoires médico-légaux d'Innsbruck et de Fribourg de l'ADN mitochondrial, extrait de deux petits fragments prélevés sur un fémur, devait permettre, par comparaison avec l'ADN du cœur de Louis XVII[2] et de celui du prince Alexandre de Saxe-Gessaphe, descendant d'une sœur de Marie-Antoinette, de déterminer si la lignée maternelle correspondait ou non à celle de cette dernière. Les résultats, publiés le 28 juillet 2014, furent sans appel : il n'existait aucun lien de parenté par les femmes entre la « Comtesse des ténèbres » et Madame Royale. Par ailleurs, le visage de l'inconnue d'Eishausen, reconstitué par le professeur Ursula Wittwer-Backofen, de l'Institut d'anthropologie biologique de l'université de Fribourg, ne présentait pas de ressemblance frappante avec l'ancienne reine de France. Il est vrai que c'était alors une femme âgée et que ce genre de reconstitution à partir des os du crâne n'est pas d'une fiabilité totale.

2. Voir le chapitre de Philippe Delorme, intitulé « Louis XVII. Le retour du dauphin perdu » (p. 357-371).

Les recherches continuent

Alors, qui était la mystérieuse dame d'Eishausen ? Divers détails, notons-le d'abord, laissent supposer qu'il s'agissait d'une grande malade, très émotive, aux nerfs fragiles et aux facultés intellectuelles peut-être affaiblies. On sait en tout cas que Van der Valk commandait à une pharmacie de Cobourg des médicaments destinés à lutter contre les crises d'hystérie. Dans la nuit de la Saint-Sylvestre de 1814, il était entré dans un intense courroux, disproportionné par rapport à l'événement, lorsque les gars du village s'étaient amusés à tirer des coups de feu non loin des fenêtres du château. « *On* a passé la nuit dans la plus grande agitation », écrira-t-il, se plaignant aux autorités ducales.

Mais quelle identité lui donner ? Pourquoi ces souvenirs de Versailles ? Et que penser de cet air de famille avec les Habsbourg, attesté malgré tout par de nombreux témoins ?

La solution de cette irritante énigme se trouve peut-être dans les *Mémoires* de la baronne d'Oberkirch, aristocrate alsacienne venue à la cour de France à la fin de l'Ancien Régime. Elle y rapporte l'histoire d'une fille inconnue que l'empereur Joseph II, frère de Marie-Antoinette, aurait eue de son épouse morganatique, la comtesse Wilhelmine von B… (Botta ?). Peu avant la Révolution, cette enfant vivait discrètement au fond du parc de Versailles. « C'était presque un secret à la Cour : ce qu'il y a de certain, c'est que personne n'en parle. Mme la duchesse d'Orléans l'a su par Mme la princesse de Lamballe qui lui recommanda de ne point l'ébruiter… Nous nous engageâmes au silence. Il a été gardé, j'en réponds. » Mme d'Oberkirch poursuit : « Par un hasard assez explicable, cette petite fille était *le portrait frappant et calqué de Marie-Antoinette.* » La reine aurait fait venir cette nièce à Versailles à la demande de son frère Joseph, car la mère était morte peu après sa naissance. « Elle y est encore, poursuit la baronne, qui écrit en 1789. Elle habite dans le parc même une petite maison donnée autrefois à la duchesse de Gramont. La reine et Madame Royale la voient souvent ; du reste, elle ne sort point et ne reçoit absolument personne… »

On ignore ce que devint cette petite fille après les journées d'Octobre et l'installation de la famille royale aux Tuileries. Il est certain que sa situation en tant que fille légitime et héritière de Joseph II devait être très délicate pour la famille impériale, même si le caractère morganatique du mariage de sa mère ne semblait lui donner aucun droit dynastique. L'Autriche ne connaissait pas la loi salique. Le fait qu'elle fût l'unique descendante de Joseph II, deux fois veuf, sans autre enfant (deux filles de son premier mariage avec Isabelle de Bourbon-Parme étaient mortes jeunes), pouvait créer des difficultés à ses successeurs, Léopold, son frère, puis au fils de ce dernier, François II, empereur du Saint Empire romain germanique (François Ier, empereur d'Autriche à partir de 1804). Serait-ce là le mystérieux secret de la « Comtesse des ténèbres », qui ressemblait peut-être à son père Joseph II, dont les traits, disait-on, rappelaient ceux de sa sœur Marie-Antoinette, de cette « pauvre orpheline » qui avait appris le français à Versailles, qui savait que sa situation était « terrible » et dont personne ne devait connaître l'existence ? Cette solution est séduisante, mais, faute de preuves tangibles, elle reste une hypothèse.

Bibliographie sélective

Becquet, Hélène, *Marie-Thérèse de France, l'orpheline du Temple*, Perrin, 2012.

Bülau, Friedrich, *Personnages énigmatiques, histoires mystérieuses, événements peu ou mal connus*, t. I, Poulet-Malassis, 1860.

Cartron, Michel-Bernard, *Madame Royale, l'énigme résolue*, Via Romana, 2014.

Destremau, Noëlle, *Madame Royale et son mystère*, Nouvelles Éditions latines, 1991.

Maëckel, Otto Victor, *The Dunkelgraf-Mysteries*, Londres, Hutchinson and Co., 1929.

Muratori-Philip, Anne, *Madame Royale*, Fayard, 2016.

Ravignant, Patrick, *La Comtesse des ténèbres, le second mystère du Temple*, Encre, 1979.

Saxe-Altenbourg, Frédéric de, *L'Énigme de Madame Royale*, Flammarion, 1954.

24

La mystérieuse disparition de sir Benjamin Bathurst

par Jean-Christian PETITFILS

Au soir du 25 novembre 1809, Benjamin Bathurst, ambassadeur extraordinaire d'Angleterre à Vienne, contraint de quitter la capitale autrichienne à la suite de la défaite de Wagram et de la paix de Schönbrunn, disparaissait subitement sur le chemin du retour, au relais de poste de Perleberg, petite cité prussienne à mi-chemin entre Berlin et Hambourg. Après avoir passé plusieurs heures à écrire, il s'était promené un instant autour des quatre chevaux de sa berline, prête à partir. Puis, plus rien. La route était vide. Aucun cri, aucun bruit, pas même un murmure étouffé n'avait troué la nuit. Aucune trace de lutte au sol, aucun indice. On avait appelé en vain, exploré les environs avec des lanternes. Jamais on n'avait revu l'homme : il s'était volatilisé avec une soudaineté stupéfiante ! Hallucinant !

Enquêteurs et historiens ont élaboré plusieurs scénarios – suicide, assassinat politique, crime crapuleux, disparition volontaire ou accidentelle, enlèvement par la police française ou prussienne… –, laissant place, faute de certitudes, aux auteurs de science-fiction anglo-saxons, impatients de suivre la piste du paranormal. Aujourd'hui, mémoires, rapports de police, pièces diplomatiques – ou du moins ce qu'il en subsiste – permettent de cerner avec un peu plus de clarté le contexte et le déroulement des faits de cette déroutante énigme.

Un diplomate fort doué

Né le 14 mars 1784, Benjamin Bathurst était le troisième fils du révérend Henry Bathurst, évêque anglican de Norwich, et de son épouse Grace Coote. Après de brillantes études à Oxford, il s'était marié en mars 1805 avec Phillida, fille de sir John Call, baronnet de Whiteford en Cornouailles, de dix ans plus âgée, dont il eut trois enfants, un fils et deux filles.

Il avait commencé sa carrière comme secrétaire de légation à Stockholm. Au début de 1809, à 25 ans à peine, il fut choisi comme ambassadeur extraordinaire auprès de l'empereur d'Autriche François Ier : un poste de la plus haute importance dans une Europe ravagée par les guerres napoléoniennes. Ce jeune homme vif et intelligent, appelé à un brillant avenir politique, devait cette nomination moins à ses qualités qu'à l'entregent de son protecteur et cousin éloigné, Henry, troisième comte de Bathurst, secrétaire d'État à la Guerre et aux Colonies.

Depuis la paix de Presbourg du 26 décembre 1805, qui avait suivi la cinglante défaite russo-autrichienne d'Austerlitz, la vieille monarchie habsbourgeoise, amputée de 4 millions d'habitants sur 24 et de plusieurs provinces, vivait en paix, tout en rongeant son frein. Elle était restée neutre durant la guerre de la quatrième coalition, qui avait mis aux prises, jusqu'à la paix de Tilsit de juillet 1807, la France, la Prusse et la Russie. Mais, en 1808, un décret du gouvernement autrichien annonçant la création d'une *Landwehr*, une armée nationale de conscription, provoqua la fureur de Napoléon, alors en Espagne où il s'activait à réprimer l'insurrection. À ses demandes d'explication, Vienne ne répondit qu'évasivement, le contraignant à partir rapidement pour Erfurt, en Saxe, afin de rencontrer son désormais allié Alexandre Ier et lui arracher l'engagement d'intervenir militairement en cas de nouvel embrasement. On sait qu'il échoua, en raison notamment de la trahison de Talleyrand.

À la vérité, tandis que les troupes françaises se concentraient à Bamberg, le Conseil aulique demeurait indécis. Or, les Anglais, qui envoyaient au Portugal plusieurs dizaines de milliers d'hommes sous la direction d'Arthur Wellesley, futur duc de Wellington, avaient besoin d'un second front en Europe centrale pour y fixer une partie de la Grande Armée.

C'est dans ce contexte que sir Benjamin Bathurst arriva à Vienne, où il exposa aux Autrichiens les intentions militaires de la Grande-Bretagne et l'opportunité unique pour eux de prendre leur revanche. Il se montra convaincant puisque, le 8 avril, l'armée de l'archiduc Charles, frère cadet de l'empereur, entra en Bavière.

L'entreprise se révéla désastreuse, l'Autriche ne pouvant compter ni sur la Russie ni sur la Prusse. Après une première et coûteuse victoire à Essling-Aspern, démontrant que Napoléon n'était pas invincible, l'archiduc fut terrassé à Wagram les 5-6 juillet 1809.

Le traité de paix de Schönbrunn du 14 octobre était humiliant pour les vaincus, contraints de céder à l'Empire français Trieste et la Dalmatie, à la Bavière le Tyrol et Salzbourg, au duché de Varsovie la Galicie occidentale, et de rejoindre le Blocus continental. Quelques mois plus tard, François Ier acceptera le mariage de sa fille Marie-Louise, âgée de 18 ans, avec Napoléon.

Ce traité, évidemment, mettait un terme à la mission du jeune ministre de Sa Gracieuse Majesté. D'alliée, l'Autriche devenait ennemie de l'Angleterre. Bathurst décida de revenir à Londres en prenant les plus grandes précautions, afin de déjouer les manœuvres de l'« abominable adversaire », comme il l'appelait lui-même, et dont il avait toute raison de croire qu'il lui en voulait personnellement, tant le basculement définitif de l'Autriche dans la guerre avait été son œuvre. Sa terreur était de tomber aux mains des Français, car les Autrichiens avaient omis de demander au vainqueur un sauf-conduit lui permettant de voyager en toute tranquillité.

Il hésita sur la route à prendre. Il avait connu des déboires à l'aller, où son sloop avait essuyé les tirs d'un vaisseau français en Méditerranée. Rallier la Suède par Kolberg en Poméranie lui paraissant compliqué, il choisit de traverser le royaume de Prusse, en principe allié de la France, mais dont il pouvait espérer la neutralité, pour atteindre Hambourg et, de là, s'embarquer sur un navire.

La fatale étape

Le 9 novembre 1809, il quitta Buda, où la cour d'Autriche s'était réfugiée, accompagné de son domestique suisse Ibert et du courrier d'ambassade Krause, de nationalité allemande, qui connaissait bien l'itinéraire. Par précaution, il se fit établir un passeport au nom du baron Koch, négociant, et en remit un autre à Krause sous l'identité de Fisher. Il resta un jour ou deux à Berlin, puis reprit sa route. Peut-être l'avait-on prévenu d'un danger imminent. En tout cas, divers témoignages attestent qu'il était de plus en plus inquiet. Sa chaise de poste arriva à Perleberg le 25 novembre au début de l'après-midi.

Petite ville médiévale remparée, ayant longtemps fait partie de la Ligue hanséatique, elle était enserrée entre les bras alanguis de la Stepenitz, affluent de l'Elbe. La région avait souffert de l'affrontement franco-prussien de 1806-1807. Sur les routes, au milieu de maisons détruites et abandonnées, erraient d'inquiétants vagabonds, réfugiés, déserteurs français ou polonais, toujours prêts à détrousser les voyageurs. L'administration prussienne de Frédéric-Guillaume III, désorganisée depuis les défaites d'Iéna et d'Auerstaedt, semblait incapable de maintenir l'ordre.

Au relais de poste, Bathurst commanda des chevaux frais pour l'étape suivante, puis gagna à une centaine de mètres de là l'auberge *Zum Weissen Schwan* (« Au Cygne blanc[1] »), où, en compagnie de son secrétaire et de son valet, il se restaura. Il savait qu'après cette halte commençait la partie la plus dangereuse de son périple, celle où une route sinueuse conduisait à Lenzen et Dömitz, deux petites places fortifiées sur l'Elbe, à la frontière de la Saxe. On s'éloignait ensuite de la zone d'action des patrouilles françaises en garnison à Magdebourg, et on pouvait sans trop de risque parvenir à Hambourg.

Bathurst était fort bel homme : svelte, des traits juvéniles, un visage mince et distingué, une ombre de moustache, des cheveux

1. Sur son emplacement est édifié aujourd'hui l'*Hoffmann's Hotel*.

châtains bouclés et de longs favoris à la mode. Et quelle élégance ! Un pantalon gris sombre couvrant ses bottes, une veste courte de même couleur, ornée de brandebourgs, un magnifique manteau sable bordé de velours violet et sur la tête une toque de fourrure. Une épingle de diamant de valeur brillait à son écharpe.

Le repas terminé, il s'enquit du logement du commandant militaire de la place. Muni du renseignement, il remonta la Grand-Rue, traversa la place du Marché et se dirigea vers le *Café Germain*, derrière l'hôtel de ville, où le capitaine Friedrich von Klitzing, qui dirigeait l'escadron de cuirassiers du Brandebourg, avait établi ses quartiers. Ce trentenaire énergique et bourru n'était pas pour l'heure au mieux de sa forme, accablé par une bronchite. Le visiteur se présenta sous le nom de baron Koch se rendant pour affaires à Hambourg. Il lui confia qu'il avait de fortes raisons de croire que sa vie était en danger et lui demanda donc une protection provisoire, le temps de quitter la ville. Une femme présente lors de l'entretien racontera plus tard qu'il paraissait particulièrement agité, au point de renverser d'une main tremblante la tasse de thé que l'officier lui avait aimablement offerte. Un autre témoin, un médecin prussien, le docteur Benff, qui vit les deux hommes sortir et s'entretenir dans la rue, trouva lui aussi Bathurst très mal à l'aise et dans un état de grande anxiété.

En tout cas, ce dernier avait obtenu satisfaction. Le capitaine von Klitzing le raccompagna au relais de poste et laissa à sa disposition deux grands gaillards en uniforme, casque à cimier noir, ceinturon blanc, veste jaune et pantalon gris.

Le maître de poste Franke conseilla à Bathurst, qui s'était installé dans la grande salle, après avoir décommandé les chevaux, d'aller loger dans une auberge, où il serait plus à son aise. Celui-ci répondit, par l'intermédiaire de Krause qui traduisait, qu'il avait toutes ses archives empaquetées et avait encore besoin d'écrire, mais qu'il partirait dans la soirée. On l'installa dans une petite pièce attenante, où il put étaler ses papiers. À trois reprises, Krause alla brûler dans le fourneau de la cuisine des liasses de lettres scellées. Puis, Bathurst s'assoupit sur la table, la tête dans les épaules. Dans la salle commune, il n'y avait plus que deux marchands juifs venus de Leuzen en chaise de poste, qui eux aussi attendaient. La nuit était tombée à 5 heures. À 7 heures, Bathurst renvoya les deux factionnaires et ordonna de préparer les chevaux pour 9 heures. Le relais était proche de l'une des principales portes de la ville. Une fois franchis la voûte et le pont sur la Stepenitz commençait la route de Hambourg, le long de laquelle des maisons d'ouvriers et d'artisans constituaient une sorte de faubourg.

Un faux départ et une disparition

Neuf heures sonnèrent au clocher de Saint-Nicolas. L'ambassadeur resta quelques instants à se chauffer au poêle de la cuisine, parmi les vaguemestres et les valets d'écurie, sortant sans précaution sa montre et son portefeuille contenant une somme considérable, tandis que le postillon s'affairait à ajuster les harnais de ses chevaux à la lumière d'une lanterne ronde qu'un palefrenier brandissait à bout de bras. Enfin, tout fut prêt pour le départ. Krause, resté en arrière, fut surpris de ne pas trouver son maître assis dans la voiture, dont le marchepied avait été déplié et à côté duquel attendait respectueusement Ibert, le domestique.

Peu de temps auparavant, on l'avait vu dans la cour, près des écuries, au moment où il avait tourné autour de la chaise et examiné les chevaux. On s'avança sur la route avec des fanaux, on multiplia les appels dans la nuit, on se rendit au *Cygne blanc* pour le cas où il y serait retourné. En vain. Le baron Koch était introuvable. Le vent commençait à souffler. Près d'une heure se passa dans une inquiétude grandissante. Sans se préoccuper de l'agitation générale, les deux marchands juifs s'étaient discrètement esquivés avec leur propre voiture. Pensant que son maître était retourné chez le capitaine, Krause l'envoya chercher. Il n'y était pas non plus.

Se remémorant l'angoisse de son visiteur, Klitzing prit l'affaire très au sérieux et, malgré son nez pituiteux, se précipita au relais de poste, lançant aussitôt les recherches, qui se poursuivirent toute la nuit. Lui-même interrogea le secrétaire du disparu et le valet, avant de les consigner sous bonne garde à l'auberge de la *Couronne d'or*, à l'autre bout de la ville. Krause lui ayant révélé la véritable identité du baron, il mesurait la gravité de la situation, se demandant si l'ambassadeur n'avait pas préféré fausser compagnie à tous.

Le lendemain matin, dimanche, le capitaine enjoignit au bourgmestre et aux autorités civiles de la ville de poursuivre les investigations, se gardant de leur révéler le vrai nom du disparu. On commença à draguer la Stepenitz, à visiter les maisons ouvrières du faubourg, à fouiller les jardins. De son côté, Klitzing partit pour Kyritz informer son supérieur, le colonel Bismark, et de là se rendit à Berlin. Il ne revint que le lundi soir à une heure tardive.

Le 27 novembre, le magnifique manteau bordé de velours violet fut découvert sous un tas de bois dans une dépendance appartenant à une famille nommée Schmidt : la mère travaillait au relais de poste, où le fils Augustus, un garnement, était en charge des étables. La femme assura qu'elle avait trouvé la pelisse dans la grande salle, où le voyageur l'avait oubliée. Elle l'avait prise, dit-elle, pour éviter qu'elle ne fût volée et l'avait confiée à son fils. Comment la croire ? On emprisonna quelques jours le fils, puis on le libéra faute de preuves.

Le 16 décembre 1809, deux pauvresses parties ramasser du petit bois dans la forêt de sapins de Quitzow, à trois kilomètres et demi au nord-ouest, aperçurent, bien en vue dans un taillis, un pantalon gris sombre couvert de boue, qui présentait deux traces de coups de feu. Les deux vieilles remirent le vêtement au bourgmestre, qui ne tarda pas à établir qu'il s'agissait de celui du disparu. Dans l'une des poches un brouillon de lettre adressée à sa femme était griffonné au crayon. Il y parlait des dangers qu'il courait, se disant entouré d'ennemis, exprimant ses craintes de ne jamais atteindre l'Angleterre, ajoutant qu'un Français, un certain comte d'Antraigues, ne serait pas étranger à sa perte. Enfin, il lui demandait au cas où il lui arriverait malheur de ne pas se remarier. Les enquêteurs estimèrent que le pantalon avait été placé là depuis peu, de façon à égarer les recherches. Il leur parut étrange qu'il n'y eût aucune trace de sang autour des impacts de balle, comme si on avait tiré deux coups de feu sur un vêtement vide ! Celui-ci était certes humide, mais comme il n'avait cessé de pleuvoir depuis le début du mois, il l'eût été plus encore s'il avait été en place plusieurs jours auparavant. On fouilla méthodiquement le massif touffu de Quitzow, sans rien trouver de plus. L'enquête piétinait. Les deux marchands juifs avaient été retrouvés et reconnus personnes respectables.

La famille intervient

À Londres, dans leur maison de Bond Street, les membres de la famille de Benjamin, parents, épouse, frères et sœurs, ne recevant aucune nouvelle, vivaient dans l'inquiétude. Le sachant en danger sur le continent, ils avaient d'abord pensé qu'il avait pris un chemin détourné et voyagé incognito, mais les semaines passaient et le terrible silence se poursuivait. « Je me souviens parfaitement, écrira la sœur du disparu, Mrs Tryphena Thistlethwayte, que chaque coup frappé à la porte d'entrée causait la plus vive émotion, soulevant l'espoir que cela pouvait être notre frère bien-aimé. »

Quant à Phillida, l'épouse de Benjamin, elle était au supplice. Dans le courant de décembre, Krause, libéré par Klitzing et muni d'un nouveau passeport, avait gagné Hambourg et rejoint l'Angleterre, où il donna des nouvelles à ses supérieurs. L'évêque de Norwich apprit enfin de la bouche de lord Wellesley, le nouveau secrétaire d'État aux Affaires étrangères, l'étrange et soudaine disparition de son fils dans la petite ville de Perleberg, où il s'était arrêté pour se reposer et se restaurer. Nul doute, un malheur était arrivé.

Le gouvernement britannique offrit 1 000 livres à qui fournirait une information précise permettant d'éclaircir le mystère. La famille en fit autant. Le prince Frédéric de Prusse, qui s'était intéressé à cette disparition, mit sur la table 100 Friedrichs d'or.

En outre, deux agents anglais furent dépêchés pour enquêter sur place. De son côté, un ami de la famille, l'explorateur Heinrich Röntgen, arriva à Perleberg le 6 mai. N'ayant aucun retour, en juillet, Phillida Bathurst décida de partir à son tour pour la Prusse, en compagnie de son frère George Call.

À Berlin, tous deux apprirent de Röntgen les propos tenus par le gouverneur de Magdebourg au cours d'un bal : « Ils cherchent l'ambassadeur anglais, mais c'est moi qui le détiens là-haut ! », se serait-il exclamé en pointant du doigt la citadelle. Mrs Bathurst n'hésita pas à se rendre dans cette grande place du royaume de Westphalie, occupée par les troupes françaises, et y interrogea directement le gouverneur. Celui-ci avoua qu'il avait fait une erreur.

Pleine de doutes, la jeune femme se rendit à Perleberg. Elle vit avec émotion les lieux du drame, l'auberge du *Cygne blanc*, la petite pièce du relais de poste où son mari avait écrit, la table sur laquelle il s'était assoupi, la douce Stepenitz qui avait été draguée. Elle dépensa une fortune à relancer les recherches sur une vaste échelle, faisant sonder les marais des alentours et employant plusieurs centaines de volontaires à battre la campagne avec des chiens dressés. En vain.

Alors, n'ayant peur de rien, munie d'un sauf-conduit fourni par l'ambassade de France à Berlin, elle décida de gagner Paris. De passage à nouveau à Magdebourg, qui n'allait pas tarder à être incorporée dans l'Empire français, comme tous les États de la Confédération du Rhin, elle vit à nouveau le gouverneur, le harcela deux heures durant, le supplia à genoux de lui dire la vérité. Celui-ci répéta que c'était une fâcheuse erreur de sa part. « La personne en question était un espion de Mr Canning, nommé Louis Fritz, enlevé par les douaniers et conduit ici. Je n'ai découvert la confusion que plus tard. » Elle demanda à parler à ce Fritz. « Il est parti en Espagne », lui répondit-il. Ne pourrait-elle rencontrer au moins sa femme ? « Elle est partie avec lui. »

À Paris, elle rencontra le comte de Champagny, duc de Cadore, ministre des Relations extérieures, et Savary, duc de Rovigo, successeur de Fouché au ministère de la Police. Elle ne put voir Napoléon, mais celui-ci lui envoya aimablement par Cambacérès un message, l'assurant sur l'honneur qu'il ne savait rien du sort de son mari et lui proposant de faire paraître tous les avis de recherche qu'elle souhaiterait dans les journaux de l'Empire, y compris *Le Moniteur*.

La courageuse Phillida, revenue à Londres à l'automne de 1810, pria George Canning, ancien secrétaire d'État aux Affaires étrangères, de lui dire sans détour s'il avait employé un nommé Louis Fritz. Après vérification des passeports des agents pour l'année 1809, il lui certifia qu'aucune personne n'était connue sous ce nom dans les services secrets britanniques. Cela confirmait les soupçons qu'elle portait contre les Français.

C'est alors que le comte d'Antraigues, dont le nom figurait sur le brouillon de lettre de Benjamin, se manifesta étrangement. Il demanda à être reçu par Mrs Bathurst. L'entretien eut lieu le lendemain. Le gentilhomme français, qui résidait à Londres, venait lui proposer son aide bénévole pour éclaircir le mystère. Il était persuadé que sir Benjamin avait été enlevé par des douaniers montés, armés jusqu'aux dents, enfermé dans la citadelle de Magdebourg où il avait été exécuté. « Laissez-moi envoyer à Paris une dépêche chiffrée, la réponse vous apportera la certitude. » Mrs Bathurst, on la comprend, se méfiait.

C'était un étrange personnage que ce Louis Alexandre de Launay, comte d'Antraigues, né en 1755 dans une noble famille du Vivarais. Disciple fervent des philosophes, il avait été élu député aux États généraux en 1789, où il s'était montré partisan de réformes hardies. L'année suivante, toutefois, il s'était rangé parmi les royalistes les plus conservateurs. Réfugié en Italie, il avait dirigé un réseau d'espionnage, renseignant Louis XVIII et les princes. Les soldats de Bonaparte l'avaient capturé à Trieste et avaient saisi ses papiers lors de la première campagne d'Italie. Après maintes péripéties, il était passé au service du tsar Paul Ier, puis à celui des Anglais. Installé dans une belle maison de Barnes Terrace, près de Londres, devenu l'ami de George Canning, il touchait une pension du gouvernement britannique en remerciement des informations qu'il avait fournies sur les articles secrets du traité de Tilsit.

Antraigues ne reçut jamais la réponse attendue par Mrs Bathurst. Quelques mois plus tard, le 22 juillet 1812, on le retrouva poignardé chez lui avec sa femme, une ancienne diva, la Saint-Huberty. Le meurtrier, leur domestique piémontais, s'était suicidé ou avait été tué par balle aussitôt après. Le comte avait participé à tant d'intrigues, joué tant de rôles que sa fin ne surprit personne. Le *Foreign*

Office s'empressa de saisir ses papiers et refusa toute demande d'éclaircissement à Mrs Bathurst.

Que conclure de ce mystère ?

Écartons les explications fantaisistes des amateurs de paranormal et de science-fiction, celle de Henry Beam Piper (*He walked around the horses*, 1948) qui envoyait Bathurst dans un univers parallèle où les guerres napoléoniennes avaient disparu, celle de Lionel Roberts, où l'élégant diplomate anglais était soudainement transporté dans le futur, celle encore d'Avram Davidson (*Masters of the Maze*), qui le faisait voyager comme Peter Pan dans le temps et l'espace. Nul n'est obligé de croire par ailleurs que le malheureux ait été enlevé par les extraterrestres… L'hypothèse d'un suicide est également à rejeter. On aurait retrouvé son corps.

À l'époque, la famille capta maintes rumeurs. De plus en plus inquiet, Bathurst serait parti seul dans la nuit et, après avoir longuement marché en direction du nord, serait arrivé à la maison d'un consul, près de la mer Baltique. Une servante, une bougie à la main, lui aurait ouvert. Elle aurait vu une personne dont, dira-t-elle, l'aspect correspondait à celui du diplomate. La nuit était agitée. Un souffle de vent à travers la porte suffit à éteindre la flamme. Le dialogue s'entama dans l'obscurité. Que voulait-il ? Voir son maître. Elle répondit qu'il n'était pas là. À qui parlait-elle ? « Peu importe », répliqua l'inconnu, qui la pria d'avertir le consul qu'il le verrait le lendemain matin à la Poste royale. Le consul vint, mais ne trouva personne. Comme durant cet automne tempétueux un bateau en partance pour Stockholm avait fait naufrage, on supposa que le voyageur y avait pris place.

Mais comment croire que Bathurst ait ainsi filé à l'anglaise – c'est le mot ! –, marchant jour et nuit sans nourriture, sans sa pelisse, affrontant seul les périls de la route, sans laisser la moindre trace de son passage, alors qu'il parlait très mal l'allemand ? Comment en outre expliquer la découverte de son pantalon ? Le courrier de cabinet Krause, après avoir été sévèrement interrogé à son retour à Londres, fut un moment soupçonné de connivence et congédié. Il se retira en Autriche avec sa femme, qui était anglaise, et se fit bâtir une belle maison près de Vienne, au bord du Danube. Son rapport ne fut jamais retrouvé.

Très tôt, la thèse d'un enlèvement suivi d'un assassinat par les Français prévalut. Qui d'autre que Napoléon avait intérêt à se débarrasser du jeune ambassadeur et à saisir ses papiers ? C'est ce que soutenait le *Morning Post* du 20 janvier 1810. La livraison du même mois de l'*European Magazine and London Review* fournissait des précisions : c'était un parti de soldats stationnés à Lenzen qui avait fait le coup. L'ennui est qu'il n'y avait jamais eu de garnison française de l'autre côté de l'Elbe, en territoire prussien. Longtemps après, en 1862, un article du *Spectator* annonça une nouvelle qui fit sensation : en démolissant un mur de la vieille citadelle de Magdebourg, on aurait découvert les restes d'un homme en position verticale, les mains liées dans le dos. Malheureusement, elle était à ranger parmi les *fake news*.

En 1815, alors que le duc de Rovigo se trouvait prisonnier à bord de la frégate *Eurotas*, la pugnace Mrs Bathurst s'y présenta avec des officiers de justice pour l'interroger. Maintenant qu'il n'était plus ministre, il pouvait parler ! Mais celui-ci persista à avouer son ignorance. Pour Pierre-Marie Desmarest, qui dirigea la division de la police générale sous l'Empire et qui a laissé d'intéressants souvenirs, les Français n'étaient strictement pour rien dans cette mystérieuse disparition, ce que confirma ultérieurement l'examen des archives. Il semble que l'on ait confondu le cas de Bathurst avec celui d'un courrier anglais nommé Wagstaff, intercepté en 1805, non loin de Perleberg, par des soldats du corps de Bernadotte et dont on avait saisi les dépêches.

Dans une étude fouillée parue en 1922, un historien anglais, sir John Hall, soupçonna la Prusse d'avoir assassiné Benjamin Bathurst. Selon lui, le principal suspect était le capitaine von Klitzing. Il aurait été membre d'une société secrète, le Tugenbund, constituée en 1808 à Königsberg par des officiers préparant la revanche derrière les comtes Friedrich von Kleist et Chasot. À Perleberg, il aurait montré un zèle de façade, tout en s'efforçant de faire obstruction aux investigations. Hall, comme Desmarest d'ailleurs, pointait du doigt l'attitude embarrassante de l'Angleterre dans cette affaire : n'avait-elle pas là l'occasion rêvée de souligner l'infamie de Bonaparte ? Or, le Tugenbund était financé discrètement par elle et servait ses intérêts. À supposer que Bathurst ait rencontré des membres de cette association à Berlin, disait Hall, qu'il ait assisté à une de leurs réunions secrètes, ceux-ci, vu son état mental dérangé, auraient craint de le voir révéler leur secret à Napoléon s'il tombait entre ses mains. D'où le meurtre préventif du diplomate. Théorie ingénieuse, mais vraiment peu étayée.

S'il ne fait aucun doute que Benjamin Bathurst se trouvait dans un état d'angoisse extrême, est-ce si sûr qu'il faille mettre en rapport cette terreur et sa disparition ? Il apparaît en tout cas que s'il fut tué, il ne l'avait pas été pour ses papiers puisque ceux-ci, comme ses bagages, furent soigneusement empaquetés et expédiés en Angleterre par les Prussiens.

Reste une hypothèse. Le 15 avril 1852, au numéro 128 de la route de Hambourg, à 300 pas du *Cygne blanc*, sous le seuil de la porte d'une maison que l'on venait d'abattre, on découvrit un squelette d'homme au crâne fracassé probablement par une hachette. Il était tentant de l'identifier à celui de l'ambassadeur volatilisé. Le parfait état de sa dentition, à l'exception d'une molaire traitée par un homme de l'art, venait renforcer cette supposition. On enquêta. Le propriétaire de la maison s'appelait Kiesewetter. Il l'avait achetée en 1834 à un certain Christian Mertens, qui l'avait héritée de son père. Or, ce dernier, qui l'avait lui-même acquise d'un cordonnier en 1803, avait été employé à l'auberge du *Cygne blanc* au temps de Bathurst. D'aucuns s'étaient étonnés un peu plus tard de le voir doter ses deux filles de 4 000 et 3 000 thalers, des sommes rondelettes qu'un simple domestique pouvait difficilement épargner.

On montra le crâne à la sœur du disparu, Mrs Tryphena Thistlethwayte, par chance en visite à ce moment-là à Perleberg. Elle assura que ce n'était pas celui de son frère. Mais il y avait quarante-trois ans qu'elle ne l'avait vu. Si, malgré tout, ces restes étaient bien ceux de Benjamin Bathurst, d'évidence le motif du crime n'était pas politique, mais crapuleux. Une complicité entre deux ou trois individus de l'auberge et du relais de poste paraît possible. On songe à Mertens père et à Augustus Schmidt. Si l'on en croit le témoignage – trop vite écarté lors de l'enquête – de la femme d'un paysan de Perleberg, une semaine avant la Noël de 1809, un aide-cordonnier de la ville nommé Goldenberg aurait été aperçu dans une auberge près de Hambourg en possession d'une belle montre à chaîne et d'une bourse emplie de louis d'or. Questionné sur pareille fortune, il aurait répondu qu'on avait « acheté son silence lorsque l'Anglais avait été assassiné… ». De nos jours, le squelette de la maison Mertens n'aurait sans doute pas résisté à un test ADN. Le doute demeure donc. Dommage que les progrès de la science ne puissent bénéficier rétroactivement à tous les mystères de l'histoire !

Bibliographie sélective

Baring-Gould, Sabine, *Historical Oddities and Strange Events*, t. I, 1889 ; rééd. Kindle Edition, 2015.

Dash, Mike, « The Disappearance of Benjamin Bathurst », *Fortean Times*, t. 54, Summer 1990, p. 40-44.

Desmarest, M., *Témoignages historiques, ou Quinze ans de haute police*, Levasseur, 1833.

Fortolis, Ludovic, *Les Anglais en France. Des cachots de la Terreur aux geôles de l'Empire*, Perrin, 1923.

Godechot, Jacques, *Le Comte d'Antraigues : un espion dans l'Europe des émigrés*, Fayard, 1986.

Hall, sir John Richard, *Four Famous Mysteries*, Londres, Nisbet and Co., 1922.

Thistlethwayte, Mrs T., *Memoirs and Correspondence of Dr Henry Bathurst, Lord Bishop of Norwich*, Londres, 1863, p. 175-191, 556-604.

Thompson, Neville, « The Continental System as a Sieve : The Disappearance of Benjamin Bathurst in 1809 », *The International History Review*, 2002, vol. 24, n° 3, p. 528-557.

25

Saint-Leu.
La liaison dangereuse du duc de Bourbon

par Pierre Cornut-Gentille

Le 27 août 1830, peu après l'avènement de Louis-Philippe, le duc de Bourbon, dernier prince de Condé, est trouvé pendu à l'espagnolette de sa fenêtre au château de Saint-Leu. Or, par testament il avait réparti son immense succession entre le duc d'Aumale, dernier fils du nouveau roi, et la baronne de Feuchères, sa maîtresse. Très vite, diverses circonstances troublantes conduisent à douter de la réalité du suicide. Ne l'a-t-on pas assassiné parce qu'il envisageait de modifier ses dispositions testamentaires ? Qui, alors, aurait intérêt à cette disparition ? Les regards se tournent vers Louis-Philippe dont on dit qu'il aurait conclu un pacte avec la baronne de Feuchères. La passion politique va se mêler aux intérêts financiers. Les légitimistes vont s'emparer du testament et du cadavre pour mener une campagne hostile à Louis-Philippe. La baronne de Feuchères va échapper de peu aux assises. N'est-ce pas parce que Louis-Philippe est intervenu pour modifier le cours de la justice ? Le roi a permis d'étouffer le scandale public. Il n'est pas parvenu à dissiper le soupçon.

Louis-Henri-Joseph de Bourbon-Condé est mort à 74 ans. Il était l'oncle de Louis-Philippe (sa femme, morte en 1822, était la sœur de Philippe Égalité), mais il était aussi le descendant du vainqueur de Rocroi, le fils du prince de Condé, chef de l'armée des émigrés, et le père du malheureux duc d'Enghien. Il laisse une fortune immense : les châteaux et les terres de Chantilly, de Saint-Leu-Taverny et de Mortefontaine, les forêts de Montmorency et d'Enghien, le Palais-Bourbon et l'hôtel de Lassay et de nombreux autres domaines, le tout évalué à plus de 60 millions de francs. En vertu d'un testament rédigé un an plus tôt, le 30 août 1829, sa fortune devrait être partagée entre le duc d'Aumale, dernier fils de Louis-Philippe âgé de 8 ans, et sa maîtresse, Sophie Dawes, devenue baronne de Feuchères, une Anglaise rencontrée pendant l'émigration « sur les trottoirs de Londres » quand elle avait 20 ans et lui 56.

Le duc de Bourbon était un homme sans caractère, plutôt séduisant, sans culture mais non dépourvu de jugement ni de finesse intellectuelle. Il ne cherchait ni la gloire, ni les honneurs et n'aspirait qu'à une vie de plaisir sans éclat. Le 17 juillet 1789, il avait pris la route de l'émigration avec son père et son fils, en compagnie du comte d'Artois, le futur Charles X. Il rejoignit Londres en 1795 et y demeura jusqu'en 1814, livré à ses deux seules passions : le jour, la chasse, avec son chien dans les marais des environs de la ville et la nuit, les filles faciles. C'est dans ce contexte qu'il rencontra Sophie en 1811. Celle-ci était la fille d'un pauvre pêcheur de l'île de Wight. Elle lui fut probablement présentée par l'un des aristocrates anglais avec qui il partageait ses nuits de débauche.

Scandale à la cour de Louis XVIII

En 1814, les Condés, rentrés en France avec Louis XVIII, reprirent possession de leurs biens. Dès 1815, Sophie rejoignit son vieil amant et fit en sorte qu'il ne pût se passer d'elle. Son rang et les préjugés de la Cour n'autorisaient pas le duc de Bourbon à vivre avec une courtisane. Grâce à la générosité de son protecteur, elle se donna les apparences de la respectabilité, se fit passer pour la veuve d'un officier anglais et laissa entendre qu'elle pouvait être la fille naturelle du duc de Bourbon. Elle épousa un officier, Adrien-Victor de Feuchères, dont le duc de Bourbon fit son aide de camp. Ainsi les apparences étaient sauves. Un appartement au Palais-Bourbon dans une annexe de l'hôtel de Lassay, des chevaux, une voiture et des domestiques furent mis à la disposition du couple. Feuchères était-il dupe ? Dès qu'il eut obtenu le titre de baron, la croix de Saint-Louis et le grade de colonel, il démissionna avec fracas et quitta le Palais-Bourbon en proclamant dans les salons qu'il venait de découvrir son infortune.

L'ampleur du scandale fut telle que Louis XVIII fit savoir que la baronne de Feuchères ne serait désormais plus reçue à la Cour. Très habilement, Sophie quitta immédiatement le Palais-Bourbon. Louis-Henri-Joseph vécut très mal la séparation. Il déclara braver le scandale et la supplia de revenir, ce qu'elle fit au bout de trois semaines. Éperdu de reconnaissance, le vieil amant signa aussitôt un testament en sa faveur, lui léguant le château de Saint-Leu et les terres de Boissy, en l'autorisant à percevoir immédiatement les revenus des deux domaines. Désormais la baronne de Feuchères allait régner en souveraine sur le Palais-Bourbon, Chantilly et Saint-Leu. Les solliciteurs et les courtisans se pressaient à sa porte. Elle transmettait au prince les requêtes qu'elle jugeait dignes d'intérêt et ne se privait pas d'éconduire ceux dont elle n'attendait rien.

En revanche, Sophie de Feuchères n'était toujours pas reçue à la Cour. Charles X, qui avait succédé à Louis XVIII, avait refusé de lever cet interdit qui faisait qu'elle n'était pas non plus reçue dans les salons du faubourg Saint-Germain. Cette situation lui était insupportable et elle ne savait comment y remédier.

Un pacte avec le duc d'Orléans

À partir de 1825, Sophie va se trouver un allié inattendu en la personne de Charles-Maurice de Talleyrand-Périgord. Celui-ci est alors en disgrâce puisqu'il a été écarté du gouvernement par Louis XVIII sous la pression des ultras, dès 1815. Il est grand chambellan, charge honorifique à laquelle il attache une relative importance, mais n'exerce plus le pouvoir ni même d'influence sur ceux qui gouvernent. Il a alors 71 ans. Quel mobile peut bien pousser Talleyrand à courtiser la baronne de Feuchères, rejetée par la Cour et les ultras, ignorée par les libéraux et dont l'influence s'exerce exclusivement sur le moins politique et le plus décadent des princes ? La réponse se résume à un nom : le duc d'Enghien. Le fils du duc de Bourbon avait été fusillé en 1804, sur ordre de Bonaparte Premier consul et, disait-on, sur la suggestion de Talleyrand. Pourquoi celui-ci souhaitait-il, avec tant de hargne, se disculper de son implication dans l'assassinat du duc d'Enghien ? Il n'était pas assez naïf pour croire que cette affaire était la cause majeure de sa disgrâce. Il savait bien que ce que détestaient en lui les ultras c'étaient ses idées libérales, son passé d'évêque constitutionnel et d'acteur de la Révolution, bien plus que la part qu'il avait prise dans l'exécution d'un prince innocent. En vérité, de même que Talleyrand tenait à son image d'artisan de la paix en Europe, il avait sincèrement horreur de la violence et ne voulait pas figurer dans l'histoire comme le complice d'un assassinat. Une seule fois dans sa vie son pied bot avait glissé dans le sang. Vingt ans après il s'évertuait à en effacer les traces.

Voilà pourquoi il entra en relation avec la baronne de Feuchères qu'il reçut dans son hôtel rue Saint-Florentin en la flattant et en la complimentant comme si elle était la duchesse de Bourbon en personne. Il n'eut aucun mal à la persuader de convaincre le père du duc d'Enghien que ce qu'on rapportait était faux et que, bien au contraire, c'était lui, Talleyrand, qui avait adressé au jeune prince, la veille de son arrestation, une lettre l'avertissant du danger qu'il avait malheureusement négligée. Le duc de Bourbon crut la fable et accepta de recevoir Talleyrand.

Le tour avait été si bien joué que Talleyrand et Sophie décidèrent d'aller plus loin. Il convainquit son neveu, Frédéric de Chabannes, d'épouser Matilda Dawes, nièce de Sophie dont on a prétendu qu'elle était en réalité la fille naturelle qu'elle aurait eue avec le duc de Bourbon.

Ainsi Sophie mariait-elle sa nièce (sa fille ?) au descendant d'une des plus illustres familles de France, fort considérée à la Cour et dans les milieux ultras. Pour Talleyrand c'était un véritable numéro d'acrobate. Quel rétablissement ! Il faisait renflouer une partie de sa famille par le père de sa victime. Peut-être même mariait-il son neveu à la sœur du duc d'Enghien… « Il atteignit le sublime, écrit Vitrolles, dans le genre le plus bas et il ne se manqua jamais à lui-même. »

Stimulés par ces premiers succès, Talleyrand et Sophie vont s'atteler à un autre projet dont la mise en œuvre est plus délicate : l'adoption par le duc de Bourbon du duc d'Aumale, âgé de 5 ans, fils de Louis-Philippe d'Orléans. Voilà plusieurs années que celui-ci convoite pour son plus jeune fils la fortune et le nom – la fortune surtout – du dernier des Condés. Cela suppose une adoption ou, du moins, un testament et le temps passe sans que le vieil homme prenne l'initiative tant espérée. Talleyrand va s'entremettre et trouver là l'occasion de remercier Sophie de sa complaisance et d'obliger le duc d'Orléans dont il devine qu'il sera le recours quand le régime s'effondrera.

Les termes du marché sont simples : Sophie usera de son influence sur son vieil amant pour le convaincre de désigner le duc d'Aumale comme héritier ; en contrepartie, le duc d'Orléans devra obtenir du roi, Charles X, qu'elle soit à nouveau reçue à la Cour. Talleyrand fera l'intermédiaire et conseillera les deux parties. Après avoir résisté pendant deux ans, le duc de Bourbon finit par signer, le 30 août 1829, un testament en faveur du jeune duc d'Aumale et de la baronne de Feuchères.

Le duc d'Orléans obtint quelques mois plus tard du roi Charles X qu'il consente à lever l'interdit qui frappait la baronne de Feuchères. Celle-ci fut à nouveau reçue aux Tuileries. Elle fut aussi de toutes les fêtes données par le duc d'Orléans au Palais-Royal ou à Neuilly. Désormais, elle était l'amie du premier prince du sang, du plus intelligent, du plus ambitieux des princes, de celui que les libéraux, la bourgeoisie possédante et les milieux d'affaires regardaient comme le recours providentiel. Et de cet homme, Sophie avait su se faire un obligé.

La révolution de Juillet et la mort du prince

Pendant ce temps, le régime courait à sa perte. Au début du mois de juillet 1830, les élections ont envoyé à la Chambre une majorité de députés hostiles au gouvernement ultra du prince de Polignac. Mais Charles X refuse de faire la moindre concession. Le 25 juillet 1830, à 11 heures du soir, Louis-Philippe d'Orléans se trouve à Saint-Leu pour assister à une comédie donnée en son honneur par le duc de Bourbon et la baronne de Feuchères, après un dîner de cinquante couverts. Il ne se doute pas que son destin est en train de se jouer : à la même heure, des ordonnances signées par Charles X sont remises à l'imprimeur pour être publiées dans *Le Moniteur* du lendemain matin. Ces ordonnances suppriment la liberté de la presse, annoncent la dissolution de la Chambre et modifient la loi électorale pour favoriser les propriétaires fonciers au détriment de la bourgeoisie commerçante. Ces décisions mettent le feu aux poudres. La révolution de Juillet éclate qui se conclut par l'exil de Charles X et l'avènement de son cousin le duc d'Orléans, Louis-Philippe Ier, proclamé roi des Français.

Le duc de Bourbon a vécu les journées de Juillet dans l'anxiété. Il n'avait pas quitté Saint-Leu et, à la fureur de Sophie, les plus exaltés des membres de son entourage le pressaient de rejoindre Charles X retranché à Saint-Cloud avant de quitter la France pour l'Angleterre. Il fut soulagé d'apprendre que le pouvoir passait aux mains de Louis-Philippe, mais ces événements avaient gravement affecté son moral. Il n'osait plus chasser et interdisait qu'on parle politique à table en présence des domestiques. Plusieurs de ses proches n'avaient pas renoncé à l'entraîner dans une nouvelle émigration et il avait donné pour instruction de tenir prêts, en permanence, des chevaux sellés pour le cas où il faudrait partir précipitamment. Sophie redoutait-elle une modification du testament ? Avait-elle connaissance du projet de départ de son amant ? Toujours est-il que la reine Marie-Amélie rendit visite à son oncle, le 20 août, dans l'intention manifeste de le rassurer. Cette visite semblait l'avoir apaisé.

Pourtant, le 27 août au matin, le valet de chambre Lecomte frappe en vain à sa porte. Il ne répond pas. La porte verrouillée de l'intérieur est enfoncée. Bonnie, son chirurgien, et Lecomte découvrent alors que le corps de Louis-Henri-Joseph de Bourbon est suspendu par deux mouchoirs, passés l'un dans l'autre, à l'attache du haut de l'espagnolette des volets intérieurs de l'une des fenêtres. Le visage est blafard, la langue sort de la bouche, la tête est inclinée sur la poitrine, les bras raides pendent vers l'avant, les poings sont fermés, les genoux à demi ployés, les pointes des pieds touchent le tapis. Bonnie observe qu'il a cessé de vivre et qu'il n'y a rien à faire.

Des circonstances troublantes

Les premières constatations sont faites par le maire et un médecin de Saint-Leu qui, sur la foi des témoignages, note cette circonstance essentielle : non seulement le verrou de la porte de la chambre était fermé de l'intérieur, mais on ne pouvait entrer dans l'appartement du prince que par des portes donnant sur l'antichambre qui « étaient toutes fermées en dedans dudit appartement ». Le substitut du procureur de Pontoise arriva vers 15 heures accompagné du juge d'instruction et de son greffier. Le roi Louis-Philippe, qui a été informé vers 11 h 30, a immédiatement dépêché sur place le baron Pasquier, président de la Chambre des pairs qui remplit les fonctions d'officier d'état civil auprès du roi et de la famille royale, accompagné du marquis de Sémonville, le grand référendaire, et de son aide de camp Rugny. Tout le monde est convaincu du suicide sauf eux, qui, à la lecture du procès-verbal du maire, observent que le mouchoir ne serre pas le cou, que les pieds touchent le sol alors que les genoux sont ployés. Apprenant cela, Louis-Philippe dépêche sur les lieux son médecin et son chirurgien personnels, le docteur Marc et le docteur Marjolin. Ceux-ci se présentent à 9 heures du soir. Le magistrat instructeur les invite à procéder à un examen sommaire du corps et à une autopsie reportée au lendemain matin en présence du procureur général Bernard arrivé dans la nuit sur ordre du garde des Sceaux. Les conclusions du rapport sont péremptoires : « Il est résulté évidemment de ce qui vient d'être exposé, écrivent les médecins du roi, que la mort a été la suite d'une strangulation [qui] n'a pas été opérée par une main étrangère. » De son côté, le juge d'instruction a procédé à l'audition de toutes les personnes de la maison du prince. Tous confirment que celui-ci était mélancolique et aucun n'exprime de doute sur le suicide.

Mais l'état d'esprit de l'entourage du duc de Bourbon va changer du tout au tout lorsque sera révélé le contenu du testament. Sans surprise, on apprend que le duc d'Aumale est institué légataire universel et que la baronne de Feuchères reçoit tout ce qu'elle avait souhaité : un legs considérable en espèces et en propriétés immobilières, net de frais et d'impôts. En revanche, contrairement à une rumeur qui avait circulé à l'époque de sa rédaction, le testament ne contenait pas la clause assurant aux officiers du prince leur traitement intégral en cas de retraite, ni aucune disposition particulière en faveur des plus proches employés et serviteurs. Aux yeux de ceux qui s'estimaient lésés, la baronne de Feuchères était la première responsable de leur déconvenue. À Saint-Leu, gentilshommes, officiers, écuyers, médecins et domestiques ruminaient leur amertume. Plusieurs d'entre eux, dont l'abbé Pélier, aumônier du prince, embarrassé à l'idée de braver les interdits de l'Église en célébrant les obsèques d'un suicidé, répétaient que si le verrou intérieur de la porte du prince n'avait pas été tiré, ils seraient convaincus qu'on l'avait assassiné. C'est alors que l'inspecteur des forêts du duc de Bourbon révéla que rien n'était plus simple que de refermer un verrou de l'extérieur à l'aide d'un ruban ou d'un lacet passés autour dudit verrou dont on tirait les deux bouts avant de lâcher l'une des extrémités pour la ramener à soi. La démonstration fut aussitôt faite avec succès. La rumeur s'en propagea dans tout le château. En quelques heures, ceux-là mêmes qui n'avaient pas douté du suicide quelques jours auparavant admirent l'idée d'un crime. Le jour des funérailles, l'abbé Pélier proclama : « Le prince est innocent de sa mort devant Dieu ! » Ces mots étaient prononcés le jour même où le juge de Pontoise rendait une ordonnance de non-lieu.

Une instruction à charge

Aussitôt l'opposition légitimiste s'empara du scandale. Les journaux légitimistes affirmaient qu'un Condé ne se suicide pas et laissaient entendre que les assassins devaient être recherchés du côté de ceux à qui le crime profitait, la baronne de Feuchères et le roi. Un mois après la révolution de Juillet et le départ en exil de Charles X, les ultras légitimistes tenaient le moyen d'une revanche. Aussitôt, les cousins germains du duc de Bourbon, les princes de Rohan-Guéméné, plus proches héritiers par le sang, engagèrent devant le tribunal civil de la Seine une procédure en vue de l'annulation du testament et déposèrent une nouvelle plainte non sans avoir préalablement excité l'opinion publique par une brochure anonyme. On y trouvait la thèse qui sera développée par la suite dans les procédures : le prince voulait rompre avec Mme de Feuchères ; il avait modifié ses dispositions testamentaires ; elle l'a appris, l'a étouffé avec l'aide de complices, a mis en scène la pendaison et détruit des papiers. Bien sûr, les liens d'intérêt noués par la baronne de Feuchères avec le roi étaient complaisamment rappelés.

Louis-Philippe, en dépit des appels au secours de Sophie et des pressions inverses des courtisans qui le poussaient à se désolidariser de la baronne, décida dans un premier temps de laisser la justice suivre son cours. Arguant du fait qu'un non-lieu avait déjà été prononcé par le juge du tribunal de Pontoise, les plaignants obtinrent que l'affaire soit instruite par la chambre des mises en accusation de la cour d'appel de Paris qui désigna pour conduire l'instruction le conseiller Antoine-Edme de La Huproye, âgé de 65 ans.

Plus de cent témoins ont défilé dans le cabinet du conseiller de La Huproye en l'espace de quatre mois. La plupart ont exprimé la conviction que Louis-Henri-Joseph de Bourbon avait été assassiné. Parmi les proches de celui-ci, il ne s'en est trouvé que cinq pour se déclarer convaincus du suicide. Personne n'ayant été témoin des circonstances du décès, les témoignages s'efforçaient de mettre en évidence, à partir de scènes réelles ou inventées, toujours interprétées, les raisons de croire au crime : Louis-Henri-Joseph avait peur de Sophie et voulait quitter Saint-Leu pour échapper à son influence et ses violences ; Sophie, personnalité cynique et brutale, n'avait eu d'autre alternative que de l'assassiner pour l'en empêcher. Mais comme, de toute évidence, elle n'avait pu agir seule, il fallait désigner un complice. La Huproye envisagea d'attribuer ce rôle à James Dawes, le neveu de Sophie, qui lui avait fait obtenir le titre de baron de Flassans, ou le général Lambot, gentilhomme du duc de Bourbon, dont on prétendait qu'il était l'amant de la baronne. Mais tous deux purent établir qu'ils avaient quitté Saint-Leu le 26 août. Les soupçons se portèrent alors sur l'abbé Briand, prêtre de 64 ans, confesseur de Sophie dont on disait aussi qu'il était son amant et qui lui était totalement dévoué.

Finalement convoquée par le magistrat, Sophie de Feuchères se défendit pied à pied avec beaucoup d'intelligence et de courage. Mais le conseiller de La Huproye avait décidé qu'elle était coupable. Le 11 mai 1831, il communiqua la procédure au parquet et s'attela aussitôt à la rédaction du rapport qu'il devait soumettre à ses collègues de la chambre d'accusation. Pour retenir l'hypothèse de l'assassinat, il s'appuyait, notamment, sur le mémoire, produit par la partie civile, d'un docteur Gendrin. Celui-ci affirmait que le prince avait été étouffé ou étranglé dans son lit avant d'être transporté près de la fenêtre pour y être suspendu à l'espagnolette. Pour mieux convaincre, il avait conçu un scénario spectaculaire qui mettait en scène deux assassins introduits dans la chambre pendant le sommeil de la victime.

Le roi s'en mêle

Cette fois, Louis-Philippe, informé des intentions du magistrat par le procureur général Persil, estima qu'il ne pouvait laisser faire. Le roi avait de sérieuses raisons d'empêcher le renvoi de la baronne de Feuchères devant les assises. Passons sur les sentiments de gratitude qui n'auraient probablement pas suffi. Mais il avait des raisons politiques. Le camp légitimiste s'était emparé de l'affaire comme d'une arme contre le régime. En outre, l'audience publique offrirait un écho amplifié au scandale né de la révélation des liens d'intérêt qui s'étaient noués entre les Orléans et la courtisane accusée d'assassinat. Enfin, en confortant l'hypothèse du crime, on risquait de renforcer le doute sur la validité du testament en faveur du duc d'Aumale. Le procureur général reçut pour mission de contrecarrer le projet du conseiller de La Huproye. Après avoir en vain tenté de convaincre le magistrat de compléter son information par l'audition des médecins experts qui avaient conclu au suicide, Persil comprit qu'il n'y avait pas d'autre solution que de dessaisir La Huproye du dossier. L'entreprise était délicate, car neuf mois plus tôt la Chambre des députés avait voté le principe de l'inamovibilité des magistrats du siège. La Huproye ne pouvait donc être déplacé sans son consentement.

Mais la solution fut trouvée en vingt-quatre heures. Le 3 juin, le conseiller reçut à son domicile la visite surprise du procureur général en personne. Persil venait lui rappeler que son gendre sollicitait vainement depuis quelque temps sa nomination comme juge titulaire au tribunal de la Seine. Sa candidature, ajouta-t-il, pourrait être agréée sans tarder. Le garde des Sceaux n'émettait qu'une condition : que La Huproye demande immédiatement sa mise à la retraite. Le vieux magistrat accepta le marché. Le 5 juin, la chambre des mises en accusation désignait son président, Brière-Valigny, pour poursuivre l'instruction. Quant à Persil, ce service – parmi d'autres – lui vaudra d'être nommé garde des Sceaux en 1834.

L'instruction du conseiller de La Huproye n'avait rien démontré. Le magistrat, esclave de ses préjugés, entraîné par ses sympathies, n'a pas su s'imposer le recul nécessaire sans lequel toute instruction difficile a peu de chances d'aboutir. Partant du postulat que l'enquête initiale et l'autopsie avaient été conduites dans l'idée d'établir la réalité du suicide, il a refusé de leur accorder le moindre crédit. Au lieu de soumettre les procès-verbaux dressés à Saint-Leu et les rapports des experts choisis par le roi à une rigoureuse contre-enquête, il les a purement et simplement écartés. Il s'est ainsi privé des seules pièces qui – aussi discutables fussent-elles – avaient le mérite de décrire l'état des lieux et celui du cadavre. Son successeur, le président Brière-Valigny, convoqua, conformément aux réquisitions du parquet, les docteurs Marc, Pasquier et Marjolin afin qu'ils s'expliquent sur les circonstances qui ne figuraient pas dans leur rapport mais que tous les témoins avaient mentionnées : le cadavre du prince rendait compte d'un phénomène de virilité qui prouvait que la mort avait été causée par strangulation et non par une asphyxie qui aurait été suivie d'une mise en scène. Les experts le confirmèrent. C'était par « décence et de concert avec Monsieur le Procureur général », expliquèrent-ils, qu'ils ne l'avaient pas noté. Tous trois ajoutèrent que la preuve indiscutable que le cadavre n'avait pas été suspendu après la mort « c'est que la verge était dans un état de semi-érection et qu'il existait, sur la cuisse droite des traces d'éjaculation récente ». En revanche tous les témoins avaient déclaré qu'on n'avait pas trouvé la moindre trace de liquide séminal sur les draps du prince. Ainsi la thèse du docteur Gendrin retenue par le conseiller La Huproye était-elle détruite : le prince n'avait pas été étouffé dans son lit puis pendu, mais c'était bien l'étranglement qui était la cause de sa mort. L'hypothèse du suicide redevenait crédible.

Épilogue judiciaire

L'affaire fut soumise à la chambre des mises en accusation siégeant à huis clos. Le 21 juin 1831, la cour rendit un long arrêt qui détruisait méthodiquement la version de la partie civile et démontrait aisément « qu'il n'est pas établi que la mort de SAR le duc de Bourbon, prince de Condé, soit le résultat d'un crime ».

Privés du procès d'assises, les Rohan et le parti légitimiste allaient disposer, avec le procès civil, d'une tribune tout aussi redoutable pour le roi et pour Sophie. Réparties sur deux mois, une dizaine d'audiences publiques furent consacrées aux plaidoiries, vives et passionnées, émaillées d'incidents. Le tribunal rendit son jugement le 22 février 1832. Les princes de Rohan étaient déboutés de toutes leurs demandes. Pour écarter le moyen de la domination exercée par la baronne de Feuchères sur l'esprit du prince, les juges relevaient « qu'en pareille matière tout est relatif et que l'ascendant exercé sur un homme sain de corps et d'esprit, en possession de tous ses moyens et entouré comme l'était le duc de Bourbon d'officiers et de serviteurs dévoués, prêts à exécuter ses ordres, tient à la volonté de celui qui consent à s'y soumettre et ne saurait constituer un état d'incapacité ». Les Rohan ne firent pas appel. Désormais, Sophie se trouvait à la tête d'une fortune considérable.

Ainsi, la justice avait innocenté Sophie de l'accusation d'assassinat, puis l'avait lavée du soupçon de captation d'héritage. Mais rares étaient ceux qui la croyaient innocente. Plus rares encore ceux qui, la sachant calomniée, voulaient bien lui manifester de la sympathie. Le Tout-Paris lui tournait le dos, légitimistes et orléanistes confondus. Comme en 1824, un scandale public – plus considérable encore que le premier – avait fait d'elle une paria. Abandonnée de tous, elle renoncera à la vie publique et mondaine et s'occupera désormais de gérer sa fortune, résidant alternativement en France ou en Angleterre. Elle a revendu Saint-Leu en 1835 et, contrairement à ce qu'on a écrit, ce n'est pas elle mais l'acquéreur qui a fait raser le château peu après. Sophie de Feuchères se convertira au catholicisme et décédera à Londres, probablement des suites d'un cancer, le 15 décembre 1840.

Une lettre livre probablement la clé de l'énigme

Crime ou suicide ? L'enquête sur les causes de la mort du duc de Bourbon ne permet pas de trancher. Mais qui se souciait réellement de découvrir la vérité ? La partie civile et la plupart des témoins, animés par la cupidité, le ressentiment ou la passion partisane, ne voyaient dans la thèse du crime qu'un moyen d'anéantir le testament et d'éclabousser le nouveau roi. Le conseiller de La Huproye ne cherchait qu'à obtenir la confirmation d'une conviction forgée à l'avance. Le pouvoir politique, enfin, voulait des juges dociles qui ne laisseraient pas prospérer une thèse susceptible de contrarier le roi. Toutes les conditions étaient réunies pour que la vérité n'éclate jamais.

Depuis lors, plusieurs hypothèses, incompatibles avec les faits établis, ont été évoquées. Toutefois, un document conservé dans les archives du musée Condé au château de Chantilly livre très probablement la clé de l'énigme. C'est une lettre destinée au duc d'Aumale, rédigée le 20 janvier 1842 par le comte de La Villegontier quelque temps avant sa mort et remise par sa veuve au fils de Louis-Philippe. La Villegontier était l'ancien premier gentilhomme de la chambre du duc de Bourbon. Dans cette lettre, il évoque les causes de la mort de Louis-Henri-Joseph. « J'ai honte, Monseigneur, écrit-il, des insinuations qu'il faut que j'exprime, mais toutes horribles qu'elles soient, elles le sont moins que l'infamie du suicide. » Selon La Villegontier, le duc de Bourbon n'avait pas définitivement renoncé à un exil auquel s'opposait Mme de Feuchères. Mais celle-ci disposait d'arguments auxquels il ne savait pas résister. Elle seule connaissait les habitudes auxquelles il était pathétiquement asservi. « Je crois, ajoute-t-il, qu'une dernière tentative aura été faite dans la nuit [du 27 août] et que la morale aura eu à rougir du moyen de séduction : Monseigneur aura succombé à un état de spasmes que, dans sa dernière année – si je m'en rapporte aux affirmations que m'avait faites avant 1830 le prince Louis de Rohan qui prétendait être dans ses secrets intimes – il avait plusieurs fois éprouvé. » Est-il mort en état de spasmes ou sa maîtresse a-t-elle profité d'une perte de connaissance ? La Villegontier ne se prononce pas, se bornant à la qualifier d'« assassin ou surpris ou volontaire ». Même s'il demeure allusif, ce récit, rapproché des observations faites par les médecins experts, permet de reconstituer la scène. Incapable de renoncer aux jouissances qui avaient été – avec la chasse – le seul intérêt de sa vie, Louis-Henri-Joseph n'y accédait plus, dans les derniers temps, sans recourir à des pratiques strangulatoires efficaces mais dangereuses. Le savoir-faire de Sophie n'y suffisait plus. C'est pourquoi lorsqu'elle montait le retrouver dans sa chambre, il leur fallait désormais se soumettre à un rituel scabreux. Les deux mouchoirs et l'attache de l'espagnolette en étaient les accessoires indispensables. Pour ranimer sa virilité chancelante, Louis-Henri-Joseph, avec l'aide de sa maîtresse, se suspendait en prenant soin de garder les pieds en contact avec le sol afin de conserver la maîtrise de la strangulation. Encore fallait-il qu'il ne perdît pas connaissance. À ce jeu on passe du plaisir à la mort en quelques secondes. C'est probablement ce qui se produisit cette nuit-là. Sophie a-t-elle réagi trop tard ? A-t-elle laissé faire ? Cette énigme-là ne sera jamais résolue.

Bien sûr, rien n'est prouvé. Mais l'hypothèse de la mort « accidentelle » présente l'avantage d'une plus grande vraisemblance que celle du crime prémédité ou du suicide. Elle permet d'évacuer l'incroyable mise en scène de la pendaison du cadavre que suppose l'assassinat. Surtout elle rend compatibles les constatations des médecins et des témoins (qui révèlent une mort par strangulation en dehors du lit) et les nombreux détails inconciliables avec un suicide. La lettre de La Villegontier au duc d'Aumale montre aussi que lui-même et que Louis de Rohan, comme probablement beaucoup d'autres adversaires de Sophie, savaient la vérité. Mais ils se gardèrent de la dévoiler, sachant que Sophie avait elle-même le plus grand intérêt à la dissimuler. Ainsi tout le monde mentait. Mais chacun pouvait mentir en disant vrai sur l'essentiel : les uns en affirmant impossible le suicide, Sophie en se défendant de l'avoir assassiné. Comment la justice aurait-elle pu s'y retrouver ?

Bibliographie sélective

André, Louis, *La Mystérieuse Baronne de Feuchères,* Librairie académique Perrin, 1925.

Chaho, Augustin, *L'Espagnolette de Saint-Leu,* Jaillet, 1841.

Cornut-Gentille, Pierre, *La Baronne de Feuchères,* Perrin, 2000.

26

Napoléon III, recherche en paternité

par Éric ANCEAU

Histoire singulière que celle de Napoléon III et de sa paternité ! Son père en a douté dès sa naissance, ses ennemis politiques ont ensuite instrumentalisé la rumeur d'une bâtardise et l'affaire vient de ressurgir, récemment, avec de nouvelles révélations. De son côté, le principal intéressé n'a, semble-t-il, jamais douté d'être le fils de son père et le neveu de Napoléon, autant qu'on puisse le savoir par ses nombreux écrits, y compris ceux du for privé, et par les confidences de ses proches, alors qu'il était pourtant habité par le doute en d'autres domaines.

Une naissance marquée par les soupçons paternels

Dans la nuit du 20 avril 1808, un enfant voit le jour dans l'hôtel particulier de ses parents, en plein cœur de Paris. Celui qui deviendra rapidement pour ses familiers Louis-Napoléon est le troisième fils de Louis Bonaparte, roi de Hollande et frère de l'Empereur, et d'Hortense de Beauharnais, fille de l'impératrice Joséphine et donc belle-fille, mais aussi fille adoptive de Napoléon Ier dont elle est très proche. La naissance du jeune prince dans un Empire alors à son apogée est un événement important car, depuis sa proclamation en 1804, il s'agit de la première venue au monde d'un enfant mâle dans la dynastie et d'un héritier présomptif de l'Empereur, qui n'a pas encore de descendance.

Son père n'est pas présent. Chétif, doux et rêveur, le roi Louis a été marqué dans sa jeunesse par la lecture de *Paul et Virginie* de Bernardin de Saint-Pierre avant de devenir l'aide de camp de son frère, Napoléon, de neuf ans son aîné. Lors de la campagne d'Italie, il a contracté une maladie vénérienne qui, mal soignée, n'a cessé d'aggraver son penchant à la mélancolie et à l'hypocondrie. Tombé éperdument amoureux d'une nièce de Joséphine, il a dû renoncer à la jeune femme, sur ordre de Napoléon, pour épouser Hortense, fille d'un premier mariage de sa belle-sœur. Ce choix s'explique parce que Joséphine, devenue stérile, craignait d'être répudiée et a vu dans cette union un moyen d'assurer définitivement sa position et celle de sa fille. Il n'en est cependant pas résulté un profond et immédiat ressentiment de Louis à l'égard de son frère, de sa belle-sœur et de son épouse, comme on le prétend généralement. Le jeune homme connaissait Hortense, ancienne camarade de pension de sa sœur Caroline, depuis de longues années et lui avait toujours manifesté un grand intérêt. Il se plie à la raison d'État et à la volonté de son grand frère qui a jusque-là exercé une profonde influence sur lui.

Néanmoins, à la naissance de son premier fils, Napoléon-Charles, en octobre 1802, Louis, qui est d'une nature tourmentée et inquiète, a soupçonné Napoléon d'être le géniteur. Ses craintes ont été renforcées lorsque son frère, sans héritier direct, a voulu adopter le garçon. Louis a violemment refusé. Malgré le titre de grand connétable qui lui a été conféré à la fondation de l'Empire, en mai 1804, puis la couronne de Hollande qui lui a été attribuée deux ans plus tard, il n'est pas revenu à de meilleures dispositions. Parallèlement, il a délaissé Hortense, tout en se montrant d'une jalousie maladive à son égard et en lui faisant des scènes pour lui faire avouer les infidélités qu'il lui prêtait.

Face à un mari à moitié paralysé, couvert de furoncles, en proie à de fréquentes crises de neurasthénie, parfois violent, et régulièrement absent en raison de ses cures thermales et de ses responsabilités royales, il est concevable qu'Hortense ait pu chercher la compagnie d'autres hommes. Avant son mariage, elle qui était le plus beau parti de France avait eu plusieurs soupirants dont le premier aide de camp de Napoléon, Duroc, aux charmes duquel elle n'était pas insensible. Elle pouvait légitimement regretter le choix qui avait été fait pour elle. Elle avait à peine plus de 20 ans, était charmante à défaut d'être belle et aimait la frivolité et la vie parisienne, bien davantage que l'étiquette et l'ennui de la cour de La Haye. De 1802 à 1807, le couple vit ensemble moins de six mois, encore ceux-ci sont-ils entrecoupés de longues périodes de séparation. Dans une lettre d'avril 1807, cette mésentente est imputée clairement par Napoléon à son frère qu'il accuse d'être à contre-emploi à la fois dans sa conduite domestique et dans sa conduite de monarque : « Je vous ai donné une femme vertueuse et vous ne savez pas l'apprécier… Vos querelles avec la reine percent aussi dans le public. Ayez dans votre intérieur ce caractère paternel et efféminé que vous montrez dans le gouvernement, et ayez dans les affaires ce rigorisme que vous montrez dans votre ménage. Vous traitez une jeune femme comme on mènerait un régiment. » Louis est peu sensible à de tels arguments. Il connaît bien son frère, qui a d'ailleurs avoué quelque temps plus tôt à une Hortense abasourdie qu'il avait lui-même laissé se propager la rumeur selon laquelle il était le père de son fils aîné pour des raisons politiques.

Lorsqu'il apprend la grossesse de son épouse, Louis se met à soupçonner l'adultère, d'autant plus que Hortense refuse de le rejoindre en Hollande pour y faire ses couches. « J'ai épousé une Messaline », affirme-t-il à son entourage. Cependant, le 3 mars 1808, il semble être revenu à de meilleurs sentiments : « J'espère que vous arriverez heureusement à terme », en ajoutant : « Je désire cependant beaucoup avoir mon fils à la fin de ce mois », et il se préoccupe du choix du médecin. Devant la froideur de son épouse, il reste néanmoins en Hollande à la naissance de l'enfant, puis laisse son frère choisir ses prénoms et régler les détails d'un baptême auquel il ne se rend pas non plus, en novembre 1810, après avoir d'abord souhaité qu'il ait lieu en Hollande. La lettre qu'il adresse à Napoléon lorsque celui-ci choisit de prénommer l'enfant Charles-Louis-Napoléon est significative de ses revirements et de ses doutes : « Je remercie Votre Majesté de la lettre qu'elle a bien voulu m'écrire relativement à l'accouchement de la reine. Je me conformerai avec empressement aux désirs de Votre Majesté sur les noms à donner à son fils. » On a glosé sur le fait qu'il y emploie le possessif « son » à la place de « mon ». Il ne faut cependant pas surinterpréter les mots. C'est en effet méconnaître les usages protocolaires et dynastiques et les relations qu'entretiennent les deux frères. Néanmoins, les pamphlets anglais et les commérages de cour, attisés par la partie de la famille Bonaparte qui n'aime pas Hortense, la sœur de Louis, Caroline Murat, et son oncle, le cardinal Fesch, prétendent que la naissance de Louis-Napoléon est illégitime. Un mot cruel se répand :

Le roi de Hollande
Fait de la contrebande
Et sa femme
Fait des faux Louis.

Si la plupart des témoignages, souvent malveillants, insistent surtout sur la ressemblance de l'enfant avec les Beauharnais pour mieux souligner, au contraire, les différences physiques entre le père et le fils, quelques familiers assurent qu'il n'en est rien. Ainsi, Valérie Masuyer, dame de compagnie d'Hortense d'octobre 1830 à la mort de celle-ci, est frappée par la ressemblance entre le haut du visage de Louis et celui de Louis-Napoléon. Elle ajoute : « Le profil est tout à fait le même », ce que plusieurs portraits viennent d'ailleurs confirmer. Amie d'enfance du prince, Hortense Cornu est troublée par la similitude de leur regard et de leurs gestes. D'autres témoignages soulignent sa ressemblance physique avec le comte de Castelvecchio, fils naturel du roi de Hollande. Quant au précepteur du jeune homme, Philippe Le Bas, il relève de son côté une analogie de caractères qui doit bien venir de l'hérédité, puisque les deux ont vécu loin l'un de l'autre.

Que de pères possibles dans cette affaire !

La présence autour d'Hortense, au cours de l'été 1807, moment de la conception de l'enfant, de plusieurs hommes dont les charmes ne semblaient pas la laisser indifférente a été soulignée, avec malveillance, par les partisans de l'illégitimité. Sans compter Napoléon, une demi-douzaine de pères possibles ont ainsi pu être relevés. Étaient alors avec Hortense lors de son séjour dans le Sud-Ouest son écuyer hollandais, le vicomte Adam de Bylandt, un peintre paysagiste nommé Claude Thiénon, l'ambassadeur de Hollande à Madrid et frère aîné de l'amiral Verhuell, ministre de la Marine du royaume, venu rendre ses hommages à sa reine, le baron de Boucheporn, préfet du palais du roi de Hollande, le comte Vallet de Villeneuve, premier chambellan de la reine, ou encore un jeune et beau notable de la région, Élie Decazes.

Célibataire âgé de 33 ans, Bylandt est très attaché à la reine et devient plus tard l'un des fidèles de son entourage, lors de son exil à Arenenberg, sur les bords du lac de Constance. Dans ses *Mémoires*, Hortense affirme qu'elle l'a renvoyé en Hollande car il n'arrivait pas à la suivre en montagne et qu'il était tombé plusieurs fois de cheval, au risque de se tuer. De fait, Bylandt a repris la route de la Hollande dès la fin juillet et Louis l'a nommé alors aide de camp. Pour leur part, Boucheporn et Vallet de Villeneuve étaient à Cauterets accompagnés de leurs épouses, qui ne les quittaient guère. Futur ministre de Louis XVIII, Decazes était alors un jeune avocat bordelais qui briguait un poste à la cour de Hollande et se rendit à Cauterets où il ne trouva pas le roi, mais la reine. Or, Decazes était aussi un veuf éploré et certains n'ont pas manqué de l'imaginer se consolant avec la reine, elle-même effondrée par la mort de son fils, le 5 mai précédent. Decazes accompagna bien la reine dans quelques excursions, mais rien n'atteste une liaison. L'attitude qu'il adopte par la suite la rend très improbable. Préfet de police après les Cent-Jours, il donne l'ordre à la reine de quitter Paris, sans ménagement. Pair de France, il vote la condamnation à la prison perpétuelle de Louis-Napoléon après sa tentative de coup d'État à Boulogne, en 1840. Informé de la rumeur selon laquelle il aurait été l'amant de la reine et le père du prince, le grand séducteur qu'il était la démentit tout en regrettant aussitôt qu'il ne se fût rien passé. Quant à l'amiral Verhuell qui portait beau, homme « d'un extérieur agréable et prévenant » selon la propre formule du roi Louis, il semble être resté à La Haye et avoir été confondu avec son frère plus âgé.

Néanmoins, Maxime Du Camp prétend, bien après, que l'amiral était certainement le père de Louis-Napoléon et ajoute à ce sujet que le jour même de la naissance de celui-ci, le roi Louis aurait déposé une protestation motivée entre les mains de son frère Lucien. La fille de ce dernier, Laetitia Bonaparte-Wyse, l'aurait ensuite vendue à Napoléon III contre 500 000 francs et une pension annuelle de 24 000 livres. Maxime Du Camp assure tenir ces faits de Laetitia elle-même et du préfet Joseph-Marie Piétri qui aurait servi d'intermédiaire pour la transaction. Notons ici que si ce fait est vrai, il ne prouve que les doutes de Louis.

On évoque aussi l'« affaire de Gavarnie ». Pour échapper à la surveillance du préfet des Hautes-Pyrénées, le comte de Castellane, Hortense se rendit fin juillet en excursion au cirque de Gavarnie avec sa fidèle amie, Adèle de Broc, Thiénon et un mystérieux guide pyrénéen. Elle assure plus tard qu'elle y a passé la « plus merveilleuse nuit de sa vie », sans doute à observer les étoiles. Il n'en faut cependant pas plus pour créer la légende, entretenue ensuite dans les sociétés d'histoire locale, d'un Louis-Napoléon fils d'un berger des Pyrénées.

Il n'est pas même jusqu'à la liaison que la reine Hortense entretient, à partir de l'été 1810, avec Charles de Flahaut dont elle a un enfant, un an plus tard, le futur duc de Morny, qui n'atteste aux yeux de certains la probable infidélité antérieure. Cependant, Hortense ne cède aux avances de Flahaut qu'après sa rupture définitive avec le roi Louis et elle affirme toujours que Louis-Napoléon est bien le fils de celui-ci, et il ne s'agit sans doute pas seulement là de sa part de la volonté de préserver les droits de son fils adoré, en même temps que sa propre réputation. Hortense n'accouche pas clandestinement de Louis-Napoléon, mais au grand jour.

Un rapprochement toulousain qui semble lever les doutes

Le roi et elle avaient connu par le passé des rapprochements, en particulier à la naissance de leur deuxième fils, Napoléon-Louis, en octobre 1804. À la suite de la mort de leur aîné, Napoléon-Charles, du croup, en mai 1807, Hortense était donc venue soigner son chagrin dans les Pyrénées. Le couple se rapprocha à cette occasion, Louis rejoignant son épouse dès le 23 juin, à Cauterets. Il se fit caressant et s'excusa presque de son attitude passée. La vie conjugale reprit jusqu'au 6 juillet, avant que le couple ne se séparât à nouveau, lui pour aller prendre les eaux dans d'autres stations pyrénéennes, elle pour la Côte basque. Depuis Ussat, Louis écrit des lettres très tendres à son épouse comme il ne lui en avait jamais envoyé auparavant. Ainsi le 13 juillet écrit-il : « Vous me dites que dans un mois vous viendrez me joindre, Hortense, il faut bien que j'éprouve pour vous une tendresse bien vive puisque rien ne me fait autant de mal que l'idée de vous être indifférent… Heureux qui peut trouver sa maîtresse et son amie dans sa femme. » Puis le 30 : « Tu vas faire mon bonheur, tu vas vivre pour moi, tu ne vas être heureuse que de cette manière… Viens donc, ma chère Hortense, il me tarde de me jeter dans tes bras. »

Hortense et Louis se retrouvèrent à Toulouse. Dans une lettre qu'il adresse à son épouse, en novembre 1809, Louis parle de ce moment précieux de leurs retrouvailles conjugales. Sans manifester l'enthousiasme de son conjoint, la reine confirme dans ses *Mémoires* : « Je ne fus pas maîtresse de cacher à mon mari l'espèce de répugnance, la crainte même que me faisait éprouver notre réunion. Il la désirait si vivement et paraissait devoir en être si heureux que notre raccommodement eut lieu à Toulouse. »

Ce fut le 12 août 1807, moment très probable de la conception de l'enfant. Louis-Napoléon naît en effet huit mois et huit jours plus tard et au moment de l'accouchement, l'obstétricien Baudelocque et le médecin de l'Empereur, Corvisart, reconnaissent en l'enfant un prématuré, au point qu'il faut lui faire prendre des bains de vin et l'envelopper de cotons brûlants. Charles de Rémusat, qui n'aime pas le prince, a consigné dans une précieuse note tenue de sa mère, remarquablement informée en tant que dame d'honneur de l'impératrice, que le rapprochement des deux époux n'était pas feint. Qui plus est, une raison politique milite en ce sens : deux fils étaient alors nécessaires pour hériter des deux couronnes : la France et la Hollande. Durant le voyage qui les ramena de Toulouse à Saint-Cloud, le couple donna à son entourage tous les signes apparents de leur « raccommodement ». Début septembre, lorsque la grossesse de la reine fut connue, Louis lui offrit une parure et elle le remercia publiquement et ostensiblement de « sa bonté » en l'embrassant. Cependant, ils se séparèrent bientôt, de nouveau. Malgré l'injonction de Louis, elle ne voulut pas retourner en Hollande. Dès qu'elle sut qu'elle était enceinte, elle prit prétexte de malaises éprouvés au moindre de ses déplacements pour se faire interdire par son médecin tout voyage prolongé en voiture.

Une jeunesse préservée des rumeurs mais une vie publique exposée

En juillet 1810, Louis, qui n'est pas assez docile aux yeux de Napoléon, est finalement contraint d'abdiquer et s'en va vivre en Bohême, puis en Autriche. Il renonce ainsi à sa couronne en faveur de ses deux fils, preuve qu'il a alors reconsidéré les faits. L'événement est aussi d'importance pour le petit Louis-Napoléon, âgé de 2 ans, car la rupture de ses parents devient définitive. Ils sont bientôt séparés de corps et de biens et l'enfant ne revoit plus son père que de loin en loin, alors que celui-ci a la garde de son frère aîné, Napoléon-Louis. En 1830, les deux frères qui s'adorent participent ensemble à un complot contre la papauté, à Rome, puis, l'année suivante, à l'insurrection de l'Italie centrale, au cours de laquelle Napoléon-Louis meurt. Le roi Louis n'a donc plus qu'un fils, Louis-Napoléon. Il pense désormais qu'il est bien son géniteur ou veut s'en convaincre, même si, épisodiquement, il lui était déjà arrivé de faire preuve d'effusion paternelle. Ainsi, le 9 avril 1821, à l'occasion de sa première communion : « Je te renouvelle, dans cette occasion solennelle, la bénédiction paternelle que je te donne par la pensée chaque matin, chaque soir, et toutes les fois que mon imagination se porte vers toi. » Il reporte toute son affection sur lui et en fait son seul légataire. « Je laisse… tout ce qui constitue mon héritage… à mon héritier universel, Napoléon Louis [*sic*], seul fils qui me reste. »

Tout autre est la relation fusionnelle que Louis-Napoléon entretient avec sa mère, qu'il ne quitte que pour être scolarisé au gymnasium d'Augsbourg, puis à l'école militaire de Thoune, et enfin pour prendre son envol à l'âge adulte. Encore revient-il souvent à Arenenberg où elle vit. Lorsqu'il apprend qu'elle se meurt, alors qu'il est en exil, en juin 1837, il décide de braver l'interdiction qui lui est faite pour l'assister dans son agonie. C'est là qu'il découvre son infidélité et l'existence de son demi-frère, le comte de Morny, par une maladresse de l'exécutrice testamentaire de la reine, Mme de Salvage. Un monde s'écroule sous ses yeux. Cependant, il n'envisage pas être lui-même issu d'une relation adultérine.

Lorsqu'il réapparaît sur la scène nationale sous la Deuxième République, après deux tentatives de coup d'État, un long emprisonnement et un exil, la rumeur ressurgit. Dans *Choses vues*, en date du 1er janvier 1849, Hugo, pourtant alors bien disposé vis-à-vis de lui, puisqu'il vient de le soutenir avec succès à l'élection présidentielle, colporte la rumeur de la paternité de l'amiral Verhuell, pendant qu'Alexis de Saint-Priest qualifie le nouveau chef de l'État de « souvenir de Hollande ». Après le coup d'État du 2 décembre 1851 qui le contraint à l'exil, le poète se déchaîne et poursuit le prince-président puis l'empereur de sa haine. Napoléon III, écrit-il dans *Les Châtiments* en 1853, est un « Hollandais » :

Quoi, tel gueux qui pourvu d'un titre en bonne forme
À pour toute splendeur sa bâtardise énorme,
Tel enfant de hasard, rebut des échafauds,
Dont le nom fut un vol et la naissance un faux.

Le souverain n'est pas épargné au sein de sa propre famille. Son oncle Jérôme, l'ancien roi de Westphalie, parle autour de lui de sa « lourdeur germanique » et l'impute à ses « origines hollandaises ». Cependant, l'empereur ne perd pas la face. À Jérôme qui se risque, pour le blesser, à une allusion à peine voilée à sa possible bâtardise : « Vous n'avez rien de Napoléon », il sait répondre : « Si, j'ai sa famille ! » Il n'a jamais douté de sa filiation et cela l'aide à supporter les calomnies qui se multiplient à la fin du Second Empire lorsque Rochefort dans *La Lanterne* et un certain nombre de ses épigones se déchaînent. Certains ne l'appellent plus que « monsieur Verhuell ». Dès lors, et jusqu'à sa mort en exil, en janvier 1873, le doute sur ses origines est constamment utilisé par ses ennemis pour essayer de le disqualifier. Paraît ainsi à Londres, en 1870, une *Biographie de Verhuell Bonaparte, ex-empereur*.

Malgré la défense virulente mais peu étayée de Frédéric Masson, historien de la famille impériale, et de Jean Hanoteau, annotateur des *Mémoires* de la reine Hortense, ou le démontage plus méthodique de tous les arguments en faveur de sa naissance illégitime par Jean-Baptiste Barbier dans son ouvrage de 1959, *Mensonges sur le Second Empire*, il en reste quelque chose comme tel est toujours le cas des rumeurs que l'on répand et des calomnies que l'on sème. Les preuves ultimes n'ont surtout jamais été apportées. Voilà pourquoi nous avons écrit dans notre biographie consacrée à l'empereur des Français, *Napoléon III. Un Saint-Simon à cheval*, publiée en 2008 et rééditée en 2012, que seul un test ADN lèverait les doutes, comme tel a été le cas pour l'enfant du Temple ou pour Gaspard Hauser.

Un mystère élucidé par la science ?

Pour mettre un terme à la controverse, le Souvenir napoléonien, société française d'histoire, a demandé au professeur Gérard Lucotte, directeur de l'Institut d'anthropologie moléculaire de Paris, d'entreprendre une recherche sur l'haplogroupe de Napoléon III.

Descendant d'un général d'Empire et lui-même passionné par l'histoire et ses énigmes, le professeur a découvert en 1984 les marqueurs spécifiques du chromosome Y (celui qui se transmet uniquement de père en fils), ce qui permet de confirmer ou d'infirmer catégoriquement le lien biologique entre un père et un fils, ou à l'intérieur d'une fratrie.

Grâce à l'extraction de fragments d'ADN nucléaire d'une petite touffe de cheveux supposés appartenir à Napoléon III et couverts de pellicules riches en ADN, à des cheveux prélevés sur la dépouille du prince impérial, fils de l'empereur, tué au combat en Afrique du Sud en juin 1879, à des mesures réalisées sur d'autres membres avérés de la famille et à l'haplogroupe de la famille Banquet d'Orx descendant, selon une tradition familiale, d'un fils naturel du comte d'Orx, lui-même fils naturel reconnu de Napoléon III, Gérard Lucotte a pu présenter une importante communication sur le sujet, au musée de l'Armée, le 2 décembre 2013.

Le savant y montre la différence entre l'haplogroupe de Napoléon III et celui de Napoléon et de ses frères Lucien et Jérôme et l'originalité du premier qui est d'un type rare, qui se rencontre principalement dans la population corso-sarde. Ces résultats l'incitent à conclure que Napoléon III ne serait pas neveu en lignée paternelle de Napoléon Ier, génétiquement parlant. Par ailleurs, sans exclure totalement l'hypothèse que Napoléon III ne serait pas le fils biologique de Louis Bonaparte, il n'est pas invraisemblable que ce serait plutôt Louis Bonaparte qui aurait eu un père génétique différent de celui de Napoléon, de Lucien et de Jérôme, et que Louis ne serait donc qu'un demi-frère par voie maternelle de Napoléon Ier, en d'autres termes que Letizia Bonaparte aurait eu Louis non de son époux Charles Bonaparte, comme ses autres enfants, mais d'une relation extraconjugale. *De facto*, au moment de la naissance de Louis, en 1778, les commentaires des officiers de la garnison française en Corse allaient bon train. La liaison affichée de Mme Bonaparte avec le comte de Marbeuf était dans toutes les conversations. Le gouverneur devint d'ailleurs le parrain de l'enfant, quinze jours après sa naissance.

Dignes d'un grand intérêt, les travaux du professeur Lucotte ne font cependant pas l'unanimité dans la communauté scientifique. Il faudrait ici une contre-expertise pour lever tous les doutes. À défaut de relique exploitable du roi Louis, il faudrait aussi procéder à un prélèvement sur sa dépouille, inhumée dans la crypte de l'église de Saint-Leu-la-Forêt, dans le Val-d'Oise. Pour achever de percer le mystère de la recherche en paternité de Napoléon III, c'est donc une recherche en paternité de son père, Louis, qu'il faut maintenant entreprendre !

Que Napoléon III soit ou non le neveu de Napoléon en ligne masculine n'en fait pas moins son neveu en ligne féminine et, du fait de l'adoption d'Hortense par l'Empereur, d'une certaine façon son petit-fils adoptif. Ce mystère a pu l'affecter mais il n'en a jamais rien montré. S'il n'était pas le fils de Louis, cela n'enlèverait rien à ses mérites. La recherche en paternité de Napoléon III n'a en aucune manière influé sur le cours de l'histoire.

Bibliographie sélective

Anceau, Éric, *Napoléon III. Un Saint-Simon à cheval*, Tallandier, 2008 ; rééd., 2012.

Barbier, Jean-Baptiste, *Mensonges sur le Second Empire*, La Librairie française, 1959.

Baylac, Marie-Hélène, *Hortense de Beauharnais*, Perrin, 2016.

Beauharnais, Hortense de, *Mémoires*, Plon, 1927, 3 vol.

Blanchard, Jerrold, *The Life of Napoleon III*, Longmans Green and Co., 1874-1882.

Du Camp, Maxime, *Souvenirs d'un demi-siècle*, Hachette, 1949, 2 vol.

Emerit, Marcel, Actes du LXXVIe congrès des sociétés savantes de Rennes en 1951, Imprimerie nationale, 1952, p. 232-243.

Masuyer, Valérie, *Mémoires, lettres et papiers*, Plon, 1937.

Pouthas, Charles-Henri, « Note sur la naissance de Napoléon III », *Revue d'histoire moderne et contemporaine*, 1962, p. 207 et suiv.

Archives nationales, Fonds 400 AP 33.

27

Le tsar Alexandre, *alias* l'ermite Fiodor ?

par Marie-Pierre Rey

Le 1er décembre (19 novembre)[1] *1825, au pouvoir depuis mars 1801 suite au complot qui a coûté la vie à son père Paul Ier, Alexandre Ier décède d'une fièvre des marais alors qu'il se trouvait à Taganrog, petite ville située sur les rives de la mer d'Azov, bien loin de Saint-Pétersbourg. Les circonstances étranges de cette disparition alors que le tsar, âgé de 49 ans, était en parfaite santé, et, douze ans plus tard, l'arrestation en Sibérie d'un vagabond, Fiodor Kouzmitch, qui, mutique sur son passé, ressemble beaucoup à feu l'empereur, ont au fil des décennies alimenté des rumeurs et suscité une interrogation majeure : Alexandre Ier est-il vraiment mort en 1825 ou Fiodor Kouzmitch et Alexandre ne faisaient-ils qu'un ? Controversée, cette affaire constitue jusqu'à aujourd'hui une des plus mystérieuses et passionnantes énigmes de l'histoire russe.*

Décembre 1825 : la mort brutale du tsar Alexandre Ier

Le 25 septembre 1825, l'empereur Alexandre Ier, en visite dans ses provinces du Sud, s'installe à Taganrog dans un palais de taille

1. Durant la période tsariste, l'empire vit au rythme du calendrier julien, en retard de douze jours au XIXe siècle par rapport au calendrier grégorien utilisé dans le reste de l'Europe. Dans ce récit, par un souci de commodité, nous avons opté pour le calendrier grégorien.

modeste. C'est là qu'un peu plus de deux mois plus tard, il décède brutalement à l'abri des regards.

Alexandre Ier est arrivé à Taganrog accompagné d'une suite peu nombreuse, constituée de son chef d'état-major et aide de camp le général Dibitch, des médecins Wyllie et Tarassov, du maître de ses équipages le colonel Solomko, de quatre officiers subalternes et de quelques valets. À ces derniers s'ajouteront bientôt ceux de l'impératrice Élisabeth, qui, escortée de Pierre Volkonski, aide de camp d'Alexandre, y parvient à son tour le 5 octobre. S'ensuivent des semaines de vie paisible et retirée, bien décrites par l'impératrice dans plusieurs lettres à sa mère. Dès son arrivée, elle lui écrit ainsi à propos de Taganrog : « La ville est tout à fait jolie et riante. On voit la mer presque de toutes les rues, et mon établissement, que l'empereur a soigné dans tous ses détails avec tant de sollicitude, est joli et *heimlich* (secret, retiré). »

Et trois jours plus tard, elle décrit ainsi sa nouvelle résidence : « La maison n'a qu'un rez-de-chaussée ; elle est au haut et à l'extrémité d'une rue qu'on appelle la Rue Grecque : dans sa plus grande longueur, elle donne sur cette rue, et un jardin avec son enclos fait notre vis-à-vis. Au coin qui tourne, la vue donne sur les remparts de cette ancienne citadelle dont je vous parlais, mais, des appartements qui donnent sur la cour on voit la mer par-dessus un petit jardin qui tient à la maison. Il y a au coin de ce jardin une terrasse d'où la vue est magnifique… »

Cette vie paisible contraste au même moment avec les nombreux déplacements qu'Alexandre accomplit dans la région, sans son épouse. Début novembre, il entreprend ainsi un périple qui le conduit en Crimée. Il s'agit pour lui d'inspecter les troupes et les installations navales et de visiter les grands monastères de la région. Il s'y attarde avec bonheur et à Volkonski il confie, mi-sérieux, mi-rêveur : « Je vais bientôt déménager en Crimée, je vais vivre comme un simple mortel. J'ai servi vingt-cinq années, on donne au soldat son congé après ce laps de temps. […] Et toi aussi, tu démissionneras et tu seras mon bibliothécaire. »

Le 8 novembre, alors qu'il se rend à cheval à l'abbaye de Saint-Georges située près de Sébastopol, l'empereur attrape froid mais il poursuit son tour de Crimée, visitant inlassablement casernes et hôpitaux militaires. Rentré à Taganrog quelques jours plus tard, fébrile au point que ses médecins se demandent s'il n'a pas contracté la fièvre typhoïde au contact des soldats hospitalisés, il refuse plusieurs jours durant de se soigner et ne condescend à le faire que le 26 novembre, alors que son état s'est sensiblement dégradé. Au fil des heures, il s'affaiblit. Le lendemain, il réclame un prêtre orthodoxe, se confesse et reçoit les derniers sacrements. Il meurt le 1er décembre au matin, à 10 h 50, Élisabeth auprès de lui. Dévastée, cette dernière écrit le jour même à sa mère : « Chère Maman, notre ange est au Ciel et moi, sur la terre, de tous ceux qui le pleurent, la créature la plus malheureuse, puissé-je le rejoindre bientôt ! Oh ! mon Dieu, c'est presque au-delà des forces humaines mais puisqu'il l'a envoyé, sans doute, il faut pouvoir le supporter. Je ne comprends pas, je ne sais si je rêve, je ne puis pas combiner ni comprendre mon existence. »

Épuisée par le chagrin et le désespoir, Élisabeth s'avère incapable de prendre la route pour accompagner le convoi funéraire et ce n'est qu'au printemps 1826 qu'elle se décide à se mettre en route pour Saint-Pétersbourg. Mais le 3 mai, alors qu'elle se trouve dans le gouvernement de Toula, l'impératrice, âgée de 45 ans, décède à son tour d'une crise cardiaque : elle aura survécu moins de six mois à la disparition d'Alexandre Ier.

Or, si elle surprend par sa brutalité, la mort du tsar n'en intervient pas moins à un moment où Alexandre Ier semblait de plus en plus se désintéresser de sa charge et de ses responsabilités.

Une immense lassitude à l'égard de la charge impériale

En mars 1801, l'avènement d'Alexandre Ier, mettant fin à la tyrannie de son père Paul, a suscité beaucoup d'espérances, les débuts du règne, marqués par des projets de réformes à teneur libérale, semblant augurer d'une ère nouvelle. Par la suite, la dégradation des relations franco-russes liée à des rivalités et contentieux géopolitiques en Allemagne, en Pologne, dans les Balkans, et l'invasion menée par la Grande Armée napoléonienne en juin 1812 ont conduit l'empire au bord de la catastrophe. Mais ce dernier a réussi à triompher de son adversaire et par deux fois, en 1814 puis en 1815, le tsar victorieux est entré dans Paris[2], tandis que la diplomatie impériale était en mesure d'influer de manière inédite sur l'avenir du continent européen. Alexandre Ier est alors au sommet de son prestige et de son autorité. Mais les années qui suivent voient bientôt s'opérer des transformations majeures, tant sur la scène politique que dans la psychologie du tsar.

À partir des années 1819-1820, le régime évolue en effet vers un conservatisme répressif. Revenu de ses velléités de réforme, déçu de ne pas avoir été entendu par les puissances européennes dans ses rêves de refondation du continent, aigri face aux mouvements de contestation qui, de manière plus ou moins rampante, gagnent l'empire, Alexandre Ier adopte des mesures témoignant d'un net durcissement : la mise en place des colonies militaires qui suscite le désespoir des paysans enrôlés, la répression de tout mouvement de révolte dans les campagnes comme dans l'armée et les pouvoirs très étendus désormais concédés au général Araktcheïev, ministre de la Guerre, connu de sinistre mémoire pour sa cruauté et sa rigidité, tout atteste une dérive qui contraste avec les débuts du règne.

Dans le même temps, le tsar a lui-même beaucoup changé. Alors que dans sa jeunesse Alexandre Ier appréciait le théâtre et la musique, un observateur averti comme Dupré de Saint-Maur relève un rétrécissement sensible de ses centres d'intérêt. Il n'y a plus de représentations théâtrales ou musicales à l'Ermitage et l'empereur ne lit plus que des ouvrages de piété ou de théologie. Quand il ne se trouve pas en chemin pour se recueillir dans des monastères ou rendre visite à des anachorètes ou des ermites, il se consacre à l'approfondissement de sa foi et, tout à sa spiritualité, il délaisse l'action politique au profit de la méditation religieuse. Dans le même temps, en deux occasions successives, le tsar a

---

2. Voir Marie-Pierre Rey, *L'Effroyable Tragédie. Une nouvelle histoire de la campagne de Russie*, Flammarion, 2012 et *1814. Un tsar à Paris*, Flammarion, 2014.

confié à son jeune frère et héritier pressenti, le grand-duc Nicolas, son désir de quitter le pouvoir. Alexandra Fiodorovna, l'épouse de Nicolas, présente, a ainsi rapporté les propos d'Alexandre : « “Pour moi-même, je suis décidé à me défaire de mes fonctions, et à me retirer du monde.” [...] Nous voyant prêts à sangloter, il tâcha de nous consoler, de nous rassurer, en disant que cela n'arriverait pas incessamment, que des années passeraient avant qu'il ne mette son projet à exécution, et il nous laissa seuls, on peut s'imaginer dans quel état. Jamais l'ombre d'une idée pareille ne nous était venue en tête, pas même en rêvant. Nous nous sentions comme touchés par la foudre ; l'avenir nous paraissait sombre et comme fermé au bonheur ! Ce fut un moment mémorable de notre vie. » Et quelques semaines plus tard, en septembre, à Varsovie, Alexandre redira à Nicolas toute sa lassitude et son désir d'abdiquer...

Déjà patente en 1819, sa tendance à se détacher de toute contingence politique comme matérielle s'accroît encore en 1824 du fait des deux tragédies qui s'abattent successivement sur lui. En juin, il perd Sophie, fruit de ses amours avec la princesse Maria Narychkine, et la dernière de ses enfants encore en vie. Atteinte de tuberculose, la jeune fille meurt à l'âge de 18 ans et, pour Alexandre Ier, le coup est dévastateur. Quelques mois plus tard, en novembre, une violente crue de la Neva inonde la quasi-totalité de la ville et, dans les quartiers du centre, la hauteur de l'eau atteint 3 mètres. Certes, les secours s'organisent vite et le tsar se montre très actif durant l'épreuve : il rend visite aux habitants de l'île Vassilevski particulièrement éprouvés, fait distribuer de l'argent sur les parvis des églises, ouvrir des maisons d'accueil pour nourrir et loger les sinistrés et en appelle à la solidarité de Moscou qui dans l'urgence dépêche des secours – quinze troïkas chargées de vêtements et de vivres sont ainsi acheminées. Mais la crue cause la mort de près de 500 personnes, détruit plus de 300 maisons et le tsar, superstitieux, ne peut s'empêcher de voir dans ce fléau un nouveau châtiment de Dieu à son encontre. Ne s'est-il pas, en cautionnant l'assassinat de son père Paul, rendu coupable de parricide et de tsaricide, deux péchés mortels au regard de la loi divine ? Et n'est-il pas temps pour lui d'expier ces péchés et de renoncer au pouvoir ? Mais comment se défaire d'un pouvoir reçu de Dieu dès lors qu'une abdication n'est pas à proprement parler envisageable ?

À la mi-juin 1825, alors que l'impératrice Élisabeth, qui souffre d'une tuberculose aiguë, paraît très affaiblie, ses médecins, inquiets de son état, lui conseillent de quitter Saint-Pétersbourg dès la fin de l'été pour une région plus clémente, et c'est alors qu'Alexandre Ier décide qu'ils se rendront tous deux à Taganrog. Pour autant, ce choix paraît incongru à beaucoup : la région est connue pour être très ventée, ce qui en août fera écrire à Pierre Volkonski dans une lettre à son ami Zakrevski qu'il ne parvient pas « à concevoir l'idée des médecins, qui n'ont rien trouvé de mieux, en Russie, comme climat, que Taganrog ». Mais en réalité, c'est bien Alexandre qui a imposé cette destination étrange, au motif qu'il y a déjà séjourné en mai 1818 et qu'il veut y retourner. Pourquoi ce choix ? Par nostalgie pour sa jeunesse envolée, ou pour une tout autre raison qu'il dissimule à son entourage ?

Automne 1836, Fiodor Kouzmitch entre en scène

À l'automne 1836, un homme qui circule à cheval sans passeport intérieur est soudainement arrêté par la police du gouvernement de Perm en Sibérie : c'est l'entrée en scène d'un mystérieux vagabond et le début de « l'énigme » Fiodor Kouzmitch.

Âgé d'une soixantaine d'années, grand, les yeux bleus, sourd de l'oreille gauche (comme Alexandre Ier), le vagabond n'est pas ordinaire : paraissant instruit, s'exprimant avec aisance, l'homme refuse de dire de lui autre chose que son nom. Ce mutisme et cette absence suspecte de tout document d'identité lui valent d'être condamné à vingt coups de fouet et à plusieurs mois d'emprisonnement. C'est qu'on ne badine pas avec l'errance dans la Russie de Nicolas Ier.

Sa peine accomplie, toujours muet sur son passé, Kouzmitch est envoyé dans le gouvernement de Tomsk, en Sibérie, pour travailler dans une distillerie d'État. Il y restera cinq ans. Il y vit au milieu des paysans, donne des conseils d'hygiène et de santé, enseigne aux enfants la Bible, l'orthographe, le calcul, l'histoire et la géographie. L'homme, qui maîtrise le français et semble bien connaître la Cour et ses mœurs, surprend, et on parle déjà de lui comme d'un noble ayant choisi de fuir son passé. Par peur de ces rumeurs, il reprend bientôt sa vie itinérante. En 1858, il est recueilli par un marchand, Semion Khromov, qui l'héberge dans une petite maison à quelques kilomètres de Tomsk. Il y vivra en ermite jusqu'à sa mort en 1864. À cette date, sur sa tombe située au cimetière du monastère de Tomsk, Khromov fait inscrire : « Ci-gît le grand starets béni de Dieu, Fiodor Kouzmitch qui s'est éteint le 20 janvier 1864. » Le choix du qualificatif « béni de Dieu » n'est pas anodin : il renvoie à l'expression dont le Sénat avait voulu honorer l'empereur Alexandre Ier au lendemain de son entrée dans Paris en 1814, car Khromov en est convaincu : Kouzmitch et Alexandre ne font qu'un. Tandis que la tombe de Kouzmitch devient rapidement un lieu de pèlerinage, Khromov écrit à Alexandre II en 1866 en espérant le rencontrer pour lui remettre des notes et des documents ayant appartenu à l'ermite. Sa demande reste sans réponse, mais Khromov persiste et au début du règne d'Alexandre III, à l'été 1881, il se rend à Saint-Pétersbourg pour y rencontrer, comme en témoignent les archives russes, le procureur du saint-synode, Constantin Pobedonostsev, lui confier des notes qu'il a maladroitement rédigées sur Fiodor Kouzmitch et lui demander de remettre au nouvel empereur des effets ayant appartenu au starets. Parmi eux, plusieurs icônes, un chapeau et un portrait qu'Alexandre III de fait conservera jusqu'à sa mort sur son bureau, sans pour autant s'exprimer publiquement sur le sujet. Toutefois, peu à peu, les langues se déliant, les élites cultivées s'emparent à leur tour du mystère.

L'énigme Fiodor Kouzmitch

Convaincu que Kouzmitch et Alexandre Ier se confondent, Tolstoï consacre à l'affaire un ouvrage de fiction intitulé *Mémoires du starets Féodor Kouzmitch, mort le 20 janvier 1864 en Sibérie, près de Tomsk, dans le hameau du marchand Khromov* et, sous couvert d'écrire les souvenirs de Kouzmitch, il imagine comment le tsar a organisé de fausses funérailles et conçu sa fuite. Au même moment, soit en 1897-1898, dans son énorme biographie en quatre tomes consacrée au tsar Alexandre Ier, l'historien Schilder accrédite à son tour la thèse d'une disparition volontaire de l'empereur, plus facile à mettre en scène à Taganrog, loin de la Cour, qu'à Saint-Pétersbourg. Et Schilder de souligner de manière troublante qu'à la mort de Kouzmitch, dans sa cellule, on a trouvé plusieurs icônes, dont une consacrée à la Vierge, qui, sous le verre qui la protégeait, portait une lettre, l'initiale « A », surmontée d'une couronne. Le point de vue de Schilder est partagé par plusieurs archivistes de Saint-Pétersbourg[3] et, en privé, certains membres de la famille impériale – dont le tsarévitch Nicolas Alexandrovitch, futur Nicolas II, qui ira se recueillir sur la tombe du starets en 1891 – sont également convaincus qu'Alexandre Ier a fini sa vie sous l'identité de Fiodor Kouzmitch. Mais *a contrario,* ces affirmations sont à la fin de la période tsariste contestées et combattues par le grand-duc Nicolas Mikhaïlovitch : dans son opuscule daté de 1907 et intitulé *Legenda o konchine imperatora Aleksandra I v Sibiri v obraze Startsa Fiodora Kuzmicha*, l'historien officiel des Romanov, et membre de la famille, dément catégoriquement la thèse avancée par Schilder. À ses yeux, l'initiale apposée sous le verre de l'icône ne prouve en rien que Kouzmitch et Alexandre Ier ne faisaient qu'un ; en outre, les écritures d'Alexandre Ier et de Fiodor Kouzmitch différaient très nettement l'une de l'autre. Pour autant, son ouvrage ne met pas un terme au débat, et le grand-duc lui-même, peu avant d'être assassiné par les bolcheviks, aurait, au vu de documents nouveaux, changé de point de vue… Dans un texte publié à Saint-Pétersbourg en 1913 et réédité à Paris en 1929, le prince Bariatinsky se fait à son tour l'avocat fervent de la thèse de la disparition volontaire

3. Au point qu'aujourd'hui, dans les inventaires du Département des manuscrits de la Bibliothèque impériale de Saint-Pétersbourg établis avant la révolution d'octobre 1917, Alexandre Ier et Fiodor Kouzmitch sont classés dans un même fonds !

d'Alexandre Ier et de la machiavélique mise en scène de sa « mort » ; et pour ce faire, il pointe avec rigueur et conviction les incohérences grossières qui parcourent les récits que les différents témoins ont livrés sur l'agonie du tsar à Taganrog.

Les comptes rendus respectivement établis par Volkonski et Wyllie divergent en effet dans la description chronologique même de la maladie du tsar ; quant au journal intime méticuleusement tenu par l'impératrice depuis son arrivée à Taganrog, il s'interrompt de manière inopinée à la date du 23 novembre sans que l'on sache s'il a été détruit ou si Élisabeth a délibérément choisi de ne plus écrire. Les dernières heures de la vie du tsar ont également suscité de la part de Tarassov et Wyllie des versions tout aussi contradictoires, l'un évoquant une nuit tranquille, l'autre une nuit très agitée, le souverain allant de plus en plus mal. Enfin, les résultats de l'autopsie sont également sujets à caution : il y est fait mention de lésions cérébrales liées à la syphilis alors que le tsar n'en a jamais été atteint ! En outre, alors qu'en 1824 Alexandre avait souffert d'un érysipèle à la jambe gauche attesté dans les registres médicaux tenus par Wyllie, c'est sur la jambe droite du cadavre que l'on retrouvera des cicatrices d'anciennes plaies… De surcroît, alors que le procès-verbal d'autopsie a été signé par neuf médecins, Tarassov, qui l'a prétendument rédigé et dont le nom figure au bas du document, affirmera plus tard dans ses Mémoires ne l'avoir jamais signé… Enfin, et ce point est extrêmement important, au motif que la maladie avait défiguré le souverain, durant les obsèques qui se déroulèrent au printemps 1826 à Saint-Pétersbourg, le cercueil, installé dans la cathédrale Notre-Dame de Kazan, fut dissimulé aux regards et, contrairement au rite orthodoxe qui veut que pendant la célébration le défunt repose dans son cercueil ouvert, nul ne fut autorisé à voir le visage du souverain. Autant d'éléments étranges qui peuvent accréditer la thèse d'une disparition soigneusement orchestrée, tant il paraissait plus facile, loin de Saint-Pétersbourg, soit de trouver le cadavre d'un homme ressemblant vaguement au tsar pour l'inhumer à la place de ce dernier, soit d'y procéder à la fermeture d'un cercueil vide…

Au lendemain de la victoire des bolcheviks et de l'avènement du régime communiste, les autorités soviétiques auraient en 1921 procédé à l'examen des dépouilles des souverains russes inhumés dans la forteresse Saint-Pierre-et-Saint-Paul de Saint-Pétersbourg et elles auraient alors à leur tour constaté que le tombeau d'Alexandre Ier était vide. Mais cette affirmation, colportée discrètement par des archivistes, contraste au même moment avec le jugement d'historiens soviétiques qui voient dans la « légende » de Fiodor Kouzmitch un conte sans fondement et qui considèrent que, l'histoire russe abondant en impostures, faux tsars et mystifications en tout genre[4], il n'y a pas lieu d'y accorder le moindre crédit…

Où en est-on aujourd'hui ? Sur les traces de Fiodor Kouzmitch

La chute de l'Union soviétique a amené un regain de foi orthodoxe et, ce faisant, un intérêt nouveau pour le mystère Kouzmitch. Plusieurs ouvrages académiques touchant de près ou de loin à ce sujet ont été récemment publiés en Russie, et qualifient de très probable, pour Andreï Sakharov, voire de certaine, pour M. Gromyko, la thèse de la disparition volontaire. Reprenant le dossier pour les besoins du film documentaire tourné par Marc Jeanson intitulé *Le Secret du tsar*, je me suis rendue aux archives de Saint-Pétersbourg, à celles de Moscou, puis à celles de Tomsk.

L'icône de Fiodor Kouzmitch a aujourd'hui disparu mais son chapeau, en réalité une calotte en velours bordeaux, offerte par le marchand Khromov, est toujours conservé dans les archives d'État de la Fédération de Russie à Moscou, et les archives régionales de Tomsk renferment toujours le rapport de police décrivant physiquement le vagabond lors de son arrestation de 1836. La maison du marchand Khromov est encore là, quoiqu'en très mauvais état, et à l'emplacement de l'ancienne cabane de Kouzmitch, aujourd'hui

4. Pour une belle mise au point sur ces phénomènes d'imposture, voir l'ouvrage majeur de Claudio Sergio Ingerflom, *Le tsar c'est moi. L'imposture permanente d'Ivan le Terrible à Vladimir Poutine*, PUF, 2015.

rasée, s'élève une minuscule chapelle où les fidèles se pressent. Car depuis 1984, Fiodor Kouzmitch, canonisé par l'Église orthodoxe de Sibérie, est devenu saint Fiodor de Tomsk et, en juillet 1995, la persévérance du clergé local a permis, sous d'anciennes toilettes soviétiques aujourd'hui démolies, de retrouver des ossements, à l'intérieur d'une tombe qui pourrait être celle érigée par Khromov. Les ossements devenus reliques ont aujourd'hui pris place dans le monastère de Tomsk, à l'intérieur d'une sépulture vénérée et visitée chaque année par des milliers de fidèles venus des alentours.

Alexandre et Fiodor Kouzmitch ne font-ils qu'un ? Pour les croyants de Tomsk, la chose est sûre, mais pour eux aussi, peu importe au fond car le Fiodor qu'ils vénèrent, ce n'est pas le tout-puissant souverain de Saint-Pétersbourg, mais l'homme simple et pieux, le starets qui a choisi de partager leur vie dans une nature hostile. Pour l'historien profane, en revanche, c'est une autre affaire et le mystère demeure…

Bibliographie sélective

Arkhanguelski, Alexandre, *Alexandre Ier, le feu follet*, Fayard, 2000.

Bariatinsky, Vladimir, *Le Mystère d'Alexandre Ier : le tsar a-t-il survécu sous le nom de Fedor Kouzmitch ?*, Payot, 1929.

Rey, Marie-Pierre, *Alexandre Ier, le tsar qui vainquit Napoléon*, Flammarion, 2013 (2e éd.). Couronné par l'Académie des sciences morales et politiques.

Filmographie

Jeanson, Marc, *Le Secret du tsar* (documentaire), DCX, 2014.

28

Le mystère du lac de Starnberg. La mort de Louis II de Bavière

par Catherine DECOURS

« L'évasion est mon instinct principal. »

Louis II de Bavière

Louis II de Bavière a su entourer toute sa vie de mystère. Trois grandes interrogations planent sur une existence qui fut courte : le roi était-il fou ? Homosexuel ? Fut-il assassiné ? Si, aujourd'hui, il est relativement aisé de répondre aux deux premières questions, la troisième continue de susciter interrogations et disputes. On pourrait ajouter une quatrième énigme : le roi fut-il un meurtrier ? Car au soir du 13 juin 1886, ce furent bien deux corps que l'on retrouva dans les eaux du lac de Starnberg. Les chercheurs, il est vrai, se soucient assez peu (voire pas du tout) de l'homme qui mourut au côté de Louis II. Seule la mort tragique du roi continue de nourrir une historiographie aussi variée que polémique. Dans cette littérature, la légende a si bien battu les cartes qu'il est très difficile d'y voir clair.

La longue veille du prince régent

Au soir du 13 juin 1886, le prince Luitpold, régent de Bavière depuis quatre jours, était un homme inquiet. À 65 ans, il se tenait droit comme un i et gardait des nerfs solides, mais au moment

– très délicat – où il lui fallait déposer son neveu, le roi Louis II de Bavière, rien ne se déroulait comme prévu. Trois jours auparavant, une première tentative pour signifier au roi qu'il était fou et qu'on allait l'enfermer avait tourné à la pantalonnade. Louis s'était barricadé dans son château de Neuschwanstein dressé sur un pic, tandis que pompiers, gendarmes et paysans volaient à son secours. Après quelques heures de prison dans le palais de conte de fées, la commission chargée de se saisir du roi s'était piteusement débandée. Une seconde expédition, purement médicale, avait réussi à l'arrêter et à le conduire au château de Berg. Le petit castel, décoré dans le style Walter Scott par le père de Louis II, était situé sur le bord du lac de Starnberg, à 80 kilomètres au sud de Munich. Toutes précautions prises : fenêtres condamnées et portes percées de judas, le roi avait été enfermé avec des infirmiers courtois et solides. Curieusement, Louis se comportait bien. Au dire de son aliéniste, le professeur von Gudden, il était calme. En ce matin de Pentecôte, le roi et son médecin avaient fait une promenade. Une autre était prévue vers 18 heures. Dans l'après-midi, le docteur von Gudden avait télégraphié à Munich : « Ici tout va merveilleusement bien. » Tant d'optimisme n'avait pas rassuré le régent. Était-ce l'effet de scrupules ? Chasser son neveu du trône était une tâche ingrate, mais Louis était fou, comme son frère le pauvre Otto, et leur oncle avait dû prendre ses responsabilités. La Constitution avait été scrupuleusement respectée, même si l'on pouvait trouver dans les formes employées quelques légèretés. Certain d'avoir accompli son devoir, Luitpold restait travaillé par de puissants et incompréhensibles remords. À 22 h 30, une ordonnance apporta un télégramme. Le régent saisit le papier signé du baron von Washington, seul politique encore présent à Berg où tout allait si bien : « Le roi et Gudden sont allés marcher dans la soirée. Pas encore revenus. Le parc est fouillé. »

Une onde glacée parcourut le prince. Impossible que les deux hommes se fussent perdus. Le parc, qui s'allongeait entre le château et le lac sur à peine un kilomètre de long, n'était pas plus large que deux ou trois terrains de croquet et Louis le connaissait depuis l'enfance. Il pleuvait, paraît-il, à Berg. Les promeneurs s'étaient-ils abrités sous les arbres ? Pas durant des heures. L'un d'eux était-il blessé ? Luitpold tentait de raisonner pour éviter de penser au pire : Louis avait-il réussi à s'enfuir ? Dans ce cas, il pouvait réapparaître à Munich, soulever le peuple, qui ne savait presque rien de son état, et faire juger ceux qui avaient contribué à son internement. Mais si le roi s'était évadé, qu'était devenu von Gudden ? Minute après minute, Luitpold lutta contre l'angoisse, jusqu'à ce qu'un deuxième télégramme l'avertisse qu'on avait trouvé le roi et le médecin dans l'eau près de la berge du lac. Le docteur Müller tentait de les réanimer. Louis, se noyer dans 1,20 mètre d'eau ? Il avait été l'un des meilleurs nageurs du pays. Et von Gudden ? Noyé avec de l'eau jusqu'à la taille ? À minuit et demi, le ministre Crailsheim, l'air complètement égaré, tendit un dernier télégramme au prince : « Le roi et Gudden morts tous les deux. »

Luitpold éclata en sanglots. Son neveu était mort et l'affaire tournait mal. Jamais il n'avait voulu cela. Au matin, il dicta le communiqué que la presse allait publier pour avertir un pays déjà traumatisé par l'annonce, trois jours auparavant, de l'internement du roi : « La maison royale de Bavière et son peuple fidèle dans le bonheur comme dans le malheur sont frappés par un terrible coup du sort. De par les décrets insondables de Dieu, Sa Majesté, le roi Louis II n'est plus. »

C'était à l'évidence un peu court. Mais que dire ? Le prince n'avait aucune idée de la façon dont Dieu avait exercé ses terribles décrets.

Un prince charmant sur le trône. Et une terrible maladie

En raison de la disparition brutale de son père, le roi Maximilien II, Louis II était monté sur le trône de Bavière alors qu'il n'avait que 18 ans. Le jeune homme, si beau qu'on parla d'un prince charmant, était courtois, cultivé, généreux et désireux de bien faire. Mais il n'avait pas été préparé à sa tâche et ressentait les premiers symptômes d'une grave maladie mentale qui atteignait aussi son frère, bientôt interné, et leur tante paternelle, la princesse Alexandra, elle aussi enfermée. Quantité d'historiens, poètes et romanciers ont donné leur avis au sujet de la maladie du roi ; on n'a pas assez interrogé les médecins. Les aliénistes sont pourtant d'accord : Louis II était atteint d'une forme de schizophrénie. Comme il conserva sa mémoire et une partie de ses capacités de raisonnement, qu'il s'appliqua à cacher son mal et refusa tout contact avec les médecins, nombre de personnes qui ne le connaissaient pas doutèrent de la gravité de troubles attribués à une « originalité ». La première conséquence du mal fut d'éloigner progressivement le malade de la réalité et de provoquer des crises de délire, mais le principal symptôme resta l'autisme, qui, instillant au roi une peur terrifiante des rapports humains, le coupa de ses semblables. Très vite, Louis II refusa de recevoir des visiteurs et de voir ses ministres, ne communiquant avec eux que par son secrétaire de cabinet, qu'à la fin il cessa aussi de rencontrer. Il n'y eut plus de cour à Munich, où les représentations du théâtre se déroulaient devant un seul homme : le roi. Dans les deux dernières années de sa vie, Louis II n'échangeait plus que quelques billets avec des serviteurs qui avaient interdiction de le regarder et dont certains ne devaient paraître en sa présence qu'à quatre pattes. Divers événements de la vie du roi allaient agir comme des « facilitateurs » de la maladie. Dès l'avènement de Louis, l'adoration qu'il éprouva pour Richard Wagner et la trop grande cupidité du compositeur scandalisèrent le pays, contraignant le roi à une douloureuse et très déstabilisante séparation.

Louis II eut encore à connaître – en 1866 et 1870 – deux guerres, provoquées par Bismarck, désireux de fonder « par le fer et par le feu » l'unité allemande autour de la Prusse. La Bavière dut entrer dans le nouvel Empire allemand et devenir vassale de l'empereur Guillaume. Louis ne se remit jamais de l'humiliation faite aux droits de sa couronne. Il construisit alors les fabuleux châteaux qui devaient proclamer aux yeux de tous la royauté bafouée. Neuschwanstein et Linderhof s'élevèrent presque en même temps, puis vint Herrenchiemsee, le Versailles bavarois, où Louis ne séjourna jamais. Car le roi qui bâtissait des châteaux féeriques vivait la plupart du temps dans des cabanes ou *Hüttes* de haute montagne. On en a recensé vingt-cinq ; certaines n'avaient que deux pièces. Dans le féerique traîneau bleu et or tiré par quatre chevaux blancs, ou dans un carrosse selon la saison, le roi, suivi par tout un train de domesticité, courait de l'une à l'autre, fuyant Munich qu'il détestait.

Si l'invisible monarque gouverna son pays pendant plus de vingt ans, ce fut parce que la Constitution était solide, que son écuyer et amant, Richard Hornig, s'efforçait de résoudre les difficultés et qu'un secrétaire de cabinet dévoué faisait la liaison entre le roi et le gouvernement. Vint pourtant le jour où le secrétaire de cabinet ne fut plus reçu par Louis II. Les domestiques, soumis lors des crises de délire à de mauvais traitements, durent être remplacés par des chevau-légers. Le moment le plus délicat fut celui où, les dépenses royales ayant vidé la caisse civile[1], les banques refusèrent des prêts. Les comptes ont été faits et refaits : Wagner, les constructions, les cadeaux d'un prince très généreux et les malversations commises par des proches qui profitèrent de la faiblesse du roi avaient eu raison d'une fortune évaluée à près de 160 millions de marks[2]. Toutes les tentatives pour demander au roi d'arrêter les constructions furent inutiles. En 1884, les travaux d'un quatrième château, le plus haut d'Europe, commencèrent ; le sol de Falkenstein devait être pavé de pierres précieuses. Un palais chinois et un palais byzantin suivraient. L'homme qui, devant une telle situation, devait prendre ses responsabilités était l'oncle paternel du roi, le prince Luitpold. Le peindre comme un ambitieux, désireux de prendre la place de son neveu, serait une erreur. Le prince avait eu deux fois l'occasion de monter sur le trône de Grèce et avait refusé pour ne pas renoncer à la religion catholique. Il convoqua au mois d'août 1886 le chef du gouvernement, Friedrich von Lutz, qui lui fit comprendre que la seule

1. La caisse personnelle du roi réglait toutes ses dépenses, constructions comprises, lesquelles ne furent jamais à la charge de l'État.

2. É. Fontaine-Bachelier, *Louis II de Bavière. Étude d'une vie,* Jepublie, 2005, p. 296. (Pour donner un ordre de grandeur, la construction des trois célèbres châteaux a été évaluée à 32 millions de marks.)

chose qui importait aux ministres était de garder leurs portefeuilles. Luitpold le rassura et l'affaire fut entendue.

La manière forte.
Déposition et internement du roi

Von Lutz se chargea de demander à son ami, le professeur Bernhard von Gudden, aliéniste réputé qui soignait déjà le prince Otto, de constater la démence du roi. Comme il ne pouvait être question d'examiner un homme qui, redoutant plus que tout d'être percé à jour, se tenait éloigné des médecins, von Gudden fit interroger des témoins et recueillit des correspondances ainsi que les étranges billets par lesquels le roi communiquait avec ses valets. Le 8 juin 1886, l'aliéniste remit un rapport qui concluait à une maladie mentale qu'il nommait paranoïa[3], laquelle rendait Sa Majesté « incapable de garder le pouvoir… durant le reste de sa vie ». Le diagnostic parut et paraît encore un peu péremptoire pour un malade qui n'avait pas été examiné. Il est également regrettable qu'aucune démarche pour obtenir du roi un renoncement volontaire au trône n'eût été tentée. Le certificat médical obtenu, Luitpold prévint l'empereur Guillaume Ier et les princes allemands de la destitution de Louis II et de l'institution d'une régence selon les formes constitutionnelles ; elle fut entérinée le 9 juin. Restait à apprendre au roi qu'il était fou. Louis II, qui se trouvait à Neuschwanstein, ne se doutait absolument de rien, ce qui en dit long sur son isolement. Une première commission politico-médicale envoyée au château se heurta, on l'a vu, à une résistance et s'enfuit dans le ridicule. En verrouillant les postes et télégraphes, le ministre d'État, Friedrich von Crailsheim, coupa Louis II de tout secours. Une seconde commission, cette fois purement médicale, l'arrêta à l'aube du 12 juin. Monté seul dans une voiture dont on avait retiré les poignées, le roi arriva à Berg

---

3. Le terme de schizophrénie ne devait être inventé qu'en 1911 par le psychiatre suisse Eugène Bleuler.

peu après midi ; il fut aussitôt enfermé dans deux pièces aux volets clos. On obligea un homme qui ne supportait pas qu'on le regarde à rester sous la surveillance constante de deux infirmiers, un malade qui avait pris l'habitude de vivre la nuit, à se coucher à l'heure qui était celle de son lever. Loin de se révolter, le roi parut s'adapter au brutal changement qui lui était imposé.

Un psychiatre très « open door »

Louis se montra si calme qu'il endormit rapidement la méfiance de son psychiatre. Le lendemain matin, 13 juin, jour de Pentecôte, il demanda à entendre la messe, ce qui lui fut refusé. Il s'inclina et fit avec son médecin une longue promenade dans le parc au cours de laquelle il exprima la crainte de se voir accompagné par deux gendarmes. Le professeur von Gudden, loin d'être un geôlier implacable, était un médecin humaniste, l'un des premiers partisans du *no restraint.* Il s'était fait connaître dans les asiles qu'il avait dirigés en interdisant la contrainte et en laissant les malades aller et venir à leur guise, y compris dans les bureaux des médecins, ce qui, paraît-il, créait un certain désordre. L'aliéniste revint de sa promenade enchanté de son patient et, lors du déjeuner, fit part de sa résolution d'accomplir en fin d'après-midi une seconde sortie sans aucune surveillance. Tous protestèrent, notamment son adjoint, le docteur Franz Carl Müller, fort peu partisan de l'*open door,* mais rien ne put entamer l'optimisme du professeur von Gudden. En vingt-quatre heures, Louis II avait « gagné le pari de la ruse » et endormi la méfiance de son psychiatre.

Nous savons, grâce à l'infirmier Mauder, que le roi mangea et but beaucoup lors de son dîner : un verre de bière, deux de « vins de liqueur », trois de vin du Rhin et encore deux de schnaps... L'histoire du roi sobre comme un chameau fait aussi partie de la légende. Von Gudden vint chercher son patient vers 18 h 30. Le gendarme Lauterbach rapportera qu'infirmiers et gendarmes ayant été renvoyés, il vit les deux hommes quitter le château par la porte arrière et s'éloigner sur le chemin du lac. La pluie commença à tomber peu après.

Le docteur Müller descendit à 20 heures pour dîner avec le baron von Washington. Apprenant que les promeneurs n'étaient pas rentrés, il envoya deux gendarmes fouiller le parc. À 20 h 30, tout le personnel se joignit aux recherches. La pluie tombait avec violence. Ce ne fut qu'à 22 h 30 qu'un domestique découvrit le chapeau du roi, reconnaissable à sa grosse agrafe en brillants, sur une petite grève caillouteuse au bord du lac. On accourut avec des lanternes. Le parapluie, le manteau et la veste de Sa Majesté furent ramassés près de l'eau. Le docteur Müller et l'intendant Huber coururent chercher le pêcheur Jacob Lidl, qui amena une barque. Tous trois y montèrent. Ils trouvèrent rapidement le corps du roi immergé dans peu d'eau : entre 1,20 et 1,30 mètre. Le corps du professeur von Gudden reposait « à une longueur de table » de là. Les trois hommes les hissèrent sur la barque pour les conduire jusqu'à la rive où le docteur Müller, aidé d'un infirmier, commença une énergique réanimation ; elle dura une heure. Quand minuit sonna au clocher de Starnberg, le médecin les déclara morts tous les deux. Le visage du docteur von Gudden portait des traces de coups et l'un de ses ongles était retourné. Le corps du roi était intact. Par ailleurs, l'autopsie révélera qu'il n'avait pas d'eau dans les poumons. La montre royale s'était arrêtée à 18 h 54, celle de von Gudden à 20 h 06. Cette différence d'heure fit couler beaucoup d'encre, bien que beaucoup de personnes eussent signalé que le médecin oubliait souvent de remonter sa montre, le docteur Müller précisant que son « patron » ne possédait même pas de clef à cet effet.

Les trois thèses

La manière dont les deux hommes avaient trouvé la mort a donné lieu à des dizaines de scénarios qui tous comportent des variantes ; aujourd'hui encore, presque chaque Bavarois a le sien. Psychiatres, historiens et chercheurs de tout poil se réunissent en chapelles pour en discuter. Il convient d'abord d'écarter Sissi que, dans ces histoires, l'on imagine trop souvent tentant de faire évader son cousin. L'impératrice n'avait pas vu le roi depuis plus de cinq ans. En ce mois de juin, elle se trouvait comme chaque été au bord du lac de Starnberg, dans un hôtel de Feldafing, avec sa suite et sa plus jeune fille. Elle apprit l'internement de Louis II alors qu'avec sa mère elle rendait visite à son frère aîné à Garastshausen, et se montra très contrariée. Le lundi de Pentecôte, ce fut sa fille Gisèle, épouse du fils cadet de Luitpold, qui, à l'heure du déjeuner, vint lui apprendre la mort du roi : « Maman, j'ai quelque chose à te dire en particulier... » Sissi fut bouleversée, mais elle n'avait eu ni l'envie ni la possibilité de faire évader Louis II. La régence avait été légalement proclamée, la Bavière faisait partie de l'Empire allemand et l'impératrice savait fort bien qu'elle aurait mis son mari, l'empereur d'Autriche, dans une situation intenable en tentant de faire évader son cousin. Qu'aurait-elle fait du fugitif ? Il eût fallu le faire passer en Autriche, où Louis II n'aurait eu de cesse de retrouver son trône, au risque d'échauffourées, si ce n'est d'une guerre civile en Bavière. En matière politique, Sissi n'était pas inconséquente.

L'ensemble des scénarios concernant la mort de Louis II tournent autour de trois thèses. La première, la plus radicale, est celle de l'assassinat. La deuxième envisage ce qu'on appellerait aujourd'hui une « bavure », un gendarme, ou une autre personne zélée, ayant tiré sur le roi qui tentait de s'enfuir. Ces thèses, assassinat ou bavure, impliquant mensonges et manipulations, sont « complotistes ». Elles présentent toujours le roi tué par balles dans le dos et font souvent état d'une tentative d'enlèvement de Louis par des amis désireux de le libérer. Une troisième thèse défend une mort par noyade, mais serait-elle arrivée par suicide ou par accident ?

Les thèses complotistes s'appuient trop souvent sur des sources vagues du style : « Le 12 juin, M. S. a dit à Mme V. dans le train que le roi allait être assassiné. » Les révélations de mourants à leur descendance atterrée ne manquent pas non plus. Elles induisent une certaine méfiance. Pourquoi ces gens-là n'ont-ils pas parlé plus tôt en confiant leurs lettres à un homme de loi ? Que risquaient-ils ? La Bavière n'était pas un État policier. Ces thèses dénonçant un complot reposent essentiellement sur les dires de la comtesse Werbna-Kaunitz, qui, à Munich, aurait conservé dans un coffre posé dans son entrée le manteau porté par le roi le jour de son décès. Elle l'aurait montré par deux fois à des amies qui lui auraient signé des papiers attestant que le vêtement présentait la trace de deux impacts de balles. La comtesse mourut en 1973 d'une intoxication provoquée par la fumée d'un incendie, ce qui ne manque pas d'augmenter la suspicion des tenants de l'existence d'un complot. Le manteau aurait alors été remplacé par un autre, intact. Tout se passe comme s'il y avait dans l'affaire Louis II de Bavière un « Nettoyeur » dont il faut admirer la patience, car la comtesse Werbna-Kaunitz décéda quatre-vingt-sept ans après Louis II. Elle aurait reçu ce manteau de Louis-Ferdinand, cousin préféré du roi, auquel il serait bien curieux que des assassins éventuels eussent laissé une telle preuve. Le prince Joseph Clemens de Bavière, neveu du prince Louis-Ferdinand, devait confier en 1986 au journal *Bild* que l'on avait brûlé tous les vêtements de Louis II après sa mort. Qui croire ? De toute façon, le prince Joseph Clemens, né seize ans après le drame de Starnberg, n'a pu rapporter que des ouï-dire.

Les thèses soutenant l'existence d'un complot s'appuient sur un autre document qui retient plus justement l'attention. La nuit du drame, le docteur Rudolph Maag, médecin du district de Starnberg, fut convoqué auprès de la dépouille du roi en tant que médecin légiste. Il constata, comme le docteur Müller, que le corps ne portait aucune blessure, si ce n'est quelques égratignures sous les genoux sans doute faites quand on avait hissé le roi, qui pesait plus de 110 kilos, dans la barque. Sur son lit de mort, Maag serait revenu sur sa déposition et aurait dicté à sa fille, Anna Maag, un billet reconnaissant qu'« il avait trouvé sur le corps du roi de terribles blessures dans le dos ». Malheureusement le papier a disparu ; cela arrive plus d'une fois dans ces histoires. Dans quelles conditions ? On ne perd pas un papier qui peut changer ce que l'on sait de la mort du roi de Bavière comme on perd son sac à main. Ce document a-t-il existé ? Qui a pu en témoigner ? L'existence du billet est d'autant plus sujette à caution qu'elle est contredite par un autre texte. Le conseiller juridique Hermann Arnold, qui accompagnait le docteur Maag, écrit : « Les cadavres étaient allongés sur le sol et recouverts de draps. Le médecin légiste n'avait ni le droit de les découvrir ni celui de les examiner. » Alors comment le docteur Maag fit-il pour découvrir des blessures dans le dos ? On voit la difficulté d'avancer dans une affaire où il n'est pas un document qui ne soit contredit par un autre et où les rumeurs sont mises au même rang que les faits avérés.

A-t-on assassiné le roi de Bavière ?

L'assassinat du roi, que l'on incrimine Luitpold (toujours par allusion), les membres du gouvernement, Bismarck, le violent et peu scrupuleux comte Holstein, grand écuyer à la Cour, espion très bien rémunéré de Bismarck, voire le malheureux professeur von Gudden, n'est guère plausible, tant il est évident que deux morts brutales intervenant au lendemain de l'internement de Louis II ne pouvaient que produire un effet désastreux. La régence ne s'en relèvera pas. Et pour quel avantage ? Si l'enfermement avait choqué, il n'était pas discuté. On savait le roi « bizarre », son frère enfermé et leur tante morte folle. Il eût fallu être stupide pour tuer le roi. Mort âgé et dément, oublié dans un château comme son frère, Louis II ne serait pas devenu le *Märchenkönig*. Sa mort mystérieuse créa une brutale crise de conscience. Un remords collectif le réhabilita et le fit entrer immédiatement dans la légende. Le roi original, le roi absent devint le roi martyr, le roi des rêves, des nuages, Hamlet-roi, etc. La cristallisation romantique fit si bien son œuvre qu'il est aujourd'hui très difficile de dégager Louis II de la légende.

Le roi fut-il victime d'une bavure ?

La thèse de l'homicide accidentel, soit d'une « bavure », est plus plausible, encore qu'elle pose un sérieux problème : si le roi fut tué par « un gendarme embusqué » (embusqué sur ordre de qui ?) alors qu'il tentait de s'enfuir, qu'était-il arrivé au docteur von Gudden ? Une bavure peut se comprendre, mais deux… *Errare humanum est, perseverare diabolicum.* On trouve ici les scénarios les plus élaborés. Le roi voulant s'échapper aurait été victime du zèle d'un gendarme qui aurait pris l'initiative de tirer sur le fugitif. Von Gudden se portant au secours de son patient encore vivant aurait cherché à le sauver. Le médecin en aurait été empêché par un autre gendarme envoyé lui ordonner de laisser mourir Sa Majesté. Les deux hommes se seraient battus et le médecin aurait été tué « accidentellement ». On aurait alors maquillé les deux « accidents » en une double noyade. Quant aux vingt ou trente personnes présentes à Berg, elles auraient été emmenées à Munich et terrorisées par le chef du gouvernement. Après quoi, une malédiction auprès de laquelle celle des Pharaons est une aimable plaisanterie se serait abattue sur les malheureux témoins : disparitions inexpliquées, morts brutales, suicide, etc.

Reste la troisième thèse, qui demeure l'explication officielle. Louis II était un colosse et avait vingt ans de moins que le psychiatre. Animé par l'énergie du désespoir, le roi se serait débarrassé de l'homme qui tentait de le retenir et l'aurait tué, soit en l'assommant, soit en lui maintenant la tête sous l'eau, puis serait mort noyé.

Des clefs pour résoudre l'énigme

Pour y voir plus clair dans l'abondance des propositions et séparer le bon grain de l'ivraie, on dispose de trois sources non seulement extrêmement précises, mais fiables. D'abord, deux des trois hommes qui trouvèrent le corps du roi ont laissé des témoignages.

Le docteur Franz Carl Müller, qui s'occupa de Louis II dès l'instant de son internement, puis découvrit son corps et ne quitta pas la dépouille jusqu'à son transfert à Munich, publia en 1888 *Die letzten Tage Ludwigs II. Der letzte Bericht eines Augenzeugen*[4], réédité à plusieurs reprises, malheureusement pas en français. Le texte, clair, concis et sans équivoque, n'a pas été mis en doute ; il est plutôt ignoré. Le pêcheur Jacob Lidl a laissé sa propre et naïve narration dans un cahier prudemment confié à son beau-frère. Hélas ! Lidl mourut, puis le beau-frère, et le cahier disparut après le passage de « messieurs ». Toujours le « Nettoyeur »... Reste que fut retrouvé un petit carnet où, en 59 lignes très brèves, le pêcheur résume la nuit terrible. Les propos de Jacob Lidl n'appuyant guère les dires « complotistes », leurs partisans précisent « qu'il faut savoir lire entre les lignes ». Il faut commencer par lire les lignes, or aucune d'elles, absolument aucune, ne parle d'un roi tué à coups de feu.

On dispose d'une troisième source très précieuse, à savoir l'autopsie réalisée le mardi 15 juillet à la Residenz durant plus de cinq heures en présence de deux membres du gouvernement et de douze médecins, tous des sommités. Le professeur Maximilien Schleiss von Löwenfeld, médecin officiel du roi, qui ne voyait plus son patient depuis 1870, mais lui restait fanatiquement dévoué, était présent. Tous ces médecins signèrent le rapport qui précise que « les enveloppes corporelles étaient intactes » et que le corps du roi ne portait aucune blessure si ce n'est quelques égratignures sous les genoux. Le dos fut examiné. S'il y avait eu le moindre indice d'une violence faite au roi, le docteur Schleiss aurait passé le reste de sa vie à le clamer.

Ces deux récits et l'autopsie racontent exactement la même histoire. Louis II s'est noyé après s'être débarrassé de façon violente de son médecin. L'autopsie montre pourtant que les poumons du roi ne contenaient pas d'eau. Alors qu'est-il arrivé ? Le rapport du 15 juin 1886 a été confié en février 2018 à un spécialiste de médecine légale, le docteur Hervé Lerat, expert près de la cour

4. « Les derniers jours de Louis II. Le dernier rapport d'un témoin oculaire. »

d'appel de Rennes. Après l'avoir étudié et tenu compte du fait que le corps ne portait pas la moindre trace de violence, il conclut :

« Ce n'est pas une mort par submersion : l'eau n'a pas envahi les voies respiratoires entraînant une asphyxie. Parmi les critères les plus reconnus d'une mort par submersion ne sont pas rapportés la cyanose, la spume, les lésions emphysémateuses, les corps étrangers. Tout laisse à penser qu'il s'agit d'une hydrocution. Le mécanisme est représenté par l'enchaînement suivant : syncope primitive, puis inhibition, puis mort par arrêt de la fonction respiratoire et de la fonction circulatoire. Il s'agit d'un noyé blanc, victime d'une mort subite réflexe par inhibition, à l'inverse d'un noyé bleu cyanosé, victime d'une mort par submersion… Quelle est l'origine de la syncope primitive ? Il s'agit certainement d'une syncope thermo-différentielle, ce que l'on appelle communément une hydrocution causée par l'écart entre la température du corps et celle de l'eau… Louis II était manifestement alcoolisé, avait l'estomac plein et, par conséquent, une dilatation des vaisseaux périphériques. Le contact avec l'eau froide a entraîné une vasoconstriction brutale des vaisseaux repoussant le sang vers la circulation retour, provoquant une syncope. »

Autrement dit le choc thermique a désamorcé la pompe cardiaque. Le légiste ajoute que le docteur von Gudden, certainement affolé par la fuite de son patient, puis « tabassé », a pu aussi mourir d'hydrocution en pénétrant dans l'eau froide – l'eau du lac, provenant de la fonte glaciaire, n'était pas à plus de 12 °C –, mais il est impossible de le savoir puisque son corps ne fut pas autopsié.

Ne reste alors qu'une seule interrogation : Louis II voulut-il s'enfuir ou était-ce une tentative de suicide ? Beaucoup, y compris les médecins, penchent pour le suicide. Certes, le roi en avait parlé plusieurs fois, mais toujours sous forme de menace et sans jamais faire une tentative en ce sens. À Neuschwanstein, durant les heures terribles où il avait dû attendre qu'on vienne le saisir, il aurait pu se précipiter de n'importe quelle fenêtre du château ou utiliser une arme à feu et s'en était abstenu. Ce qui étonne dans cette vie très douloureuse, minée par l'angoisse, c'est la résistance du roi et la force de vie qui l'habita en dépit de la maladie. Quand on évoque la figure de Louis II, on ne dit pas assez le courage avec lequel il mena une existence solitaire, souffrante et cachée ; le rutilant souverain eut une histoire tragique. Au soir du 13 juillet, Louis II entra dans le lac non loin de l'endroit où une barque était attachée et après s'être débarrassé des vêtements qui auraient pu le gêner. Il était un excellent nageur, capable dans sa jeunesse de traverser l'Alpsee dans les deux sens[5], ce que von Gudden devait ignorer. Le roi avait confié : « L'évasion est mon instinct principal », l'élan qui le fit courir vers l'eau semble avoir été celui qui dirigea toute sa vie : s'évader, fuir, fuir à tout prix.

Les obsèques d'un roi

Un convoi spécial ramena le corps du roi à Munich où, après l'autopsie, il fut revêtu du costume noir de grand maître de l'ordre de Saint-Hubert. La dépouille mortelle de Louis II fut ensuite exposée dans la chapelle de la Residenz envahie de cierges et de fleurs blanches. Le public s'y écrasa, si bien que, pour éviter les accidents, on dut fractionner les entrées. Les funérailles très solennelles, suivies par une foule bouleversée, se déroulèrent le samedi 19 juin dans l'église Saint-Michel, où le roi fut enterré dans la crypte[6]. Son cœur placé dans une urne dorée fut porté, suivant la coutume, au sanctuaire de Notre-Dame d'Altötting. Une tempête formidable – on parla de tornade – se déclencha durant la cérémonie. Le prince régent conduisait le deuil au côté de son fils aîné qui serait un jour Louis III, dernier roi de Bavière. L'archiduc Rodolphe représentait l'Autriche. Sissi, qui suivit un office à Feldafing, alla quelques jours plus tard se recueillir dans la crypte de Saint-Michel. Au bord du lac de Starnberg, une croix marque l'endroit où cessèrent les souffrances du roi. Ce fut de ce point précis et de cette fin mystérieuse que jaillit la légende.

5. Soit 3 kilomètres de long et 1 de large.

6. Cette crypte sert, ainsi que celle de l'église des Théatins, de nécropole aux rois et princes de Bavière ; on y trouve le tombeau d'Eugène de Beauharnais, époux d'une fille du roi Maximilien Ier.

La reine mère fit édifier une chapelle votive et une croix-lanterne sur la pelouse où, chaque année, est commémorée la mort de son fils. Apprenant le drame, elle avait dit : « Il a voulu fuir » et ne changea jamais d'avis.

Bibliographie sélective

Adès, Jean, *Louis II de Bavière. De la réalité à l'idéalisation romantique,* Geigy, 2014.

Chapman-Huston, Desmond, *Tragédie fantastique. La vie de Louis II de Bavière,* Hachette, 1957.

Decours, Catherine, *Louis II de Bavière. Le trône et la folie,* Fayard, 2019.

Fontaine-Bachelier, Élisabeth, *Louis II de Bavière. Étude d'une vie,* Jepublie, 2005.

Müller, Franz Carl, *Die letzen Tage Ludwigs II. Der letze Bericht eines Augenzeugen,* Severus, 2013.

Rauchs, P., *Louis II de Bavière et ses psychiatres,* L'Harmattan, 2003.

29

Les multiples fantômes de Jack l'Éventreur

par Bernard OUDIN

Il se commet chaque jour dans le monde des dizaines de crimes sans pour autant retenir l'attention de qui que ce soit, en dehors des protagonistes, de leurs proches et de la police. Quelques-uns émeuvent l'opinion, font la une des médias puis retombent dans l'oubli. Ils sont une poignée à franchir les décennies et à bénéficier d'une descendance historique, littéraire, cinématographique. Soit pour l'énormité du crime, soit pour le mystère persistant qui l'entoure.

De ce sinistre florilège, Jack l'Éventreur est la vedette incontestée. Après bientôt un siècle et demi, l'intérêt pour ce personnage ne s'est jamais relâché. Pas une année sans que paraisse un nouveau livre, qu'une nouvelle solution « définitive » soit avancée, ce qui ne manque pas de générer une certaine confusion…

Les premiers crimes

Les faits se sont déroulés sur un court laps de temps – fin de l'été et début de l'automne 1888 – et sur un espace plus réduit encore, à Spitalfields, un quartier miséreux de l'East End londonien, au nord de Whitechapel. Combien de victimes ? Cinq certaines. D'autres assassinats ont été attribués à Jack l'Éventreur, après ou avant cette période, tel celui de Martha Tabram, une fille à soldats retrouvée le 7 août percée de 39 coups de couteau. Mais dans ce meurtre brutal, la plupart des « rippérologues » (ainsi appelle-t-on les spécialistes de l'affaire) ne reconnaissent pas la patte du « Maître », son rituel rigoureux.

L'affaire débute vraiment le 30 août avec la découverte dans Buck's Row, une ruelle de Spitalfields, du cadavre de Mary Ann Nichols, une prostituée vieille et miséreuse, presque une clocharde, qui s'était vu refuser un lit à l'asile de nuit, faute des quelques pennies exigés. Elle a été égorgée d'une oreille à l'autre. Mais à la morgue, on découvre le pire : elle a été éventrée, ses organes ont été extirpés. Si horrible qu'il soit, l'assassinat passe inaperçu, tant les crimes sont fréquents dans ce secteur.

Il n'en est plus de même le 8 septembre, lorsqu'on découvre à l'aube, dans la cour d'un immeuble lépreux de Hanbury Street où les prostituées ont l'habitude d'entraîner leurs clients, le corps de l'une d'elles, Annie Chapman. Elle aussi a été égorgée avant d'être mutilée, les intestins déroulés et posés sur l'épaule, l'utérus enlevé. Cette fois Scotland Yard s'émeut. Des dizaines de policiers cherchent le moindre indice, fouillent les asiles de nuit et les dépôts de mendicité. En vain.

« Jack l'Éventreur » a-t-il existé ?

L'affaire est encore circonscrite à l'East End de Londres mais un autre événement vient lui donner une tout autre portée. Le 27 septembre, une agence de presse londonienne, la Central News Agency, reçoit une lettre de l'assassin où il clame sa haine des prostituées et promet de couper les oreilles de sa prochaine victime. Et c'est signé *Jack the Ripper*. À défaut d'un visage, il a un nom.

Scotland Yard fait diffuser des milliers de reproductions de cette lettre dans l'espoir que quelqu'un en reconnaisse l'écriture. Le seul résultat est d'exacerber les peurs. Mais cette lettre est-elle authentique ? Très vite, l'hypothèse d'un canular a circulé. Aujourd'hui, la plupart des chercheurs pensent que c'est le cas. Son auteur probable serait un certain Thomas Bulling, collaborateur de la Central News Agency, qui aurait voulu faire connaître son entreprise.

Ce n'est pas le moindre des paradoxes : le mythe qui naît ce jour-là est sans doute fondé sur une imposture : « Jack l'Éventreur » n'a jamais existé…

Double crime en moins d'une heure

Mais le tueur, lui, est bien réel. Et il va conforter sa légende en frappant à deux reprises dans la nuit du 29 septembre.

À 1 heure du matin, dans la cour d'un club pour travailleurs étrangers, Berner Street, on trouve le cadavre d'Elizabeth Stride, une veuve d'origine suédoise tombée dans la misère et la prostitution. Elle a été égorgée, mais non mutilée. Dans ce lieu très passant, l'assassin a dû être dérangé. Frustré, il frappe une seconde fois, quelques pâtés de maisons plus loin. À nouveau il a pris des risques insensés. Mitre Square est une petite place à la lisière de la City. Trois rues y débouchent, d'où pouvaient sortir à tout moment un policier ou un passant. Pourtant le tueur a eu le temps de se livrer à ses atrocités : Catherine Eddowes, une prostituée alcoolique libérée une heure plus tôt d'une cellule de dégrisement, a été éventrée, ses intestins déroulés, un rein enlevé.

Cette fois, tout Scotland Yard est sur la scène de crime, à commencer par son chef, sir Charles Warren. Tout près de là, sur un mur de Goulston Street, un policier trouve une inscription à la craie mettant en cause les juifs. Sir Charles Warren la fait aussitôt effacer, sans même la faire photographier. À sa décharge, il faut reconnaître qu'il était responsable de l'ordre public et pouvait craindre un pogrom. Son geste lui valut des critiques, voire des sarcasmes, mais aussi les remerciements du consistoire israélite.

Le double meurtre du 29 septembre est suivi lui aussi de l'envoi d'une nouvelle lettre, cette fois non signée. Envoyée « depuis l'Enfer » (*From Hell*), ironiquement adressée au président du *Whitechapel Vigilance Committee*, elle contient la moitié d'un rein. Le tueur se vante d'avoir fait frire et mangé l'autre moitié… Réalité ou farce de carabin ? De nos jours, l'ADN répondrait à cette question.

À l'époque, les médecins purent seulement confirmer qu'il s'agissait bien du rein d'un être humain âgé d'une quarantaine d'années.

En attendant, l'enquête piétine, les critiques se multiplient contre sir Charles Warren, au point que le *Home Secretary*, sir Henry Mattews, exige sa démission. Celle-ci est effective le 10 novembre. Le jour même où le *serial killer* va frapper pour la dernière fois.

Le plus atroce des crimes de l'éventreur

Ce matin-là, à Miller's Court, une impasse donnant dans Dorset Street, autre ruelle de Spitalfields, l'employé du propriétaire d'un des immeubles vient réclamer son loyer en retard à une locataire du rez-de-chaussée, Mary Jane Kelly. Pas de réponse. Avant de se retirer, il jette un coup d'œil par une lucarne. Ce qu'il voit lui inspirera cette phrase : « C'était l'œuvre d'un démon plutôt que celle d'un homme. »

Mary Jane Kelly est elle aussi une prostituée, mais plus jeune que les autres victimes. Autre différence, elle a été tuée chez elle, ce qui a permis à son assassin de prendre son temps et de se livrer à une orgie de mutilations : gorge tranchée, intestins vidés, nez, oreilles, seins, cœur, reins coupés et dispersés un peu partout dans la pièce. La photo de la scène de crime, rendue publique des décennies plus tard, est de très mauvaise qualité mais en laisse deviner l'horreur.

Les interrogations du public se concentrent sur différents points. Comment l'assassin surprend-il ses victimes ? Est-il déguisé en policier ? En prêtre ? En femme ? Mieux, est-il une femme ? Comment parvient-il à s'enfuir, couvert de sang, sans se faire remarquer ? Passe-t-il par les égouts ? Est-il tueur aux abattoirs ? Déguisé en infirmière ou en sage-femme ? S'agit-il d'un médecin, d'un professionnel de l'anatomie ? Les légistes sont partagés mais pensent en général qu'il peut tout aussi bien être un chirurgien qu'un simple boucher.

Les deux visages de l'Éventreur

De ce fatras d'hypothèses émergent deux images. Pour la classe dirigeante comme pour l'Anglais moyen, Jack l'Éventreur ne peut sortir que des bas-fonds de l'East End. La reine Victoria, jouant elle-même au détective amateur, pense à un marin de passage et suggère à son Premier ministre, lord Salisbury, de comparer les dates des meurtres avec les escales des navires de commerce dans le port de Londres. C'est loin d'être stupide, mais cela confirme que la souveraine partage le sentiment de beaucoup de ses sujets : un tel monstre ne saurait être un Anglais… On multiplie les suspects étrangers, un barbier juif, un anarchiste russe.

Au contraire, pour les petites gens de l'East End, il s'agit d'un étranger au quartier, de quelque aristocrate dévoyé, sorte de Dr Jekyll et Mr Hyde, respectable dans la journée, tueur sanguinaire le soir venu. Une silhouette prend forme, avec pelisse, chapeau haut de forme et sacoche de médecin dissimulant son arme.

Cette seconde image, plus romanesque, s'imposera dans les romans et dans les films, mais aussi parmi les chercheurs. Tandis que Scotland Yard, de guerre lasse, referme le dossier en 1892, beaucoup d'entre eux vont s'engouffrer dans des directions improbables, au point d'y mêler les têtes couronnées.

Premières théories, premières affabulations

Pendant un siècle, délai légal durant lequel le dossier est inaccessible, ils tâtonnent dans le vide, « bidonnant » à tout-va, basant leurs révélations sur les confidences d'un témoin privilégié « dont on a promis de taire le nom ».

En 1923, le journaliste anglais William Le Queux prétend que Jack l'Éventreur est un médecin russe, le docteur Alexandre Pedachenko, un homme aux pulsions meurtrières que l'Okhrana, la police secrète du tsar, aurait envoyé à Londres pour y commettre des crimes et ridiculiser Scotland Yard, auquel on reprochait à

Saint-Pétersbourg de protéger les terroristes russes en exil. Exfiltré à la fin de l'année 1888, il aurait été enfermé jusqu'à sa mort dans un asile d'aliénés. Aucun document, aucune preuve ne vint jamais corroborer cette histoire.

En 1929, un autre journaliste, Leonard Matters, dans son livre *The Mystery of Jack the Ripper*, se vante d'avoir retrouvé la trace de l'Éventreur. Il s'agirait là encore d'un médecin, cette fois anglais, qu'il appelle le docteur Stanley mais dont il a dû changer le nom « par égard pour une famille honorable » [*sic*]. Cet homme avait un fils qui venait de mourir d'une syphilis contractée deux ans plus tôt avec une prostituée dont il connaissait seulement le nom : Mary Jane Kelly. Voulant venger son fils, le médecin erra dans les rues de Spitalfields, tuant une prostituée après l'autre jusqu'au moment où, ayant enfin retrouvé et tué Mary Jane Kelly, sa haine assouvie, il s'expatria à Buenos Aires, où il mourut. Rien de tout cela ne tenait debout : on ne trouva aucune trace d'un médecin britannique mort en Argentine ; on mourait de la syphilis en vingt ou trente ans, pas en deux ans ; enfin l'autopsie de Mary Jane Kelly ne mentionnait aucune maladie vénérienne… Ce qui n'empêcha pas des milliers de lecteurs de croire à cette histoire, qui eut la vie dure : trente ans plus tard, en 1959, elle fournit encore la trame d'un médiocre film anglais, *Jack the Ripper*, de Baker et Berman.

Ajoutons qu'en France le poète Robert Desnos, qui, comme tous les surréalistes, est fasciné par ce génie du Mal, cet émule de Fantômas, colporte en 1928 le « témoignage » d'un ami (!) de Jack l'Éventreur dans les colonnes d'un journal populaire, *Le Petit Matinal*.

1960 : premières pistes sérieuses

À défaut du dossier officiel, dont l'ouverture était encore lointaine, une source prometteuse apparut en 1959. Lady Aberconway rendit publiques les notes privées prises par son père, sir Melville Macnaghten (1853-1921), qui avait dirigé de 1903 à 1913 le CID

(*Criminal Investigation Department*), un peu l'équivalent de notre Brigade criminelle au sein du Yard. Certes, il n'y était entré qu'en 1889, après les meurtres, mais il avait participé à la clôture du dossier, dont il connaissait tout. Ses notes livraient les noms des trois principaux suspects retenus par les enquêteurs : Michael Ostrog, un médecin russe déjà condamné pour des actes de cruauté envers des femmes, vivait à Whitechapel à l'époque des faits ; Aaron Kosminski, un barbier juif polonais, vivait lui aussi dans l'East End et ses tendances homicides lui avaient valu d'être interné dans un asile en mars 1889 ; enfin Montague John Druitt, un jeune avocat de 31 ans, s'était suicidé en se jetant dans la Tamise quelques semaines après l'assassinat de Mary Jane Kelly.

Michael Ostrog et Aaron Kosminski furent vite écartés, mais le nom du second allait réapparaître, nous le verrons, en 2014. Quant à Montague John Druitt, il n'avait guère le profil du tueur, mais Macnaghten, dans ses notes, voyait en lui le suspect n° 1. Disposait-il d'autres indices de nature à nourrir cette conviction ? On le présuma.

En 1965, l'auteur américain Tom Cullen, dans son livre *Autumn of Terror*, étudia en détail la vie et la personnalité de Montague John Druitt et pendant quelques années sa culpabilité apparut comme crédible. Pourtant tout s'effondra lors de l'ouverture du dossier en 1992 : en dehors de son suicide, il n'y avait aucun élément de nature à l'incriminer.

La famille royale entre en scène

Le prince Albert Edward, duc de Clarence et Avondale, né en 1864, était le petit-fils de la reine Victoria et le fils aîné du prince de Galles, le futur Édouard VII. Deuxième dans la ligne de succession au trône, il était promis à devenir un jour roi d'Angleterre et empereur des Indes. Sa mort prématurée en janvier 1892, à l'âge de 28 ans, brisa cette destinée au profit de son frère cadet, le futur roi George V.

Les mânes du jeune duc reposèrent en paix pendant trois quarts de siècle. Jusqu'à 1970, quand un certain docteur Thomas Stowell publia dans la revue *The Criminologist* un article où il affirmait que l'éventreur était un aristocrate de très haut rang qui souffrait d'une syphilis et dont l'état mental s'était dégradé au point de commettre les quatre premiers meurtres. Démasqué par sa famille, discrètement interné dans une institution spécialisée, il s'en était évadé pour commettre le cinquième assassinat avant d'être définitivement cloîtré jusqu'à sa mort. Aucun nom n'était cité, mais une multitude de détails amenaient tout lecteur un peu au fait de l'histoire et des arcanes de la famille royale à identifier le duc de Clarence.

La vacuité de cette accusation apparut aussitôt. Le duc n'avait été interné nulle part et avait participé en 1888 à de nombreuses cérémonies officielles. On put établir qu'il se trouvait très loin de Londres lors de chacun des cinq assassinats. Le docteur Stowell dut retirer ses accusations et adresser au *Times* une lettre d'excuse.

L'affaire aurait dû en rester là. Mais il est des rumeurs que rien n'arrête, en dépit (ou à cause ?) de leur absurdité.

La BBC programme une série d'émissions sur le sujet. Apparaît alors un personnage qui ne va pas contribuer à clarifier les choses. Il s'appelle Joseph Gorman et se dit le fils illégitime du peintre Walter Sickert. Cet artiste post-impressionniste (1860-1942), injustement méconnu en France, est célèbre en Grande-Bretagne. Les déclarations de ce fils supposé vont lui valoir une notoriété posthume dont sa place éminente dans l'histoire de l'art se serait bien passée.

L'histoire que raconte Joseph Gorman est à peu près aussi crédible que les romans populaires les plus mélodramatiques de l'époque victorienne. Mais elle retient l'attention du journaliste Stephen Knight, qui voit tout le parti qu'on peut en tirer. Le livre qu'il publie en 1976, *Jack the Ripper, The Final Solution*, sera un best-seller. Joseph Gorman raconte qu'en 1884 la princesse Alexandra, épouse du futur Édouard VII, demande au peintre Walter Sickert d'apprendre le dessin à son fils, le duc de Clarence. Les cours ont lieu à l'atelier du peintre, Cleveland Street. C'est là que le duc rencontre une jeune modèle, Annie Elizabeth Crook, dont il tombe éperdument amoureux. Ils se marient secrètement, le témoin de la mariée étant une certaine… Mary Jane Kelly. Une fille, Alice Margaret Crook, naît le 18 avril 1885. Pendant quatre ans, les deux amoureux se voient sans retenir l'attention de qui que ce soit, ce qui est peu vraisemblable. Mais en 1888, la famille royale perce leur secret. Scandale ! Annie Crook est une roturière, de surcroît catholique ! La reine en appelle au Premier ministre, lord Salisbury, qui fait enlever la jeune femme. Au nom de la raison d'État, le médecin de la famille royale, sir William Gull, la déclare folle et la fait enfermer dans un asile, où elle restera jusqu'à sa mort en 1920.

Sa petite fille a échappé à cette machination, cachée par Mary Jane Kelly. Celle-ci, qui a sombré dans la pauvreté et la prostitution, a la mauvaise idée d'exercer un chantage sur la famille royale et celle, plus mauvaise encore, de mettre dans la confidence quatre de ses compagnes de Spitalfields, qui s'appellent, on l'a deviné, Mary Anne Nichols, Annie Chapman, Elizabeth Stride et Catherine Eddowes.

Cette fois, le Premier ministre ordonne de liquider ces femmes. Les meurtres sont commis par un trio formé de sir William Gull, de sir Robert Anderson, *assistant commissioner*, autrement dit le n° 2 de Scotland Yard, et d'un certain Netley, cocher de William Gull, qui sera leur exécuteur des basses œuvres. Les victimes sont attirées à l'intérieur de la voiture du docteur Gull, assassinées, leurs corps mutilés et abandonnés dans la rue pour faire croire à des crimes sexuels. Quant à la petite Alice, la fille du duc et d'Annie Crook, elle a été recueillie par Sickert, dont elle deviendra la maîtresse des années plus tard. Puis elle épousera un certain Gorman, mais leur fils, le narrateur Joseph Gorman, prétendra toujours que Walter Sickert était son vrai père.

Dans son livre, Stephen Knight dévie de ce récit. D'abord il s'est rendu compte qu'il butait sur un point : Gorman mettait en cause sir Robert Anderson, alors que celui-ci était en Suisse lors des premiers meurtres. La chose était de notoriété publique, car à l'époque la presse lui avait vivement reproché de ne pas avoir interrompu ses vacances. Qu'à cela ne tienne : dans son livre, Stephen Knight remplace Anderson par Sickert, qu'il incorpore au trio des assassins. Et ce n'est pas tout. Pour ajouter à sa thèse encore un peu plus de piment, il fait de toute l'affaire un complot maçonnique ! À l'entendre, Gull, Anderson, Sickert, tous étaient francs-maçons, jusqu'à sir Charles Warren et lord Salisbury. Même les mutilations infligées aux victimes reproduisaient d'anciens rituels maçonniques…

Fortune d'une imposture

Les historiens sérieux se gardèrent bien de prêter foi à ce tissu d'élucubrations. Mais Stephen Knight avait réponse à tout. Le récit de Gorman fourmille d'erreurs ? C'est la preuve de sa sincérité. On n'a pas trouvé la moindre trace d'un lien quelconque entre Annie Crook et les victimes de l'Éventreur ? Encore moins d'un mariage secret du duc de Clarence ? Leur disparition s'explique par la volonté des autorités d'étouffer l'affaire. Mieux, *elle en est la preuve !*

La suite fut pour le moins confuse. En 1978, dans une interview au *Sunday Times*, Gorman reconnut qu'il avait tout inventé. Là-dessus, en 1985, Stephen Knight mourut d'une tumeur au cerveau à 34 ans (ce qui bien sûr lança quelques complotistes sur la piste d'un assassinat maçonnique) et Gorman se rétracta à nouveau, affirmant cette fois qu'il avait voulu en 1978 protéger la mémoire de son père. Dernière affabulation, en 1991 il « retrouve » les carnets de l'inspecteur Abberline, un des enquêteurs, qui cette fois met en cause… lord Randolph Churchill, le père de Winston. Un faux grossier qui ne sera pas le dernier dans cette affaire.

De toute façon, son récit prenait l'eau de toutes parts. En dehors d'Annie Crook et de sa fille Alice, personnages réels, grand-mère et mère de Joseph Gorman, tout se révéla faux : Annie Crook vivait pauvrement à l'époque où on la disait entretenue par le duc ; elle fut hospitalisée pour épilepsie, et non pour maladie mentale ; Sickert n'a jamais eu d'atelier Cleveland Street ; au moment où

Alice Crook a été conçue, le duc séjournait à Heidelberg ; sir William Gull, qui devait mourir en 1890, était déjà à demi paralysé à l'époque des meurtres, etc. Reste la pire invraisemblance : un gouvernement désireux d'étouffer un scandale faisant disparaître les témoins d'une façon qui attirait précisément l'attention passionnée de tout le pays !

Logiquement, cette histoire rocambolesque eut une descendance sur le terrain de la fiction. Dès 1978, un premier film, *Meurtre par décret*, en reprenait les éléments en y mêlant même Sherlock Holmes (Christopher Plummer) et le docteur Watson (James Mason). Suivirent en 1988 un téléfilm avec Michael Caine, puis une BD, *From Hell*, dont fut tiré en 2001 un film éponyme avec Johnny Depp. Plus curieusement, elle eut ses prolongements en dehors de la fiction, deux dames ayant pris pour cible posthume le malheureux Walter Sickert. La première en 1990, Jean Overton-Fuller, dans son livre *Sickert and the Ripper Crimes* ; la seconde au XXIe siècle, dont nous reparlerons. Car dans l'intervalle un nouveau rebondissement était survenu.

On a retrouvé le journal de Jack l'Éventreur !

Un joli « coup d'édition ». En 1993, l'éditeur londonien Robert Smith publie le *Journal de Jack l'Éventreur* (*The Diary of Jack the Ripper*). Il lui a été apporté par un ouvrier de Liverpool, Michael Barrett, qui l'a reçu d'un ami nommé Tony Devereux… mort sans dire d'où il le tenait. Un point de départ pour le moins suspect. Tout comme le support du journal : certes, il était d'époque victorienne, mais les premières pages avaient été arrachées. Autant il est difficile à un faussaire de trouver un cahier ancien vierge de toute inscription, autant il est facile de trouver de vieux documents partiellement utilisés, dont il suffit de couper les premières pages.

Le manuscrit comportait des erreurs, des anachronismes linguistiques qui renforcèrent les doutes. Sur un seul point tout le monde était d'accord : certains détails n'étaient connus, à l'époque, que de la police et de l'assassin. Ce n'était donc pas le jeu pervers d'un mythomane contemporain de Jack l'Éventreur. Ou c'était un faux moderne, ou l'authentique journal du tueur.

Celui-ci révélait-il son identité ? Pas du tout. Mais une des premières personnes qui se penchèrent sur le manuscrit, Shirley Harrison, n'eut pas de mal à relier le texte à un fait divers de l'époque victorienne, très connu en Angleterre, l'affaire Maybrick. En 1889, un négociant en coton de Liverpool, James Maybrick, était mort dans des circonstances suspectes, laissant penser à un empoisonnement à l'arsenic. Les soupçons se portèrent sur sa femme Florence. Américaine, de vingt-trois ans plus jeune que son mari, elle avait un amant et avait fait des achats d'arsenic. En dépit des doutes qui subsistaient, elle fut condamnée à mort, mais elle bénéficia d'un mouvement d'opinion en sa faveur et sa sentence fut commuée en prison à vie. Libérée en 1904, elle retourna aux États-Unis, où elle mourut dans l'anonymat en 1941.

De nombreux détails laissaient penser sans équivoque que l'auteur du manuscrit n'était autre que James Maybrick, se vengeant de son épouse infidèle en tuant des femmes. Aux yeux de Shirley Harrison et de ceux qui croyaient à l'authenticité du journal, le fait que celui-ci ne soit pas signé renforçait sa crédibilité. À voir. On songe à Van Meegeren, le génial faussaire hollandais qui dans les années 1930 peignit son premier faux Vermeer en cachant la signature pour mieux donner aux experts l'occasion de la découvrir… Et puis une objection majeure saute aux yeux. Dans son texte, Maybrick confie que sa femme connaissait son secret. On imagine mal que Florence Maybrick, dont la vie était en jeu, qui passa ensuite quinze ans en prison, se soit privée de l'extraordinaire moyen de défense qu'étaient les crimes de son mari.

Les doutes l'emportèrent. De nouvelles analyses détectèrent des composants modernes dans l'encre du journal. Et surtout Michael Barrett finit par avouer en 1995 qu'il s'agissait d'un faux, écrit par sa femme sous sa dictée. Il est vrai que lui aussi se rétracta et revint sur ses aveux. Mais aujourd'hui personne ne croit plus à l'authenticité du journal, en dehors de quelques irréductibles et de l'éditeur Robert Smith, qui en 2017 a publié *25 Years of The Diary of Jack the Ripper, The True Facts*.

Un nouvel élément : l'ADN

Avec le tournant du XXIe siècle, les chercheurs vont mettre tous leurs espoirs dans une technique encore récente, celle de l'ADN. Si sa structure « en double hélice » a été découverte dès 1953, son application en matière de criminalistique n'a été possible qu'en 1985, grâce aux travaux de sir Alec Jeffreys à l'université de Leicester. Et sur le terrain, ce n'est qu'en 1987 qu'une première affaire criminelle a pu être résolue, elle aussi dans la région de Leicester. Les historiens espérèrent à leur tour pouvoir ainsi résoudre de tenaces énigmes historiques. Il était fatal que le cas de Jack l'Éventreur fût à son tour abordé sous cet angle.

La première tentative revient à la romancière américaine Patricia Cornwell, qui publie en 2002 *Portrait of a Killer, Jack the Ripper, Case closed* (en français, *Jack l'Éventreur : Affaire classée. Portrait d'un tueur*). Depuis 1990, elle connaît un succès mondial avec *Postmortem* et une suite de polars à succès, dont l'héroïne Kay Scarpetta est médecin légiste. Elle-même n'a pas fait d'études de médecine mais a débuté comme informaticienne dans un institut de médecine légale à Richmond (Virginie). Passionnée par l'affaire, elle lui a consacré plusieurs années de sa vie et des millions de dollars, achetant à prix d'or les lettres et manuscrits censés émaner de l'Éventreur.

Son enquête obéit à une méthodologie surprenante. Au lieu de recueillir des indices pour aboutir à une conclusion, elle part d'un véritable postulat, la culpabilité du peintre Walter Sickert, déjà mis en cause par Stephen Knight, puis par Jane Overton-Fuller. Pourquoi Patricia Cornwell s'est-elle focalisée sur lui ? Elle ne s'en est jamais expliquée clairement. Mais quand on cherche des arguments à partir d'une conviction préétablie, on ne manque pas d'en trouver. Au besoin peu crédibles. Ainsi Walter Sickert, qui avait surtout peint des paysages et des scènes de music-hall, avait à plusieurs reprises pris pour sujet l'assassinat d'une prostituée. Peintre figuratif, il ne peignait que ce qu'il voyait, raisonne Patricia Cornwell. CQFD. En fait, il s'était inspiré d'un fait divers célèbre de l'année 1907, le meurtre de Camden Town. À ce compte-là, faudrait-il suspecter des peintres expressionnistes allemands comme Georg Grosz ou Rudolf Schlichter, qui ont souvent représenté des crimes sexuels, d'en avoir eux-mêmes commis ? Patricia Cornwell s'est aussi intéressée aux problèmes sexuels de Sickert, à sa présumée impuissance. Une hypothèse un peu hasardeuse dans la mesure où on lui connaît deux épouses et un certain nombre de maîtresses…

Et l'ADN ? Elle espérait qu'on puisse en extraire des lettres de Jack l'Éventreur, notamment du dessous des timbres, qui n'auraient pas été contaminés comme la lettre elle-même. Comme elle avait également acquis plusieurs toiles de Sickert, le bruit a couru qu'elle en avait mis quelques-unes en pièces pour en extraire l'ADN. La rumeur provoqua une certaine émotion dans le monde de l'art, mais Patricia Cornwell prit soin de la démentir.

Toujours est-il qu'elle put enfin faire comparer par des techniciens qualifiés l'ADN supposé de Jack l'Éventreur et celui de Walter Sickert. Verdict sans appel, concordance parfaite. Affaire classée !

Sauf qu'elle ne l'était pas du tout ! Les conclusions de Patricia Cornwell ne résistent pas à l'examen. Les lettres d'abord : au fil des décennies, nous l'avons dit, il est apparu de plus en plus douteux que les prétendus écrits de Jack l'Éventreur fussent de sa main. On estime aujourd'hui que la plupart étaient des *fake news*. Mais surtout, Sickert ayant été incinéré, on a dû recourir à l'ADN de ses descendants. Il s'agit dès lors non de l'ADN nucléaire, mais de l'ADN mitochondrial, qui se transmet par la mère et qui n'offre pas la même rigueur. On a calculé qu'à l'époque des meurtres, cette identification pouvait être commune à quelque 400 000 personnes. Tout au plus l'ADN mitochondrial peut servir, comme on dit dans le jargon policier, à « fermer des portes », c'est-à-dire à éliminer des suspects. Autrement dit, d'une absence de similitude on aurait pu conclure que Walter Sickert ne pouvait en aucun cas être Jack l'Éventreur, mais le contraire ne prouve rien. L'ADN mitochondrial peut établir une innocence, jamais une culpabilité. Ajoutons qu'un des biographes de Walter Sickert affirma qu'à l'automne 1888 il se trouvait très probablement en France, où il séjournait fréquemment.

En dépit de tous ces éléments, Patricia Cornwell persiste et signe : elle vient de publier en 2017 un nouveau livre (non traduit en français) : *Ripper. The Secret Life of Walter Sickert.* Affaire à suivre.

2014 : la dernière en date des solutions « définitives »

À nouveau entre en scène un « détective amateur », ce personnage aimé des Anglais, qu'on croise dans les romans policiers mais parfois aussi dans la réalité. Russell Edwards est promoteur immobilier. Passionné par Jack l'Éventreur, son intérêt prend un tour nouveau lorsqu'il apprend en 2007 la vente aux enchères dans le Suffolk d'un châle qui aurait appartenu à Catherine Eddowes, la victime de Mitre Square. Il l'achète. Mieux, le vendeur lui certifie que le châle provenait de son aïeul, le sergent Amos Simpson, un des policiers ayant participé à l'enquête, qui aurait « conservé en souvenir » cette pièce à conviction pour l'offrir à sa femme (!). Toujours d'après le vendeur, ce châle était toujours resté dans la famille et, point essentiel, n'avait jamais été lavé.

Russell Edwards concentre alors ses recherches sur Aaron Kosminski, un barbier de Whitechapel d'origine juive polonaise, un des trois suspects mentionnés dans les notes de sir Melville Macnaghten révélées au public en 1959. Un point de départ, il faut le dire, plus sérieux que celui de Patricia Cornwell, étant donné les soupçons qui avaient pesé sur cet homme lors de l'enquête de Scotland Yard.

Edwards mène alors des recherches scientifiques avec le docteur Jari Louhelainen, un spécialiste de biologie moléculaire à l'université de Liverpool. Premier élément prometteur, une trace de sperme est trouvée sur le châle. Edwards retrouve de son côté une descendante de la sœur d'Aaron Kosminski, qui accepte de donner son ADN pour comparaison. Bingo ! La correspondance est parfaite, l'affaire vieille de cent trente ans est enfin résolue.

La nouvelle paraît dans les colonnes du *Daily Mail* le 6 septembre 2014, suivie de la parution du livre de Russell Edwards *Naming*

Jack the Ripper (paru en français en 2016 sous le titre *Jack l'Éventreur démasqué*).

Était-ce la fin de l'énigme ? On aurait aimé en être sûr, mais on ne tarda pas à être sûr du contraire… Sir Alec Jeffreys, le généticien qui avait découvert les applications de l'ADN en matière de criminalistique, estima impossible de trouver des traces exploitables au bout de cent vingt-six ans vu le nombre de gens qui avaient dû manipuler l'objet. Pis, d'autres scientifiques pointèrent du doigt une « erreur de nomenclature » commise par le docteur Louhelainen. Les caractéristiques de l'ADN détecté, qu'il croyait propres à une personne sur 190 000, seraient en fait communes à 99 % de la population européenne, ce qui élargit à l'infini le nombre de suspects possibles…

À ces objections scientifiques s'ajoutaient des éléments factuels : rien ne prouve que le châle ait jamais appartenu à Catherine Eddowes, et des experts de Sotheby's qui l'examinèrent estimèrent qu'il datait de l'époque édouardienne, donc postérieur d'une quinzaine d'années à celle des meurtres. Par ailleurs, un historien fit des recherches suffisamment poussées dans les archives de Scotland Yard pour affirmer que le sergent Simpson, premier possesseur du châle, n'était pas en service à Londres en 1888.

Saura-t-on jamais qui est Jack l'Éventreur ?

Les « rippérologues » peuvent dormir tranquilles, le dossier n'est pas près d'être refermé. Le sera-t-il un jour ? Plus les années passent et moins c'est probable.

Une seule certitude à propos de Jack l'Éventreur : on peut dire *qui il n'est pas*. Un test très simple permet de détecter une hypothèse bidon qui relie Jack l'Éventreur à une célébrité, que ce soit l'héritier de la couronne, un peintre célèbre ou tout autre personnage de ce genre. Car enfin, pourquoi Jack l'Éventreur serait-il quelqu'un de connu alors qu'il y a toutes chances qu'il fût un parfait anonyme ? Les recherches effectuées dans cette direction relèvent au choix du fantasme ou de la chasse au best-seller.

Ainsi la Française Sophie Herfort, à laquelle on ne peut dénier une belle imagination, a publié en 2007 un *Jack l'Éventreur démasqué, l'enquête définitive*, où elle incrimine sir Melville Macnaghten, ce haut fonctionnaire de Scotland Yard qui avait laissé, nous l'avons vu, des notes sur les différents suspects. Une thèse qui s'appuie sur des « indices » tous plus faibles les uns que les autres. Elle va jusqu'à affirmer que « Scotland Yard savait » et avait délibérément couvert les agissements de Macnaghten. Quand on sait que celui-ci a été plusieurs fois promu au cours des vingt-quatre années qu'il passa au Yard jusqu'à en devenir le n° 2 et qu'il fut anobli par le roi en 1908, on se dit que c'était pousser l'esprit de corps un peu loin…

Dans le même genre, on s'en voudrait d'oublier un certain Richard Wallace, dont le livre *Jack the Ripper, « Light-Hearted Friend »* paru en 1996, démasque… Lewis Carroll. Fondée sur des anagrammes tirées de certains écrits de l'auteur d'*Alice au pays des merveilles*, cette thèse farfelue fut d'autant moins prise au sérieux que Lewis Carroll séjournait à Eastbourne à l'époque des meurtres.

En revanche, d'autres chercheurs ont poussé leurs investigations dans des directions peut-être hasardeuses, mais qui avaient au moins le mérite de la vraisemblance. Les uns ont approfondi les pistes existantes, celles des différents suspects identifiés à l'époque par Scotland Yard. L'enquête de Russell Edwards sur Aaron Kosminski entre dans cette catégorie.

Bien d'autres pistes ont été explorées. L'exemple type d'une démarche intéressante est celui de James Tully et de son livre publié en 1997, *Prisoner 1167 : The Madman who was Jack the Ripper*. Son suspect est un nommé James Kelly, qui égorgea sa femme en 1883, fut d'abord condamné à mort puis, à la suite d'expertises psychiatriques, reconnu irresponsable et enfermé à Broadmoor, l'asile du Berkshire où aujourd'hui encore sont incarcérés les malades mentaux criminels. Il s'en évada en janvier 1888 et disparut jusqu'en 1896, où on retrouva sa trace en Amérique, sans toutefois parvenir à le ramener en Angleterre. Ce n'est finalement qu'en 1927 qu'il se présenta de lui-même à la porte de Broadmoor, où il demeura jusqu'à sa mort en 1929. L'hypothèse est peu étayée (on ne sait même pas si Kelly était à Londres en 1888), mais au moins, contrairement à tant d'autres, n'a-t-elle rien d'absurde.

Parmi les dizaines d'autres « candidats », on citera Joseph Barnett, le concubin et souteneur de Mary Jane Kelly ; Robert Mann, un employé de la morgue de Whitechapel ; l'Américain Francis Tumblety, escroc, faux médecin à la personnalité inquiétante, qui collectionnait les organes féminins dans des bocaux. Son cas est d'autant plus troublant qu'au moment des crimes il vivait à Whitechapel, qu'il quitta pour retourner en Amérique en décembre 1888. Néanmoins, son âge à l'époque – 55 ans – rend sa culpabilité peu crédible, les tueurs en série étant en général beaucoup plus jeunes.

Arrêtons là cette énumération. Les amateurs peuvent consulter *Jack the Ripper, A Suspect Guide*, de Christopher J. Morley, un « e-book » datant de 2005 qui identifie 202 suspects. Mais on a fait mieux depuis : en 2018, le livre de Paul Williams *Jack the Ripper, The Suspects, The Definitive Guide and Encyclopedia* en répertorie 333 !

À vous de choisir…

Bibliographie sélective

Les titres anglais sont innombrables, mais peu d'entre eux ont été traduits en français. Quoique ancien, le plus intéressant et documenté est celui de Tom Cullen, *Jack l'Éventreur, quand Londres marchait dans la terreur* (Denoël, 1966). Également traduits, le prétendu journal, reproduit en fac-similé dans *Jack l'Éventreur, le journal, le dossier, la controverse* (JC Lattès, 1993), et la thèse contestable de Patricia Cornwell, *Jack l'Éventreur, affaire classée. Portrait d'un tueur* (Éditions des Deux Terres, 2002).

En français, le meilleur ouvrage est celui de Stéphane Bourgoin, *Le Livre rouge de Jack l'Éventreur* (Grasset, 1998), très complet sur les faits et les hypothèses. Voir également, plus historique et sociologique, *Jack l'Éventreur et les fantasmes victoriens* (Complexe, 1987), de Roland Marx, et pour la curiosité la réédition du petit texte de Robert Desnos (*Jack l'Éventreur*, Allia, 1997).

30

Mort de Zola. Un rideau de fumée

par Alain Pagès

Émile Zola est mort le 29 septembre 1902, vers 8 heures du matin, asphyxié par des émanations d'oxyde de carbone produites par la cheminée de sa chambre à coucher dont le conduit était bouché. Pendant un demi-siècle, on a considéré que ce décès était de nature accidentelle. Cette perspective s'est trouvée modifiée par une enquête publiée par Jean Bedel dans le journal Libération, *en 1953. Elle posait la question d'une origine criminelle : « Zola a-t-il été assassiné ? » Ce sont les différentes pièces de ce dossier qui sont présentées ici, de l'instruction judiciaire ouverte en 1902 aux articles publiés par Jean Bedel en 1953, que nous avons complétés par nos propres investigations.*

Médan, dimanche 28 septembre 1902, en début d'après-midi. Après avoir passé les mois de l'été dans sa maison de campagne de Médan, à une quarantaine de kilomètres de Paris, Émile Zola, 62 ans, s'apprête à regagner la capitale. Comme il le fait régulièrement, il prend le train à la gare de Villennes, proche de son domicile. Le chef de gare, qui le connaît bien, lui adresse cette parole amicale : « Au revoir, monsieur Zola, et à l'année prochaine. » Le romancier hoche la tête : « Qui sait ? Mon ami… L'année prochaine, je ne serai peut-être plus de ce monde. »

Le journaliste de *La Patrie*, qui rapporte ce dialogue dans le numéro du mercredi 1er octobre, ajoute : « Il ne croyait pas dire si vrai. » Et il s'interroge sur ce « sinistre pressentiment ». En effet, la veille de la publication de cet article, le mardi 30 septembre, une nouvelle incroyable – celle de la mort d'Émile Zola – avait fait la une de toute la presse. Sur une première page encadrée d'un liseré noir, *L'Aurore* rendait hommage à celui qui, quatre ans plus tôt, avait publié *J'accuse* dans ces mêmes colonnes. De son côté, *La Libre Parole* de l'antisémite Drumont se réjouissait de l'événement, avec une manchette qui se voulait provocante : « Un fait divers naturaliste : Zola asphyxié. »

Très vite, les rumeurs les plus diverses se répandent dans la presse. S'agit-il d'un accident ou d'un suicide ? Ne disait-on pas le romancier profondément déprimé au cours de ces derniers mois ? Le 1er octobre, dans son éditorial de *L'Intransigeant*, Henri Rochefort se montre catégorique : « Ce qui est d'abord et avant tout certain, c'est que nous ne saurons jamais la vérité sur la mort de Zola. Quand les imposteurs du dreyfusisme se sont emparés de quelqu'un, ils le maquillent, le transforment et le dénaturent tellement qu'il est impossible de le reconnaître. [...] Ils n'avoueront sous aucun prétexte que l'auteur de *J'accuse* s'est suicidé par dégoût de les avoir trop longtemps fréquentés. » Dans *Le Peuple français*, l'historien du christianisme J.-B. Reygasse, s'interrogeant sur les causes d'une disparition aussi brutale, ne voit qu'une seule explication possible : la main de Dieu. « Zola avait insulté le Christ, outragé la Vierge immaculée, ridiculisé les Évangiles, et il était resté impuni », précise-t-il, en faisant allusion à la dernière partie de l'œuvre du romancier (le roman *Lourdes*, suivi, un peu plus tard, par le cycle des *Évangiles*) ; il conclut sa démonstration en notant que « la justice divine a son heure, inconnue des hommes, et qu'elle ne perd rien de ses rigueurs pour être tardive ».

Les circonstances du décès

Que s'est-il passé ? Après avoir quitté Médan, Zola et sa femme, Alexandrine, ont regagné leur domicile parisien situé 21 *bis*, rue de Bruxelles, dans le IXe arrondissement. Le soir, ils se sont endormis dans leur chambre à coucher. Dans le courant de l'après-midi, Jules Delahalle, le maître d'hôtel, avait essayé de faire un feu dans la cheminée, puis y avait renoncé, en constatant que le tirage était insuffisant. Et le drame est survenu le lendemain matin. Inquiets de n'avoir aucune nouvelle de leurs maîtres, les domestiques ont enfoncé la porte de la chambre. Ils ont découvert le romancier gisant sur le sol, tandis que son épouse, étendue sur le lit, respirait encore. Alexandrine se rétablira assez vite. Mais Émile Zola a cessé de vivre. Les médecins appelés à son chevet ont tenté, en vain, de le ranimer.

Une enquête est aussitôt menée par le commissaire Cornette, qui dirige le commissariat du quartier Saint-Georges. Son contenu est résumé dans le rapport qu'il adresse au préfet de police, dès le 1er octobre. La cause du décès, apparemment, ne fait aucun doute : Zola a été victime d'une asphyxie provoquée par l'oxyde de carbone qui s'est répandu dans sa chambre, à cause d'un tirage défectueux de la cheminée : « L'autopsie à laquelle ont procédé hier, 30 septembre, les docteurs Thoinot et Vibert, médecins légistes, a nettement établi les causes du décès qui sont dues à une asphyxie accidentelle par l'oxyde de carbone. »

En établissant son rapport, le commissaire Cornette, pourtant, semble avoir fait preuve d'hésitation. Les termes d'« asphyxie accidentelle » sont inscrits dans la marge. Ils ont été ajoutés après coup, comme si cette expression posait problème. Cornette avait-il un doute sur la nature de cet accident pour lequel un complément d'enquête était demandé par le juge d'instruction Joseph Bourrouillou, que le parquet a désigné pour instruire l'affaire ?

Le juge Bourrouillou s'adresse à plusieurs experts : il fait appel à deux chimistes, spécialistes de l'analyse toxicologique, Charles Girard et Jules Ogier, qu'il charge d'étudier les conditions de l'empoisonnement par l'oxyde de carbone ; et il confie à deux architectes, Henry Brunel et Georges Debrie, le soin d'examiner la disposition des lieux.

Le 8 octobre, les experts en toxicologie demandent à Jules Delahalle d'allumer un feu de boulets dans la chambre des Zola. Le feu ne prend pas, et la pièce se remplit de fumée. On aère la pièce, puis on ferme à nouveau les fenêtres, en introduisant dans la chambre des animaux qui vont permettre, pense-t-on, de comprendre de quelle façon l'asphyxie s'est produite : on place en différents endroits, sur le lit et près de la cheminée, trois oiseaux ainsi que trois petits cochons d'Inde, utilisés comme cobayes. Des scellés sont mis sur la porte. Le lendemain matin, les cobayes sont retrouvés en vie, mais ils paraissent affaiblis, tandis que deux des oiseaux sont morts. L'analyse de l'air révèle une dose très faible d'oxyde de carbone, insuffisante pour provoquer la mort d'un homme. Le 11 et le 12 octobre de nouvelles expériences sont réalisées, avec des résultats comparables.

Les investigations sont poursuivies par les architectes. Leur attention se concentre désormais sur la cheminée de la chambre à coucher. Le 14 octobre, ils font démonter le tuyau qui sort du conduit et s'élève, après un coude sur le toit, le long du mur mitoyen de l'immeuble voisin : ils découvrent que la partie supérieure est obstruée par la suie. Jules Delahalle leur déclare qu'il a pu faire un feu, à la mi-juin, sans que Zola et sa femme soient incommodés. Les architectes en déduisent qu'une obstruction complète du conduit a dû se produire pendant l'été : la cause, expliquent-ils, doit être recherchée dans les trépidations auxquelles a été soumis le tuyau, à la suite de différentes circonstances, l'action du vent, de la pluie ou de la circulation des véhicules dans la rue de Bruxelles.

Les différents experts remettent leurs rapports au juge Bourrouillou, qui mettra un terme à son instruction quelques mois plus tard. Comme le signale un court entrefilet publié dans *L'Aurore*, le 6 avril 1903, le juge choisit de se ranger à l'avis des experts qui attribuent la mort de l'écrivain à « une cause purement accidentelle excluant toute idée de responsabilité étrangère ».

Les secrets de la rue de Bruxelles

Alexandrine Zola a-t-elle été convaincue par la thèse de l'accident ? En tout cas, elle accepte les résultats de l'enquête, sans chercher à les remettre en cause. Après l'immense douleur provoquée par le deuil qu'elle vient de subir, son souhait, avant tout, est de retrouver le calme, et elle ne veut surtout pas, en attirant l'attention sur elle, plonger à nouveau dans cette terrible atmosphère, faite de menaces et de violences, qu'elle a connue pendant les années au cours desquelles son mari a mené son combat en faveur d'Alfred Dreyfus. Il est possible, cependant, qu'elle se soit posé un certain nombre de questions. Les expériences conduites par les toxicologues n'ont rien montré de décisif. Et pourquoi ce conduit de cheminée s'est-il trouvé obstrué ? À cause de trépidations provoquées par la circulation dans la rue de Bruxelles ? L'explication n'est guère convaincante. Cette rue est calme, et pendant l'été il ne passe pas grand monde.

Peut-on penser que les responsables de la justice se sont empressés de clore l'enquête, sans chercher à poursuivre trop loin les investigations ? C'est ce que confiera, en 1921, le commissaire Cornette (alors à la retraite) à l'un de ses amis : « Si on avait cherché davantage, on aurait découvert qu'il ne s'agissait peut-être pas tellement d'un accident, mais à ce moment-là, la France sortait à peine de l'affaire Dreyfus », et « l'autorité supérieure ne tenait pas à avoir un autre sujet d'agitation ».

Alexandrine Zola partageait cette préoccupation. Elle aussi, elle souhaitait se tenir à l'écart de tout « sujet d'agitation ». Possédait-elle des informations qu'elle ne tenait pas à rendre publiques ? Un article publié par Léon Daudet dans *L'Action française*, le 9 avril 1940 (à l'occasion de la commémoration du centenaire de la naissance de l'écrivain), livre un indice. Il s'intitule : « Zola et Céard. » Henry Céard était un proche du romancier. Il a participé à l'aventure du mouvement naturaliste. Il a fait partie du groupe des écrivains qui ont publié avec Zola le recueil des *Soirées de Médan*, en 1880. Au cours des années 1920, en parlant avec

Léon Daudet des circonstances de la mort de Zola, il lui aurait déclaré : « Je suis le seul à en connaître le secret, mais celui-ci mourra avec moi. » De quel secret s'agit-il ? Henry Céard, qui est mort en 1924, était-il le dépositaire d'une confidence que lui avait faite Alexandrine Zola et qu'il ne voulait pas divulguer ?

Des éléments de réponse à cette question se trouvent dans un témoignage recueilli beaucoup plus tard, au début des années 1960, par un criminologue, le commissaire Marcel Le Clère. Ce dernier en fera état dans un *Guide des cimetières de Paris*, publié en 1990, puis dans l'un des chapitres de son ouvrage intitulé *Enquêtes criminelles*, paru en 2000, où il écrit ceci : « Au début de ce mois de septembre [1902], un locataire de l'immeuble mitoyen aurait demandé l'obturation de sa cheminée dont il ne se servait jamais. Le patron et l'ouvrier qui effectuèrent ce travail se seraient trompés de souche et ne s'en sont jamais vantés. » Marcel Le Clère s'appuie sur des propos que lui a tenus un marbrier de l'avenue Rachel, du nom de Paul Jouvensel, qu'il a rencontré au moment où il se documentait sur l'histoire des cimetières parisiens. Un tampon de plâtre a été placé par erreur au sommet de la cheminée conduisant à la chambre à coucher, et c'est ce qui a causé la mort de l'écrivain. Il s'agirait donc d'une faute professionnelle. Qui étaient ces deux hommes, ce patron travaillant avec un ouvrier ? Paul Jouvensel n'a fourni aucune indication sur leur identité. Adolescent au moment des événements, il tenait, disait-il, cette information de ses parents, qui vivaient alors dans l'immeuble attenant à celui qu'occupait Émile Zola.

Alexandrine Zola et Henry Céard ont pu ainsi partager ce secret, qu'ils ont gardé soigneusement pour eux. Pourquoi en auraient-ils fait état ? Que la mort de Zola ait été causée par une obstruction accidentelle du conduit de la cheminée ou par une erreur humaine, liée à des travaux mal entrepris, cela ne changeait rien au fond des choses.

L'enquête de Jean Bedel

Et s'il s'agissait de quelque chose de plus grave, d'une tentative d'assassinat ? C'est l'hypothèse qui surgit en 1953, à la suite d'une série d'articles publiés par Jean Bedel, grand reporter au journal *Libération*[1]. Ces articles possèdent un titre qui n'a pas manqué d'attirer l'attention des lecteurs : « Zola a-t-il été assassiné ? » Après avoir d'abord retracé les circonstances de la mort de l'écrivain, Jean Bedel livre le témoignage surprenant que vient de lui fournir un homme alors âgé de 68 ans, un retraité, ancien employé de pharmacie, nommé Pierre Hacquin, et demeurant à Tessy-sur-Vire, en Normandie.

Avant la Seconde Guerre mondiale, Pierre Hacquin vivait à Sarcelles, dans la banlieue parisienne. Au cours des années 1920, il faisait de la politique au sein d'un « petit comité local qui groupait des commerçants de droite ». Il a alors fait la connaissance d'un entrepreneur de fumisterie, dont il a gagné la confiance. Il a reçu de sa part une confession troublante, dont il souhaite livrer le contenu à Jean Bedel. Par prudence, il ne veut pas, cependant, que le nom de cet homme soit rendu public (le texte de l'article le désignera, en effet, à l'aide de la lettre « Z »). Ce qu'il va dire, il n'en a jamais parlé à personne, mais, sur la fin de son existence, plus de cinquante ans après la disparition de l'auteur de *J'accuse*, cette « révélation » lui apparaît désormais comme « un devoir et une nécessité » : « Un jour d'avril [1928], alors que nous en étions venus à parler de Zola, M. Z… fut pris d'un besoin de confession. Pressentait-il sa fin prochaine ? (il était cardiaque et devait mourir un mois plus tard). Voici le langage qu'il me tint : "Hacquin, je vais vous dire comment Zola est mort. J'ai confiance en vous, et du reste, il va y avoir prescription. Zola a été asphyxié volontairement. C'est nous qui avons bouché la

---

1. Le journal issu de la Résistance, fondé par Emmanuel d'Astier de La Vigerie. Jean Bedel (1919-2015) reprendra le contenu de son enquête dans un ouvrage publié en 2002, chez Flammarion, sous le titre : *Zola assassiné*.

cheminée de son appartement. Et voilà comment : dans une maison voisine, il y avait des travaux de réfection de la toiture et des cheminées. Nous en avons profité, par suite du va-et-vient continuel dans cet immeuble, pour repérer la cheminée de Zola et la boucher. Nous l'avons débouchée le lendemain matin, très tôt. Nous passâmes inaperçus. Vous savez le reste…" » Pierre Hacquin ajoute ces précisions : « Il se plaignait du cœur depuis quelque temps. Je le sentais préoccupé. M. Z… n'était pas un hâbleur. Devant mon étonnement, il a insisté : "Mais oui, je vous dis que c'est nous qui avons bouché la cheminée de Zola. Nous savions que Zola était rentré de la campagne et le lendemain matin, de très bonne heure, nous avons pu facilement monter sur le toit et déboucher la cheminée pour éviter toute suspicion. Nous avons même pu profiter du remue-ménage provoqué par la découverte de l'accident pour nous mêler aux ouvriers qui ont pénétré dans la maison de Zola." »

En apparence, le témoignage livré par Pierre Hacquin contredit celui de Paul Jouvensel. Le premier décrit une tentative d'assassinat ; le second évoquait le drame d'une faute professionnelle. Mais ce qu'il faut noter, ce sont plutôt leurs éléments de convergence. Une continuité se dessine, d'un récit à l'autre : une cheminée bouchée par une action humaine (et non par le tassement mécanique de la suie dans le conduit, comme l'indique le rapport de l'enquête officielle) ; à l'origine des faits, des travaux effectués sur l'immeuble mitoyen de celui de Zola ; une action commise par deux hommes. On peut donc faire la synthèse de ces deux récits, pour dépasser leurs contradictions apparentes. Car nous nous trouvons devant des données narratives lacunaires, dont la transmission orale a accentué le caractère fragmentaire. Mais leur réunion permet, paradoxalement, de leur donner plus d'épaisseur.

Voici ce que ces deux témoignages laissent supposer, si on les associe… À l'occasion de travaux effectués sur l'immeuble mitoyen de celui d'Émile Zola, un acte criminel est commis par un fumiste, accompagné par l'un de ses employés. Ce dernier, après avoir obstrué le conduit de cheminée, peut ensuite le déboucher (et c'est ce qui explique l'impossibilité devant laquelle se trouveront les experts pour reconstituer les conditions exactes de l'asphyxie). Personne ne le soupçonne, et il n'est pas interrogé dans le cadre de l'enquête officielle. D'une certaine façon, il est aidé, dans les mois qui suivent, par une rumeur qui court parmi les habitants de l'immeuble mitoyen selon laquelle le drame aurait été le résultat d'une erreur humaine. Cette réalité contredisait, certes, la version des faits établie par l'enquête officielle, mais pour ceux qui ont eu connaissance de cette rumeur, cette différence n'est pas apparue fondamentale, puisqu'elle confirmait la thèse de l'accident. Elle ne les a pas poussés, en tout cas, à révéler ce qu'ils savaient. Et c'est beaucoup plus tard, à la fin des années 1920, que le responsable de cet acte criminel se confie à son ami Pierre Hacquin. Plus de vingt-cinq années se sont écoulées. Toute poursuite judiciaire semble impossible. Cette confession peut être analysée comme un aveu, mais aussi, de la part de celui qui la formule, comme le besoin de préciser un fait, comme le désir de mettre fin à une rumeur qui aurait, jusque-là, déformé la vérité : « C'est nous qui avons bouché la cheminée de son appartement », déclare l'entrepreneur de fumisterie, en revendiquant, en quelque sorte, la paternité de son acte.

Ce que rapporte Pierre Hacquin trouve ainsi un relais dans une conviction qu'ont partagée les habitants vivant dans l'immeuble mitoyen de celui de Zola et dont le marbrier de l'avenue Rachel a pu avoir connaissance, grâce à ses parents. Cette rumeur souterraine n'a pu exister et se propager au cours des années que parce qu'elle soutenait la thèse d'une défaillance humaine, et non d'un crime. En ne remettant pas en cause l'idée même de l'accident, elle ne modifiait la vérité officielle que sur un point : l'origine des circonstances ayant entraîné la mort d'Émile Zola.

Histoire d'un fumiste

Afin de progresser dans la compréhension de cette histoire, il est nécessaire de s'interroger sur la personnalité de ce fameux « Z » dont le nom était soigneusement dissimulé aux lecteurs du journal *Libération*, en 1953. Un nouvel article de Jean Bedel, publié dans *Le Quotidien de Paris* le 12 mai 1978, donne l'information. C'est un article rapide, qui ne reprend pas dans le détail l'enquête conduite en 1953, mais qui nous apprend que l'entrepreneur de fumisterie s'appelait Henri Buronfosse. Le secret peut enfin être dévoilé, puisque son détenteur, Pierre Hacquin, est mort depuis plusieurs années déjà, en 1970.

Qui était Henri Buronfosse ? Pour le savoir, il faut se tourner vers les différentes sources que constituent, à côté des périodiques, les documents d'état civil, les archives militaires, les listes électorales ou les recensements de population. C'est ce que nous avons fait, pour tenter de reconstituer l'existence de ce fumiste inconnu. Et voici ce que nous avons pu découvrir, à la suite des recherches que nous avons conduites…

Henri Buronfosse a vu le jour à Saint-Quentin, dans l'Aisne, le 23 novembre 1874. Son acte de naissance n'indique pas qui est son père. Car c'est un enfant naturel. Sa mère, Blanche Séverine Buronfosse, exerce la profession de couturière. Âgée de 21 ans au moment de sa naissance, elle habite rue Saint-Martin, à Saint-Quentin. Deux ans plus tard, le 4 juillet 1876, elle met au monde une petite fille, prénommée Augustine, qui est également déclarée comme une enfant naturelle.

Au début des années 1890, Blanche Buronfosse quitte le département de l'Aisne pour s'installer dans la capitale. Elle habite avec ses deux enfants 13, rue Saint-Denis, dans le Ier arrondissement. Augustine, qui a la possibilité de faire des études secondaires, deviendra institutrice. Quant à Henri, après avoir fait son service militaire au 160e régiment d'infanterie, de novembre 1895 à septembre 1896, il choisit de s'engager dans la profession de fumiste. À l'âge de 26 ans, en décembre 1900, il est en mesure de fonder sa propre entreprise dont le siège se trouve 3, rue Mornay, dans le IVe arrondissement. Il travaille avec un associé, du nom de Ludovic Branca. Ce dernier, qui est d'origine italienne, appartient à une famille dont plusieurs membres exercent la même profession que lui. En 1905, les deux associés se séparent, et Buronfosse se retrouve seul à la tête de son entreprise.

À la fin des années 1890, Henri Buronfosse s'est engagé dans un mouvement politique d'extrême droite, la Ligue des patriotes, que dirige Paul Déroulède. Recrutant au sein des milieux populaires, la Ligue est particulièrement active dans le IVe arrondissement de Paris, où elle est animée par l'un des plus fidèles lieutenants de Déroulède, Henri Galli. D'abord simple adhérent, Buronfosse s'élève bientôt dans la hiérarchie de la Ligue dont il devient l'un des « commissaires ». Chargés d'encadrer les manifestations, arborant fièrement des brassards noir et vert aux couleurs de la Ligue, ces militants constituaient alors l'élite de l'organisation nationaliste.

Quand survient la guerre de 1914, Henri Buronfosse se trouve mobilisé dans l'armée territoriale. Il rejoint son corps d'affectation à Falaise, dans le Calvados. Mais le 30 août 1915, il est placé en « sursis d'appel » et renvoyé dans ses foyers. En tant qu'entrepreneur de fumisterie, il devient l'un des fournisseurs du ministère de la Guerre. Il est démobilisé le 24 avril 1919.

Dans les années qui suivent la Première Guerre mondiale, Buronfosse choisit de vivre à Sarcelles, où il va bientôt faire la connaissance de Pierre Hacquin. Ce dernier s'est installé dans cette ville un peu avant la guerre. Ancien combattant (il a été fait prisonnier à Verdun), marié, père de quatre enfants, il travaille à Paris : il est préparateur en pharmacie dans une officine de la rue Ordener, la pharmacie Campan. En octobre 1921, à l'occasion d'élections partielles, il est élu conseiller municipal de Sarcelles. En 1922, il est membre d'un Comité d'action nationale républicaine, de tendance conservatrice. C'est une personnalité active de la politique locale. En 1923, il devient président du Cercle démocratique du canton d'Écouen, où se trouve la ville de Sarcelles. En juillet 1924, il fonde le Comité d'Union républicaine, dont il est élu président. Le vice-président est Henri Buronfosse. Ce dernier, qui n'a pas entièrement rompu avec la Ligue des patriotes, a évolué cependant et il défend les opinions d'une droite plus modérée.

Buronfosse possède toujours son entreprise de fumisterie de la rue Mornay, à Paris. Il fait donc le trajet quotidiennement, comme beaucoup d'employés ou d'ouvriers de Sarcelles à cette époque (on met alors une demi-heure, en train, pour atteindre la gare du Nord). À Sarcelles, il habite 10, rue du Petit-Chaussy. Il ne s'est pas marié, mais il a une compagne, Julie, qu'il présente comme sa femme. Née en 1880, celle-ci est une veuve qui de son mariage a eu deux filles, Marcelle et Odette. Tous les quatre vivent sous le même toit, rue du Petit-Chaussy. Marcelle enseigne comme institutrice dans une école libre.

L'année 1925 est décisive pour l'action politique que mènent Hacquin et Buronfosse. Ils conduisent, en effet, une liste de droite aux élections municipales de mai 1925, mais ils sont battus. Les conseillers élus, emmenés par le maire, Olivier Langlois, sont tous de gauche, radicaux ou radicaux-socialistes. Pierre Hacquin, qui perd donc son siège de conseiller municipal, se retrouve dans l'opposition.

Les années 1926 et 1927 sont occupées par différentes polémiques auxquelles prennent part Hacquin et Buronfosse, en bataillant contre leurs adversaires de l'équipe municipale qui soutiennent la politique du Cartel des gauches. Au moment des élections législatives d'avril 1928, Pierre Hacquin apporte son soutien aux candidats du canton d'Écouen qui représentent la droite conservatrice. Il est président de la Fédération des comités républicains du canton, dont Buronfosse est vice-président. Mais ce seront leurs dernières luttes politiques communes, puisque le fumiste meurt brutalement, le 24 mai 1928, à l'âge de 54 ans, peu après le résultat des élections législatives. Le 2 juin, *Le Progrès de Seine-et-Oise* publie cet hommage « à un ami disparu » que signe Pierre Hacquin : « La disparition soudaine et dramatique de M. H. Buronfosse a laissé parmi ses amis et au sein du Comité d'Union républicaine dont il était le vice-président une douloureuse impression. Beaucoup de ceux qui le connurent peuvent penser à présent que c'est lorsque les amis ne sont plus qu'on comprend alors tout le prix de leur amitié ! Souvent décrié et critiqué, par ceux qui le connaissaient mal ou ne le comprenaient pas, il savait toujours garder sa bonne humeur et rester malgré tout toujours prêt à rendre service ! Avec plusieurs de ses intimes que je connais bien, je perds personnellement un excellent ami, et longtemps la vision de son corps étendu, dans l'obscurité, et aussi de cette mort foudroyante, en dépit des secours, restera longtemps présente à mes yeux. »

De son côté, *Le Drapeau*, l'organe de la Ligue, consacre à Buronfosse, le 10 juin, une brève notice nécrologique dans laquelle il rend hommage au « camarade » qui vient de disparaître si brutalement.

Valeur d'un témoignage

Ces données biographiques rendent vraisemblable le contenu de la confession faite par Henri Buronfosse à son ami Pierre Hacquin, en avril 1928. Tout concorde : les dates (Buronfosse a fondé son entreprise en 1900), les circonstances (l'occasion fournie par des travaux réalisés sur le toit de l'immeuble attenant à celui qu'occupait Zola), la personnalité du fumiste (il était membre d'une organisation nationaliste, la Ligue des patriotes).

L'acte qu'a pu commettre Henri Buronfosse s'inscrit dans l'atmosphère de violences continues qui a entouré les combats de l'affaire Dreyfus, à la fin du XIXe siècle. Pour mesurer ce degré de fureur, il suffit de parcourir les listes des souscriptions en faveur du monument Henry que *La Libre Parole* a fait paraître entre le 14 décembre 1898 et le 15 janvier 1899. Dix-huit listes où se déploie toute la litanie des horreurs engendrées par les délires de la pensée nationaliste. Un « mémorial de honte », un « répertoire d'ignominies », écrit Pierre Quillard, qui les a réunies dans un volume publié en 1899. Pour les souscripteurs, il s'agissait de défendre la mémoire du colonel Henry qui venait de se suicider, après avoir avoué être l'auteur d'un des faux qui accablaient Dreyfus. La plupart des donateurs se contentent d'inscrire leur nom, à côté du montant de leur obole. Certains expriment avec vigueur leur ferveur patriotique, en faisant l'éloge de l'armée. Mais quelques-uns motivent leur geste en clamant leur haine des Juifs qu'ils souhaitent expulser de France, dont ils veulent « crever les yeux », « couper les jambes », qu'ils aimeraient « pendre », « fumer » comme des « jambons », etc. D'autres disent leur détestation des « intellectuels », qu'ils considèrent comme des « décadents » ou des « détraqués ». Le nom de Buronfosse ne se trouve dans aucune de ces listes. Mais on découvre un « fumiste » qui a signé, le 23 décembre 1898, sans indiquer son nom. Et dans d'autres listes apparaissent, à quatre reprises, les initiales « H. B. » (car beaucoup de souscripteurs se contentent de mentionner leurs initiales). Henri Buronfonsse – qui avait 24 ans en 1898 – se dissimule peut-être derrière l'une de ces occurrences. Dans ce « répertoire d'ignominies », il a pu, en tout cas, trouver une source d'inspiration…

Zola a-t-il été la cible d'un attentat dirigé contre lui par la Ligue des patriotes ? Il n'est pas nécessaire d'aller aussi loin et de soutenir une telle hypothèse. On peut supposer seulement que Buronfosse a profité des circonstances qui s'offraient à lui. Était-il accompagné d'un ouvrier ou de son associé, Ludovic Branca ? Quoi qu'il en soit, il était en mesure d'agir. Alors, il est passé à l'acte. Il a souhaité punir celui que la presse nationaliste présentait comme un romancier « sans patrie », défenseur du « traître » Dreyfus, coupable par ses écrits d'avoir porté atteinte à l'honneur de l'armée. Peut-être imaginait-il simplement qu'en enfumant son habitation, il lui donnerait une leçon, une terrible leçon, sans penser forcément que son action conduirait à la mort de l'écrivain. Mais son geste a eu des conséquences tragiques.

Il est possible, toutefois, que Buronfosse se soit vanté d'un acte qu'il n'avait pas commis. Car tout repose sur son seul témoignage oral, communiqué par Pierre Hacquin à Jean Bedel, vingt-cinq ans après avoir été émis. Quel crédit faut-il lui apporter ? Si l'on cherche à analyser la valeur de ce récit, la personnalité de Pierre Hacquin doit être prise en compte. Cet intermédiaire n'est pas n'importe qui. C'est un homme intelligent, cultivé, qui a su se montrer très actif au sein de la vie politique de Sarcelles, pendant plusieurs années. Il a longuement fréquenté le fumiste. Il lui a accordé sa confiance et son amitié. Et il n'a pas mis en doute le témoignage qu'il a reçu de son compagnon, un jour d'avril 1928. La parole de Pierre Hacquin constitue donc une source qui ne saurait être écartée.

L'identité imaginaire

Un dernier élément doit être ajouté pour compléter ce dossier. Il possède un caractère troublant. Quand on consulte les listes électorales du IVe arrondissement, on s'aperçoit qu'à partir de 1903 (et jusqu'en 1923) le nom de Buronfosse apparaît, précédé de trois prénoms : Henri, Charles, Émile. D'après son acte de naissance, le fumiste ne possède qu'un seul prénom, celui d'Henri. L'addition de deux prénoms supplémentaires est sans doute pour lui une façon de dissimuler son origine bâtarde. Cette trilogie de prénoms l'inscrit dans une lignée familiale imaginaire, en le rattachant à des ancêtres supposés. De fait, Charles est le prénom de son grand-père maternel, Charles François Séverin Buronfosse. Mais qu'en est-il d'Émile ? Il est surprenant que Buronfosse fasse ce choix quelques mois seulement après la mort de Zola. Veut-il faire référence à l'écrivain dont il a causé la mort ? Souhaite-t-il laisser ainsi une trace de son acte ? Est-ce de sa part un geste fou, insensé, celui d'un guerrier vainqueur exhibant symboliquement la dépouille de son ennemi ? Une sorte d'aveu, annonçant la confession qui sera faite vingt-cinq ans plus tard ?

Mais il y a plus étrange. L'acte de décès rédigé à Sarcelles, en mai 1928, est établi au nom d'Henri Charles Buronfosse. Le prénom *Émile* a disparu. Ou plutôt il s'est déplacé. Car on lit que l'entrepreneur de fumisterie est le fils d'un certain Henri Émile Buronfosse, « retraité, 75 ans, demeurant à Saint-Quentin, 41, rue des Jacobins ». Qui est ce père inconnu, dont l'identité surgit ainsi ? Les recensements de la population de Saint-Quentin effectués en 1921 et 1926 montrent qu'aucun Henri Émile Buronfosse n'a vécu rue des Jacobins pendant cette période ; et il est impossible de retrouver un quelconque acte de naissance correspondant à ce nom dans les registres d'état civil du canton de Saint-Quentin, autour de 1850. De toute évidence, cet homme n'a jamais existé. Du reste, le nom a été raturé après coup sur l'acte de décès. La modification s'est accomplie dans les formes légales : l'indication de la ligne raturée a été paraphée par Augustine Buronfosse, la sœur du fumiste, qui a signé la déclaration de décès aux côtés du maire de Sarcelles. Établi dans un premier temps à partir des indications que possédait la mairie de Sarcelles, le texte de l'acte de décès a ensuite été corrigé à la demande d'Augustine, soucieuse de ne pas laisser subsister la mention d'une origine généalogique fausse.

On ne peut que s'interroger sur cette étrange invention onomastique : *Henri Émile Buronfosse* ? À ce père imaginaire qu'il n'a jamais connu le fumiste de la rue Mornay attribue deux prénoms, le sien et celui d'Émile. Est-ce pour lui une façon de laisser une trace, une empreinte gravée dans l'état civil, soulignant la rencontre tragique qui s'est produite, un jour de septembre 1902, entre deux destinées que tout opposait ?

Bibliographie sélective

Bedel, Jean, « Zola a-t-il été assassiné ? », *Libération*, 29 septembre-7 octobre 1953.

—, *Zola assassiné*, Flammarion, 2002.

Le Clère, Marcel, *Guide des cimetières de Paris*, Hachette, 1990 (2e éd.).

—, *Enquêtes criminelles*, Éditions Yzer, 2000.

Mitterand, Henri, *Zola*, t. III, *L'honneur, 1893-1902*, Fayard, 2002.

Pagès, Alain et Morgan, Owen, *Guide Émile Zola*, Ellipses, 2002 ; rééd., coll. « Ellipses poche », 2016 [voir le chap. ix de la première partie, « Une énigme : la mort », p. 163-180].

Pagès, Alain, *Émile Zola. De « J'accuse » au Panthéon*, Lucien Souny, 2008 [voir le chap. xi, « Septembre 1902 : "Demain, nous serons guéris" », p. 251-292].

—, « La mort suspecte d'Émile Zola. Accident ou homicide ? », dans Fuligni Bruno (dir.), *Dans les archives secrètes de la police. Quatre siècles d'histoire, de crimes et de faits divers*, Gallimard, 2011, p. 201-205.

31

Rennes-le-Château. La faute de l'abbé Saunière

par Jean-Jacques BEDU

Jusqu'à la fin du siècle dernier, Rennes-le-Château, petit village du sud de la France, pouvait s'enorgueillir d'être le lieu le plus mystérieux de l'histoire de l'humanité. Au milieu des années 1950 éclate une incroyable affaire. Bérenger Saunière, le prêtre de la paroisse décédé en 1917 et que l'on avait pris pour un modeste ecclésiastique, aurait été à la tête d'une immense et étrange fortune. Durant les fouilles qu'il avait entreprises dans son église, il aurait découvert un fabuleux trésor sur la nature duquel les spécialistes vont se quereller durant deux décennies. Etait-ce l'Arche d'Alliance, le Graal, le trésor de Blanche de Castille, celui des Cathares, le dépôt précieux des Templiers, ou des documents dynastiques compromettant les Habsbourg ? Aurait-il été acheté pour conserver le silence sur un terrifiant trésor d'ordre spirituel, détenu par une société secrète, le Prieuré de Sion ? L'affaire va faire le tour du monde jusqu'au début des années 2000, en servant de trame à Dan Brown pour la fiction romanesque du Da Vinci Code.

Les mystérieuses découvertes de l'abbé Saunière

C'est le 1er juin 1885, jour des funérailles de Victor Hugo, que Bérenger Saunière, alors âgé de 33 ans, emprunte le sentier caillouteux qui le mène à la cure de Rennes-le-Château, petit village de l'Aude comptant trois cents âmes, et qui trône sur un promontoire rocheux dominant la route reliant Carcassonne à Quillan. Ordonné prêtre depuis six ans, il s'est déjà fait remarquer par son caractère frondeur et rebelle à toute hiérarchie. Farouchement monarchiste, les élections législatives du mois d'octobre vont lui donner l'occasion de prononcer en chaire un discours antirépublicain qui lui vaudra l'animosité d'une partie des habitants et une sanction administrative le tenant éloigné de sa paroisse jusqu'au 1er juillet de l'année suivante, date à laquelle il s'installe chez une logeuse, Alexandrine Dénarnaud, dont la fille – la jeune Marie – deviendra sa servante, puis sa maîtresse. Un don qu'il a sollicité auprès de la comtesse de Chambord, une somme avancée par le conseil de fabrique et un prêt consenti par un paroissien lui permettent de réaliser des travaux dans l'église, qui a besoin d'une réhabilitation. C'est donc à la fin de l'année 1886 qu'intervient le premier épisode qui va faire – un siècle plus tard – couler tant d'encre, et qu'une littérature surabondante décrit ainsi. En déplaçant l'un des piliers du maître-autel, des ouvriers mettent au jour une curieuse dalle sur laquelle figure, entre autres, le relief d'un cheval surmonté par deux cavaliers. Sous cette dalle, ils auraient trouvé une urne remplie de pièces d'or et d'objets précieux. Mais ils auraient fait une découverte bien plus singulière. L'un des deux piliers – d'origine wisigothique – est creux, et ils auraient extrait, au milieu de fougères sèches, quatre rouleaux de bois enserrant des parchemins, lesquels – une fois déroulés – auraient fait apparaître un texte d'origine inconnue. Averti, l'abbé se serait fait remettre les rouleaux et les pièces d'or, puis aurait éconduit les ouvriers en affirmant que ce n'étaient que de banales médailles de Lourdes ! Il aurait alors mystérieusement quitté le village afin de gagner la capitale et faire part de cette découverte à un prêtre occultiste de Saint-Sulpice. À Rennes-le-Château, la rumeur court que l'abbé aurait trouvé un trésor… Cette version très romanesque des premières découvertes date des années 1960 et a été établie sur la base de récits contradictoires émanant de prétendus témoins, qui en réalité n'étaient même pas nés lors des événements ! Si Bérenger Saunière a trouvé un trésor, il a fait montre d'une extrême discrétion, car son train de vie est alors loin d'être dispendieux. L'analyse des carnets qu'il tient quotidiennement, de ses livres de comptes, démontre qu'il n'est pas riche, allant jusqu'à constituer un « compte des fonds secrets », sommes ridicules issues des deniers du culte, et qu'il soustrait pour ses modestes dépenses personnelles. Son traitement est alors de 75 francs-or par mois, et il est évident qu'à cette date Bérenger Saunière n'a rien trouvé de significatif dans son église. La véritable découverte aura bien lieu cinq ans plus tard, lorsque ses moyens financiers lui permettront enfin d'entamer de nouveaux travaux qui vont le conduire, le 21 septembre 1891, à écrire dans ses carnets : « Lettre de Granes – découverte d'un tombeau, le soir pluie. » Puis, après des événements sans importance, il note le 29 : « Vu curé de Névian – Chez Gélis – Chez Carrière – Vu Cros et Secret. » Quel est ce mystérieux « Secret » que l'abbé Saunière mentionne dans ses carnets après la « découverte d'un tombeau » ? Cette fois, nous disposons d'un témoignage, un peu plus fiable, qui épaissit toutefois l'énigme plus qu'il n'en lève le voile. Il s'agit du carillonneur qui s'est rendu, un soir, dans l'église en pleine réfection. Portant son attention sur le balustre supportant l'ancienne chaire et qui était à terre, il a affirmé avoir aperçu un « reflet brillant » derrière une entaille de quelques centimètres révélée à la suite des démolitions. Intrigué, il aurait extrait une petite fiole du balustre qu'il aurait aussitôt remise à l'abbé, lequel demeurera à jamais muet sur son contenu. Cette fiole dans laquelle se trouvait peut-être le plan secret de l'église donnait-elle l'emplacement exact du fameux tombeau ? C'est une hypothèse crédible, bien que cette sépulture fût connue de tous, car mentionnée dans un registre paroissial datant de 1694, spécifiant que dans l'église se trouvait le « tombeau des seigneurs » près du balustre, et donnant l'identité d'anciens dignitaires de Rennes-le-Château. La « découverte d'un tombeau » ce soir de pluie par l'abbé Saunière le conduisit, le 29 septembre, à en référer à son évêque Mgr Billard par l'intermédiaire du vicaire général Cros, et en présence de son « Secrétaire » qu'il désigne par l'abréviation « Secret » plusieurs fois dans ses carnets. N'en déplaise aux amateurs de mystères, il n'y a donc aucun « Secret » dans l'exhumation de cette sépulture contenant la dépouille de nobles de rang inférieur. Le seul mystère réside dans le contenu de la fiole, dont nous émettons l'hypothèse qu'elle va lui donner l'emplacement exact d'une crypte alors inconnue et qu'il va s'employer à découvrir. Durant les années 1894-1895, à la faveur de la nuit, l'abbé Saunière et sa servante Marie Dénarnaud ne cessent de fouiller le cimetière, remuer les tombes, jeter les ossements dans l'ossuaire, ce qui va émouvoir les habitants et conduire le conseil municipal à lui intimer l'ordre de cesser ses agissements nocturnes. Que cherchait-il, intrigué par ses premières découvertes dans l'église ? Vraisemblablement un nouveau tombeau dans une crypte qu'il n'a jamais atteinte et qui aurait pu receler un éventuel « trésor ». La décoration de l'église donne-t-elle la clé de l'énigme ? L'abbé Saunière a-t-il laissé des indices ? Là encore, au grand dam des prétendus spécialistes d'occultisme chrétien, de symbolique, de numérologie ou de Kabbale, il est aisé de démontrer que tous les éléments de cette église d'un style sulpicien du plus mauvais goût ne sont pas l'œuvre de l'abbé Saunière, mais ont été choisis par l'intéressé dans le catalogue spécialisé de la maison Gisclard à Toulouse. Il n'y a rien, tant sur le fronton que dans l'intérieur, qui puisse offrir le moindre indice ésotérique, et tout est conforme à l'orthodoxie catholique. Le chemin de croix n'est pas dextrogyre. On retrouve exactement le même, installé dix ans plus tôt, à Rocamadour. Celui de Rennes-le-Château, comme nombre d'éléments dans cette église, a été maquillé dans les années 1970 pour laisser penser à une prétendue symbolique maçonnique. Bérenger Saunière franc-maçon ? Sûrement pas. Son militantisme et son attachement à la monarchie sont incompatibles avec l'idéal maçonnique de cette époque. Un point mérite toutefois d'être éclairci. Si les découvertes de l'abbé Saunière s'étaient limitées à quelques bijoux pillés dans le « tombeau des seigneurs » de Rennes et d'objets cultuels laissés là par l'un de ses prédécesseurs à la Révolution, comment expliquer le train de vie insolite qu'il affiche à la fin des années 1900, l'achat de terrains autour de l'église afin d'y construire un somptueux domaine, le financement des réceptions qu'il offre à ses hôtes médusés, et surtout la nature des sommes qui lui ont permis de réaliser une entreprise aussi étonnante pour un modeste curé de campagne ?

La véritable source de revenus de l'abbé Saunière

Idéaliste, indépendant, rebelle à sa hiérarchie, l'abbé Bérenger Saunière a mis en place un système de financement au profit d'une ambition démesurée, lequel – toutefois loin d'être novateur – fait preuve d'originalité, car utilisé de manière presque « industrielle », permettant de récolter des sommes très importantes : le trafic de messes. Cette qualification juridique paraît de nos jours étonnante et parfois loufoque à ceux qui persistent à rêver d'un hypothétique trésor matériel ou spirituel. N'en déplaise une nouvelle fois aux amateurs de mystère, il est très aisé de faire parler les livres de comptes et les carnets personnels de l'intéressé, qui ne cachent absolument rien de sa véritable source de revenus. La découverte récente des quelques carnets manquants aux archives départementales de l'Aude confirme la thèse d'une escroquerie bien commune à cette époque, mais qui dans le cas de Bérenger Saunière a été menée avec une rare intensité. Pour comprendre un tel mécanisme et le principe du « trafic de messes », il convient de se replacer dans le contexte de la ferveur religieuse de cette fin du XIXe siècle durant lequel des foules de paroissiens – particulièrement dans les campagnes – sollicitent les prêtres afin de dire une ou plusieurs messes à l'intention d'un proche malade ou défunt. Le secrétariat de l'évêché centralise l'ensemble des demandes rémunérées entre 1 franc et 2 francs en distribuant – si possible de manière équitable – les honoraires auprès de l'ensemble des prêtres du diocèse. Le favoritisme est bien sûr de mise et l'abbé Saunière s'en est plaint de multiples fois. Il va donc réclamer les messes directement à la source, et en l'espèce aux principaux pourvoyeurs que sont les congrégations religieuses, florissantes avant la loi de Séparation entre l'Église et l'État. En écrivant à toutes les congrégations dans l'Hexagone, au sein des colonies et même à l'étranger, en passant des annonces dans des revues spécialisées, les résultats ne se font pas attendre. Il reçoit de très nombreuses messes à dire, et surtout les précieux mandats. Grâce à ses carnets, nous avons pu retracer avec exactitude et facilité son *modus operandi*. Avec l'aide de Marie Dénarnaud, il multiplie les courriers aux divers organismes. Lorsque la congrégation religieuse ou le donateur pressenti ne répond pas, le prêtre envoie une lettre de relance ; lorsque le destinataire répond favorablement en adressant ses honoraires, l'abbé remercie en ne manquant pas d'en solliciter d'autres. Après un certain laps de temps, il effectue – à l'aide d'une lettre type – de nouvelles relances. Cette industrie mise en place et parfaitement maîtrisée devient très fructueuse. Débordé par un succès inattendu, le modeste abbé Saunière se transforme en pionnier des techniques de marketing qui seront utilisées par la suite au XXe siècle. Lorsque certaines congrégations ont des messes à dire, elles sont d'office adressées à monsieur l'abbé Saunière, curé de Rennes-le-Château, qui est en passe de détenir le monopole de l'intention par correspondance ! Cette technique va lui rapporter des sommes considérables, avant de lui causer de graves tracas. En effet, selon le droit canon, lorsqu'il reçoit des intentions de messes, un prêtre a l'obligation de n'en dire que trois par jour. En examinant ses carnets, il apparaît que l'abbé Bérenger Saunière s'est livré à un authentique trafic, car il est dans l'impossibilité de toutes les dire. Le 9 janvier 1894, il note : « Arrêté là », et il tire un trait rageur. Il a près de trois ans de retard ! Jamais plus il ne remplira la cinquième colonne, celle où il regroupe les messes à dire par trois, tirant ainsi un trait définitif sur son honnêteté. De 1890 à 1910, il aura perçu des sommes considérables, de l'ordre de 150 000 francs de l'époque. Il reçoit par jour jusqu'à 500 francs de mandats postaux, alors que son traitement mensuel n'est que de 75 francs ! L'escroquerie atteint son sommet durant les dix dernières années. Si incroyable que cela puisse paraître, ces sommes détournées auront été suffisantes pour couvrir le somptueux train de vie, lui permettant, en sus, d'entretenir son réseau. En outre, il reçoit un nombre substantiel de dons, la plupart anonymes, car effectués à l'insu des familles. Ses livres de comptes justifient ces sommes en y accolant la mention : « – de X. » Enfin, il est avéré que le prêtre tient un « compte des fonds secrets », comptabilité occulte dont la rumeur prête à trois généreux et anonymes donateurs l'entier financement de la Tour Magdala, édifiée sur son domaine. Parmi les intermédiaires qui lui font parvenir dons et honoraires de messes se trouvent également de nombreux prêtres, dont son jeune frère Alfred Saunière, personnage trouble et mystérieux, versé dans l'occultisme, et dont il expiera par la suite les fautes. Il apparaît évident que, grâce à sa comptabilité occulte, Bérenger rétribue certaines personnes, peut-être même son évêque Mgr Billard, qui – loin d'être un enfant de chœur – est de son côté accusé d'avoir détourné les fonds de la caisse de retraite du diocèse, et surtout capté un héritage d'un million de francs ! Jusqu'au milieu des années 1950, ce trafic de messe était connu. Nul ne le remettait en cause, et la postière de Couiza se souvenait encore de la multitude de mandats qui arrivaient quotidiennement. C'est au décès de Mgr Billard que son successeur – Mgr de Beauséjour –, intrigué par le train de vie de l'abbé Saunière, accordant crédit aux dénonciations de confrères envieux, et peu dupe de ses manœuvres frauduleuses, finit par exiger les livres de comptes. L'intéressé se justifie maladroitement, refuse de présenter sa comptabilité et dénonce une cabale menée contre lui à cause de frère Alfred, l'abbé libertin « mort trop tôt ». L'horizon s'assombrit. Le 27 mai 1910, Bérenger Saunière est traduit devant le tribunal de l'Officialité du diocèse de Carcassonne, sous les chefs d'accusation suivants : trafic de messes, désobéissance à l'évêque, dépenses exagérées et non justifiées.

S'ensuit un imbroglio judiciaire durant lequel, refusant de comparaître, mal conseillé par son avocat qui l'incline à ne pas faire appel d'une première décision selon les règles de droit afin de se pourvoir en cour de Rome, l'abbé Saunière est condamné à restituer les sommes qui ont été détournées au profit de sa servante Marie Dénarnaud, intégralement propriétaire d'un domaine qu'il souhaitait en réalité protéger des désastreuses conséquences de la loi de Séparation entre l'Église et l'État. Sa seule aspiration – ce qui est avéré – aura été de construire un havre de paix pour les prêtres âgés et infirmes du diocèse. Il n'habitera jamais la villa qu'il a fait construire. Refusant une mutation, le 5 décembre 1911,

Saunière est suspendu *a divinis*, ce qui lui interdit d'administrer les sacrements, jusqu'à une hypothétique restitution des fonds qui est, bien sûr, impossible. Désormais privé de sa substantielle source de revenus, il n'est plus le prêtre de Rennes-le-Château et, frappé par l'opprobre, usé par deux ans de procès et de conflits, lâché par ceux qui prétendaient être ses amis, il devient – selon sa propre dénomination – « prêtre en retraite » ou « prêtre libre », en tentant de subsister durant cette période désastreuse, qui durera jusqu'à sa mort. L'entretien du domaine lui coûte cher. Il s'est vraisemblablement fait flouer dans des placements hasardeux et il est désormais harcelé par de nombreux créanciers. Bérenger Saunière se trouve alors dans l'obligation de vendre l'intégralité de son mobilier, sa somptueuse bibliothèque, sa collection de timbres. Le magnifique jardin est laissé à l'abandon. Il fait estimer et hypothéquer ses constructions pour seulement 18 000 francs. Après avoir essuyé de multiples refus par divers organismes bancaires, le Crédit foncier lui accorde un prêt de 6 000 francs, lui permettant enfin d'améliorer son ordinaire, et qu'il aura bien du mal à rembourser. Il confie le domaine à plusieurs agences immobilières ou mandataires, lesquels ne trouveront jamais le moindre acquéreur. Cette période noire prend fin le 17 janvier 1917, date à laquelle Bérenger Saunière succombe à une hémorragie cérébrale, après avoir été relevé *in articulo mortis* de sa suspense, lui accordant ainsi une sépulture religieuse. Contrairement à ce qui a été trop souvent écrit, l'abbé Rivière appelé à son chevet et qui reçoit la confession du mourant ne lui a pas refusé les derniers sacrements. Il n'a pas perdu la parole par la suite, ou sombré dans une grave dépression. Combien de légendes ont couru sur la mort du prêtre ! On raconte que, défilant devant sa dépouille, certains habitants – par vénération – se sont livrés à d'étranges rituels en arrachant, un par un, les pompons de la couverture recouvrant son corps sans vie. On raconte encore que la célèbre cantatrice Emma Calvé, qui aurait été sa maîtresse, et dont le visage était dissimulé sous un voile de crêpe noir, se serait rendue à Rennes-le-Château et aurait demandé à demeurer seule, de longues heures, au chevet de son ancien amant… Ces légendes sont nées dans les années 1970.

Elles ont toutes pour origine les affabulations de Marie Dénarnaud, mais surtout celles d'un entrepreneur bien crédule et désargenté, Noël Corbu, qui a pris pour argent comptant une fable incroyable. Si l'affaire de Rennes-le-Château est hors norme, ce n'est pas par l'ampleur du trafic de messes institué par Bérenger Saunière, mais par les passions et les fumeuses théories déclenchées à la suite d'un extraordinaire mensonge…

La servante à l'origine du mystère

Seule héritière de Bérenger Saunière, Marie Dénarnaud va vivre cloîtrée, dans le mutisme, et dans un certain dénuement pendant près de trente ans. Ce n'est qu'en 1946 qu'elle se lie avec une famille venue de Perpignan pour un simple pique-nique – les Corbu – et qui, intriguée par cette vieille femme attachante, accepte de revenir plusieurs fois. Voyant le chef de famille, Noël Corbu, bien malheureux dans ses affaires, elle lui révèle alors un fait à peine croyable : « Ne vous faites pas tant de soucis mon bon Noël… Un jour, je vous dirai un secret qui fera de vous un homme riche, très riche… Les gens marchent ici sur de l'or sans le savoir… Monsieur le curé ne se baissait même plus pour ramasser un sou, tellement il en avait […]. Avec ce qu'il a laissé, on pourrait nourrir Rennes encore pendant cent ans, et il en resterait encore… » Rusée, Marie Dénarnaud persuade le très naïf Noël Corbu de reprendre la propriété en viager, lequel, flairant la bonne affaire et la perspective d'un secret qui ferait de lui cet « homme très riche », attend patiemment sa révélation, tout en menant les fouilles dans son nouveau domaine et aux abords de l'église. Hélas, sur son lit de mort, la vieille femme oublie de révéler au « bon Noël » ce fameux secret ! Les fouilles minutieuses du nouveau propriétaire n'ont évidemment rien donné, et il hérite seulement des papiers de l'abbé Saunière, composés des livres de comptes et des relevés de messes, qui ne lui apprennent rien sur la nature du dépôt précieux. À court d'argent mais jamais d'imagination, Noël Corbu transforme la villa en hôtel-restaurant. C'est un échec. Bien que magnifique, les touristes ne se pressent pas sur le promontoire de Rennes-le-Château. Il écrit alors une fable qui va faire recette. Par le biais d'un enregistrement sonore, il informe les nouveaux visiteurs que le mystérieux abbé, exhumant des parchemins dans son église, a mis au jour le plus fabuleux des trésors, celui de Blanche de Castille, mère de Saint Louis et régente du royaume de France. Disponible aux archives départementales de l'Aude, le fruit des élucubrations de Noël Corbu nous apprend que le trésor se composerait de pas moins de « 18 millions et demi de pièces d'or en nombre, soit en poids environ 180 tonnes, plus de nombreux joyaux et objets religieux. Sa valeur intrinsèque, d'après cette liste, est de plus de cinquante milliards. Par contre, si l'on prend sa valeur historique, la pièce d'or de cette époque valant 472 000 francs, on arrive environ à 4 000 milliards. Ainsi dans ce modeste village au panorama magnifique et au passé prestigieux, dort un des plus fabuleux trésors qui soit au monde ». Voilà pourquoi l'abbé Saunière ne se baissait même plus pour ramasser cet or ! Les premiers curieux affluent à Rennes-le-Château, dont un journaliste de *La Dépêche du Midi* qui – à son tour –, flairant le « scoop », titre le 12 janvier 1956 : « La fabuleuse découverte du curé aux milliards de Rennes-le-Château. D'un coup de pioche dans le maître-autel, l'abbé Saunière met à jour le trésor de Blanche de Castille. » Il apporte surtout de nouvelles précisions sur la prodigieuse fortune de Saunière : « En tout, un million de francs-or fut ainsi englouti en l'espace de quelques années. L'argent coule à flots à Rennes-le-Château. Nobles et paysans n'ont qu'à tendre la main vers cette manne céleste pour être aussitôt comblés. » Le lendemain, nouvelle série de révélations : « Monsieur Noël Corbu connaît-il la cachette du trésor de l'abbé Saunière qui s'élève à 50 milliards ? Tous les grands de la région firent exploser leurs rêves et tinter leur timbale en ce haut lieu rabelaisien. Car le cœur du prêtre était immense et sa bourse inépuisable. Qu'allait donc faire l'abbé au cours de ses déplacements ? Mais écouler des pièces qu'il allait faire fondre. D'ailleurs, ajoute mon interlocuteur, une personne encore vivante m'a certifié avoir vu chez le prêtre des caissettes de lingots d'or… » À la fin des années 1950, l'affaire du « Curé aux milliards » s'empare de la France entière et c'est une foule de chercheurs de trésors qui afflue, en n'hésitant pas à dénaturer le site à coups de bâtons de dynamite. Sans la moindre autorisation, l'église est fouillée de fond en comble pendant qu'une kyrielle de pseudo-historiens s'affrontent sur la nature du trésor : le Graal, l'Arche d'Alliance, le trésor du roi Salomon, celui des Cathares puisque nous sommes près de Montségur ou celui des Templiers, car une commanderie se trouvait non loin de Rennes-le-Château… Personne n'a jamais rien trouvé ! On refuse bien sûr de donner la parole à ceux qui savent. Une fièvre journalistique et éditoriale, mais également la folie s'emparent du site. Sur la base de l'invention des parchemins par Noël Corbu, la suite ne sera qu'une succession incroyable de canulars…

Rennes-le-Château, capitale occulte de l'histoire du monde

Pour comprendre le singulier développement de cette pseudo-énigme de Rennes-le-Château, il faut se replacer dans le contexte des années 1960, qui est celui du mouvement de la contre-culture issu du « réalisme fantastique », et de l'étonnant succès du *Matin des magiciens* de Louis Pauwels et Jacques Bergier, ouvrage qui va exploiter le goût du merveilleux au sein d'un lectorat toujours plus crédule et captif. C'est de l'association d'un écrivain certes talentueux – Gérard de Sède – et d'un charlatan mégalomane qui a préféré au départ rester dans l'ombre – Pierre Plantard – que va naître *L'Or de Rennes*, un ouvrage qui n'est en réalité qu'un roman, mais qui est à la naissance de la sinistre réputation de Rennes-le-Château comme capitale occulte de l'histoire du monde. Les fameux parchemins de l'abbé Saunière, à l'origine du mythe et imaginés par Corbu, vont devenir un faux grotesque destiné à l'émission radiophonique de Francis Blanche, *Signé Furax*. C'est Philippe de Chérisey, comédien, humoriste, mystificateur et un temps comparse de Pierre Plantard, qui en est l'auteur. Il l'a maintes fois avoué ! Les parchemins commandités par Francis Blanche et détournés au profit des délires schizophrènes du douteux Pierre Plantard nous apprennent que ce dernier serait le rejeton d'une lignée perdue depuis l'époque mérovingienne. Sur la base de ce canular, d'une société secrète nébuleuse – le Prieuré de Sion –, et d'une multitude de documents apocryphes déposés à la Bibliothèque nationale, il revendique désormais le trône de France ! Ultra-catholique, proche des milieux d'extrême droite, xénophobe, antisémite, ayant eu un rôle trouble dans la Milice tout en s'inventant un passé de résistant, Pierre Plantard, totalement mythomane et illuminé, se présentant comme le « grand monarque », partage les droits d'auteur de *L'Or de Rennes* – tissu de mensonges – avec Gérard de Sède. L'affaire est juteuse pour les deux hommes pourvoyeurs d'un ésotérisme frelaté, sans toutefois atteindre le niveau de tirage du *Matin des magiciens*. À la fin des années 1970, après être devenu un véritable asile à ciel ouvert, le filon Rennes-le-Château a fini par s'épuiser. À court d'inspiration, Gérard de Sède en est réduit à affirmer que les Mérovingiens, dont Saunière aurait découvert le secret, étaient des extraterrestres qui se seraient égarés sur notre terre ! Il n'y a guère, en France, que quelques illuminés qui persistent à croire aux élucubrations du couple Plantard-de Sède. Les journaux narrent seulement la visite de François Mitterrand à Rennes-le-Château quelques semaines avant son élection. Outre-Manche, trois écrivains de langue anglaise vont redonner une formidable et ultime dynamique à cette fable. Michael Baigent, Richard Leigh et Henry Lincoln sont les seuls à croire à l'existence du Prieuré de Sion. Ils sont persuadés que cette société – qui est en réalité une association pour la défense des droits des habitants d'une HLM – est la dépositaire d'un héritage dont elle ne soupçonne pas l'immense valeur. Ce n'est pas le trésor caché de l'abbé Saunière, ni l'avènement du grand monarque prophétisé par Nostradamus, mais un terrible secret que les trois écrivains se proposent de dévoiler à la face du monde… Ensemble, ils vont bâtir un « best-seller » mondial, prélude au *Da Vinci Code*, pur produit de marketing, qui est *L'Énigme sacrée*. On y trouve un parfait dosage de francs-maçons, de Rose-Croix, de Cathares, de Templiers, de Mérovingiens, de Graal, de sociétés occultes et – ce qui sera le liant – un inavouable secret, une conspiration durant deux mille ans d'histoire de la chrétienté : le grand complot de l'Église contre la vérité. Non, Jésus n'est pas mort sur la croix. Il est d'ascendance davidique, et c'est pour cette raison que les Romains l'ont arrêté. Jésus n'est pas ressuscité, tout est simulacre ! Il est marié avec Marie-Madeleine et a pu s'enfuir avec la complicité de Joseph d'Arimathie, puis trouver refuge dans une communauté juive du sud de la France. Il a eu une descendance qui a donné naissance à la lignée mérovingienne, que les Capétiens – avec la complicité de l'Église – vont évincer du trône de France. Le Prieuré de Sion, société secrète à l'origine de l'ordre du Temple, aurait donc découvert ce mortel secret sous les ruines du Temple de Salomon, lors de la première croisade. Voilà donc ce qui était contenu dans les parchemins et à l'origine de la fortune de Saunière. Il a découvert le Graal, qui n'est pas un objet matériel, mais en réalité le « sang royal », le « sangreal » qui coule dans les veines de certains membres du Prieuré de Sion. La restitution du trône de France et des États-Unis d'Occident doit donc revenir au dernier descendant de sang royal, à la fois chef et guide spirituel, un prêtre-roi qui régnerait mais ne gouvernerait pas, en la personne de Pierre Plantard ! Avec ce délire mystico-ésotérique, le *Matin des magiciens* est alors largement dépassé ! Il n'y a bien sûr aucune preuve à ces assertions délirantes et à ces inepties, et les trois auteurs de l'ouvrage ont eu cette incroyable formule pour s'en justifier : « Absolument rien ne prouve que les sources que nous citons et les faits que nous rapportons soient authentiques, mais à supposer qu'ils le soient, les conclusions qu'on en peut tirer sont incontestables. » Tout est dit… Le *Da Vinci Code* va s'inspirer des mêmes procédés, avec le succès que l'on connaît. Il fera à nouveau l'effet d'une bombe. Pour illustrer ces propos, Octave Mirbeau a eu une phrase qui s'applique à merveille à l'affaire de Rennes-le-Château, et aux procédés employés par les nombreux faussaires qui en ont fait un mythe : « Le plus grand danger de la bombe est dans l'explosion de bêtise qu'elle provoque… »

En 1963, s'inquiétant du succès du *Matin des magiciens* – « un livre redoutable » –, Jean d'Ormesson titrait ainsi son article :

« Voici venu le temps des mystificateurs. » L'affaire du « Curé aux milliards », une des plus grandes énigmes de l'histoire de France et qui a connu de multiples rebondissements, en est le plus flagrant exemple. Elle s'est, de nos jours, définitivement essoufflée…

Bibliographie sélective

BAIGENT, Michael, LEIGH, Richard et LINCOLN, Henry, *L'Énigme sacrée*, Pygmalion, 1983.

BEDU, Jean-Jacques, *Rennes-le-Château, autopsie d'un mythe*, Loubatières, 1990.

—, *Les Sources secrètes du « Da Vinci Code »*, Éditions du Rocher, 2005.

CORBU, Claire et CAPTIER, Antoine, *L'Héritage de l'abbé Saunière*, Boumendil, 1985.

DESCADEILLAS, René, *Mythologie du trésor de Rennes*, Collot, 1991.

ROBIN, Jean-Luc, *Rennes-le-Château, la colline envoûtée*, Trédaniel, 1990.

SÈDE, Gérard de, *L'Or de Rennes ou la Vie insolite de Bérenger Saunière*, Julliard, 1967.

—, *Rennes-le-Château, le dossier, les impostures, les phantasmes, les hypothèses*, Robert Laffont, 1988.

32

Anastasia : une étrange affaire
par Jean-Christophe Buisson

Dès le lendemain de l'annonce de l'assassinat collectif de la famille Romanov par les bolcheviks à Ekaterinbourg, en juillet 1918, une rumeur circule : la grande-duchesse Anastasia aurait survécu au massacre et réussi à s'enfuir de Russie. Confirmation en 1920, à Berlin, où une femme hospitalisée après une tentative de suicide assure être la benjamine des filles du tsar Nicolas II. Sa ressemblance frappante avec celle-ci et sa connaissance intime des détails de la vie de la dynastie impériale russe créent le trouble. Devenue Anna Anderson après son exil et un mariage aux États-Unis, elle reviendra après guerre en Europe pour faire valoir ses droits devant la justice. Et rétablir son honneur face à ceux qui l'accusent d'être une ouvrière polonaise mythomane douée pour la comédie…

Les mystères de la maison Ipatiev

Ouralski Rabotchi (« Le Travailleur de l'Oural ») est un journal bolchevique diffusé en Sibérie occidentale. Il n'a pas la même notoriété que la *Pravda*, publiée à Moscou, dirigée par Staline et diffusée à plus de 100 000 exemplaires, mais son ambition éditoriale est identique : dire la vérité. Celle du nouveau pouvoir en Russie.

En première page du numéro du 23 juillet 1918, on peut lire cette information bientôt reprise par les *Izvestia* (autre prestigieux journal communiste officiel édité dans la nouvelle capitale russe) et les journaux du monde entier : « Dans la nuit du 16 au 17 juillet, à Ekaterinbourg, sur décision du Praesidium du Soviet régional des députés ouvriers, paysans et Armée rouge, région de l'Oural, a été fusillé l'ex-tsar Nicolas Romanov II. Il avait vécu trop longtemps grâce à la révolution, cet assassin couronné. »

Deux pages plus loin sont apportées quelques précisions sur cet événement à la signification politique et symbolique aussi considérable que la décapitation de Louis XVI en France le 21 janvier 1793. Par exemple le fait que cette décision a été prise à la suite de la découverte d'un complot contre-révolutionnaire prévoyant la « libération du tyran ». On apprend aussi que « la femme et le fils de Nicolas ont été envoyés en lieu sûr ». Peut-être la signature, en mars 1918, du traité de Brest-Litovsk avec l'Allemagne a-t-elle conduit Lénine à camoufler l'exécution de l'impératrice Alexandra, princesse allemande, pour ne pas heurter Berlin. Sur les quatre grandes-duchesses, Maria, Tatiana, Olga et Anastasia, pas un mot. Sur le personnel au service des Romanov et emprisonné avec eux dans la maison Ipatiev depuis plusieurs semaines (le médecin de la famille, Evgueni Botkine ; la femme de chambre de l'impératrice, Anna Demidova ; le cuisinier, Ivan Kharitonov et le valet de chambre, Alexis Trupp), rien non plus. Ont-ils été épargnés ?

Deux jours après la publication de l'article dans *Ouralski Rabotchi*, des troupes tchèques composées d'anciens prisonniers et des groupes de soldats et d'officiers russes hostiles aux bolcheviks (quelques nostalgiques de l'ancien régime, mais surtout des socialistes-révolutionnaires, victimes, eux aussi, déjà, de la terreur rouge) s'emparent d'Ekaterinbourg, obligeant les autorités communistes locales à se replier à Perm, à 350 kilomètres plus à l'ouest. La maison Ipatiev est immédiatement fouillée : les pièces sont vides, mais des traces de sang sont visibles sur les murs et les parquets, laissant penser qu'une fusillade, voire un massacre, s'est en effet déroulée là quelques jours auparavant. Des témoins directs et indirects des dernières heures de la famille impériale confirment l'hypothèse. Mais où sont les cadavres ?

Un juge d'instruction local est désigné – Alexeï Nametkine – pour mener officiellement l'enquête, qui est très vite transférée à un membre du tribunal local, Ivan Serguiev. On leur signale à plusieurs reprises que les gardes rouges de la maison Ipatiev ont multiplié, avant et après le 17 juillet, des allers-retours dans un bois de pins et de bouleaux situé à une quinzaine de kilomètres de la ville : les Quatre-Frères – un ancien site d'exploitation minière. Certains paysans interrogés affirment qu'ils ont vu de loin une fumée s'élever au-dessus des arbres le lendemain de la date du massacre.

L'hiver est arrivé, et la neige a commencé à recouvrir le lieu désigné, mais les équipes de Serguiev mettent la main, à l'intérieur ou à côté de deux puits de mine désaffectés, sur de nombreux objets ayant appartenu aux Romanov : une boucle de ceinturon et un morceau de la casquette de Nicolas II ; des boucles d'oreilles et les verres d'une paire de lunettes à monture spéciale de l'impératrice ; des pièces du manteau du tsarévitch ; des bouts de colliers, des morceaux de chaussures et des bustes de corset en métal ayant appartenu aux grandes-duchesses. Et des dizaines d'autres objets écrasés, piétinés, cassés. Mais aussi des ossements. Par centaines. Découpés. Sciés. Brûlés.

Sauvée par un bolchevik sensible ?

Les 21 et 22 février 1919 est interrogé un ouvrier communiste, Pavel Medvedev, fait prisonnier à Perm, qui vient de tomber à son tour aux mains des Blancs. Âgé de 31 ans, il était, jusqu'à l'été 1918, le chef de la garde extérieure de la maison « à destination spéciale » d'Ekaterinbourg où étaient enfermés les Romanov. Aux juges, il raconte que le commandant Iourovski, responsable de la Tcheka chargée de la surveillance des prisonniers dans la maison, lui a demandé de lui apporter les revolvers Nagant de ses hommes la nuit du 16 au 17 juillet. Puis il a escorté les sept Romanov et les quatre domestiques jusqu'à l'entrée de la cave de la maison avant de sortir, sur ordre, « pour s'assurer qu'on n'entend pas les coups de feu ». Il est revenu après le massacre avec un détachement pour laver la pièce tandis qu'on jetait les corps criblés de balles dans un camion.

Il ne s'agit que d'un témoignage, mais, ajouté aux autres récits et à ses propres découvertes, il suffit à Serguiev pour se faire une opinion définitive : « La famille impériale et ses compagnons de captivité ont été tués au même moment, dans un même lieu, par des tirs de revolver répétés », écrit-il dans son rapport, transmis en mars 1919 au juge désigné par le nouveau chef des armées blanches de la région, l'amiral Koltchak, pour poursuivre l'enquête : Nikolaï Sokolov. Pendant trois mois[1], ce juge expérimenté va enquêter sans relâche, participant lui-même aux fouilles, mobilisant plus d'un millier de soldats pour l'aider. Après la fonte des neiges en avril, le bois des Quatre-Frères dévoile de nouveaux indices : le cadavre (atrocement mutilé) du chien d'Anastasia, des balles de revolver, d'autres morceaux de vêtements brûlés, des bijoux par dizaines. Et encore des os et de la graisse animale fondue. Mais toujours pas de cadavres.

Après avoir quitté la région, Sokolov continuera son enquête à distance (*via* des interrogatoires, notamment) pour en publier les conclusions en 1924, quelques jours avant sa mort. Pour lui, les sept Romanov et leurs quatre domestiques ont été tués à coups de revolver et achevés à la baïonnette pour certains dans la cave de la maison Ipatiev. Leurs corps ont été ensuite emportés par camion dans la forêt qui se trouve au nord-ouest d'Ekaterinbourg. Là, ils ont été pour certains découpés à la scie et à la hache, arrosés d'essence et d'acide, puis brûlés, avant d'être enfouis dans un ou plusieurs endroits inconnus. Il n'y a eu, selon lui, aucun survivant. À la fin de son rapport, il précise que « lorsque la fumée du tir s'est un peu dissipée et que les bourreaux ont examiné les cadavres, ils se sont aperçus que la grande-duchesse Anastasia était indemne. Elle avait perdu connaissance au début de la fusillade et elle avait ainsi échappé aux balles. Lorsqu'ils l'ont déplacée, elle

1. Le 11 juillet 1919, les Blancs sont à leur tour chassés d'Ekaterinbourg par une contre-offensive de l'Armée rouge.

est revenue à elle, s'est vue entourée d'une mare de sang et des corps des siens, et elle s'est mise à hurler. Elle a été exécutée ».

Sokolov n'a raisonnablement pas retenu les témoignages de certains habitants selon lesquels un exécuteur de la Tcheka au cœur sensible, ayant remarqué qu'Anastasia avait survécu grâce à un coussin empli de bijoux cousu sous sa robe qui l'aurait protégée des balles, l'avait « kidnappée » et emmenée hors de la ville pour lui permettre de quitter le pays saine et sauve.

Des corps introuvables

Dans les mois qui suivent, plusieurs rumeurs comme celle-ci naissent et se diffusent. Même si le nouveau régime a fini par reconnaître, une fois la Première Guerre mondiale terminée, que tous les Romanov sans exception avaient « payé de leur vie leurs forfaits criminels », l'absence d'ordre officiel écrit de Lénine ou de Sverdlov, président du Comité exécutif central du parti bolchevique, intrigue. D'autant que les corps n'ont toujours pas été retrouvés. Les survivants de la famille impériale ayant échappé à la justice expéditive bolchevique jouent eux-mêmes de cette ambiguïté : à Bad Reichenhall, en Bavière, dans cette Allemagne qui a accueilli plus de 500 000 réfugiés russes depuis 1917, un congrès monarchiste russe est organisé en mai 1921 pour débattre de la succession de Nicolas II. Or, ni son oncle Nicolas Nicolaïevitch, ni ses cousins Cyrille Vladimirovitch (« le Philippe d'Orléans russe », rallié dans un premier temps à la révolution puis exilé), Alexandre Mikhaïlovitch ou Dimitri Pavlovitch (qui a participé à l'assassinat de Raspoutine), ni sa mère, l'impératrice douairière Marie Feodorovna, ni ses sœurs Xenia et Olga, n'ont daigné venir. Comme si l'absence de preuve physique de la mort de l'ancien tsar, de la tsarine et de leurs cinq enfants interdisait qu'on reconnût leur décès.

C'est dans ce contexte qu'une incroyable nouvelle se répand au début de l'année 1922 : la grande-duchesse Anastasia aurait été retrouvée saine et sauve en Allemagne. Ce n'est pas la première fois qu'une telle rumeur surgit : en 1921, une jeune femme du nom de Berditch avait amusé Paris pendant plusieurs jours en affirmant être la fille du tsar. Cette fois, pourtant, l'affaire semble sérieuse. Deux personnes dignes de confiance qui l'ont vue affirment qu'il s'agit bien d'elle : le capitaine Nicolas Adolfovitch von Schwabe, ancien membre de la garde personnelle de l'impératrice douairière, directeur du journal édité par le Conseil monarchiste suprême[2], et Zénaïde Sergeïevna Tolstoï, amie proche de l'impératrice Alexandra qui vivait dans le palais de Tsarskoïe Selo, à Saint-Pétersbourg. La petite ville près de Berlin où se trouve la supposée grande-duchesse est en ébullition : on a dépêché à Dalldorf d'anciens officiers de l'armée impériale russe pour protéger le lieu, de crainte que des bolcheviks de Moscou ne viennent l'enlever ou la tuer. Des émissaires sont envoyés dans toute l'Europe pour ramener des exilés susceptibles de confirmer les premiers témoignages. La presse internationale commence à s'agiter. Il n'y a qu'un inconvénient, et il est de taille : la jeune femme qui se prétend Anastasia est enfermée dans un asile. Et elle ne parle pas russe.

Tout a commencé quelques mois plus tôt, le 17 février 1920, à Berlin.

« *Mademoiselle Inconnue* »

Il est presque 9 heures du soir quand des policiers en patrouille entendent un corps tomber dans le canal Landwehr depuis le pont Bendler. Ils se précipitent et extirpent de l'eau sale une femme grelottante de froid dans ses vêtements noirs. Tentative de suicide, sans aucun doute. Après l'avoir enveloppée d'une couverture, ils la conduisent au commissariat pour l'interroger. Le visage livide, elle reste d'abord muette avant de prononcer une seule phrase,

2. Instance créée à l'issue du congrès de Bad Reichenhall de mai 1921. Siégeant à Berlin sous la direction d'un ancien député de la Douma, Nicolas Evguenievitch Markov, elle a pour objectif de fédérer tous les Russes aspirant à voir la monarchie restaurée. Y siègent des partisans du grand-duc Nicolas Nicolaïevitch, oncle de Nicolas II, et des partisans du grand-duc Cyrille Vladimirovitch, son cousin germain – les deux hommes revendiquent le statut de successeur de Nicolas II.

chuchotée dans un allemand au fort accent slave : « Je n'ai rien demandé. » Après une nuit à l'hôpital Élisabeth, elle est à nouveau questionnée par la police berlinoise, qui n'a trouvé sur elle aucun papier d'identité. À nouveau elle refuse de donner son nom, son origine, son activité, son lieu de résidence, les motivations de son geste désespéré. Les rares fois où elle ouvre la bouche, c'est pour intimer l'ordre à ses interlocuteurs de la laisser tranquille. Invités à tenter leur chance, les médecins ne parviennent qu'à lui arracher une information impossible à vérifier selon laquelle elle serait « une ouvrière ».

Au bout de six semaines, bien qu'elle ne manifeste aucun signe de folie, il est décidé de l'envoyer dans l'asile d'aliénés de Dalldorf, au nord de la ville. Elle y est inscrite sous le nom de *Fraülein Unbekannt* (« mademoiselle Inconnue »), 1,54 mètre, 50 kilos. Diagnostiquée « à forte tendance dépressive », elle est installée dans le bâtiment 4 de l'établissement, parmi quatorze autres « patientes calmes ». Après un examen initial, son registre est mis à jour : « Très réservée. Refuse de révéler son nom, ses origines familiales, son âge ou son occupation habituelle. Reste assise dans une attitude butée. Assure qu'elle ne dira rien, qu'elle a ses raisons et que si elle avait voulu parler elle l'aurait déjà fait… Le docteur peut croire ce qu'il voudra ; elle ne révélera rien. À la question de savoir si elle entend des voix ou si elle a des hallucinations, elle a répondu : "Vous n'êtes pas très bien informé, docteur." Elle reconnaît avoir tenté de mettre fin à ses jours, mais refuse de fournir aucune explication. »

Dans les premiers mois, souvent prostrée, la tête enfouie sous ses couvertures ou le visage tourné vers le mur de sa chambre, « mademoiselle Inconnue » ne parle guère, mange peu, dort mal. Et intrigue. Elle semble obsédée par l'idée qu'on la « reconnaisse », manifeste parfois des bonnes manières et un maintien étonnants pour une ouvrière (sans parler de ses mains fines et soignées). Après s'être décidée à échanger un peu avec les infirmières, celles-ci découvrent avec stupéfaction une femme connaissant sur le bout des doigts l'histoire de la Russie et des monarchies effondrées après la Grande Guerre. Mais c'est une autre patiente, Clara Peuthert, arrivée fin 1921 dans l'asile, qui va se muer en lanceuse d'alerte. Persuadée d'avoir déjà vu le visage de l'Inconnue, elle a une illumination en feuilletant un numéro du journal *Berliner Illustrierte Zeitung* évoquant le massacre de la famille impériale en juillet 1918 et la rumeur selon laquelle une des filles du tsar serait toujours en vie : sa voisine de lit n'est autre que Tatiana Nicolaïevitch Romanov ! L'affirmation ne suscite chez l'intéressée qu'une crise de larmes silencieuse. Qui ne dit mot consent ?

Ayant quitté l'asile de Dalldorf en janvier 1922, Clara Peuthert erre dans Berlin quelques semaines avant de tomber sur un jeune exilé russe vendant devant une église orthodoxe des images de la famille impériale disparue. À lui elle confie son secret. L'homme l'écoute, d'abord sceptique et incrédule, mais finit par se rendre à Dalldorf pour se faire lui-même une idée. En tant qu'ancien officier de la garde personnelle de l'impératrice douairière, Schwabe est persuadé qu'il verra immédiatement s'il s'agit d'une affabulatrice.

La rencontre ne dure que quelques minutes. Assez pour impressionner l'ancien officier. Bien que « mademoiselle Inconnue » ait affirmé ne pas parler russe ni connaître « cette dame » figurant sur la photo de l'impératrice douairière que Schwabe lui a montrée, se contentant de lui demander qu'on empêche son transfert prévu dans un hôpital du Brandebourg, sa ressemblance avec les filles du tsar lui a paru évidente. Et le petit geste de tête aristocratique de la jeune femme pour lui signifier qu'il était temps de partir a achevé de le convaincre. Dès les jours suivants, il persuade le Conseil monarchiste suprême de faire surveiller l'hôpital. Réussit à inviter Zénaïde Tolstoï à venir rencontrer la jeune femme (elle ressort également convaincue). Convainc un couple d'exilés, le baron Arthur Gustavovitch von Kleist et sa femme Gerda, de l'accueillir chez eux, rue Nettelbeck, à Berlin. Entre-temps, Schwabe aura eu vent de la phrase lancée par « mademoiselle Inconnue » aux infirmières (elles aussi dans la confidence, désormais) au sujet de l'image de Marie Feodorovna (« il m'a montré une photo de ma grand-mère »). Et il aura dissipé le malentendu initial sur son identité : elle n'est pas Tatiana mais la grande-duchesse Anastasia Nicolaïevitch Romanov.

Une évasion rocambolesque

Installée chez les Kleist, Anastasia doit désormais répondre aux interrogations de ses protecteurs, même si ceux-ci tiennent compte des souffrances de leur invitée – tuberculeuse, irritable, hantée par des cauchemars, « mademoiselle Inconnue » est sujette à de fréquentes (et opportunes ?) crises de nerfs, des caprices, des fugues. Comment a-t-elle survécu au massacre d'Ekaterinbourg ? Comment est-elle arrivée en Allemagne ? Quand ? Pourquoi refuse-t-elle de parler russe (qu'elle semble il est vrai néanmoins lire et comprendre) ? Veut-elle rencontrer sa grand-mère, ses tantes, les cousins de son père ?

Sur son refus de pratiquer la langue russe, elle prétend que celle-ci ravive en elle de trop mauvais souvenirs et que dire des mots dans la langue de Dostoïevski la jette dans une détresse insupportable. Mais il y a encore plus rocambolesque : son récit des mois ayant suivi la nuit du 17 juillet 1918. Un garde bolchevique du nom d'Alexandre Tschaïkowski l'aurait ramassée dans la maison Ipatiev après avoir constaté qu'elle avait en effet survécu aux balles de ses bourreaux grâce à la fois aux bijoux cachés entre sa peau et ses vêtements et au corps de sa sœur Tatiana, qui, en tombant sur elle, l'aurait aussi protégée. Après l'avoir fait passer pour morte, son sauveur (accompagné de sa mère, sa sœur et son frère) l'aurait emmenée sur une charrette de paysan jusqu'en Roumanie. Là-bas, au terme d'un éprouvant voyage, Anastasia aurait mis au monde un garçon, prénommé Alexandre, avant d'épouser (dans le rite catholique) Tschaïkowski et de s'installer avec lui à Bucarest. Mais comme il était dit qu'elle serait maudite, son mari aurait trouvé la mort fin 1919, et elle aurait décidé de gagner l'Allemagne en train et à pied pour retrouver la famille de sa mère à elle, la tsarine Alexandra, née Alix de Hesse-Darmstadt. Flanquée de son beau-frère, Serge, mais sans son fils, qu'elle aurait abandonné en Roumanie. À l'arrivée à Berlin, Serge aurait subitement disparu, la jetant dans une crise d'angoisse et de désespoir. D'où sa tentative de suicide.

Une histoire à dormir debout, truffée de dates invérifiables, de détails abracadabrantesques, d'approximations innombrables que beaucoup vont avaler pendant des décennies.

Que la mythomanie de l'Inconnue de Dalldorf ait pu faire illusion est d'autant plus étonnant que dès 1922, plusieurs témoignages viennent mettre à mal ses affirmations. Après la baronne Buxhoeveden, ancienne dame d'honneur d'Alexandra ayant accompagné les Romanov dans leur premier exil sibérien en 1917, et qui, après avoir vu « mademoiselle Inconnue », avait assuré, pâle de colère : « Il y a erreur, ce n'est pas une grande-duchesse », c'était Irène de Prusse qui, en août 1922, avait « tout de suite vu qu'il ne pouvait s'agir d'une de mes nièces ». Or, c'est elle, la sœur de la mère d'Anastasia, que la prétendue Anastasia était supposée être venue retrouver à Berlin...

D'autres faits embarrassants ? Quand on lui propose de jouer du piano, elle assure qu'une blessure l'en empêche désormais. Quand on lui demande quel était le nom du professeur lui ayant enseigné l'art de peindre, elle ne s'en souvient plus. Ces crises d'amnésie partielle lui permettent de se sortir des situations pénibles. *A contrario*, s'agissant de son étonnante maîtrise de la langue allemande, il apparaît bien curieux à certains que la grande-duchesse, incapable d'aligner trois mots d'allemand avant 1917, se révèle soudain une parfaite germanophone (avec certes un léger accent polonais).

À partir de 1926 pleuvent les témoignages défavorables : après avoir rendu visite à Frau Tschaïkowski, la grande-duchesse Olga, sœur de Nicolas II, ne lui trouve elle non plus aucune ressemblance avec sa nièce. Pas plus que le prince Youssoupov (un des assassins de Raspoutine), affirmant « qu'il s'agit d'une aventurière, une hystérique et une malade, doublée d'une comédienne époustouflante ». Ou de l'ancien précepteur du tsarévitch Alexis, Pierre Gilliard, qui, dans son livre *La Fausse Anastasie*, démonte point par point « la machination » ourdie par une « vulgaire aventurière » aux « talents de comédienne hors pair ».

Sur l'identité de cette mythomane, les certitudes manquent, même si un journal allemand, le *Berliner Nachtausgabe*, affirme qu'il s'agit d'une citoyenne polonaise, Franziska Schanskowska, née en décembre 1896 (quatre ans avant la vraie Anastasia), à Borowy Las, en Poméranie.

Détails troublants

Pourtant, tout cela ne suffit pas à éteindre les doutes. Parce que demeurent un certain nombre de détails troublants. « Mademoiselle Inconnue » dit des choses que seuls des intimes ou des membres de la famille impériale peuvent savoir. Par exemple que l'état-major russe avait engagé des négociations secrètes en 1916 avec Guillaume II, qui s'avouait persuadé qu'il ne gagnerait pas la guerre. De même, les enfants du docteur Botkine, exécuté avec les Romanov à Ekaterinbourg, assurent la reconnaître. Et quand un jeune soldat français blessé, Philippe Dassel, se présente à elle un matin sans avoir été annoncé, elle l'appelle immédiatement par le surnom qu'elle lui avait donné lorsqu'elle l'avait croisé dans un hôpital du front dix ans plus tôt : « l'homme aux poches ». Ses partisans se rattachent aussi à l'incroyable annonce qui secoue la Russie en 1926 : ouverte à la demande de Staline, la tombe du tsar Alexandre Ier s'est révélée vide, relançant les spéculations sur sa fausse mort en 1825[3]. Dans un pays traversé depuis des siècles par des rumeurs d'empereurs disparaissant puis réapparaissant ou de vrais-faux usurpateurs, l'affaire Anastasia ne semble pas si extraordinaire que cela. Et sa survie paraît crédible.

En février 1928, « mademoiselle Inconnue » quitte l'Europe pour les États-Unis. Le fils du docteur Botkine a convaincu Xenia Georgievna, fille du grand-duc Georges Mikhaïlovitch et mariée à un magnat américain de l'étain (William Leeds), de l'accueillir en sa très chic demeure d'Oyster Bay, à Kenwood, près de New York. La presse américaine jubile, trop contente de moquer le scepticisme de son homologue européenne alors que Xenia assure la reconnaître : une cousine de la grande-duchesse Anastasia, voilà un témoignage de poids ! Ce à quoi lui est répondu que les deux

3. Cf. *supra* la contribution de Marie-Pierre Rey.

femmes ne se sont pas vues depuis 1914, quand Xenia n'avait que 10 ans…

Les autres membres de la famille, eux, s'acharnent : en octobre 1928, douze Romanov signent la déclaration de Copenhague établissant, au lendemain de la disparition de l'impératrice douairière, que « pour nous, proches parents du tsar, il est extrêmement douloureux d'admettre cette réalité : aucun membre de cette branche de notre famille n'est plus de ce monde. Avec quelle joie nous serions prêts à croire que l'un d'eux a survécu au massacre de 1918 ! Nous comblerions de notre tendresse cet unique survivant… Mais s'agissant de la personne en question, le devoir nous oblige à déclarer que son récit n'est que fabulation. Le souvenir de nos chers disparus serait à jamais terni si nous laissions ce récit dénué de tout fondement se répandre et passer pour un fait établi ».

Soirées mondaines à New York

S'ouvre pour celle qui s'est choisi, en août 1928, quand elle s'est installée dans un hôtel élégant de Long Island pour avoir un peu de tranquillité, le patronyme de Mrs Anderson (le prénom Anna, diminutif d'Anastasia, ne viendra que plus tard), une période noire. C'est d'abord sa brouille avec sa « cousine » Xenia, qui l'oblige à trouver de nouveaux hôtes compréhensifs et accueillants. C'est ensuite sa prétention à revendiquer le fameux trésor des Romanov (fantasmagorique et hypothétique, à la différence de celui, bien réel, bloqué notamment à la Banque d'Angleterre depuis la révolution) qui renforce chez ses adversaires (et les Romanov) un sentiment de méfiance virant à l'hostilité. Ce sont ensuite ces semaines où elle fréquente, devant les flashes des photographes alimentant les rubriques *people* des illustrés américains, toutes les soirées mondaines de New York (au Ritz, à l'Opéra, sur la Cinquième Avenue), promettant à tel éditeur son autobiographie, à tel industriel une partie de sa fortune s'il accepte de devenir actionnaire de sa société Grandanor (acronyme de *Grand Duchess Anastasia Nicolaïevna of Russia*). Ce sont enfin ces crises de nerfs et ces caprices répétés qui obligent ses hôtes à la faire enfermer à nouveau dans un hôpital jusqu'à ce qu'elle soit diagnostiquée aliénée, « présentant un danger pour elle-même et pour les tiers ».

En 1930, Mrs Anderson revient presque clandestinement en Europe. Direction : l'Allemagne. Notamment, dans ses dernières années, un village de Forêt-Noire, Unterlengenhardt, où elle vivra dans une paix relative. Non sans avoir flirté avec la Camarde durant la Seconde Guerre mondiale, après une chute de 15 mètres lors d'un bombardement à Hanovre (un journal à la subtilité discutable aura même titré par erreur : « Cette fois, elle est vraiment morte ! »), reçu journalistes de magazines allemands ou de *Paris Match* friands de destins couronnés tragiques, et engagé des procès pour faire reconnaître sa légitimité à s'affirmer la grande-duchesse Anastasia. Elle sera déboutée en 1961, mais la Cour constitutionnelle allemande de Karlsruhe conclura, en 1970, par un *non liquet* signifiant son impossibilité à établir ou à récuser avec certitude l'identité de la plaignante.

« Mademoiselle Inconnue » meurt à Charlottesville, aux États-Unis, le 12 février 1984, après avoir épousé un certain John E. Manahan. À sa demande, qui sonne comme le souhait qu'on ne puisse pas analyser ses restes et les comparer avec ceux des Romanov si on les retrouvait un jour, elle est incinérée dans un cimetière de Bavière.

Mythe intact

Son mythe demeure. Des historiens réputés comme Marc Ferro persistent à croire en sa parole, se disant persuadés que Moscou et Berlin avaient procédé à un échange (la vie sauve pour la femme et les enfants de Nicolas II contre la libération des révolutionnaires spartakistes allemands Karl Liebknecht et Leo Jogisches par Max de Bade, cousin du tsar après son mariage avec Marie-Louise de Hanovre) et que tout le monde s'était appliqué ensuite à camoufler la vérité : les Blancs pour entretenir le statut de martyrs et de saints des Romanov, les Rouges pour cultiver leur image de révolutionnaires déterminés, purs et sans concession avec l'ancien régime.

En avril 1989, le réalisateur de télévision Gueli Riabov assure avoir retrouvé dix ans plus tôt les ossements des Romanov dans un bois proche de Sverdlovsk (nom soviétique donné à Ekaterinbourg entre 1924 et 1991), mais il refuse d'en révéler l'emplacement exact.

En juillet 1991, avec le soutien du président Boris Eltsine, le géologue Alexandre Avdonine exhume dans le vallon du Porcelet, situé à mi-chemin entre Ekaterinbourg-Sverdlovsk et le bois des Quatre-Frères, des centaines d'ossements humains formant neuf squelettes comprenant notamment leurs crânes. Parmi eux, celui d'Anastasia Romanov[4].

En 1994, le médecin britannique Peter Gill analyse dans son laboratoire d'Aldermaston des fragments de tissus de « mademoiselle Inconnue » récupérés par le FBI lors de son opération pour une occlusion intestinale en 1979. Après l'avoir comparé avec celui du prince Philip, duc d'Édimbourg et arrière-petit-fils de la tsarine Alexandra, il établit avec certitude que l'ADN d'Anna Anderson ne correspond en rien à celui de la famille Romanov. Quelques semaines plus tard, grâce à des analyses avec l'ADN du petit-fils de Gertrude Schanzkowska, il aboutit à une autre conclusion : « mademoiselle Inconnue » était bien Franziska Schanzkowska, ouvrière polonaise. Qui, sur sa sépulture du cimetière de l'église Saint-Walburg de Seeon, en Bavière, a fait graver cette inscription : « Anastasia Manahan. 1901-1984. »

L'inscription « Anastasia Romanov. 1901-1918 », elle, figure – depuis 1998 – sur un tombeau de marbre de la crypte de la chapelle Sainte-Catherine, dans la forteresse Pierre-et-Paul, à Saint-Pétersbourg. À côté de ceux de ses parents, de ses trois sœurs et de son petit frère. Tous exécutés, comme elle, par une nuit noire d'été sibérien, en 1918.

4. Les deux corps manquants des victimes du massacre d'Ekaterinbourg (ceux du tsarévitch Alexis et de Maria) seront retrouvés en 2007, à quelques centaines de mètres du lieu où avaient été jetés les restes de leurs parents et sœurs.

Bibliographie sélective

Botkine, Tatiana, *Anastasia retrouvée*, Grasset, 1985.

Cars, Jean des, *Nicolas II et Alexandra de Russie*, Perrin, 2015.

—, *La Saga des Romanov*, Perrin, coll. « Tempus », 2015.

Decaux, Alain, *L'Énigme Anastasia, sincérité ou imposture*, Presses Pocket, 1965.

Ferro, Marc, *La Vérité sur la tragédie des Romanov*, Tallandier, coll. « Texto », 2012.

Gilliard, Pierre, *La Fausse Anastasie : histoire d'une prétendue grande-duchesse de Russie*, Payot, 1929.

Grey, Marina, *Enquête sur le massacre des Romanov*, Perrin, 1987.

Kurth, Peter, *La Grande-Duchesse Anastasia, l'histoire d'Anna Anderson*, Belfond, 1988.

Lorrain, Pierre, *La Fin tragique des Romanov*, Bartillat, 2018.

Mary, Luc, *Les Derniers Jours des Romanov*, L'Archipel, 2008.

Ross, Nicolas, *Ils ont tué le tsar*, éditions des Syrtes, 2018.

Sebag Montefiore, Simon, *Les Romanov*, Calmann-Lévy, 2015.

Summers, Anthony et Mangold, Tom, *Le Dossier Romanov*, Albin Michel, 1980.

Wartelle, Michel, *L'Affaire Romanov ou le Mystère de la maison Ipatiev*, Québec, Louise Courteau éditrice, 2008.

33

Qui se cache sous la Cagoule ?

par Olivier Dard

Cocktail détonant de société secrète, de complots et d'assassinats, l'histoire de la Cagoule sent le soufre tant elle est nimbée de mystères. Le premier renvoie à son nom. La Cagoule est en effet le sobriquet que lui ont donné ses adversaires. Sa dénomination véritable est l'Organisation secrète d'action révolutionnaire nationale (OSARN) mais les autorités elles-mêmes, à la suite d'une erreur de transcription, ont mutilé cette appellation et parlé de Comité secret d'action révolutionnaire (CSAR).

De mystérieux assassinats

Un second mystère tient à ses conditions d'apparition et de médiatisation. Lorsque le 25 janvier 1937 la Cagoule procède à sa première exécution qui a comme cible Dimitri Navachine, banquier, économiste et ami du ministre de l'Économie nationale du Front populaire, le socialiste Charles Spinasse, personne n'a jamais entendu parler de cette organisation. Pour la presse du temps, l'assassinat de Navachine rejoint les morts « inexpliquées » qui jalonnent l'histoire politique française du début des années 1930. Chacun a alors en tête le souvenir de l'escroc Alexandre Stavisky, incarnation pour de larges secteurs de l'opinion de la corruption du régime tertio-républicain. La découverte de son cadavre, le 8 janvier 1934 dans un chalet de Chamonix, renforce une suspicion déjà grande contre les institutions et la classe politique et met en branle une crise politique qui culmine avec l'émeute sanglante du 6 février 1934. Un autre exemple marquant, en lien avec le précédent, est celui du conseiller Albert Prince, chef de la section financière du parquet de la Seine, qui est retrouvé le 20 février 1934 au lieu-dit la Combe-aux-Fées, le corps décapité et écrasé par le train Paris-Dijon. Nombre de contemporains y voient un nouvel assassinat maquillé en suicide qui s'ajoute à une chaîne de morts dites mystérieuses que le cas Navachine contribue à alimenter.

L'assassinat de Carlo et Nello Rosselli, perpétré le 9 juin 1937, prend un autre relief. Les deux hommes sont des figures très connues de l'antifascisme italien et leur mort constitue un événement de premier plan qui a marqué les mémoires française et italienne. Mais en juin 1937, si certains commentateurs mettent déjà en cause l'Italie fasciste, il n'est évidemment pas question de la Cagoule et de ses liens avec le régime mussolinien : la presse nationale à grand tirage évoque, à l'instar du quotidien *Le Matin*, le « mystère de Bagnoles-de-l'Orne ». L'été se passe et la Cagoule, toujours non identifiée, passe à nouveau à l'action en perpétrant le 11 septembre 1937 un attentat contre le siège de la Confédération générale du patronat français (CGPF), rue de Presbourg près de l'Étoile. Sur le moment, le geste reste inexpliqué et les regards se tournent vers une mise en cause possible d'éléments anarchistes ou issus de la gauche radicale. La piste est erronée comme vont le montrer les surprises et les rebondissements qui jalonnent l'automne 1937.

La Cagoule démasquée

Le 16 septembre 1937 est une date marquante dans l'histoire de la Cagoule. Cinq jours après l'attentat inexpliqué de la rue de Presbourg, tandis que deux trafiquants d'armes sont arrêtés, une perquisition au domicile parisien d'Aristide Corre met la police aux prises avec des documents de première importance, en particulier des listes dactylographiées et décodées comportant de très nombreux noms. Les autorités ne le savent pas encore, mais elles viennent de mettre la main sur le fichier de l'OSARN que son secrétaire archiviste, ami d'enfance d'Eugène Deloncle, le chef de l'organisation, a commis l'imprudence de conserver chez lui. Tandis que la police s'intéresse à cette magnifique moisson et commence à l'exploiter, Aristide Corre minimise les choses auprès de ses amis en leur garantissant que les documents qui ont été saisis chez lui sont chiffrés… ce qui n'est nullement le cas. Forts cependant des affirmations de Corre, les dirigeants de l'OSARN, sans négliger les conséquences de cette découverte, n'en considèrent pas d'emblée toute la gravité et la portée. Ils ne mesurent pas que l'entreprise mise sur pied depuis des mois est menacée d'être démantelée. Un choix crucial se pose cependant pour l'état-major cagoulard : se révéler et agir au grand jour au risque de tout perdre ou attendre et espérer que les choses puissent se tasser.

L'attentisme est le choix initial d'Eugène Deloncle (1890-1944), le maître d'œuvre de l'OSARN autour duquel la police tourne depuis le 16 septembre. Polytechnicien et ingénieur du génie maritime, Deloncle est un ancien militant de l'Action française de Charles Maurras qu'il a rejointe après le 6 février 1934 et quittée l'année suivante. Cet ancrage doit être rappelé mais là n'est pas l'essentiel. Comme nombre de ligueurs, Deloncle a été profondément marqué par le 6 février et ses suites qu'il analyse comme un échec cuisant infligé aux droites nationalistes pour lesquelles il envisage d'autres options que le militantisme ordinaire. De fait, si certains ouvrages ont voulu faire remonter les origines de la Cagoule en amont du 6 février, c'est bien la déception et la frustration qu'il provoque chez les éléments les plus durs des ligues nationalistes qui motivent leur volonté de passer à la lutte armée que prendrait en charge une organisation structurée. Deloncle est de ceux-là avec d'autres militants de l'Action française en rupture de ban comme le docteur Henri Martin (« le Toubib »), maître d'œuvre du service de renseignements de la Cagoule, ou Jean Filliol, celui des exécutions. Mais chez Deloncle il faut compter aussi avec un anticommunisme radical et à certains égards spécifique. Il ne s'agit pas seulement chez lui d'un refus de la révolution et de ses désordres ou du souci de conservation de l'ordre économique et social existant. L'anticommunisme de Deloncle s'inscrit dans une logique clairement contre-subversive. Il n'entend pas seulement dénoncer le communisme et lutter contre lui par des moyens classiques. Il veut le combattre en lui opposant ses propres méthodes. On comprend dès lors toute l'importance qu'avec son frère Henri il accorde à l'ouvrage de Neuberg (un pseudonyme qui cache un collectif où on trouve notamment le futur Hô Chi Minh), *L'Insurrection armée*, qui est publié sous l'égide du Parti communiste français en 1931. Eugène Deloncle reprend à son compte et avalise les conceptions d'un texte qui peut se lire comme un manuel d'instruction sur la technique de l'insurrection ou du coup d'État pour préparer ce qui devrait être un contre-putsch balayant celui que perpétreraient les communistes. Car la conviction du patron de l'OSARN est inébranlable : les communistes vont tôt ou tard passer à l'action et il importe, face à eux, d'être prêt et de pouvoir s'appuyer sur une organisation clandestine structurée et armée. Ou pour le dire autrement, sur ce que l'essayiste anticommuniste et antimaçon Léon de Poncins, lui aussi lecteur attentif de Neuberg, a appelé une « contre-organisation méthodique » au « plan communiste d'insurrection armée ». L'anticommunisme de la Cagoule précède donc sa constitution en même temps qu'il se rattache chez ses fondateurs à deux marqueurs fondamentaux de leur « outillage mental » : une relation très particulière au secret comme au complot.

Un mois après l'attentat de l'Étoile contre le siège de la Confédération générale du patronat français, la Cagoule entend agir avant d'être complètement démantelée. L'ordre de mobilisation de ses troupes à Paris est donc donné dans la nuit du 15 au 16 octobre 1937, car un putsch communiste est prétendument attendu. Il n'en est rien. Du côté cagoulard, si la mobilisation s'opère, aucun des ordres d'occupation des points névralgiques de la capitale n'arrive aux hommes qui ont été mis sur le pied de guerre. Plus encore, au petit matin vers 5 heures, la consigne leur est donnée de se disperser. Il faut savoir que dans la nuit l'état-major s'est fortement divisé. Les militaires attendus par Deloncle n'ont pas bougé, car ils ont très vite compris que les communistes n'étaient nullement mobilisés. Quant à Deloncle lui-même, il répond à Filliol, qui veut coûte que coûte en découdre, que les hommes de la Cagoule ont d'abord « été formés pour la défensive » et que pour agir ils sont censés avoir été « provoqués ». Pour l'OSARN, la nuit est lourde de conséquences car l'organisation, déjà infiltrée par des indicateurs, s'est encore davantage dévoilée. Avec une circonstance aggravante liée aux points de rassemblement choisis et qui correspondaient aux lieux des dépôts d'armes.

Dorénavant, tout s'enchaîne et la police multiplie perquisitions et arrestations. Dès le 17 novembre, la presse titre sur le « complot contre la sûreté de l'État » qui serait en train d'être démasqué. Six jours plus tard, le ministre de l'Intérieur Marx Dormoy fait adresser à la presse un communiqué faisant état de la découverte d'un « véritable complot contre les institutions républicaines ». Le nom de Deloncle est cité et ses intentions sont proclamées : il aurait œuvré à une restauration de la monarchie… ce qui permet de mêler les monarchistes et, implicitement, l'Action française à une affaire à laquelle elle est totalement étrangère puisque Maurras n'a cessé, depuis des mois, de tonner contre les « cerveaux brûlés » qui veulent abattre un régime qui en réalité les manipulerait. Dans cette optique, la Cagoule ne serait qu'une vaste provocation policière. Une interprétation qui n'est pas marginale dans la France de 1937-1938. Le complot dénoncé devient également un véritable feuilleton politico-médiatico-judiciaire car durant des semaines, chaque jour ou presque apporte son lot de révélations sur les dépôts d'armes ou les personnes compromises dans l'affaire dont les arrestations, comme celle du général Duseigneur ou du duc Pozzo di Borgo, ancien dirigeant des Croix-de-Feu du lieutenant-colonel de La Rocque, sont des épisodes marquants. Sans oublier au début de 1938 la révélation, le 12 janvier, des noms des auteurs de l'attentat de l'Étoile, ou, le lendemain, de l'assassinat des frères Rosselli. Sur tous les dossiers les choses ont bien avancé. Il faut dire que l'enquête menée par la Sûreté nationale ratisse très large, même si la police, quoique ayant arrêté Deloncle, ne peut mettre la main sur des figures de premier plan de la Cagoule comme Filliol qui choisissent le chemin de l'exil (souvent espagnol). Le succès de l'enquête devrait bénéficier au gouvernement, mais la situation est beaucoup plus ambiguë. Assurément, le ministre de l'Intérieur socialiste a l'appui de la presse de gauche, à commencer par celui du journal de son parti, *Le Populaire*, qui encense son action en faveur de l'antifascisme et de la défense de la République. Mais d'autres secteurs de l'opinion ironisent sur un acharnement qu'ils jugent brouillon, suspect et intéressé : sa médiatisation permettrait d'éviter que soit mis au premier plan ce qu'ils considèrent comme les vrais sujets de l'heure, à savoir les problèmes économiques et sociaux (grèves, etc.) et les menaces extérieures pesant sur le pays. Enfin, du côté de la presse de droite, on ironise sur le nombre de perquisitions sans résultat et on met en cause la bienveillance des autorités à l'égard des communistes qui sont le véritable ennemi à combattre. C'est dans un tel contexte, alors que l'éradication de la Cagoule s'achève, que se produit le 27 janvier 1938 à Villejuif l'épisode le plus sanglant de cette histoire : on dénombre 14 morts à la suite de l'explosion accidentelle, à l'occasion de leur transfert par les militaires, d'une caisse de grenades conservées dans un arsenal clandestin à côté de 171 autres. L'épisode, après d'autres, marque les esprits et invite dès cette époque les contemporains à s'interroger sur la puissance effective de la Cagoule.

La Cagoule et sa puissance effective

Depuis les années 1930, un débat partage les analyses sur la Cagoule. Pour les gauches de l'époque, la Cagoule aurait incarné un danger redoutable contre le régime républicain, danger symbolisé par l'importance de ses dépôts d'armes et les soutiens, identifiés ou non, dont elle aurait bénéficié. L'image de la Cagoule est ici celle d'une organisation tentaculaire. Pour d'autres contemporains, et ce, bien au-delà des droites nationalistes, sa dangerosité, sans devoir être niée, doit être minorée. Il conviendrait en effet de prendre en compte l'intérêt qu'auraient eu les autorités d'alors à exploiter au maximum une conspiration dont l'échec des 15-16 octobre 1937 signait l'amateurisme.

Les historiens se sont beaucoup préoccupés de la puissance effective de la Cagoule en repartant de l'importance des stocks d'armes découverts, notamment en région parisienne. Les chiffres sont parlants : 7 000 grenades, une trentaine de mitrailleuses, 230 armes automatiques allemandes et italiennes, 150 fusils de guerre et 150 fusils de chasse. Ajoutons-leur 300 000 cartouches et plus de 150 kg d'explosifs. L'arsenal est conséquent et sans commune mesure avec ce que pouvait être l'armement des ligues nationalistes. À titre de comparaison, on rappellera un exemple fameux, « le complot des panoplies » prêté à l'Action française durant le premier conflit mondial par le gouvernement Painlevé. À cette époque, des perquisitions avaient également été effectuées et leur bilan s'était avéré médiocre : 50 armes à feu et 250 cannes plombées.

La quantité d'armes réellement détenues par la Cagoule, supérieure au chiffre proposé si on lui ajoute ce qui n'aurait pas été découvert et les dépôts effectués en province qui ont été ensuite dispersés (au besoin en jetant des armes dans des cours d'eau), pose la question de ses effectifs. On peut considérer, en bonne logique, que le stock d'armes aurait été calculé de façon réaliste et proportionné aux effectifs disponibles. Mais les historiens qui ont travaillé sur ce dossier sont sceptiques. Ils considèrent en effet que les dirigeants de l'OSARN ont mis sur pied un arsenal sans rapport avec les effectifs militants dont ils disposaient réellement. Certes, les armes de guerre et les explosifs accumulés sous-entendent que l'organisation pouvait compter sur un nombre important d'hommes résolus à en découdre. Mais ces derniers ont-ils été au rendez-vous ? Il faut en douter pour l'historien Frédéric Monier suivi par Jacques Nobécourt, le biographe regretté du lieutenant-colonel de La Rocque, qui résume les choses d'un mot : « Les conspirateurs attendirent en vain des troupes qui ne vinrent pas. » Cette assertion impose de chiffrer les effectifs de la Cagoule, défi redoutable faute de sources fiables. Cependant, sur la base des enquêtes policières effectuées, quelques chiffres peuvent être proposés. Dans la ville de Paris, les effectifs de la Cagoule s'élèveraient à 3 000 hommes quand la presse en annonce le quadruple au début de 1938. Le chiffre de 3 000, qui ne tient pas compte des militants les plus âgés et qui exclut la banlieue, doit être remis en perspective. En particulier avec celui que les ligues nationalistes étaient en mesure de mobiliser en février 1934. Il était alors nettement supérieur, ce qui est au demeurant logique si on prend la mesure de ce que fut la Cagoule dans ces milieux, une fois les ligues interdites. À savoir l'agrégation de leurs différents militants les plus décidés qui n'ont pas accepté l'interdiction de 1936 ni l'option qui leur était offerte de militer dorénavant dans les partis de masse créés à l'été 1936, principalement le Parti social français du lieutenant-colonel de La Rocque qui compta près d'un million de membres à la veille du second conflit mondial, ou le Parti populaire français de l'ancien communiste Jacques Doriot sur lequel se cristallisent alors les espoirs des tenants d'un fascisme français.

Par-delà les données quantitatives, il faut s'entendre sur la qualification de « cagoulard ». Si l'accusation sous ce label était commode en 1937-1938, une définition un peu rigoureuse est plus délicate qu'il y paraît. On soulignera l'importance du serment et le culte du secret dans l'OSARN. Un culte du secret rappelé dans des circulaires, tout comme les sanctions frappant celui qui s'y soustrairait. Peut-on cependant imaginer un secret si bien gardé pendant plus d'un an dans une organisation qui aurait regroupé des dizaines de milliers de membres ? Plus encore, il est essentiel d'opérer un tri sérieux au sein d'un milieu supposément cagoulard qui s'apparente à une nébuleuse. On y rencontre certes des cadres et des militants aguerris mais aussi des troupes sur lesquelles les premiers espèrent surtout pouvoir compter à l'heure H. En réalité, le statut des « adhérents » était variable et fonction du degré d'investissement qui leur était demandé : pour la majorité il semble bien qu'ils aient été seulement assujettis aux dispositifs d'alertes graduées. Ceux-ci n'ont à vrai dire rien de nouveau pour qui connaît l'histoire des ligues nationalistes et ces militants décidés n'ont guère vu de différences avec des pratiques auxquelles ils étaient rodés ; à ceci près que le Front populaire avait interdit les ligues à l'été 1936, ce qui donnait à leur engagement un parfum sulfureux d'interdit et de clandestinité. Mais dans cette nébuleuse, sur un mode choisi et sélectif, seul un petit nombre de militants, sous la responsabilité du docteur Martin, est en charge de collecter et de transmettre des renseignements, notamment sur les communistes ou en vue du futur putsch. On peut enfin considérer que ce n'est qu'au sommet de cette organisation, très pyramidale, que le cadre cagoulard possède la pleine mesure de ce qui est en train de se préparer.

Dans ces conditions, la question des effectifs, sans être négligeable, ne doit pas dissimuler que pour les concepteurs de l'ensemble, et d'abord Deloncle, il ne s'agit pas de mettre en place une organisation de masse mais de construire une structure élitaire ayant ses entrées dans des milieux bien ciblés, à commencer par l'armée. Ce dossier a fait couler beaucoup d'encre. On rappellera que des contacts existent, à commencer par ceux de Deloncle et du général Duseigneur, le patron de l'Union des comités d'action défensive (UCAD). Il faut cependant se défier d'une approche par trop mécaniste lorsqu'on examine froidement les potentialités effectives de ce type de rapprochement. Que vaut en effet ce recrutement par bouche-à-oreille et certaines promesses qui peuvent être faites ? Sans compter avec le goût de l'état-major cagoulard pour la mise en scène de rituels du secret inspirés de leur antimaçonnisme ou les organigrammes dont le juge Béteille, chargé de l'instruction de ce dossier monumental, a pu écrire qu'il n'y trouvait qu'une « décevante hiérarchie d'organismes superposés ». Sous l'Occupation, lorsqu'il est revenu à différentes reprises par voie de presse sur l'épisode cagoulard, Deloncle n'a pas masqué sa relation faite de haine et de fascination pour la franc-maçonnerie. Il a expliqué, dans un entretien publié par *La Gerbe* d'Alphonse de Châteaubriant le 25 septembre 1941, que la Cagoule pouvait être comprise « comme une franc-maçonnerie au service de la nation ». En veine de confidence, le patron de l'OSARN ajoute même s'être inspiré de la célèbre secte des Illuminés de Bavière de Weishaupt, exemple bien connu à partir duquel l'abbé Barruel a construit ses célèbres *Mémoires pour servir à l'histoire du Jacobinisme*, l'ouvrage fondateur de la littérature antimaçonnique publié à Londres de 1797 à 1799. Franc-maçonnerie inversée, la Cagoule peut aussi se comprendre en référence à l'armée dont elle s'est employée à calquer le modèle. C'est ainsi qu'elle est structurée à partir d'un état-major divisé en quatre bureaux tout ce qu'il y a de classiques. La référence communiste n'est pas non plus absente puisque l'on retrouve à la base de l'édifice le terme bien connu de « cellule » pour qualifier l'unité qui comprend entre 7 et 12 hommes. En résumé, la Cagoule n'a pas été seulement un tigre de papier. Mais elle ne fut pas la pieuvre que d'aucuns ont voulu dépeindre. Une image cependant qu'il faut prendre en compte pour comprendre son histoire qui a largement nourri les imaginaires politiques du temps.

Le serpent de mer cagoulard

Le démantèlement de la Cagoule en 1937-1938 ne signifie nullement la fin de son histoire, car son procès n'eut lieu que dix ans plus tard, en 1948. Entre-temps, si la Cagoule n'existe plus, les cagoulards ont continué leurs activités. Sous l'Occupation, les itinéraires divergent puisque l'on trouve des cagoulards dans la collaboration parisienne, à Vichy ou dès 1940 à Londres auprès du général de Gaulle.

Eugène Deloncle est devenu un dirigeant collaborationniste en vue puisqu'il a cofondé avec l'ancien socialiste Marcel Déat le Rassemblement national populaire avant de prendre en charge sa propre structure, le Mouvement social révolutionnaire où l'on retrouve également Jean Filliol et bien d'autres anciens cagoulards. L'écrivain Raymond Abellio, pseudonyme de Georges Soulès, qui fut secrétaire général du parti, a laissé un témoignage saisissant sur le duo Deloncle/Filliol : « L'esprit de géométrie de Deloncle n'avait cessé de décomposer et en quelque sorte de profaner l'action directe en l'inscrivant dans des systèmes d'équation trop bien rangés. Filliol se tenait au-delà de tout système. Sa pensée était, si l'on peut dire, consubstantielle à son action et n'avait nul besoin de la précéder, ni d'ailleurs de revenir sur elle. » Tandis que l'« activiste Filliol » se caractérise par « cette force indéfinissable et au-delà de toute force qu'on nomme la *présence* », Deloncle n'est pas le « conspirateur » attendu. Ancien polytechnicien, Abellio marque la surprise que lui inspire cet autre polytechnicien :

« Je l'avais imaginé froid, impénétrable, aussi dur au-dedans qu'il voulait le paraître au-dehors, je le trouvai volubile, chaleureux, et si désireux de plaire [...] que j'en vins à tout de suite chercher la faille cachée de ce *maniaque de l'action.* C'était en fait un homme d'une ambition impatiente et d'une volonté de puissance sans limites visibles [...]. La forme toute polytechnicienne de son intelligence le conduisait toujours à des dénombrements précis et même chiffrés, et son énorme capacité de dissimulation s'employait alors à recouvrir d'un semblant d'objectivité un ensemble de ruses banales mais savamment montées qu'il confondait avec une stratégie, une vision. À côté de cela, un grand vide idéologique [...]. »

Présents à Paris, les cagoulards le sont aussi à Vichy, notamment au sein des « groupes de protection » (François Méténier), des services de renseignements (le docteur Martin) ou au sein du Service des sociétés secrètes. Si certains vont suivre l'État français jusqu'au bout, d'autres ont été arrêtés et internés par l'occupant (Martin) ou figurent parmi les « vichysto-résistants ». Enfin, on compte parmi les premiers ralliés au général de Gaulle des cagoulards emblématiques comme Maurice Duclos, le chef du réseau Saint-Jacques.

La relation de la Cagoule et des cagoulards au second conflit mondial n'est pas seulement une affaire d'engagements ou d'itinéraires. Le mystère qui l'a entourée a nourri tout un imaginaire qui a largement inspiré la prose de contemporains, journalistes ou hommes politiques. On ne compte pas le nombre d'articles ou d'ouvrages qui se sont employés à faire de la Cagoule un acteur souterrain mais essentiel de l'histoire de la France des années 1930 et 1940. La Cagoule rejoint alors dans tous ces écrits le prétendu complot de la synarchie, cette organisation secrète technocratique qui aurait en 1941 mis Darlan, les « trusts » et leurs hommes (de « jeunes cyclistes ») au pouvoir afin de mettre à bas la Révolution nationale du maréchal Pétain. Puis, telle l'hydre, la synarchie aurait au lendemain de la guerre installé ses hommes pour entraver la reconstruction. Dans ce schéma conspirationniste, la Cagoule est étroitement associée à la synarchie et ce, dans un processus d'hybridation qui renvoie sous des plumes d'auteurs marqués à « gauche » à la dénonciation du « fascisme » et de la mainmise du « grand capital ». Toute l'histoire des années 1930, de la défaite et de l'Occupation pourrait alors se relire à l'aune de celle de la Cagoule agrégée pour ce faire avec la synarchie à la célèbre « cinquième colonne ». Ainsi, le socialiste Charles Dumas, ancien directeur de cabinet du ministre socialiste Marx Dormoy, dont on a souligné le rôle dans le démantèlement de la Cagoule, prétend expliquer dans une brochure parue en 1944, *La France trahie et livrée*, comment la synarchie, qui aurait fait main basse sur la Cagoule, aurait été à l'origine de la débâcle et de l'avènement du maréchal Pétain… Ce dernier est au centre des débats et il incarnerait même, pour le radical Albert Bayet, la « cinquième colonne » dont il serait le chef. En fait, Pétain serait un traître depuis… 1918, ce qui explique que certains publicistes aient pu faire remonter de façon totalement fantaisiste la naissance de la Cagoule à cette date. Quant aux armes de la Cagoule, elles n'auraient pas été destinées aux fascistes français soucieux d'abattre la République, mais surtout stockées pour servir à la « cinquième colonne », dont la synarchie aurait été la pièce maîtresse ; le tout dans le cadre d'un processus contrôlé de bout en bout par l'Allemagne nazie qui aurait même réussi, grâce à l'influence de sa propagande en France à la veille de la guerre, à circonvenir les journaux pour qu'ils ridiculisent la Cagoule et endorment la vigilance de l'opinion publique. Si on ajoute à cela la littérature produite sur les infiltrations cagoulardes dans l'entourage du général de Gaulle et ses conséquences (le Général serait devenu un « dictateur » selon le journaliste de droite antimunichois Henri de Kerillis), on mesure à quel point l'image de la Cagoule est celle d'une entreprise tentaculaire. Elle aurait contrôlé le pouvoir politique en France et ce, quels qu'aient été les hommes au pouvoir.

Lorsque le procès de la Cagoule s'ouvre en octobre 1948, en pleine vague de grèves déclenchées par la CGT et le parti communiste, une décennie s'est écoulée depuis la mise au jour de l'organisation. Il faut dire que si le procès a été long à organiser après la guerre c'est que le dossier avait été perdu… en réalité caché depuis juin 1940 dans les toilettes du palais de justice de Paris. À l'automne 1948, bien des figures marquantes de cette histoire sont décédées, à commencer par Deloncle (mort en 1944, il fut pourtant officiellement invité à se présenter à la Santé !). À l'ouverture du procès, 49 personnes sont présentes sur les 65 inculpés et Maurice Duclos, qui a appris la tenue du procès depuis Buenos Aires, est venu se joindre aux accusés. Comme l'écrit Philippe Bourdrel, ce procès est celui des « spectres ». Il est aussi celui des silences, car les accusés ne livrent rien au cours des 38 audiences où défilent des témoins prestigieux, de Léon Blum à Édouard Daladier en passant par le colonel Groussard ou le commandant Loustaunau-Lacau. La cour d'assises prononce 11 acquittements et des condamnations allant jusqu'aux travaux forcés à perpétuité. Absent, Filliol se voit condamné pour la troisième fois à mort depuis 1945.

Le procès et les condamnations qui l'accompagnent signent la fin officielle de l'histoire de la Cagoule. Ils ne mettent pas fin aux activités de certains cagoulards emblématiques qui, comme le docteur Martin, s'illustrent au moment de la guerre d'Algérie en mettant sur pied en 1958 le complot du Grand O [Occident] pour abattre une IVe République accusée de lâcher l'Algérie. La Cagoule a également ressurgi durant le second septennat de François Mitterrand (1988-1995) lorsque ont été rappelés ses liens avec certains cagoulards qu'il a beaucoup fréquentés avant la guerre, pendant le conflit (Gabriel Jeantet l'a parrainé pour l'obtention de la francisque) ou ensuite à travers ses liens anciens avec l'entreprise L'Oréal dont le président fondateur, Eugène Schueller, avait été un des bailleurs de fonds et un des dirigeants du MSR.

Bibliographie sélective

BOURDREL, Philippe, *La Cagoule. Histoire d'une société secrète du Front populaire à la Ve République*, Albin Michel, 1992 [1970].

Dard, Olivier, *La Synarchie. Le mythe du complot permanent*, Perrin, coll. « Tempus », 2012 [2e éd.].

Monier, Frédéric, *Le Complot dans la République. Stratégies du secret de Boulanger à la Cagoule*, La Découverte, 1998.

Péan, Pierre, *Le Mystérieux Docteur Martin*, Fayard, 1993.

34

Jean Moulin, le rendez-vous tragique

par Olivier Wieviorka

Le 21 juin 1943, le délégué du général de Gaulle, Jean Moulin, tombait à Caluire, une modeste localité de la banlieue lyonnaise où se tenait une réunion destinée à gérer le remplacement du chef de l'Armée secrète, le général Charles Delestraint, arrêté à Paris le 9 juin de la même année. Cette affaire constitue, à n'en pas douter, l'un des « grands mystères de l'histoire de France » pour deux grandes séries de raisons.

D'une part, les responsabilités dans la chute de Jean Moulin n'ont jamais été établies avec certitude. Si les historiens ont, dans leur grande majorité, des convictions, sinon des certitudes, ils ne disposent pas de preuves irréfutables permettant de trancher sur les responsabilités respectives qui incombent aux différents protagonistes. Loin de s'éclaircir, le mystère, d'autre part, s'est épaissi au fil du temps en raison des controverses que la personnalité du délégué du Général a rétrospectivement suscitées. L'homme lige du général de Gaulle a d'abord été présenté comme un sous-marin communiste. Trompant de Gaulle, il aurait en fait « mis en place une structure pernicieuse [*le Conseil national de la Résistance*] *dominée par un parti qui était loin d'être au service de la France, structure qui devait paralyser les efforts du gouvernement provisoire au lendemain de la Libération », affirma dès 1950 Henri Frenay, fondateur du mouvement de résistance Combat. En 1993, Thierry Wolton, un journaliste, franchit une étape supplémentaire en prétendant que Moulin avait été un agent soviétique. S'appuyant sur des documents mineurs dont il s'abstenait, le plus souvent, de préciser l'origine, sa thèse fut rejetée par les historiens. Dans la même veine, Gérard Chauvy suggéra, à mots couverts, que les époux Aubrac, membres du mouvement Libération-sud et fort proches du Parti communiste français, portaient une lourde responsabilité dans le drame de Caluire – une thèse qui valut à son auteur une condamnation pour diffamation en avril 1998.*

La piste communiste ne fut cependant pas la seule à aiguillonner l'imagination des auteurs. En 1998, Jacques Baynac s'orienta vers une piste radicalement nouvelle. Assurant que le chef de la France libre et son représentant étaient en conflit, il soutint que les Anglo-Américains souhaitaient s'appuyer sur le second afin de préserver, dans la perspective du débarquement, l'Armée secrète. Or, dans l'entourage de l'agent parachuté par les services secrets américains pour mener cette mission délicate figurait un homme contrôlé par les Allemands qui purent ainsi filer Moulin et l'interpeller à Caluire. En 2013, enfin, Jacques Gelin reprit le dossier qu'il enrichit. Moulin aurait été sacrifié par une partie de ses compagnons d'armes qui, le soupçonnant de cryptocommunisme, craignaient un coup de force rouge à l'heure où les Alliés, ils en étaient persuadés, se préparaient à débarquer sur les côtes françaises.

Ce bref résumé des thèses en présence confirme que la chute de Jean Moulin associe à l'adret policier (qui est responsable de l'arrestation ?) un ubac complotiste (s'agit-il d'une conjuration visant à éliminer un homme jugé dangereux ?). L'entrelacement de cette problématique duale confère à cette intrigue une dimension sulfureuse, à la hauteur cependant des enjeux qu'elle charrie. Car Jean Moulin représentait un élément clé dans l'architecture gaulliste.

« Rex »

Né en 1899, Jean Moulin avait entamé avant guerre une carrière préfectorale. La force de ses convictions républicaines comme ses éminentes qualités lui valurent d'être nommé au cabinet du radical-socialiste Pierre Cot, au temps du Front populaire notamment, avant de renouer avec une carrière plus classique. Préfet d'Eure-et-Loir en janvier 1939, il resta à son poste durant la débâcle et se distingua par un premier haut fait. Malgré les pressions allemandes, il refusa en effet d'accuser des tirailleurs sénégalais d'avoir commis des atrocités contre des civils qui avaient, en fait, été victimes des bombardements de la Luftwaffe. Brutalisé puis enfermé, il tenta de se suicider puis fut alors libéré. Le régime de Vichy ne tarda pas à le révoquer le 2 novembre 1940.

Ardemment patriote, ce haut fonctionnaire était doué d'éminentes qualités intellectuelles et morales – sa tentative de suicide le confirme. Assurément progressiste, il n'éprouvait cependant aucune inclination pour le Parti communiste français, pas plus qu'envers l'Union soviétique. Il avait cependant été amené à côtoyer, au cabinet de Pierre Cot, des affidés, déclarés ou non, du PCF qu'il retrouva dans la Résistance – à l'instar de Pierre Meunier ou de Robert Chambeiron. Mais cette proximité ne signifie en rien qu'il ait, pendant comme après la guerre, servi les intérêts de Maurice Thorez ou de Joseph Staline.

Désireux d'agir, Moulin avait décidé de rejoindre le général de Gaulle à Londres. Après avoir longuement enquêté sur la Résistance, il gagna Londres, *via* l'Espagne et le Portugal, où il arriva en octobre 1941. Convainquant l'homme du 18 Juin de l'importance que revêtaient les mouvements – alors que la France libre misait plutôt sur les réseaux dont l'activité militaire paraissait plus rentable –, il fut alors chargé de procéder à l'unification des forces clandestines, en zone libre d'abord, pour l'ensemble de la métropole ensuite. Parachuté en janvier 1942, Rex, puisque tel était, avec Max, l'un de ses pseudonymes, fut à la hauteur de sa tâche. Les trois principales organisations de la zone sud – Combat, Franc-Tireur et Libération-sud – formèrent en novembre 1942 un comité de coordination, avant, en janvier 1943, de se fédérer au sein des Mouvements unis de résistance (MUR). Après être retourné à Londres et avoir reçu les instructions du général de Gaulle, Moulin présida, le 27 mai suivant, la première séance du Conseil national de la Résistance (CNR) qui associait, outre les huit principales formations clandestines, les deux grandes centrales syndicales (CGT et CFTC) ainsi que les plus importants partis, du PCF à la Fédération républicaine, en exceptant cependant le Parti social français (PSF) du colonel de La Rocque.

Au vrai, Jean Moulin poursuivait quatre buts. Il entendait d'abord unifier la Résistance afin d'accroître sa valeur et d'en faire un instrument efficace pour contribuer à la libération du pays. Il cherchait également à la placer sous la tutelle du général de Gaulle, afin de renforcer la légitimité d'un chef dont les Anglo-Américains disputaient le droit de parler au nom de la France. Dans cette optique, il s'efforça de gagner le concours des partis politiques dont le prestige et la représentativité renforceraient la position du rebelle, à l'heure où les Alliés tablaient sur son rival, le général Giraud. Enfin, il plaidait pour l'autonomie de l'Armée secrète – l'ensemble des forces paramilitaires que les mouvements devaient recenser et armer afin qu'elles épaulent, le jour venu, les troupes débarquées.

Si ce programme herculéen fut réalisé dans ses grandes lignes au printemps de 1943, Moulin se heurta à de vives oppositions. Bien des chefs de la Résistance intérieure, Frenay en tête, refusaient en effet l'assujettissement à la France combattante. Prêts à reconnaître de Gaulle comme symbole, ils récusaient son commandement, réclamant d'être traités en pairs et non en subordonnés. Ils exigeaient par conséquent une autonomie dans la direction des opérations et dans la stratégie, revendiquant par exemple le droit de choisir les objectifs plutôt que de frapper les seules cibles sélectionnées par Londres. Dans la même veine, ils demandaient, à commencer par Frenay, la direction de l'Armée secrète puisqu'ils en fournissaient les recrues. *Last but not least*, la présence des partis politiques au sein du CNR les révulsait. Cette inclusion, affirmaient-ils, revenait à offrir un brevet de respectabilité à des forces qui, hormis les socialistes et les communistes, n'avaient guère brillé dans la nuit clandestine. Surtout, elle condamnait – ce qu'ils taisaient – leurs ambitions politiques. Car en remettant en selle des formations discréditées par une défaite dont elles étaient en partie responsables, faute d'avoir assuré la défense du pays, le

CNR compromettait la recomposition du champ politique qu'une frange de la Résistance intérieure appelait de ses vœux.

Des heurts violents opposèrent donc Moulin à une partie des chefs de la Résistance intérieure, Frenay en tête. Mais ils tournèrent systématiquement à l'avantage du premier. Rex disposait en effet des liaisons avec Londres et du nerf de la guerre – l'argent. Avec la bénédiction du général de Gaulle, il put donc placer le général Delestraint à la tête de l'Armée secrète et en écarter Frenay, qui en conçut une vive amertume. Il était de même parvenu à créer le CNR, malgré l'hostilité de certains chefs clandestins et de deux autres représentants de la France libre, le colonel Passy, chef des services secrets, et Pierre Brossolette, son éminence grise.

Bref, Jean Moulin était loin de faire l'unanimité dans les rangs de la Résistance, une réalité que sa panthéonisation, célébrée par André Malraux le 19 décembre 1964, a largement contribué à occulter. L'hostilité que lui vouaient quelques chefs ne signifiait pas pour autant que ces derniers aient fomenté un complot destiné à l'éliminer, ce que confirme l'engrenage de Caluire.

L'engrenage

Le 21 juin 1943, un commando des services de sécurité nazis, le *Sicherheitsdienst* (SD), conduit par le patron de leur antenne lyonnaise, Klaus Barbie, arrêtèrent donc, dans la maison du docteur Dugoujon, à Caluire, dans la banlieue lyonnaise, plusieurs hauts responsables de la Résistance française. À Jean Moulin s'ajoutaient sept autres clandestins dont Henry Aubry, chef de cabinet du général Delestraint, Émile Schwarzfeld, patron du mouvement France d'abord, Raymond Aubrac, commandant des forces paramilitaires de Libération-sud, ainsi que René Hardy (Didot), membre de Combat et coordinateur du sabotage ferroviaire.

Cela posé, Caluire se situait dans le prolongement d'un autre coup dur. Le 7 mai précédent, la Milice avait arrêté un militant du mouvement France d'abord qui, sans subir de tortures, avait donné six « boîtes aux lettres ». Situées dans les lieux les plus divers, ces dernières servaient de poste clandestine aux résistants, qui y déposaient des documents – papiers, rapports ou circulaires… – que d'autres relevaient, parfois plusieurs fois par jour. Ces boîtes aux lettres pouvaient être de véritables boîtes aux lettres ; mais parfois, des commerçants acceptaient de réceptionner ou de livrer les plis que des résistants leur remettaient.

Le 27 mai 1943, le général Delestraint (Vidal) fixa rendez-vous à René Hardy au métro parisien La Muette pour le 9 juin en faisant déposer un billet au 14, rue Bouteille, à Lyon. Or, les Allemands surveillaient les lieux. Lorsque le chef de l'Armée secrète arriva à pied à la station de métro, ils l'interpellèrent et le conduisirent aussitôt au siège de la Gestapo de l'avenue Foch à Paris. Le chef de l'AS était tombé.

De son côté, Didot était parti de Lyon pour rejoindre la capitale le 7 juin 1943. Cet ancien cadre de la SNCF, dont un zeste de hâblerie et un soupçon de mythomanie mâtinaient le courage, avait tenté, en mai 1941, de quitter la France captive pour rallier la France libre. Capturé, condamné à quinze mois de prison, il avait rencontré, pendant sa détention, Pierre Bénouville, futur membre de ce même mouvement. En décembre 1942, un membre de Combat, Jean-Guy Bernard, l'avait présenté au patron, Henri Frenay, qui, séduit par ses talents d'organisateur, lui confia la responsabilité de la Résistance-Fer. Début mai, Delestraint le coopta à son état-major et le chargea de préparer un plan de sabotage du réseau ferré, le futur plan Vert, qui devait paralyser par une série d'attentats les mouvements des troupes ennemies lors du débarquement allié. Hardy montait donc à Paris pour mettre son carnet d'adresses, et notamment les contacts dont il disposait à la SNCF, à la disposition de Vidal tout en préparant avec Jean-Guy Bernard une extension à la zone occupée du Noyautage des administrations publiques (NAP) – une stratégie qui visait à persuader des fonctionnaires bien placés de jouer double jeu.

Le 7 juin, Hardy prit le Lyon-Paris de 21 h 50. Or, deux hommes occupaient le compartiment voisin : Robert Moog, un agent de l'Abwehr détaché auprès du *Sicherheitsdienst*, et Jean Multon (Lunel) qui devaient procéder à l'arrestation de Delestraint. Secrétaire de

Maurice Chevance-Bertin, responsable des Mouvements unis de résistance pour les Bouches-du-Rhône, Multon avait été arrêté à Marseille le 27 avril 1943. Retourné, il s'était alors placé au service des Allemands et avait provoqué des ravages – plus d'une centaine d'arrestations dans les rangs de la Résistance.

La présence de ces deux hommes dans le compartiment mitoyen de celui qu'occupait René Hardy ne résultait pas du hasard. Le 23 janvier 1943, Didot avait en effet rencontré Lydie Bastien (Béatrice), une femme au charme vénéneux. « Avec son ovale de Madone et ses traits de gitane, elle a tout de la femme fatale : une abondante chevelure brune, souvent relevée en chignon, des lèvres pleines, un nez droit et surtout des yeux immenses, profonds, qu'elle ourle de khôl sous des sourcils soigneusement dessinés », rappelle Pierre Péan. Hardy tomba immédiatement amoureux de cette créature que Daniel Cordier, alors secrétaire de Rex, décrit comme « une beauté frémissante ». Pour son plus grand malheur. Car cette aventurière, également éprise de Harry Stengritt, un membre du SD, avait été recrutée, fin 1942, par les occupants et s'était placée à leur service. À leur demande, elle avait séduit Hardy ; à leur demande, elle réserva une place de wagon-lit dans le compartiment qui jouxtait celui qu'occupaient Moog et Multon. L'arrestation de Hardy devait intervenir lors de l'arrivée à Paris. Mais sur le quai de Perrache, Multon et Hardy se reconnurent. Plutôt que d'interrompre son périple, Didot préféra le poursuivre, non sans avoir demandé à un autre résistant rencontré par hasard sur le quai de la gare, Lazare Rachline, de prévenir Pierre Bénouville que Multon l'avait vu. Du coup, les Allemands modifièrent leurs plans. Ils préférèrent interpeller leur proie non dans la capitale mais en gare de Chalon-sur-Saône vers 1 heure du matin ; dès son arrivée, Rachline fit cependant prévenir Bénouville de l'incident auquel il avait assisté.

Le 10 juin, René Hardy, incarcéré dans la prison de Chalon-sur-Saône, fut pris en charge par Klaus Barbie qui avait fort opportunément trouvé, dans ses affaires, une lettre adressée à sa fiancée, Lydie Bastien. Le chef du SD lyonnais le convainquit alors de travailler pour ses services, sans que l'on sache précisément le chantage dont il usa. Affirma-t-il, comme le pense Henri Frenay, qu'il révélerait que Béatrice travaillait pour lui, ce qui aurait placé Didot dans une situation pour le moins délicate ? Ou menaça-t-il, comme le déclare Hardy, « qu'ils arrêteraient la famille Bastien et ma fiancée comme otages » ? Au vrai, peu importe. Le résistant fut libéré, non sans avoir promis au gestapiste qu'il le servirait fidèlement. S'agissait-il d'un marché de dupes ? Peut-être. « On ne peut pas totalement exclure que, après avoir accepté de "travailler pour Barbie", Hardy, dont la modestie n'était pas la qualité première, ait cru être assez fort pour se jouer de celui qui n'était alors qu'un petit lieutenant. Pour gagner du temps, il lui aurait bien livré le brouillon du "plan Vert", mais sans pour autant "donner" la réunion de Caluire, jusqu'à laquelle il aurait été, malgré lui et à son insu, filé. » Mais il ne s'agit, ajoute Jean-Pierre Azéma, que d'une « explication minimaliste » dans la mesure où un document allemand de l'époque, le rapport Flora, le cite explicitement comme « un agent double ».

Recouvrant la liberté, Hardy renoua le contact avec ses camarades et notamment Pierre Bénouville. Ce dernier savait-il que Hardy avait été arrêté, fût-ce brièvement, par les Allemands ? Hardy l'affirma et Bénouville, après bien des palabres, finit par le reconnaître. Ce point, en apparence mineur, n'est aucunement secondaire et joua dans les jours qui suivirent un rôle décisif. Car Moulin, ébranlé par l'arrestation de Delestraint, en avait immédiatement pesé les conséquences. « J'ai tenu secrète l'arrestation de Vidal. Il n'y a pas une minute à perdre. Tout peut encore être réparé », écrivit-il dans une lettre manuscrite adressée au général de Gaulle le 15 juin. « Mais il faut que personne à Londres et à Alger ne soit au courant et surtout pas les chefs des mouvements. »

Or, les responsables de Combat, rapidement informés du drame, mesurèrent les possibilités qui s'ouvraient. Delestraint écarté, ils pourraient reprendre les rênes de l'Armée secrète dont ils estimaient avoir été injustement dépossédés. Jean Moulin flaira la menace. Pour y parer, il conçut de remplacer Delestraint en nommant deux responsables de l'AS à titre intérimaire : Aubrac coifferait la zone nord ; au colonel Schwarzfeld reviendrait la zone sud. Une réunion des responsables paramilitaires des Mouvements unis de résistance (MUR) devait valider ce schéma. Elle fut fixée au 21 juin, au cabinet du docteur Dugoujon, à Caluire.

Nul ne se méprenait sur l'importance d'une réunion qui devait procéder au remplacement du chef de l'Armée secrète, un enjeu de première importance. Elle risquait cependant d'être tendue, puisque les dirigeants de Combat entendaient récupérer la direction de l'AS. Moulin la prépara donc minutieusement. Pour se rallier les grands chefs, il multiplia les rencontres avec des responsables influents, Copeau et Aubrac pour Libération-sud, Claudius-Petit pour Franc-Tireur… Mais les dirigeants de Combat se dépensèrent tout autant, afin de contrecarrer ces manœuvres.

Ainsi, le chef de cabinet de Delestraint, Henri Aubry, décida de convoquer René Hardy à la réunion de Caluire. Après avoir été recruté à Combat, ce lieutenant de la Coloniale avait été placé par Frenay auprès de Vidal pour disposer dans la place d'un homme sûr. En amenant Didot à une réunion à laquelle il n'était pas invité, Aubry commettait cependant une triple faute. La plus élémentaire prudence commandait tout d'abord de le placer en quarantaine, que ce dernier ait été ou non suspecté d'avoir été retourné par les Allemands : n'avait-il pas disparu pendant plus d'une semaine ? Les règles de sécurité, par ailleurs, interdisaient formellement « d'amener une tierce personne, quelle qu'elle soit, à un rendez-vous pris avec un autre », selon les termes mêmes d'une directive de Combat rédigée le 31 janvier 1943. Jean Moulin, enfin, ne fut pas avisé de cette venue, alors qu'il se défiait d'un homme qui, après s'être évanoui, était brutalement réapparu dans la cité des Gaules après de longs jours d'absence. Aubry agit donc avec une légèreté d'autant plus coupable qu'il récidivait : alors qu'il savait que la boîte aux lettres où le message fixant rendez-vous au général Delestraint au métro La Muette était brûlée, il avait omis de l'en aviser, provoquant ainsi indirectement son arrestation.

Aubry, cela posé, agit vraisemblablement sur ordre de Bénouville qui vouait à Moulin une solide inimitié que ce dernier lui rendait bien. Jugeant vraisemblablement qu'Aubry ne ferait pas le poids, il suggéra sans doute de s'appuyer sur Hardy, dont la réputation de bravache était solidement établie. Ce dernier fut donc imposé à la réunion de Caluire par deux responsables de Combat sans y avoir été convié. Hardy fut-il alors filé ? Ou donna-t-il le rendez-vous ? Cette dernière hypothèse est avancée par Edmée Delettraz, une agent double qui travaillait tant pour le colonel Groussard, un vichyste passé dans la Résistance, que pour la Gestapo, qui disposait sans doute d'un fort moyen de pression pour contraindre cette femme à travailler pour elle. Hardy a toujours nié avoir trahi, soulignant qu'aucun responsable de Combat n'avait par la suite été arrêté – ce qui est exact mais ne constitue en aucun cas la preuve de son innocence : il avait pu exiger, pour prix de son retournement, que ses camarades ne fussent pas arrêtés. Et les Allemands, pour mieux utiliser cette taupe, avaient peut-être intérêt à ménager le mouvement de Frenay afin de permettre à Didot de poursuivre son travail de sape sans éveiller l'attention.

Le drame se noue

Mis sur la piste de Jean Moulin, les Allemands intervinrent. Le 21 juin 1943, deux tractions avant Citroën déposèrent, vers 15 heures, sept ou huit hommes du SD devant la maison du docteur Dugoujon. Le commando arrêta aussitôt toutes les personnes qui leur paraissaient suspectes, patients comme résistants, tout en brutalisant Henri Aubry, Bruno Larat et André Lassagne, membre de Libération-sud. En revanche, René Hardy parvint à s'enfuir, en bousculant le garde qui le tenait à l'aide d'un cabriolet – une chaîne tordue autour du poignet dont le policier tenait l'extrémité. Blessé, il fut transporté à l'hôpital de l'Antiquaille puis transféré au quartier cellulaire de l'hôpital allemand de la Croix-Rousse. Il s'en évada le 3 août.

Cette succession de miracles attisa les soupçons. À la différence de tous ses camarades, Hardy n'avait pas été menotté, ce qui avait facilité son évasion. Sa blessure, par ailleurs, semble suspecte. Lorsqu'il se cacha, un cantonnier l'aperçut. Il affirma qu'il n'avait pas été atteint par les tirs qu'avait déclenchés, mollement semble-t-il, un Allemand. Avait-il été victime de cette salve ? Ou s'était-il ultérieurement infligé une blessure en se tirant ou en se faisant tirer dans le bras, afin de conforter la vraisemblance de son évasion ? La question reste posée, mais bien des indices penchent en faveur de la seconde hypothèse. De même, la facilité avec laquelle il réussit à s'évader de l'hôpital allemand de la Croix-Rousse, où il avait été transféré, ne fit que redoubler les doutes – à moins de supposer que les Allemands aient été particulièrement abrutis.

Au total, le SD lyonnais avait réussi un splendide coup de filet en s'emparant de responsables éminents de la Résistance : Raymond Aubrac et André Lassagne de Libération-sud, Henri Aubry de Combat, le colonel Schwarzfeld de France-d'abord, Bruno Larat du COPA et surtout Jean Moulin. Ce dernier ne fut pas aussitôt reconnu bien que le SD ait su le jour même qu'il tenait Max. Barbie s'acharna donc sur les prisonniers dont il connaissait l'activité résistante et brutalisa longuement Larat, Lassagne et tout particulièrement Aubry. Ce fut vraisemblablement le 23 juin que Barbie perça l'identité du délégué. Il le tortura alors abominablement et le fit transporter, sans doute le 28 juin, dans un état critique à Paris avant de le transférer, probablement le 8 juillet, à Berlin. Les sévices infligés par le gestapiste expliquent-ils la mort de Moulin ? Ou ce dernier préféra-t-il se suicider plutôt que de parler sous les coups, hypothèse qu'accrédite sa première tentative de suicide à Chartres en 1940 ? Peu importe. « Une certitude demeure, la seule qui importe pour l'histoire : Jean Moulin fut l'un des très rares résistants à ne pas céder sous la torture », s'incline Daniel Cordier. « Il est possible même que, muré dans son silence, il n'ait avoué ni son véritable nom, ni reconnu son rôle dans la Résistance. La survie de ses collaborateurs, dont aucun ne fut inquiété, et le témoignage de son bourreau en sont garants : “il n'a rien avoué” dira Klaus Barbie. Pour une fois, il dit certainement la vérité. »

L'affaire de Caluire reste, on l'a dit, mystérieuse. Si tous les indices convergent pour accabler René Hardy, sa culpabilité n'a jamais été prouvée. De fait, les procès, tenus en 1947 puis en 1950, se soldèrent par deux acquittements. Certes, Hardy souligna que s'il avait trahi, il aurait donné la plupart des chefs clandestins, ce qui, de fait, ne se produisit pas. Mais cet argument, on l'a vu, ne suffit pas à l'innocenter. En revanche, la justice se montra d'une troublante mansuétude à l'égard de Didot, qui bénéficia « de mécanismes lourds et manifestes destinés à le faire acquitter », selon les mots de Jacques Gelin. Des documents ne furent pas produits, des acteurs de la répression allemande ne furent pas convoqués ou se rétractèrent, des pressions s'exercèrent à l'encontre de certains témoins… De toute évidence, une partie de l'appareil d'État ne tenait pas à ce que la vérité éclate.

Faut-il, par ailleurs, admettre que les dirigeants de Combat aient sciemment éliminé un homme qui contrecarrait leurs desseins ? Ce serait assurément forcer le trait. Notons cependant que certains chefs se montrèrent *a minima* singulièrement légers. Ils ne respectèrent pas les règles de sécurité qu'ils avaient eux-mêmes édictées et firent bon accueil à Hardy – y compris après deux évasions dont le caractère rocambolesque aurait suffi à éveiller le soupçon. Pierre Bénouville resta de marbre, alors que cette double résurrection, assurément miraculeuse, aurait dû le « convaincre de sa culpabilité », conclut Jacques Gelin. La hauteur de l'enjeu – le commandement de l'Armée secrète – explique sans doute qu'Aubry et Bénouville aient couru le risque, sans que l'on puisse pour autant parler de complot ou de conjuration.

La tragique disparition de Moulin priva la France libre d'un grand serviteur. « Sans doute la Résistance intérieure française à qui la personnalité de Jean Moulin a su imprimer, en dix-huit mois, une marque indélébile, ne sera plus jamais ce qu'elle eût été sans Jean Moulin. Mais, celui-ci disparu, elle ne sera plus jamais, non plus, ce qu'elle eût été avec lui », conclut Henri Noguères. De fait, Rex cumulait trois fonctions : commissaire national, il présidait par ailleurs le Conseil national de la Résistance et le Comité directeur des MUR. Il jouait donc un rôle éminent dans les instances de la Résistance intérieure comme dans l'organigramme de la France combattante, assumant le lien entre ces deux rives dont il garantissait *in fine* la cohésion.

Son remplacement s'annonçait donc ardu. Il ne fut pas satisfaisant. Côté Délégation, Claude Bouchinet-Serreulles (Sophie, Scapin,

Clovis, Sauvier), membre du cabinet du général de Gaulle, avait demandé à servir en métropole. Déposé par un bimoteur Hudson le 16 juin 1943, il devait assister Jean Moulin, scénario que le drame de Caluire brisa net. Sophie assura donc l'intérim, mais Pierre Brossolette, qui rêvait de cette fonction, lui mit d'emblée des bâtons dans les roues, sans pour autant parvenir à s'imposer. Passons sur la succession de délégués qui, d'Émile Bollaert à Alexandre Parodi, assumèrent l'héritage, pour conclure : jamais la Délégation ne retrouva l'éclat dont elle brillait sous le mandat de Max ; constamment contestés par la Résistance intérieure, les délégués ne furent jamais en mesure d'imposer la plénitude de leur pouvoir. Ainsi, durant l'insurrection de Paris, en août 1944, une partie des mouvements ainsi que la mouvance communiste débordèrent constamment l'autorité de Parodi. De même, la présidence du CNR échut à Georges Bidault, un résistant éminent, qui, malgré sa loyauté à l'égard du général de Gaulle, fut loin d'être l'un de ses hommes liges, d'autant que les communistes parvinrent assez vite à contrôler le bureau du Conseil. De Gaulle perdit ainsi une bonne part du contrôle sur la Résistance intérieure que Jean Moulin lui avait assuré.

Caluire représente assurément l'un des « grands mystères de l'histoire de France » également dans la mesure où les responsabilités respectives des différents protagonistes du drame n'ont pu être établies. Et pour cause : les acteurs ont délibérément brouillé les pistes, qu'il s'agisse de René Hardy, Lydie Bastien, Klaus Barbie ou Pierre Bénouville. La multiplication des thèses, parfois rocambolesques, portant sur les options politiques présumées de Jean Moulin, a largement contribué à épaissir cette opacité, en entourant le drame d'une rumeur complotiste. Le mystère, en d'autres termes, ne réside pas tant dans le *modus operandi* de l'affaire elle-même. Il tient, plus prosaïquement, dans les projections fantasmatiques qu'elle a inspirées, tant en raison du statut iconique de Jean Moulin conféré par la panthéonisation de 1964 et l'inoubliable discours d'André Malraux, que de la haine que Rex et de Gaulle inspiraient. Une partie de la droite ne pardonna jamais à l'homme du 18 Juin la rectitude de son attitude durant les années sombres ainsi que l'abandon de l'Algérie française. Hier aveuglés par la grande lueur qui brillait à l'est dont ils avaient été les fidèles zélateurs, d'anciens communistes brûlèrent avec la même flamme ce qu'ils avaient adoré et surestimèrent les infiltrations menées par les services de Moscou. Faute de pouvoir attaquer directement de Gaulle, ces deux mouvances jetèrent l'opprobre sur son délégué, transformant ainsi la tragédie de Caluire en mystère, brouillant les pistes plutôt que de les éclaircir. Sans parvenir pourtant à souiller la mémoire d'un homme qui avait emporté ses secrets dans sa tombe, sans trahir.

Bibliographie sélective

Azéma, Jean-Pierre (dir.), *Jean Moulin face à l'histoire*, actes du colloque 10-11 juin à Paris, Flammarion, 2000.

—, *Jean Moulin : le politique, le rebelle, le résistant*, Perrin, 2006.

Azéma, Jean-Pierre et Veillon, Dominique, « Le point sur Caluire », Azéma, Jean-Pierre ; Bédarida, François ; Frank, Robert (dir.), *Jean Moulin et la Résistance en 1943*, Cahiers de l'IHTP, n° 27, juin 1994.

Cordier, Daniel, *Jean Moulin. La République des catacombes*, Gallimard, 1999.

Gelin, Jacques, *L'Affaire Jean Moulin, trahison ou complot ?*, Gallimard, 2013.

Hardy, René, *Derniers Mots, Mémoires*, Fayard, 1984.

Noguères, Henri et Degliame-Fouché, Marcel, *Histoire de la Résistance en France*, t. III, *Et du Nord au Midi. Novembre 1942-septembre 1943*, Robert Laffont, 1972.

Péan, Pierre, *Vies et morts de Jean Moulin. Éléments d'une biographie*, Fayard, 1998.

—, *La Diabolique de Caluire*, Fayard, 1999.

35

Le cadavre encombrant d'Adolf Hitler

par François Kersaudy

Après une longue série d'échecs, le Führer du Grand Reich millénaire, ayant décidé de mettre fin à ses jours, avait pris toutes dispositions pour faire disparaître son corps. Ce sera un ultime échec, car son cadavre bien encombrant va beaucoup voyager – et pour certains, il voyage encore…

Le 20 avril 1945, on fête à Berlin le 56e anniversaire du Führer. Étrange célébration en vérité : depuis deux mois, l'homme se cache à 8 mètres sous terre, dans un bunker spécialement aménagé sous l'ancienne chancellerie du Reich, en compagnie d'Eva Braun, de Goebbels, de Bormann et de quelques dizaines de militaires et gardes SS. L'aviation alliée contrôle le ciel et ne lui laisse aucun répit ; 22 armées soviétiques viennent de franchir l'Oder et menacent désormais la capitale depuis le nord, l'est et le sud ; à l'ouest de l'Elbe, ce sont 85 divisions américaines, anglaises, canadiennes et françaises qui se déploient en éventail entre Emden et Nuremberg ; au sud enfin, les armées soviétiques venues de Roumanie et de Hongrie ont atteint Vienne et remontent vers Prague. Pour leur résister, il n'y a plus que des débris d'armées, sans armes lourdes et sans munitions, ainsi qu'une aviation pratiquement à court d'essence. Ce n'est qu'une question de jours avant que Berlin ne soit cerné et l'Allemagne coupée en deux. Au total, on pourrait difficilement concevoir une situation plus désespérée…

La puissance de l'autosuggestion

Ce n'est pas l'avis du Führer, qui affiche un optimisme sans faille : le peuple allemand tout entier ne pense qu'à combattre jusqu'à la dernière minute ; les V1, les V2, les avions à réaction et les nouveaux sous-marins vont inverser le cours de la guerre ; la mort du président Roosevelt, survenue le 12 avril, peut entièrement changer la donne ; les Anglo-Américains seront repoussés derrière le Rhin par une puissante contre-offensive, et les Soviétiques rejetés à l'est de l'Oder par des contre-attaques résolues au nord et au sud de Berlin : « Les Russes, a-t-il dit lors de la conférence de situation du 17 avril, vont connaître devant Berlin la plus sanglante défaite de tous les temps. »

Ce n'est pas tout ; dès le lendemain, devant le général SS Karl Wolff, Hitler a expliqué sa stratégie en ces termes : « Il y aura en Allemagne trois bastions : au centre, sous mon commandement, dans la capitale de Berlin ; au nord, dans le Schleswig-Holstein, au Danemark et en Norvège ; enfin un au sud, comprenant la forteresse alpine. Il ne fait pas de doute que les Russes et les Américains feront bientôt leur jonction quelque part entre ces bastions, et si je juge correctement les Russes, ils ne s'arrêteront jamais aux limites convenues à Yalta. Mais les Américains ne pourront en aucun cas tolérer cela, ils seront obligés de les repousser par la force des armes. […] Et c'est à ce stade que moi, Hitler, je prendrai part à la lutte finale d'un côté ou de l'autre. Je pourrai tenir à Berlin contre l'Est et l'Ouest pendant au moins six semaines, peut-être même huit […]. Dans l'intervalle, je m'attends à ce qu'un conflit éclate entre les alliés occidentaux et la Russie, après quoi je déciderai du camp que je rejoindrai. »

Il est impossible de savoir si Adolf Hitler croit à sa propre rhétorique ; sans doute s'agit-il d'une puissante forme d'autosuggestion. Mais en ce jour anniversaire du 20 avril 1945, eu égard à la situation militaire, le traditionnel cortège de dignitaires nazis et de diplomates étrangers n'est plus de mise, et seul s'est présenté dans le bunker le dernier carré des fidèles : Keitel, Jodl,

Goering, Himmler, Dönitz, Speer, Kaltenbrunner, Ribbentrop, Bormann et le général Krebs, nouveau chef d'état-major. Comme à son habitude, le Führer déplace sur la carte les petits drapeaux représentant des formations de plus en plus fantomatiques : le groupe d'armées Hausser, la 12e armée du général Wenck et le « groupe opérationnel Steiner », qui ne manqueront pas de lancer une grande contre-offensive pour desserrer l'étau soviétique sur Berlin…

Le choc des réalités

Comme toujours, Hitler n'a pas le moindre contradicteur ; mais l'un de ses propos suscite la consternation : « La nuit précédente, notera Albert Speer, il avait été question de renoncer à défendre la capitale, pour aller se retrancher dans le réduit alpin. Mais Hitler venait de décider qu'il mènerait la lutte pour la ville dans les rues de Berlin. Alors, tout le monde s'est mis à clamer qu'il fallait absolument transférer le QG vers l'Obersalzberg, et que c'était le dernier moment pour le faire. » On comprend bien le problème : aucun de ces hauts personnages ne tient à mourir enterré dans un trou à rats au milieu d'une capitale en ruine… Hitler, lui, semble résolu : « Comment puis-je demander aux troupes de livrer la bataille décisive pour Berlin, si je me mets moi-même en sûreté ? »

Mais le Führer a depuis longtemps perdu tout sens de la mesure ; deux millions de soldats soviétiques convergent sur Berlin et, le 22 avril, leurs avant-gardes pénètrent déjà dans les faubourgs de la capitale. Le « groupe opérationnel Steiner », une formation disparate composée de troupes de garnison, de personnel de la Luftwaffe et de très jeunes gens sans expérience du combat, est en outre dépourvu d'armes lourdes, de chars, d'essence et de couverture aérienne ; il ne passe donc pas à la contre-offensive comme prévu, et les nerfs d'Hitler finissent par lâcher. Ce jour-là, à 20 h 45, l'officier de liaison de la Luftwaffe vient informer son supérieur, le général Karl Koller, des derniers développements à l'intérieur du bunker : « Le Führer s'est effondré ; il considère maintenant le combat comme désespéré. Mais il ne veut pas quitter Berlin.

[…] Quand les Russes arriveront, il en tirera les conséquences et se suicidera. » C'est exact ; il a même ajouté qu'il ne pouvait combattre pour des raisons physiques, et aussi parce qu'il ne voulait pas risquer d'être blessé et de tomber entre les mains de l'ennemi. Il a donc décidé de rester à Berlin pour diriger la défense de la ville, et de se tirer une balle dans la tête au dernier moment… Il est vrai que l'homme n'a plus grand-chose à perdre ; à 56 ans, il ressemble à un vieillard brisé, bouffi, voûté, épuisé et nerveux, qui a perdu le sens de l'équilibre et peine à retenir les tremblements compulsifs de son bras gauche.

Les événements des jours suivants vont le conforter dans sa résolution : depuis le sud, l'est et le nord, trois groupes d'armées soviétiques progressent inexorablement vers le Reichstag en écrasant tout sur leur passage, et la chancellerie du Reich elle-même est désormais sous le feu sporadique de l'artillerie soviétique à longue portée ; la 12e armée de Wenck et la 9e armée de Busse, sur lesquelles Hitler fondait tous ses espoirs, se désagrègent à l'est et à l'ouest de la capitale, puis tentent de se replier en direction de l'Elbe – où les troupes américaines et soviétiques font leur jonction le 25 avril ; la plupart des dignitaires nazis ont pris le large, Goering s'est offert à négocier avec les Américains, et Radio Stockholm, reprise par la BBC, annonce trois jours plus tard la trahison du Reichsführer SS Himmler lui-même ; enfin, le 29 avril, Hitler est informé du fait que Mussolini a été capturé et exécuté la veille par les partisans italiens ; certains détails précis sur la profanation de son corps confortent sans doute le Führer dans sa décision de faire disparaître ses propres restes après son suicide. La nuit précédente, alors qu'il n'était plus entouré que d'Eva Braun, de Goebbels, de Bormann, de ses secrétaires et de sa garde SS, il a dicté son testament, dans lequel il désignait comme successeur l'amiral Dönitz, sans laisser le moindre doute quant à ses propres intentions… Faudra-t-il choisir le pistolet ou le poison pour prendre définitivement congé ? Et le poison est-il vraiment efficace ? L'homme qui a craint toute sa vie d'être empoisonné redoute à présent de ne pas l'être ; il fait donc avaler le contenu d'une ampoule de cyanure à sa chienne Blondi, qui tombe foudroyée.

Götterdämmerung : le Crépuscule des dieux

Le 30 avril vers 15 h 30, alors que les tanks soviétiques ne sont plus qu'à 200 mètres du bunker, Hitler prend congé de son entourage et s'enferme dans son bureau en compagnie d'Eva Braun, épousée la veille ; celle-ci absorbe une des ampoules de cyanure, tandis qu'Hitler porte un pistolet 7.65 à sa tempe ; deux précautions valant mieux qu'une, il a sans doute absorbé du cyanure au préalable[1]… Ayant ou non entendu la détonation, le valet Linge, l'aide de camp Günsche et Martin Bormann pénètrent dans le bureau et trouvent le couple mort sur le canapé bleu à fleurs, face à la porte d'entrée ; il flotte dans l'air une odeur d'amande amère caractéristique d'un empoisonnement au cyanure, Hitler a un petit trou dans la tempe droite « de la taille d'une pièce d'un pfennig », et son sang a coulé le long du côté droit du canapé. Bormann, Linge et Günsche enveloppent les cadavres dans des couvertures grises et, avec l'aide du chauffeur Kempka et du chef des Jeunesses hitlériennes Axmann, ils les remontent jusqu'à l'issue de secours, les déposent à environ 3 mètres de l'entrée donnant sur le jardin de la chancellerie, les aspergent de 180 litres d'essence et y mettent le feu. Ayant brûlé pendant trois heures au milieu d'un intense bombardement, les restes des cadavres sont ensuite enterrés à la hâte par deux gardes SS dans un trou d'obus tout proche. *Finis Historiae.*

Finis ? En fait, l'histoire ne fait que commencer… Vers 2 heures au matin le 1er mai, le chef d'état-major Krebs traverse les lignes soviétiques sous un drapeau blanc, et est escorté jusqu'au PC du général Tchouikov, commandant de la 8e armée de la Garde[2]. Krebs l'informe qu'Hitler s'est suicidé la veille, après avoir désigné comme successeur l'amiral Dönitz. Le chef d'état-major allemand veut négocier un cessez-le-feu, mais la réponse de Tchouikov est

1. Selon le témoignage du docteur Schenck, présent dans le bunker durant les derniers jours.
2. Intégrée dans le 1er front biélorusse du maréchal Joukov.

catégorique : il n'y a d'alternative que la capitulation sans condition ou la reprise des hostilités. Tchouikov ayant informé son supérieur de la mort d'Hitler, Joukov téléphone à Staline vers 4 heures du matin pour lui annoncer la nouvelle. Réponse du dictateur rouge : « Bien fait pour ce salopard ! Dommage qu'on n'ait pas pu le prendre vivant. Où est le cadavre ? » À ce moment précis, personne n'en sait rien. C'est le lendemain 2 mai que les défenseurs de Berlin capitulent, et les soldats soviétiques peuvent investir le bunker. Ils y trouvent le corps du général Krebs, qui s'est suicidé, ainsi que les cadavres imparfaitement carbonisés de Goebbels et de son épouse, également suicidés après avoir empoisonné leurs six enfants. Mais d'Hitler, aucune trace…

L'homme le plus recherché d'Allemagne

Pendant les deux mois qui suivent, les Soviétiques restent seuls maîtres de Berlin, et lorsque les alliés anglo-américains sont enfin admis à y pénétrer, à partir du 4 juillet, ils ne savent rien des circonstances de la disparition d'Hitler. Il est vrai que les Soviétiques se montrent très peu coopératifs, et lorsque le bras droit du président Roosevelt, Harry Hopkins, rencontre Staline le 26 mai, celui-ci lui confie : « À mon avis, Hitler n'est pas mort, mais se cache quelque part. » Le 6 juin, à Berlin, le maréchal Joukov annonce bien lors d'une conférence de presse que le cadavre d'Hitler a été retrouvé et identifié, mais il se rétracte trois jours plus tard, après avoir reçu la visite d'un émissaire de Staline, le très sinistre Andreï Vychinski : « Finalement, corrige le maréchal, Hitler doit se trouver en Espagne ou en Argentine. » C'est également ce que dira Staline à Churchill et à Truman lors de la conférence de Potsdam cinq semaines plus tard.

Voilà une version qui déplaît foncièrement aux autorités britanniques : la possibilité qu'Hitler se soit réfugié à l'Ouest est susceptible de nuire à l'image des alliés occidentaux, et de favoriser une éventuelle renaissance du nazisme en Allemagne. C'est pourquoi les services de renseignements de Sa Majesté dans le secteur britannique de Berlin chargent un jeune historien ayant servi dans le MI6 pendant la guerre, Hugh Trevor Roper, de reconstituer les circonstances de la disparition d'Hitler. Pendant trois mois, celui-ci va se mettre en devoir d'interroger ou de faire entendre toutes les personnes ayant approché le Führer de près ou de loin au cours des derniers jours du siège de Berlin. Bien sûr, la plupart des hautes personnalités ont disparu : Goebbels, Himmler, Bormann, les généraux Krebs et Burgdorf ; mais les Anglo-Américains ont mis la main sur Goering, Ribbentrop, Keitel, Jodl et Speer, qui peuvent tous être auditionnés. Par ailleurs, si la plupart des seconds couteaux comme Günsche, Linge, le pilote Baur, le vice-amiral Voss ou le chef du service de sécurité SS Rattenhuber ont été capturés par les Soviétiques, il reste aux mains des alliés occidentaux le chauffeur Kempka, le colonel de la Luftwaffe von Below, l'aviatrice Hanna Reitsch, la secrétaire d'Hitler Gerda Christian et celle de Bormann Else Krueger, ainsi que les gardes SS Karnau et Mansfeld, qui ont été témoins des derniers stades de la crémation. Tous parlent sans trop de difficulté de ce qu'ils ont vu et entendu lors des derniers jours dans le bunker, grâce à quoi le major Trevor Roper est en mesure de reconstituer les derniers jours d'Hitler tels que nous les avons décrits plus haut. Pour lui, il n'y a guère de doute : le Führer s'est bien suicidé en se tirant une balle dans la tête… Mais il manque la pièce maîtresse : son cadavre. Au début de novembre 1945, le major présente les résultats de ses investigations dans un rapport circonstancié, qui est ensuite remis à tous les Alliés – Soviétiques compris. Si les autorités de Sa Majesté espéraient une quelconque réciprocité de la part de Moscou, elles seront amèrement déçues : un rideau de fer s'est abattu sur le bunker et ses anciens occupants.

Une découverte intéressante

Sans que les Occidentaux le sachent, il s'est produit bien des choses derrière ce rideau depuis la reddition des défenseurs de Berlin. Le 4 mai, le lieutenant-colonel Klimenko et plusieurs soldats appartenant au 79e corps du Smersh[3] de la 3e armée d'assaut ont voulu voir l'endroit où avait été trouvé le cadavre de Goebbels, près de la sortie de secours du bunker. À 3 mètres de cette sortie, sur la gauche, un soldat remarque un trou d'obus recouvert de terre meuble qui semble avoir été récemment pelletée. Il saute dessus et la terre laisse apparaître les cadavres calcinés d'un homme et d'une femme, enveloppés dans des couvertures grises ; mais ils sont méconnaissables, et une rumeur veut que le corps d'Hitler ait déjà été découvert. Les soldats réenterrent donc les restes, mais dès le lendemain, le lieutenant-colonel Klimenko apprend que le « corps d'Hitler » déjà découvert n'est pas le bon ; il comprend son erreur et renvoie ses soldats à la chancellerie pour redéterrer les deux cadavres, qui sont placés dans deux caisses en bois chargées discrètement dans un camion au cours de la nuit du 5 au 6 mai – en même temps que les restes du chien-loup d'Hitler et du scotch terrier d'Eva Braun, découverts à proximité.

Deux jours plus tard, à quelques heures de la capitulation allemande, les deux corps sont autopsiés, en même temps que ceux du couple Goebbels et du général Krebs, dans une clinique de la banlieue berlinoise de Buch. Le secret demeurant absolu, les médecins légistes du 1er front de Biélorussie ne savent même pas à qui ils ont affaire, mais leur rapport, daté du 8 mai 1945, comporte les passages suivants : « Le cadavre ayant brûlé, il est difficile d'établir l'âge de la personne, mais on peut l'évaluer à 50 ou 60 ans, la taille étant de 165 cm (les mensurations sont imprécises en raison de la carbonisation des tissus). Le cadavre est en état avancé de calcination, et il en émane une odeur de chair brûlée. [...] Dans la bouche ont été découverts des éclats de verre correspondant à des fragments [...] d'une ampoule de verre fin. » Les légistes notent aussi « l'odeur typique d'amande amère », et précisent que « les examens médico-légaux des organes internes ont établi la présence de cyanure ». Ayant constaté qu'il manquait un morceau de la partie postérieure gauche du crâne et qu'aucun autre signe

3. Contraction de *Smert' Chpionam* (« Mort aux espions »), le service de contre-espionnage de l'Armée rouge.

évident de lésions mortelles n'était constaté, les experts concluent que la mort est due à un empoisonnement au cyanure.

Ce n'est pourtant pas tout ; la mâchoire et les dents du sujet étant restées pratiquement intactes, les médecins les ont détachées du crâne, et le colonel du Smersh, Gorbouchine, a confié ces restes à son interprète, le lieutenant Elena Kagan ; sa mission : retrouver le dentiste d'Hitler, seul à même de procéder à une identification fiable. Ce dentiste, le docteur Blaschke, est parti se réfugier à Berchtesgaden, mais le lieutenant Kagan parvient à retrouver son assistante, Käthe Heusermann, qui reconnaît aisément la dentition du Führer, et fournit en outre aux enquêteurs les radiographies de sa mâchoire, conservées dans le petit cabinet du docteur Blaschke sous la chancellerie. Dès lors, la comparaison ne laisse guère de place au doute, ainsi que l'expose le chef du Smersh du 1er front biélorusse dans son rapport du 27 mai adressé à Moscou, en même temps que la mâchoire du Führer. Mais il n'est pas question de rendre tout cela public : on sait que Staline a d'autres idées, et le maréchal Joukov lui-même ne sera informé de rien…

Dans l'intervalle, les restes du couple Goebbels, de leurs enfants, de Krebs, d'Hitler, d'Eva Braun et de leurs deux chiens ont connu bien des pérégrinations : d'abord enterrés dans le quartier de Buch, ils sont déterrés le 15 mai, lorsque le 79e corps du Smersh est réaffecté dans le secteur de Finow, à 60 kilomètres au nord de Berlin ; c'est là que sont réenterrées toutes les caisses contenant les corps. Mais le 23 juin, nouvelle affectation, cette fois à 80 kilomètres à l'ouest de Berlin ; les hommes du Smersh déterrent donc à nouveau leurs trophées, et les enterrent « définitivement » dans une forêt proche de la ville de Rathenow…

Reconstitution à haut risque

Mais dans l'obscur labyrinthe du système soviétique, rien n'est jamais définitif – sauf les rivalités mortelles entre hiérarques staliniens. En l'occurrence, le chef du Smersh, Viktor Abakoumov, bien que dépendant en principe du NKVD[4], rend compte directement à Staline, ce qui constitue une menace permanente pour Lavrenti Beria, le chef de ce même NKVD. Or, un événement survenu au début de novembre 1945 va donner à ce dernier une occasion de prendre l'ascendant sur son adversaire ; les Britanniques ont transmis à leurs homologues soviétiques le rapport du major Trevor Roper sur les derniers jours d'Hitler, dont on connaît les conclusions : le Führer s'est suicidé en se tirant une balle dans la tête. Il n'est donc pas question d'empoisonnement au cyanure, comme le prétendait le rapport du Smersh en date du 27 mai précédent. Il s'agit dès lors de semer dans l'esprit du très paranoïaque Joseph Staline un doute quant à la fiabilité des services d'Abakoumov ; ils auraient fait un mauvais diagnostic, ou pis : ils se seraient trompés de cadavre ! Mais un rapport établi par les ploutocrates britanniques pouvant se révéler contre-productif en tant que base d'une attaque en règle, Beria charge au début de janvier 1946 Sergueï Krouglov, son successeur au sein du NKVD (devenu le MVD, ministère des Affaires intérieures), de faire mener une contre-enquête sur place : ce sera l'opération « Mythe ».

Les agents du MVD chargés d'éclairer les circonstances de la disparition d'Hitler partent pour Berlin en mai 1946 avec des instructions très précises : procéder à l'inspection minutieuse du bunker et de ses meubles ; réinterroger tous les témoins, et notamment le valet Linge ; étudier soigneusement le lieu de la découverte des cadavres dans le jardin de la chancellerie ; faire exhumer les corps et procéder à une nouvelle autopsie médico-légale, afin de déterminer les causes de la mort. À première vue, personne ne pourrait s'opposer à une mission aussi strictement définie par le chef du ministère des Affaires intérieures. Mais ce serait mal connaître le rapport de forces au sein de la hiérarchie soviétique : de simple chef du contre-espionnage, Abakoumov est devenu à la fin de 1945 ministre de la Sécurité d'État (MGB), et ce favori de Staline ne craint pas de s'opposer aux hommes de Beria ; en

4. *Narodnyi Komissariat Vnoutrennykh Del* : commissariat du peuple aux Affaires intérieures.

l'occurrence, il n'est nullement disposé à restituer « son » cadavre pour qu'il soit soumis à une nouvelle expertise, et le 21 février 1946, il prend les devants en faisant déterrer une cinquième fois tous les corps enfouis dans la forêt près de Rathenow. Le procès-verbal de l'exhumation, dûment signé des exécutants, précise que « les corps susmentionnés contenus dans des caisses en bois sont en état de décomposition partielle, et ont été acheminés en l'état jusqu'à la ville de Magdebourg, pour être remis au QG de la section "Smersh" du contre-espionnage de l'armée, où ils ont été réenterrés dans une fosse profonde de 2 mètres creusée dans la cour d'un bâtiment sis au numéro 36 de la Westendstrasse, près du mur sud de la cour, à 25 mètres à l'est du mur du garage de la maison. La fosse a été comblée et nivelée jusqu'à se fondre avec le relief du terrain alentour ».

Les hommes du ministère de l'Intérieur devront donc se faire une raison : le cadavre est maintenant hors d'atteinte… Mais le bunker de la chancellerie ne l'est pas, et les experts se mettent au travail : tous les meubles du bureau d'Hitler sont désossés, et notamment le canapé bleu à fleurs, dont la base du cadre et l'accoudoir droit laissent apparaître de larges traces de sang séché. Et puis, en remuant la terre devant la sortie de secours du bunker, presque exactement à l'endroit où a été brûlé le cadavre d'Hitler, ils découvrent, à une profondeur de 60 cm, deux ossements qui s'emboîtent parfaitement pour n'en former qu'un seul : il s'agit de la partie postérieure d'un crâne, l'os pariétal, et il possède un double intérêt : c'est celui qui était signalé comme manquant dans le rapport d'autopsie du « présumé » cadavre d'Hitler le 8 mai, et il est percé d'un trou correspondant parfaitement à l'orifice de sortie d'un projectile…

Hélas ! Aucune comparaison n'est possible avec le reste du crâne, si jalousement gardé par les tchékistes du MGB à Magdebourg, ou avec la mâchoire, expédiée à Moscou et conservée à la Loubianka. Comme en outre les nouveaux interrogatoires du valet Linge, de l'aide de camp Günsche et du pilote Baur, épuisés par onze mois de mauvais traitements, n'ont apporté que des renseignements contradictoires, la commission du MVD finit par conclure… qu'il est impossible de tirer des conclusions définitives de tout cela. Ce n'est donc pas la machine de guerre contre Abakoumov qu'espérait Krouglov, qui juge plus prudent de classer l'ensemble du dossier. Seul demeure le fragment de crâne percé en son centre, qui est envoyé au siège du MVD à Moscou, et finit par échouer dans un coffre des archives centrales d'État, accompagné d'un petit morceau de papier portant l'inscription : « Ceci est un morceau du crâne d'Adolf Hitler. Il doit être transféré aux archives d'État. » Staline l'a-t-il vu dans l'intervalle ? Personne ne le sait…

Les années passent, et le 5 avril 1970, sur décision du chef du KGB Youri Andropov, les restes enterrés sous la cour du numéro 36 de la Westendstrasse à Magdebourg sont exhumés pour la sixième fois dans le plus grand secret, transportés 11 kilomètres plus loin jusqu'à un terrain vague situé à proximité de la ville de Schönebeck, brûlés sur un bûcher, réduits en cendres, broyés et jetés dans la rivière Biderin. Pour quelle obscure raison ? *Nieizviestno* – on n'en sait rien ! Mais dès lors, il ne resterait plus du Führer du Reich millénaire qu'un os pariétal conservé dans une boîte à disquettes aux archives centrales d'État de l'URSS, et une mâchoire carbonisée cachée dans une boîte à chaussures au fond des archives du KGB… Et encore ces restes n'ont-ils pas été scientifiquement authentifiés.

Identification implicite

En 1968, le journaliste Lev Bezymenski, présenté comme un ancien interprète de l'Armée rouge, fait paraître un ouvrage intitulé *La Mort d'Adolf Hitler*. On y trouve quelques affirmations absurdes – comme le fait que l'autopsie du cadavre carbonisé d'Hitler aurait révélé qu'il n'avait qu'un testicule –, mais aussi des photos de la mâchoire du Führer, qui ont manifestement été fournies à l'auteur par les autorités soviétiques. Or, quatre ans plus tard, deux scientifiques norvégiens spécialisés dans l'odontologie médico-légale, Sognaes et Strøm, se font fort de percer le mystère : en comparant les radiographies dentaires trouvées par les Américains dans le cabinet du dentiste d'Hitler à Berchtesgaden et les photos de la mâchoire publiées dans le livre de Bezymenski, ils concluent que la formule dentaire est parfaitement identique dans les deux cas, ce qui permet de lever bien des doutes entretenus en Occident jusqu'alors.

Mais l'os pariétal pose davantage de problèmes : en 2009, une équipe de chercheurs américains est discrètement admise dans les archives centrales d'État et autorisée à examiner le fragment de crâne, ce qui lui permet de conclure qu'il a dû appartenir à une femme âgée de moins de 40 ans ! Seulement, en 2017, l'anatomo-pathologiste français Philippe Charlier peut l'examiner à son tour, et il est nettement moins catégorique : selon lui, il est impossible de déterminer un sexe et un âge en se basant uniquement sur un tiers de crâne ; par contre, le professeur Charlier peut constater que cet os pariétal a été exposé de façon prolongée à une très haute température, et que l'orifice percé en son centre correspond à l'impact de sortie d'un projectile tiré de bas en haut. En d'autres termes, l'hypothèse d'une jeune fille qui se serait logé une balle dans la tête devant la sortie de secours du bunker d'Hitler avant d'être soumise à une longue crémation n'emporte plus la conviction…

Un doute bien rentable

Koniets filma ! Fin du film ? Nullement : l'ensemble des pratiques politiques et policières en vigueur dans l'ancienne URSS n'ayant guère évolué dans la nouvelle Russie, il n'est pas question de procéder à une analyse ADN des éléments conservés dans les archives centrales d'État et dans celles du FSB. Voilà qui permet de continuer à entretenir le fantasme de la survie d'Hitler après 1945 ; de nos jours, des titres comme *Hitler n'est pas mort à Berlin*, *L'Évasion d'Adolf Hitler* et *Hitler en Argentine* restent très demandés par les amateurs du genre, ils sont constamment réimprimés et traduits en de nombreuses langues. L'incertitude bénéficie donc aux éditeurs de fictions historiques, mais une chose au moins reste établie : si Hitler s'est bien enfui en Argentine à l'été de 1945, il n'a pu le faire que sans sa mâchoire – et probablement sans le tiers postérieur gauche de son crâne… *Glückliche Reise*[5] !

Bibliographie sélective

Bezymenski, Lev, *The Death of Adolf Hitler*, Londres, Michael Joseph, 1968.

Brisard, Jean-Christophe et Parshina, Lana, *La Mort d'Hitler*, Fayard, 2018.

Kadari, Yannis et Kersaudy, François, *Tous les secrets du IIIe Reich*, Perrin, 2017.

Kershaw, Ian, *Hitler*, Flammarion, 2011.

Linge, Heinz, *With Hitler to the end*, Londres, Frontline, 2009.

Schaub, Julius, *In Hitlers Schatten*, Stegen, Druffel & Vowinckel Verlag, 2010.

Speer, Albert, *Au cœur du Troisième Reich*, Fayard, 2011.

Trevor-Roper, Hugh, *The Last Days of Hitler*, Londres, MacMillan, 1947. Traduction française : *Les Derniers Jours de Hitler*, Tallandier, coll. « Texto », 2013.

Vinogradov, V. K. *et al.*, *Hitler's Death*, Londres, Chaucer Press, 2000.

5. « Bon voyage ! »

36

L'assassinat du président Kennedy : du mystère à l'Histoire

par Thierry LENTZ

27 novembre 1963, palais de l'Élysée.

Retour de Washington où il a assisté aux obsèques de John Kennedy, assassiné à Dallas cinq jours plus tôt, Charles de Gaulle livre à Alain Peyrefitte ses impressions sur une affaire qui bouleverse le monde entier : « Ça a l'air d'être une histoire de cow-boys, mais ce n'est qu'une histoire d'OAS […]. *On ne saura jamais la vérité. Car elle est trop terrible, trop explosive ; c'est un secret d'État. Ils feront tout pour la cacher ; c'est un devoir d'État. Sinon, il n'y aurait plus d'États-Unis*[1]. » *Si on y ajoute ses considérations sur l'assassin désigné, Lee Oswald, joliment qualifié de* « minus habens », *et son opinion sur Jack Ruby, qui l'élimina dans les locaux de la police de Dallas, jugé comme un « indicateur qui n'avait rien à refuser », le Général identifie, dès les premiers jours, les doutes que susciteront les développements d'un des grands mystères du siècle et les grandes lignes de l'épreuve que devront surmonter les autorités et le peuple états-uniens.*

L'affaire Kennedy a duré une quarantaine d'années, quatre décennies d'enquêtes et contre-enquêtes, de révélations fracassantes

1. Alain Peyrefitte, *C'était de Gaulle*, Gallimard, 2002, 27 novembre 1963.

ou insignifiantes, d'hypothèses invraisemblables ou plausibles, de découvertes stupéfiantes et de fausses pistes. Elle fut un traumatisme aux échos interminables pour une population convaincue d'être modèle en tout, confrontée des années durant à l'opacité des pouvoirs d'État, à sa propre violence, aux dégâts causés par la défaite au Vietnam, à une chaîne de meurtres politiques modifiant le destin de la nation (dont Martin Luther King en avril 1968 et Robert Kennedy en juin suivant), aux révélations incessantes sur les agissements de la « communauté du renseignement » pourtant magnifiée par Hollywood, au choc du Watergate et à tant de coups rongeant des certitudes que l'on croyait bien ancrées. Nombre d'Américains se prirent à douter de leur démocratie, certains contestant brutalement le « modèle », d'autres démissionnant en masse de leurs responsabilités citoyennes, y compris en s'évadant dans les vapeurs de la marijuana ou autres paradis infernaux. Enfin, peu à peu, au moins pour l'affaire Kennedy, les acteurs vieillirent puis disparurent, le maelström des reportages, articles et livres finit par lasser, favorisant la « reprise en main » historiographique, pour ne pas dire idéologique, des années Reagan. L'ancien acteur promettait le « retour de l'Amérique » (*America is back !*), qui exigeait que, bon gré, mal gré, on cesse de triturer ses plaies. C'est ce que fit pourtant le réalisateur Oliver Stone, en 1991, avec son film *JFK*, qui, bien que descendu en flammes par la critique bien avant sa sortie (le scénario avait été dérobé), fut un ultime coup de tonnerre qui obligea Bill Clinton à ouvrir les dossiers secrets, montagne de documents – pas loin d'un million de pages – qui accoucha d'une souris, mais peu importe : grâce à cet artifice politicien, la tension retomba enfin. Les chercheurs, les enquêteurs non officiels, les thèses insolites (dont quelques-unes aidées, sinon suscitées par les « services » pour ajouter au trouble) finirent par être pris à la légère. Et pour tourner définitivement la page, le 11 septembre 2001 remplaça la tragédie de Dallas et ses suites par une autre.

Passions refroidies, le drame appartient de plus en plus aux historiens, qui disposent du recul nécessaire, d'une masse documentaire exceptionnelle, de témoignages à foison et d'une littérature secondaire infinie.

La première année

Pour nos lecteurs les plus jeunes ou ceux qui auraient joué les Belles au bois dormant pendant toutes ces années, un rappel des faits bruts s'impose.

Le vendredi 22 novembre 1963, alors qu'il traversait dans une voiture découverte la ville texane de Dallas, le 35e président des États-Unis, John Fitzgerald Kennedy, 46 ans, fut assassiné de plusieurs balles. Quelques heures plus tard, un suspect, Lee Harvey Oswald, 24 ans, fut appréhendé et accusé du meurtre. Le 24 novembre, alors qu'on le transférait du commissariat à la prison de Dallas, il fut à son tour abattu, devant les caméras de la télévision, par un tenancier de boîte de nuit, Jack Ruby. L'homme donna comme mobiles à son acte que la mort du président l'avait dévasté, que le sourire d'Oswald (en fait un rictus permanent) le mettait en rogne et qu'il voulait éviter un procès public à Jacqueline Kennedy, la femme du président défunt – elle-même une rescapée puisqu'elle était à côté de lui dans la voiture lors de la fusillade. Condamné à mort en mars 1964, Ruby mourra en prison le 3 janvier 1967, d'un cancer foudroyant, à quelques mois d'un second procès. Et comme il avait négocié avec l'accusation pour échapper à la peine de mort, il avait gardé le silence – ou presque – pendant ses années de détention. On n'en avait donc guère appris plus de sa bouche sur ses motivations.

Entre-temps, le 29 novembre 1963, inquiet des réactions du public et pour couper l'herbe sous le pied du Congrès qui envisageait de lancer ses propres investigations, le successeur de Kennedy, son vice-président Lyndon Johnson, avait nommé, comme il en avait le pouvoir, une commission d'enquête présidentielle de sept membres, dirigée par le président de la Cour suprême, le *Chief Justice* Earl Warren.

La commission rendit ses conclusions le 27 septembre 1964 : Oswald avait agi seul, parce qu'il était à la fois (un peu) dérangé et (beaucoup) militant castriste ; Ruby était lui aussi un « loup solitaire », dont les mobiles étaient bien ceux qu'il avait balbutiés dès son arrestation. Il n'y avait donc pas eu de conspiration pour assassiner le président. Le 24 novembre 1964, un an jour pour jour après la mort d'Oswald, furent publiés les 26 volumes de pièces et d'annexes du rapport principal, qui, lui, était disponible depuis septembre. Deux semaines plus tôt, Johnson avait été élu président des États-Unis contre le républicain John Tower, avec 58 % des voix. La vie des institutions pouvait reprendre et le 36ᵉ président poursuivre l'œuvre de son prédécesseur. L'Amérique croyait pouvoir respirer.

Un second rapport officiel

Dès le tragique week-end de novembre 1963, l'opinion américaine et mondiale s'était étonnée de la réussite avec laquelle un tireur, posté derrière une fenêtre du 5ᵉ étage d'un immeuble devant lequel le cortège venait de passer, avait fait mouche, officiellement à deux reprises, un troisième tir s'étant perdu sur un trottoir en blessant un badaud ; de l'impéritie du service de protection dans une ville où, pourtant, on ne cessait de menacer un président pas loin d'être considéré comme un crypto-communiste par les activistes d'extrême droite ayant à Dallas pignon sur rue. Il y avait aussi de quoi s'étonner de la rapidité avec laquelle on avait identifié et arrêté Oswald : son signalement, assez banal (homme blanc, grand et maigre), avait miraculeusement permis son identification et son arrestation, deux heures après l'assassinat de Kennedy, dans un cinéma où il était entré sans payer. On l'accusa d'abord du meurtre d'un agent de police, J. D. Tippit, survenu une heure plus tôt, avant de découvrir que son propre fusil avait été retrouvé dans l'immeuble d'où étaient partis les coups de feu sur le président. Et que dire de la facilité avec laquelle Ruby s'était approché de lui dans le sous-sol du commissariat pour lui loger une balle dans l'abdomen ? On mettait en doute les mobiles respectifs des deux hommes. Le premier ne pouvait plus contredire personne, mais son passé et son emploi du temps de l'automne 1963 restaient nébuleux. Concernant le second, il n'y avait nul besoin d'être lecteur de romans policiers ni conspirationniste (comme on ne disait pas encore) pour supputer qu'il avait voulu faire taire Oswald et protéger d'éventuels commanditaires du meurtre de Kennedy.

La constitution de la commission Warren, loin de calmer les esprits, les enflamma : l'acceptation du président de la Cour suprême de la conduire blessait la séparation des pouvoirs ; la nomination d'Allen Dulles, ancien patron de la CIA destitué par Kennedy – qu'il haïssait – après l'échec du débarquement anticastriste de la baie des Cochons (avril 1961), étonnait ; le fait que toute l'enquête ait été exclusivement confiée au FBI (*Federal Bureau of Investigation*), ce qui empêchait la commission d'avoir ses propres limiers, fut critiqué, d'autant que l'aversion du directeur du « Bureau », J. Edgar Hoover, pour les frères Kennedy – Robert, le cadet, était ministre de la Justice – n'était un secret pour personne ; plus tard encore on allait être surpris d'apprendre que les membres de la commission avaient été peu assidus, se reposant sur Dulles, Warren et leur principal secrétaire, l'avocat Lee Rankin. D'aucuns pensaient qu'un tel dispositif avait servi à étouffer de gênantes et inavouables culpabilités.

La publication du rapport Warren et de ses 26 volumes annexés, si elle calma la grande presse et imposa le silence aux « officiels », ne fit en réalité que relancer l'affaire, et troubler une opinion américaine qui, jusqu'à aujourd'hui, doute majoritairement de ses conclusions. Elle provoqua une cascade de contre-enquêtes et de publications qui finirent par créer des doutes pas toujours ordonnés et cohérents, mais en tout cas légitimes. Même si elle tourna court, l'enquête lancée à La Nouvelle-Orléans – ville d'adoption d'Oswald avant son déménagement à Dallas – par le procureur Jim Garrison, dont Oliver Stone fera plus tard le héros de son *JFK*, attira l'attention sur les errements et manipulations des agences de renseignements et les liens qu'elles entretenaient avec l'entourage d'Oswald. Ce faisceau de contestations, de doutes et de révélations poussa la Chambre des représentants à reprendre l'enquête quatorze ans après les faits, par le biais d'une commission présidée par le représentant de l'Ohio Louis Stokes. Après deux années de travail, elle estima que Martin Luther King et John Kennedy avaient chacun été victimes de « conspirations ». Concernant le président, le rapport concluait : « Le Comité croit, sur la base des preuves dont il a pu disposer, que le président John F. Kennedy a probablement été assassiné dans le cadre d'une conspiration […]. Le juge à la Cour suprême Oliver Wendell Holmes a simplement défini la conspiration comme "un partenariat dans un but criminel". […] Si deux individus ou plus se sont entendus pour agir contre la vie du président Kennedy, et si, finalement, l'un d'eux est passé à l'exécution du plan et qu'il en soit résulté la mort du président Kennedy, le président aurait été assassiné dans le cadre d'une conspiration […]. Partant, une recherche des complices d'Oswald est nécessaire […]. » Et la commission Stokes de demander au FBI de reprendre en ce sens ses investigations… ce que le bureau fédéral ne fera jamais sérieusement.

Quoi qu'il en soit, les 27 volumes de la commission Warren et les 13 volumes de la commission Stokes constituent des matériaux essentiels à l'historien, avec des centaines de rapports, interrogatoires, expertises, transcriptions d'enregistrements, photos et même des films. Car, nul ne l'ignore, plusieurs pièces à conviction sont des films en 35 mm, dont le plus fameux est celui d'Abraham Zapruder, un curieux présent par hasard sur la « scène de crime » qui capta l'ensemble de la fusillade. On ajoutera encore au travail documentaire indispensable les vagues de déclassifications décidées par les présidents Clinton et Obama, soit quelques centaines de milliers de documents supplémentaires, même si, en l'espèce, les différentes agences ont pu masquer (au marqueur noir) les informations sensibles. Cette manne est aujourd'hui entièrement numérisée et accessible sur Internet.

Rangeons encore dans la catégorie « littérature officielle » les minutes et interrogatoires de l'enquête Garrison mais aussi quelques décisions de justice rendues notamment à l'occasion de procès en diffamation. C'est ainsi que lors de celui opposant *Spotlight* au fameux Howard Hunt, acteur de l'affaire du Watergate accusé par le magazine d'avoir été à Dallas le 22 novembre 1963, l'avocat progressiste Mark Lane obtint la comparution des responsables de la CIA (*Central Intelligence Agency*, renseignement extérieur) de l'époque et put les interroger longuement, parfois à leur détriment.

Doutes raisonnables

On le voit, un chercheur ne manquerait pas de matière… à condition de consacrer plusieurs années à tout voir, à tout lire, à analyser et à croiser. Il lui faudrait sans doute aussi trier et – pourquoi pas – choisir entre les principales hypothèses développées depuis cinquante-six ans, qui ne sont pas toutes, loin s'en faut, le fait de farfelus ou de conspirationnistes au front bas. Car chacun sait que subsistent sur les conclusions de la commission Warren ce que les pénalistes américains appellent des « doutes raisonnables », souvent pointés d'ailleurs par les autres rapports officiels. Nous ne pouvons ici qu'en donner un bref aperçu.

Trois ou quatre tirs ? Pour la commission Warren, Oswald a tiré trois fois sur Kennedy : une balle l'a atteint en haut du dos, une s'est perdue, la dernière, mortelle, l'a touché à la tête. Grâce au film Zapruder, on sait que la fusillade dura six secondes. Réaliser ces tirs parfaits avec un fusil tel que celui d'Oswald, dont la lunette était mal réglée, relève de l'exploit. La commission Stokes a quant à elle conclu qu'il y avait eu quatre tirs, notamment sur la base d'un enregistrement d'époque de la police, des photos et des témoignages.

La « balle magique ». Pour le défilé à Dallas avaient pris place dans la Lincoln présidentielle : à l'avant, le chauffeur et un garde du corps puis, sur un strapontin, le gouverneur du Texas, John Connally, et son épouse et, enfin, sur la banquette arrière, le président et son épouse. Selon la version Warren, la première balle qui toucha Kennedy continua sa course pour frapper, devant lui, le gouverneur, dans le dos, puis, après une inexplicable bifurcation, au poignet, puis à la cuisse… avant de ressortir *intacte* – sans altération ni écrasement – et de rester coincée dans son pantalon. On la retrouva « par hasard » sur un brancard de l'hôpital de Dallas. Cette extraordinaire exception à toutes les règles de la balistique a fait couler des litres d'encre et le projectile y a gagné le surnom de « balle magique ». Ce sujet a fait le miel de la commission Stokes et de tous les chercheurs non officiels. La théorie de la commission présidentielle ne sort pas intacte de ce débat.

La provenance des tirs. Le film Zapruder montre nettement qu'au moment du tir mortel, la tête de Kennedy fait un brusque et net mouvement vers l'*arrière*, comme si le tir venait de face (alors qu'Oswald se trouvait *derrière* le cortège). Bien qu'ayant visionné les images, la commission Warren a caché ce fait, qui n'a été révélé qu'au début des années 1970 lorsque le film a été rendu public. La commission a même fait mieux (ou pis) : dans la reproduction du film image par image publiée dans son rapport final de 1964, celles montrant le mouvement de la tête de Kennedy ont été inversées et donnent donc l'idée que sa tête part vers l'*avant*. Invoquant « l'erreur d'impression », les tenants de la première version officielle ont par la suite ajouté qu'un mouvement vers l'arrière était rarissime mais possible, ce que la plupart des experts ne valident pas. Si l'on ajoute que les motards qui *suivaient* la voiture ont été aspergés de sang et que des témoins – pas tous entendus par la commission alors même que leurs déclarations avaient été prises dans les règles par la police – affirment avoir vu un homme tirer d'une position située à l'avant de la voiture, cet élément est un des plus controversés parce que le plus important sans doute. La commission Stokes n'a pas voulu trancher sur l'hypothèse d'un second tireur *ayant fait mouche*, même si, en admettant qu'il y ait bien eu quatre tirs, c'était tout comme.

Oswald a-t-il tiré ? S'il y a eu quatre coups de feu, c'est en effet qu'Oswald n'a pas agi seul. Et quand bien même n'y aurait-il eu que trois tirs, on ne peut affirmer absolument qu'il a utilisé son fusil, le 22 novembre 1963. On pratiqua en effet sur lui le test dit « de la paraffine » qui se révéla négatif : puisqu'il n'avait pas de traces de poudre sur les mains et sur les joues, c'est qu'il n'avait pas tiré ce jour-là. D'autres éléments concernant sa présence au 5ᵉ étage, sa fuite, son trajet entre le lieu du crime, son domicile et le cinéma où il fut arrêté créent également le soupçon qu'il ait pu être aidé dans ses mouvements.

Le mobile d'Oswald. Pour Warren et les siens, Oswald a agi seul. Il était procastriste et en voulait à Kennedy de vouloir se raccommoder avec Cuba. On a très vite su, et la commission Stokes a confirmé, que les sentiments procastristes de l'assassin étaient douteux. Oswald a en effet fréquenté des groupes *anticastristes* de La Nouvelle-Orléans, violemment opposés à la politique kennedienne qu'ils jugeaient contraire aux intérêts des États-Unis[2]. Une des hypothèses avancées pour expliquer ces incohérences est que le jeune homme, qui avait vécu en URSS et épousé une Russe, était la personne idéale pour infiltrer les milieux castristes pour le compte de leurs adversaires, avant d'être manipulé et de constituer par conséquent un coupable idéal.

L'assassinat d'Oswald. Jack Ruby assassina Oswald pour des raisons personnelles et sans aucune complicité dans la police de Dallas, conclut la commission Warren. On a découvert depuis que le tenancier de *night club* avait au contraire été aidé pour entrer dans le commissariat par une porte dérobée et que, sans qu'on puisse établir formellement qu'il connaissait sa victime, il partageait avec elle des relations communes.

La personnalité de Jack Ruby. La commission Warren n'a guère creusé le passé et les mobiles de l'assassin de l'assassin. Or, il est très vite apparu qu'il était probablement un petit soldat de la mafia locale, qui plus est fort bien introduit dans les milieux policiers de Dallas, reçus et choyés dans son établissement de plaisir. Il est assez frappant que quelques secondes après le meurtre d'Oswald, un des policiers qui l'escortaient ait immédiatement donné l'identité de Ruby à des reporters qui le questionnaient. La suite des enquêtes n'a fait que confirmer ses connexions avec le crime organisé, longuement développées par le rapport Stokes.

2. Notons que Fidel Castro accepta de témoigner devant la commission Stokes, qui lui envoya des commissaires. Il le fit pour réaffirmer qu'il n'était pour rien dans l'assassinat de Kennedy.

Théories

De ces doutes et de bien d'autres questions non résolues sont nées des théories nombreuses, embrouillées, parfois crédibles, parfois non. Si la commission Stokes a conclu à la « conspiration », elle n'est pas allée plus loin, les écrits postérieurs de son principal conseiller, Robert Blakey, mettant en cause la mafia ne faisant pas partie de son rapport[3]. Ici encore, nous ne pourrons être que synthétique. C'est pourquoi nous laisserons de côté les thèses les moins bien étayées. Parmi celles-ci, nous classons celle d'un meurtre du président commandité par son successeur : tentante, en raison des liens texans de Johnson ou de la supposition (non établie) que « JFK » ne voulait plus de lui comme vice-président pour son second mandat, cette théorie manque de « preuves ». Bref, le fait que Johnson avait de l'ambition, qu'il ne s'entendait pas avec Kennedy et qu'il ne fut pas trop chagriné par sa mort ne suffit pas à l'incriminer.

Les deux voies les plus explorées et les plus nourries d'indices sont :

— *Le crime aurait été organisé par la CIA avec la complicité postérieure, pour étouffer l'affaire, du FBI.* C'est la thèse du procureur Garrison et, plus tard, d'Oliver Stone dans son *JFK.* Elle se fonde : sur la présence de personnages louches, membres parfois des équipes « action » de la CIA à Dallas ; sur le rôle mystérieux dans plusieurs épisodes concernant Oswald d'une officine de La Nouvelle-Orléans travaillant clandestinement pour l'Agence ; sur le mal que se sont donné conjointement la CIA et le FBI pour cacher des documents et discréditer ceux qui remettaient en cause la thèse Warren. On ajoutera, pour la bonne bouche, un taux de mortalité élevé de témoins, dont plusieurs moururent de mort violente à la veille de leur comparution devant la commission Stokes.

---

3. Robert Blakey et Richard Billings, *The Plot to Kill the President*, New York, Times Books, 1981.

— *Une vengeance de la mafia.* Joe Kennedy, le père du président, avait fait fortune dans la spéculation bancaire et dans le trafic d'alcool. Il avait tissé des liens avec les chefs de la mafia américaine. Ceux-ci ont aidé à l'élection de son fils, notamment dans l'Illinois (Chicago) mais pas seulement. En espéraient-ils un retour ? Sans doute. Or, ils furent bien déçus puisque John et, surtout, Robert Kennedy firent une chasse impitoyable au crime organisé, tandis que la politique d'apaisement avec Cuba tuait dans l'œuf tout espoir d'une reprise de ses affaires sur l'île. De là à penser qu'ils se sont vengés, en utilisant d'abord leurs appuis anticastristes (pour tuer Kennedy) puis leur soldat Ruby (pour faire taire Oswald), il n'y a qu'un pas.

Une « affaire d'OAS » ?

Et si de Gaulle avait eu raison dans son analyse ? Si l'affaire Kennedy était ce qu'il appelle une « affaire d'OAS » ? Il entendait par là une opération conçue et exécutée par un groupe subalterne prêt à tout pour influer sur la politique américaine, avec pour but secondaire de provoquer un changement de régime à Cuba, comme l'OAS tentait alors de le faire en France et en Algérie. Suivons cette piste proposée par le Général, librement mais à la lumière de nos longues lectures sur le sujet.

Disons au préalable que rien ne doit étonner dans le dossier Kennedy. Malgré l'engrenage renversant des faits, malgré les sirènes qui nous rappellent tant les séries américaines, malgré les caractères hauts en couleur qui la jalonnent, l'affaire n'est pas un roman policier, mais une histoire vraie. La manipulation de l'opinion, la violence des méthodes, les rivalités qui se règlent à coups de fusil n'étaient pas (et ne sont pas) l'apanage des pays sous-développés, des républiques bananières ou de l'imagination d'un auteur de *thriller*. C'est pourquoi on peut évacuer sans scrupules excessifs les remarques du type « il est impossible de cacher aussi longtemps la vérité dans un pays démocratique ». Un tel argument relève de la méconnaissance des actions clandestines, en l'espèce celles des services secrets américains, bien connues depuis les enquêtes du Congrès à la fin des années 1970. Il n'y a pas d'un côté la « grande » histoire et de l'autre des faits divers ou des bas-fonds qui n'interféreraient jamais. Ces deux réalités ne sont pas hermétiquement séparées. Reste à connaître le dosage de leur interaction.

Pour assassiner Kennedy, si conspiration il y eut, il fallait vouloir le faire, en avoir les moyens techniques puis parvenir à garder le secret. Les officines pouvant réunir ces éléments existaient, de même qu'existèrent à la même époque un commando capable d'organiser un guet-apens contre le général de Gaulle au Petit-Clamart et des complicités ou amitiés haut placées pour permettre la couverture puis la fuite de responsables de l'OAS.

Ceux qui en voulaient à Kennedy étaient nombreux. L'extrême droite lui reprochait sa politique en faveur des Noirs et ses efforts de détente internationale. Les pétroliers et les grands industriels craignaient qu'il ne passe des paroles aux actes en matière fiscale et dans sa lutte contre les trusts. Les militaires, les anticastristes et les hommes impliqués dans les opérations clandestines contre Cuba l'accusaient d'avoir baissé pavillon devant Castro et son allié soviétique. Le crime organisé était furieux de l'ampleur de la guerre que lui menait Robert Kennedy. Une partie de l'armée et du « complexe militaro-industriel » reprochait au président son indécision au Vietnam et sa politique de réduction des commandes militaires. La CIA, en tant qu'institution, n'avait pas oublié le « lâchage » de la baie des Cochons et le renvoi des principaux responsables du fiasco. Chacun de ces groupes ayant un intérêt pour agir ne cachait guère son désir de voir le président quitter la scène, ce que sa probable réélection en 1964 aurait rendu impossible à moyen terme. Mais quel « coupable » retenir ?

Si les institutions officielles, au plus haut niveau, ne furent probablement pas impliquées, des groupes et des individus d'un niveau inférieur dépendant d'elles rôdent autour de l'affaire. On sait que des cercles proches de la CIA, des officines anticastristes, des services de police, le FBI et des mafieux notoires collaboraient, au Texas ou à La Nouvelle-Orléans. Mieux, ils employaient les mêmes hommes, notables et citoyens agissant dans l'ombre, mais aussi baroudeurs sans scrupules et assassins en puissance. Cette collusion s'articulait autour d'un marché : renversement de Castro et retour à une politique « musclée » à l'égard du monde communiste contre reprise des activités du crime organisé à La Havane et ralentissement des opérations judiciaires sur le territoire des États-Unis. Jumelle de celle passée dans les années 1940 avec le parrain Lucky Luciano pour appuyer le débarquement en Sicile, une telle collaboration – sinon le pacte qu'elle implique – a été abondamment établie par les travaux du Sénat américain et les enquêtes périphériques.

Que cette collaboration ait « dérapé » et abouti à un attentat contre le président des États-Unis est plausible. Les moyens techniques et de mise en œuvre existaient : les groupes en cause à La Nouvelle-Orléans étaient spécialistes des actions clandestines et disposaient de la logistique pour une opération à Dallas. Au besoin, la mafia – singulièrement ici une association de trois parrains, Carlos Marcello, Sam Giancana et Santo Trafficante – pouvait fournir ses professionnels pour porter les fusils. Restait à endormir l'opinion en lui livrant un bouc émissaire. Le minable et pathétique Oswald fut choisi. Habillé en communiste depuis des années, il faisait un coupable idéal. Kennedy victime d'un marxiste militant et solitaire : le scénario était parfait.

C'est alors qu'eut lieu le guet-apens de Dallas : la fusillade en tirs croisés, l'évacuation des complices. Une embuscade bien organisée et réalisée par des professionnels qui avaient pensé à tout, ou presque. Le choix du bouc émissaire était fait : Lee Harvey Oswald, qui travaillait pour eux à l'infiltration des milieux de gauche et procastristes. Ignorant tout du destin qu'on lui réservait, l'homme pouvait ensuite être éliminé lors d'une arrestation mouvementée. Mais, même aveuglé par sa soif de publicité, presque de « gloire », Oswald n'était pas idiot. Abandonné sur place, il comprit probablement le rôle qui lui avait été réservé et s'esquiva.

Certains auteurs pensent que l'agent de police Tippit devait se charger de le faire taire. Oswald aurait été plus rapide et l'aurait abattu. D'autres estiment encore que le cinéma où il se réfugia était l'endroit idéal pour une fusillade lors de l'arrestation. Le jeune homme y fut repéré trop tôt pour être entré sans payer : aux policiers chargés de la basse besogne se mêlèrent des collègues – une douzaine d'agents en tout... pour un homme entré sans payer – ignorant tout de la conspiration. Comme Oswald ne résista pas, il ne put être abattu. Un homme de la mafia, Ruby, entra en scène dans la précipitation pour « réparer » la catastrophe de sa capture. Une seule balle de revolver suffit.

Un autre volet de la conspiration était déjà en place, destiné à faire admettre qu'il n'y avait eu qu'un seul tireur et que ce tireur était Oswald, avec son passé trouble, son castrisme, son esprit dérangé. Cette version fut soutenue par tous les hauts responsables politiques américains, lesquels se rendaient compte des dégâts que causerait la révélation des liens entre Oswald, Ruby et certains groupuscules communs à la CIA et à la mafia. On s'affola et on décida de nier, de maquiller grossièrement, de faire disparaître les preuves de cette connexion. Si Johnson, Hoover et autres ne furent sans doute pas complices de l'assassinat, ils mirent en revanche tout leur poids dans la balance pour éviter le scandale, quitte à sauver au passage les commanditaires et les exécutants qui étaient tous de petite envergure sans être dénués de savoir-faire. En ce sens, l'idée de créer la commission Warren fut excellente. Elle calmait les esprits pendant une année et permettait, par des fuites organisées, de conforter sans opposition la version devenue officielle. Un an de travail et de tri sélectif des témoignages suffit à bétonner la version officielle, du moins le crut-on.

Malgré les hypothèses, à commencer par celle que nous venons d'avancer, les noms des vrais commanditaires de l'assassinat de John Kennedy ne sont pas encore connus[4]. Il en est de directs. Il en est aussi d'indirects, soit ceux qui, par leur laxisme, ont permis aux vrais coupables d'échapper à la justice. Aujourd'hui que la plupart des protagonistes, par action ou par omission, sont morts, il y a peu d'utilité à les démasquer. Ils resteront impunis. Mais les découvrir

4. Certains auteurs en donnent, sans que leurs hypothèses puissent être formellement prouvées.

– même par hypothèse – est utile à l'Histoire, donc au présent qu'elle permet d'expliquer et – tentons l'optimisme – de rendre parfois meilleur. Le 22 novembre 1963 a changé la politique des États-Unis, donc le monde. En cela, il est essentiel de pointer les dysfonctionnements de la grande démocratie d'outre-Atlantique qui a échoué à clore le dossier de l'assassinat d'un de ses présidents. En attendant, il ne reste plus qu'à souhaiter – sans y croire – que les choses ont changé depuis.

Bibliographie sélective

Rapports officiels

Rapport Warren : *Report of the President's Commission on the Assassination of President John F. Kennedy, and 26 accompanying volumes of Hearings and Exhibits*, Washington, US Government Printing Office, 1964.

Rapport Stokes : *Report of the Select Committee on Assassinations, US House of Representatives, and 12 accompanying volumes of Hearings and Appendices*, Washington, US Government Printing Office, 1979.

Déclassifications de la période Clinton : *Final Report of the Assassination Review Board*, Washington, US Government Printing Office, 1998.

Sur les agissements de la CIA : *Alleged Assassination Plots involving Foreign leaders*, Washington, US Government Printing Office, 1975.

Ouvrages

Benson, Michael, *Who's Who in the JFK Assassination*, New York, Citadel Press, 1993 (non traduit).

Bugliosi, Vincent, *Reclaiming History. The Assassination of President John F. Kennedy*, New York, Norton & Company, 2007 (non traduit).

Epstein, Edward, *Inquest. The Warren Commission and the Establishment of the Truth*, New York, Bantam, 1966 (sur le fonctionnement de la commission Warren, non traduit).

Garrison, Jim, *JFK. Affaire non classée*, J'ai lu, 1992 (traduction partielle de l'ouvrage américain).

Lentz, Thierry, *L'Assassinat de John F. Kennedy. Histoire d'un mystère d'État*, Nouveau Monde éditions, 2013.

Livingstone, Harrison Edward, *High Treason 2. The Great Cover-up : the Assassination of President John F. Kennedy*, New York, Caroll & Graf, 1992 (non traduit).

Sites Internet

Un site américain remarquable, publié par une institution se donnant pour objet de garder éveillée la « conscience des citoyens américains », la fondation Mary Ferrel (www.maryferrel.org), auquel on peut ajouter les sites spécialisés « JFK Lancer Online Ressources » (www.jfklancer.com) et celui de l'*Assassination Archives and Research Center*, centre indépendant créé en 1984 pour réunir tout le matériel possible sur l'assassinat (www.aarclibrary.org). Deux très bons sites en français pour leur documentation brute : www.jfk-assassinat.com et www.jfk-fr.com.

37

De Gaulle à Baden-Baden : le coup de Massu

par Pierre PELLISSIER

Le mois de mai 1968 aura été l'un des plus agités qu'ait connus la Ve République. Il est aussi le terme de plusieurs semaines de folies, d'excès, de violences. La crise, née dès le mois de janvier, ne cessera ensuite d'agiter le monde universitaire, qui a ses revendications propres à avancer : crédits insuffisants, contenu de l'enseignement, la discipline dans les résidences pour étudiants et étudiantes, jusqu'aux protestations contre la guerre américaine au Viêt Nam. Le mouvement gagne Caen, Bordeaux, Angers, Lyon, Nantes… Dans un premier temps pourtant, l'agitation se concentre sur Nanterre où se fait remarquer un jeune étudiant allemand, Daniel Cohn-Bendit, puis à la Sorbonne, où des locaux sont occupés et où apparaissent les premiers slogans, « Non à l'université bourgeoise », « Professeurs vous êtes vieux et votre culture aussi »…

Avec le temps, avec les ordres suivis par les contrordres, le gouvernement paraît débordé. Les étudiants le sont aussi puisque les syndicats, comprenant les avantages qu'ils pourraient tirer de l'aventure, en termes de salaires ou d'avancées sociales, récupèrent le mouvement. Le désordre environnant les conduit à déclencher une grève générale qui va totalement paralyser le pays. Les politiques entendent aussi profiter du climat glissant vers l'insurrection et les partis de gauche réclament un changement de gouvernement, parfois de nouvelles élections.

Jusqu'au 29 mai, jour où le général de Gaulle s'éclipse !

Lors de la disparition de Charles de Gaulle, il y a trois semaines que le Quartier latin à Paris est le cadre d'affrontements de plus en plus violents. Le 3 au soir se retrouvent face à face 1 500 policiers et 2 000 étudiants ; des voitures sont incendiées, des barricades érigées. Le 4 mai, quatre manifestants sont condamnés à deux mois de prison ferme ; le 6, des manifestations sont organisées contre ces condamnations. Les rassemblements commencent dans le calme vers 9 heures du matin, dégénèrent dans la journée, tournent au combat de rue jusqu'au cœur de la nuit ; avec d'autres voitures renversées, des arbres arrachés, des débuts de barricades ; avec 600 blessés. Les villes universitaires soutiennent les étudiants parisiens. Le 7 mai, 25 000 manifestants sèment le désordre dans les rues de Paris, s'attaquent aux forces de police bien au-delà de minuit. Les 10 et 11 mai, l'ampleur des manifestations démontre que le gouvernement est débordé. Vers minuit, à l'angle des rues Soufflot, Médicis et du boulevard Saint-Michel, des barricades se dressent atteignant parfois deux mètres de hauteur. Les chaussées sont dépavées, les arbres coupés, des voitures retournées ou incendiées… Il faut attendre 2 h 15, au matin du 11, pour que la police reçoive l'ordre d'intervenir. Cinq heures de combat sont nécessaires pour que CRS et gendarmes prennent d'assaut la soixantaine de barricades édifiées, après échanges de cocktails Molotov et de grenades offensives. Bilan de cette nuit de violence : 367 blessés, 460 interpellations, 188 voitures brûlées ou endommagées.

Entrant en jeu, les syndicats et les partis de gauche organisent une grève générale pour le 13 mai. Ce même jour, les étudiants occupent la Sorbonne ; le 17, le théâtre de l'Odéon tient scène ouverte pour les manifestants. C'est le grand moment des slogans provocateurs : « Il est interdit d'interdire », « CRS SS ! ». C'est surtout le début d'une nouvelle phase de la crise : dix millions de grévistes paralysent le pays. Les aéroports s'arrêtent puis les transports publics, les banques et la poste, les éboueurs, l'ORTF, les usines suivent.

De retour le 18 mai d'un voyage écourté en Roumanie, de Gaulle est en quête d'une issue. Le 24 mai, il annonce à la télévision un référendum sur la participation pour assurer la rénovation de la France, concluant : « Si la réponse est non, je n'assumerai pas plus longtemps mes fonctions. » Les manifestants lui répliquent violemment, à Paris comme à Lyon, Nantes, Bordeaux ou Strasbourg… À Paris, il y a des barricades à la Nation, à la Bastille, autour de la gare de Lyon. La police reprend le contrôle de la capitale vers 5 heures du matin ; il y a plus de 500 blessés, dont 178 hospitalisés, et 648 interpellations.

Le 28 mai, François Mitterrand anticipe sur les événements et annonce qu'il est candidat à l'Élysée et « prêt à former un gouvernement provisoire de dix membres ».

L'Élysée déserté

Un vent de panique souffle sur Paris au matin du 29 mai. Des ministres arrivant à l'Élysée pour le traditionnel Conseil du mercredi découvrent le palais désert. Personne ne les a prévenus, personne n'est là pour les informer ; et encore moins pour leur expliquer que le général de Gaulle a disparu ! Le préfet de police, Maurice Grimaud, s'inquiète, appelle l'Élysée et découvre que le général de Gaulle est parti à 11 h 15, en hélicoptère, pour Colombey-les-Deux-Églises. Il apprend bientôt qu'aucun hélicoptère ne s'est posé à Colombey, mais – ce qui le rassure – qu'aucun appareil n'a été accidenté. La veille, mardi 28 mai, Grimaud avait déjà recueilli des informations inquiétantes ; des émeutiers pourraient s'en prendre à des bâtiments officiels, sans doute l'Hôtel de Ville ; il redoute aussi que les manifestants de la CGT, mobilisés pour le lendemain 29 mai, soient armés. Au téléphone, ce même 28 mai, le général de Gaulle laisse entendre à Georges Pompidou qu'il compte prendre du champ ; une journée de solitude loin de Paris ; il sera de retour jeudi, le Conseil des ministres peut bien attendre le lendemain.

De Gaulle tient aussi des propos qui inquiètent davantage Pompidou : « Je suis vieux, vous êtes jeune, c'est vous qui êtes l'avenir. » Une courte conversation que de Gaulle achève de curieuse façon : « … Je vous embrasse. » Pompidou croit comprendre que le Général renonce au pouvoir. À tel point qu'un car de la télévision s'installe dans la cour de Matignon dès le lendemain matin : Pompidou veut être prêt à s'adresser aux Français…

Qui a pu conseiller au président de la République de s'éclipser ? Il ne reste guère que deux témoignages crédibles ; ceux de l'amiral Philippe de Gaulle et de Christian Fouchet…

L'amiral vient dîner seul à l'Élysée, le lundi 27 mai. Les événements l'inquiètent ; certaines réactions parisiennes – sa mère a été insultée dans un magasin – le hérissent. Il tient à en parler à son père, pour que celui-ci accepte une protection renforcée autour de l'Élysée. Il propose celle des commandos de la marine. La proposition est aussitôt écartée par le président.

— On dirait le début d'une révolution, dit Philippe à son père.

— Ce n'est pas une révolution. La révolution est armée. Les fauteurs de troubles n'ont pas d'armes ! C'est l'éclatement d'une société d'abondance. Ils braillent "non à la société de consommation", mais ce n'est qu'un alibi. Ils veulent en réalité jouir, bambocher et faire la chienlit sans contrainte. À part deux ou trois ministres, et encore ! le gouvernement ne suit plus mes directives. Je n'ai plus barre sur personne. J'ai pratiquement perdu le contrôle de l'exécutif. Pompidou laisse pourrir. Jusqu'à quand ?

— Il faut bien voir qu'à terme votre règne est fini. Après les avoir une fois de plus tirés d'un mauvais pas, les Français ne veulent plus de vous. Ils ne veulent d'ailleurs rien, si ce n'est profiter de ce que vous leur avez apporté.

— Je ne peux tout de même pas laisser la France à un Mitterrand ou à un Cohn-Bendit.

Face à son père, par instants découragé, à un autre moment survolté, Philippe de Gaulle esquisse une solution :

« D'abord, il faut quitter Paris qui est devenu un piège. Pourquoi ne pas aller à Brest ? Un croiseur ou même un porte-avions vous donneront tous les moyens de communiquer et de vous déplacer. Paris est un marécage qui n'a plus d'importance. Laissez-les cuire dans leur jus. Et si cela ne marche pas, vous pourriez toujours laisser tomber.

— Ne me décourage pas ! Je ne me vois pas à Brest chez les marins. Ils sont toujours à part chez nous. Je vais me tirer un jour ou deux à Colombey, quand ce ne serait que pour sortir de cette chaudière. »

L'idée d'un départ pour Colombey ne séduit guère Philippe de Gaulle, il craint que les Français ne voient là qu'un week-end comme beaucoup d'autres. À cela, Charles de Gaulle réplique en conseillant à son fils de quitter Paris avec sa famille ; qu'il s'installe à Contrexéville, ou même à Baden-Baden chez Massu. Le général Lalande, chef d'état-major à l'Élysée, y sera en mission dans deux jours, il pourrait arranger cela, suggère le président qui enchaîne :

« D'ailleurs cela me donne l'idée de rencontrer Massu à Strasbourg ou au Mont-Sainte-Odile, à mi-chemin de Colombey. Sans prévenir, cela ferait sensation. La CGT qui prépare une grande manifestation pour après-demain, tombera dans le vide. Il n'y aura personne à l'Élysée à ce moment-là. Naturellement d'ici là, il faut garder le secret… »

Philippe de Gaulle reparti, le président fait appeler son ministre de l'Intérieur, Christian Fouchet, qu'il reçoit en fin de soirée. Les deux hommes se connaissent bien, s'apprécient ; Fouchet sait ce qu'il peut dire au Général, à condition de ne pas aller trop loin. Dans le silence du cabinet présidentiel, éclairé par une seule lampe posée sur le bureau du Général, Fouchet l'entend se plaindre du gouvernement, des étudiants, des ouvriers, des syndicalistes, de la police :

« Fouchet, vous savez qu'il m'arrive de penser que je vais m'écrouler… »

Leur conversation les ramène sur le maintien de l'ordre à Paris et sur la possibilité d'ouvrir le feu contre les manifestants…

« Je n'arrive plus à dormir à l'Élysée avec ces grenades qu'on entend éclater dans les environs !

— Allez dormir à Versailles, mon général ! Vous y serez bien mieux qu'à l'Élysée. Et, après tout, Louis-Philippe aurait beaucoup mieux fait d'y aller en 1848 ; et d'écouter Thiers qui le lui conseillait.

— Je ne suis pas Louis-Philippe.

— Vous n'êtes pas Louis-Philippe, Dieu merci ! Mais le fait d'aller à Versailles frapperait les gens. »

Sur la piste du Général

Dès la mi-journée, le 29 mai, commencent les spéculations : où peut être passé de Gaulle s'il n'est pas arrivé à Colombey-les-Deux-Églises ? Les uns l'imaginent au Trianon, à Versailles ; d'autres le croient à Marly, où la présidence a un discret pavillon de chasse ; certains le supposent à Brégançon ou à Taverny, le P.C. de la force de dissuasion…

Le ministre des Armées, Pierre Messmer, paraît être le mieux informé sur la destination possible du général de Gaulle. Il sait que le chef de l'État est parti en hélicoptère vers l'est. Peut-être pour Colombey-les-Deux-Églises ; peut-être pour rencontrer l'un ou l'autre des généraux commandant une garnison de l'Est, Beauvallet à Metz ou Hublot à Nancy. L'hélicoptère fait escale à la base aérienne de Saint-Dizier, pour compléter le plein de carburant, puis reprend l'air. Mais, pour des raisons liées à la météorologie, il disparaît des écrans radar. Messmer informe Pompidou puis il le rappelle très vite : de Gaulle est retrouvé ! Massu vient d'annoncer à son ministre l'arrivée imminente du président à Baden-Baden : quelques minutes plus tôt, le capitaine de frégate Flohic, l'aide de camp de l'Élysée, a demandé à Massu de préparer la piste d'atterrissage de la résidence, pour deux hélicoptères ; ils s'y poseront d'un instant à l'autre…

La résidence du général Massu, commandant les forces françaises d'Allemagne, est installée à Baden-Os, à l'écart de la ville dont elle est séparée par un bois touffu. Sur le versant nord du Fremersberg, culminant à 527 mètres, un margrave de Baden a fait édifier au XVIIIe siècle un pavillon de chasse dont les Massu ont fait leur lieu de réception. Depuis les salons, la vue s'étend sur la vallée du Rhin et la plaine d'Alsace, avec par beau temps, au lointain, la silhouette du clocher de la cathédrale de Strasbourg. À quelques dizaines de mètres de ce premier bâtiment se trouve une ancienne auberge, avec des pièces peu nombreuses mais agréables, et un jardin d'hiver. C'est là qu'habitent le général Massu, sa femme, leur fille Véronique qui poursuit ses études de médecine à Strasbourg et, à l'occasion, Malika, leur fille adoptive, avec ses deux enfants et son mari, qui sont là ce 29 mai.

Un vent de panique souffle sur la résidence, encore sous le coup d'une visite soviétique qui s'est prolongée tardivement. C'est dans l'ancien pavillon de chasse que, le 28 mai, le général Massu et son épouse ont reçu le maréchal Kochevoï, commandant en chef des troupes soviétiques en Allemagne de l'Est, arrivé de Potsdam avec sa suite. Une soirée fortement arrosée… Au matin du 29, les pièces de réception sont toujours en désordre, les réfrigérateurs sont vides, la cave sérieusement entamée. Massu, qui est encore en pantalon de velours et pull rouge à col roulé, repense aux propos du maréchal soviétique en écoutant les informations et en apprenant donc la mystérieuse disparition du général de Gaulle. Et que lui a donc dit Kochevoï ? Quelques phrases menaçantes pour l'Allemagne de l'Ouest, que Moscou serait bien décidé à écraser si nécessaire : « Le prochain théâtre de guerre sera l'Allemagne occidentale. Tant pis pour les Américains s'ils demeurent aux côtés des Allemands. Leurs cinq divisions n'existeront pas devant nous… »

Sur sa lancée, le maréchal Kochevoï en vient à la crise qui agite la France. Il ne comprend manifestement pas que le gouvernement hésite à mater cette révolte, il insiste en joignant le geste à la parole : « Il faut les écraser… les écraser… » Massu tente un instant de lui expliquer qu'en France, on ne réduit pas si facilement les contestataires. Kochevoï insiste pourtant : « Les affaires de la France sont vos affaires, mais nous ne comprenons pas que vous vous soyez laissés jouer par quelques anarchistes. Nous les aurions écrasés. »

« *Tout est foutu* »

Vers 15 h 15, la première *Alouette* se pose sur la pelouse. En descendent le Général en civil, vêtu d'un costume sombre, et Mme de Gaulle, puis Flohic et les deux hommes d'équipage. Suivent à bord du deuxième appareil le médecin de l'Élysée, l'inspecteur de police Henri Puissant, puis Roger Tessier, un des plus fidèles gardes du corps, et l'équipage.

À peine descendu de l'hélicoptère de Gaulle marche vers Massu. Il lève les bras et dit à son hôte : « Massu, tout est foutu… Les communistes ont tout bloqué. Je ne commande plus rien. Donc, je me retire et comme je me sens menacé en France ainsi que les miens, je viens chercher refuge chez vous, afin de déterminer que faire. »

Mme Massu s'occupe de Mme de Gaulle ; elle croit comprendre que le couple présidentiel restera à Baden-Baden, au moins pour la nuit, d'autant que Mme de Gaulle précise qu'il faut « un très grand lit pour le Général ».

De Gaulle ne paraît pas avoir cherché à créer l'événement en allant chez Massu. Il a dit à son fils qu'il pourrait voir Massu à Strasbourg ou au Mont-Sainte-Odile ; son gendre Boissieu n'a pu joindre l'Allemagne téléphoniquement ; les grèves compliquent tout en ce mois de mai. Alors, comme Massu ne peut aller à de Gaulle, de Gaulle ira à Massu… Qu'importe le long contentieux entre les deux hommes, lié à l'affaire algérienne mais tempéré par l'attachement de Massu à la personne de Charles de Gaulle : l'interview le 18 janvier 1960 de Hans Ulrich Kempski, publiée par un quotidien bavarois, et laissant entendre que Massu n'acceptait pas la nouvelle politique algérienne de De Gaulle ; le rappel, conséquence immédiate de l'interview, et la révolte d'Alger ; les arrêts qui lui sont infligés, après ses propos devant un congrès d'officiers de réserve, en septembre 1962, à Lunéville, où il a parlé des cadres d'Algérie malades du conflit entre l'honneur et la discipline, avant d'évoquer une nécessaire amnistie… Depuis, Massu a voulu oublier ; c'est, chez lui, une forme de fidélité revendiquée. D'autant que de Gaulle lui a donné sa cinquième étoile et le commandement des forces françaises en Allemagne avec une idée très précise : Massu doit se préparer à voir la France sortir de l'OTAN et le climat se tendre entre Bonn, Washington et Paris. La rupture sera pour mars 1966 ; Massu parviendra à tenir la barre.

De Gaulle et Massu marchent vers la résidence, deux cents mètres à parcourir. Arrivé au perron, Massu, sachant que le Général ne voit plus très bien, l'aide à franchir les trois marches. Ils entrent dans le bureau ; de Gaulle s'assied dans un gros fauteuil, Massu reste debout face à lui. Le président avoue être inquiet pour ses enfants : « J'ai demandé à mon fils de me rejoindre ici avec sa famille. »

C'est l'autre surprise de cet après-midi : l'arrivée, quelques minutes plus tard, d'un cortège de voitures venant de l'aéroport de Baden-Os. À bord, l'amiral de Gaulle, avec femme et enfants ; puis le général Lalande, chef d'état-major particulier. Celui-ci est en mission : de Gaulle l'a chargé d'aller s'informer auprès des généraux Beauvallet à Metz, Hublot à Nancy, puis Massu à Baden-Baden ; il doit les interroger sur l'état d'esprit des troupes, si une aide militaire devait être demandée. Or, Lalande tombe des nues : il n'a jamais été informé que de Gaulle devait quitter Paris et le voici, lui aussi, à Baden !

Aucun officier n'assiste à l'entretien entre de Gaulle et Massu. Une seule parenthèse dans ce tête-à-tête à huis clos : les quelques instants nécessaires pour déposer un plateau-repas à l'intention de De Gaulle qui ne touchera pas à la viande, à peine à l'omelette, buvant seulement un peu de café. Le Général a la tête ailleurs, à Paris bien évidemment, puisqu'il complète sa première confidence, sur le rôle des communistes, sur le pouvoir qui lui échappe, sur le refuge qu'il espère trouver à Baden. Il confie à Massu qu'il se sent humilié d'être traité de cette façon par les Français, d'assister au suicide du pays en pleine prospérité. Il n'a plus personne sur qui s'appuyer ; la panique est générale ; tout le monde – « même les meilleurs », note-t-il – veut le voir partir ; avec une réserve toutefois : « M. Pompidou a peut-être eu tort de composer avec les étudiants mais il a été très bien par la suite… »

Secret d'État

La nature du tête-à-tête de Gaulle-Massu restera longtemps secrète ; Massu ne le racontera que quinze ans plus tard, dans son livre *Baden 68* ; une manière, selon lui, d'effacer certains commentaires, douteux ou tendancieux, parfois polémiques. Ce sont ces rumeurs qui le conduisent, en 1983, à déroger à la règle fixée : il détient un secret d'État, qui aurait dû le rester, comme le lui avaient demandé Pompidou et Giscard d'Estaing. Désormais il s'estime libéré et peut revenir sur leur dialogue du 29 mai :

« Pour vous et pour le pays, vous ne pouvez renoncer de la sorte. Vous allez vous déconsidérer par ce départ et ternir votre image. Tout ce qui a été fait en dix ans ne peut disparaître en dix jours. Vous allez libérer des vannes et accélérer le chaos que vous avez le devoir d'endiguer. Vous avez affaire à 15 000 individus décidés à porter chez nous une lutte qui se joue dans le monde entier. Vous êtes écœuré, mais vous en avez vu d'autres depuis 1940. Vous devez vous battre jusqu'au bout, sur le terrain que vous avez choisi, même celui du référendum, si vous y tenez encore. Si vous passez le pouvoir, il faut que ce soit à la suite de la consultation populaire. Pour le permettre, ceux qui visent votre succession dans la légalité seront amenés à pousser au retour au travail dans les postes, transports, préfectures, etc. S'il s'avère que ce référendum est impossible, il sera toujours temps de démissionner. »

Massu note que de Gaulle paraît sensible à ses arguments. Il était prostré au fond d'un fauteuil ; il se redresse, regarde de plus en plus fréquemment son hôte, il lui demande même de continuer. Alors Massu enchaîne :

« Il sera toujours temps de démissionner. Mais sans avoir fui au préalable, car le front est en France et, pour vous, à Paris. Le vieux lutteur qu'est le général de Gaulle doit faire front jusqu'au bout. Et il ne manquera pas de gens pour lui rendre hommage. Je ne crois d'ailleurs aucunement à une menace physique contre vous. Il vaudrait mieux être victime d'une telle éventualité que de s'être soustrait à un risque de cet ordre. »

De Gaulle compte-t-il rester à Baden-Baden ? Il semble bien qu'il ait été partagé entre la nécessité de rester et une envie, bien plus tardive, de repartir vers Colombey-les-Deux-Églises ou, peut-être, Strasbourg. Il demande donc, dans un premier temps, à Massu de prévenir les autorités allemandes de sa demande d'hospitalité ; une idée qu'écarte Massu, sachant que le général Karpinski, le délégué permanent du gouvernement allemand, est absent. De Gaulle estime alors qu'il convient de prévenir l'ambassadeur de France, François Seydoux de Clausonne ; Massu considère qu'il est urgent d'attendre, comme s'il avait compris l'indécision du président. De Gaulle revient, un peu plus tard, sur son éventuel départ. Il parle cette fois de Strasbourg ; Massu lui tend les *Dernières Nouvelles d'Alsace* et lui montre l'article évoquant une manifestation devant le monument aux morts s'achevant sur *La Marseillaise* :

« Est-ce que je pourrais aller à Strasbourg ?
— Parfaitement, mon général. Avec un bon pilote, un hélicoptère peut se poser dans la cour du Palais du gouverneur, mais un seul appareil à la fois. Et je peux aussi vous conduire en voiture, Strasbourg n'est pas très loin. »

Après un instant de réflexion, de Gaulle revient sur la nécessité de prévenir les autorités allemandes de sa demande d'hospitalité. Certes, Massu a eu l'impression que de Gaulle était attentif à ses propos ; il n'est pourtant pas certain de l'avoir convaincu. Il s'absente quelques instants, le temps de demander à son aide de camp, le capitaine Richard, de prévenir quand même de la présence du chef de l'État en Allemagne. Et il ajoute à l'intention de Richard : « Nous ne sommes pas sortis de l'auberge, il est têtu comme une mule et bloqué dans sa résolution de tout laisser tomber ! Il m'a décrit l'Apocalypse. J'ai déployé pas mal d'arguments, mais il ne veut rien entendre. Nous ne pourrons pas cacher longtemps sa présence ici. Richard, faites-moi chercher notre ambassadeur à Bonn. Pour ma part, je n'ai pas renoncé et je retourne dans la fosse aux lions… »

Massu, quelques minutes plus tard, ressort de son bureau : il va chercher Mme de Gaulle : « Le Général souhaite vous parler, madame. »

Jacques Massu, derrière le dos de son hôte, fait un geste à son épouse, celle-ci l'interprète sans difficulté comme un énorme soulagement. Mme de Gaulle revient presque aussitôt : « Nous repartons dans un quart d'heure. Les enfants sont à l'abri. Quant à nous, nous avons vécu très longtemps. Nous verrons bien quel sera notre sort. »

Charles de Gaulle s'est bien laissé convaincre par Massu. Lorsqu'ils se retrouvent une nouvelle fois seuls, le président s'approche de Massu, l'embrasse et lui confirme qu'il repart avec sa femme.

Aux temps d'hésitations succède une étrange frénésie : de Gaulle a hâte de repartir, il s'impatiente parce que les pilotes ne sont pas là, parce que le plein de carburant n'a pas été fait… Il s'agite, fait les cent pas, parle aux uns et aux autres. Malika est venue avec ses deux enfants pour qu'ils aperçoivent le président. Au général Mathon, chef d'état-major des troupes françaises en Allemagne, et au colonel Moniez, directeur de cabinet du général Massu, de Gaulle pose la même question : « Massu m'a convaincu de repartir. Qu'est-ce que vous en pensez ? »

Les deux officiers lui répondent qu'ils sont aussi de cet avis… Curieusement il sera fait état, plus tard, d'une réunion d'état-major où la décision de rentrer aurait été prise ; or cette réunion n'a strictement jamais existé.

Le général Lalande, lui, est perplexe : il doute que de Gaulle ait l'intention de rejoindre Paris pour ce Conseil des ministres reporté. Il y a l'épisode de la lettre qui le trouble : le président, en arrivant chez Massu, a dit à son chef d'état-major qu'il allait lui confier une lettre pour Pompidou ; elle est inutile si le président envisage un retour rapide vers Paris… Il y a aussi l'instruction donnée à l'instant du départ : Lalande doit dire à Beauvallet qu'il vienne à Colombey le lendemain 30 mai.

Massu a un aparté avec Flohic : il lui explique que le général de Gaulle est mal entouré, pas suffisamment soutenu ; une variante des propos qu'il avait déjà tenus en janvier 1960 lorsqu'il avait reproché à de Gaulle d'être « entouré d'une bande de cons ».

À l'instant d'embarquer à bord de l'hélicoptère, le général de Gaulle souhaite parler à Mme Massu : « Je repars. J'ai voulu voir votre mari que j'aime de tout mon cœur. » Mme Massu trouve que ces paroles lui sont dites sur un ton exceptionnellement gentil : « Je dirais même tendre. »

Charles de Gaulle, avant le décollage, refuse que l'amiral, sa femme et ses enfants partent pour Colombey-les-Deux-Églises. Il n'y a pas de place dans les hélicoptères ; que sa famille reste donc à Baden-Baden ; elle y sera mieux qu'en France. L'amiral, sa femme et leurs enfants seront d'ailleurs logés plusieurs jours dans une villa de fonction de la Vogesenstrasse. Philippe de Gaulle dit à Mme Massu ne rien comprendre à l'attitude de son père, qui – il est vrai – ne lui a rien expliqué. Il répète à plusieurs reprises, en remontant vers la résidence des Massu : « Ou mon père ou l'anarchie… » Puis il demande à voir Jacques Massu dans l'espoir d'obtenir quelques explications. Or ce dernier, à cet instant, est enfermé avec le général Lalande, qui entend remplir sa mission. Il interroge Massu sur l'état d'esprit des troupes françaises d'Allemagne. « Elles me paraissent sûres, lui répond Massu, et s'il devait y avoir affrontement, leur rendement dépendrait de leurs conditions d'emploi. » Lalande, qui a trouvé Massu fort désagréable, s'envole pour Metz, afin de poursuivre sa mission d'information. Massu peut recevoir alors Philippe de Gaulle ; il tente de lui remonter le moral, lui expliquant à quel point son père est sensible au climat familial : « C'est un grand sentimental, malgré les apparences. Il se sentira plus à l'aise sachant sa famille à l'abri. »

Une heure et demie après l'arrivée du président, Massu peut téléphoner à Messmer et lui annoncer que le président vient de s'envoler pour Colombey. Messmer transmet le message à Pompidou qui, une fois de plus, ressent un manque de confiance de la part du président ; il lui a confié si peu de choses sur ses intentions, sur son voyage… La blessure est là, Pompidou ne l'oubliera plus. À ce moment, il est vrai qu'il sait bien peu de choses sur cette fugue improvisée, presque rien en vérité.

À Paris, où la disparition du général de Gaulle a été assez vite connue, les militants de la CGT défilent entre la Bastille et la gare Saint-Lazare, par dizaines de milliers, sans incidents notables ; mais avec d'étranges slogans : les manifestants hurlent alternativement « gouvernement populaire » et « Adieu de Gaulle ». Dans quelques jours, ils obtiendront le relèvement du SMIC de 35 % et des hausses de salaires voisines de 10 %. Les milieux politiques de l'opposition sont persuadés que le pouvoir est vacant. Mitterrand s'étant déjà porté candidat à la présidence de la République, c'est Pierre Mendès France qui annonce, ce 29 mai, qu'il ne refusera pas « les responsabilités qui pourraient lui être confiées par toute la gauche réunie ».

À Baden-Baden, le calme revient peu à peu. Massu doit pourtant répondre à un appel téléphonique du chef d'état-major des armées, le général d'aviation Michel Fourquet. Lui aussi aimerait savoir ce qui s'est passé :

« Le ministre veut savoir si Lalande est chez vous et ce qu'il y fait.

— Lalande est venu chez moi en tournée d'information. Il est reparti pour Metz, chez Beauvallet.

— Avez-vous reçu un autre… Le Grand…

— Affirmatif. Mais il est reparti.

— Attention, Massu. Pas de bêtises !

— Comment ? Des bêtises ?

— Adressez-moi un rapport.

— Pourquoi ? Je n'ai rien à dire de plus. Vous pouvez rassurer le ministre. »

Depuis Paris survient un autre appel téléphonique ; il est près de 22 heures. Françoise Verny, des éditions Grasset, prétexte un prochain rendez-vous qu'elle doit reporter – Mme Massu est en pourparlers pour un livre sur son passage aux « Rochambelles », les infirmières de la 2e DB. Au téléphone, les questions se multiplient, souvent soufflées à l'oreille de Françoise Verny, qui en vient rapidement à l'essentiel : « Que pense le général Massu ? », puis : « Il est là le général Massu ? » Apparemment les militaires ne sont pas les seuls à s'interroger sur l'attitude des forces françaises d'Allemagne…

Le sursaut

Le jeudi 30 mai, de Gaulle est de retour à Paris. Le Conseil des ministres a lieu en début d'après-midi. Quelques minutes avant, le président reçoit Georges Pompidou, bien décidé à démissionner puisque de Gaulle n'a plus confiance en lui… Il est d'ailleurs persuadé que Maurice Couve de Murville a travaillé, ces derniers jours, à la formation d'un nouveau gouvernement. Pourtant tout change en quelques instants : Pompidou comprend que le temps des hésitations, des états d'âme, n'est plus de mise : de Gaulle réapparaît sûr de lui. Il veut encore ce référendum que Pompidou croit perdu d'avance ; son Premier ministre préférerait une dissolution de l'Assemblée nationale et donc des législatives anticipées. Il gagne cette partie et oublie son éventuelle démission…

L'Élysée fait savoir que le président interviendra à la radio à 16 h 30. Pourquoi la radio ? Il s'est beaucoup dit que de Gaulle voulait rappeler les temps lointains de la France libre, et les transistors, désormais nombreux, lui assureraient une sérieuse audience. Il est aussi vraisemblable que fatigué, agacé, il voulait éviter les caméras de la télévision qui, d'ailleurs, est toujours en grève. Le prétexte parfois avancé de son apparence physique – il a 78 ans – peut être écarté : il est apparu à l'écran le 24 mai, il va bientôt y revenir. Le message aux Français est donc lu et entendu : Pompidou est confirmé comme Premier ministre, l'Assemblée nationale est dissoute et des élections législatives annoncées comme l'abandon du référendum sur la participation… Au Palais-Bourbon, les députés courent chercher leurs écharpes tricolores et gagnent la place de la Concorde où les premiers Parisiens attendent le départ de la manifestation de soutien au général de Gaulle, qui se prépare depuis la veille. La droite, rassemblée, entend dire au chef de l'État qu'elle ne veut plus des désordres, de ce qu'il appelait la « chienlit ».

Rapidement surgissent de curieux récits de l'entrevue de Baden-Baden. Il s'est dit que de Gaulle était allé demander à Massu si, d'aventure, il pourrait compter sur les forces françaises d'Allemagne. Sur ce point, Massu est formel : jamais de Gaulle n'a fait allusion à cet éventuel renfort et, si la question avait été abordée, il aurait refusé une telle assistance. Le général Lalande – dont c'était la mission – fera cependant référence à l'apparente sûreté des troupes françaises en Allemagne ; avec la réserve déjà avancée par Massu à propos de leurs éventuelles conditions d'emploi. Il a également été écrit que Massu aurait demandé à de Gaulle l'amnistie des officiers putschistes et la libération du dernier d'entre eux, détenu à Tulle, Raoul Salan. Massu a, là encore, toujours démenti une telle démarche.

Il faudra attendre le 7 juin pour que l'épisode de Baden-Baden approche de sa fin. Ce jour-là, le général Massu vient à Paris où l'attend Pierre Messmer, à qui il va remettre son rapport sur l'après-midi du 29 mai. Il ira ensuite à l'hôtel Matignon pour y rencontrer Georges Pompidou. Le moment des remerciements et des aveux…

Il apparaît que si Massu a parlé d'amnistie, ce n'est pas à Baden-Baden avec de Gaulle, mais ce 7 juin avec Messmer. Après avoir remercié Massu « au nom du pays et au nom des compagnons », le ministre ajoute une confidence plus politique : « Pompidou et moi sommes les deux seuls à être demeurés à nos postes. »

Sans doute mis en confiance, Massu se laisse aller et aborde le problème de l'amnistie : « Dans la perspective d'être utilisés dans une nouvelle guerre civile en métropole, les cadres qui ont été acteurs en Algérie et plus ou moins traumatisés apprécieraient que soient effacées toutes les séquelles de la guerre civile algérienne, par une amnistie générale certainement méritée par nos soldats perdus après sept ans, au moins autant que par les anarchistes étudiants aussitôt après leurs “exploits”... »

Le général Massu connaît la difficulté majeure : impossible de faire voter cette amnistie, faute de Parlement, il conviendrait donc de faire savoir, par quelques voies officielles – et il fait clairement allusion au garde des Sceaux –, que la mesure est décidée et qu'elle aura donc son effet électoral ; pas seulement sur les militaires, mais également auprès des pieds-noirs anticommunistes. Le ministre des Armées répond à Massu que le décret-loi concernant l'amnistie est déjà rédigé. Les effets sont immédiats : le 10 juin, Soustelle et Bidault reviennent d'exil sans être inquiétés ; le 15 juin, le général Salan, le colonel Argoud et neuf autres membres de l'OAS sont graciés ; les colonels Broizat et Lacheroy, condamnés à mort, rentrent en France sans souci.

Le général Massu peut quitter l'hôtel de Brienne pour Matignon, où l'attend le Premier ministre.

« Vous avez été un roc, Monsieur le Premier ministre, nous vous avons tous admiré.

— Vous et moi, nous avons sauvé la République, répond Pompidou. Je pouvais tenir, mais il me fallait un président. Vous me l'avez renvoyé. »

L'essentiel étant dit, le ton change ; les deux hommes reviennent sur d'anciens souvenirs ; sur la proposition faite à Massu d'être, en 1966, candidat aux législatives à Metz. Après coup, Massu revient sur les trois raisons qu'il a eues de refuser cette offre : un trop mauvais souvenir de son « entrée » en politique, à Alger en 1958 et 1959, sa sympathie pour le maire Raymond Mondon avec qui il s'est parfaitement entendu étant gouverneur militaire de Metz, enfin cette mission à Baden qui lui paraît être une conclusion intéressante pour sa carrière ; trois raisons pour dire non...

Le soir venu, le général Massu allume son poste de télévision : il lui est impossible de ne pas suivre l'interview que de Gaulle s'apprête à accorder à Michel Droit, depuis l'Élysée. Michel Droit est direct : d'entrée, il demande au président s'il avait envisagé toutes les éventualités, lors de son départ vers Baden : « Oui, le 29 mai, j'ai eu la tentation de me retirer, répond le Général. Et puis, en même temps, j'ai pensé que si je partais, la subversion menaçante allait déferler et emporter la République... Alors, une fois de plus, je me suis résolu... Vous savez, depuis quelque chose comme trente ans que j'ai affaire à l'histoire, il m'est arrivé quelquefois de me demander si je ne devais pas la quitter. »

Alors de Gaulle évoque Dakar en septembre 1940, où les Français ont tiré sur d'autres Français ; Londres, en mars 1942, où éclate une dissidence de la France libre ; 1946, lorsqu'il renonce au pouvoir, découragé par le jeu stérile des partis ; le premier tour de la présidentielle de 1965 « où une vague de tristesse a failli m'entraîner au loin ».

Le commentaire de Massu – qu'il reproduit dans *Baden 68* – est court : « J'admire avec quel art le général de Gaulle dégonfle l'exploitation qui pourrait être faite du voyage à Baden en répondant aux questions de Michel Droit. Il explique clairement sa velléité de démission qui n'est pas la première de sa vie... »

De Gaulle et Massu ne se reverront plus avant le 8 novembre 1968, pour un entretien très particulier à l'Élysée :

« D'homme à homme, je veux vous dire combien votre action a été, le 29 mai, déterminante sur mon comportement et sur le redressement national qui en a résulté.

— Mon général, je suis heureux et fier d'avoir été placé par la Providence en posture de vous être utile, votre action ayant éclairé et dirigé l'essentiel de ma vie militaire. »

Bibliographie sélective

Fouchet, Christian, *Au service du général de Gaulle*, Plon, 1971.

Gaulle, Philippe de, *Mémoires accessoires*, Plon, 2000.

Massu, Jacques, *Baden 68, souvenirs d'une fidélité gaulliste*, Plon, 1983.

—, *Avec de Gaulle. Du Tchad 1941 à Baden 1968*, Éditions du Rocher, 1998.
PELLISSIER, Pierre, *Massu*, Perrin, 2003.
ROUSSEL, Éric, *Charles de Gaulle*, Gallimard, 2002.

38

Zhang Yufeng, la femme qui lisait sur les lèvres de Mao

par Alain ROUX

Mao Zedong se maria quatre fois. Une première fois avec Luo Yigu, dans le cadre d'un mariage arrangé entre les deux familles. Mao refusa cette union et la jeune épousée fut aussitôt répudiée.

Le deuxième mariage, avec Yang Kaihui, célébré en décembre 1920, après plusieurs mois d'union libre, fut un mariage d'amour qui se termina tragiquement en 1930 durant la guerre civile quand la jeune femme fut exécutée par un général nationaliste. À cette date, elle avait été abandonnée par Mao, devenu un des chefs de la guérilla communiste au Sud Jiangxi.

Il vivait depuis 1928 avec un beau brin de fille de 18 ans, He Zizhen, qu'il épousera deux ans plus tard. Mais celle-ci, gravement blessée par une bombe durant la Longue Marche, fut envoyée en URSS pour se faire soigner et Mao se sépara d'elle.

Devenu le président d'un parti communiste qui dirigeait au Nord-Shaanxi un territoire en expansion soustrait à l'autorité du gouvernement nationaliste, il avait épousé en 1940 Jiang Qing, une actrice de Shanghai venue rejoindre à Yan'an les champions de la Résistance au Japon. Durant la première décennie du régime, les relations de Mao avec cette quatrième épouse étaient progressivement passées du domaine de la passion à celui de la politique. Le Grand Timonier multipliait les passades et les liaisons éphémères.

Cependant, une accompagnatrice de son train spécial, Zhang Yufeng, allait peu à peu prendre auprès de lui une place grandissante qui fit d'elle une sorte de gouvernante, voire même de cinquième et dernière épouse. Cette ascension surprenante d'une fille du peuple devenue l'interface irremplaçable entre un tyran lourdement handicapé et le reste du monde constitue une des énigmes les plus troublantes du XXe siècle.

Une hôtesse accueillante

Zhang Yufeng – Phénix de jade – était née le 9 janvier 1945 à Mudanjiang, dans la province de Heilongjiang. Cette ville faisait partie alors du Mandchoukouo, un protectorat japonais dont le dérisoire Pu Yi était l'empereur de papier. Le père de Zhang Yufeng était un cheminot, mais son véritable géniteur était un dentiste japonais dont sa mère avait été servante. Remarquée pour sa grande beauté, Phénix de jade avait rejoint la troupe des danseuses de l'Armée populaire de libération (APL). C'est parmi elles que Wang Dongxing, le chef des gardes du corps de Mao qui commandait l'unité 8341 de l'APL préposée à la protection des dirigeants et à la sécurité de leurs déplacements, recrutait les accueillantes hôtesses du train spécial dans lequel Mao sillonnait l'immense pays.

Un soir d'octobre 1962, Mao Zedong avait invité à danser Phénix de jade lors d'une soirée organisée en son honneur à Changsha, où le train spécial venait de faire escale. Comme il en avait l'habitude, il s'entretint avec elle dans un salon, puis la conduisit dans la villa où il avait été hébergé. La nouvelle maîtresse de Mao, alors âgé de 70 ans, était une jeune fille de 18 ans, intimidée d'avoir été distinguée par ce dieu vivant qu'était à ses yeux le Grand Timonier. Comme il lui demandait d'écrire son nom, elle rougit de confusion, perdit tous ses moyens, et Mao dut tenir le pinceau à sa place. Wang Dongxing, préposé aux menus plaisirs de son maître, affecta la jeune hôtesse à son service exclusif dans son train spécial.

Une favorite

Mao Zedong, qui avait été mis en difficulté en janvier 1962 à cause du bilan désastreux du Grand Bond en avant et de son imputation à sa politique par Liu Shaoqi lors de la réunion dite « des 7 000 cadres », venait juste de lancer sa contre-offensive au 10e plénum du Comité central réuni à la fin septembre. Pour mobiliser ses partisans, il avait entrepris aussitôt une tournée dans les provinces en utilisant son train spécial, où il passait désormais des mois entiers. Mao invita de plus en plus souvent Zhang Yufeng à partager sa couche, car il appréciait particulièrement sa compagnie. Soupçonneux, il avait cependant demandé au fidèle Wang Dongxing de faire une enquête sur une fille dont le père véritable était japonais, ce qui lui faisait craindre qu'elle ne fût une nouvelle Mata Hari. Wang Dongxing le rassura très vite et se porta garant de sa parfaite loyauté envers le parti.

Aussi, en 1970, fut-elle installée à Zhongnanhai. On la vit de plus en plus souvent dans la vaste chambre-bureau bâtie près de la piscine où Mao passait des journées entières vêtu d'un simple peignoir de bain. Elle était devenue une sorte de favorite qui supportait les infidélités incessantes de Mao. De préférence, celui-ci s'enfermait avec l'élue d'une nuit dans la chambre 118 du Grand Palais du Peuple lors des soirées dansantes qui s'y déroulaient chaque semaine. Zhang Yufeng allait souvent l'y rejoindre, comme la nuit dramatique de septembre 1971 où il fut informé de la fuite en avion de Lin Biao qui allait se terminer tragiquement.

À Zhongnanhai, les relations de Mao avec Zhang Yufeng passèrent après 1974 d'un caractère quasi conjugal à celles qui pouvaient exister entre une jeune et jolie gouvernante et un vieillard grabataire de cinquante-deux ans son aîné. Dans les années qui avaient précédé la Révolution culturelle, sa liaison avec cette jeune beauté avait rassuré Mao : en même temps qu'il doutait de son pouvoir, il s'était inquiété auprès de ses médecins des défaillances de sa virilité.

Une secrétaire très privée

À partir du moment où il était parvenu à éliminer les dirigeants qui limitaient sa toute-puissance et disposait à nouveau d'un pouvoir sans partage, sa frénésie sexuelle s'expliqua plutôt par une référence à la tradition taoïste, renforcée par ses lectures des chroniques impériales : il établissait désormais un lien entre le maintien d'activités sexuelles durant la vieillesse et la longévité. Il était persuadé qu'avoir des relations intimes à un âge avancé avec des dizaines de jeunes femmes, comme l'avait pratiqué, dans les temps anciens, l'empereur Qinshihuangdi auquel il aimait à se comparer, lui permettrait de vivre encore des dizaines d'années à condition de se conformer à « l'art de l'alcôve » taoïste.

Une citation de Ge Hong, un auteur du IIIe siècle de notre ère que Mao aimait lire, nous éclaire sur ces pratiques : « Pourquoi la vie érotique serait-elle néfaste ? Le principe de base de la longévité est un retour à la jeunesse. Lorsqu'un homme supérieur connaît les procédés de l'alcôve, il peut éliminer les maladies et prolonger sa vie sans se nuire à lui-même. Si un homme dans la force de l'âge sait comment effectuer le retour de la semence *yang*, comment absorber la cinabre *yin* pour réparer le cerveau, cueillir la liqueur de jade de la longue vallée, il ne manquera pas de vivre trois cents ans sans absorber de remèdes. » À la différence des conquêtes naïves d'une nuit, Phénix de jade apprit très vite à maîtriser cet art.

Devenue la secrétaire privée de Mao – ce qui ne fut rendu officiel par le Bureau politique qu'en octobre 1974 –, elle assistait maintenant Mao dans sa vie quotidienne, filtrait ses visiteurs et lui lisait des coupures de la presse chinoise et étrangère ainsi que les documents internes du parti. Comme la vue du président avait baissé et qu'il lisait en s'aidant d'une loupe, elle devenait aussi à l'occasion sa lectrice. Ainsi une sorte de ménage à trois s'était peu à peu mis en place, avec une épouse officielle peu présente et une gouvernante-maîtresse qui vivait au domicile conjugal. Derrière les hautes murailles de Zhongnanhai, les rares témoins assistaient parfois à des scènes de vaudeville : quand, après une violente dispute, Zhang Yufeng était partie en colère en annonçant qu'elle retournait loger chez sa mère, Mao avait demandé à Jiang Qing d'intervenir auprès d'elle pour la faire revenir à ses côtés.

La garde-malade d'un tyran handicapé

La santé de Mao donnait des signes inquiétants depuis la disparition tragique de Lin Biao en septembre 1971. On dispose de deux témoignages exceptionnels sur ce dossier. Le plus connu est celui de Li Zhisui, un des médecins de Mao, qui publia en 1994 à New York un livre où il relatait son expérience, aussitôt traduit en français chez Plon sous le titre *La Vie privée du président Mao*. L'auteur y avait exagéré son rôle. De plus, les péripéties de sa carrière lui avaient fait détruire son journal intime et il avait dû se faire aider par une sinologue américaine, Anne Thurston : il y a une part de reconstruction du passé dans cet ouvrage qui fait de Mao le responsable de toutes les décisions prises durant ces années troublées, dont les pires.

L'autre témoignage, plus difficile d'accès, présente un intérêt tout particulier : il s'agit en effet de la relation par Zhang Yufeng elle-même de ses quinze années passées dans l'intimité de Mao. Publié dans *Qiushi* (« À la recherche de la vérité »), la revue théorique du PCC, dans son n° 3 de 1993, sous le titre : « J'ai été la secrétaire privée du président Mao dans les dernières années de sa vie », ce texte d'une vingtaine de pages avait été repris, avec quelques modifications, d'articles publiés en janvier 1989 dans la revue « people » *Yanhuang sunzi* (« Les descendants des empereurs Yandi et Huangdi » = le peuple chinois), sous un intitulé plus accrocheur : « Anecdotes sur les dernières années de la vie de Mao Zedong et de Zhou Enlai. » Amputé de son dernier chapitre qui portait sur l'année 1976, ce texte était paru à la page 2 entre le 26 décembre 1988 et le 6 janvier 1989 dans onze numéros du quotidien *Clarté* (*Guangming ribao*), un journal publié sous le contrôle du parti en direction des intellectuels.

On était alors dans une période de relatif relâchement de la censure. Une lettre adressée en 1980 par Zhang Yufeng au comité central du PCC nous éclaire sur le sens de sa démarche au moment où elle relatait ses souvenirs : « Chaque décision à cette époque (1974-1976 = quand Mao n'a plus pu communiquer normalement) a été prise après une discussion du Bureau politique dont Mao avait reçu un rapport. Le président, trop faible pour demander des détails, n'avait d'autre moyen que de hocher la tête, ce qui signifiait qu'il avait été informé. Durant cette période, le Centre a pris toute une série de décisions erronées : clairement, il n'est pas correct d'en rendre responsable un homme mourant, grabataire, qui depuis quelque temps était incapable de parler et de manger sans aide et avait le plus grand mal à respirer. » Zhang Yufeng plaidera donc au fil des pages les circonstances atténuantes pour les fautes, voire les crimes, commis ou cautionnés par Mao.

Une troublante énigme

Ces deux témoignages permettent de suivre l'évolution de sa maladie et nous invitent à tenter de résoudre une énigme : comment Mao pouvait-il encore diriger la Chine alors qu'il était partiellement paralysé, presque aveugle et totalement muet ? D'autant plus que le 1er juin 1974 son Premier ministre Zhou Enlai, atteint d'un cancer à la vessie parvenu déjà à un stade avancé, était admis dans un hôpital où il commença une lutte sans espoir qui allait s'achever par sa mort le 8 janvier 1976.

Pendant l'hiver 1971, Mao resta couché deux mois. Sa tension monta à 18. Souffrant d'un œdème aux chevilles, il semblait marcher avec des béquilles. Lors des obsèques du puissant maire de Shanghai, le général Chen Yi, le 10 janvier 1972, Zhang Yufeng précise qu'elle dut l'assister pour lui permettre de remonter dans sa voiture car il ne contrôlait plus ses jambes. Le 18 janvier, il fut victime d'une attaque qui le laissa quasi paralysé pendant plusieurs heures alors que son cœur battait la chamade. Le 12 février, il subit une rechute qui amena le Bureau politique à former un groupe médical de surveillance. Cependant, il avait été remis sur pied quand il rencontra le président Nixon le 21 février. Ce jour-là, il fit quelques pas, soutenu par Zhang Yufeng, et bredouilla de courtes phrases.

À partir de décembre 1972, il respira avec difficulté et on dut lui fournir à l'occasion une assistance respiratoire. Il parlait avec de plus en plus de difficulté : Zhang Yufeng était la seule personne de son entourage à pouvoir lire sur ses lèvres. Souvent, Mao devait tracer maladroitement sur des bouts de papier des caractères chinois presque illisibles pour expliciter ses borborygmes. Comme l'expliqua quelques mois plus tard Wang Dongxing à Li Zhisui, qui se plaignait à lui de Zhang Yufeng à l'occasion d'un conflit d'ordre médical : « Si on la renvoie, on ne saura plus ce que veut nous dire le président. »

Zhang Yufeng géra avec habileté cet avantage qui la protégeait alors que s'affrontaient autour d'elle gauchistes et pragmatistes, surtout après le retour au pouvoir de Deng Xiaoping en avril 1973. Cependant, Mao était périodiquement secoué par de dures quintes de toux. Sa masse musculaire avait fondu et il ne pesait plus que 69 kilos. Zhang Yufeng le soutenait pour qu'il marche quelques pas, faisait sa toilette et le nourrissait de bouillies épaisses car il avait de plus en plus de difficulté à avaler de la nourriture solide. Sa main droite était atrophiée et ses membres étaient de plus en plus souvent pris de tremblements incontrôlables : les médecins diagnostiquèrent à tort une maladie de Parkinson. Sa cataracte à l'œil droit s'était aggravée et l'œil gauche avait été affecté à son tour : il était presque aveugle. Il participa néanmoins à quelques séances du Xe congrès du PCC en août 1973, mais il avait dû être relié à une bouteille d'oxygène et on le sortit en fauteuil roulant après que la salle du congrès eut été vidée, afin de masquer son état.

De plus en plus isolé, Mao vivait désormais entouré de trois femmes : aux côtés de Zhang Yufeng, irremplaçable interface entre Mao et le petit cercle dirigeant, on trouvait les « deux demoiselles » : Nancy Tang (Tang Wensheng), qui parlait un excellent anglais et servit à Mao d'interprète, et Wang Hairong, sa « nièce » – en réalité la petite-nièce d'un cousin germain –, une venimeuse intrigante qui dénigrait Zhou Enlai auprès de lui. Toutes deux diffusaient parmi les cercles dirigeants les propos du président en privilégiant les plus critiques envers les hauts responsables du parti, qualifiés par Jiang Qing et ses lieutenants Zhang Chunqiao et Yao Wenyuan d'« empiristes » ou de « droitiers engagés sur la voie de la restauration du capitalisme ». Zhang Yufeng, prudente, limitait son rôle à celui de simple transcriptrice des mots bredouillés par le Grand Timonier : elle n'avait pas à les diffuser, ce qui l'aurait obligée tôt ou tard à choisir son camp. Elle veilla à conserver de bonnes relations avec Jiang Qing, mais elle tint à faire enregistrer à la fin février 1975 la mise en garde que Mao lui avait dictée et qui était destinée à son épouse : « Vous (= Jiang Qing et ses lieutenants) haïssez seulement l'empirisme et pas le dogmatisme. Soyez unis et non divisés. Ne vous engagez pas dans des complots et des intrigues. Ne formez pas une bande des quatre. » Déjà, le 17 octobre 1974, elle avait soigneusement fait prendre en note la vive réaction de Mao aux propos tenus par Wang Hongwen lors de son entretien avec Mao. Étoile montante des ouvriers rebelles de Shanghai, il était venu à Changsha, mandaté par Jiang Qing et ses deux autres lieutenants, pour dénoncer à Mao les intrigues qu'ils soupçonnaient Zhou Enlai d'ourdir depuis son lit de souffrance. Le président, qui avait jusque-là accéléré l'ascension politique du jeune ambitieux, l'avait sèchement invité à mettre fin à son comportement sournois de diviseur et lui avait conseillé la lecture de ses œuvres ainsi que des classiques du marxisme, après avoir découvert sa profonde inculture. Durant l'hiver 1975, Zhang Yufeng adopta la même attitude neutre, mais cette fois-ci dans un sens défavorable à Deng Xiaoping, quand elle fit enregistrer la transcription des discussions qui avaient eu lieu de la fin septembre au début novembre entre Mao et son neveu Mao Yuanxin : très proche de Jiang Qing qu'il appelait « maman », ce dernier avait clairement reçu l'approbation de son oncle quand il lui dénonçait le risque d'asservissement à l'étranger produit par la politique de Deng Xiaoping ainsi que les dangers d'une restauration du capitalisme si l'on suivait le Premier ministre par intérim dans la priorité qu'il accordait au développement des forces productives.

Ce souci d'équilibre et d'impartialité était devenu de plus en plus difficile à conserver, étant donné l'aggravation de l'état de dépendance du président. S'il y avait eu un léger mieux en août 1975 après l'extraction du cristallin par une intervention chirurgicale sur l'œil droit, l'opération ne lui rendit qu'une vision insuffisante pour lui permettre de lire, car les ophtalmologues n'avaient pas posé de prothèse.

L'année 1974 avait été particulièrement terrible. À la mi-juillet les médecins avaient enfin fait le bon diagnostic : Mao souffrait de sclérose latérale amyotrophique (« la maladie de Charcot ») et il n'avait plus que deux ans à vivre. Il n'existait ni remède, ni traitement, ni chirurgie : Mao allait perdre progressivement le contrôle de tous ses muscles, tout en gardant sa lucidité. On sait que ce fut de cette terrible maladie que souffrit le brillant astrophysicien britannique Stephen Hawking. Toutefois, mort en mars 2018, ce dernier avait pu bénéficier dans ses communications scientifiques de l'aide d'ordinateurs sophistiqués. Mao devait se contenter des compétences empiriques de Zhang Yufeng. Or la maladie évoluait rapidement. Du 18 juillet 1974 à la mi-avril 1975, Mao séjourna à Wuhan, puis à Changsha, et enfin à Hangzhou. Ce fut son dernier voyage, durant lequel il accueillit dans sa chambre pour la dernière fois une danseuse du corps de ballet de l'Armée populaire de libération. Il vivait alors un véritable calvaire : voulant nager en piscine à Changsha, comme il avait toujours adoré le faire, il faillit se noyer. Il ne pouvait plus du tout marcher sans aide. Il étouffait. Zhang Yufeng devait être appelée sans cesse pour comprendre ce qu'il voulait. Il s'impatientait vite : un jour qu'elle s'était absentée quelques heures, il l'accueillit à son retour en griffonnant sur un bout de papier : « Yufeng, va-t'en ! » Comme elle avait mis au monde une fillette et qu'il n'y avait pas en Chine de lait pour nourrissons, elle devait dégorger son propre lait dans une bouteille gardée dans un réfrigérateur. La fillette, mal nourrie, tomba malade. Zhang Yufeng était épuisée par la complexité de ses tâches. Certes, elle était assistée par du personnel, notamment des infirmières choisies davantage pour leur loyauté politique que pour leurs compétences, dont Meng Jingyun, une actrice de la troupe de spectacle de l'armée de l'air. Mao avait exigé de celle-ci qu'elle restât disponible et tout habillée vingt heures d'affilée : épuisée à son tour, elle demanda en vain à être relevée de son poste.

Le rôle politique du Phénix de jade

Il apparaît que Zhang Yufeng restait aux yeux de Mao une sorte de gouvernante entièrement dévouée à sa personne et que son rôle politique demeurait très faible, au contraire de celui joué par les « deux demoiselles », quelques belles visiteuses comme l'élégante épouse du ministre des Affaires étrangères et, surtout, l'envahissant cousin Mao Yuanxin.

Une question se pose cependant à propos de ses activités de lectrice, car on sait que l'une des explications du second limogeage de Deng Xiaoping par Mao en décembre 1975 fut sa réaction à la lecture qui lui avait été faite depuis l'automne du *Roman du bord de l'eau* : ce récit picaresque écrit au XVIe siècle raconte l'histoire de 108 brigands-justiciers qui vivaient autour du lac Liangshanpo au Shandong. À la fin de la saga, Song Jiang, leur chef, se soumettait à l'empereur qu'il avait auparavant combattu, pour aller affronter avec ses braves des envahisseurs venus des steppes du Nord et périr au service de son souverain. Mao y vit une trahison qu'il assimilait à celle que s'apprêtait à commettre Deng Xiaoping en capitulant face au capitalisme et à l'impérialisme et il lança une insolite campagne de critique collective d'un roman médiéval. Toutefois, Zhang Yufeng n'avait eu aucune responsabilité dans cette dérisoire relance de la Révolution culturelle : depuis quelques mois, elle partageait ses activités de lectrice avec Lu Di, une jeune femme qui enseignait la littérature chinoise à l'université de Pékin. C'était cette dernière qui avait fait le choix du *Roman du bord de l'eau.*

Cependant, il ne serait pas juste de limiter le rôle de Zhang Yufeng à celui de transcriptrice en paroles claires des borborygmes d'un tyran grabataire. Son statut intermédiaire entre celui d'une épouse et celui d'une gouvernante avait été renforcé par l'aggravation des handicaps du président. Parmi ses « Anecdotes » on trouve un tableau révélateur de sa situation quand elle décrit le dernier nouvel an lunaire de Mao : « Il n'y avait pas d'invités, pas de membres de la famille. Le président passa sa dernière fête du printemps (= le nouvel an chinois) avec ceux qui le servaient. Le soir du nouvel an, je dus lui faire manger son dîner à la cuillère puisqu'il ne pouvait plus se servir de ses mains. Il lui était difficile d'ouvrir la bouche et d'avaler. Dans son bureau, je l'aidais à aller du lit au canapé. Il restait longtemps la tête appuyée au dossier, sans prononcer un mot… Soudain au loin, nous entendîmes des pétards. D'une voix faible et rauque, il me demanda d'en faire exploser quelques-uns pour lui… Un vague sourire apparut sur son vieux visage las quand il entendit les pétards dans la cour… » Zhang Yufeng lisait de moins en moins longtemps à Mao des documents politiques de moins en moins nombreux, car l'attention du président fléchissait vite. Puis ils regardaient des films de cape et d'épée faits à Hong Kong ou à Taïwan, des westerns, parfois aussi *Les Temps modernes* de Charlie Chaplin ou *Les Raisins de la colère* de John Ford ainsi que *Love Story* et *La Mélodie du bonheur*. Ils buvaient du *maotai*, un célèbre alcool de grain du Guizhou. Ainsi filaient les nuits et les jours, tandis que les visiteurs se faisaient de plus en plus rares. Lors des événements des 4 et 5 avril 1976 place Tian'anmen, Mao fut informé sommairement des troubles par Mao Yuanxin qui dramatisa la situation : il accepta de voir un événement contre-révolutionnaire dans cet afflux sur la célèbre place de centaines de milliers de manifestants venus déposer des gerbes en l'honneur de Zhou Enlai, entremêlées de tracts hostiles à Jiang Qing, mais refusa l'exclusion du parti de Deng Xiaoping qui aurait entraîné son arrestation. Pourtant, beaucoup estimaient que le Petit Timonier, un surnom souvent donné à Deng Xiaoping, était l'instigateur du mouvement. On ignore le rôle précis de Zhang Yufeng durant ces événements, ce qui fait supposer qu'elle l'a limité à nouveau à celui de déchiffreuse fidèle des mots sur les lèvres présidentielles. Un des derniers visiteurs étrangers à s'entretenir quelques instants avec Mao fut, le 30 avril, le Premier ministre néo-zélandais Muldoon, à qui le président, visiblement à bout de forces, avait bredouillé : « Mes pieds me font mal. Il y a un grand désordre dans le monde. » Le 3 mai, il participa pour la dernière fois au Bureau politique. Le 11 mai, il eut un infarctus du myocarde. Les deux infirmières présentes, dont Meng Jingyun, déclarèrent que la crise était survenue après une vive dispute avec Zhang Yufeng. Quelques jours plus tard, celle-ci s'opposa aux médecins quand ils proposèrent que Mao fût nourri par le moyen d'une sonde nasale. Hua Guofeng, que Mao avait désigné en février pour remplacer Zhou Enlai comme Premier ministre, lui demanda d'intervenir auprès de Mao pour qu'il accepte cette intervention très intrusive, car « elle était la seule à pouvoir le convaincre ». Zhang Yufeng refusa, assurant qu'il n'en voudrait pas. Les faits lui donnèrent raison : comme Mao s'était évanoui entre-temps, les médecins lui posèrent l'objet du litige, qu'il arracha sitôt revenu à lui. Le 12 mai, il reçut Lee Kuan-yew, le Premier ministre de Singapour, et le 27 mai Ali Bhutto, le Premier ministre du Pakistan. Le 28, le ministère des Affaires étrangères publia un communiqué annonçant que « le président ne recevrait plus de visites étrangères, car il était trop occupé ».

L'assistante des derniers jours

Le 25 juin, Mao rencontra durant trois heures Hua Guofeng et bredouilla quelques mots que Zhang Yufeng eut du mal à comprendre. Il dut griffonner sur un bout de papier la phrase qui fonda la légitimité de la promotion de Hua à la tête du parti : « Tu as les affaires en main : je suis rassuré. » Le 15 juin, Mao avait dicté à Zhang Yufeng une sorte de testament où il avait résumé le bilan de son œuvre en, d'une part, sa victoire dans la guerre civile et « son renvoi des Japonais dans leurs îles, ce que bien peu de gens ne considéraient pas comme des faits positifs » et, d'autre part, le lancement de la Révolution culturelle, « un point que peu de gens approuvaient ».

Le 26 juin, il fut victime d'un second AVC. Il ne pouvait plus supporter la lecture par Zhang Yufeng que de brèves notes de synthèse. Le 6 juillet, il réagit faiblement à la nouvelle du décès du maréchal Zhu De, son fidèle compagnon du temps de la guerre civile. Les 27 et 28 juillet, lors du terrible tremblement de terre de Tangshan qui tua plusieurs centaines de milliers de personnes, il fut déplacé dans un pavillon sécurisé. Quand Zhang Yufeng, à son habitude, y regardait des films étrangers, Mao n'était plus à ses côtés : il était désormais dans un état semi-comateux. Le 18 août, Hua Guofeng profita d'un court moment où il semblait lucide pour lui présenter un rapport sur l'organisation des secours aux survivants de la catastrophe de Tangshan : Mao fit un signe de tête, interprété comme une approbation. Le 2 septembre, il subit un troisième infarctus : son agonie avait commencé. Le 9 septembre, dix minutes après minuit, son décès fut constaté.

Zhang Yufeng relate dans ses « Anecdotes » un événement survenu le 6 septembre : « Ce jour-là, Mao agonisait, mais il continuait à s'intéresser aux questions internationales [*sic*]. À ce moment, des élections se déroulaient au Japon et Mao voulait savoir quel en avait été le résultat pour Takeo Miki (le Premier ministre japonais). Mao faisait des mouvements avec sa bouche comme pour demander quelque chose. Les infirmières ne comprenaient pas ce qu'il voulait et elles me demandèrent de venir à leur aide. Mais les sons qu'il émettait étaient trop faibles et confus pour que je puisse les comprendre. C'est alors qu'il se mit à taper sur le panneau en bois de la tête de son lit, en faisant le signe "trois" avec ses doigts. Je me suis demandé s'il ne désignait pas ainsi Miki (Miki s'écrit en kanji avec le caractère chinois qui signifie le chiffre "trois") et je lui ai demandé s'il voulait apprendre quelle était la situation de Miki. Il hocha la tête en guise de réponse. Je suis alors allée chercher des informations sommaires sur ces élections que je lui ai communiquées. » On ne peut qu'être interloqué devant le caractère pour le moins arbitraire de la communication avec Mao établie ainsi par Zhang Yufeng au moyen d'un rébus ! Et l'on comprend qu'un tel passage des « Anecdotes » n'ait pas été repris lors de sa publication parallèle dans *Clarté* ! Mais une fois surmonté le malaise que suscite cet incident, on est conduit à s'interroger sur la crédibilité d'autres interprétations proposées par

Zhang Yufeng des propos ou des gestes de Mao en 1976, alors que, de son propre aveu, elle ne pouvait plus déchiffrer ses borborygmes depuis le 18 août et que, dans sa lettre de 1980, elle doutait de sa lucidité… qu'elle lui attribuait cependant à nouveau alors qu'il agonisait ! En conséquence, ne faut-il pas s'interroger sur la validité de son interprétation des signes émis par Mao quelques jours avant, le 25 juin, quand il aurait désigné Hua Guofeng comme son successeur ? Or tous ces propos du président en fin de vie, à l'exception de l'extravagant échange sur les élections japonaises durant son agonie, sont reproduits dans le dernier volume de ses manuscrits (*wengao*) publié par les services historiques du PCC en 1998 ou ont été consignés dans sa monumentale biographie, écrite par Pang Xianzhi et Jin Chongji, éditée en 2004 par les presses centrales de ce parti. Et, à ce jour, nul responsable politique chinois n'en a contesté l'authenticité.

Un vecteur de la « Pensée-Mao Zedong »

Cet étonnant consensus est dû à la Pensée-Mao Zedong (PMZD). Ce concept naquit à Yan'an entre 1942 et 1945, année où le 7e congrès du PCC fit officiellement des idées émises par le Grand Timonier un des fondements théoriques de sa stratégie, au même titre que le marxisme-léninisme, ce qui plaçait Mao très au-dessus de tous les autres dirigeants. Le récent 19e congrès du PCC à l'automne dernier a confirmé sa validité. Dans un pays où le parti communiste détient le monopole du pouvoir, Mao Zedong trône seul au sommet d'une pyramide dont toute autorité dépend, par une sorte de ruissellement. Tout dirigeant lui doit son pouvoir, sa légitimité. Cette PMZD n'est pas définie de façon rigoureuse. Il s'agit d'un concept-valise qui a servi à justifier aussi bien les attaques forcenées menées par Mao contre toute forme de capitalisme que la promotion par Deng Xiaoping, en recourant à l'insolite oxymore de « socialisme de marché », de ce même capitalisme devenu le carburant de la croissance. En dernière analyse, la PMZD se résume en l'affirmation de la légitimité du pouvoir du parti communiste quelle que soit la ligne suivie par ses dirigeants. Dans sa façon de gérer le désastreux Grand Bond en avant, Mao aurait été infidèle à sa Pensée… On explique ainsi l'étonnant consensus dans l'interprétation des signaux indistincts provenant d'un tyran à l'agonie : un dirigeant ou un prétendant à la direction qui exprimerait des doutes sur la PMZD mettrait en question la légitimité présente ou à venir de son propre pouvoir.

La véritable énigme n'est-elle pas que tout un peuple ait accepté – et accepte encore – un consensus aussi contestable ? La réponse est sans doute à chercher dans son aspiration à la paix sociale après des décennies de troubles et de guerres civile et étrangère, dans sa confiance dans les effets positifs pour tous à court ou moyen terme de la croissance, dans la fierté de la grandeur nationale retrouvée après les humiliations subies lors des « guerres de l'opium », et dans une certaine ivresse produite par l'extraordinaire vitesse de la mutation d'une société qui a comblé en un demi-siècle son retard sur les pays les plus développés et se situe maintenant dans l'avant-garde mondiale.

Zhang Yufeng contribua modestement à cette construction : si le contact avait été perdu entre Mao en fin de vie et l'équipe dirigeante, il eût été beaucoup plus difficile de transférer l'autorité qui lui avait été reconnue de son vivant à cette Pensée immatérielle sur laquelle le PCC fondait durablement sa légitimité.

Bibliographie sélective

Chang, Jung et Halliday, Jon, *Mao,* Gallimard, 2006.

Li Zhisui, *La Vie privée du président Mao,* Plon, 1994.

MacFarquhar, Roderick et Schoenhals, Michael, *La Dernière Révolution de Mao. Histoire de la Révolution culturelle (1966-1976),* Gallimard, 2009.

Pang, Xianshi et Jin, Chongji, *Mao Zedong zhuan*, 2 vol., Éditions documentaires du Comité central, 2004.

Pantsov, Alexander V., avec Steven I. Levine, *Mao, the Real Story,* New York, Simon et Schuster, 2007.

Roux, Alain, *Le Singe et le Tigre : Mao, un destin chinois,* Larousse, 2009.

ROUX, Alain et XIAO-PLANES, Xiaohong, *Histoire de la République populaire de Chine : de Mao Zedong à Xi Jinping (1949-2017),* Armand Colin, 2018.

SHORT, Philip, *Mao Tsé-toung,* Fayard, 2003.

ZHANG, Yufeng, « Anecdotes sur les dernières années de la vie de Mao Zedong et de Zhou Enlai », in *Yanhuangdi sunzi,* Pékin, janvier 1989.

39

Qui a voulu tuer Jean-Paul II ?

par Bernard LECOMTE

Rome, 1er juin 1979. Deux fonctionnaires français se présentent devant la porte de Bronze par laquelle on accède aux différents bâtiments de la Cité du Vatican. Le docteur Maurice Beccuau et le capitaine Valentin Cavenago sont des collaborateurs d'Alexandre de Marenches, patron du contre-espionnage français, le SDECE. Ils ont rendez-vous avec un prélat, abbé général de l'ordre des Prémontrés et vieille connaissance de Marenches, Mgr Norbert Calmels. Les deux émissaires du SDECE sont porteurs d'un message pour le Saint-Père : celui-ci risque fort d'être victime d'un assassinat lors du voyage qu'il doit entreprendre, le lendemain, en Pologne !

Inquiétudes au Kremlin

Jean-Paul II n'a pas eu vent du message. En eût-il pris connaissance qu'il n'en aurait pas tenu compte. L'enjeu de cette semaine historique dans son pays natal dépassait largement ce genre d'informations invérifiables venues d'on ne sait où. Le 2 juin, comme prévu, il entame un périple qui va lui faire sillonner la Pologne et qui se conclut dans un incroyable enthousiasme populaire, le 10 juin, sans qu'aucune tentative d'attentat n'ait été signalée. La seule certitude partagée par tous les experts est que cette tournée triomphale d'un pape derrière le rideau de fer a suscité quelques inquiétudes – d'ailleurs justifiées – du côté du Kremlin.

Précisément, Alexandre de Marenches reçoit une note confidentielle de Pierre de Villemarest, un ancien agent du SDECE devenu journaliste spécialisé dans les affaires d'espionnage, qui lui confirme qu'à Moscou, en effet, le voyage papal en Pologne a été très mal pris, et que certains services semblent préparer l'élimination de ce pape un peu trop subversif. Cette indication est confirmée par un autre journaliste sulfureux, Arnaud de Borchgrave, très proche de Marenches, qui deviendra plus tard rédacteur en chef du journal *Washington Time*, propriété de la secte Moon. En 1982, Borchgrave communiquera de lui-même cette information à la justice italienne, évoquant, sans plus de précision, une mystérieuse « source roumaine ».

Le 21 avril 1981, deux nouveaux émissaires du SDECE – le même docteur Beccuau et le général Jacques Sylla Fouilland, nouveau directeur du renseignement – retrouvent discrètement à Rome le même Mgr Calmels, et lui demandent de faire passer au pape « en urgence » le même message : un complot ourdi par le KGB menace la vie du Saint-Père. Ni pièce écrite, ni source, ni preuve. Secret-défense. L'information s'égare dans les arcanes du palais apostolique. Elle n'aura pas de suite : quelques jours plus tard, Alexandre de Marenches démissionne du SDECE. La décision de François Mitterrand de nommer des ministres communistes au gouvernement de la France après sa victoire à la présidentielle du 10 mai 1981 lui paraît incompatible avec la poursuite de sa mission. Son successeur à la tête du contre-espionnage, Pierre Marion, nommé par le ministre Charles Hernu, notoirement proche des Soviétiques, ne donnera pas suite aux « lubies anticommunistes » [*sic*] de son aristocratique prédécesseur. Ce qui n'aurait été qu'escarmouches politiciennes si, quelques jours avant la passation de pouvoir entre les deux hommes, le pape n'avait été victime, justement, d'un attentat !

Trois coups de feu place Saint-Pierre

Rome, 13 mai 1981. En fin d'après-midi, comme tous les mercredis de printemps, la foule a envahi la place Saint-Pierre pour assister à l'audience générale du pape. Jean-Paul II aime ce rendez-vous hebdomadaire avec les pèlerins du monde entier. Il en a fait un moment de catéchèse important qui vient régulièrement ponctuer un programme toujours aussi chargé : à midi, il a déjeuné avec son ami Jérôme Lejeune, le célèbre généticien français ; la veille, il a reçu une délégation de l'université Jagellon de Cracovie, avec laquelle il a évoqué la situation politique en Pologne ; tout à l'heure, il va présider une méditation sur le quatre-vingt-dixième anniversaire de l'encyclique *Rerum Novarum*…

Il est un peu plus de 17 heures. Venue de l'arc des Cloches, à gauche de la basilique, la voiture du pape, immatriculée SCV-3, apparaît. Plus de 20 000 personnes éclatent en applaudissements enthousiastes, agitant foulards, drapeaux et chapeaux. Des cris de joie, des exclamations dans toutes les langues, des cantiques aussi. La grosse Jeep blanche, découverte, traverse lentement la foule. Le Saint-Père est flanqué de son secrétaire Stanislaw Dziwisz, de son majordome Angelo Gugel et de quelques policiers en civil chargés de sa sécurité rapprochée. Sabatino Baglioni, le chauffeur, conduit la Jeep qui parcourt lentement les rangs des fidèles, selon un trajet circulaire balisé par des barrières en bois.

Debout, le Saint-Père vêtu de blanc se tient solidement à la rambarde de la *papamobile* et, de la main droite, bénit l'assistance. Il se penche en souriant, touche des mains tendues, fait un signe de la tête. Soudain, comme il le fait souvent, il attrape à pleins bras un enfant en bas âge, l'embrasse et le rend à sa mère. Ce pape sportif, qui ne semble pas souffrir de la chaleur, a du ressort et de l'endurance. Groupés autour du véhicule, les gardes suisses, les gendarmes de la *Vigilanza* vaticane et les policiers italiens affectés à la sécurité papale scrutent l'assistance comme ils peuvent, tant bien que mal…

À quelques mètres de là, fondus dans la foule en liesse, deux hommes armés attendent tranquillement le moment de tirer sur le pape. Mehmet Ali Agça, veste grise et chemise blanche, s'est posté près d'une barrière, au deuxième rang des pèlerins, la main crispée sur un Browning 9 mm glissé dans une sacoche qu'il porte en bandoulière. Vingt mètres derrière lui, près d'une fontaine, Oral Celik, un petit homme en blouson de cuir, jean et baskets, serre contre lui un 7,65 Beretta et, dans un petit sac, une grenade offensive. Les deux terroristes ont longuement reconnu le terrain, ils savent ce qu'ils ont à faire. Ils ont garé une Ford Taunus sur la via di Porta Angelica qu'ils n'auront pas de mal à rallier dans la panique qui suivra immanquablement leur forfait.

17 h 17. Achevant son premier tour de place, la voiture du pape arrive à la hauteur des deux tueurs, du côté de la porte de Bronze. Agça lève posément son pistolet et, à trois mètres de sa cible, tire deux fois sur le pape. Celik, de plus loin, tire une fois. Des centaines de pigeons s'envolent d'un coup. Dans la Jeep, Jean-Paul II s'est effondré dans les bras de son secrétaire qui ne comprend qu'une chose : le pape a été touché !

— Où ? crie Dziwisz en polonais.
— Au ventre ! répond le pape en grimaçant.
— Vous avez mal ?
— Oui !

On le saura plus tard : le Saint-Père est touché à l'abdomen, au coude droit et à l'index de la main gauche. Dans les cris et la bousculade, le chauffeur de la Jeep accélère brutalement afin de rejoindre une ambulance garée derrière la colonnade. Mais cette voiture n'est pas équipée pour la réanimation, il faut transférer le pape dans une seconde ambulance qui part en trombe en direction de la polyclinique Gemelli. Celle-ci est à 6 kilomètres de la place Saint-Pierre, et l'heure est celle de la sortie des bureaux. Malgré les embouteillages, l'ambulance ne mettra que huit minutes – un exploit – pour faire le trajet. Le chirurgien en chef de la clinique, Carlo Castiglione, accueille le blessé, qui a perdu beaucoup de sang et qui perd conscience. L'angoisse est à son comble. Le pape est en train de mourir.

Sur la place Saint-Pierre, la stupeur a succédé à l'affolement. Des policiers courent dans tous les sens. À l'endroit où a eu lieu l'attentat, deux touristes américaines, Rose Hall et Ann Odre, ont été blessées par une des balles meurtrières. Des ambulances les ont emmenées à leur tour. Celik, le second tireur, vêtu d'un blouson noir, a réussi à s'enfuir : un Américain travaillant pour la chaîne de télévision ABC, Lowell Newton, l'a vu distinctement, tenant encore son pistolet à la main, disparaître dans la foule. Ali Agça, en revanche, n'a pas pu rejoindre son complice : une petite religieuse tout en noir, sœur Letizia, s'est furieusement agrippée à lui en hurlant, faisant tomber son arme à terre. Un policier en civil a aussitôt plaqué le jeune homme au sol, aidé par des *carabinieri* du commissariat voisin. Le terroriste, qui s'est débattu comme un forcené, n'ira pas plus loin.

Les enfants perdus de Malatya

Dès le 20 juillet, l'individu est transféré au palais de justice de Rome pour y comparaître en flagrant délit devant la première cour d'assises. Il s'appelle Mehmet Ali Agça. Il est turc. Il est né le 9 janvier 1958 dans un faubourg pauvre de Malatya, au cœur de l'Anatolie. Un gamin des rues parmi bien d'autres. Un père alcoolique qui meurt quand il a 10 ans. Un frère, Adnan, et une sœur, Fatima, tous les deux plus jeunes que lui. Une mère incapable de subvenir aux besoins de sa progéniture. La misère et la violence en guise de culture locale. Les enfants perdus de Malatya constituent un inépuisable vivier pour les groupes extrémistes, terroristes ou mafieux qui pullulent dans la Turquie de l'époque.

Nombre d'adolescents du coin sont enrôlés dans des organisations de jeunesse attachées au mythe d'Ergenekon, cette vallée mythique où une louve grise engendra, selon la légende, la glorieuse nation turque. Ali Agça et son copain Oral Celik sont de ceux-là. À 19 ans, officiellement inscrits comme étudiants en économie à Istanbul, ils sont logés, nourris, armés et entraînés au tir par l'organisation nationaliste des « Loups gris ». Les parrains de la mafia locale financent le réseau, en échange de menus services. Comme celui d'assassiner le journaliste démocrate Abdi Ipecki, rédacteur en chef de *Milliyet,* le 1er février 1979, pour la somme de 27 000 dollars. Agça et Celik – lequel a déjà assassiné un professeur de lycée, dans les mêmes conditions – font ce pour quoi ils ont été payés : ils abattent le malheureux Ipecki froidement, dans sa voiture, devant son domicile, en plein centre d'Istanbul, avant de prendre la fuite.

Ali Agça est finalement arrêté, puis enfermé à la sinistre prison de Kartal Maltepe… d'où les « Loups gris » le font tranquillement évader le 25 novembre, avec d'évidentes complicités internes. Le lendemain de cette évasion, le quotidien *Milliyet* reçoit une lettre d'Agça annonçant qu'il va tuer le « commandant des croisés Jean-Paul, déguisé en chef religieux » [*sic*], et que c'est pour accomplir cette mission qu'il s'est évadé de prison. De fait, la visite de Jean-Paul II en Turquie est programmée pour le 28 novembre. La photo d'Agça est dans tous les journaux. La ville est en état de siège. Les forces de l'ordre sont sur les dents. Mais aucun drame, finalement, ne viendra ternir le voyage du Saint-Père. L'incident est vite oublié.

Ali Agça, à nouveau, est en fuite. En Turquie, sa condamnation à mort est prononcée par le tribunal militaire d'Istanbul. Muni d'un faux passeport, il rallie d'abord l'Iran en pleine révolution islamique. Puis ses commanditaires mafieux l'envoient en Europe. Les « Loups gris » sont étroitement liés aux différents trafics qui irriguent le continent européen, *via* la Bulgarie : des camions d'armes dans le sens Allemagne-Turquie, des valises de drogue dans le sens Turquie-Allemagne. Le grand trafiquant Abuzer Ugurlu, notamment, l'assure de sa protection et lui donne quelques numéros de téléphone, à toutes fins utiles.

Muni d'un passeport indien au nom de Yoginder Singh, Agça franchit la frontière turco-bulgare et s'arrête à Sofia, carrefour obligé de tous les trafics routiers entre l'Est et l'Ouest. Il y séjourne à l'hôtel *Vitosha*, un palace international construit dans les années 1970 où se croisent hommes d'affaires, trafiquants, mafieux, contrebandiers, hommes de main, informateurs interlopes, espions de tous acabits et agents de tout poil. C'est dans la chambre 911 du *Vitosha* qu'Ali Agça rencontre un « commerçant » nommé Omer Mersan, un Turc d'origine abkhaze, ami d'Ugurlu, qui va veiller à ce qu'il ne manque de rien. Et qui va lui présenter un personnage important : Bekir Celenk, un gros bonnet qui est aussi, au passage, trésorier de l'organisation des « Loups gris ». Interrogé après l'attentat contre le pape, Ali Agça « révélera » que c'est Celenk qui lui a fourni l'argent et l'arme pour tuer le pape. Personne ne saura jamais si ce qu'il dit est vrai : d'abord, on a fini par l'admettre, Agça raconte n'importe quoi ; ensuite, Celenk mourra dans une prison d'Ankara, d'une mystérieuse crise cardiaque, le 14 octobre 1985. Fâcheuse circonstance.

Le 31 août 1980, muni d'un nouveau passeport turc au nom de Faruk Ozgun, Agça part pour la Yougoslavie, d'où il rallie l'Allemagne. On retrouve sa trace à Hanovre, Hambourg, Francfort, Munich. On sait qu'il prend contact avec la puissante Fédération des idéalistes turcs, un important réseau d'émigrés turcs dirigé par Musa Serdar Celebi, lié aux mêmes mafieux et aux mêmes partis d'extrême droite – notamment le MHP (Parti de l'action nationaliste) fondé par l'activiste Alparslan Turkès, que ses partisans appellent *Basbug* : le « meneur ».

Ces réseaux-là sont particulièrement attentifs à ce qui se passe en Turquie : le général Evren vient de prendre le pouvoir à Ankara, avec la complicité de la CIA et fort de la neutralité du KGB, dans l'intention de remettre un peu d'ordre dans ce pays gangrené par le terrorisme quotidien d'extrême gauche et d'extrême droite. Rarement coup d'État militaire aura suscité, à l'Ouest comme à l'Est, aussi peu de réactions indignées : pour le reste du monde, il est temps que la Turquie sorte de l'anarchie.

Pour tous ces trafiquants, il est urgent d'attendre. Agça est invité à voyager aux frais de l'organisation – qui compte une soixantaine de relais à travers l'Europe occidentale : il séjourne à Zurich, Côme, Lucerne, Milan, Hammamet, Palerme, d'où il gagne Rome à la mi-décembre pour un séjour de quelques mois – il loge à l'hôtel *Liguria*, à l'hôtel *Archimède*, à la pension *Isa* – avant de repartir pour Milan, Zurich et Vienne, où son ami Celik et lui achètent quatre pistolets Browning chez l'armurier Grillmayer. On connaît presque tout de son emploi du temps : Zurich, Rome, Pérouse, où il s'inscrit dans un cours d'italien pour étrangers, Rome, Milan, puis… Palma de Majorque, pour quinze jours de vacances ! Cette étrange cavale est aussi inexplicable qu'incohérente. On retrouve sa trace le 9 mai à Milan, où il rencontre le chef des « Loups gris » pour l'Europe, Abdullah Çatli. Puis il revient à nouveau à Rome, où il retrouve son vieux complice Oral Celik. Avec lequel, le 13 mai, il se rend place Saint-Pierre pour assassiner le pape.

Un fanatique ? Un exalté ? Un mystique ?

Rome, 24 septembre 1981. Après deux mois d'instruction, deux jours d'audience et sept heures de délibération, le procès d'Ali Agça se termine sans qu'on puisse répondre aux questions essentielles : était-il seul ? Y a-t-il eu complot ? Au profit de qui ? Mystère. À peine arrêté, le jeune homme a tenu des propos décousus, contradictoires et délirants. Il s'est dit chilien, puis apatride. Il s'est autoproclamé « le plus grand terroriste turc ». Dans sa chambre d'hôtel, à Rome, la police a retrouvé des notes où il annonçait qu'il allait tuer le pape « en signe de protestation contre l'ONU et l'impérialisme occidental ». De l'avis général, c'est un fou, un exalté, voire un mystique. Son avocat, Pietro d'Ovidio, a plaidé le « fanatisme religieux, l'obsession maniaque et la folie des grandeurs ». Agça est condamné à la prison à vie pour « tentative d'assassinat d'un chef d'État ».

Qui pouvait croire qu'une procédure aussi expéditive avait fait le tour d'un crime aussi inouï ? Les médias ne lâchent pas l'affaire, les révélations se multiplient, plus ou moins crédibles. Et voilà qu'Ali Agça se répand, depuis sa prison d'Ascoli Piceno, en nouvelles déclarations spectaculaires qui pulvérisent les conclusions du premier procès. Un complément d'enquête est confié au juge Ilario Martella le 16 novembre 1981. Le dossier s'épaissit de jour en jour. Chaque nouvelle pièce débouche sur une piste différente : la loge maçonnique P2, qui défraie alors la chronique ; les services secrets américains, très intrusifs à cette époque ; le scandale de la banque Ambrosiano qui éclabousse le Vatican ; les Brigades rouges, qui multiplient les assassinats politiques, etc. Un jour, Agça révèle au juge qu'il a aussi tenté d'assassiner Lech Walesa, pour le compte des Bulgares, lors de la visite du leader de *Solidarnosc* en Italie, en janvier 1981. Un autre jour, il se rétracte complètement. Une autre fois, il révèle qu'en Iran, il a été formé par un agent du KGB dans le but d'assassiner le secrétaire général de l'ONU et la reine d'Angleterre. Puis il se rétracte à nouveau. Le juge Martella passe des mois à recouper toutes les hypothèses, à passer au crible tous les indices. Sans résultat.

L'ombre du KGB

Un fantôme rôde pourtant dans cette affaire obscure : l'ombre du KGB. Dans les pays de l'Est européen, notamment en Pologne, on est absolument certain que le Kremlin a décidé de réduire au silence ce pape slave qui avait enflammé la Pologne lors de son voyage apostolique de juin 1979, qui avait encouragé l'aventure du syndicat *Solidarnosc* depuis les « accords de Gdansk » de l'été 1980, qui tenait des propos subversifs en direction de toutes les communautés catholiques du bloc communiste, y compris les Ukrainiens ou les Lituaniens ! À Moscou, à la Loubianka, le KGB s'est très vite inquiété de cette rumeur dévastatrice. Il est exact qu'Ali Agça a séjourné en Bulgarie, et que les services secrets bulgares sont connus pour être très proches de leurs collègues soviétiques. Dès le 25 mai 1981, ceux-ci leur adressent une consigne ultra-secrète : face au « déchaînement » [*sic*] de la propagande anticommuniste occidentale, prière de tout mettre en œuvre pour réfuter ces « absurdités » !

En réalité, il n'y a pas de « déchaînement » occidental, bien au contraire : si quelques retraités de l'anticommunisme comme Henry Kissinger se répandent inconsidérément dans les médias, le président Ronald Reagan et le gouvernement américain – pourtant peu suspects de sympathie envers l'« empire du mal » – font preuve d'une ostensible prudence face à l'événement. En cet été 1981, le président et chef du parti soviétique, Leonid Brejnev, est mourant, et tout laisse à penser que c'est Iouri Andropov, le chef du KGB, qui va lui succéder. Attiser l'hypothèse selon laquelle le KGB aurait pu tenter d'éliminer physiquement Jean-Paul II, c'est accuser personnellement le futur patron de l'URSS, avec toutes les conséquences négatives que cela pourrait avoir sur les relations Est-Ouest !

C'est en coulisse que l'on s'agite sur le sujet. Dans les couloirs des services secrets, où l'on trouve toujours, dans le secret des fiches, de quoi étayer une thèse ou son contraire. Dans les cercles faisant profession d'anticommunisme, où cet attentat vient fournir un argument historique, peut-être décisif, contre les tenants de l'idéologie honnie. Dans les rédactions de presse, aussi, où l'on se dit qu'un scoop pareil – la preuve de l'implication du KGB dans l'attentat contre le pape – vaudrait tout l'or du monde.

Le 16 août 1982, un article sensationnel paraît dans le *Reader's Digest* – le magazine le plus diffusé au monde – sous le titre : « Qui veut tuer le pape ? » L'auteur, Claire Sterling, proche des *think tanks* anticommunistes de Washington, a travaillé avec Paul Henze, honorable correspondant de la CIA à Ankara. Elle développe avec conviction la thèse de la *bulgarian connection* : non, Agça n'est pas un fanatique isolé, c'est un tueur recruté par les services secrets bulgares, derrière lesquels se profile naturellement le « grand frère » soviétique. La thèse sera reprise dans un documentaire de NBC diffusé le 12 septembre 1982, puis dans un best-seller publié à New York en 1983 : *The Time of the Assassins.*

La « filière bulgare »

En mai 1982, coup de théâtre : le « petit juge » Martella recueille enfin de vraies dépositions d'Agça. Le terroriste a-t-il compris que personne, cette fois, ne viendrait le tirer de sa cellule, comme naguère à Istanbul ? Il est stimulé par le vote imminent d'une loi sur les « repentis », dont lui ont parlé en prison certains de ses visiteurs – en l'occurrence l'aumônier de la prison, le père Santini –, et qui promet d'importantes réductions de peine aux condamnés qui « balancent » leurs complices. Alors il balance. Il parle de ses contacts, Omar Mersan, Musa Cerdar Celebi, Bekir Celenk, etc. Le juge complète sa collection de trafiquants turcs, tous plus ou moins connus, déjà, des services de police.

Soudain, le 29 octobre, dans le bureau du juge, autre coup de théâtre. Ali Agça révèle spontanément qu'il a bien été le bras armé des services secrets de l'Est. Enfin ! Pendant trois semaines, il raconte avec complaisance que c'est bien à Sofia qu'on lui a donné passeport et instructions, qu'il a bien été préparé à son forfait par des agents bulgares : il les reconnaît sur photos, il en décrit longuement les habitudes et les appartements, il connaît leurs noms d'agents, il donne même leurs numéros de téléphone.

Le jeudi 25 novembre 1982, le juge Martella fait arrêter à son domicile Sergueï Antonov, 35 ans, chef d'escale de la compagnie aérienne bulgare Balkan Air. Deux autres accusés, Teodor Aïvazov, caissier de l'ambassade bulgare à Rome, et Zelio Vasiliev, adjoint de l'attaché militaire bulgare, sont en vacances à Sofia. Aïvazov est même sur le point de rentrer à Rome : averti à la dernière minute, il décide de différer son retour. Qu'importe. L'arrestation d'Antonov fait sensation. Sa photo fait le tour du monde. La « filière bulgare » est enfin mise au jour !

Antonov peut bien clamer son innocence, les autorités bulgares peuvent toujours protester, les éléments livrés par Agça sont impitoyablement précis. Ainsi, le tueur décrit par le menu la réunion tenue le 10 mai 1981 à 16 heures au domicile de « Bayramic » – c'est le nom de code d'Antonov – au 29 via Pola, où les conspirateurs turcs et bulgares ont mis au point les derniers détails de leur forfait. Les meubles de l'appartement, la vue qu'on a de ses fenêtres, le diminutif de la femme du maître de maison, la collection de « mignonnettes » d'Antonov, la vue basse de ce dernier, le grain de beauté sur la joue de Vassiliev : comment contester des révélations aussi confondantes ? Les hommes, les dates, les faits : tout se tient. Et si d'aventure un élément du puzzle ne « colle » pas, tous les experts en coups tordus expliquent doctement que, justement, le b.a.ba d'un agent secret consiste à brouiller les pistes !

Il y a pourtant quelques sérieuses raisons de douter des aveux d'Agça. La première, la plus banale, est aussi la plus flagrante. Qui peut imaginer que le KGB, pas plus que ses correspondants bulgares, ou n'importe quel autre service secret, aurait laissé en place, à son bureau romain de la Balkan Air, le principal agent d'une opération aussi importante *un an et demi* après l'attentat ? Si Antonov avait vraiment été le cerveau d'une telle « mesure active », il aurait discrètement disparu, d'une façon ou d'une autre, depuis belle lurette !

La personnalité du Bulgare, elle aussi, jette le discrédit sur le dossier. Sergueï Antonov, né en 1948 à Sofia, modeste collaborateur de niveau 3 à la Balkan Air de Rome, a un *curriculum* – dans le langage du parti communiste local, on dit une *kharakteristika* – d'une banalité désarmante, sans zone d'ombre ni aspérité. Justement, répliquent certains spécialistes : c'est une superbe couverture ! Son mutisme et sa santé déclinante ? Du bluff ! Mais est-il plausible, comme l'enquête le révèle, que ce présumé « super-agent », en qui on a voulu voir le cerveau d'un tel montage, ne parle ni l'anglais ni l'italien et sache à peine conduire ?

Pas une trace, pas une note…

Ce que les différentes enquêtes ont révélé, en revanche, c'est qu'Ali Agça a reçu un nombre étonnant de visites discrètes dans ses différentes cellules – notamment de prisonniers mafieux manipulés par les services secrets italiens, lesquels ne pouvaient refuser de rendre quelques services à certains de leurs collègues américains – et que toutes ses révélations lui ont été « soufflées », selon les époques, par les uns et par les autres. En échange, vraisemblablement, de quelque aménagement de peine. Beaucoup de détails secondaires, dans les différents récits du tueur, ressemblent à ceux qu'on trouve dans les fiches des services spéciaux. Y compris quelques erreurs : quand Agça décrit une porte coulissante entre deux pièces dans l'appartement d'Antonov, au 29 via Pola, il se trompe (il n'y a qu'un rideau), mais il y a bien une porte coulissante dans tous les autres appartements de l'immeuble, notamment dans l'appartement… du dessus, occupé à l'époque par un dominicain, le père Morlion, informateur notoire de la CIA !

Le juge Martella boucle son instruction le 31 octobre 1984. Surprise : rien ne vient y étayer l'hypothèse de la « filière bulgare ». À l'ouverture du procès, Ali Agça se lève et, « au nom de Dieu », devant les jurés sidérés, annonce solennellement la fin du monde. Plus personne ne le prend au sérieux. Seuls quelques obstinés estiment que cette folie est simulée – mais dans quel but ? Le malheureux Antonov sera finalement relâché pour « insuffisance de preuves » en mars 1986, dans un état psychique désastreux, broyé par une affaire incroyable, aux ramifications insoupçonnables. De retour dans son pays, il mourra prématurément en août 2007, à l'âge de 58 ans. Aucune preuve n'a jamais été trouvée le concernant, pas plus que les deux autres inculpés bulgares.

Après l'effondrement de l'URSS en 1991, un grand nombre de journalistes, écrivains, agents étrangers et enquêteurs divers ont plongé dans les archives de l'Est – bulgares, est-allemandes et soviétiques – qui se sont ouvertes, ou entrouvertes, dans tous ces pays. Personne n'a jamais rien découvert qui corrobore les avertissements d'Alexandre de Marenches avant 1981, ou les révélations de Claire Sterling après 1982. Même l'ex-dissident Vladimir Boukovski, qui a passé plusieurs mois dans les archives du Comité central du PCUS, à Moscou, en 1992, n'a rien trouvé. De même, dans les « archives Mitrokhine », une mine de documents sortis d'URSS cette année-là par le transfuge Vassili Mitrokhine, on ne trouve rien. Pas la plus petite note de frais, pas le plus anodin billet d'avion, pas la moindre fiche compromettante. Les autres juges italiens qui auront à rouvrir le dossier entre 1986 et 1995, notamment Ferdinando Imposimato et Rosario Priore, ne parviendront à rien, eux non plus. Jean-Paul II lui-même, quand il visitera la Bulgarie en mai 2002, déclarera dès son arrivée au président Gueorgui Parvanov : « Je n'ai jamais cru à la "filière bulgare". »

Propos diplomatique ou réelle conviction ? Lorsque le pape était allé spectaculairement rendre visite à Ali Agça dans sa prison de Rebibbia, le 27 décembre 1983, pour pardonner à son agresseur, certains journalistes avaient tenté de lire sur les lèvres des deux hommes – en louant même les services d'un sourd-muet rompu à cet exercice ! Selon eux, le pape aurait bien demandé à Agça « pour qui » il travaillait, mais en vain : le terroriste était obnubilé par l'idée d'avoir raté sa cible, et craignait la vengeance de la « déesse de Fatima » à laquelle il devait son échec ! De fait, Jean-Paul II avait passé l'essentiel de cet entretien surréaliste – il l'a raconté le lendemain à un ami polonais – à rassurer son « frère » turc sur la bonté et la miséricorde de la Sainte Vierge.

Il reste que la conviction du pape exprimée à Sofia en 2002 n'était pas partagée par tous les membres de son entourage : son secrétaire Stanislaw Dziwisz continuera, bien après la mort de Jean-Paul II, à croire en la culpabilité, directe ou indirecte, des dirigeants soviétiques…

La mariée était trop belle. Le KGB faisant assassiner le pape ! Quelle histoire ! Et quelle cohérence ! Qui avait plus intérêt que le Kremlin, au printemps 1981, à ce que le pape polonais disparaisse ? Des cercles anticommunistes américains héritiers de la guerre froide aux réseaux internationaux occultes impliqués dans des trafics inavouables, nombre d'officines ont absolument voulu prouver l'implication du KGB dans l'attentat contre le pape, quitte à acheter de fausses confidences à des transfuges, à fabriquer des indices inexistants, à pourrir les enquêtes judiciaires jusqu'à les embrouiller de façon inextricable.

Mehmet Ali Agça était un cinglé fanatique, imprégné, depuis l'adolescence, d'une archaïque idéologie nationale-islamiste qui le portait à considérer le pape, parmi d'autres personnalités mondiales, comme une cible emblématique. À la journaliste Roumiana Ougartchinska, un des chefs des « Loups gris » expliquera fièrement : « Il fallait que le monde entier sache que nous étions les plus forts, c'est pour cela qu'il a choisi de s'en prendre au pape ! » Agça et quelques autres tueurs itinérants constituaient une réserve d'hommes de main pour les gros bonnets de la mafia turque, lesquels n'avaient pas prévu que ce paranoïaque incontrôlable et ses compagnons de dérive iraient réellement tirer sur cet autre « commandeur des croyants » qu'ils considéraient comme le diable. Déclenchant une des plus formidables et des plus frustrantes affaires d'espionnage du XXe siècle.

Bibliographie sélective

LECOMTE, Bernard, *Jean-Paul II*, Gallimard, coll. « Folio », 2006.

OUGARTCHINSKA, Roumiana, *La Vérité sur l'attentat contre Jean-Paul II*, Presses de la Renaissance, 2007.

STERLING, Claire, *Le Temps des assassins*, Mazarine, 1984.

STOERKEL, Jean-Marie, *Les Loups de Saint-Pierre*, Plon, 1996.

40

Lady Di, victime des médias ?

par Jean DES CARS

Dans la nuit du 30 au 31 août 1997, à 2 heures du matin, la reine Elizabeth II, qui se trouve en Écosse, à Balmoral, est réveillée par un appel téléphonique de l'ambassadeur britannique à Paris. Il lui annonce que son ex-belle-fille, qui porte toujours le titre de princesse de Galles, a été victime d'un accident de voiture à Paris, dans le tunnel du pont de l'Alma. Selon les pompiers et les policiers, Diana est vivante mais très grièvement blessée. À 3 h 30, un deuxième appel reçu par la souveraine lui précise que Diana, transférée en ambulance à l'hôpital de la Salpêtrière dans un état désespéré, est décédée. Elle avait 36 ans. Dodi Al-Fayed, nouveau compagnon de Diana, 42 ans, est mort lui aussi dans l'accident, ainsi que le chauffeur. Seul survivant de cette tragédie, le garde du corps de Diana, Trevor Rees-Jones.

C'est un véritable séisme qui secoue la sphère médiatique et l'opinion mondiale. Au-delà du choc émotionnel, les millions d'admirateurs de Diana ne veulent pas croire à ce drame et soupçonnent immédiatement une odieuse machination, alors que la vie de la princesse est déjà déroulée et racontée par la chaîne américaine d'information continue CNN depuis son siège d'Atlanta aux États-Unis, une information télévisée d'un modèle qui va se répandre. Cette réaction est si rapide qu'elle sera suspecte, comme si la tragédie avait déjà été programmée… Dans la matinée, les circonstances de l'accident sont relatées et les éditions spéciales se succèdent : Diana se trouvait avec son « ami » Dodi Al-Fayed dans une Mercedes que l'on suppose fournie par le Ritz. Le chauffeur, M. Henri Paul, employé du palace, tentait de fuir la meute de journalistes qui traquait le couple, lequel avait rusé avec les paparazzis en empruntant une sortie de service du Ritz. Peine perdue. Les journalistes, acharnés à obtenir la bonne photo qui confirmerait les probables fiançailles du couple, puisque Dodi s'était rendu chez un joaillier de la place Vendôme pour acheter une bague à Diana, déjouent la ruse.

La voiture, prise en chasse par les reporters-motards, roulait très vite, trop vite.

Qui est responsable : la vitesse, le chauffeur, l'état de la voiture ?

Une course folle. La Mercedes S-280 avait plongé dans le tunnel de l'Alma à près de 150 km/h ! Dans cette dernière nuit d'août, la voiture s'était encastrée contre le treizième pilier du tunnel. Le ministère de l'Intérieur et la préfecture de police confirment, dans la matinée, que la vitesse du véhicule était excessive, et que le chauffeur en avait perdu le contrôle. Selon des champions de course automobile, qui, à la demande des experts et des autorités, referont ce trajet dans une voiture identique, en bon état et dans les mêmes conditions, l'accident était inévitable. Diana était morte à cause d'un excès de vitesse. Une explication trop simple pour le père de Dodi, propriétaire du célèbre magasin Harrod's à Londres mais aussi du Ritz, à Paris, où le couple résidait depuis son arrivée dans la capitale. Immédiatement, Mohammed Al-Fayed, brisé par la mort de son fils, accuse les services secrets britanniques d'avoir assassiné le couple, proclamant aussi, sans aucune preuve, que Diana était enceinte. Il affirme que l'union de la mère d'un futur roi avec un musulman aurait été jugée insupportable par la famille royale. Selon lui, des émules de James Bond auraient été chargés d'exécuter le couple maudit. Spéculations, supputations et révélations se succèdent. Ce qui est inévitable dans tout accident dont les victimes sont des personnalités célèbres et médiatiquement surexposées prend immédiatement des proportions gigantesques. On découvre avec surprise que la Mercedes ne faisait pas partie du parc automobile du Ritz. Ce véhicule avait eu, si l'on peut dire, une vie mouvementée avant la nuit tragique ; c'était une voiture connue et cataloguée comme « très gravement accidentée » ; elle avait été volée, on l'avait retrouvée une fois en banlieue, elle était souvent en réparation, bref, une épave qui n'aurait pas dû rouler, et on ne sait pas comment elle s'était retrouvée en location à la société Étoile Limousine. C'est l'un des plus épais mystères du drame. On pense que, par souci de discrétion, cette Mercedes S-280 aurait été réservée directement par M. Paul pour Dodi Al-Fayed, sans constater l'état déplorable de la voiture, ce qui semblait, au minimum, de l'amateurisme incompatible avec son emploi au Ritz ou, pis, suspect… Et c'est Dodi Al-Fayed qui avait choisi l'itinéraire de la fuite, ce qui n'est pas compatible avec la thèse d'un attentat programmé sur un trajet connu à l'avance.

Les provocations de Diana inquiètent la reine et le gouvernement

Pourquoi Dodi et Diana quittent-ils le Ritz ? Où vont-ils ? Était-ce une fuite en catastrophe sans destination précise ou un nouveau défi ? Les Al-Fayed ont un appartement près de la place de l'Étoile, rue Arsène-Houssaye, mais personne ne comprend pourquoi la voiture emprunte le tunnel de l'Alma. Diana et Dodi allaient-ils voir l'ancienne résidence du duc et de la duchesse de Windsor à Neuilly que Mohammed Al-Fayed est en train de restaurer ? Dans ce cas, Diana avait-elle un vrai projet de vie commune avec Dodi ? S'installer dans l'hôtel particulier où l'ex-roi Édouard VIII, oncle de la reine, vivait en France avec la femme pour laquelle il avait abdiqué et provoqué un scandale qui avait souillé la Couronne, serait considéré comme une nouvelle et perfide provocation de Diana contre la famille royale, réanimant un chapitre peu glorieux de la monarchie britannique. De toute manière, les projets de Diana pour continuer à « exister » depuis son divorce posaient des problèmes permanents à la royauté et au gouvernement, entre sa liaison affichée avec Dodi, qu'il y ait eu ou non projet de mariage, et l'intention de la princesse de se rendre dans les territoires palestiniens ou de dénoncer les mines antipersonnel. Une nouvelle rumeur circule : les services secrets israéliens, le Mossad, auraient-ils été chargés d'éliminer cette visiteuse provocatrice ? Elle aimait choquer, y compris politiquement. Il faut, cyniquement, reconnaître que la disparition soudaine de Diana soulage le cabinet britannique et la famille royale d'une gestion quotidienne pénible et conflictuelle. La mère du prince William, héritier en second après son père Charles, et du prince Harry n'avait jamais supporté le carcan de « la firme » et n'admettait pas d'être recadrée en permanence. S'il est difficile d'imaginer ce qu'aurait été, à partir de la fin août 1997, la nouvelle vie de Diana, il est certain qu'elle aurait été une source de conflits quasi quotidiens et sans fin. Comme d'habitude. La médiatisation de Diana, le plus souvent par elle-même en avertissant les journalistes de certains de ses déplacements, mais parfois en prétendant qu'ils la harcelaient et en refusant leur présence, avait été croissante depuis son mariage, la naissance de ses enfants et surtout lorsque les difficultés du couple étaient devenues publiques, par exemple lorsqu'elle avait posé pour une photo (qui fera le tour du monde), seule en Inde, devant le Taj Mahal, mausolée symbolisant l'amour éternel. Diana affichait sa douleur et sa solitude devant des centaines de millions de témoins. Ou, autre exemple, le jour où son divorce était prononcé, elle honorait un engagement à Londres au milieu d'une foule de journalistes qu'elle avait évidemment prévenus, pratiquant le jeu ambigu et dangereux du chat et de la souris.

L'enquête policière se poursuit, aussi bien du côté britannique que français, mais débouche souvent sur des fausses pistes. Ainsi, rapidement, on accuse le chauffeur d'avoir pris le volant alors qu'il aurait trop bu. On assure que M. Henri Paul avait été vu ivre au célèbre bar Hemingway du Ritz, mais c'était impossible, le bar étant encore fermé à cette date et n'ouvrant que le lendemain.

Cette importante précision sera rappelée par son entourage lors de ses funérailles, pour venger sa mémoire souillée, alors que M. Paul continuera d'être accusé, à titre posthume et sans analyse probante, d'avoir eu un taux de 1,74 g/l d'alcool dans le sang, soit trois fois le maximum autorisé. On assurera même qu'il avait été drogué ou sous antidépresseurs, toujours sans aucune preuve réelle. Des rumeurs… Ici, on peut remarquer que si M. Paul n'avait pas été jugé en état de conduire ce dimanche soir, jamais le garde du corps, assis à côté du chauffeur, ne l'aurait laissé prendre le volant, car il aurait été lui-même complice d'avoir mis en danger la vie des passagers de la Mercedes, y compris la sienne. Le garde du corps se borna à répéter que M. Paul n'avait pu ignorer que la voiture était dangereuse et qu'il était seulement coupable d'avoir conduit « un véhicule non homologué ». Les experts préciseront qu'au-delà de 60 km/h, la voiture n'était plus maîtrisable… Précision importante : depuis son divorce, Diana, malgré les recommandations de la reine, refusait la protection des services britanniques, persuadée qu'ils voulaient l'espionner et rapporter chacun de ses faits et gestes à la famille royale.

Or, si la princesse avait perdu son statut d'altesse royale, Elizabeth II tenait à un minimum de sécurité pour la mère de l'héritier en second sur la liste de succession. Mohammed et Dodi Al-Fayed avaient donc engagé personnellement un agent pour lui assurer une protection permanente, mais Diana en était exaspérée. On apprendra bientôt que Trevor Rees Jones, le garde du corps choisi pour cette mission, n'était pas le professionnel expérimenté qu'il aurait fallu, selon le témoignage publié par l'inspecteur Ken Wharfe dans ses Mémoires. Chargé de la protection de la princesse pendant six ans, de 1987 à 1993, ce policier, homme de grande expérience, n'a jamais cru à la thèse de l'assassinat mais à un incroyable concours de circonstances, « un terrible accident qui aurait pu être évité ».

La reine, accusée de froideur et d'absence, perd la confiance populaire

Alors que le décès brutal de Diana, icône universellement vénérée, morte dans des circonstances spectaculaires, bouleverse la planète incrédule, le peuple et la presse britanniques accusent la reine, restée invisible à Balmoral, de froideur, car elle ne se manifeste pas. Pour la première fois de son règne, Elizabeth II fait face à une indignation populaire. Une immense colère menace le Royaume-Uni. Les Windsor sont soupçonnés de tout, d'avoir fomenté un attentat et d'être insensibles à la douleur des foules immenses pleurant celle que le Premier ministre Tony Blair appellera « la princesse du peuple », le chef du gouvernement obtenant enfin que la souveraine revienne à Londres et affiche une compassion, jugée trop tardive, à la télévision en rendant hommage à la défunte. La famille royale n'avait pas réalisé que malgré sa séparation d'avec le prince Charles, sa vie agitée et ses provocations, la mère des princes William et Harry était toujours très aimée. La reine mettra longtemps à reconquérir la faveur de ses sujets. Les funérailles de Diana furent encore un terrain d'affrontement entre les deux familles : cérémonie privée ou officielle ? Le Premier ministre et le frère de Diana, le comte Spencer, l'emportent, les obsèques furent solennelles.

Dans cette atmosphère tendue, l'avalanche de rumeurs, de polémiques et d'insinuations ne diminue pas avec les funérailles de la princesse de Galles. Lors de la cérémonie, le comte Spencer a fustigé le comportement de la famille royale. La thèse de l'attentat tient l'opinion en haleine : on assure que M. Paul aurait été aveuglé dans le tunnel par un puissant faisceau lumineux et qu'une petite voiture, une Fiat Uno, aurait délibérément obligé la Mercedes à faire une embardée fatale. On devra admettre que cette voiture se trouvait sur le trajet par hasard et que son propriétaire, recherché, l'avait fait repeindre pour éviter d'être interrogé. Pendant des semaines puis des mois, les tenants d'une conspiration royale, avec des thèses parfois plus que fantaisistes, alimentent les doutes. Les plus grands limiers des polices française et britannique (celle-ci dirigée par lord Stevens of Kirkwhelpington, un as de Scotland Yard) explorent chaque seconde de la dernière soirée de Diana mais aussi les semaines précédant sa mort. Vidéos de sécurité, enregistrements sonores, reconstitutions par ordinateur d'une précision remarquable, examens minutieux de la carcasse de la Mercedes sont accompagnés de l'interrogatoire de quelque 1 500 témoins ou proches, y compris les journalistes qui traquaient Diana jour et nuit. Jusqu'en octobre 2007, soit plus de dix ans après le drame, la Haute Cour de Londres conduit une enquête judiciaire et scientifique comme on en a rarement vu. Des éléments inédits n'apportent aucune preuve que le MI6, les fameux espions « au service de Sa Majesté », était impliqué. Mohammed Al-Fayed, convaincu que les résultats de l'enquête sont tous délibérément falsifiés, engage lui-même une équipe de détectives privés à la recherche d'indices cachés. On ira même jusqu'à suggérer que c'était Dodi Al-Fayed, son fils, qui était, en réalité, visé et poursuivi pour on ne sait quelles raisons, plus ou moins liées à d'éventuelles consommations de drogue. Rien n'y fait : son père a toujours eu l'intime conviction que ce n'était pas un accident. Et le rapport final de plus de 6 000 pages ne l'a pas entamée. Si, à ce jour, aucun élément sérieux n'a pu contester la thèse de l'accident, cette tragédie et ses zones d'ombre, dont certaines restent troublantes, sont, en fait, la conséquence de la volonté de Diana de se venger de son ex-époux le prince Charles.

« La guerre des Galles » a commencé après la naissance de Harry

Pour comprendre la situation au moment du drame, il faut revenir en arrière. En résumé, lors de leur mariage le 29 juillet 1981, si Diana pensait être amoureuse de Charles, lui savait qu'il n'était pas amoureux d'elle : le seul amour du prince de Galles était Camilla Shands, qu'il avait connue en 1970. Ils avaient eu une liaison puis elle s'était mariée avec Andrew Parker-Bowles mais ils s'étaient retrouvés en 1979, alors que Charles était très perturbé par l'assassinat par l'IRA de son parrain et mentor, lord Louis Mountbatten. Mais lorsqu'il se fiance avec Diana, il décide de rompre complètement avec Camilla. À la veille de son mariage, il lui offre un bracelet qui est un cadeau de rupture mais dont la découverte inopinée par Diana l'a rendue folle de jalousie. Très vite, Charles va s'apercevoir que son couple ne peut pas fonctionner. Diana a du mal à s'adapter aux codes et aux obligations de la famille royale. S'ensuivent des tensions incessantes, et après la naissance de leur second fils, Harry, en 1984 (William est né en 1982), l'union de Charles et Diana n'est plus qu'une fiction. En 1987, le prince a renoué avec sa maîtresse, dont la nouvelle résidence n'est qu'à une vingtaine de kilomètres de Highgrove, le domaine de Charles. Si, à l'époque, très peu de gens connaissent la liaison de Charles, Elizabeth II, Philip et la reine mère n'en ignorent rien. Et de toute façon, le fait que le prince de Galles ait une maîtresse mariée n'est pas une nouveauté dans l'histoire de la dynastie… et ne semble choquer personne. Seule Diana se sent profondément humiliée, ce que l'on comprend. Peu à peu, elle se venge en volant la vedette à son mari quoi qu'il fasse. On ne parle que d'elle, on ne voit qu'elle, Charles est éclipsé. Et Diana est une manipulatrice sans égale avec la presse. L'épouse de l'héritier du trône « se vend » très bien ! Lorsque, après un match de polo, Charles essaie d'embrasser sa femme… elle détourne la tête et le baiser finit sur sa joue ! Encore une bonne photo !

Au printemps 1992, la princesse lance une première bombe sur la famille royale : le *Sunday Times* publie des extraits d'un livre d'Andrew Morton sur *La Véritable Histoire de Diana*. Elle y est présentée comme une victime, une femme trompée depuis le début de ses noces, et elle accuse la famille royale de ne jamais prendre sa défense. Le livre est un triomphe, traduit en plusieurs langues, y compris en français. Diana devient une star mondiale et joue sans nuance de sa popularité. Elle ose même prétendre qu'elle n'est pour rien dans ce déballage, alors qu'elle a fourni toute la matière de l'ouvrage à son auteur. La reine et le duc d'Édimbourg jugent ces révélations indécentes et prennent le parti de leur fils. En revanche, l'opinion se range du côté de l'épouse bafouée et incomprise. Diana est devenue un filon en or pour les journaux, les radios et les télévisions : une ravissante princesse, épouse délaissée et mère attentive. Même si elle apparaît quand même au balcon de Buckingham Palace auprès de Charles et de ses beaux-parents lors de la cérémonie de Trooping the Colour, l'anniversaire officiel de la reine qui tient aussi lieu de fête nationale, on commence à parler de séparation.

C'est un vrai feuilleton, ou mieux, une série télévisée dont chaque épisode excite des millions d'amateurs. À chaque fois, on espère être surpris, et on l'est ! Le scénario est de plus en plus perfide, c'est-à-dire de plus en plus nuisible pour le couple et la famille régnante. Dans le rôle de la provocatrice imprévisible et qui sait prendre la lumière, la princesse de Galles est parfaite. Qu'elle ait rencontré Mère Teresa signifie que Diana est sensible à la douleur des déshérités mais… elle ne vivra pas parmi les malheureux de Calcutta. Elle fait monter la pression en précisant préférer être « la princesse des cœurs » (expression reprise plus tard) plutôt que la reine. On imagine les dégâts causés par une telle déclaration de guerre ! Puis Diana ose prétendre à une mission d'ambassadrice humanitaire de la Couronne. Au *Foreign Office*, on est choqué mais plus très étonné, et certains diplomates voient dans celle qui à l'époque est toujours l'épouse de Charles une réelle menace politique, comparable à celle que représentait Wallis Simpson en 1936.

Le 20 août 1992, le *Sun*, puissant quotidien populaire très actif dans la guerre des journaux sur ce sujet, publie la transcription d'une conversation de Diana enregistrée le soir du réveillon de 1989 avec un de ses amis, John Gilbey, vendeur de voitures de luxe et héritier d'une marque de gin. Pourquoi cet entretien a-t-il été mis sur écoute et conservé ? On évoque ici encore une « fuite » des services secrets. Si l'enregistrement est appelé « Squidgygate » (car c'est John Gilbey qui surnomme Diana Squidgy, ce qui peut se traduire par « Ma douce ») et révèle une tendre relation entre Diana et John Gilbey, la princesse y déverse un flot de récriminations contre la famille royale, en des termes particulièrement grossiers, bien que plusieurs passages aient été supprimés. Diana change de rôle ; elle n'est plus une « pauvre victime », elle est maintenant une épouse qui se venge de l'infidélité de son mari en ayant elle-même des amants, et l'avenir montrera qu'ils ont été assez nombreux. Cette « guerre des Galles » accable la reine. Malgré ces tornades de vulgarités croustillantes, Elizabeth II cherche à convaincre sa belle-fille de sauver les apparences en accompagnant Charles dans son voyage officiel en Corée du Sud, du 4 au 8 novembre 1992. Diana commence par refuser, puis accepte. Ce périple sera un succès commercial et diplomatique, mais un nouveau cauchemar médiatique et familial : les moindres gestes de Charles et Diana (celle-ci très boudeuse), leurs moindres expressions sont analysés, décryptés et le résultat confirme l'échec flagrant de leur couple. Ce sera leur dernier voyage officiel en commun ; ils ne représenteront plus ensemble le Royaume-Uni à l'étranger, d'autant moins qu'en cette fin d'année 1992 un nouveau scandale éclate, baptisé « Camillagate » : il s'agit d'un enregistrement datant de décembre 1989, trois ans plus tôt, d'une conversation incroyablement intime entre Charles et Camilla, accompagnée de détails scabreux. Si le « Squidgygate » avait déstabilisé Diana, cette fois c'est Charles qui est malmené, voire ridiculisé.

À la télévision, Diana va trop loin : le divorce est inévitable…

1994 va être riche de nouveaux épisodes épicés, dont la presse s'empare avec délices. L'hebdomadaire *News of the World* révèle, au début de l'année, que Diana, dépitée d'avoir été délaissée par l'antiquaire Olivier Hoare, s'était livrée, par vengeance, à un harcèlement téléphonique auprès de l'épouse de ce dernier. Au printemps, un nouveau livre, *Princess in love*, d'Anna Pasternak, révèle au public la très longue liaison que Diana a entretenue avec un officier, le capitaine James Hewitt. Il est temps pour Charles de reprendre la main. Le 29 juin 1994, il contre-attaque avec un film diffusé sur la BBC à 20 h 15 sous le titre *Charles : the private man, the public role*. C'est un portrait honnête dans lequel le prince de Galles reconnaît la faillite de son mariage mais affirme que le divorce n'est pas envisagé dans l'immédiat et que, de toute façon, il ne constituerait pas un empêchement à son accession au trône. Charles prend un peu de hauteur en disant que le moment venu, il sera « défenseur de la foi, et pas seulement de la foi anglicane mais de toutes les religions ». Trois mois plus tard, il récidive avec la publication d'un livre, *The Prince of Wales*, de Jonathan Dimbleby, réalisateur du film. Malheureusement, Charles commet l'erreur de se plaindre publiquement de ses parents, montrant Philip en père dictatorial et Elizabeth en mère distante, absorbée par sa lourde charge. Le couple royal n'apprécie pas. Cependant, Charles regagne en crédibilité dans l'opinion. Le match est serré !

Pour Diana, c'est insupportable. Elle va concocter une nouvelle « vengeance » à l'encontre de son mari et de la famille royale. Elle accorde une interview fracassante à la BBC dans la célèbre émission *Panorama*. La diffusion est annoncée le 14 novembre 1995, jour du 47ᵉ anniversaire de Charles et aura lieu le 20 novembre, jour du 48ᵉ anniversaire de mariage d'Elizabeth et Philip. Une double perfidie de la part de Diana, contre son mari et ses beaux-parents. La princesse confirme sa rancœur à l'égard de Camilla ainsi que les révélations de *Princess in love* et sa liaison avec le capitaine Hewitt, un homme qu'elle dit « avoir adoré ». Mais elle va plus loin, trop loin sans doute, puisqu'elle déclare que c'est son fils William qui devrait succéder à la reine, et non son mari, Charles, car elle doute de ses capacités à régner.

Diana est une très bonne comédienne. Ses yeux, très maquillés, sont remplis de larmes. L'émotion est garantie. L'émission bat des records d'audience et elle est vue par le monde entier. Pour la reine, c'en est trop. Elle envoie deux lettres, l'une à son fils, l'autre à sa belle-fille, leur demandant d'entamer une procédure de divorce.

La dernière « vengeance » de l'incontrôlable Diana lui sera fatale…

Celui-ci sera âprement négocié par Diana et lui permettra d'obtenir une indemnité compensatoire de 17 millions de livres, ce qui fait de son divorce l'un des plus onéreux du XXᵉ siècle. Mais elle perd son titre d'altesse royale. Elle a négocié la garde alternée des enfants, car c'est très important pour elle. Elle redoutait d'en être privée, ce en quoi elle avait tort, jamais la reine n'aurait envisagé de séparer les enfants de leur mère. Le divorce est prononcé le 28 août 1996. À ce moment-là, Diana partage sa vie avec un chirurgien pakistanais, Hasnat Khan. Elle est une femme libre et riche, mais Charles est lui aussi libre : il va le manifester en juillet 1997 en donnant, dans sa résidence de Highgrove, une grande fête pour les 50 ans de Camilla, à laquelle il offre un magnifique collier. Pour Diana, cette officialisation du bonheur de Charles avec la seule femme qu'il ait jamais aimée est un coup de poignard. Hasnat Khan, affolé par la surmédiatisation de la princesse, a rompu avec elle. Il faut que Diana continue à exister, et elle va inventer une nouvelle provocation pour y parvenir. En ce mois de juillet 1997, elle décide d'accepter l'invitation de Mohammed Al-Fayed, le richissime homme d'affaires égyptien auquel la reine et le gouvernement ont refusé la nationalité britannique, de séjourner en compagnie de William et Harry dans sa maison de Saint-Tropez et à bord de son yacht, le *Jonikal.* Ces vacances vont être extrêmement médiatisées ; on verra de nombreuses photos de Diana faisant du ski nautique dans la baie de Saint-Tropez, ses enfants en jet-ski mais surtout on remarquera l'omniprésence du fils de Mohammed Al-Fayed, Dodi, qui a une réputation de play-boy. Il est certain que la présence des petits princes dans l'univers des Al-Fayed ne doit réjouir ni la reine ni Charles, mais Diana a le droit d'organiser ses vacances avec ses fils comme elle le souhaite. En août, William et Harry regagnent Balmoral afin de rejoindre leurs grands-parents et leur père pour le traditionnel séjour en Écosse à cette saison. Leur mère part donc seule avec Dodi Al-Fayed en croisière vers la Sardaigne. Elle rend publique cette nouvelle liaison. De nombreuses photos « volées » où Diana est particulièrement ravissante vont en témoigner. Ces images n'étaient pas si volées que cela, les journalistes avaient été prévenus par la princesse, qui en a choisi certains, récusé d'autres. Personne n'oubliera la photo de Diana, rêveuse, assise en maillot de bain sur le plongeoir du yacht tandis qu'une mouette traverse le ciel. Les paparazzis sont sur les dents. Le retour à Paris de Dodi et Diana fait encore monter la pression médiatique. Ils s'installent au Ritz, propriété du père de Dodi. Diana, qui doit regagner Londres le lendemain, téléphone à ses enfants à Balmoral. Elle a William à l'appareil. Celui-ci lui demande si elle a l'intention d'épouser Dodi. Elle lui répond que non, mais William n'aime pas Dodi Al-Fayed et raccroche. Ils se quittent sur cette conversation désagréable, ce qui constituera une douleur supplémentaire pour William, fâché contre sa mère. Diana est à un tournant de sa vie. Sa vengeance à l'encontre de Charles ira-t-elle jusqu'à se remarier avec Dodi Al-Fayed ? Personne ne le sait, mais c'était bel et bien pour se venger de l'anniversaire de Camilla fêté par Charles que Diana était partie pour Saint-Tropez.

La mort inattendue et spectaculaire de la princesse, quelles qu'en aient été les circonstances, fut un traumatisme planétaire. Elle a amplifié sa légende et fait naître le mythe d'une victime hors norme. Mais en réalité, la dernière vengeance de Diana s'est retournée contre elle. C'était l'ultime épisode d'un conflit implacable, que les Britanniques avaient appelé « la guerre des Galles ».

Bibliographie sélective

Bradford, Sarah, *Elizabeth, a Biography of Her Majesty the Queen*, Londres, Penguin Books, 2011.

Cars, Jean des, *Elizabeth II, la Reine*, Perrin, 2018.

Hardman, Robert, *Our Queen*, Londres, Hutchinson, 2011.

Hargrove, Charles, *Elizabeth II*, Perrin, 1994, nouvelle éd. 2004.

Moutet, Anne-Élisabeth, *William & Harry*, Télémaque, 2007.

Rivère, Isabelle, *Elizabeth, dans l'intimité d'un règne*, Fayard, 2012.

NOTICES BIOGRAPHIQUES DES AUTEURS

Éric ANCEAU enseigne l'histoire de la France et de l'Europe du XIXe siècle à Paris-Sorbonne et à Sciences Po Paris. Il a publié une quinzaine d'ouvrages dont *Napoléon III. Un Saint-Simon à cheval* (2008 et 2012), couronné par plusieurs prix littéraires, et *Ils ont fait et défait le Second Empire* (2019).

S'étant vu confier l'ensemble des archives de l'abbé Saunière, **Jean-Jacques BEDU** a écrit trois ouvrages sur la démystification de l'affaire de Rennes-le-Château. Il est amené à intervenir régulièrement dans les médias sur cette affaire. Il est par ailleurs l'auteur de biographies de Maurice Magre, de Francis Carco, de Pablo Casals et d'un roman qui lui ont valu plusieurs distinctions. Délégué général du prix Méditerranée et du prix Spiritualités d'aujourd'hui, il publie en 2018 *Les Initiés de l'an mil à nos jours* dans la collection « Bouquins », chez Robert Laffont.

Professeur émérite d'histoire moderne à l'université Paris-IV-Sorbonne, membre de l'Institut, **Yves-Marie BERCÉ** a publié, parmi d'autres ouvrages, *Histoire des croquants*, *Révoltes et révolutions dans l'Europe moderne*, *Le Roi caché*, *Les Secrets du vin*, ainsi que, récemment, *La Naissance du vaccin*.

Archéologue et directeur de recherche au CNRS, **Jean-Louis BRUNAUX** a publié plusieurs ouvrages sur la civilisation gauloise, en particulier

Nos ancêtres les Gaulois (2008), *Voyage en Gaule* (2011), *Alésia* (2012), *Vercingétorix* (2018) et *Les Gaulois. Vérités et légendes* (2018).

Jean-Christophe Buisson est directeur adjoint du *Figaro Magazine* et présente « Historiquement show » sur la chaîne Histoire. Il est notamment l'auteur, chez Perrin, de *1917, l'année qui a changé le monde*, *Assassinés*, *Les Grands Vaincus de l'histoire* (avec Emmanuel Hecht) et *Le Siècle rouge*. Il a également codirigé (avec Guillaume Tabard) l'ouvrage collectif *Les Grandes Figures de la droite. De la Révolution française à nos jours* (Perrin-*Le Figaro Magazine*, 2020).

Professeur d'histoire et d'archéologie des mondes grec classique et hellénistique à l'université Paris-XIII, président 2017-2018 de la Société française d'archéologie classique, **Jean-Yves Carrez-Maratray** est l'auteur de nombreuses publications, parmi lesquelles *Péluse et l'angle oriental du Delta égyptien aux époques grecque, romaine et byzantine* et *Bérénice II d'Égypte. Une reine dans les étoiles.*

Jean des Cars est l'historien des grandes dynasties d'Europe et de leurs plus illustres représentants. Parmi ses grands succès : *Eugénie, la dernière impératrice*, *Sissi ou la Fatalité*, *La Saga des Romanov*, *La Saga des Habsbourg*, *La Saga des Grimaldi*, *La Saga des Windsor*, *La Saga des reines*, *La Saga des favorites*, *Le Sceptre et le Sang*, *Nicolas II et Alexandra de Russie*, *Elizabeth II, la Reine* et *Dictionnaire amoureux des monarchies.*

Agrégée d'histoire, **Catherine Chadefaud**, titulaire d'un doctorat en égyptologie, a enseigné en classes préparatoires aux grandes écoles. Auteur d'ouvrages pédagogiques sur la civilisation égyptienne, elle a publié en 2016 une biographie de Ramsès II, ainsi que, plus récemment, *L'Écrit dans l'Égypte ancienne* et *Bonaparte et la campagne d'Égypte.*

Historienne et journaliste, spécialiste de la société d'Ancien Régime et de l'histoire des femmes, **Joëlle Chevé** a consacré plusieurs ouvrages à l'histoire des femmes, parmi lesquels une biographie intitulée *Marie-Thérèse d'Autriche, épouse de Louis XIV* (2015), *Les Grandes Courtisanes* (2012) et *L'Élysée au féminin, de la IIe à la Ve République* (2017).

Avocat pénaliste, **Pierre Cornut-Gentille** est aussi un historien reconnu. Il a publié chez Perrin *L'Honneur perdu de Marie de Morell* ; *La Baronne de Feuchères* ; *Un scandale d'État, l'affaire Prince* ; *Madame Roland. Une femme en Révolution* ; *Le 4 septembre 1870. L'invention de la République.*

Olivier Dard est professeur d'histoire contemporaine à l'université Paris-Sorbonne. Spécialiste d'histoire politique, il a notamment publié chez Perrin *Voyage au cœur de l'OAS* et *Bertrand de Jouvenel.*

Historienne et écrivain, **Catherine Decours** a publié une dizaine d'ouvrages parmi lesquels *La Dernière Favorite. Zoé du Cayla, le grand amour de Louis XVIII* ; *La Lettre à Alexandrine. Mémoires apocryphes de Charlotte Corday* ; *Juliette Récamier* et, en 2019, *Louis II de Bavière. Le trône et la folie.*

Hélène Delalex est conservateur du patrimoine au Musée national des châteaux de Versailles et de Trianon. Diplômée de l'Institut national du patrimoine et de l'université Paris-IV-Sorbonne, où elle est chargée de cours d'histoire de l'art moderne, elle est l'auteur de nombreux ouvrages d'histoire et d'histoire de l'art des XVIIe et XVIIIe siècles français, dont *Le Carrousel du Roi-Soleil* (2016), *Louis XIV intime* (2015), *Un jour avec Marie-Antoinette* (2015) et *Marie-Antoinette* (2013).

Historien et journaliste, **Philippe Delorme** est l'auteur d'une quarantaine d'ouvrages sur les dynasties souveraines et les destins d'exception. Grand reporter pendant plus de vingt-cinq ans à *Point de vue*, il a fondé le trimestriel *Point de vue Histoire*. Il collabore aujourd'hui en tant que chroniqueur au magazine *Valeurs actuelles*. L'étude historique qu'il a menée conjointement avec une équipe de généticiens en 2000 sur le cœur de Louis XVII a eu un retentissement international.

Maître de conférences honoraire en histoire médiévale de l'université Paris-I-Panthéon-Sorbonne, **Alain Demurger**, spécialiste des ordres religieux militaires, est l'auteur de *Vie et mort de l'ordre du Temple* (1989) ; *Moines et guerriers : les ordres religieux militaires au Moyen Âge* (2002) ; *Les Templiers, une chevalerie chrétienne au Moyen Âge* (2005) ; *La Persécution des Templiers. Journal* (2015).

Dominique Goy-Blanquet, professeur émérite à l'université de Picardie, présidente de la Société française Shakespeare 2009-2015, est membre du comité de rédaction de *En attendant Nadeau*, jadis de *La Quinzaine littéraire*. Parmi ses récents ouvrages, *Côté cour, côté justice : Shakespeare et l'invention du droit* (2016), *Shakespeare et l'invention de l'histoire* (3e éd. augmentée, 2014), l'édition du livre posthume de Richard Marienstras, *Shakespeare et le désordre du monde* (2012), des *Lettres à Shakespeare* (2014), et, avec François Laroque, de *Shakespeare, combien de prétendants ?* (2016). Son *Shakespeare in the Theatre : Patrice Chéreau* est paru en 2018 chez Arden/Bloomsbury.

Le professeur **François Kersaudy**, spécialiste d'histoire diplomatique et militaire contemporaine, a enseigné aux universités d'Oxford et Paris-I. Il est l'auteur d'une vingtaine d'ouvrages, notamment sur Churchill, de Gaulle, Roosevelt, Goering, Hitler, Staline, Mountbatten et MacArthur. Il dirige aux éditions Perrin la collection « Maîtres de Guerre ».

Bernard Lecomte, écrivain et journaliste, fut grand reporter à *La Croix* et à *L'Express,* puis rédacteur en chef du *Figaro Magazine.* De 1977 à 1992, il couvrit quotidiennement la fin du communisme en Europe de l'Est et l'effondrement de l'URSS. Il a publié plusieurs livres sur le Kremlin et sur le Vatican qui font autorité.

Outre une monumentale biographie de Jean-Paul II (2006), on lui doit notamment *Le Bunker. Vingt ans de relations franco-soviétiques* (1994), *Gorbatchev* (2014), *Les Secrets du Kremlin* (2016) et *KGB. La véritable histoire des services secrets soviétiques* (2020).

Directeur de la Fondation Napoléon et chargé de cours à l'Institut catholique d'études supérieures, **Thierry Lentz** est l'auteur d'une trentaine d'ouvrages sur le Consulat et l'Empire, dont *Nouvelle histoire du Premier Empire* (2002-2010, 4 volumes), *Waterloo. 1815* (2015) ou la biographie plusieurs fois primée *Joseph Bonaparte* (2016). Ses dernières publications sont *Bonaparte n'est plus ! Le monde apprend la mort de Napoléon (juillet-septembre 1821)* (2019) et *Napoléon. Dictionnaire historique* (2020).

Jean-Clément Martin, professeur émérite de l'université Paris-I-Panthéon-Sorbonne, ancien directeur de l'Institut d'histoire de la Révolution française, a notamment publié chez Perrin une *Nouvelle histoire de la Révolution française*, un *Dictionnaire de la Contre-Révolution* et une biographie de Robespierre, ainsi que *La Terreur. Vérités et légendes.*

Bernard Oudin, historien et essayiste, est l'auteur chez Perrin de *Histoires de Londres* et de *Défendre ! Les ténors du barreau de la Révolution à nos jours.* Il a également publié *Les Masques de l'Histoire, trois siècles d'énigmes* et *Le Crime : entre horreur et fascination.*

Professeur émérite à la Sorbonne-Nouvelle, **Alain Pagès** a publié notamment *La Bataille littéraire* (1989), *Le Naturalisme* (1989), *Émile Zola. De « J'accuse » au Panthéon* (2008), *Une journée dans l'affaire Dreyfus. « J'accuse… »* (2011), *Zola et le groupe de Médan* (2014) et *L'Affaire Dreyfus. Vérités et légendes* (2019). En collaboration avec Brigitte Émile-Zola, il a recueilli la correspondance intime de Zola en éditant les *Lettres à Jeanne Rozerot* (2004) et les *Lettres à Alexandrine* (2014, prix Sévigné 2015).

Pierre Pellissier, parallèlement à une carrière de journaliste politique marquée par deux passages au *Figaro* (de 1960 à 1975 puis de 1985 à 1995) et une parenthèse radiophonique (RMC puis France Inter), s'est consacré à des ouvrages historiques. Il a notamment signé des biographies de Robert Brasillach et Prosper Mérimée. Il est également l'auteur, aux éditions Perrin, de *La Bataille d'Alger*, *Diên Biên Phu* et d'ouvrages sur le maréchal de Lattre de Tassigny et les généraux Massu et Salan.

Jean-Christian Petitfils, historien et écrivain, spécialiste de la France classique, est l'auteur de plus d'une trentaine d'ouvrages, dont une vie de Jésus et des biographies de Louis XIII, Louis XIV, Louis XV et Louis XVI. Il est l'auteur également, chez Perrin/« Tempus », du *Masque de fer, entre histoire et légende*, de *L'Assassinat d'Henri IV, mystères d'un crime* et du *Dictionnaire amoureux de Jésus*. Il est membre du conseil scientifique du *Figaro Histoire*. Il a récemment dirigé l'ouvrage collectif *Marie-Antoinette. Dans les pas de la reine* (2020).

Longtemps responsable de la rubrique « Livres » au *Point* puis à *L'Express*, **Anne Pons** a alterné romans et biographies. Sa passion pour l'histoire maritime l'a conduite à publier *Nelson contre Napoléon* ; *John Franklin, l'homme qui mangea ses bottes*, puis *Lapérouse* et *James Cook*.

Claude Quétel est historien, ancien directeur de recherche au CNRS et ancien directeur scientifique du Mémorial de Caen. Avant de se tourner vers la Seconde Guerre mondiale, il a travaillé sur l'Ancien Régime et l'enfermement. Il a notamment publié *L'Histoire véritable de la Bastille* (1989, 2006 et 2013), *Les Lettres de cachet* (2011), *L'Affaire des Poisons* (2007 et 2015) et *Crois ou meurs ! Histoire incorrecte de la Révolution française* (2019).

Jean Renaud, auteur de divers ouvrages sur les Vikings, est professeur émérite de langues, littérature et civilisation scandinaves à l'université de Caen, où il a dirigé le Département d'études nordiques. Il a récemment publié *Les Vikings. Vérités et légendes* (2019).

Ancienne élève de l'ENS, agrégée d'histoire, professeur d'histoire russe et soviétique à l'université Paris-I, directrice du Centre de recherches en histoire des Slaves, **Marie-Pierre Rey** a publié, entre autres ouvrages, *La Russie face à l'Europe, d'Ivan le Terrible à Vladimir Poutine* ; *Alexandre Ier. Le tsar qui vainquit Napoléon* ; *L'Effroyable Tragédie. Une nouvelle histoire de la campagne de Russie*, ou encore *1814. Un tsar à Paris.*

Ancien ingénieur au Commissariat à l'énergie atomique, **Pierre de Riedmatten** s'intéresse depuis longtemps au linceul de Turin, auquel il a consacré de nombreuses interventions (articles, conférences, expositions) ; il a publié en particulier un livre de synthèse, *Le Saint Suaire* (2e édition, 2015). Il préside l'association « Montre-nous ton visage ».

Professeur émérite des universités et spécialiste de la Chine contemporaine, **Alain Roux** est l'auteur d'une histoire de la Chine au XXe siècle et d'une biographie de référence, *Le Singe et le Tigre. Mao, un destin chinois*, ainsi que de *Chiang Kaï-shek. Le grand rival de Mao*.

Archiviste paléographe, docteur habilité de l'université Paris-I, **Thierry Sarmant** est directeur des collections du Mobilier national. Il est l'auteur de plusieurs ouvrages consacrés à Louis XIV et à l'État d'Ancien Régime, ainsi que d'une biographie de Pierre le Grand (2020).

Professeur émérite d'histoire ancienne à l'université de Tours, **Maurice Sartre**, spécialiste de la Méditerranée orientale antique, a notamment publié *Histoires grecques* (2006), une biographie de Cléopâtre et, avec Annie Sartre, *Zénobie, de Palmyre à Rome* (2014) et *Palmyre. Vérités et légendes* (2016).

Professeur émérite d'archéologie précolombienne à l'université Paris-I, **Éric Taladoire** a participé aux fouilles de plusieurs sites mayas. Il est en particulier l'auteur de : *Les Mayas*, en collaboration avec Jean-Pierre Courau (photographies) (2003) ; *Les Trois Codex mayas* (2012) ; *D'Amérique en Europe. Quand les Indiens découvraient l'Ancien Monde (1493-1892)* (2014) ; *Les Civilisations précolombiennes*, avec Patrice Lecoq (2016).

Ancien élève de l'École normale supérieure, **Laurent Theis**, historien et éditeur, est président honoraire de la Société de l'histoire du protestantisme français. Il est notamment l'auteur de *François Guizot* et de *Guizot, la traversée d'un siècle*.

Jacques Trémolet de Villers est avocat au barreau de Paris, conférencier et écrivain. Il a publié de nombreux ouvrages, dont, en 2016, *Jeanne d'Arc, le procès de Rouen* aux éditions des Belles Lettres et aux éditions Perrin. Il est l'auteur d'un essai sur Cicéron (2018).

Professeur à l'ENS de Paris-Saclay, **Olivier Wieviorka** est spécialiste de la Seconde Guerre mondiale. Il a récemment publié, chez Perrin, *La Guerre du désert. 1940-1943* (dir., en collab. avec David Reynolds et Nicola Labanca), et codirigé, avec Hervé Drévillon, une *Histoire militaire de la France* (2018). Son *Histoire de la résistance en Europe occidentale* (2017) a reçu le prix du livre d'histoire de l'Europe 2018.

Pour en savoir plus
sur les Éditions Perrin
vous pouvez consulter notre site Internet

www.editions-perrin.fr

lisez!

et nous suivre sur les réseaux sociaux

Editions Perrin

@EditionsPerrin

@editionsperrin

MIXTE
Papier issu de sources responsables
FSC® C003309

L'éditeur de cet ouvrage s'engage
dans une démarche de certification FSC®
qui contribue à la préservation des forêts
pour les générations futures.

Achevé d'imprimer en novembre 2020
dans les ateliers de Normandie Roto Impression s.a.s.
61250 Lonrai
N° d'impression : 2004091

Imprimé en France